Coleção
# OAB
## Doutrina 3 em 1

Volume
3

Organizadores
Leonardo Garcia
Roberval Rocha

# ✓ Penal
# ✓ Processo Penal
# ✓ Ética Profissional

Coleção

# OAB

## Doutrina 3 em 1

Volume 3

Organizadores
Leonardo Garcia
Roberval Rocha

# Penal
# Processo Penal
# Ética Profissional


Alexandre Salim

Leonardo Barreto Moreira Alves

Marcelo André de Azevedo

Rafael Novais



4ª edição
Atualizada e reformulada

2019

EDITORA JusPODIVM
www.editorajuspodivm.com.br

EDITORA
*Jus*PODIVM
www.editorajuspodivm.com.br

Rua Território Rio Branco, 87 – Pituba – CEP: 41830-530 – Salvador – Bahia
Tel: (71) 3045.9051
• Contato: https://www.editorajuspodivm.com.br/sac





**Diagramação:** Maitê Coelho (maitescoelho@yahoo.com.br)

**Capa:** Ana Caquetti

**ISBN:** 978-85-442-2954-5

# Apresentação da Coleção

A *Coleção OAB,* já reconhecida por auxiliar incontáveis estudantes a alcançar a tão sonhada aprovação no exame da Ordem dos Advogados do Brasil, foi totalmente reformulada, com o intuito de disponibilizar teoria direcionada e consolidada na medida certa, garantindo uma preparação completa e segura não só para a 1ª fase do certame, como também para a 2ª. Assim, a Editora JusPodivm tem o orgulho de apresentar a ***Coleção OAB Doutrina 3 em 1***.

Com o objetivo de tornar o preparo mais consistente e para que proporcione um estudo aprofundado e útil para a primeira e segunda fases do exame, unificamos os volumes das disciplinas afins. Desta forma, o estudante encontrará um conteúdo ao mesmo tempo abrangente e didático.

Sabemos que para uma preparação eficiente é fundamental conhecer o modo de abordagem dos temas e as exigências que a banca organizadora (Fundação Getúlio Vargas – FGV) impõe às provas. Pensando nisso, participam da elaboração deste material professores e autores com ampla experiência na preparação para concursos públicos, em especial para provas da OAB.

A coleção é formulada com base em metodologia eficaz de ensino e sintetiza, em quatro volumes:

- conteúdo amplo, na medida certa, e didático, otimizando o aprendizado;
- palavras-chaves e expressões de importância em destaque;
- quadros, esquemas e tabelas, facilitando e sistematizando a compreensão sobre os pontos principais de estudo.

Bons estudos e contem sempre conosco!

**Leonardo Garcia**

**Roberval Rocha**

# Sobre Organizadores e Autores

## ORGANIZADORES

### LEONARDO GARCIA

Procurador do Estado do Espírito Santo. Mestre em Direitos Difusos e Coletivos pela PUC/SP. Ex-Procurador Federal com exercício no Gabinete do Advogado-Geral da União (AGU) com atuação específica perante o STF. Especialista em "Derecho del Consumo y Economía" pela Universidad de Castilla la Mancha/Espanha. Assessor do Relator da Comissão Especial de Atualização do CDC no Senado Federal. Professor de diversos cursos jurídicos e de pós-graduação. Autor e coordenador de diversos livros jurídicos.

www.leonardogarcia.com.br

Instagram: @professorleonardogarcia

### ROBERVAL ROCHA

Mestre em direito processual pela Universidade Católica de Pernambuco. Bacharel em direito pela Universidade Federal de Pernambuco. Professor de cursos de graduação e pós-graduação em direito tributário e financeiro. Organizador e autor da Coleção Súmulas.

## AUTORES

### ALEXANDRE SALIM

(Instagram: @profalexandresalim)

Promotor de Justiça no Rio Grande do Sul. Doutor em Direito pela Universidade de Roma Tre. Mestre em Direito pela Universidade do Oeste de Santa Catarina. Especialista em Teoria Geral do Processo pela Universidade de Caxias do Sul. Professor de Direito e Processo Penal na Universidade Brasil, na FESMPMG (Escola Superior do Ministério Público de Minas Gerais), na FEMPERJ (Escola Superior do Ministério Público do Rio de Janeiro), na ESMAFE (Escola da Magistratura Federal do Rio Grande do Sul), na FEMARGS (Escola da Magistratura do Trabalho do Rio Grande do Sul), na ESMEG (Escola Superior da Magistratura de Goiás) e na EBRADI (Escola Brasileira de Direito), bem como nos cursos Saraiva Aprova, Verbo Jurídico, Supremo, Rede Júris, Direção Concursos, Alcance e IOB.

## LEONARDO BARRETO MOREIRA ALVES

Promotor de Justiça do Ministério Público do Estado de Minas Gerais. Bacharel em Direito pela Universidade Federal da Bahia (UFBA). Especialista em Direito Civil pela PUC/MG. Mestre em Direito Privado pela PUC/MG. Professor de Direito Processual Penal dos cursos Pro Labore, Supremo Concursos e Portal IED. Professor de Direito Processual Penal da Fundação Escola Superior do Ministério Público de Minas Gerais (FESMPMG). Membro do Conselho Editorial do Ministério Público do Estado de Minas Gerais. Membro do Conselho Editorial da Revista de Doutrina e Jurisprudência do Tribunal de Justiça do Distrito Federal e dos Territórios. Redes sociais:

Instagram: lbmalves

Twitter: @leonardobmalves

Facebook: leonardobarretomalves

## MARCELO ANDRÉ DE AZEVEDO

Promotor de Justiça em Goiás. Diretor da Escola Superior do Ministério Público de Goiás. Ex-coordenador da Procuradoria de Justiça Especializada em Crimes Praticados Por Prefeitos (2013-2017). Mestre em Direito, Relações Internacionais e Desenvolvimento (PUC-GO). Doutorando em Ciências Jurídicas pela Universidade Autônoma de Lisboa (UAL). Pós-graduado em Direito Penal pela Universidade Federal de Goiás (UFG). Especialista em Ciências Criminais (UNAMA). Professor de Direito Penal na Escola Superior da Magistratura de Goiás (ESMEG), na Fundação Escola Superior do Ministério Público de Minas Gerais (FESMPMG), na Escola Superior do Ministério Público de Goiás (ESUMP-GO) e na Rede Júris. Ex-professor dos cursos Praetorium, LFG, IOB, Marcato e Damásio.

Instagram: @profmarceloandre

## RAFAEL NOVAIS

Mestre em Direito pela Universidade Católica de Pernambuco - UNICAP. Especialista em Direito Público e Tributário. Especialista em *Giustizia Costituzionale e Tutela Giurisdizionale dei Diritti* pela Universidade de Pisa/It. Palestrante, consultor e doutrinador. Instrutor e Assessor Jurídico no Tribunal de Justiça do Estado de Pernambuco - TJPE. Instrutor na Escola Fazendária da Secretaria da Fazenda Pública de Pernambuco - ESAFAZ. Professor de Direito Tributário e Ética em diversos cursos preparatórios para concursos públicos e exames da OAB em todo o Brasil.

Instagram: @ProfessorNovais

Facebook: ProfessorNovais

E-mail: prof.rafaelnovais@hotmail.com

# Sumário

## PARTE I – DIREITO PENAL

*Alexandre Salim*
*Marcelo André de Azevedo*

### PARTE GERAL

## PARTE 2 – DIREITO PROCESSUAL PENAL

*Leonardo Barreto Moreira Alves*

## PARTE 3 – ÉTICA E ESTATUTO DA OAB

*Rafael Novais*

Parte I

# Direito Penal

*Alexandre Salim*

*Marcelo André de Azevedo*

# PARTE GERAL

CAPÍTULO I

# Aplicação da lei penal

## 1. PRINCÍPIO DA LEGALIDADE PENAL

Segundo o princípio da legalidade, **não há crime sem lei anterior que o defina, nem pena sem prévia cominação legal** (art. 5º, XXXIX, da CF/88 e art. 1º do CP). Também é chamado de legalidade estrita, reserva legal ou intervenção legalizada. Muito embora esteja expresso apenas "crime", também é aplicado às "contravenções penais". Da mesma forma, apesar de constar "pena", deve ser observado no caso das "medidas de segurança".

Em resumo, as infrações penais (crimes e contravenções penais) e suas sanções (penas e medidas de segurança) devem ser criadas tão somente por meio de lei aprovada pelo Parlamento.

No Brasil, a **competência legislativa é privativa da União (CF, art. 22, I)**. Deve ser observado, todavia, o parágrafo único do art. 22. Por sua vez, **é vedada a edição de medidas provisórias sobre matéria relativa a direito penal (CF, art. 62, § 1º, I, *b*)**. Entretanto, é razoável o entendimento no sentido de que o texto constitucional deve ser interpretado restritivamente, de sorte que a proibição só alcançaria as leis penais incriminadoras e não as leis penais não incriminadoras. **Não se pode, também, veicular matéria penal por lei delegada**, em virtude da restrição imposta no art. 68, § 1º, II (direitos individuais), da Constituição Federal.

O princípio da legalidade possui algumas **funções fundamentais.** Entre as mais destacadas, temos as seguintes:

| É proibida a analogia contra o réu (*nullum crimen, nulla poena sine lege stricta*) | É proibido o costume incriminador (*nullum crimen, nulla poena sine lege scripta*) | É proibida a criação de tipos penais vagos e indeterminados (*nullum crimen, nulla poena sine lege certa*) | É proibida a aplicação da lei penal incriminadora a fatos – não considerados crimes – praticados antes de sua vigência (*nullum crimen, nulla poena sine lege praevia*) |
|---|---|---|---|

# 2. OUTROS PRINCÍPIOS PENAIS

## 2.1. Princípio da fragmentariedade

O Direito Penal não deve tutelar todos os bens jurídicos, mas somente os mais relevantes para a sociedade (vida, liberdade, patrimônio, meio ambiente etc.), e, mesmo assim, somente em relação aos ataques mais intoleráveis.

## 2.2. Princípio da subsidiariedade

O Direito Penal é uma das formas de controle social, assim como o Direito Civil e o Direito Administrativo. Entretanto, a sanção penal é considerada a mais grave das sanções, justamente por permitir a privação da própria liberdade. Por isso, o Direito Penal deve atuar de forma subsidiária (Direito Penal de *ultima ratio*), isto é, somente quando insuficientes as outras formas de controle social. Assim, o Direito Penal deve ser um meio necessário de proteção do bem jurídico.

## 2.3. Princípio da ofensividade (*nullum crimen sine iniuria*)

Apenas as condutas que causam lesão (dano efetivo ou dano potencial) a bem jurídico, relevante e de terceiro, podem estar sujeitas ao Direito Penal. Somente haverá crime se a conduta for apta a ofender determinado bem jurídico.

> **Importante:**
>
> O bem jurídico atingido deve pertencer a terceira pessoa, ou seja, a prática criminosa pressupõe conduta que transcenda a esfera individual do agente. Por isso o princípio da ofensividade deve ser complementado pelo **princípio da alteridade** (*altero*: o outro) ou **transcendentalidade**, fazendo com que a autolesão e a própria tentativa de suicídio restem impuníveis.
>
> A **autolesão**, que em regra é fato atípico, configurará crime em duas hipóteses: **a)** se cometida com o fim de fraudar seguro caracterizará *estelionato* (art. 171, § 2º, V, do CP); **b)** se praticada para criar incapacidade física que inabilite o convocado para o serviço militar, poderá constituir-se em *crime militar* (art. 184 do CPM).
>
> **Arma desmuniciada é conduta típica**: "Consoante entendimento firmado no julgamento do AgRg nos EAREsp n. 260.556/SC, o crime previsto no art. 14 da Lei n. 10.826/2003 é de perigo abstrato, sendo irrelevante o fato de a arma estar desmuniciada ou, até mesmo, desmontada ou estragada, porquanto o objeto jurídico tutelado não é a incolumidade física, e sim a segurança pública e a paz social, colocados em risco com o porte de arma de fogo sem autorização ou em desacordo com determinação legal, revelando-se despicienda a comprovação do potencial ofensivo do artefato através de laudo pericial" (STJ, 5ª T., AgRg no AREsp 1465987, j. 16/05/2019).

## 2.4. Princípio da culpabilidade

Pode ser analisado em três sentidos diversos: a) *culpabilidade como elemento do crime ou pressuposto de aplicação da pena*: nesse sentido a culpabilidade é formada por: imputabilidade, potencial consciência da ilicitude e exigibilidade de conduta diversa (ver capítulo "Culpabilidade"); b) *culpabilidade como medição de pena*: nesse aspecto, a culpabilidade possui a função de estabelecer os parâmetros pelos quais o juiz fixará a pena no momento da condenação, conforme dispõe o art. 59 do Código Penal; c) *culpabilidade como princípio da responsabilidade subjetiva*: o sujeito só pode ser responsabilizado se sua conduta ofensiva for dolosa (quis o fato ou assumiu o risco de produzi-lo) ou culposa (deu causa ao resultado por imprudência, negligência ou imperícia). Em regra, os tipos penais são dolosos. Os tipos culposos devem ter previsão expressa (art. 18, parágrafo único, do CP).

## 2.5. Princípio da pessoalidade da pena ou da intranscendência

Nos termos do art. 5º, XLV, da CF, nenhuma pena passará da pessoa do condenado, podendo a obrigação de reparar o dano e a decretação do perdimento de bens serem, nos termos da lei, estendidas aos sucessores e contra eles executadas, até o limite do valor do patrimônio transferido.

## 2.6. Princípio da humanidade

Nenhuma pena pode atentar contra a dignidade da pessoa humana, de sorte que é vedada a aplicação de penas cruéis e infamantes, bem como determina que a pena seja cumprida de forma a efetivamente ressocializar o condenado. De acordo com Zaffaroni e Pierangeli, tal princípio é o que dita a inconstitucionalidade de qualquer pena ou consequência do delito que crie um impedimento físico permanente (morte, amputação, castração ou esterilização, intervenção neurológica etc.), como também qualquer consequência jurídica indelével do crime.

## 2.7. Princípio da confiança

Baseia-se na expectativa de que as outras pessoas irão agir de um modo já esperado, ou seja, normal. É por isso que tal princípio se encontra vinculado com aspectos atinentes à segurança, relacionando-se à previsibilidade e calculabilidade dos comportamentos.

Consiste, portanto, na realização da conduta de uma determinada forma, na confiança de que o comportamento do outro se dará conforme o que acontece normalmente. O princípio da confiança pode excluir a tipicidade penal.

## 2.8. Princípio da adequação social

Embora uma determinada conduta se amolde formalmente ao modelo legal, não será considerada típica se for socialmente adequada ou reconhecida. A ação será socialmente adequada quando considerada normal pelas regras culturais do povo.

Podem ser citados os seguintes exemplos: as pequenas lesões que advêm da violação de normas cuja inobservância é prática corriqueira no jogo (como o pontapé em uma partida de futebol, durante a disputa da bola); a perfuração das orelhas da menina que nasceu há pouco, para colocar-lhe os brincos; o corte coativo de cabelo do calouro aprovado no vestibular.

As Cortes Superiores não vêm aceitando a aplicação do princípio da adequação social nos crimes de venda de CDs e DVDs piratas (art. 184, § 2º, do CP) e de manutenção de casa de prostituição (art. 229 do CP). Precedentes: STF, HC 98898/SP, j. 20/04/2010; STJ, AgRg no REsp 924750/RS, j. 15/03/2011. Sobre o tema o STJ editou a **Súmula 502** com o seguinte enunciado:

> *"Presentes a materialidade e a autoria, afigura-se típica, em relação ao crime previsto no art. 184, § 2º, do CP, a conduta de expor à venda CDs e DVDs piratas".*

## 2.9. Princípio da insignificância

São, segundo o STF, **condições objetivas** para o reconhecimento da insignificância: *a)* a mínima ofensividade da conduta do agente; *b)* a nenhuma periculosidade social da ação; *c)* o reduzido grau de reprovabilidade do comportamento; e *d)* a inexpressividade da lesão jurídica provocada. A consequência será a **exclusão da tipicidade material**.

▸ Importante:

- **Súmula 606/STJ:** Não se aplica o princípio da insignificância a casos de transmissão clandestina de sinal de internet via radiofrequência, que caracteriza o fato típico previsto no artigo 183 da Lei 9.472/97.
- **Súmula 599/STJ:** O princípio da insignificância é inaplicável aos crimes contra a Administração Pública.
- **Súmula 589/STJ:** É inaplicável o princípio da insignificância nos crimes ou contravenções penais praticados contra a mulher no âmbito das relações domésticas.
- **Não cabe no crime de moeda falsa**, pois o bem jurídico tutelado preponderantemente é a fé pública, e não o patrimônio. Nesse sentido: "Não se cogita a aplicação do princípio da insignificância ao crimes de moeda falsa, pois o bem jurídico protegido de forma principal é a fé pública, ou seja, a segurança da sociedade, sendo irrelevante o número de notas, o seu valor ou o número de lesados" (STJ, 5ª T., HC 439958, j. 26/06/2018).

- **Tráfico de drogas:** "Prevalece nesta Corte o entendimento de que afigura-se inaplicável o princípio da insignificância ao delito de tráfico ilícito de drogas, porquanto trata-se de crime de perigo presumido ou abstrato, sendo irrelevante a quantidade de droga apreendida em poder do agente" (STJ, 5ª T., HC 461377, j. 13/11/2018).
- **Posse de droga para consumo pessoal:** "De acordo com a jurisprudência do Superior Tribunal de Justiça, a pequena quantidade de substância entorpecente apreendida, por ser característica própria do crime descrito no art. 28 da Lei n. 11.343/2006, não afasta a tipicidade material da conduta. Além disso, trata-se de delito de perigo abstrato, dispensando-se a demonstração de efetiva lesão ao bem jurídico tutelado pela norma - saúde pública. Precedentes" (STJ, 6ª T., AgRg no HC 442072, j. 21/06/2018).
- **Descaminho:** "A Terceira Seção do STJ, por ocasião do julgamento do REsp 1.709.029, julgado em 28/02/2018, firmou a compreensão de ser aplicável o princípio da insignificância aos débitos tributários até o limite de R$ 20.000,00, conforme o disposto no art. 20, da Lei n.º 10.522/2002, atualizada pelas Portarias n.º 75 e 130, ambas do Ministério da Fazenda" (STJ, 6ª T., AgInt no REsp 1617899/SP, j. 17/04/2018).
  - **Descaminho e reiteração:** "A reiteração delitiva afasta a aplicação do princípio da insignificância nos crimes de descaminho. Precedentes" (STJ, 6ª T., AgRg no REsp 1722217, j. 14/05/2019).
- **Contrabando:** "1. 'Cuidando-se, ao menos em tese, de delito de contrabando, não se apresenta necessário discutir o montante dos tributos iludidos com o ingresso da mercadoria em território nacional, na medida em que tal aferição é pertinente ao crime de descaminho'. (...) 3. Portanto, em se tratando de crime de contrabando, é inaplicável o princípio da insignificância" (STJ, 6ª T., AgRg no AREsp 1394756, j. 19/03/2019).
- **Munição:** "(...) 2. Não há se falar em atipicidade em virtude da apreensão da munição desacompanhada de arma de fogo, porquanto a conduta narrada preenche não apenas a tipicidade formal mas também a material, uma vez que 'o tipo penal visa à proteção da incolumidade pública, não sendo suficiente a mera proteção à incolumidade pessoal' (...). Nesse contexto, verifico que permanece hígida a jurisprudência do Superior Tribunal de Justiça, bem como do Supremo Tribunal Federal, no sentido de que a posse de munição, mesmo desacompanhada de arma apta a deflagrá-la, continua a preencher a tipicidade penal, não podendo ser considerada atípica a conduta. 3. Passou-se a admitir, no entanto, a incidência do princípio da insignificância quando se tratar de posse de pequena quantidade de munição, desacompanhada de armamento capaz de deflagrá-la, uma vez que ambas as circunstâncias conjugadas denotam a inexpressividade da lesão jurídica provocada. Precedentes do STF e do STJ" (STJ, 5ª T., HC 484121, j. 16/05/2019).

# 3. PRINCÍPIO DA APLICAÇÃO DA LEI PENAL MAIS FAVORÁVEL

## 3.1. Vigência da lei penal

Como as demais normas, a lei penal está sujeita, quanto à sua obrigatoriedade e efetiva vigência, às mesmas regras de publicação oficial e decurso do prazo de *vacatio*. Igualmente, pode ser revogada totalmente (ab-rogação) ou parcialmente (derrogação).

Em regra, os fatos praticados na vigência de uma lei devem ser por ela regidos (*tempus regit actum*). Como exceção à regra, é prevista a **extra-atividade da lei penal mais benéfica** (CF, art. 5º, XL, e CP, art. 2º), possibilitando a sua retroatividade (aplicação da lei penal a fato ocorrido antes de sua vigência) ou a ultra-atividade (aplicação da lei após a sua revogação), desde que ainda não esgotadas as consequências jurídicas do fato.

## 3.2. Conflito de leis penais no tempo

A lei penal poderá sofrer alteração sem que tenham sido esgotadas as consequências jurídicas da infração, surgindo um conflito de leis penais no tempo. Pode ocorrer que um crime seja iniciado sob a vigência de uma lei e se ver consumado sob a de outra; pode um crime ser praticado sob a vigência de uma lei e ser a sentença condenatória proferida sob a vigência de outra, alterando os limites das penas; na fase de execução da pena pode surgir lei nova fixando pena mais benévola para o mesmo crime.

Este conflito de leis penais é solucionado pelo art. 5º, XL, da CF:

> **"A lei penal não retroagirá, salvo para beneficiar o réu"**.

Situações de conflito:

a) **LEI NOVA MAIS SEVERA (*novatio legis in pejus – lex gravior*):** como visto, *a lei penal não retroagirá, salvo para beneficiar o réu*. Assim, a lei nova mais grave não pode ser aplicada aos fatos ocorridos antes de sua vigência (princípio da irretroatividade da lei nova mais severa).

> ▸ **Atenção:**
>
> Pode ocorrer o surgimento de lei nova durante a prática de **crime permanente** e **crime continuado**. Nesta hipótese, aplica-se a lei nova, mesmo que mais grave, desde que passe a viger antes de cessada a permanência ou a continuidade. Nesse sentido, a **Súmula 711 do STF**: "A lei penal mais grave aplica-se ao crime continuado ou ao crime permanente, se a sua vigência é anterior à cessação da continuidade ou da permanência".

b) **LEI NOVA MAIS BENÉFICA (*novatio legis in mellius – lex mitior*):** além do art. 5º, XL, da CF (*"a lei penal não retroagirá, salvo para beneficiar o réu"*), deve-se atentar para o art. 2º, parágrafo único, do CP:

> "a lei posterior, que de qualquer modo favorecer o agente, aplica-se aos fatos anteriores, ainda que decididos por sentença condenatória transitada em julgado".

Nestes termos, a lei nova mais benéfica retroage aos fatos ocorridos antes de sua vigência. Compete ao juiz da execução aplicar, após o trânsito em julgado, a lei posterior que de qualquer modo favorecer o condenado (art. 66, I, da LEP e Súmula 611 do STF).

c) **DESCRIMINALIZAÇÃO (*abolitio criminis*):** "*Ninguém pode ser punido por fato que lei posterior deixa de considerar crime, cessando em virtude dela a execução e os efeitos penais da sentença condenatória*" (art. 2º, *caput*, do CP).

A lei nova deixa de considerar o fato como crime. Essa regra é aplicada mesmo após o trânsito em julgado da sentença. Cessam a execução e os efeitos penais da sentença condenatória. Observe-se que não cessam os efeitos extrapenais, como a obrigação civil de reparação do dano causado pelo crime. Pode ser citada como exemplo a Lei nº 11.106, de 28/03/2005, que revogou o crime de adultério.

d) **LEI NOVA INCRIMINADORA:** a lei passa a considerar determinado evento como crime. Não se pode aplicá-la aos fatos ocorridos antes de sua vigência, em observância ao princípio da anterioridade, nos termos do art. 5º, XXXIX, da CF, e art. 1º do CP.

- Ex.: a Lei nº 13.641, de 03/04/2018 (DOU 04/04/2018), inseriu o art. 24-A na Lei Maria da Penha, para tipificar o crime de descumprimento de medidas protetivas de urgência. Antes da alteração, o STJ entendia que a conduta não configurava crime de desobediência ou mesmo qualquer outro delito. Veja-se: "1. A jurisprudência do Superior Tribunal de Justiça firmou-se no sentido de que o descumprimento de medidas protetivas impostas nos termos a Lei 11.340/06 não configura o delito do art. 359 do Código Penal. 2. Em se tratando de novatio legis in pejus, cuja irretroatividade se impõe, conforme os arts. 5º, XL, da CF e 1º do CP, não incide o art. 24-A da Lei Maria da Penha aos fatos anteriores à publicação da Lei 13.641/18, que criou tipo penal específico para a conduta de desobedecer decisões judiciais que impõem medidas protetivas" (STJ, 6ª T., AgRg no AREsp 1216126, j. 21/08/2018).

## 3.3. Combinação de leis penais (*lex tertia*)

Discute-se acerca da possibilidade da combinação de várias leis para beneficiar o agente, existindo dois entendimentos:

1º) Não é possível, haja vista que os princípios da ultra-atividade e da retroatividade da *lex mitior* não autorizam a combinação de duas normas que conflitam no tempo entre si, para se extrair uma terceira que beneficie o réu. Ademais, o juiz estaria legislando ao criar uma nova lei (*lex tertia*:

a "terceira lei"). Nesse sentido: Costa e Silva, Nélson Hungria, Aníbal Bruno e Fragoso.

2º) É possível, uma vez que, se pode o todo, não haveria problema em o juiz escolher parte de um todo e parte de outro, atendendo, assim, aos princípios da ultra-atividade e retroatividade benéficas. O magistrado apenas efetua uma integração normativa. Nesse sentido: Basileu Garcia, José Frederico Marques, Magalhães Noronha, Rogério Greco, Luiz Regis Prado, Cezar Roberto Bitencourt e Luiz Flávio Gomes.

> **Observação:**
>
> Os Tribunais Superiores posicionaram-se pela inadmissibilidade da combinação de normas penais envolvendo a Lei de Drogas. Veja o enunciado da **Súmula 501/STJ**: "*É cabível a aplicação retroativa da Lei 11.343, desde que o resultado da incidência das suas disposições, na íntegra, seja mais favorável ao réu do que o advindo da aplicação da Lei nº 6.368, sendo vedada a combinação de leis*".
>
> No mesmo sentido foi decidido pelo plenário do **STF** no RE 600.817, julgado em 07/11/2013.

## 3.4. Lei intermediária mais benéfica

Pode ocorrer o surgimento de lei intermediária mais benéfica, ou seja, aquela vigente depois da prática do fato, mas revogada antes de esgotadas as consequências jurídicas da infração penal. Mesmo nesta situação, o princípio da retroatividade da lei mais benigna permanecerá válido.

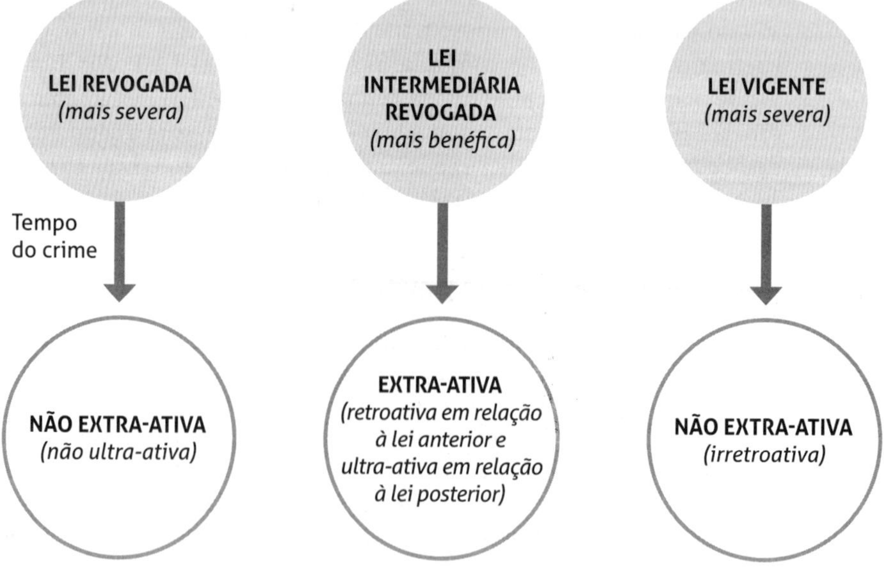

***Exemplo:*** *Lei 1* cominando pena de reclusão de 6 a 10 anos para o crime. *Lei 2* (intermediária) cominando para o mesmo crime pena de 2 a 4 anos. *Lei 3* prevendo, também para o mesmo crime, pena de 8 a 12 anos. Supondo que o crime seja praticado durante a *Lei 1*, mas a prolação da sentença condenatória se dê durante a vigência da *Lei 3*. Nesse caso, aplica-se a lei intermediária, que é a mais favorável.

## 4. LEI EXCEPCIONAL E LEI TEMPORÁRIA

Nos termos do art. 3º do CP,

> *"A lei excepcional ou temporária, embora decorrido o período de sua duração ou cessadas as circunstâncias que a determinaram, aplica-se ao fato praticado durante sua vigência".*

**Lei excepcional** é aquela que possui vigência durante situação transitória emergencial, como nos casos de guerra, calamidade pública, inundação etc. Não é fixado prazo de vigência, que persistirá enquanto não cessar a situação que a determinou. **Lei temporária**, por sua vez, é aquela que possui vigência previamente determinada. Exemplo: A Lei da "Copa do Mundo de 2014" dispõe em seu art. 36 que

> *"Os tipos penais previstos neste Capítulo terão vigência até o dia 31 de dezembro de 2014".*

Pode-se dizer que as leis excepcionais e temporárias são autorrevogáveis e criadas para atender situações anômalas.

O dispositivo permite que em relação a essas leis seja aplicada a **ultra-atividade gravosa**. *Ex.*: vamos supor que o "fato x" passou a ser considerado crime por uma lei temporária ou excepcional. Revogada a lei, o "fato x" deixou de ser considerado crime. Nessa situação, quem praticou o "fato x" na vigência da lei excepcional ou temporária responderá criminalmente pela sua conduta, mesmo após a revogação da lei. Observe-se que não haverá *abolitio criminis*.

## 5. TEMPO DO CRIME

É importante a fixação do tempo em que o delito se considera praticado, especialmente para sabermos a lei que deve ser aplicada e estabelecermos a imputabilidade do sujeito. Há três teorias acerca do tema: **a) Teoria da atividade:** considera praticado o crime no momento da conduta (ação ou omissão), ainda que outro seja o momento do resultado. **O CP adotou esta teoria (art. 4º)**. Exemplo:

"A", com a intenção de matar, desfere uma facada em "B". Logo em seguida é interrompido por terceiros. "B" é levado ao hospital, mas não suporta os ferimentos sofridos e morre cinco dias após as facadas. O crime foi praticado (tempo de crime) no dia da facada e não no dia da morte (momento da consumação); **b) Teoria do resultado:** considera o momento da produção do resultado; **c) Teoria mista:** considera tanto o momento da conduta como o do resultado.

▸ **Importante:**

1) **Ato infracional praticado por menor e resultado da infração ocorrido posteriormente ao momento da conduta** *(ex.: adolescente desfere facadas na vítima que vem a falecer dias depois, ocasião em que já atingiu a maioridade):* aplica-se o Estatuto da Criança e do Adolescente, já que o ato infracional foi praticado na época em que era inimputável (momento da conduta – teoria da atividade). Nesse sentido, o art. 147, § 1º, do ECA.
2) **Crime permanente praticado por menor que atinge a maioridade enquanto não cessada a permanência:** aplica-se a legislação penal, tendo em vista que passou a ser imputável durante a prática da conduta (*ex.: adolescente, com 17 anos e 11 meses, coloca a vítima no cativeiro; 60 dias depois, quando já completou a maioridade, o agente é preso e a vítima salva:* aplica-se o Código Penal, e não o ECA – inteligência da Súmula 711 do STF).

## 6. LUGAR DO CRIME

Nos termos do art. 6º do CP,

> Considera-se praticado o crime no lugar em que ocorreu a ação ou omissão, no todo ou em parte, bem como onde se produziu ou deveria produzir-se o resultado.

Existem várias teorias acerca do lugar do crime. As principais são:

a) **teoria da atividade:** local em que ocorreu a conduta;

b) **teoria do resultado:** local em que ocorreu o resultado;

c) **teoria pura da ubiquidade, mista ou unitária:** local em que ocorreu a ação ou omissão (conduta), no todo ou em parte, bem como onde se produziu ou deveria produzir-se o resultado.

**O Código Penal adotou a teoria da ubiquidade ou mista**. Não se deve confundir com as regras de competência interna (processo penal), independentemente de se tratar do art. 5º ou 7º do Código Penal. O dispositivo é aplicável aos chamados **crimes à distância** (a conduta é praticada em território estrangeiro e o resultado ocorre no Brasil ou vice-versa). Se a conduta ou o resultado ocorreu no território brasileiro, aplica-se a nossa lei (CP, art. 5º). Mesmo se a conduta e o resultado ocorrerem fora do território nacional, nossa lei penal poderá ser aplicada em alguns casos (CP, art. 7º). A hipótese de **tentativa** vem disposta na expressão "deveria produzir-se o resultado". Para ser aplicado o art. 5°, a circunstância alheia à vontade do agente que impediu a consumação do delito deve ocorrer no território nacional. Não há interesse do Estado de punir o agente se nenhuma fase ofensiva do delito (execução ou consumação) tiver sido praticada em nosso país.

## 7. TERRITORIALIDADE

Em regra, ao crime praticado no território nacional aplica-se a lei brasileira. Como exceção, pode ocorrer a incidência da lei de outro país a um crime praticado no território nacional, desde que haja previsão em convenções, tratados e regras de direito internacional. **O Código Penal adotou o princípio da territorialidade, porém de forma temperada ou mitigada**, por permitir a aplicação de convenções, tratados e regras de direito internacional. Nessa hipótese excepcional, temos a chamada *intraterritorialidade* (Exemplo: crime praticado por um embaixador de outro país no território brasileiro).

Conceito de território nacional:

*a)* ***sentido jurídico***: espaço sujeito à soberania do Estado.

*b)* ***sentido material, efetivo ou real***: o território abrange a superfície terrestre (solo e subsolo), as águas interiores, o mar territorial (12 milhas marítimas a partir da baixa-mar do litoral continental e insular – Lei nº 8.617/93) e o espaço aéreo correspondente (teoria da soberania sobre a coluna atmosférica). No caso de território neutro, aplica-se a lei do país do agente.

*c)* ***território por extensão ou flutuante***: para os efeitos penais, consideram-se como extensão do território nacional: as embarcações e aeronaves brasileiras, *de natureza pública ou a serviço do governo brasileiro*, onde quer que se encontrem (CP, art. 5º, § 1º, 1ª parte); as aeronaves e as embarcações brasileiras (matriculadas no Brasil), *mercantes ou de propriedade privada*, que se achem, respectivamente, no espaço aéreo correspondente ao alto-mar ou em alto-mar (CP, art. 5º, § 1º, 2ª parte). O dispositivo está de acordo com a "lei da bandeira" ou "princípio do pavilhão ou da representação ou da substituição".

Observe-se que, segundo disposições do § 2º, a legislação nacional é aplicada mesmo se o crime for praticado a bordo de *aeronaves ou embarcações estrangeiras de propriedade privada*, desde que:

1) a *aeronave estrangeira privada* se encontre em pouso no território nacional ou em voo no espaço aéreo correspondente;

2) a *embarcação estrangeira privada* se encontre em porto ou no mar territorial do Brasil.

## 8. EXTRATERRITORIALIDADE

O artigo 7º dispõe acerca da aplicação da lei brasileira a crimes cometidos em território estrangeiro, ao passo que o art. 5º trata da aplicação da lei brasileira a crimes cometidos em território brasileiro. Por sua vez, a Lei de Contravenções Penais dispõe em seu art. 2º que a lei brasileira só é aplicável à contravenção praticada no território nacional.

### 8.1. Extraterritorialidade incondicionada

Aplica-se a lei nacional a determinados delitos cometidos fora do território, independentemente de qualquer condição, ainda que o acusado seja absolvido ou condenado no estrangeiro. São os seguintes crimes (CP, art. 7º, I):

> a) contra a vida ou a liberdade do Presidente da República; b) contra o patrimônio ou a fé pública da União, do Distrito Federal, de Estado, de Território, de Município, de empresa pública, sociedade de economia mista, autarquia ou fundação instituída pelo Poder Público; c) contra a administração pública, por quem está a seu serviço; d) de genocídio, quando o agente for brasileiro ou domiciliado no Brasil.

**Importante:**

Existe outra hipótese de extraterritorialidade no **art. 2º da Lei de Tortura** (Lei nº 9.455/02):

> "O disposto nesta Lei aplica-se ainda quando o crime não tenha sido cometido em território nacional, sendo a vítima brasileira ou encontrando-se o agente em local sob jurisdição brasileira".

### 8.2. Extraterritorialidade condicionada

Aplica-se a lei nacional a determinados delitos cometidos fora do território, sendo eles aqueles:

a) que, por tratado ou convenção, o Brasil se obrigou a reprimir;

b) praticados por brasileiros;

c) praticados em aeronaves ou embarcações brasileiras, mercante ou de propriedade privada, quando em território estrangeiro e aí não sejam julgados.

Nesses crimes, a aplicação da lei brasileira depende do concurso das seguintes **condições**:

i) entrar o agente no território nacional;

ii) ser o fato punível também no país em que foi praticado;

iii) estar o crime incluído entre aqueles pelos quais a lei brasileira autoriza a extradição;

iv) não ter sido o agente absolvido no estrangeiro ou não ter aí cumprido a pena;

v) não ter sido o agente perdoado no estrangeiro ou, por outro motivo, não estar extinta a punibilidade, segundo a lei mais favorável.

> ▸ **Importante:**
>
> Imaginemos que uma brasileira, em alto-mar, pratique aborto (fora das hipóteses legais), a bordo de uma embarcação de propriedade privada, registrada em um país em que o aborto não é punido. Nesse caso, nossa lei não será aplicada, já que o fato não é punível no país em que foi praticado.

O § 3º dispõe sobre mais outra hipótese de *extraterritorialidade condicionada*. Trata-se de crime cometido por estrangeiro contra brasileiro fora do Brasil. Nesta situação, além das condições previstas no § 2º, deve-se ainda observar se: a) não foi pedida ou foi negada a extradição; b) houve requisição do Ministro da Justiça. Em razão dessas duas outras condições, essa hipótese é considerada como sendo uma forma de **extraterritorialidade hipercondicionada.**

## 8.3. Pena cumprida no estrangeiro

Pode ocorrer que o agente seja condenado no estrangeiro e no Brasil pela prática do mesmo crime. Nesse caso, para não haver a dupla punição pelo cometimento da mesma infração (*non bis in idem*), estabelece o art. 8º do CP que "a pena cumprida no estrangeiro atenua a pena imposta no Brasil pelo mesmo crime, quando diversas, ou nela é computada, quando idênticas".

# 9. DISPOSIÇÕES FINAIS ACERCA DA APLICAÇÃO DA LEI PENAL

## 9.1. Eficácia da sentença estrangeira

Nos termos do art. 9º do CP, a sentença estrangeira, quando a aplicação da lei brasileira produz na espécie as mesmas consequências, pode ser homologada no Brasil para: I – obrigar o condenado à reparação do dano, a restituições e a outros efeitos civis; II – sujeitá-lo a medida de segurança. Compete ao STJ a homologação de sentença estrangeira (CF, art. 105, I, *i*, de acordo com a EC n.° 45/2004). A homologação depende: a) para os efeitos previstos no inciso I, de pedido da parte interessada; b) para os outros efeitos, da existência de tratado de extradição com o país de cuja autoridade judiciária emanou a sentença, ou, na falta de tratado, de requisição do Ministro da Justiça.

## 9.2. Contagem de prazo

O dia do começo inclui-se no cômputo do prazo (art. 10 do CP). Saliente-se que o prazo no Direito Penal, cuja importância relaciona-se ao cumprimento da pena, favorece o acusado, uma vez que o primeiro dia é computado e, também, por ser improrrogável. Os dias, os meses e os anos contam-se pelo calendário comum (gregoriano). *Exemplo:* uma pena de 1 ano iniciada no dia 04 de janeiro de 2010, às 18 horas, terá seu término no dia 03 de janeiro de 2011, às 24 horas.

## 9.3. Frações não computáveis de pena

Na aplicação das penas privativas de liberdade e nas restritivas de direitos, desprezam-se as frações de dia. Na aplicação da pena de multa, desprezam-se as frações da unidade monetária vigente (CP, art. 11).

## 9.4. Aplicação das normas gerais do Código Penal

Nos termos do art. 12 do CP, as suas regras gerais (previstas na parte geral e na parte especial) possuem aplicação subsidiária em relação às leis especiais. Observe-se que não se aplicarão as regras gerais do CP na hipótese de a legislação especial regular a matéria de forma diversa. Exemplo: não se aplica a regra do crime tentado (CP, art. 14, II, e parágrafo único) às contravenções penais, uma vez que a legislação específica dispõe que não se pune a tentativa de contravenção (art. 4º da LCP).

## 10. CONFLITO APARENTE DE LEIS PENAIS

Na hipótese de determinado fato apresentar dificuldade para a correta adequação típica, tendo em vista que *aparentemente* se mostra subsumido a mais de um tipo penal, surge o conflito aparente de normas. Assim, temos como pressuposto desse conflito a *unidade de fato* e a *pluralidade de normas (de tipos penais)*. Para solucionar a questão, evitando o *bis in idem*, são apontados quatro princípios:

1) **PRINCÍPIO DA ESPECIALIDADE**: no conflito entre um tipo penal específico e um tipo penal genérico, prevalece o específico. O tipo penal específico (que pode estar contido no Código Penal ou na legislação penal especial) contém todos os elementos do tipo penal genérico e outros que caracterizam a especialidade. Existe uma relação de gênero e espécie. Esses elementos específicos são chamados de *especializantes*, os quais podem tornar o fato mais grave ou mais benéfico ao agente.

*Exemplo:*

| | Elementos | Elementos específicos |
|---|---|---|
| Tipo geral (homicídio – art. 121) | matar + alguém | – |
| Tipo especial (infanticídio – art. 123) | matar + alguém | (próprio filho), sob a influência do estado puerperal, durante o parto ou logo após. |

2) **PRINCÍPIO DA SUBSIDIARIEDADE:** o tipo subsidiário (norma subsidiária) descreve um crime autônomo com cominação de pena menos grave que o previsto em outro tipo penal, chamado de norma primária. A norma subsidiária funciona como um "soldado de reserva" (expressão cunhada por Nélson Hungria), sendo aplicada quando não houver incidência da norma primária. A subsidiariedade pode ser tácita ou expressa. Na *subsidiariedade expressa*, a própria lei determina que só se aplica a norma mais branda se o fato não constituir crime mais grave. *Exemplos:* artigos 132, 238, 314, 325 e 337, todos do CP. Ocorre a *subsidiariedade tácita* quando as elementares de um tipo estão contidas na forma de elementares ou de circunstâncias acidentais de outro tipo. *Exemplo:* a ameaça (art. 147) integra o crime de constrangimento ilegal (art. 146), de sorte que o agente, cometendo o crime de constrangimento ilegal mediante grave ameaça, não responderá também por esta.

3) **PRINCÍPIO DA CONSUNÇÃO**: aplica-se quando um fato definido por uma norma incriminadora, sendo mais amplo e mais grave, absorve outros fatos, menos amplos e menos graves, que funcionam como fase normal de preparação ou de execução ou como mero exaurimento. Os fatos,

aqui, não se apresentam em relação de gênero e espécie, mas de *minus* a *plus*, de meio a fim, de fração a inteiro. Atente-se para a nomenclatura: no conflito, o **crime consuntivo** é que absorve o de menor gravidade; o **crime consunto** é o absorvido. Pode apresentar-se nas seguintes hipóteses: crime complexo, crime progressivo, progressão criminosa, fato anterior impunível e fato posterior impunível.

> **Importante**
>
> Em regra, o crime menos grave (crime consunto) é absorvido por outro mais grave (crime consuntivo). No entanto, tanto a doutrina quanto a jurisprudência admitem que um crime mais grave (considerando a pena abstrata) seja absorvido por outro menos grave. Por exemplo, pode-se citar o crime de falsidade material de documento público (art. 297) ser absorvido pelo crime de estelionato (art. 171).

Situações:

*a)* *crime progressivo*: o agente desde o início de sua conduta possui a intenção de alcançar o resultado mais grave, de modo que seus atos violam o bem jurídico de forma crescente. As violações anteriores ficam absorvidas. O delito de menor gravidade caracteriza-se como um *crime de passagem obrigatória*, pois os bens jurídicos devem ser conexos por estarem na mesma linha de desdobramento da ofensa. *Exemplo:* para consumar o homicídio necessariamente haverá o delito de lesão corporal (crime de passagem).

*b)* *progressão criminosa (sentido estrito)*: o agente produz o resultado desejado, mas, em seguida, resolve (substituição do dolo) progredir na violação do bem jurídico e produz um resultado mais grave que o anterior. O fato inicial fica absorvido. *Exemplo:* o sujeito, em um momento inicial, pratica lesões corporais na vítima. Em seguida, não satisfeito, resolve matá-la. Aqui ocorre a substituição do dolo, ao contrário do crime progressivo, no qual o agente desde o início possui a intenção de praticar a ofensa de maior gravidade.

*c)* *o crime-meio é absorvido pelo crime-fim (fato anterior impunível):* crime-meio, como o próprio nome diz, é aquele praticado pelo agente como meio de atingir outra finalidade, que se trata do crime-fim. Apesar de ter o sujeito praticado mais de uma conduta considerada crime (pluralidade de fatos), incide apenas um tipo penal. *Exemplo:* crime de falso (crime-meio) e estelionato (crime-fim). Nesse sentido a **Súmula 17 do STJ**: "Quando o falso se exaure no estelionato, sem mais potencialidade lesiva, é por este absorvido".

d) *fato posterior não punível*: sempre que o fato posterior (eventual crime posterior) se referir ao mesmo bem jurídico e à mesma vítima, ficará absorvido pelo primeiro (crime anterior), uma vez que já houve a lesividade àquele bem jurídico. *Exemplo:* o agente destrói a coisa furtada. Não responderá pelo crime de dano (art. 163).

▸ **Observação:**

Parcela da doutrina acrescenta o *crime complexo* como hipótese de consunção.

***Crime complexo próprio, puro ou em sentido estrito*** é o que resulta da soma de dois ou mais crimes autônomos, que passam a funcionar como elementares ou circunstâncias no tipo complexo. Vem disposto no artigo 101 do CP. *Exemplo*: latrocínio, que é constituído por roubo + homicídio.

***Crime complexo impróprio, impuro ou em sentido amplo*** é o que resulta da soma de fato típico + fato atípico. *Exemplo*: estupro, que é constituído por constrangimento ilegal + relação sexual.

4) **PRINCÍPIO DA ALTERNATIVIDADE:** aplica-se aos tipos mistos alternativos, isto é, aqueles que descrevem crimes de ação múltipla ou de conteúdo variado. Assim, mesmo havendo várias formas de conduta (mais de um verbo) no mesmo tipo, somente haverá a consumação de um único delito, independente da quantidade de condutas realizadas no mesmo contexto. Na realidade, observa-se que não há conflito de normas, mas conflito dentro da própria figura típica. *Exemplos:* art. 122 do CP e art. 33, *caput*, da Lei nº 11.343/06. **Atenção:** de acordo com a jurisprudência dos Tribunais Superiores, o estupro, conforme redação dada pela Lei nº 12.015/09, é um tipo misto alternativo: "(...) 2. O estupro é tipo misto alternativo e crime pluriofensivo, pois o crime do art. 213 do Código Penal tutela dois bens jurídicos: a liberdade sexual e, alternativamente, a integridade corporal e a liberdade individual. O núcleo do tipo é "constranger", o que acarreta no comportamento de retirar de uma pessoa sua liberdade de autodeterminação, no sentido de coagir alguém a fazer ou deixar de fazer algo. Outrossim, o dissenso da vítima quanto à conjunção carnal ou outro ato libidinoso é fundamental à caracterização do delito: trata-se de elementar implícita do tipo penal. 3. O estupro é, pois, crime complexo em sentido amplo, constituindo-se de constrangimento ilegal voltado para uma finalidade específica, consistente em conjunção carnal ou outro ato libidinoso" (STJ, 5ª T., RHC 93906, j. 21/03/2019).

## 11. NORMAS PENAIS EM BRANCO

São tipos penais cujo preceito primário encontra-se incompleto, dependendo de outra norma para sua complementação.

Classificam-se em:

a) **Normas penais em branco homogêneas, impróprias ou em sentido lato:** são aquelas em que o complemento provém da mesma fonte formal da norma incriminadora. O órgão encarregado de formular o complemento é o mesmo órgão elaborador da lei penal em branco. Ou seja, o complemento do tipo penal é dado por uma lei. *Ex.*: art. 237 do CP.

b) **Normas penais em branco heterogêneas, próprias ou em sentido estrito:** são aquelas cujo complemento está contido em norma que procede de outra instância legislativa. A lei penal é complementada por ato normativo infralegal, como uma portaria ou um decreto. *Ex.*: art. 33 da Lei nº 11.343/06.

▸ Observação:

**Normas penais em branco ao revés ou invertidas:** existem quando, embora completo o preceito primário (descrição da conduta), o preceito secundário (cominação da pena) fica a cargo de norma complementar. *Ex.*: art. 1º da Lei nº 2.889/56.

CAPÍTULO II

# Teoria do crime

## 1. CONCEITO DE CRIME

*a) Material (substancial)*: refere-se ao conteúdo do ilícito penal, com análise da conduta danosa e sua consequência social. Nesse sentido, crime é o comportamento humano que causa lesão ou perigo de lesão ao bem jurídico.

*b) Formal (formal sintético)*: conceito sob o aspecto da contradição do fato à norma penal. Nesse sentido, crime é a conduta humana proibida pela lei penal.

*c) Analítico (dogmático ou formal analítico)*: enfoca os elementos ou requisitos do crime. O delito é concebido como conduta típica, ilícita e culpável (conceito tripartido), ou apenas como conduta típica e ilícita (conceito bipartido).

| Crime (Conceito tripartido) | | |
|---|---|---|
| Fato típico | Ilicitude | Culpabilidade |

| Crime (conceito bipartido) | |
|---|---|
| Fato típico | Ilicitude |

Pelo conceito bipartido, a culpabilidade não é elemento do crime, mas sim pressuposto de aplicação da pena. Portanto, pode ter ocorrido o crime (fato típico + ilicitude) e mesmo assim ser o agente isento de pena.

▸ **Importante.**

**Infração penal** é um gênero, que possui duas espécies: **1ª) crime ou delito; 2ª) contravenção penal.** Não existe diferença ontológica entre as duas espécies de infração penal, tanto é que pode uma contravenção se tornar crime e vice-versa. A diferença entre crime e contravenção penal, em termos legais, vem disposta no **art. 1º da Lei de Introdução ao Código Penal (LICP)**: "Considera-se crime a infração penal a que a lei comina pena de reclusão ou de detenção, quer isoladamente, quer alternativa ou cumulativamente com a pena de multa; contravenção, a infração penal a que a lei comina, isoladamente, pena de prisão simples ou de multa, ou ambas, alternativa ou cumulativamente". Observe-se que a distinção formal se refere à natureza da pena.

## 2. CLASSIFICAÇÃO DOUTRINÁRIA DOS CRIMES

a) **crime simples:** é o tipo penal básico (*ex.*: art. 121, *caput* - homicídio), sem conter circunstância no tipo penal que modifique a pena; **crime qualificado:** possui circunstância que torna a pena mais elevada do que a do tipo básico (*ex.*: art. 121, § 2º – homicídio qualificado); **crime privilegiado:** possui circunstância que torna a pena menos grave do que a do tipo básico (*ex.*: art. 242, parágrafo único).

b) **crime comum:** não exige qualidade especial do sujeito ativo, de modo que qualquer pessoa poderá praticá-lo (*ex.*: homicídio, lesão corporal, furto, roubo, estelionato); **crime próprio:** exige uma qualidade especial do sujeito ativo (*ex.*: art. 312 – peculato, que requer a qualidade de funcionário público); **crime de mão própria:** o tipo penal exige que o sujeito ativo realize a conduta direta e pessoalmente, de sorte que não se admite coautoria (*ex.*: art. 342 – falso testemunho).

c) **crime político:** pune-se uma conduta que causa um dano ou perigo de dano a bem jurídico de interesse da segurança do Estado. Pode ser: *político próprio*: tutela interesse do Estado (*ex.*: arts. 8º, 10 e 13 da Lei nº 7.170/83); *político impróprio*: além de tutelar interesse do Estado, protege bens jurídicos individuais (*ex.*: arts. 15, 18 e 20 da Lei nº 7.170/83).

d) **crime militar próprio:** previsto apenas no Código Penal Militar (*ex.*: art. 187 - deserção); **crime militar impróprio:** a mesma figura típica do CPM é prevista no CP ou em outras leis especiais (*ex.*: o crime de furto é previsto no CPM e no CP).

e) **crime instantâneo:** a consumação é imediata (*ex.*: art. 121 - homicídio); **crime permanente:** a conduta do agente causa uma situação lesiva ao bem jurídico que perdura no tempo, daí se dizer que a consumação se prolonga ou se protrai no tempo (*ex.*: art. 148 - sequestro); **crime instantâneo com efeito permanente:** a consumação é imediata, mas o resultado se prolonga no tempo independente da vontade do agente (ex.: art. 235 – bigamia).

f) **crime habitual:** depende de vários atos habituais para configurar a infração (*ex.*: art. 284 – curandeirismo).

g) **crime comissivo:** o tipo penal descreve uma ação proibida (*ex.*: art. 121). A norma penal é *proibitiva*; **crime omissivo próprio:** o tipo penal descreve uma conduta omissiva, ou seja, um não fazer proibido. A norma penal nesse caso é *preceptiva* ou *mandamental* (*ex.*: art. 135 – omissão de socorro); **crime omissivo impróprio (comissivo por omissão):** em certas situações, mesmo o tipo penal descrevendo uma ação, pode haver a sua execução por omissão. O agente deixa de evitar o resultado quando podia e devia agir (*ex.*: art. 121, c/c art. 13, § 2º, do CP – figura do "garante").

h) **crime monossubjetivo:** o tipo exige apenas um agente realizando a conduta típica, mas pode haver concurso de pessoas; **crime plurissubjetivo:** o tipo exige dois ou mais agentes para a configuração do crime. Pode ser por conduta *paralela* (mesmo objetivo – *ex.*: associação criminosa, art. 288), conduta *divergente* (ações dirigidas de uns contra os outros – *ex.*: rixa, art. 137) e conduta *convergente* (*ex.*: bigamia, art. 235).

i) **crime unissubsistente:** a ação típica não pode ser fracionada, sendo realizada com um só ato. Ao praticar a ação ocorrerá a consumação (*ex.*: injúria verbal); **crime plurissubsistente:** a fase executória é formada por diversos atos. *Ex.*: no crime de estelionato, exige-se que, após a fraude empregada pelo agente, este obtenha vantagem ilícita em prejuízo alheio.

j) **crime consumado:** ocorre quando se reúnem todos os elementos de sua definição legal (art. 14, I); **crime tentado:** ocorre quando, iniciada a execução, não se consuma por circunstâncias alheias à vontade do agente (art. 14, II); **crime exaurido:** consequência mais lesiva após a consumação (ex.: recebimento da vantagem após a extorsão mediante sequestro).

k) **crime de ação única:** o tipo prevê apenas uma forma de conduta (um verbo); **crime de ação múltipla:** o tipo prevê várias formas de conduta (*ex.*: art. 122 – induzimento, instigação ou auxílio ao suicídio). Os crimes de ação múltipla podem ser de ação *alternativa* (a prática de vários verbos nucleares, no mesmo contexto fático, denota crime único – *ex.*: porte ilegal de arma de fogo de uso permitido, art. 14 da Lei nº 10.826/03) ou *cumulativa* (se o agente pratica mais de um verbo nuclear terá cometido mais de um delito – *ex.*: abandono material, art. 244 do CP).

l) **crime de dano:** consuma-se com a efetiva lesão ao bem jurídico (*ex.*: art. 121 – homicídio); **crime de perigo:** consuma-se com a possibilidade de lesão ao bem jurídico (*ex.*: art. 132 – periclitação). O perigo pode ser concreto ou presumido; e também individual ou comum (coletivo). Tem-se o *perigo concreto* quando necessita de comprovação do perigo (*ex.*: no art. 309 do CTB não basta dirigir veículo automotor sem habilitação, sendo necessário que o agente gere perigo de dano; no crime do art. 250 do CP não basta causar incêndio, devendo haver efetivo perigo à vida, a integridade física ou ao patrimônio de outrem). O crime de *perigo abstrato ou presumido* dispensa a comprovação do perigo de dano (*ex.*: art. 130 – perigo de contágio venéreo; art. 33 da Lei nº 11.343/06 – tráfico de drogas). Para parte da doutrina haveria inconstitucionalidade na criação de delitos de perigo abstrato, sob a justificativa de violação ao princípio da ofensividade. O crime de *perigo individual* expõe a perigo o bem jurídico de uma pessoa ou de um número determinado de pessoas. *Ex.*: crime de perigo para a vida ou saúde de outrem (CP, art. 132). O crime de *perigo comum ou coletivo* expõe a perigo o interesse de um número indeterminado de pessoas. *Ex.*: crime de incêndio (CP, art. 250).

m) **crime complexo:** *a) sentido estrito* (ou *complexo puro*): reunião de condutas típicas distintas (*ex.*: art. 159 – extorsão mediante sequestro, que consiste na fusão dos crimes de extorsão e sequestro); *b) sentido amplo* (ou *complexo impuro*): reunião de uma conduta típica e outras circunstâncias. *Ex.*: constrangimento ilegal (ameaça + outro fato não tipificado).

n) **crime pluriofensivo:** protege mais de um bem jurídico no mesmo tipo penal (*ex.*: art. 157 – roubo, que tutela os bens jurídicos patrimônio e integridade corporal).

o) **crime vago:** possui como sujeito passivo entidades sem personalidade jurídica (*ex.*: violação de sepultura - art. 210).

p) **crime funcional:** possui como agente o funcionário público. Pode ser: *funcional próprio*: a condição de funcionário público é essencial para configuração do crime, de forma que, sem ela, não há outro delito (*ex.*: prevaricação - art. 319); *funcional impróprio*: a ausência da condição de funcionário público desclassifica a infração (*ex.*: a ausência da qualidade de funcionário público desclassifica o crime de peculato-apropriação para apropriação indébita).

> **▸ Observação:**
>
> Em outros trechos desta obra constam outras classificações de crimes. *Exemplos*: crime progressivo (princípio da consunção); crime de ensaio (crime impossível); crime continuado (concurso de crimes); crime falho (tentativa perfeita); crimes materiais, formais e de mera conduta (resultado).

## 3. SUJEITOS DO CRIME

O **sujeito ativo** é aquele que contribui para a realização do fato criminoso. São modalidades de contribuição a *autoria* e a *participação*, conforme veremos no Capítulo atinente ao "concurso de pessoas".

A Constituição Federal admitiu a responsabilização penal da pessoa jurídica no art. 173, § 5º (crimes contra a ordem econômica e financeira e contra a economia popular) e no art. 225, § 3º (crimes contra o meio ambiente). Regulamentando as disposições constitucionais, foi editada a Lei nº 9.605/98, que trouxe expressamente em seu texto a possibilidade de a pessoa jurídica ser responsabilizada penalmente (art. 3º).

| TEORIA DA DUPLA IMPUTAÇÃO: |
|---|
| A teoria da dupla imputação diz respeito à exigência da responsabilização penal da pessoa jurídica por crimes ambientais à simultânea persecução penal da pessoa física em tese responsável no âmbito da empresa. STF e STJ dispensam a referida teoria. Vejamos: |
| **STJ:** "Este Superior Tribunal, na linha do entendimento externado pelo Supremo Tribunal Federal, passou a entender que, nos crimes societários, não é indispensável a aplicação da teoria da dupla imputação ou imputação simultânea, podendo subsistir a ação penal proposta contra a pessoa jurídica, mesmo se afastando a pessoa física do polo passivo da ação" (STJ, 6ª T., AgRg no RMS 48.851, j. 20/02/2018). Em posição já superada, entendia o STJ: "Para a validade da tramitação de feito criminal em que se apura o cometimento de delito ambiental, na peça exordial devem ser denunciados tanto a pessoa jurídica como a pessoa física (sistema ou teoria da dupla imputação). Isso porque a responsabilização penal da pessoa jurídica não pode ser desassociada da pessoa física – quem pratica a conduta com elemento subjetivo próprio" (STJ, 5ª T., RMS 37293, j. 02/05/2013). |
| **STF:** "O art. 225, § 3º, da Constituição Federal não condiciona a responsabilização penal da pessoa jurídica por crimes ambientais à simultânea persecução penal da pessoa física em tese responsável no âmbito da empresa. A norma constitucional não impõe a necessária dupla imputação" (STF, 1ª T., RE 548181, j. 06/08/2013). |

No que tange ao **sujeito passivo**, este distingue-se em: *a) material ou eventual:* titular do bem jurídico violado ou ameaçado; *b) formal ou constante*: titular do mandamento proibitivo, ou seja, o Estado.

**▸ Observações:**

1) embora a *pessoa jurídica* possa figurar como sujeito passivo em alguns crimes, ela não poderá ser vítima de *injúria* (pois não possui honra subjetiva).
2) o *morto* não pode ser sujeito passivo, pois não é titular de direitos; entretanto, é punível a calúnia contra os mortos (aqui o sujeito passivo é a família do morto).
3) considera-se *prejudicado* aquele que sofreu algum prejuízo com a prática do delito.
4) ninguém pode ser ao mesmo tempo sujeito ativo e passivo diante de sua própria conduta (no entanto, a autolesão poderá configurar *estelionato*: art. 171, § 2º, V, do CP).
5) no crime de *maus-tratos a animais* (art. 32 da Lei nº 9.605/98), sujeito passivo é a *coletividade*.

## 4. OBJETOS DO CRIME

O objeto do crime subdivide-se em jurídico e material.

**Objeto jurídico:** bem ou interesse tutelado pela norma. *Exemplos:* no crime de homicídio é a vida; no crime de furto é o patrimônio; no crime de estupro é a liberdade sexual.

**Objeto material:** pessoa ou coisa atingida pela conduta criminosa. *Exemplos:* no crime de homicídio o objeto material é a pessoa; no crime de furto é a coisa subtraída. Pode haver crime sem objeto material, como na hipótese de falso testemunho.

# Fato típico

A doutrina diverge acerca de quais elementos compõem o crime. Vejamos:

| CRIME | = | Fato típico | + | Ilicitude |
|---|---|---|---|---|

| CRIME | = | Fato típico | + | Ilicitude | + | Culpabilidade |
|---|---|---|---|---|---|---|

| Crime (conceito bipartido) | |
|---|---|
| **Fato típico** | **Ilicitude** |
| Conduta<br>Resultado<br>Nexo causal<br>Tipicidade (formal + material) | |

| Pressuposto de aplicação da pena | | |
|---|---|---|
| **Culpabilidade** | | |
| Imputabilidade | Potencial consciência da ilicitude | Exigibilidade de conduta diversa |

| Crime (conceito tripartido) | | |
|---|---|---|
| **Fato típico** | **Ilicitude** | **Culpabilidade** |
| Conduta<br>Resultado<br>Nexo causal<br>Tipicidade (formal + material) | | Imputabilidade<br>Potencial consciência da ilicitude<br>Exigibilidade de conduta diversa |

Independentemente dessa divergência sobre a culpabilidade (se é pressuposto de aplicação da pena ou elemento do crime), o **fato típico** é o primeiro elemento do crime. Entretanto, não se deve confundir **fato** com **conduta**, uma vez que aquele é mais abrangente que esta. Isto porque o fato pode abranger não só a conduta humana, mas também o resultado naturalístico (modificação do mundo exterior) causado pela conduta. Assim:

| Fato | = | CONDUTA<br>(é o caso de crime de mera conduta ou de crime formal) |
|---|---|---|

| Fato | = | CONDUTA | + | RESULTADO | + | NEXO CAUSAL<br>(crime material) |
|---|---|---|---|---|---|---|

Desse modo, analisaremos separadamente a conduta, o resultado e o nexo causal.

## 1. CONDUTA

| Crime (conceito tripartido) | | |
|---|---|---|
| **Fato típico** | **Ilicitude** | **Culpabilidade** |
| **CONDUTA**<br>Resultado<br>Nexo causal<br>Tipicidade | | Imputabilidade<br>Potencial consciência da ilicitude<br>Exigibilidade de conduta diversa |

### 1.1. Conceito

**Conduta** é um agir humano, ou um deixar de agir, de forma consciente e voluntária, dirigido a uma determinada finalidade. A conduta deve ser concebida como um *ato de vontade com conteúdo* (finalidade/querer interno). Segundo predomina na doutrina, o Código Penal adotou a **teoria finalista da conduta** de Hans Welzel. Para que a conduta seja típica deverá ser dolosa ou culposa. Ou seja, **o dolo e a culpa integram o fato típico** (primeiro elemento do crime).

▸ **Atenção:**

- Para as **teorias causais ou naturalísticas (clássicas)**, o delito constitui-se de *elementos objetivos* (fato típico e ilicitude) e *subjetivos* (culpabilidade). A conduta é tida como um movimento corporal voluntário que produz uma modificação no mundo exterior. Integram a conduta: a *vontade*, o *movimento corporal* e o *resultado*. A vontade é despida de conteúdo (finalidade/querer-interno). Esse conteúdo (finalidade visada pela ação) figura na culpabilidade. Ou seja, **o dolo e a culpa integram a culpabilidade**.
- Para a **teoria social**, a conduta é considerada sob a perspectiva causal e finalística, acrescentando-se o aspecto social. Concebe-se a conduta como um comportamento humano socialmente relevante. A preocupação é a significação social da conduta humana do ponto de vista da sociedade (conceito valorado de ação).

## 1.2. Características e elementos da conduta

São **características** da conduta:

a) *comportamento humano, consistente em um movimento ou abstenção de movimento corporal*;

b) *voluntariedade.*

Como **elementos** ou **aspectos**, temos: a) *aspecto interno ou ato de vontade com finalidade*: abrange (a.1) proposição de um fim ou o objetivo pretendido pelo agente, (a.2) seleção dos meios para obtenção do objetivo e (a.3) a representação dos resultados concomitantes; *b) aspecto externo ou manifestação dessa vontade:* consiste na exteriorização da conduta, com o desencadeamento da causalidade em direção à produção do resultado pretendido. Registre-se que ato voluntário não implica que seja livre, uma vez que o agente pode ter agido diante de uma coação moral irresistível.

## 1.3. Ausência de conduta

Conduta humana é um ato de **consciência** e **vontade**, de sorte que inexistente a consciência ou a vontade não há que se falar em conduta. Nessa situação, não haverá crime por ausência de seu primeiro elemento (fato típico). Temos as seguintes hipóteses:

***a) inconsciência:*** é a falta de capacidade psíquica de vontade, que faz desaparecer a conduta. Ex.: movimentos praticados em estados de sonambulismo, hipnose, desmaio, crise epiléptica, estado de coma etc.

*b)* ***coação ou força física irresistível***: ocorre nas hipóteses em que "opera sobre o homem uma força de tal proporção que o faz intervir como uma mera massa mecânica" (Zaffaroni). *Exemplo*: *A* domina totalmente *B* e coloca uma faca em sua mão. Em seguida, segura o braço e a mão de *B* e empurra a faca no coração de *C*. Nesse caso, *B* não praticou nenhuma conduta, mas sim *A*.

*c)* ***atos reflexos:*** no dizer de Fragoso, "consistem numa reação motora (muscular) ou secretória (glandular), que responde automaticamente a uma excitação sensitiva (ex.: a tosse, o espirro, o rubor e a palidez emocionais)". Assim, não há conduta no caso de a pessoa ferir o olho de outra ao erguer o braço após um susto.

▸ **Atenção:**

Não se pode confundir **coação *física* irresistível** (excludente da conduta do coagido) com os casos de **coação *moral* irresistível** (excludente da culpabilidade do coagido). Se a coação irresistível for apenas moral, não fica *afastada* a vontade, mas apenas *viciada*, de sorte que, segundo o art. 22 do CP, o coagido, embora tenha praticado um fato típico e ilícito, será isento de pena, afastando-se a culpabilidade pela inexigibilidade de conduta diversa. Com efeito, será absolvido, nos termos do art. 386, VI, do CPP. Por outro lado, se a **coação (física ou moral) for *resistível***, não será considerada como excludente da conduta ou da culpabilidade, mas sim como circunstância *atenuante* (considerada na sentença condenatória no momento da fixação da pena), prevista no art. 65, III, *c*, do CP.

## 1.4. Formas de conduta

Duas são as formas de conduta: **a) ação:** movimento corpóreo ou comportamento positivo (*ex.*: matar, subtrair, constranger); **b) omissão:** abstenção de um comportamento (*ex.*: deixar de prestar socorro).

Os delitos que descrevem uma ação proibida são denominados **crimes comissivos**. Os que descrevem uma omissão proibida são os **crimes omissivos próprios ou puros** (*ex.*: omissão de socorro – CP, art. 135). Saliente-se que as *normas proibitivas* (implícitas na lei penal) correspondem aos crimes comissivos, e as *normas preceptivas* ou *mandamentais* correspondem aos crimes omissivos.

Assim, para configurar um crime omissivo o agente deve violar a norma mandamental, deixando de fazer o que a norma determina (obrigação de fazer). *Exemplo*: no crime de omissão de socorro, temos como norma mandamental (implícita) "prestarás socorro". Já nos tipos comissivos, o delito restará configurado quando o agente violar a norma de proibição, fazendo o que a norma proíbe (obrigação de não fazer). Ex.: no crime de homicídio, temos como norma proibitiva "não matarás".

Porém, pode ocorrer que os delitos comissivos sejam praticados mediante uma omissão. Isso ocorre nas hipóteses em que o agente pode e deve agir (dever jurídico especial) para impedir o resultado e se omite (CP, art. 13, § 2º – posição de "garante"). São os chamados **crimes comissivos por omissão ou omissivos impróprios ou impuros.**

## 2. RESULTADO

| Crime (conceito tripartido) | | |
|---|---|---|
| **Fato típico** | **Ilicitude** | **Culpabilidade** |
| Conduta<br>**RESULTADO**<br>Nexo causal<br>Tipicidade | | Imputabilidade<br>Potencial consciência da ilicitude<br>Exigibilidade de conduta diversa |

> ***Art. 13.*** *O **resultado**, de que depende a existência do crime, somente é imputável a quem lhe deu causa. (...)*

### 2.1. Resultado naturalístico (físico ou material)

Segundo a **teoria naturalística**, resultado é modificação do mundo exterior causada pela conduta. Essa modificação pode ser *física* (*ex.*: destruição de objeto – art. 163), *fisiológica* (*ex.*: lesão corporal – art. 129) ou *psicológica* (*ex.*: percepção da ofensa – art. 140). Com esse conceito, pode-se dizer que **nem todo crime possui resultado naturalístico**, como ocorre com os crimes de mera conduta (*ex.*: violação de domicílio) e nos crimes formais (*ex.*: extorsão mediante sequestro).

De acordo com o resultado naturalístico, as infrações penais classificam-se em:

– ***crime material:*** o tipo descreve uma conduta e o resultado naturalístico e exige para sua consumação a produção desse resultado. *Exemplo*: no art. 121, o tipo exige como resultado naturalístico a morte da vítima.

– ***crime formal:*** o tipo descreve uma conduta e o resultado naturalístico, mas não exige a realização desse resultado. *Exemplo*: extorsão mediante sequestro (art. 159). O tipo descreve a conduta (sequestro) e um resultado naturalístico externo à conduta (recebimento de qualquer vantagem como condição ou preço do resgate), mas não exige para a consumação que esse resultado se produza.

- ***crime de mera conduta ou de simples atividade:*** o tipo descreve apenas uma conduta, sem mencionar qualquer resultado naturalístico. Não exige para a sua consumação um resultado naturalístico externo à ação. *Exemplo*: violação de domicílio (art. 150).

▸ Atenção:

- Alguns autores não fazem distinção entre os crimes formais e de mera conduta. São tipos penais que se realizam com a prática da conduta.
- **Súmula 500 do STJ:** "A configuração do crime previsto no artigo 244-B do Estatuto da Criança e do Adolescente independe da prova da efetiva corrupção do menor, por se tratar de delito formal".

## 2.2. Resultado normativo

Além da teoria naturalística, existe a chamada **teoria normativa ou jurídica** no que tange ao conceito de resultado do crime. Segundo essa teoria, resultado é a lesão ou a possibilidade de lesão a um bem jurídico tutelado pela norma penal. Com esta concepção, **todo crime possui resultado** (resultado normativo ou jurídico). Atualmente, esta concepção de resultado vem sendo analisada no campo da tipicidade em seu aspecto material (desvalor do resultado).

*Exemplo:* no crime de homicídio (art. 121), o *resultado naturalístico* é a morte de uma pessoa, ao passo que o *resultado normativo* é a lesão ao bem jurídico vida. No crime de violação de domicílio (art. 150), não existe *resultado naturalístico*, mas sim *resultado normativo*, que é a lesão ao bem jurídico inviolabilidade domiciliar e à privacidade do morador.

## 2.3. Resultado previsto no art. 13, *caput*, do Código Penal

Muito embora no art. 13, *caput,* conste que para a existência de um crime é necessário um **resultado**, parte da doutrina sustenta tratar-se do **resultado *naturalístico***. Entretanto, como visto, nem todo crime possui resultado naturalístico, como os crimes formais e os de mera conduta. Com efeito, nesse sentido, o dispositivo necessita de uma interpretação restritiva, a fim de considerar que apenas os crimes materiais necessitam de resultado para sua existência.

Por outro lado, alguns autores, como Luiz Flávio Gomes e Rogério Greco, entendem que se deve interpretar o dispositivo no sentido de que o resultado referido é o **resultado *normativo***, dispensando, assim, uma interpretação restritiva, tendo em vista que todo crime possui resultado no sentido normativo (lesão efetiva ou potencial ao bem jurídico tutelado).

# 3. NEXO DE CAUSALIDADE

| Crime (conceito tripartido) | | |
|---|---|---|
| **Fato típico** | **Ilicitude** | **Culpabilidade** |
| Conduta<br>Resultado<br>**NEXO CAUSAL**<br>Tipicidade | | Imputabilidade<br>Potencial consciência da ilicitude<br>Exigibilidade de conduta diversa |

> *Art. 13. O resultado, de que depende a existência do crime, somente é imputável a quem lhe deu causa. Considera-se causa a ação ou omissão sem a qual o resultado não teria ocorrido.*

## 3.1. Conceito

**Nexo causal**, no campo naturalístico (físico ou material), é a ligação entre uma **conduta** (causa) e o **resultado naturalístico** (modificação do mundo exterior).

O nexo causal (naturalístico, físico ou material) **possui relevância apenas aos crimes materiais**, pois estes exigem para a sua consumação a produção do resultado naturalístico (modificação do mundo exterior), ao contrário dos crimes formais e de mera conduta, que não exigem a produção desse resultado. *Exemplo:* no crime de homicídio (crime material), é necessário averiguar a relação entre a conduta praticada com o resultado naturalístico (morte). No crime de extorsão (art. 158), o tipo penal não exige a produção do resultado naturalístico (obtenção da indevida vantagem econômica), de sorte que não há de se falar em nexo causal naturalístico.

## 3.2. Teoria da equivalência dos antecedentes causais

Nos termos do art. 13, *caput*, do CP, considera-se **causa** a conduta sem a qual o resultado não teria ocorrido. Foi adotada a **teoria da equivalência dos antecedentes causais** (***conditio sine qua non***), entendendo-se como *causa* qualquer condição que contribua para a produção do resultado naturalístico. Trata-se de análise de dados referentes ao plano físico (naturalístico), por isso se diz que é uma teoria sobre o nexo causal físico. Por esta teoria não há diferença entre as causas e entre causa e condição, independentemente do grau de contribuição. Não se fala em condições essenciais ou não essenciais. Assim, qualquer antecedente que tenha contribuído, no plano físico, para o resultado, é considerado causa.

Segundo o denominado ***procedimento hipotético de eliminação* de *Thyrén***, causa é todo antecedente que, suprimido mentalmente, impediria a produção do resultado como ocorreu. *Exemplo:* o agente desfere uma facada (*conduta*) na vítima. Em decorrência dos ferimentos causados pela facada (*nexo causal*) resulta a morte (*resultado*). Isso significa que o agente *deu causa* ao resultado morte. Se suprimirmos mentalmente a facada (antecedente), o resultado não teria ocorrido *como ocorreu.*

## 3.3. Limites ao regresso *ad infinitum* ou complemento à teoria da *conditio sine qua non*

A teoria da equivalência dos antecedentes causais é muito extensa, uma vez que permite o regresso ao infinito (*regressus ad infinitum*) na investigação do que seja causa. Exemplificando, pode-se dizer que o fabricante e o comerciante da faca utilizada em um homicídio deram causa física (naturalística ou material) ao resultado morte, pois se não fossem a fabricação e venda da faca o resultado morte não teria ocorrido *como ocorreu.*

Entretanto, para evitar a responsabilização de certas condutas antecedentes que contribuíram para o resultado (segundo a teoria da equivalência dos antecedentes causais), a legislação e a doutrina apontam certos limites ou complementos, como a análise de dolo e culpa, bem como os critérios de imputação objetiva.

Assim, embora o agente tenha praticado a conduta e causado o resultado, resta afastada a tipicidade diante da ausência de dolo ou culpa, ou mesmo pelo não preenchimento dos critérios acerca da imputação objetiva.

### *3.3.1. Análise de dolo e culpa*

Não basta que a conduta tenha causado o resultado naturalístico para que exista imputação e, por consequência, configure o fato típico (primeiro elemento do crime). **É necessário que tal conduta seja dolosa ou culposa.** Em outras palavras, somente haverá tipicidade se a conduta for dolosa ou culposa. *Exemplo:* o fabricante da faca utilizada para matar alguém, pela teoria da equivalência dos antecedentes causais, deu causa ao resultado, uma vez que se não fosse a fabricação da faca, a vítima não teria morrido *como morreu.* Entretanto, apesar de ter causado o evento morte com sua ação antecedente (produção da faca), o fabricante não responderá pelo resultado (não haverá tipicidade) porque sua conduta não é nem dolosa e nem culposa".

Existe divergência doutrinária acerca do conteúdo do nexo causal. Conforme acima exposto, entendemos que ocorrerá o nexo causal (**causação ou nexo causal material**) entre o ato de fabricar uma faca e o resultado morte com a utilização dessa faca, independentemente da análise de dolo ou culpa. **O que não haverá é a realização do tipo (tipicidade)**, uma vez que o agente não agiu com dolo ou culpa. A imputação típica é matéria relativa à tipicidade e não ao nexo causal (causação física, naturalística ou material).

Por outro lado, alguns autores entendem que, se a conduta não for dolosa ou culposa, não haverá nexo causal. Para estes, na análise do nexo causal, além da relação causal física (naturalística ou material), é necessária a existência de um nexo causal "subjetivo" (dolo ou culpa).

De qualquer forma, **para que ocorra o fato típico nos crimes materiais**, não basta que alguém tenha, com sua conduta, dado causa a um resultado naturalístico (*causação física, material ou naturalística*). Isso porque é indispensável a análise de dolo ou culpa.

### 3.3.2. Imputação objetiva (breve noção)

Como visto, não basta que a conduta tenha causado o resultado naturalístico para que exista imputação e, por consequência, configure o fato típico (primeiro elemento do crime). Para a teoria da imputação objetiva, segundo a concepção de Roxin, um resultado causado pelo agente só pode lhe ser imputado quando:

1) a conduta cria ou incrementa um risco não permitido para o objeto da ação;
2) o risco se realiza no resultado concreto;
3) o resultado se encontra dentro do alcance do tipo.

A teoria da imputação objetiva, na verdade, não é uma teoria, mas um conjunto de princípios orientadores que visa a delimitar e complementar o nexo de causalidade físico (*causação material*). Isso significa que, mesmo havendo conduta, resultado naturalístico e nexo causal físico, é necessária a análise de outros requisitos para se afirmar a ocorrência de um fato típico. São critérios relacionados ao tipo objetivo (elementos objetivos do tipo) e não ao tipo subjetivo. Trata-se de critérios de ***imputação*** **(âmbito normativo)** e não de ***causação*** **(nexo causal físico, naturalístico ou material).**

Com efeito, para se falar em fato típico, é necessário analisar se a conduta criou ou incrementou um risco proibido relevante e se este risco materializou-se no resultado jurídico, dentro do alcance do tipo.

| IMPUTAÇÃO OBJETIVA | | |
|---|---|---|
| 1. Criação ou incremento de um risco não permitido para o objeto da ação; | 2. O risco se realiza no resultado concreto; | 3. O resultado se encontra dentro do alcance do tipo. |

**Observação:**

A jurisprudência adota a teoria da imputação objetiva como critério de interpretação e aplicação da lei penal. Veja-se: "É certo que o dolo opera diretamente no tipo penal, que na hodierna estrutura funcionalista da teoria do crime, leva em consideração, também, os aspectos formais (conduta, resultado jurídico, nexo de causalidade e subsunção legal) e os materiais (**imputação objetiva**, desvalor da conduta e desvalor do resultado)" (STJ, AgRg no REsp 1243193/ES, 5ª T., j. 22/05/2012, DJe 31/05/2012).

Vejamos os seguintes casos para compreensão:

*Exemplo 1:* o fabricante da faca utilizada para matar alguém, pela teoria da equivalência dos antecedentes causais deu causa ao resultado, uma vez que se não fosse a fabricação da faca, a vítima não teria morrido *como morreu*. Entretanto, apesar de ter causado o evento morte com sua conduta antecedente (fabricação da faca), não responderá pelo resultado (não haverá imputação), **uma vez que sua conduta não criou um risco proibido.**

*Exemplo 2: A*, desejando matar *B*, presenteia-o com um pacote turístico a uma localidade com alto índice de homicídio, esperando que *B* seja uma das vítimas. *B* viaja e por azar vem a realmente ser morto. Pela teoria da equivalência dos antecedentes causais (adotada pelo art. 13, *caput*, do CP), *A* deu causa ao resultado, pois se não fosse seu presente (pacote turístico) *B* não teria viajado e morrido. Para a **teoria da imputação objetiva**, pode-se dizer também que *A* produziu o resultado (causação/nexo causal naturalístico). Entretanto, **o ato de doar um pacote turístico *não criou um risco proibido***, de sorte que não haverá imputação objetiva da conduta e, por conseguinte, não haverá imputação do resultado causado (o fato será materialmente atípico). Observe-se que para essa conclusão sequer se chegou a mencionar o dolo.

*Exemplo 3: A*, percebendo que *B* irá atingir *C* na cabeça com um disparo de arma de fogo, golpeia o braço de *B*, a fim de desviar o disparo, fazendo com que o projétil atinja o ombro de *C*. No caso, apesar de a conduta de *A*, segundo a teoria da equivalência das condições, ter dado causa ao resultado, este não poderá ser imputado a *A*, uma vez que sua conduta não criou ou incrementou o risco, mas sim o diminuiu.

Como exposto, para que ocorra o *fato típico* (conduta, resultado, nexo causal e tipicidade) não basta que alguém tenha, com sua conduta, dado causa a um resultado (*causação material*). Isto porque é indispensável a análise de outras questões no **âmbito da tipicidade**, como, por exemplo, a presença de dolo (*imputação subjetiva*) ou culpa, ou ainda de outros critérios relacionados ao risco (*imputação objetiva*).

## 3.4. Concausas

Além da conduta do agente, o processo causal pode sofrer interferência de outras causas. Deve ser verificado se o resultado produzido teve a contribuição do agente, ou se ocorreu exclusivamente por outra causa, denominada aqui de causa absolutamente independente. Pode ocorrer que, mesmo com a conduta do agente, outra causa tenha também contribuído para o resultado, a qual é denominada de causa relativamente independente.

### *3.4.1. Causas absolutamente independentes*

a) **Causa preexistente absolutamente independente em relação à conduta do agente.** Causa preexistente absolutamente independente à conduta do agente é aquela que ocorre antes da conduta do agente e produz, por si só, o resultado. Não se verifica nenhuma relação de causalidade entre a conduta do agente e o resultado produzido, mas sim com a causa preexistente. Com efeito, o resultado não será imputado ao agente, conforme art. 13, *caput*. Exemplo: o agente 'A', com a intenção de matar, defere golpes de faca na vítima 'B'. Em seguida, é impedido de prosseguir na execução. Logo em seguida a vítima vem a falecer, não em razão dos ferimentos das facadas, mas exclusivamente pelo efeito do veneno que havia ingerido anteriormente à conduta do agente. Por outro lado, como a intenção de 'A' era matar, responderá por tentativa de homicídio (art. 121 c/c art. 14, II). Caso sua intenção fosse apenas de causar ofensa à integridade física, responderia por lesões corporais (art. 129).

b) **Causa concomitante absolutamente independente em relação à conduta do agente.** A causa que produz, por si só, o resultado surge no mesmo instante da conduta do agente. Se a conduta do agente (simultânea) em nada contribui para o resultado não pode ser considerada causa e, como tal, o resultado não lhe será imputado, conforme art. 13, *caput*.

c) **Causa superveniente absolutamente independente em relação à conduta do agente**. A causa que produz, por si só, o resultado surge posteriormente à conduta do agente. Se a conduta do agente (anterior) não contribui para o resultado não pode ser considerada causa e, como tal, o resultado não lhe será imputado, conforme art. 13, *caput*.

### *3.4.2. Causas relativamente independentes*

Nas causas relativamente independentes, o processo causal sofre interferência de outra causa distinta da conduta do agente, de modo que o resultado somente ocorre em razão da conjugação das causas. Se não fosse a existência de uma destas causas (conduta do agente e a causa preexistente, concomitante ou superveniente) o resultado não teria ocorrido como ocorreu. Ou seja, existe uma conexão entre a conduta do agente e a outra causa para a produção do resultado.

a) **Causa preexistente relativamente independente em relação à conduta do agente**. É o caso em que duas causas interligadas – preexistente e a conduta do agente – produzem o resultado. Exemplo: com intenção de matar, 'A' desfere facadas em 'B' (portador de hemofilia), que vem a falecer em consequência dos ferimentos aliados ao seu estado de saúde. Observe-se que, em razão do somatório das causas no mesmo contexto (hemofilia e ferimentos), a vítima falece. Assim, ocorre o nexo causal entre a conduta e o resultado morte, embora exista conexão com outra causa.

b) **Causa concomitante relativamente independente em relação à conduta do agente**. É aquela em que opera simultaneamente com a conduta do agente para a produção do resultado. Além da coincidência espaço-temporal, existe uma conexão de energias para a produção do resultado. Exemplo: 'A' desfere um tiro em 'B' no exato instante em que este está sofrendo um colapso cardíaco. Devido ao somatório das causas (ataque cardíaco e ferimentos) a vítima falece.

c) **Causa superveniente relativamente independente que não produz, por si só, o resultado.** Duas causas interligadas – a conduta do agente e a superveniente – produzem o resultado. O resultado causado está na linha do risco criado pela conduta anterior ou mesma linha de desdobramento natural ou física da conduta do agente, embora uma causa superveniente tenha também contribuído para o resultado. Existe uma conjugação de causas (conduta do agente e causa superveniente). Nesse caso, diante da conexão entre a conduta do agente e a causa superveniente, o resultado lhe será imputado. Exemplo: com intenção de matar, 'A' golpeia 'B' com uma faca, ferindo-o na região abdominal. Um terceiro impede que 'A' prossiga na execução. 'B' é levado a um hospital e vem a falecer em virtude de ter contraído broncopneumonia durante o tratamento, em virtude de seu precário estado de saúde.

d) **Causa superveniente relativamente independente que causa, por si só, o resultado.** Nos termos do art. 13, § 1º, do CP: "A superveniência de causa relativamente independente exclui a imputação quando, por si só, produziu o resultado; os fatos anteriores, entretanto, imputam-se a quem os praticou". O sujeito pratica uma conduta, causando um determinado resultado. Posteriormente, surge outra causa que possui relação com a conduta do agente. Se essa causa superveniente, por si só, causar determinado resultado, este não será imputado ao autor. Responderá apenas pelo que produziu com sua conduta inicial antes da ocorrência da causa superveniente. Conforme parcela da doutrina, a teoria aplicada aqui é a da causalidade adequada. A nosso entender, continua sendo adotada a teoria da equivalência, mas mitigada pela própria lei.

*Exemplo 1:* com intenção de matar, *A* golpeia *B* com uma faca, ferindo-o na região abdominal. Um terceiro impede que *A* prossiga na execução. Veja-se que até este momento temos uma tentativa de homicídio, uma vez que não houve a consumação por circunstâncias alheias à vontade do agente. *B* é levado a um hospital e vem a falecer exclusivamente em virtude dos ferimentos oriundos de um desabamento. Nesse caso, os ferimentos decorrentes do desabamento (causa superveniente), por si só, deram causa ao resultado morte. Assim, ***o resultado naturalístico (morte) não será imputado ao agente*, que deverá responder pelos atos anteriormente praticados**. Como o sujeito iniciou a execução do crime de homicídio, que não se consumou por circunstâncias alheias à sua vontade, já que foi impedido de prosseguir na execução, responderá por tentativa de homicídio. Se no exemplo acima a intenção de *A* fosse apenas de causar lesões corporais, responderia por lesão corporal consumada (leve, grave ou gravíssima, dependendo do caso).

*Exemplo 2:* com intenção de matar, *A* golpeia *B*, ferindo-o na região abdominal. Um terceiro impede que *A* prossiga na execução. *B* é colocado em uma ambulância. No caminho para o hospital o veículo se envolve em um acidente, fazendo com que *B* sofra graves ferimentos na cabeça, os quais, por si só, causam a sua morte. Da mesma forma que no exemplo acima, *A* responderá por tentativa de homicídio.

## 3.5. Nexo de causalidade nos crimes omissivos

Nos **crimes omissivos**, segundo argumenta parcela da doutrina, **não existe *nexo causal físico (causação material)***, pois o agente não pratica nenhuma ação. O sujeito responde pelo delito não porque sua omissão causou o evento, mas porque deixou de praticar a conduta a que estava obrigado a realizar para evitar o resultado. Verifica-se, assim, que a estrutura da conduta omissiva é essencialmente normativa e não naturalística, ou seja, **nos crimes omissivos não foi adotada a teoria dos antecedentes causais (que possui relação com o plano físico), mas sim uma teoria normativa**. Desse modo, mesmo o agente não tendo causado (*causação material*) o resultado, este lhe será imputado (*imputação*). Alguns autores chamam esta situação de **nexo causal normativo**, justamente para distinguir do nexo causal físico (naturalístico ou material).

O art. 13, § 2º, trata dos chamados **crimes omissivos impróprios, impuros ou comissivos por omissão**. Certas pessoas possuem um dever jurídico *especial* de agir para evitar o resultado. A omissão será penalmente relevante quando o omitente **devia** (hipóteses descritas nas letras *a*, *b* e *c)* e **podia** (possibilidade física) agir para evitar o resultado. Deve ser analisado quando o agente efetivamente estiver exercendo a função de garantidor.

Hipóteses de **dever** jurídico de agir (art. 13, § 2º):

a) **tenha por lei obrigação de cuidado, proteção ou vigilância (dever legal)**. *Exemplo:* a mãe que deixa de alimentar o filho está descumprindo uma obrigação imposta por lei (CC, artigos 1.566, IV e 1.634, I). Assim, no caso de falecimento do menor, a genitora responderá por homicídio doloso ou culposo, dependendo do caso. Há também o dever legal de agir nas atividades desempenhadas por certas pessoas, como policiais e bombeiros.

b) **de outra forma, assumiu a responsabilidade de impedir o resultado.** O agente assume a responsabilidade da não ocorrência do resultado, haja contrato formal ou não. *Exemplo:* o salva-vidas de um clube assume a responsabilidade de evitar afogamentos. Caso perceba que um nadador esteja se afogando, deve agir para evitar o resultado morte. Se podia agir e se omitiu, responderá pelo resultado que deixou de evitar. Se a omissão foi voluntária e sobrevier a morte, responderá por homicídio doloso.

c) **com seu comportamento anterior, criou o risco da ocorrência do resultado (ingerência)**. *Exemplo:* o agente que levianamente empurra uma pessoa na piscina fica obrigado a impedir o afogamento.

> ▸ **Atenção:**
>
> A pessoa que se encontrar nas situações de garante (poder e dever de agir para evitar o resultado) é responsável na evitação da realização de certos crimes, vale dizer, de certos resultados. Assim, se a mãe percebe que sua filha, menor de 14 anos, está sendo estuprada pelo companheiro (padrasto da vítima) e se omite, deixou de evitar o resultado (prática da conjunção carnal ou do ato libidinoso), de sorte que responderá pelo crime de estupro de vulnerável (art. 217-A).

## 4. TIPICIDADE

| Crime (conceito tripartido) | | |
|---|---|---|
| **Fato típico** | **Ilicitude** | **Culpabilidade** |
| Conduta<br>Resultado<br>Nexo causal<br>**TIPICIDADE** | | Imputabilidade<br>Potencial consciência da ilicitude<br>Exigibilidade de conduta diversa |

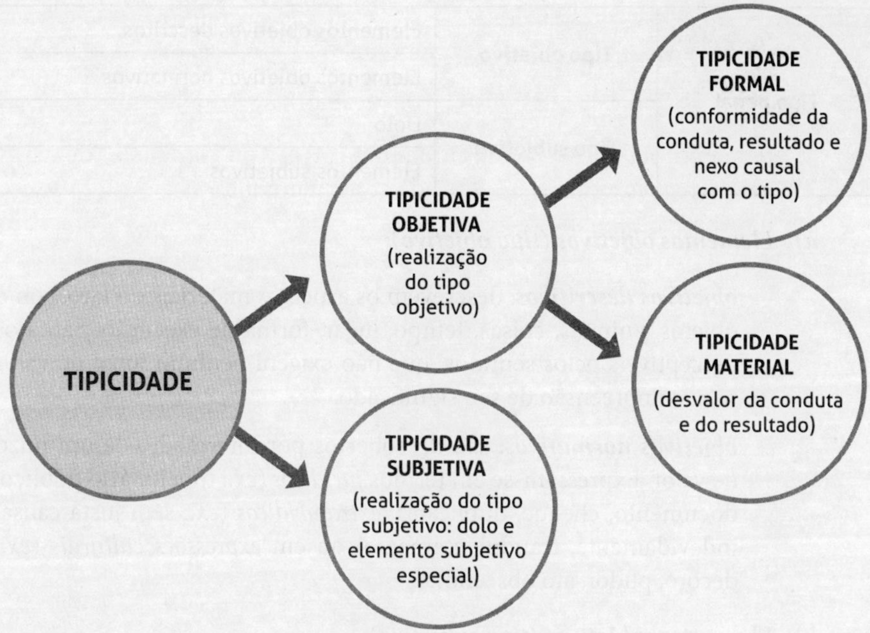


## 4.1. Tipicidade formal (legal)

### *4.1.1. Conceito*

Segundo nossa posição, a tipicidade penal é compreendida pela **tipicidade objetiva** e pela **tipicidade subjetiva**. Na tipicidade objetiva verifica-se a **tipicidade formal (conformidade do fato ao tipo penal)** e a **tipicidade material** (desvalor da conduta e do resultado). A **tipicidade subjetiva** é a realização do tipo subjetivo, consistente no dolo e, quando o tipo exigir, no elemento subjetivo especial (dolo específico).

> **Observação:**
>
> Conforme orientação adotada pela doutrina pátria, **verificando-se a tipicidade presume-se a ilicitude** (a tipicidade possui caráter indiciário/é a *ratio cognoscendi* da ilicitude). Essa presunção será afastada com a existência de alguma das causas de exclusão (*ex.*: legítima defesa, estado de necessidade).

### *4.1.2. Elementos do tipo penal incriminador*

O **tipo penal** descreve uma conduta (ação ou omissão) proibida. O tipo penal possui *elementos objetivos* (aspectos materiais e normativos) e *subjetivos* (dados relacionados à consciência e vontade do agente).

<table>
<tr><td rowspan="4">Tipo penal</td><td rowspan="2">Tipo objetivo</td><td>Elementos objetivos descritos</td></tr>
<tr><td>Elementos objetivos normativos</td></tr>
<tr><td rowspan="2">Tipo subjetivo</td><td>Dolo</td></tr>
<tr><td>Elementos subjetivos</td></tr>
</table>

***a) Elementos objetivos (tipo objetivo):***

- ***objetivos descritivos***: descrevem os aspectos materiais do fato, como objetos, animais, coisas, tempo, lugar, forma de execução. São atos perceptíveis pelos sentidos, que não exigem nenhum juízo de valor para compreensão de seu significado.
- ***objetivos normativos:*** são descobertos por intermédio de um juízo de valor. Expressam-se em termos *jurídicos* (*ex.*: funcionário público, documento, cheque, duplicata), *extrajurídicos* (*ex.*: sem justa causa, indevidamente, fraudulentamente) ou em *expressões culturais* (*ex.*: decoro, pudor, ato obsceno).

***b) Elementos subjetivos (tipo subjetivo):***

- ***elemento subjetivo geral (dolo):*** ocorre quando o agente quer o resultado ou assume o risco de produzi-lo.
- ***elementos subjetivos especiais*** (*elemento subjetivo do injusto*): são dados que se referem ao estado anímico do autor (intenção específica distinta do dolo). O tipo contém como elemento uma finalidade específica do agente. *Exemplos*: para si ou para outrem; com o fim de obter; em proveito próprio ou alheio; por motivo de; para fim libidinoso etc.

**▸ Observação:**

Parte da doutrina classifica os elementos do tipo da seguinte forma: 1) elementos objetivos; 2) elementos normativos; 3) elementos subjetivos especiais.

### *4.1.3 Funções do tipo*

O tipo penal possui as seguintes funções: ***a) função indiciária***: com a prática de um fato típico presume-se a antijuridicidade, que poderá ser excluída diante de uma das causas de justificação (como a legítima defesa, por exemplo); ***b) função de garantia***: o sujeito só poderá ser punido pela prática de fato incriminado pela lei penal; ***c) função diferenciadora do erro***: como o dolo do agente deve abranger todos os elementos do tipo objetivo, somente poderá ser punido pela prática de um fato doloso quando conhecer as circunstâncias fáticas que o constituem. O desconhecimento de um ou outro elemento do tipo objetivo afasta o dolo, constituindo-se em erro de tipo.

#### 4.1.4. *Formas de adequação típica*

*a)* ***Adequação típica por subordinação imediata ou direta:*** o fato se amolda ao tipo penal de forma imediata, independente de outra norma. *Exemplo: A* desfecha um tiro em *B*, que vem a falecer em virtude dos ferimentos. O fato (conduta, resultado, nexo causal) se amolda diretamente ao art. 121 do CP (matar alguém).

*b)* ***Adequação típica por subordinação mediata ou indireta*****:** o fato não se amolda ao tipo penal de forma imediata, sendo necessária a aplicação de outra norma, chamada de **norma de extensão ou ampliação**. A figura típica se estende para abranger este fato. Temos a **ampliação temporal**, como no caso de tentativa (art. 14, II), e a **ampliação espacial e pessoal do tipo**, na hipótese de participação (concurso de pessoas – art. 29). *Exemplo: A* desfecha um tiro em *B*, que não vem a falecer em virtude de interferência de circunstâncias alheias à vontade do agente. O fato (conduta, resultado, nexo causal) não se amolda diretamente ao art. 121 do CP (matar alguém), pois não houve a morte, mesmo sendo esta a intenção de *A*. Para haver a devida adequação típica é necessária a aplicação do art. 14, II, do CP. Pode ainda ser citada como norma de extensão o art. 13, § 2°, do CP (omissão relevante).

### 4.2. Tipicidade material

Na análise da tipicidade objetiva não basta a mera tipicidade formal, é indispensável a valoração da conduta e do resultado causado. Com efeito, tem-se nesse aspecto a chamada tipicidade material, a qual passa a ser um critério de restrição da incidência do tipo penal. Nesse sentido: "A conduta narrada nos autos se amolda tanto à tipicidade formal e subjetiva, quanto à tipicidade material, que consiste na relevância jurídico-penal da ação (...)" (STJ, 5ª T., HC 387.465, j. 02/05/2017).

*Exemplo* (ausência de tipicidade material - princípio da insignificância): o agente subtrai, para si, um pacote de bolachas (no valor de R$ 10,00) de um grande supermercado. O fato se amolda formalmente ao art. 155 do CP (**tipicidade formal/legal**). Entretanto, em razão da inexpressividade da lesão causada ao patrimônio da vítima, bem como pela mínima ofensividade da conduta, pela ausência de periculosidade da ação e pelo reduzidíssimo grau de reprovabilidade do comportamento, incide o princípio da insignificância, afastando a **tipicidade material.**

### 4.3 Tipicidade subjetiva

O tipo subjetivo é composto pelo **dolo** e, em alguns tipos, pelo **elemento subjetivo especial**. A **tipicidade subjetiva** é a realização desses elementos subjetivos.

*Exemplo (art. 155 do CP):* quando o agente "subtrai coisa alheia móvel" realiza-se o tipo objetivo (tipicidade objetiva). Verificado que o agente possui a "vontade de subtrair coisa alheia móvel" (dolo) "para si" (elemento subjetivo especial) realiza-se o tipo subjetivo.

*Exemplo (ausência de tipicidade subjetiva):* sujeito subtrai coisa *alheia* móvel pensando que a coisa é própria. Ocorre o erro sobre a elementar *alheia* (CP, art. 155). Não responderá por furto por não haver dolo, pois o sujeito não possuía a consciência e vontade de subtrair coisa *alheia*. Assim, apesar de realizar os elementos do tipo objetivo (subtrair coisa alheia móvel), o agente não agiu com dolo, pois não quis subtrair coisa *alheia*. Como não há dolo, não há tipicidade subjetiva. Ocorre neste caso o chamado erro de tipo.

## 5. CRIME DOLOSO

### 5.1. Definição

Nos termos do art. 18, I, do CP, diz-se o crime doloso quando o **agente *quis* o resultado** (dolo direto) ou ***assumiu o risco* de produzi-lo** (dolo eventual). O dolo figura no tipo penal, em seu aspecto subjetivo. Lembremos que o tipo penal pode ser classificado em **tipo objetivo** (composto por elementos objetivos descritivos e elementos objetivos normativos) e **tipo subjetivo** (dolo e elementos subjetivos especiais).

<table>
<tr><td rowspan="4">Tipo penal</td><td rowspan="2">Tipo objetivo</td><td>Elementos objetivos descritos</td></tr>
<tr><td>Elementos objetivos normativos</td></tr>
<tr><td rowspan="2">Tipo subjetivo</td><td>DOLO</td></tr>
<tr><td>Elementos subjetivos</td></tr>
</table>

## 5.2. Elementos do dolo

a) **elemento cognitivo ou intelectual:** *consciência* (previsão ou representação) da conduta, do resultado e do nexo de causalidade. No dolo o agente possui a *consciência* dos elementos objetivos do tipo.

> **Importante.**
>
> De acordo com o nosso Código Penal (art. 18, I), o dolo não possui como elemento a *consciência da ilicitude*, por isso é chamado de *dolo natural*. A consciência da ilicitude é elemento da culpabilidade.

b) **elemento volitivo:** *vontade* de realizar a conduta típica (ação ou omissão). No dolo direto, além da *vontade* de realizar a conduta, o agente possui a *vontade* de produzir o resultado. No dolo eventual, apesar de o agente possuir a *vontade* de praticar a conduta, não possui a *vontade* de produzir o resultado, embora *assuma o risco* de produzi-lo (aceitação do resultado).

## 5.3. Teorias sobre o dolo

a) teoria da vontade: dolo é a consciência e vontade dirigida ao resultado. Para que uma conduta seja considerada dolosa, o agente deve ter consciência e vontade de praticá-la, bem como consciência e vontade de produzir o resultado. Foi adotada pelo Código Penal em relação ao *dolo direto*.

b) teoria da representação: para a existência do dolo é suficiente a previsão do resultado (não foi adotada pelo CP).

c) teoria do assentimento ou consentimento ou anuência: é necessária a consciência ou previsão do resultado, mas não se exige a vontade dirigida à sua realização, sendo suficiente o consentimento (assunção do risco da produção do resultado). Ou seja, o agente, sabendo que a sua conduta tem a possibilidade de causar o resultado, não deixa de agir, aceitando a sua produção. Foi adotada pelo Código Penal em relação ao *dolo eventual*.

Em resumo:

| Dolo direto | Dolo eventual |
|---|---|
| Teoria da vontade | Teria do consentimento |

## 5.4. Espécies de dolo

### *5.4.1. Dolo direto e dolo indireto*

a) **Dolo direto:** o agente "quer a produção do resultado" (CP, art. 18, I, 1ª parte). Subdivide-se em:

- **Dolo direto de primeiro grau ou dolo intencional:** é a pretensão do agente de realizar o fato descrito no tipo. É a finalidade proposta pelo autor. O agente quer a prática de uma conduta ou a produção de um resultado como um fim proposto. *Exemplo: A* efetua disparo de arma de fogo (conduta consciente e voluntária) em direção a *B*, pretendendo produzir a sua morte (resultado consciente e voluntário inicialmente perseguido).

- **Dolo direto de segundo grau ou dolo necessário:** a realização dos elementos objetivos do tipo *não é a intenção* do agente, mas este representa a sua concretização como um *efeito colateral inevitável*, vale dizer, como **consequência necessária** do meio escolhido para atingir um fim proposto. Ou seja, o sujeito prevê o delito como consequência *inevitável* para atingir um fim proposto. *Exemplo:* o agente, para matar seu inimigo (fim proposto), coloca uma bomba no avião em que ele se encontra, vindo a matar, além do desafeto (dolo direto de primeiro grau), todos os demais que estavam a bordo como *consequência necessária* do meio escolhido (dolo direto de segundo grau). Assim, em relação aos demais passageiros, tem-se o dolo direito de segundo grau, uma vez que a intenção do autor não era a morte deles, embora tenha previsto que inevitavelmente isso iria ocorrer. Desse modo, a morte dos passageiros encontra-se no âmbito de vontade do agente.

> ▸ DICA:
>
> Se no exame não for solicitada a diferença entre *dolo direto* de primeiro e segundo graus, lembre apenas de *dolo direto* (o agente prevê o resultado e quer a sua produção).

b) **Dolo indireto (indeterminado)**: subdivide-se em dolo eventual e dolo alternativo:

- **Dolo eventual (dolo de consequências possíveis)**: o agente não quer o resultado (realização do tipo penal), mas, representando como possível, não deixa de agir, assumindo o risco de produzi-lo. O autor pretende praticar uma conduta para atingir um fim proposto.

Entretanto, prevê (representa/está consciente/antevê) que sua conduta tem a possibilidade de produzir, além do resultado perseguido, outro resultado (efeito colateral possível). Mesmo assim, não deixa de agir, assumindo o risco da produção desse outro resultado. O sujeito prevê esse outro resultado como **consequência possível** de sua conduta.

*Exemplo*: o agente arremessa um saco de entulho do 10º andar do seu apartamento (conduta) visando a acertar a caçamba que se encontra na rua (fim proposto). Entretanto, prevê que pode atingir o pedestre que se encontra nas proximidades da caçamba (consciência da possibilidade de produzir o resultado), já que nos dez últimos arremessos errou o alvo. Mesmo assim, não deixa de agir e pratica o arremesso, assumindo o risco de produzir o resultado, que realmente ocorre (morte do pedestre). Nesse caso, em relação à morte do pedestre houve dolo eventual.

- **Dolo alternativo:** ocorre quando a vontade do sujeito se dirige a um ou outro resultado. *Ex.*: o agente desfere golpe de faca na vítima com intenção alternativa: ferir ou matar.

### 5.4.2. Dolo genérico e dolo específico

a) **Dolo genérico:** trata-se do dolo (art. 18, I, do CP).

b) **Dolo específico:** conforme já mencionado, ao lado do dolo, alguns tipos são constituídos por *elementos subjetivos especiais*, que são denominados pela doutrina clássica de *dolo específico* (escola causalista). Porém, apesar da ampliação da esfera subjetiva do tipo, esse *fim especial* não integra o dolo, mas o tipo subjetivo. Na sua falta a conduta não se amolda ao tipo. *Ex.*: *"para si ou para outrem"* (furto – art. 155 do CP); *"com o intuito de obter para si ou para outrem indevida vantagem econômica"* (extorsão – art. 158 do CP); *"para o fim específico de cometer crimes"* (associação criminosa – novo art. 288 do CP, com redação dada pela Lei nº 12.850/13).

### 5.4.3. Dolo natural e dolo normativo

a) **Dolo natural** (segundo os postulados da teoria finalista da ação): possui como elementos: a) consciência da conduta, do resultado e do nexo causal (elemento cognitivo); b) vontade de praticar a conduta e produzir o resultado (elemento volitivo). **A *consciência da ilicitude do fato* não integra o dolo natural (elemento normativo), mas sim a culpabilidade**

**(teoria normativa pura)**. Atualmente, segundo o art. 18, I, do CP, o dolo não mais possui o elemento normativo e figura no fato típico.

b) **Dolo normativo:** integra a culpabilidade (teoria causal da ação) e possui como elementos: *a)* consciência da conduta, do resultado e do nexo causal (elemento cognitivo); *b)* **consciência da ilicitude do fato (elemento normativo)**; *c)* vontade de praticar a conduta e produzir o resultado (elemento volitivo).

*Exemplo:* uma pessoa simples do interior (um lavrador, por exemplo) pratica conjunção carnal com sua noiva de 13 anos, sem ter a mínima possibilidade de saber que se trata de um fato ilícito (proibido pelo nosso ordenamento jurídico). No caso, **adotando o conceito de dolo normativo, o agente não teria praticado uma conduta dolosa**, pois apesar de ter a consciência e vontade de praticar o fato, não possuía a consciência de sua ilicitude.

### *5.4.4. Dolo geral (dolus generalis) ou erro sucessivo*

O agente pratica uma conduta e imagina que alcançou o resultado perseguido. Em seguida, pratica nova conduta, com finalidade diversa, sendo esta a causadora do resultado pretendido inicialmente. *Exemplo:* o sujeito desfere facadas na vítima. Após, pensando que ela se encontrava morta, empurra seu corpo no rio, causando-lhe a morte por afogamento. Segundo o postulado do dolo geral, o agente responderá por homicídio doloso consumado, uma vez que o *erro do curso causal é irrelevante.* Para vários doutrinadores, trata-se de um **erro acerca do nexo causal** (desvio do nexo causal). Entendemos, no entanto, que há uma diferença entre as espécies: enquanto no *dolus generalis* há duas condutas, na *aberratio causae* (v. item 7.4, a seguir) há uma única conduta.

> **Dica:**
>
> Apesar das classificações acima sobre dolo, geralmente é exigida nos exames a diferença entre dolo direto e dolo eventual.

## 6. CRIME CULPOSO

### 6.1. Conceito

Nos termos do **art. 18, II, do CP**, diz-se o crime culposo quando o agente dá causa ao resultado por imprudência, negligência ou imperícia. No crime culposo, o agente não deseja o resultado nem assume o risco de produzi-lo. Ocorre que pratica uma conduta visando a determinado fim, mas o meio utilizado é descuidado (conduta mal dirigida), acarretando um resultado não desejado.

**Em regra, os tipos penais são dolosos.** Os tipos culposos devem ser previstos expressamente. É o que se conhece como **PRINCÍPIO DA EXCEPCIONALIDADE DO TIPO CULPOSO**, previsto no art. 18, parágrafo único, do CP. *Exemplo:* no art. 121, *caput*, do CP consta apenas *matar alguém*, sem que haja referência sobre dolo ou culpa. Desse modo, entende-se que o tipo é doloso, pois essa é a regra. No art. 121, § 3º, entretanto, foi prevista expressamente a modalidade culposa. O legislador, não tendo como prever todas as condutas descuidadas, cria o chamado *tipo aberto*, deixando para o juiz decidir se a conduta foi culposa. Trata-se de uma valoração judicial para fechar (completar) o tipo. Portanto, **os crimes culposos são em regra tipos penais abertos.**

> **▸ Importante:**
>
> Há, excepcionalmente, *tipos culposos fechados*, como no caso do crime de receptação culposa (art. 180, § 3º, do CP).

## 6.2. Elementos do fato típico do crime culposo

### a) Conduta voluntária

No delito culposo o agente possui vontade de praticar a conduta (ação ou omissão), mas o resultado é causado involuntariamente. Não se deve confundir a voluntariedade da conduta com a voluntariedade ou não em relação ao resultado. No crime culposo, a conduta não é dirigida para um fim ilícito. Ela é geralmente dirigida para uma finalidade sem qualquer relevância penal, mas, entretanto, é mal dirigida. Exemplo: ao dirigir imprudentemente o veículo (com velocidade acima do permitido), o agente possui consciência e vontade de praticar essa conduta, mas não possui a finalidade de produzir um resultado danoso (atropelamento e morte de pedestre).

### b) Resultado naturalístico involuntário

Para que ocorra um crime culposo é necessário que a conduta cause um resultado naturalístico, isto é, deve haver a modificação do mundo exterior. Entretanto, esse resultado é causado de forma involuntária. Lembre-se que o agente não quer nem assume o risco da produção do resultado.

### c) Nexo causal

Liame entre a conduta e o resultado naturalístico.

## d) Tipicidade

Adequação do fato com a lei penal. Em regra, os crimes são dolosos. O tipo penal culposo deve estar previsto em lei de forma expressa. Lembre que os crimes culposos são tipos penais abertos (regra), ou seja, incompletos, cuja complementação é conferida pelo juiz.

## e) Inobservância do dever objetivo de cuidado (desvalor da ação)

Na vida em sociedade o homem possui o dever de praticar condutas com as cautelas necessárias a fim de evitar a causação de danos a terceiros. Assim, tem o dever de observar certas regras de agir (normas de cuidado) de modo a evitar lesões a bens jurídicos. Essas normas podem ser jurídicas (normas de cuidado previstas em lei, como as de condução de veículo descritas no CTB), profissionais (como as normas médicas) ou se basearem em pautas de condutas oriundas da experiência.

No entanto, nem sempre o dever de cuidado é observado, como ocorre nas hipóteses de imprudência, negligência e imperícia, que são as três modalidades da culpa.

**Imprudência:** é uma atitude precipitada, sem a devida ponderação, de forma perigosa. Trata-se de um fazer indevido. Exemplo: dirigir com excesso de velocidade.

**Negligência:** inatividade material; ausência de precaução; é o deixar de fazer o devido. Exemplo: deixar a arma de fogo próxima a uma criança.

**Imperícia:** é a inaptidão para o exercício de arte ou profissão. É necessário que o fato seja praticado pelo sujeito no exercício de sua atividade profissional.

No delito culposo deve haver uma relação entre a inobservância do dever de cuidado com a lesão ao bem jurídico (desvalor do resultado). Ou seja, não basta que a conduta tenha violado o dever de cuidado. É necessário que o resultado causado esteja vinculado com essa não observância. Trata-se da chamada relação de determinação ou conexão interna.

## f) Previsibilidade

Previsível é o que se pode prever (possibilidade de representação do resultado como consequência de sua conduta nas circunstâncias em que o agente se encontrava). Não se deve confundir previsível com previsto. Previsto é o que se previu, ao passo que previsível é o que pode ser previsto. No crime culposo, em regra, não há previsão/representação/consciência do resultado, mas sim previsibilidade. Apesar da ausência de previsão do resultado (na culpa inconsciente), é exigível que este seja previsível.

Exemplo: é previsível, pelo conhecimento comum, a causação de um acidente por quem dirige em excesso de velocidade em uma pista molhada e escorregadia.

Justamente por ser previsível o resultado (acidente), o dever de cuidado nesse caso concreto seria diminuir a velocidade.

Para fins de tipicidade do crime culposo, predomina que deve haver a previsibilidade objetiva (previsibilidade do *homo medius*). Não se perquire se o agente podia prever o resultado, mas sim se o homem médio tinha condições de fazê-lo diante do caso concreto. Substitui-se hipoteticamente o agente pelo homem médio (homem prudente).

Se ao homem médio fosse possível prever o resultado (previsibilidade objetiva), conclui-se que sua conduta seria distinta da conduta do agente, pois agiria de acordo com o dever de cuidado exigido para evitar o resultado. No caso, haveria tipicidade, uma vez que o agente não observou tal dever de cuidado objetivo.

Caso não fosse possível ao homem médio prever o resultado (ausência de previsibilidade objetiva), sua conduta seria idêntica à do agente, de forma que não haveria violação ao dever de cuidado. Com efeito, não haveria tipicidade, tendo em vista a ausência de previsibilidade objetiva.

Por seu turno, a previsibilidade subjetiva (capacidade individual do agente) não deve ser descartada, mas sim ser objeto de análise no campo da culpabilidade. Ou seja, se restar demonstrado que o resultado não era previsível pelo agente (ausência de previsibilidade subjetiva), apesar de ser previsível para o homem médio, não haverá juízo de reprovação, excluindo, assim, a culpabilidade.

## 6.3. Culpa inconsciente e culpa consciente

Na **culpa inconsciente (culpa *ex ignorantia*)** o agente, ao praticar a conduta, não prevê o resultado, nem mesmo representa a sua possibilidade, i.e., não tem consciência do perigo gerado. Embora não tenha sido previsto pelo agente, o resultado era previsível para o homem médio (previsibilidade objetiva).

Na **culpa consciente (culpa *ex lascivia*)** o agente representa a possibilidade de ocorrer o resultado, mas *não assume o risco* de produzi-lo, pois *confia sinceramente que ele não ocorrerá*. Ou seja, o resultado causado foi previsto pelo sujeito, mas este esperava leviana e sinceramente que não iria ocorrer ou que poderia evitá-lo. Ressalte-se que, no dolo eventual, o resultado também é previsto, mas o agente assume o risco de sua produção.

## 6.4. Compensação e concorrência de culpas

Diversamente do campo civil, na esfera penal não é cabível a **compensação** de culpas. A parcela de culpa do ofendido não exclui a do agente. Entretanto, se houver culpa exclusiva da vítima, não haverá imputação do resultado ao autor. É possível a **concorrência** de crimes culposos, como ocorre na hipótese de acidente automobilístico decorrente de culpa de dois motoristas que não observaram os sinais de trânsito, acarretando lesão corporal em cada condutor. Nesse caso, cada condutor praticou um crime culposo.

## 6.5. Diferença entre dolo e culpa

Segue quadro diferenciando dolo de culpa nos crimes materiais:

| | **Conduta** | | **Resultado** | |
|---|---|---|---|---|
| **Dolo direto** | Consciente (prevista) | Voluntária | Consciente (previsto) | – o agente quis o resultado |
| **Dolo eventual** | Consciente (prevista) | Voluntária | Consciente (previsto) | – o agente não quis o resultado<br>– o agente assumiu o risco de produzi-lo |
| **Culpa consciente** | Consciente (prevista) | Voluntária | Consciente (previsto) | – o agente não quis o resultado<br>– o agente não assumiu o risco de produzi-lo<br>– o agente acreditou que poderia evitá-lo |
| **Culpa inconsciente** | Consciente (prevista) | Voluntária | Inconsciente (previsível) | – o agente não teve sequer previsão do resultado<br>– o resultado deve ser previsível |

▸ CRIME PRETERDOLOSO

1) Ocorre o crime preterdoloso ou preterintencional quando o agente quer produzir um resultado (age com *dolo*), mas, além deste, causa um resultado mais grave que não havia proposto como finalidade. Esse resultado mais grave é causado a título de *culpa*, ou seja, o agente não o perseguiu nem assumiu o risco de produzi-lo, mas deu causa a ele por imprudência, negligência ou imperícia. Há *dolo* no antecedente (conduta e resultado menos grave) e *culpa* no consequente (resultado qualificador não pretendido, mas previsível). *Exemplo:* art. 129, § 3º (o agente possui dolo apenas de ferir a vítima, mas esta, em face das lesões, vem a falecer, sendo que as circunstâncias evidenciam que o agente não quis e nem assumiu o risco de matá-la, embora isso fosse previsível).
2) Não é, em regra, cabível a *tentativa* de crime preterdoloso, uma vez que o resultado agravador não é pretendido pelo agente.
3) O crime preterdoloso é uma *espécie* de crime qualificado pelo resultado.

# 7. ERRO DE TIPO

| | |
|---|---|
| **Erro de tipo essencial (art. 20, *caput*)** | O erro sobre elemento constitutivo do tipo legal de crime exclui o dolo, mas permite a punição por crime culposo, se previsto em lei. |
| **Descriminantes putativas (art. 20, § 1º)** | É isento de pena quem, por erro plenamente justificado pelas circunstâncias, supõe situação de fato que, se existisse, tornaria a ação legítima. Não há isenção de pena quando o erro deriva de culpa e o fato é punível como crime culposo. |
| **Erro provocado por terceiro (art. 20, § 2º)** | Responde pelo crime o terceiro que determina o erro. |
| **Erro sobre a pessoa (art. 20, § 3º)** | Não isenta de pena. Não se consideram, neste caso, as condições ou qualidades da vítima, senão as da pessoa contra quem o agente queria praticar o crime. |

## 7.1. Erro de tipo essencial

> ***Art. 20.*** *O erro sobre elemento constitutivo do tipo legal de crime exclui o dolo, mas permite a punição por crime culposo, se previsto em lei.*

Erro de tipo essencial é aquele que recai sobre os elementos constitutivos do tipo penal (art. 20, *caput*). O sujeito possui uma falsa representação da realidade, ou seja, pratica um fato descrito no tipo penal sem ter a devida consciência de sua conduta. *Exemplo:* desejando abater um animal, o agente vem a matar uma pessoa imaginando que seu alvo se tratava da presa. Ocorre o erro sobre a elementar *alguém* (CP, art. 121). A consequência será que o autor não responderá por homicídio doloso, pois não possuía consciência e vontade de matar um ser humano (*alguém*). No entanto, poderá responder por homicídio culposo caso o erro seja evitável ou inescusável.

**Formas e efeitos:**

*a)* ***erro de tipo inevitável (invencível ou escusável)***: é o que não podia ser evitado, mesmo sendo diligente e cauteloso o sujeito. Como consequência, haverá a exclusão do dolo e da culpa.

*b)* ***erro de tipo evitável (vencível ou inescusável)***: é o que poderia ter sido evitado, caso o agente tivesse maior diligência (fosse mais cauteloso). Houve a inobservância do dever de cuidado. Como consequência, haverá a exclusão do dolo, podendo subsistir o crime culposo, desde que seja prevista a forma culposa no tipo penal.

| | | |
|---|---|---|
| **Erro de tipo essencial** | **Inevitável:** | exclui dolo e culpa |
| | **Evitável:** | exclui dolo, mas permite a punição por crime culposo |

## 7.2. Descriminantes putativas por erro de tipo (art. 20, § 1º)

> ***Art. 20, § 1º.*** *É isento de pena quem, por erro plenamente justificado pelas circunstâncias, supõe situação de fato que, se existisse, tornaria a ação legítima. Não há isenção de pena quando o erro deriva de culpa e o fato é punível como crime culposo.*

Trata-se de uma das hipóteses de descriminantes putativas, ou seja, de causas de exclusão da ilicitude imaginárias (como a legítima defesa putativa e o estado de necessidade putativo).

Inicialmente cumpre ressaltar que, segundo a **teoria limitada da culpabilidade** (adotada pelo CP, de acordo com os itens 17 e 19 da Exposição de Motivos da Nova Parte Geral do Código Penal), as descriminantes putativas podem ser por erro de tipo (erro sobre a *situação fática* de uma descriminante - art. 20, § 1º) ou por erro de proibição (erro sobre a *existência* ou *limites* da descriminante - art. 21). Observe:

<table>
<tr><td rowspan="3">Descriminantes putativas</td><td>Erro de tipo<br>(erro de tipo permissivo)</td><td>Erro sobre pressupostos fáticos de uma descriminante</td></tr>
<tr><td rowspan="2">Erro de proibição<br>(erro de proibição indireto)</td><td>Erro sobre a existência de uma descriminante</td></tr>
<tr><td>Erro sobre os limites de uma descriminante</td></tr>
</table>

A modalidade em estudo (art. 20, § 1º) trata da descriminante putativa que recai sobre os pressupostos fáticos de uma causa de exclusão da ilicitude (como o estado de necessidade e a legítima defesa, por exemplo). É chamada de ***erro de tipo permissivo.*** As demais modalidades de descriminantes putativas, por se tratarem de erro de proibição, serão estudadas no tópico atinente à potencial consciência da ilicitude.

No erro de tipo permissivo (art. 20, § 1º), o agente pratica uma conduta supondo situação de fato que, se existisse, tornaria a ação legítima (amparada por uma descriminante real). *Exemplo: A*, de madrugada, para seu veículo diante de um semáforo, ocasião em que *B* (lavador de para-brisa) vem em sua direção segurando um puxador de água (rodinho), o qual, pelas suas características, assemelha-se com um instrumento cortante. *A*, imaginando que está diante de uma situação de agressão (situação fática), pois supõe que *B* esteja segurando uma arma, saca seu revólver e efetua um disparo contra *B*.

Ocorre que na realidade não havia uma situação de agressão (pressuposto fático para que houvesse a causa de justificação), de sorte que não ocorreu legítima defesa *real*, pois a reação, para ser legítima, pressupõe uma agressão humana. Trata-se, no entanto, de legítima defesa *putativa* (imaginária).

### Formas e efeitos:

a) **inevitável, invencível ou escusável (CP, art. 20, § 1º, primeira parte):** não podia ser evitado, mesmo sendo diligente e cauteloso o autor. O erro, portanto, foi plenamente justificado pelas circunstâncias. De acordo com o referido dispositivo, o agente fica isento de pena.

Divergência. Parte da doutrina, justificando que o Código Penal adotou a chamada teoria limitada da culpabilidade, afirma que a consequência do erro inevitável seria a exclusão do dolo e da culpa. Ou seja, apesar de constar que o agente fica isento de pena, a consequência seria a exclusão da tipicidade.

Muito embora para a teoria limitada da culpabilidade a hipótese de erro sobre os pressupostos fáticos da descriminante seja excludente do dolo, na realidade o agente quer realizar os elementos do tipo, ou seja, quer produzir o resultado (há dolo), embora não tenha consciência que esteja agindo em desacordo com o ordenamento jurídico. Isso que dizer que a exclusão do dolo ocorre por força de interpretação, pois na realidade o agente pratica uma conduta dolosa.

b) **evitável, vencível ou inescusável (CP, art. 20, § 1º, segunda parte):** poderia ter sido evitado pelo sujeito, caso ele tivesse maior diligência. Segundo o CP, *não há isenção de pena quando o erro deriva de culpa e o fato é punível como crime culposo.* Trata-se da hipótese denominada de ***culpa imprópria***.

**Observação:**

Grande parcela doutrinária admite tentativa na culpa imprópria, por se tratar, na realidade, de fato doloso punido culposamente a título de política criminal.

| Erro de tipo permissivo (art. 20, § 1º) |
|---|
| É isento de pena quem, por erro plenamente justificado pelas circunstâncias, supõe situação de fato que, se existisse, tornaria a ação legítima. Não há isenção de pena quando o erro deriva de culpa e o fato é punível como crime culposo. |

## 7.3. Erro provocado por terceiro

*Art. 20, § 2º. Responde pelo crime o terceiro que determina o erro.*

O erro de tipo pode ser *espontâneo* (cometido pelo sujeito sem provocação de terceiro) ou *provocado por terceiro* (art. 20, § 2º). Efeitos: ***a) situação do provocador:*** responde pelo crime na forma culposa ou dolosa, dependendo do caso; ***b) situação do provocado:*** se o erro for inevitável, não responde pelo crime, havendo exclusão de dolo e culpa; se for evitável, não responde pelo crime a título de dolo, subsistindo a modalidade culposa, se prevista em lei. *Exemplo*: o cirurgião, querendo matar o paciente, entrega à enfermeira uma injeção que contém veneno, afirmando tratar-se de anestésico, determinando que ela a aplique. A enfermeira agiu por erro determinado por terceiro (não há dolo). O médico responde por homicídio doloso, na figura de autor mediato, já que se serviu de um terceiro, agindo por erro, para realizar o fato criminoso. A enfermeira por nada responderá, já que agiu sem dolo ou culpa. Caso houvesse culpa da enfermeira, ela responderia por homicídio culposo.

## 7.4. Erro de tipo acidental

Refere-se a dados acessórios ou secundários do delito. Não exclui o dolo e nem a culpa (a regra é o agente responder pelo crime). Hipóteses:

a) **Erro sobre a pessoa - *error in persona*.** Nos termos do art. 20, § 3º, *"O erro quanto à pessoa contra a qual o crime é praticado não isenta de pena. Não se consideram, neste caso, as condições ou qualidades da vítima, senão as da pessoa contra quem o agente queria praticar o crime"*. O sujeito pratica a conduta prevendo o resultado contra a vítima virtual (pretendida), e acaba produzindo o resultado contra outra pessoa, ou seja, a vítima efetiva. Serão consideradas as condições ou qualidades pessoais da vítima virtual. *Exemplo 1:* o sujeito mata *A*, irmão gêmeo de *B*, supondo que estaria matando *B*. De acordo com o art. 20, § 3º, esse erro não exclui o crime. *Exemplo 2:* a mãe, sob a influência do estado puerperal, logo após o parto, mata um recém-nascido imaginando que era seu próprio filho. Responde como se tivesse matado seu filho, ou seja, por infanticídio (art. 123 do CP).

b) **Erro sobre o objeto - *error in objecto*.** Como visto, *objeto material* é a pessoa ou a coisa sobre a qual recai a conduta do agente. Haverá *error in objecto* quando o agente supõe que a sua conduta recai sobre uma coisa, quando na verdade recai sobre outra. *Exemplo:* o agente, desejando subtrair um aparelho de televisão, acaba subtraindo um monitor de computador. Independente do erro, o sujeito responderá pelo crime de furto, uma vez que violou o patrimônio de terceiro ao subtrair *coisa alheia móvel.*

c) **Erro sobre o nexo causal - *desvio* do nexo causal ou *aberratio causae.*** Trata-se do equívoco em relação ao meio de execução do crime, que acaba por determinar o resultado almejado pelo agente. Ou seja, o sujeito consegue praticar o crime que pretendia, porém de outro modo. *Exemplo*: *A*, com a intenção de matar *B*, encurrala-o no alto de um prédio, proferindo disparos de arma de fogo na sua direção. Na fuga dos projetis,

*B* cai e morre em função da queda (traumatismo craniano). *A* responderá por homicídio doloso consumado, uma vez que o *erro do curso causal é irrelevante.*

d) **Erro na execução – *aberratio ictus*** (art. 73). Instituto analisado no capítulo "concurso de crimes".

e) **Resultado diverso do pretendido – *aberratio criminis* ou *delicti*** (art. 74). Instituto analisado no capítulo "concurso de crimes".

## 7.5. Erro de tipo e delito putativo

No erro de tipo o agente não possui a vontade de cometer o delito, ou seja, pratica a tipicidade objetiva sem ter a vontade de realizá-la (não há tipicidade subjetiva).

No delito putativo, o agente possui vontade de cometer o delito, mas, em face do erro, pratica uma conduta atípica. O delito putativo pode ser: a) por erro sobre elemento do tipo: o agente possui consciência e vontade de cometer o delito, mas, em face do erro acerca dos elementos da figura típica, pratica uma conduta atípica. Exemplo: Maria, imaginando-se grávida e com a intenção de provocar autoaborto, ingere pílula abortiva. Trata-se de conduta atípica, pois não estava realmente grávida. Veja que não há erro de proibição (Maria possuía consciência da proibição da prática do aborto); b) por erro de proibição (erro de proibição invertido): o agente comete um fato que entende ser criminoso, mas, como não existe norma de proibição (lei incriminadora), pratica uma conduta atípica. Exemplo: João e Maria praticam incesto, imaginando que se trata de crime. No entanto, não existe norma de proibição para esse fato. c) por obra de agente provocador: Súmula 145 do STF – Não há crime quando a preparação do flagrante pela polícia torna impossível a sua consumação.

# 8. *ITER CRIMINIS*

O delito passa por quatro fases: *1ª) cogitação; 2ª) preparação; 3ª) execução; 4ª) consumação.* Alguns autores, em posicionamento bastante minoritário, ainda acrescentam uma quinta fase, que seria a do *exaurimento.*

1ª) **COGITAÇÃO:** intenção de praticar o delito. A simples cogitação não é punida, pois não há ofensa ao bem jurídico.

2ª) **PREPARAÇÃO:** atos necessários para o agente iniciar a execução do crime. São impuníveis, salvo quando, por si só, configurarem outro delito. *Exemplo*: portar arma de fogo na procura do desafeto para matá-lo trata-se de fase de **preparação** do *iter criminis* referente ao homicídio. Mas, por outro lado, a simples conduta de portar arma de fogo sem autorização legal já configura o crime de porte ilegal de arma de fogo.

▸ **Atenção:**

A Lei nº 13.260, de 16 de março de 2016 (Terrorismo), passou a punir atos preparatórios de terrorismo. Vejamos: "Art. 5º - **Realizar atos preparatórios de terrorismo com o propósito inequívoco de consumar tal delito**: Pena – a correspondente ao delito consumado, diminuída de um quarto até a metade. § 1º Incorre nas mesmas penas o agente que, com o propósito de praticar atos de terrorismo: I – recrutar, organizar, transportar ou municiar indivíduos que viajem para país distinto daquele de sua residência ou nacionalidade; ou II – fornecer ou receber treinamento em país distinto daquele de sua residência ou nacionalidade. § 2º Nas hipóteses do § 1º, quando a conduta não envolver treinamento ou viagem para país distinto daquele de sua residência ou nacionalidade, a pena será a correspondente ao delito consumado, diminuída de metade a dois terços".

3ª) **EXECUÇÃO:** no *iter criminis*, o fato somente passa a ser punido com o início da execução. Isto porque, se iniciada a execução, pode ocorrer: que o crime venha a se consumar (art. 14, I); que o delito reste tentado, caso não haja consumação por circunstâncias alheias à vontade do agente (art. 14, II); que não ocorra a consumação por ato voluntário do agente (desistência voluntária ou arrependimento eficaz - art. 15).

Existem alguns critérios para indicar o momento do início dos atos executórios, mas não há consenso de qual seria o melhor deles. Dois se destacam:

(a) **critério objetivo-formal ou formal:** a execução é iniciada quando se inicia a conduta típica, que ocorre com o começo da realização do verbo descrito no tipo (*ex.*: início da subtração no furto). O critério formal não é capaz de solucionar todas as hipóteses, uma vez que há casos em que é evidente o início da execução, a despeito de o agente ainda não ter realizado o verbo típico. *Ex.*: o agente é preso no interior da residência da vítima antes de subtrair a coisa alheia. Como não iniciou a subtração, não iniciou a execução. Não haveria sequer tentativa de furto, pois (para o critério objetivo-formal) não houve início dos atos executórios.

(b) **critério objetivo-individual:** considera o plano delitivo do agente. A execução se inicia quando é colocado em prática o plano delitivo (individual) do autor, que é imediatamente anterior ao início da execução da conduta típica. No exemplo acima, o agente responderia por tentativa de furto, mesmo não tendo ainda subtraído a coisa alheia, uma vez que iniciou seu plano delitivo.

4ª) **CONSUMAÇÃO:** art. 14, I, do CP (conforme será visto abaixo). *Ex.*: o crime de homicídio se consuma com a morte da vítima; o de estelionato, com a obtenção da vantagem ilícita em prejuízo alheio.

## 9. CRIME CONSUMADO

Nos termos do art. 14, I, do Código Penal, diz-se o crime consumado *quando nele se reúnem todos os elementos de sua definição legal.* Desse modo, quando o fato praticado pelo agente corresponde a todos os elementos de um tipo penal, diz-se que o crime está consumado. Portanto, o crime se consuma quando o tipo penal se encontra realizado.

### Natureza do crime e momento consumativo:

1) *crimes materiais:* ocorre a consumação com a produção do resultado naturalístico; *crimes formais*: com a prática da conduta típica, independentemente da produção do resultado naturalístico; *crimes de mera conduta:* com a prática da conduta, pois o tipo não prevê a produção de resultado naturalístico;
2) *crimes de perigo:* com a exposição do bem a perigo de dano;
3) *crimes permanentes:* a consumação se protrai no tempo até que o agente cesse sua conduta;
4) *crimes qualificados pelo resultado:* com a produção do resultado agravador;
5) *crime omissivo próprio ou puro:* no momento que o agente deixou de realizar a conduta devida;
6) *crime omissivo impróprio ou impuro ou comissivo por omissão:* com a produção do resultado naturalístico;
7) *crimes culposos*: com a produção do resultado naturalístico (art. 18, II, do CP: "Diz-se o crime culposo, quando o agente deu **causa ao resultado** por imprudência, negligência ou imperícia".

**Importante:**

Não se deve confundir **consumação** do crime com o seu **exaurimento (esgotamento).** O crime pode estar consumado sem que tenha produzido o resultado visado pelo agente. O conceito de crime consumado (art. 14, I) deve ser entendido como *consumação em seu sentido técnico*, pois alguns crimes podem se consumar mesmo que não ocorra o resultado pretendido pelo autor. *Exemplo:* o crime de extorsão mediante sequestro (art. 159) consuma-se com a conduta de sequestrar a vítima *com o fim específico* descrito no tipo (recebimento da vantagem). O efetivo recebimento da vantagem como condição ou preço do resgate (resultado naturalístico) será mero exaurimento/esgotamento.

# 10. TENTATIVA

## 10.1. Conceito e natureza

> *Art. 14, II, do CP: Ocorre o crime tentado quando,* **iniciada a execução**, *ele não se consuma por circunstâncias alheias à vontade do agente.*

São **elementos da tentativa:** ***a)*** a prática de um ato de execução (realiza-se parte do tipo objetivo); ***b)*** a presença dos elementos subjetivos do tipo doloso (realiza-se o tipo subjetivo); ***c)*** a não consumação do crime por circunstâncias alheias à vontade do agente. *Exemplo: A*, com a intenção de matar *B* (realização do tipo subjetivo), desfere uma facada em seu tórax, ocasião em que um terceiro impede que prossiga na execução (houve a realização parcial do tipo objetivo). *B* é levado a um hospital e sobrevive. Nesse caso, iniciada a execução, não ocorreu a consumação por circunstâncias alheias à vontade do agente *A*.

O art. 14, II, do CP é uma **norma de extensão temporal da figura típica.** Como visto anteriormente, no crime tentado ocorre a adequação típica por subordinação indireta ou mediata. Não se tem um delito específico para a tentativa, de sorte que se deve referir a um crime autônomo em que incidirá a norma de extensão (art. 14, II). No exemplo acima, **não há um crime autônomo de homicídio tentado, mas sim uma tentativa do crime de homicídio.** *A* responderá por tentativa do crime de homicídio em razão do art. 14, II, do CP. A exata capitulação do fato se daria da seguinte forma: art. 121, *caput*, c/c art. 14, II, ambos do CP.

## 10.2. Pena da tentativa

> *Art. 14, par. único, do CP: "Salvo disposição em contrário, pune-se a tentativa com a pena correspondente ao crime consumado, diminuída de um a dois terços".*

No que tange à pena do crime tentado, o Código Penal adotou, como regra, a **teoria objetiva (teoria realística)**, a qual sustenta que a punição do delito tentado se fundamenta no *perigo de dano* acarretado ao bem jurídico, e não na intenção do agente. No entanto, a pena deve ser inferior à do crime consumado, pois o delito tentado causa menor ofensa ao bem jurídico. Assim, como efeito do reconhecimento da tentativa, incidirá a aplicação de uma **causa de diminuição de pena (minorante)** em relação à pena do crime consumado. Como critério de fixação, deve se levar em consideração a proximidade da consumação, caso em que se aproximará do dano ao bem jurídico, ou seja, **quanto maior a proximidade da consumação menor será a diminuição, e vice-versa.** Assim, leva-se em conta o *iter criminis* percorrido pelo agente. *Exemplo:* a redução de pena na tentativa de homicídio em que a vítima sequer tenha sido atingida deve ser maior do que no caso de a vítima ser gravemente lesionada.

**Como exceção**, o Código adotou a **teoria subjetiva**, conforme se observa na expressão "*salvo disposição em contrário*". Essa exceção refere-se às hipóteses em que o legislador prevê no próprio tipo penal a forma tentada. *Exemplo* – art. 309 do Código Eleitoral (Lei nº 4.737/65):

> "**Votar** ou **tentar votar** mais de uma vez, ou em lugar de outrem: Pena – reclusão até três anos".

> ▸ **Dica:**
>
> Se no exame for afirmado que o CP adotou a **teoria objetiva** em relação à punibilidade da tentativa, o enunciado estará correto, independentemente da exceção acima apontada (teoria subjetiva).

## 10.3. Classificação

a) **em relação ao caminho percorrido durante a fase de execução:**

- ***Tentativa imperfeita (inacabada):*** a fase executória é *interrompida* antes de ser esgotada por circunstâncias alheias à vontade do agente. *Exemplo:* o sujeito dispara um tiro na vítima e atinge o seu braço, sendo logo imobilizado por terceiro antes de efetuar outro disparo.
- ***Tentativa perfeita (acabada ou crime falho):*** a fase de execução planejada pelo agente é *esgotada*, mas não ocorre a produção do resultado por circunstâncias alheias à vontade do agente. *Exemplo:* o agente dispara seis tiros no peito do ofendido e abandona o local, imaginando que consumou o delito. No entanto, a vítima não vem a falecer, já que socorrida posteriormente por terceiros.

b) **em relação ao objeto do crime:**

- ***Tentativa incruenta (branca):*** o objeto material não sofre dano. *Exemplo:* iniciados os atos executórios (disparos de arma de fogo), a vítima não chega a ser atingida por erro de pontaria do autor.
- ***Tentativa cruenta (vermelha):*** o objeto material sofre dano. *Exemplo:* iniciados os atos executórios (disparos de arma de fogo), a vítima é atingida, sofrendo lesões.

> ▸ **Atenção:**
>
> O crime impossível (art. 17) é chamado de *tentativa inidônea;* a desistência voluntária e o arrependimento eficaz (art. 15) são chamados de *tentativa abandonada.*

## 10.4. Infrações que não admitem a tentativa

*a)* ***crimes culposos:*** são incompatíveis com a tentativa, uma vez que o agente não pretende o resultado, isto é, não se pode tentar praticar o que não se visa;

*b)* ***crimes preterdolosos ou preterintencionais:*** como o resultado agravador foi causado culposamente, é impossível imaginar a tentativa de um resultado não pretendido;

*c)* ***contravenções penais:*** não se pune a tentativa de contravenção por expressa disposição legal (LCP, art. 4º);

*d)* ***crimes unissubsistentes:*** não há como fracionar a fase de execução. Basta a prática de apenas um ato para que ocorra a consumação do crime unissubsistente. *Exemplo:* injúria verbal;

*e)* ***crimes omissivos próprios ou puros:*** se o agente não realizar a conduta devida, o crime se consuma; caso a realize, não haverá crime;

*f)* ***crimes em que só há punição quando ocorre o resultado***. *Exemplo:* participação em suicídio (art. 122), em que a consumação ocorre com a morte ou lesão corporal grave do suicida. Se resultar lesão leve não haverá punição pela forma tentada;

*g)* ***crimes habituais:*** é necessária a reiteração de atos para configurar a conduta típica e, assim, a consumação. Se a conduta não se revelar não há tentativa e os atos praticados são indiferentes penais. *Exemplo:* curandeirismo (art. 284);

*h)* ***crimes de atentado:*** não se pode imaginar a tentativa da tentativa. *Exemplo*: art. 352:

> "Evadir-se ou tentar evadir-se o preso ou o indivíduo submetido à medida de segurança detentiva, usando de violência contra a pessoa".

# 11. DESISTÊNCIA VOLUNTÁRIA E ARREPENDIMENTO EFICAZ

Conforme o art. 15 do CP,

> *"O agente que, voluntariamente, desiste de prosseguir na execução ou impede que o resultado se produza, só responde pelos atos já praticados".*

É o que se chama de **tentativa abandonada.**

Há ***desistência voluntária*** quando o agente desiste voluntariamente de prosseguir nos atos executórios, não ocorrendo a consumação do crime inicialmente almejado (art. 15, 1ª parte). *Exemplo:* o agente, com a intenção de matar a vítima, desfere três facadas em seu corpo. Em seguida, podendo prosseguir na execução, desferindo outras facadas, desiste de seu intento, permitindo que a vítima sobreviva.

Por sua vez, o ***arrependimento eficaz*** (*arrependimento ativo* ou *resipiscência*) se dá quando o agente, depois de realizados os atos executórios, pratica uma ação impedindo a produção do resultado, não consumando, assim, o crime inicialmente pretendido. O agente arrepende-se depois de esgotados os atos executórios. Frise-se que, se ocorrer a consumação, o arrependimento não será eficaz. *Exemplo:* o agente, com a intenção de matar a vítima, ministra veneno em sua comida (esgota a fase de execução). Em seguida, o autor arrepende-se e entrega o antídoto ao ofendido antes dos efeitos letais.

Observe-se o quadro comparativo:

| | |
|---|---|
| **Desistência voluntária** | – a fase de execução se inicia e é interrompida pelo próprio agente.<br>– a fase de execução planejada não se esgota. |
| **Arrependimento eficaz** | – a fase de execução se inicia e se esgota.<br>– o agente, depois de esgotar a fase de execução, pratica novo ato para evitar a consumação. |

Deflui-se do art. 15 os seguintes requisitos: *1) início de execução; 2) não consumação; 3) voluntariedade.*

O ato voluntário pode ser *espontâneo* (a vontade de desistir ou de evitar a consumação surgiu da ideia do próprio agente) ou *não espontâneo* (a vontade surge após o agente ser induzido por circunstância externa que não impossibilitaria a consumação do crime). *Exemplo:* o agente, no interior da casa da vítima, desiste do furto em virtude de um conselho de terceiro. O ato não foi espontâneo, mas sim voluntário. Saliente-se que o agente, se quisesse, poderia ter prosseguido na execução do crime. **Basta, portanto, a voluntariedade, sendo desnecessária a espontaneidade**.

Nas hipóteses de arrependimento eficaz e desistência voluntária, **o agente responde pelos atos já praticados** (art. 15, parte final). Ocorre, conforme magistério de Hungria, uma **tentativa qualificada**, uma vez que o agente, retirada a tentativa do crime inicialmente pretendido, deve responder pelos atos executórios praticados, ou mesmo pelos próprios atos preparatórios incriminados por si mesmos.

*Exemplo 1 (o sujeito responde pelos atos executórios praticados):* o agente, com a intenção de matar a vítima, desfere uma facada no corpo dela (início da execução do crime de homicídio). Até este momento havia uma tentativa de homicídio. Em seguida, podendo prosseguir na execução e matar o ofendido, desferindo outras facadas, *desiste voluntariamente* do seu intento, e com isso permite que a vítima sobreviva. Deve responder pelos atos executórios anteriormente praticados (lesão corporal leve, grave ou gravíssima, dependendo do resultado), e não por tentativa de homicídio.

Diverge a doutrina acerca da **natureza jurídica da desistência voluntária e do arrependimento eficaz**, havendo duas principais posições: ***1ª)*** é uma causa de extinção da punibilidade ou de isenção de pena (Hungria, Noronha, Zaffaroni, Luiz Flávio Gomes, Nucci, Luiz Regis Prado); ***2ª)*** é uma causa de exclusão da adequação típica indireta, ou seja, de ausência de tipicidade (Fragoso, Basileu Garcia, Damásio, Mirabete, Capez, Reale Júnior, Rogério Greco). Entendemos que essa segunda posição é a mais correta, uma vez que a tentativa de um crime é punida em razão da norma de extensão (art. 14, II). Na hipótese do art. 15, essa norma de extensão está sendo afastada, de sorte que também estará afastada a tipicidade da tentativa. Ou seja, não haverá adequação típica indireta ou mediata do crime inicialmente pretendido.

**▸ Observação:**

Considerando a divergência doutrinária e jurisprudencial sobre o tema, bem como por não existir um posicionamento predominante, eventual questão na prova objetiva do exame da OAB será passível de anulação.

Diferenças entre tentativa perfeita e imperfeita (art. 14, II, do CP) e desistência voluntária e arrependimento eficaz (art. 15 do CP):

| | Fase de execução | Consequência |
|---|---|---|
| **Tentativa imperfeita (inacabada)** | Interrompida por ato involuntário | Causa de diminuição de pena |
| **Desistência voluntária** | Interrompida por ato voluntário | Responde pelos atos anteriormente praticados |
| **Tentativa perfeita (acabada)** | Fase de execução não é interrompida e se esgota. A consumação não ocorre por circunstâncias alheias à vontade do agente | Causa de diminuição de pena |
| **Arrependimento eficaz** | Fase de execução não é interrompida e se esgota. A consumação não ocorre por ato voluntário do agente | Responde pelos atos anteriormente praticados |

## 12. ARREPENDIMENTO POSTERIOR

Conforme o **art. 16 do CP**,

> *"Nos crimes cometidos sem violência ou grave ameaça à pessoa, reparado o dano ou restituída a coisa, até o recebimento da denúncia ou da queixa, por ato voluntário do agente, a pena será reduzida de um a dois terços".*

Trata-se de uma **causa obrigatória de redução de pena**. Constitui providência de política criminal e sua primordial finalidade é incentivar a reparação do dano.

São requisitos: **1º) que o crime tenha sido cometido sem violência ou grave ameaça à pessoa:** aplica-se aos crimes dolosos e culposos; tentados e consumados; simples, privilegiados e qualificados; 2º) **reparação do dano ou restituição do objeto material** (nesse sentido: "O benefício do arrependimento posterior exige a reparação <u>integral</u> do dano, por ato voluntário, até o recebimento da denúncia" – STJ, 5ª T., AgRg no AREsp 1399240, j. 05/02/2019). Entretanto, o STF já decidiu que a reparação do dano não precisa ser integral, de sorte que a extensão da reparação deve ser levada em consideração (HC 98.658, j. 09/11/2010); **3º) ato voluntário:** a reparação ou restituição não precisa ser espontânea, basta ser voluntária; **4º) reparação até o recebimento da denúncia ou da queixa:** caso seja posterior, será considerada circunstância atenuante genérica (CP, art. 65, III, *b*).

Como **critério para redução da pena** observa-se a demonstração por parte do agente de sinceridade e presteza, de forma que quanto mais rápida for a reparação do dano maior será a redução. Entretanto, o STF decidiu que a reparação do dano não precisa ser integral, de sorte que a extensão da reparação deve ser levada em consideração (HC 98.658, j. 09/11/2010).

Diverge a doutrina acerca da **extensão dessa causa de diminuição de pena no caso de concurso de pessoas quando apenas um reparou o dano**. Orientações: ***1ª)*** estende-se, uma vez que a reparação do dano, prevista no art. 16 do Código Penal, é circunstância objetiva (STJ, 6ª T., REsp 1578197, j. 26/04/2016); STJ, 6ª T., REsp 1187976, j. 07/11/2013; STJ, REsp 264283, 19/03/2001; na doutrina: Greco e Damásio); ***2ª)*** não se comunica por se tratar de circunstância pessoal, ou seja, exige-se ato voluntário e pessoal do agente visando a reparar o dano (STJ, HC 92.004, j. 05/05/2009; na doutrina: Nucci, Luis Régis Prado e Luiz Flávio Gomes).

> **▸ Observação:**
>
> Considerando a divergência doutrinária e jurisprudencial sobre o tema, bem como por não existir um posicionamento predominante, eventual questão na prova objetiva do exame da OAB será passível de anulação.

Em alguns **casos específicos de reparação do dano** não se aplica o art. 16, pois pode ensejar a *extinção da punibilidade* (CP, art. 312, § 3º – peculato culposo) ou impedir a instauração da ação penal por *falta de justa causa* – **Súmula 554 do STF**:

> "O pagamento de cheque emitido sem provisão de fundos, após o recebimento da denúncia, não obsta ao prosseguimento da ação penal".

**▸ Atenção:**

Não confunda arrependimento *posterior* (art. 16 – ocorre *depois* da consumação do crime) com arrependimento *eficaz* (art. 15, 2ª parte – ocorre *antes* da consumação do crime).

## 13. CRIME IMPOSSÍVEL

Segundo o **art. 17 do CP**,

> *"Não se pune a tentativa quando, por ineficácia absoluta do meio ou por absoluta impropriedade do objeto, é impossível consumar-se o crime".*

O **crime impossível** é também chamado de **quase crime**, **tentativa inidônea**, **tentativa inadequada**, **tentativa inútil**, **crime oco**.

A primeira hipótese é a **ineficácia *absoluta* do meio de execução**. O meio utilizado não possui nenhuma aptidão para ofender ou gerar perigo de lesão ao bem jurídico. *Ex.*: o sujeito, com a intenção de matar a vítima, aciona o gatilho com a arma sem munição.

**▸ Atenção:**

**Súmula 567 do STJ**: "Sistema de vigilância realizado por monitoramento eletrônico ou por existência de segurança no interior de estabelecimento comercial, por si só, não torna impossível a configuração do crime de furto".

A segunda modalidade de crime impossível ocorre por ***absoluta* impropriedade do objeto material**. O objeto material é a pessoa ou a coisa sobre a qual recai a conduta do agente. Ocorre absoluta impropriedade em certas circunstâncias em que ele se encontra (ex.: não se pode matar quem já esteja morto) ou pela própria inexistência do objeto material (ex.: mulher ingere remédio abortivo supondo estar grávida, hipótese em que inexiste o feto). Esta modalidade de crime impossível caracteriza o que a doutrina denomina de **delito putativo por erro de tipo**. Isto porque o agente possui a intenção de praticar o delito, que não ocorre ante a ausência de um dos elementos do tipo.

Nas duas hipóteses de crime impossível (ineficácia absoluta do meio e absoluta impropriedade do objeto) ocorre a *exclusão da tipicidade*, segundo doutrina majoritária.

Também é considerada crime impossível a hipótese retratada no enunciado da **Súmula 145 do STF**:

> *"Não há crime, quando a preparação do flagrante pela polícia torna impossível a sua consumação".*

Trata-se de **flagrante preparado ou provocado**, pois a autoridade policial ou terceiro induz ou instiga o agente a praticar o crime. Também é chamado de **crime de ensaio**, **delito de laboratório** ou **crime putativo por obra do agente provocador**.

▸ **Atenção:**

Não se deve confundir flagrante provocado ou preparado (hipótese de crime impossível) com o flagrante esperado (intervenção predisposta de autoridade). Neste, a polícia não induz nem instiga o agente a praticar o crime, mas, ao saber que ocorrerá, apenas espera o início da realização da conduta típica. Portanto, no flagrante esperado ocorrerá a tentativa do delito.

CAPÍTULO IV

# Ilicitude

| Crime (conceito tripartido) | | |
|---|---|---|
| **Fato típico** | **ILICITUDE** | **Culpabilidade** |
| Conduta<br>Resultado<br>Nexo causal<br>Tipicidade (formal + material) | | Imputabilidade<br>Potencial consciência da ilicitude<br>Exigibilidade de conduta diversa |

## 1. INTRODUÇÃO

Ilicitude ou antijuridicidade é a contrariedade do fato ao ordenamento jurídico. **Praticado um fato típico presume-se a ilicitude**, que poderá ser afastada diante de alguma *descriminante* (causa de exclusão de ilicitude). A ilicitude é o segundo elemento do delito (crime em seu conceito formal analítico).

Nos termos do **art. 23 do CP** (exclusão de ilicitude), **não há crime** quando o agente pratica o fato: I – em estado de necessidade; II – em legítima defesa; III – em estrito cumprimento de dever legal ou no exercício regular de direito.

Além dessas, outras causas de exclusão da ilicitude estão previstas na *parte especial do CP* (*ex.*: **art. 128, I, do CP**: "Não se pune o aborto praticado por médico: I – se não há outro meio de salvar a vida da gestante") ou na *legislação extravagante* (*ex.*: **Lei nº 9.605/98 – Lei dos Crimes Ambientais, art. 37, I**: "Não é crime o abate de animal, quando realizado: I – em estado de necessidade, para saciar a fome do agente ou de sua família").

Havendo alguma dessas causas de exclusão não haverá o delito, embora haja o fato típico.

Além das hipóteses previstas na legislação, a doutrina cita como exemplo de exclusão da ilicitude (causa não prevista em lei) certos casos de *consentimento do ofendido*, mas desde que o bem jurídico seja **disponível** e que o sujeito possua **capacidade de consentir**, sem qualquer vício de vontade. Ressalte-se, porém, que em alguns casos o consentimento do ofendido pode funcionar como causa excludente da tipicidade formal. Isso ocorre quando a norma penal pressupõe o dissenso da vítima (ex.: art. 150 do CP):

> *"Entrar ou permanecer, clandestina ou astuciosamente, ou* ***contra a vontade expressa ou tácita de quem de direito****, em casa alheia ou em suas dependências".*

O agente, em qualquer das excludentes de ilicitude, responderá pelo **excesso doloso ou culposo** (art. 23, par. único, do CP).

## 2. ESTADO DE NECESSIDADE

Nos termos do **art. 24, *caput*, do CP**,

> *"Considera-se em estado de necessidade quem pratica o fato para salvar de perigo atual, que não provocou por sua vontade, nem podia de outro modo evitar, direito próprio ou alheio, cujo sacrifício, nas circunstâncias, não era razoável exigir-se".*

### 2.1. Requisitos

| Requisitos do estado de necessidade | |
|---|---|
| **Situação de perigo** | **Fato lesivo** |
| – Perigo atual<br>– Ameaça a direito próprio ou alheio<br>– Situação não causada voluntariamente pelo sujeito<br>– Inexistência de dever legal de enfrentar o perigo | – Inevitabilidade da prática do fato lesivo<br>– Razoabilidade |

***a)*** ***perigo atual:*** é o perigo que está ocorrendo; é o perigo presente, concreto, ou seja, é a probabilidade de se efetivar um dano ao bem. A lei não menciona expressamente o perigo *iminente.* A situação de perigo pode ser oriunda de conduta humana, de fato de um irracional ou de força da natureza.

b) ***ameaça a direito próprio ou alheio:*** a palavra *direito* abrange qualquer bem ou interesse protegido pelo ordenamento jurídico. Cabe estado de necessidade de terceiro.

c) ***situação de perigo não causada voluntariamente pelo sujeito:*** não haverá a excludente na hipótese de ter o agente causado a situação de perigo por sua própria vontade.

d) ***inexistência de dever legal de enfrentar o perigo (§ 1º):*** determinados sujeitos têm o dever legal de enfrentar situações de perigo, como o caso de bombeiros e policiais, de forma que não podem alegar estado de necessidade no exercício dessas atividades.

e) ***inevitabilidade da prática do fato lesivo (nem podia de outro modo evitar):*** deve-se analisar se era possível ao agente salvaguardar o direito sem que tivesse de praticar a conduta lesiva. O estado de necessidade é *subsidiário*, isto é, somente se configura se o agente não podia afastar o perigo sem causar lesão ao bem jurídico de terceiro.

f) ***inexigibilidade de sacrifício do direito ameaçado (cujo sacrifício, nas circunstâncias, não era razoável exigir-se):*** a lei não estabelece que o *bem protegido* deva ser maior, igual ou de menor valor que o *bem lesado*, mas impõe como requisito a *razoabilidade*.

De acordo com o § 2º,

> *"Embora seja razoável exigir-se o sacrifício do direito ameaçado, a pena poderá ser reduzida de um a dois terços".*

*Exemplo:* supondo que em razão do perigo atual, não causado voluntariamente, o agente, para salvar seu patrimônio de pequeno valor, mate uma pessoa. Mesmo que se mostrasse inevitável a conduta lesiva, no caso seria razoável exigir do agente o sacrifício do seu patrimônio. Com efeito, não será reconhecida a excludente da ilicitude, mas o juiz deverá diminuir a pena de um a dois terços.

Por fim, existe um **requisito subjetivo**, segundo a teoria finalista (Welzel). O sujeito precisa ter consciência da situação justificante, ou seja, deve ter conhecimento que sua conduta lesiva visa a *salvar de perigo atual direito próprio ou alheio.*

## 2.2. Formas de estado de necessidade

a) ***estado de necessidade próprio:*** proteção de direito do próprio agente. ***Estado de necessidade de terceiro:*** proteção de direito de terceiro.

b) ***estado de necessidade real:*** é o disposto no art. 24 do CP, ou seja, existe uma real situação de perigo. ***Estado de necessidade putativo:*** pode ocorrer segundo o art. 20, § 1º, do CP (erro sobre os pressupostos fáticos), ou nos termos do art. 21, *caput*, do CP (erro sobre os limites).

*c)* ***estado de necessidade agressivo:*** a conduta lesiva recai sobre direito de quem não concorreu para a produção da situação de perigo (terceiro inocente). ***Estado de necessidade defensivo:*** a conduta lesiva recai sobre direito de quem concorreu para a produção da situação de perigo.

## 2.3. Teorias

*a)* ***unitária*** (adotada pelo CP): nos termos do art. 24, o estado de necessidade sempre será ***causa de exclusão da ilicitude*** (*estado de necessidade justificante*). Muito embora o CP não preveja *estado de necessidade exculpante* (excludente de culpabilidade), a jurisprudência aceita essa hipótese como sendo uma *causa supralegal* de inexigibilidade de conduta diversa.

*b)* ***diferenciadora:*** o estado de necessidade poderá ser ***causa de exclusão da ilicitude*** ou de ***exclusão da culpabilidade***. Considera a variação de valor dos bens em conflito (balanço dos bens). Se o bem protegido pelo agente for de valor superior ao bem sacrificado haverá exclusão da ilicitude (estado de necessidade *justificante*). Exemplo: para salvaguardar a vida (maior valor) o sujeito vem a lesar o patrimônio (menor valor). Caso o bem protegido seja de valor inferior ou igual ao bem sacrificado poderá haver a exclusão da culpabilidade (estado de necessidade *exculpante*). Exemplo: *A*, para proteger sua vida, vem a matar *B* (bens de igual valor).

**▸ Atenção:**

- Regra: o Código Penal adotou a teoria unitária.
- Exceção: o CPM (Código Penal Militar) adotou a teoria diferenciadora.
- Dica: se não houver referência na prova ao CPM, deverá ser considerada correta a alternativa referente à teoria *unitária* do estado de necessidade.

# 3. LEGÍTIMA DEFESA

Conforme **art. 25 do CP**,

> *"Entende-se em legítima defesa quem, usando moderadamente dos meios necessários, repele injusta agressão, atual ou iminente, a direito seu ou de outrem".*

## 3.1. Requisitos

*a)* ***agressão:*** conduta humana que lesa ou expõe direitos a perigo. A agressão pode se dar por omissão, como no caso de quem está obrigado a agir e não age (o carcereiro que mantém o sujeito preso ilicitamente). Matar animais para se proteger não configura legítima defesa, mas pode configurar *estado de necessidade* (isso porque não há agressão humana). **Atenção**: se o animal for açulado por alguém, haverá reação em *legítima defesa*, pois nesse caso existe uma agressão humana (o animal foi usado pelo agressor como arma).

*b)* ***agressão injusta:*** é a agressão ilícita, dolosa ou culposa, mesmo que não seja um injusto penal, sendo necessário apenas que constitua contrariedade ao direito (ilicitude genérica). É apurada de forma objetiva, independentemente da consciência da ilicitude do agressor.

*c)* ***agressão atual ou iminente:*** *atual* é a presente; *iminente* é a que está prestes a ocorrer. Cessada a agressão, não há que se falar mais em reação (repulsa) por parte do agredido. Por outro lado, se houver a prenunciação de uma agressão (ameaça de agressão futura), o ameaçado deve adotar as providências junto às autoridades competentes.

*d)* ***defesa de direito próprio ou alheio:*** a expressão *direito* abrange qualquer bem tutelado pelo ordenamento jurídico. Cabe legítima defesa de terceiro.

*e)* ***repulsa com os "meios necessários":*** meio necessário é aquele que estava à disposição do agredido e que menor dano causará. Se não houver a possibilidade da escolha do meio que menor dano causará, será necessário aquele disponível pelo sujeito no momento da agressão. Assim, o *meio necessário* será verificado de acordo com o caso concreto.

*f)* ***"uso moderado" dos meios necessários:*** uma vez escolhido o meio necessário, seu uso deve ser moderado, ou seja, suficiente para repelir a agressão.

> **Atenção:**
>
> Ao contrário do estado de necessidade, não se exige na legítima defesa que a conduta lesiva (repulsa) seja ***inevitável***, bastando que exista uma agressão humana injusta e atual ou iminente. Isso porque o agredido injustamente não é obrigado, em regra, a se acovardar. A doutrina aponta, entretanto, algumas hipóteses em que é recomendado o ***commodus discessus*** (a "saída mais cômoda"), como no caso de agressão injusta oriunda de um inimputável. Nesse caso, deve o agente procurar evitar a reação, mesmo podendo reagir para cessar a agressão.

É necessário, ainda, um **elemento subjetivo**, que consiste em ter o agente a consciência de estar repelindo uma agressão injusta.

## 3.2. Espécies de legítima defesa

a) ***legítima defesa sucessiva:*** é a reação do agressor contra a repulsa excessiva da vítima.

b) ***legítima defesa putativa:*** trata-se de uma legítima defesa imaginária. O sujeito supõe que está diante dos pressupostos da legítima defesa (agressão humana, injusta, atual ou iminente), o que justificaria a sua reação. Pode decorrer dos casos de erro de tipo permissivo (art. 20, § 1º) ou erro de proibição indireto (art. 21).

*Exemplo 1 (erro de tipo permissivo/erro sobre a situação fática - art. 20, § 1º): A* ameaça *B*, prometendo matá-lo no primeiro encontro. Ao se encontrarem posteriormente, *A* põe a mão no bolso, aparentando que irá sacar uma arma de fogo. De imediato, *B* saca sua arma e mata *A*. Verifica-se, entretanto, que não havia nenhuma agressão, pois *A* não se encontrava armado. Não existe agressão atual ou iminente (não ocorre uma situação de legítima defesa *real*). Nesse exemplo, **para a teoria limitada da culpabilidade (adotada pelo CP, conforme itens 17 e 19 da Exposição de Motivos) haverá a exclusão do dolo e culpa**, sendo o fato atípico (apesar de constar a expressão *isento de pena*), caso se entenda que o erro foi inevitável (art. 20, § 1º, 1ª parte). **Para a teoria extremada da culpabilidade haverá exclusão da culpabilidade**, restando o agente isento de pena. Em caso de erro evitável (art. 20, § 1º, 2ª parte), permite-se a aplicação da pena do crime culposo (hipótese denominada de *culpa imprópria*). Lembre-se que no caso de legítima defesa *real* aplicam-se os arts. 23, II e 25, de sorte que haverá a exclusão da ilicitude.

**Assim**:

- legítima defesa *real*: exclui a ilicitude.
- legítima defesa *putativa*: exclui dolo e culpa/a tipicidade (para a teoria *limitada* da culpabilidade) ou a culpabilidade (para a teoria *extremada* da culpabilidade).

*Exemplo 2 (erro de proibição indireto):* o sujeito, ao ser preso em virtude de uma ordem legal, vem a bater no policial imaginando que está sofrendo uma agressão injusta. Supõe, assim, que está agindo em legítima defesa. Veja-se que a agressão realmente existe, mas se trata de uma *agressão lícita*. A reação do agente, para ser reconhecida como legítima, deveria ser em relação a uma *agressão injusta*. Se o erro de proibição *for inevitável* (art. 21, *caput*), o agente será isento de pena (exclui-se a culpabilidade). Se o erro de proibição for *evitável, vencível ou inescusável* (art. 21, parágrafo único), não haverá isenção de pena (não exclui a culpabilidade), configurando uma causa de diminuição da pena (1/6 a 1/3).

c) ***legítima defesa subjetiva:*** é o excesso na repulsa de uma agressão decorrente de erro de apreciação da situação fática (art. 20, § 1º, 1ª parte).

Logo depois de cessada a *agressão* que justificou a reação (houve a legítima defesa real até um dado momento), o agente, por erro plenamente justificável, *supõe persistir a agressão inicial* e, por isso, acaba excedendo-se em sua reação (repulsa).

> **Atenção:**
>
> Na *legítima defesa subjetiva* existirá uma agressão em um primeiro momento, ao passo que na *legítima defesa putativa* sequer haverá uma *agressão* inicial.

*Exemplo: A* efetua disparos de arma de fogo visando a matar *B.* Este, por sua vez, reage usando uma arma de fogo vindo a atingir *A*, fazendo com que este caia ferido, cessando, assim, a agressão. *A*, sem saber que usou toda a munição, aponta a arma novamente para *B.* Sem saber que a arma de *A* se encontrava descarregada, *B* supõe a persistência da agressão, ocasião em que efetua um disparo fatal.

### Principais diferenças entre legítima defesa e estado de necessidade:

| Legítima defesa | Estado de necessidade |
|---|---|
| Repulsa contra uma agressão injusta | Conflito entre bens jurídicos |
| O bem jurídico sofre uma agressão | O bem jurídico é exposto a perigo |
| A agressão deve ser humana | O perigo pode decorrer de conduta humana, de animal ou de força da natureza |
| A conduta é dirigida contra o agressor | A conduta pode ser dirigida contra terceiro inocente |

## 4. ESTRITO CUMPRIMENTO DO DEVER LEGAL

O sujeito que cumpre determinação legal não pratica conduta ilícita, ou seja, contrária ao ordenamento jurídico. Dever legal é aquele emanado de norma jurídica (lei em sentido amplo), como leis, decretos, regulamentos, portarias etc. Essa excludente não se aplica às obrigações sociais, morais ou religiosas. O sujeito deve agir em observância aos limites impostos (estrito cumprimento), sob pena de responder pelo excesso, doloso ou culposo (CP, art. 23, parágrafo único). Não cabe o cumprimento de dever legal nos crimes culposos, já que a lei não obriga ninguém a ser imprudente, negligente ou imperito.

*Exemplo* de cumprimento de dever legal é o caso de servidores públicos no exercício de suas funções, como policiais efetuando prisões e oficiais de justiça realizando arrombamentos e buscas e apreensões. A justificativa também deve ser aplicada aos particulares no cumprimento de um dever legal.

Como as demais justificativas, o sujeito deve ter consciência de que a conduta praticada se dá em virtude do cumprimento de lei. No caso de **concurso de agentes**, se reconhecida a justificativa para um autor, os demais não poderão ser responsabilizados.

## 5. EXERCÍCIO REGULAR DE DIREITO

Se o agente pratica a conduta em exercício a um direito (penal ou extrapenal) não se pode dizer que essa atuação é contrária ao direito (ilícita). O que é permitido não pode, ao mesmo tempo, ser proibido. Porém, o exercício deve ser *regular*, ou seja, deve obedecer às condições objetivas estabelecidas, sob pena de ser abusivo, caso em que o agente poderá responder pelo *excesso*, doloso ou culposo (CP, art. 23, par. único). Por outro lado, o sujeito deve ter consciência de que está exercendo um direito.

*Exemplos:* prisão em flagrante por particular; direito de retenção permitido; *notitia criminis* levada à autoridade policial de fato que, em tese, constitui crime, desde que não demonstrada a má-fé de quem assim agiu; lesões corporais causadas na prática de esportes, desde que dentro das regras; fabricação autorizada de medicamentos que causam possíveis efeitos colaterais etc.

> ▸ Atenção:
>
> Os **ofendículos** são meios defensivos predispostos para a defesa da propriedade, como a cerca elétrica e o arame farpado. Há duas posições sobre a sua natureza jurídica: a) configuram exercício regular de direito; b) configuram legítima defesa preordenada.

## 6. EXCESSO

> ***Art. 23, parágrafo único.*** *O agente, em qualquer das hipóteses deste artigo, responderá pelo excesso doloso ou culposo.*

### 6.1. Excesso voluntário (excesso doloso)

O agente voluntariamente excede no meio utilizado e/ou no uso do meio para repelir a agressão. Responde pelo crime doloso que causou com o excesso. Entretanto, se o agente, por erro, se excedeu sem ter a consciência da ilicitude do excesso, aplicam-se as regras do erro de proibição (art. 21), ou seja, se inevitável o erro, é isento de pena; se evitável o erro, aplica-se uma causa de diminuição de pena.

## 6.2. Excesso involuntário

O agente involuntariamente se excede. Exemplo, na legítima defesa excede no meio utilizado e/ou no uso do meio para repelir a agressão. Se for evitável o erro, responde a título de culpa (excesso culposo). Entretanto, se for inevitável, afasta-se a culpa, de sorte que o agente não responde pelo excesso.

## 6.3. Excesso exculpante

Uma das hipóteses é o excesso derivado da perturbação de ânimo, medo ou susto. Conforme ensinamento doutrinário, o agente **não responde pelo excesso**, apesar de o fato ser típico e ilícito, em virtude da inexigibilidade de conduta diversa (causa supralegal de exclusão da culpabilidade).

CAPÍTULO V

# Culpabilidade

| Crime (conceito tripartido) | | |
|---|---|---|
| **Fato típico** | **Ilicitude** | **CULPABILIDADE** |
| Conduta<br>Resultado<br>Nexo causal<br>Tipicidade (formal + material) | | Imputabilidade<br>Potencial consciência da ilicitude<br>Exigibilidade de conduta diversa |

## 1. INTRODUÇÃO

Como anteriormente explicado, na **concepção bipartida**, o crime possui dois elementos (fato típico e ilicitude). Para essa concepção, a culpabilidade não é elemento do crime, mas sim pressuposto de aplicação da pena. Por outro lado, na **concepção tripartida**, crime possui três elementos (fato típico, ilicitude e culpabilidade).

Em relação à *culpabilidade*, **o Código Penal adotou a teoria normativa pura**, baseada na teoria finalista da conduta. Para essa concepção, a culpabilidade mostra-se como um **juízo de censura ou de reprovação** que recai sobre a imputabilidade, o conhecimento do caráter ilícito do fato e a exigibilidade de agir de outro modo. Assim, **a culpabilidade é composta dos seguintes elementos:**

1) imputabilidade;
2) potencial consciência da ilicitude;
3) exigibilidade de conduta diversa.

▸ **Atenção:**

- No que tange às teorias da culpabilidade, antes da teoria normativa pura destacavam as seguintes: *a)* ***teoria psicológica:*** desenvolveu-se segundo a concepção causal clássica do delito. A culpabilidade, nessa perspectiva, é vista como um nexo psíquico entre o agente e o fato criminoso. O dolo e a culpa são *espécies* da culpabilidade. A imputabilidade é tratada como *pressuposto* da culpabilidade; *b)* ***teoria normativa ou psicológico-normativa:*** desenvolveu-se na concepção neoclássica/normativista do delito. A culpabilidade passou a conter os seguintes elementos: (1) imputabilidade; (2) dolo ou culpa; (3) exigibilidade de conduta diversa.
- Adotamos atualmente, como citado, a ***teoria normativa pura da culpabilidade*** (culpabilidade = imputabilidade + potencial consciência da ilicitude + exigibilidade de conduta diversa).

O Código Penal não menciona diretamente quais são os elementos da culpabilidade, mas sim as suas **causas de exclusão**, também chamadas de **dirimentes ou exculpantes**. Na parte geral, estão previstas nos artigos 21, 22, 26, *caput*, 27 e 28, § 1º.

| **Culpabilidade** | |
|---|---|
| **Elementos** | **Excludentes legais** |
| 1. Imputabilidade | Art. 26, *caput*<br>Art. 27<br>Art. 28, § 1º |
| 2. Potencial consciência da ilicitude | Art. 21 |
| 3. Exigibilidade de conduta diversa | Art. 22 |

Em regra, quando o legislador dispõe acerca da uma dessas dirimentes, utiliza-se da expressão *é isento de pena.*

## 2. IMPUTABILIDADE

### 2.1. Conceito

Imputabilidade consiste na **atribuição de capacidade para o agente ser responsabilizado** criminalmente. O agente é considerado imputável quando, ao tempo da conduta, for capaz de entender, mesmo que não inteiramente, o caráter ilícito do fato e de determinar-se de acordo com esse entendimento, desde que tenha completado 18 anos. O Código Penal define apenas as situações de inimputabilidade (artigos 26, *caput,* 27 e 28, § 1º). A imputabilidade encontra fundamento na dirigibilidade do ato humano e na possibilidade de sua intimidação pela ameaça de pena.

São distintos os conceitos de imputabilidade e responsabilidade. O primeiro é a capacidade de culpabilidade; já a responsabilidade funda-se no princípio de que toda pessoa imputável (dotada de capacidade de culpabilidade) deve responder pelos seus atos.

## 2.2. Excludentes de imputabilidade

### *2.2.1. Doença mental ou desenvolvimento mental incompleto ou retardado (art. 26, caput)*

Nos termos do **art. 26, *caput***, é isento de pena o agente que, por doença mental ou desenvolvimento mental incompleto ou retardado, era, ao tempo da ação ou da omissão, inteiramente incapaz de entender o caráter ilícito do fato ou de determinar-se de acordo com esse entendimento.

O art. 26, *caput*, do CP adotou o sistema **biopsicológico ou misto.** Dessa forma, para ser reconhecida a inimputabilidade devem ser analisados os seguintes *pressupostos*: **1º**) existência de doença mental ou desenvolvimento mental incompleto ou retardado (pressuposto causal); **2º**) manifestação da doença mental no momento da conduta (pressuposto cronológico); **3º**) o agente deve ser inteiramente incapaz de entender o caráter ilícito do fato ou ser inteiramente incapaz de determinar-se de acordo com esse entendimento (pressuposto consequencial).

*Exemplo: A*, portador de doença mental, subtrai, para si, um DVD de uma loja. Verifica-se posteriormente que *A*, apesar de ter consciência e vontade de ter praticado o fato (que é típico e ilícito), não possuía, em razão de sua doença mental, nenhuma capacidade de entender que esse fato era ilícito. Observe que *A* praticou um fato típico e ilícito (crime para a teoria bipartida).

Evidenciada a inimputabilidade (art. 26, *caput*), a sentença será absolutória (CPP, art. 386, VI), mas haverá aplicação da medida de segurança adequada (CP, art. 97). Trata-se, portanto, de uma **sentença absolutória imprópria.**

> **▸ Observação:**
>
> Apesar de absolver, o juiz aplicará a medida de segurança, a qual é uma espécie de sanção penal.

### *2.2.2. Menoridade (art. 27)*

De acordo com o art. 27 do CP e art. 228 da CF, os menores de 18 anos são penalmente inimputáveis, ficando sujeitos às normas estabelecidas na legislação especial. Foi adotado o **sistema puramente biológico**, considerando a menoridade como presunção absoluta de inimputabilidade. Considera-se o agente *maior* (e portanto *imputável*) a partir do primeiro momento do dia do seu 18º aniversário.

A legislação especial é a Lei nº 8.069/90 (Estatuto da Criança e do Adolescente). Nos termos da **Súmula 605 do STJ**: "A superveniência da maioridade penal não interfere na apuração de ato infracional nem na aplicabilidade de medida socioeducativa em curso, inclusive na liberdade assistida, enquanto não atingida a idade de 21 anos."

### *2.2.3. Embriaguez completa acidental (art. 28, § 1º)*

Nos moldes do art. 28, § 1º, do CP é isento de pena o agente que, por embriaguez completa, proveniente de caso fortuito ou força maior (ou seja, embriaguez não voluntária ou não acidental), era, ao tempo da ação ou da omissão, inteiramente incapaz de entender o caráter ilícito do fato ou de determinar-se de acordo com esse entendimento.

Embriaguez significa intoxicação causada pela ingestão do álcool ou de qualquer outra substância que produza efeitos análogos. Possui três *fases*, a saber: 1ª) excitação; 2ª) depressão; 3ª) sono. Durante a primeira fase a embriaguez é considerada **incompleta**, ao passo que nas demais é considerada **completa.**

A **embriaguez acidental ou involuntária** é aquela oriunda de *caso fortuito* (o agente não conhece o efeito inebriante da substância que ingere ou desconhece a sua própria condição fisiológica) ou de *força maior* (o agente ingere álcool sob coação física irresistível). Essa é a embriaguez a que se refere o art. 28, § 1º. *Exemplo:* o agente embriagou-se completamente após ingerir bebida sob coação física irresistível (força maior). Nessa situação, mesmo que venha a praticar um fato típico e ilícito, não haverá culpabilidade se era, ao tempo da conduta, *inteiramente incapaz* de entender o caráter ilícito do fato ou de determinar-se de acordo com esse entendimento.

> ▸ Atenção:
>
> **A embriaguez preordenada não exclui a imputabilidade, mas sim agrava a pena** (art. 61, II, *l*). Na verdade é uma forma de o agente encorajar-se para praticar o crime.

## 2.3. Não excludentes de imputabilidade

### *2.3.1. Emoção e paixão*

De acordo com o art. 28, I, do CP **a emoção e a paixão não excluem a imputabilidade penal**. A **emoção** é uma forma de perturbação da consciência de curta duração (*ex.:* angústia, medo, ira etc.). Por sua vez, a **paixão** é uma perturbação crônica e duradoura (*ex.:* amor, ódio, ciúme etc.).

Esses estados aliados a outros requisitos podem servir como **circunstâncias atenuantes** (CP, art. 65, III, *c*) ou como **causas de diminuição de pena**, mas não como causa de *isenção* de pena. *Exemplo de causa de diminuição:* matar alguém sob o domínio de violenta emoção (CP, art. 121, § 1º).

> ▸ **Observação:**
>
> A *embriaguez*, a *emoção* e a *paixão*, quando **patológicas**, podem enquadrar-se no art. 26, *caput*, do Código Penal, possibilitando, assim, a exclusão da imputabilidade penal.

### *2.3.2. Semi-imputabilidade ou imputabilidade reduzida*

Dispõe o art. 26, parágrafo único, do CP que **a pena pode ser reduzida de um a dois terços** se o agente, em virtude de perturbação de saúde mental ou por desenvolvimento mental incompleto ou retardado, não era inteiramente capaz de entender o caráter ilícito do fato ou de determinar-se de acordo com esse entendimento.

Nesse caso, o agente possui certa capacidade de entender a ilicitude do fato e de autodeterminar-se de acordo com esse entendimento. Não haverá exclusão da culpabilidade, mas sim a incidência de uma causa de diminuição de pena. O agente terá praticado um fato típico e ilícito, e não será afastada a culpabilidade. A sentença será **condenatória**, mas o juiz diminuirá a pena no momento de sua fixação.

Por outro lado, o Código Penal, seguindo o **sistema vicariante ou unitário**, prevê a hipótese de **substituição da pena por medida de segurança** para o semi-imputável. Nos termos do art. 98, ocorrendo a semi-imputabilidade, e necessitando o condenado de especial tratamento curativo, a pena privativa de liberdade pode ser substituída pela internação, ou tratamento ambulatorial, pelo prazo mínimo de 1 a 3 anos.

### *2.3.3. Embriaguez acidental incompleta (art. 28, § 2º)*

O § 2º do art. 28 prevê a possibilidade de redução de pena de um a dois terços se o agente, **por embriaguez proveniente de caso fortuito ou força maior**, ao tempo da ação ou omissão (da conduta), *não possuía a plena capacidade* de entender o caráter ilícito do fato ou de determinar-se de acordo com esse entendimento.

### 2.3.4. Embriaguez não acidental (voluntária ou culposa)

Nos termos do art. 28, II, do CP, não fica excluída a imputabilidade penal pela embriaguez, **voluntária ou culposa**, decorrente do álcool ou de substâncias de efeitos análogos. A embriaguez *voluntária* se dá quando o agente ingere bebidas alcoólicas com a intenção de embriagar-se. A *culposa*, quando o agente se embriaga de forma imprudente, sem a devida intenção. Assim, mesmo que o agente pratique um fato típico e ilícito sob o estado de *embriaguez completa*, não acidental (voluntária ou culposa), haverá a imputabilidade penal, uma vez que o Código Penal adotou a teoria da *actio libera in causa* (ação livre na causa), a qual leva em consideração a capacidade de culpabilidade do agente antes da prática delitiva (momento da embriaguez voluntária ou culposa).

## 3. POTENCIAL CONSCIÊNCIA DA ILICITUDE

> ***Art. 21****. O desconhecimento da lei é inescusável. O erro sobre a ilicitude do fato, se inevitável, isenta de pena; se evitável, poderá diminuí-la de um sexto a um terço.* ***Parágrafo único****. Considera-se evitável o erro se o agente atua ou se omite sem a consciência da ilicitude do fato, quando lhe era possível, nas circunstâncias, ter ou atingir essa consciência.*

### 3.1. Introdução

Para que haja o juízo de reprovação é necessário que o agente possua a consciência da ilicitude do fato ou que ao menos, nas circunstâncias, tenha a possibilidade de conhecê-la.

Desse modo, a potencial consciência da ilicitude é um dos elementos da culpabilidade. Para ser imputada a pena é necessário que o agente tenha praticado o fato sabendo, ou tendo a possibilidade de saber, que sua conduta é proibida.

Não se deve confundir *desconhecimento da lei penal incriminadora* com o *desconhecimento da ilicitude do fato* (erro de proibição). No momento em que a lei é publicada no diário oficial presume-se que todos passam a conhecê-la. No entanto, é óbvio que se trata de uma ficção, pois na realidade muitas pessoas não irão ter o conhecimento da lei. O que deve ser avaliado é se o agente possuía o conhecimento do profano, diga-se, do homem leigo na sociedade. Trata-se da chamada **VALORAÇÃO PARALELA NA ESFERA DO PROFANO.**

Se o agente atua ou se omite sem ter a consciência da ilicitude do fato, surge o **erro de proibição**. Apesar de o agente possuir a consciência e a vontade de praticar o fato, não tem a consciência da ilicitude desse fato. Não se trata de conhecer ou não os mandamentos ou proibições da esfera penal, mas sim o que é certo ou errado. *Exemplo:* mulher pratica aborto (de forma consciente e voluntária) sem ter conhecimento de ser o aborto proibido (erro sobre a norma proibitiva "não abortarás" ou "é proibido abortar").

> **Importante.**
>
> O erro de tipo afeta a tipicidade, ao passo que o erro de proibição afeta a culpabilidade (juízo de reprovação). No *erro de tipo*, o agente sequer possui a consciência do fato que praticou, vale dizer, não tem consciência do fato. No *erro de proibição*, o agente possui a consciência do fato, mas não da ilicitude deste fato.

Figuram como hipótese de exclusão da potencial consciência da ilicitude os casos de **erro de proibição inevitável ou escusável**. Por outro lado, o **erro de proibição evitável ou inescusável** não exclui a culpabilidade, mas é causa de diminuição de pena.

## 3.2. Excludente da potencial consciência da ilicitude (erro de proibição inevitável)

O erro de proibição ou erro sobre a ilicitude do fato ***inevitável, invencível ou escusável*** (art. 21, *caput*) ocorre quando o agente atua ou se omite sem a consciência da ilicitude do fato, quando, pelas circunstâncias, não lhe era possível ter ou atingir essa consciência. É o erro em que qualquer pessoa prudente incidiria. Possui o efeito de isentar o agente de pena (é causa de exclusão da culpabilidade).

> **Importante.**
>
> No erro proibição o agente pratica um fato sem ter a consciência da ilicitude deste fato, ao passo que no delito putativo por erro de proibição (ou erro de proibição invertido), o agente pratica um fato que entende ser criminoso, mas, como não existe norma incriminadora, sua conduta é atípica. *Ex.:* o agente, nos dias atuais, pratica adultério, imaginando que se trata de crime. Não sabe, no entanto, que com a Lei nº 11.106/05 houve incidência de *abolitio criminis* sobre a então figura típica do art. 240 do CP.

## 3.3. Não excludente da potencial consciência da ilicitude (erro de proibição evitável)

O erro de proibição ou erro sobre a ilicitude do fato ***evitável, vencível ou inescusável*** (art. 21, par. único) ocorre quando o agente atua ou se omite sem a consciência da ilicitude do fato, quando lhe era possível, nas circunstâncias, ter ou atingir essa consciência.

Assim, caracteriza erro de proibição evitável quando é possível ao agente alcançar a consciência da ilicitude com esforço da inteligência e com base na experiência de vida comum, ou ainda, quando na dúvida, propositadamente deixa de informar-se, para não ter que se abster. Observe-se que o agente, mesmo nessa hipótese, não possui a consciência da ilicitude, mas era possível conhecê-la se não fosse a sua falta de zelo. Não possui o efeito de isentar o agente de pena (não exclui a culpabilidade), configurando, isso sim, uma **causa de diminuição da pena (1/6 a 1/3).**

## 3.4. Erro de proibição direto

O agente pratica a conduta desconhecendo (ignorância) ou interpretando de forma errônea a **norma de proibição** (crimes comissivos) ou a **norma mandamental** (crimes omissivos). Alguns autores classificam o erro de proibição relativo à norma mandamental como **erro de proibição mandamental.**

*Exemplos:* mulher pratica aborto (de forma consciente e voluntária) sem ter conhecimento de ser o aborto proibido (erro sobre a norma proibitiva "não abortarás" ou "é proibido abortar"); o sujeito deixa de prestar socorro porque acredita que não está obrigado, uma vez que não tem nenhum vínculo com a vítima, ou porque acredita que não está obrigado a socorrê-la (erro sobre a norma mandamental "prestarás socorro"); registro de menor abandonado como filho próprio praticado por motivo de reconhecida nobreza e não ocultado pelo agente que tinha a plena convicção de estar atuando licitamente (erro sobre a norma de proibição "não registrarás filho de outrem como próprio"); portar acessório de arma de fogo ou sua munição pensando que é não é proibido. Observe-se que nos exemplos acima o sujeito não erra sobre o fato, mas sim sobre a ilicitude do fato, vale dizer, o objeto do erro é a *ilicitude* do fato e não o próprio *fato.*

## 3.5. Erro de proibição indireto ou erro de permissão (descriminantes putativas por erro de proibição)

Trata-se de erro sobre as causas de exclusão da ilicitude (descriminantes) e não sobre as normas proibitivas ou mandamentais. Por isso fala-se em descriminantes putativas (imaginárias). Pode ocorrer o erro nas seguintes hipóteses:

a) *erro sobre a **existência** de uma causa de exclusão da ilicitude não reconhecida juridicamente:* o sujeito supõe que o fato praticado encontra amparo em uma causa de justificação. Porém, esta norma não existe. *Exemplo:* o agente pratica eutanásia supondo que a lei prevê essa situação como sendo uma causa de exclusão da ilicitude (descriminante). Observe-se que o autor conhece a norma de proibição "não matarás", mas imagina que se encontra amparado por uma causa de exclusão da ilicitude, a qual, na realidade, não é prevista em lei. O sujeito sabe que praticou um fato típico, mas pensa que é lícito.

*b)* *erro sobre os* ***limites*** *de uma causa de exclusão da ilicitude:* o agente supõe que sua conduta está de acordo com os limites de uma causa de exclusão da ilicitude. Aqui o autor possui conhecimento da existência da causa de exclusão da ilicitude, mas seu erro incide acerca de seus limites. *Exemplo:* o sujeito, ao ser preso em virtude de uma ordem legal, vem a agredir o policial imaginando que está sofrendo uma agressão injusta. Imagina, assim, que está agindo em legítima defesa. Veja-se que a agressão realmente existe, mas se trata de uma agressão *lícita*. A reação do agente, para ser reconhecida como legítima, deveria ser em relação a uma agressão *injusta*. Não houve erro sobre a existência da causa de exclusão da ilicitude, mas sim sobre os seus limites.

# 4. EXIGIBILIDADE DE CONDUTA DIVERSA

## 4.1. Introdução

Para que a conduta seja reprovável, além dos elementos acima deve-se verificar se o agente poderia ter praticado a conduta, em situação de normalidade, conforme o ordenamento jurídico. No entanto, em *situações anormais*, poderá ser inexigível conduta diversa, hipótese em que não haverá a culpabilidade.

## 4.2. Exclusão da exigibilidade de conduta diversa

Não haverá reprovação em face de circunstâncias anormais que se apresentam. Vejamos.

### *4.2.1. Coação moral irresistível (art. 22, 1ª parte)*

Nos termos do art. 22, 1ª parte, se o fato é cometido sob coação irresistível, só é punível o autor da coação. A coação descrita no art. 22 é a **moral**, consistente no emprego de grave ameaça contra alguém para que faça ou deixe de fazer alguma coisa. O coator é chamado de **autor mediato ou indireto**, pois se serve de um agente instrumento (coagido) para a prática de seu crime.

A ameaça deve ser grave e irresistível. *Grave* é a ameaça de o coagido sofrer um mal. Esse mal pode ser contra o próprio coagido (sua pessoa ou seus bens) ou contra uma pessoa de sua família ou com quem possua relação afetiva.

*Irresistível* é ameaça que não pode ser evitada pelo coagido, mesmo com a ajuda de terceiros.

Na coação moral irresistível **é necessária a presença de três pessoas: o coator, o coagido e a vítima**. O que não se aceita é a situação de o coator ser a própria vítima, pois teríamos uma hipótese de autor e vítima na mesma pessoa. *Exemplo: A*, mediante emprego de arma de fogo, ameaça matar *B*, caso este deixe de praticar um furto contra *C*. *B*, ao furtar *C*, estará praticando um fato típico e ilícito (CP, art. 155), mas não haverá reprovação de sua conduta (culpabilidade).

Se a coação for *resistível*, o coagido responderá pelo crime, mas de forma atenuada (CP, art. 65, III, *c*, 1ª parte). Caso a coação irresistível seja *física*, anula-se a vontade do coagido, resultando, assim, na exclusão da própria conduta.

> ▸ **Importante:**
>
> *a)* ***coação moral irresistível (art. 22)***: o fato é típico e antijurídico, mas em relação ao coagido exclui-se a *culpabilidade* (isenção de pena) em virtude da ausência de um de seus elementos (exigibilidade de conduta diversa). O coator responde pelo crime praticado pelo coagido, com a pena agravada (CP, art. 62, II). É chamada de *vis relativa* ou *vis compulsiva*.
>
> *b)* ***coação resistível***: o fato é típico, ilícito e o agente (coagido) culpável. Na fixação da pena, deverá o juiz reconhecer uma *circunstância atenuante* (CP, art. 65, III, *c*). O coator, por sua vez, responde pelo crime praticado pelo coagido, com a pena agravada (CP, art. 62, II).
>
> *c)* ***coação física irresistível***: não há *conduta* por parte do coagido em virtude da ausência de voluntariedade. Desse modo, se não há conduta, sequer haverá tipicidade. O coator responde pelo seu próprio crime. É chamada de *vis absoluta* ou *vis corporalis*.

### *4.2.2. Obediência hierárquica (art. 22, 2ª parte)*

A segunda parte do art. 22 estabelece que se o fato é cometido em estrita obediência à ordem, não manifestamente ilegal (ordem que não aparente ser ilegal), de superior hierárquico (**relações de direito administrativo**), só é punível o autor da ordem. *Exemplo:* o juiz determina que o oficial de justiça prenda em flagrante delito um promotor de justiça pela prática de um crime afiançável (hipótese em que não caberia o flagrante de um promotor de justiça – art. 40, III, da Lei nº 8.625/93). Caso se verifique que o oficial de justiça realmente não possuía o conhecimento de se tratar de uma ordem ilegal, ficará isento de pena.

A obediência hierárquica **não se aplica às relações de direito privado**, como as familiares (pai e filho) e de emprego (patrão e empregado).

▸ **Atenção:**

Dependendo da ordem, poderá ocorrer uma exclusão da ilicitude, da culpabilidade ou mesmo não incidir nenhuma excludente. Isso porque a ordem pode ser:

| | | |
|---|---|---|
| **Ordem** | **Legal** | – Não há crime (exclui-se a ilicitude pelo estrito cumprimento de dever legal) |
| | **Ilegal** | – Manifestamente ilegal: ocorre o fato típico, a ilicitude e a culpabilidade, sendo que o subordinado não fica isento de pena<br>– Não manifestamente ilegal: ocorre o fato típico e a ilicitude, mas o subordinado fica isento de pena (art. 22) |

▸ **Importante:**

Para a teoria da tipicidade conglobante (Zaffaroni), a ordem legal funcionará como causa de exclusão da própria tipicidade.

CAPÍTULO VI

# Concurso de pessoas

*Art. 29. Quem, de qualquer modo, concorre para o crime incide nas penas a este cominadas, na medida de sua culpabilidade.*

## 1. INTRODUÇÃO

O concurso de pessoas consiste no cometimento da mesma infração penal por duas ou mais pessoas. As pessoas que **concorrem** para o crime são chamadas de: **a) autor/coautor;** e **b) partícipe.**

Na hipótese em que o delito pode ser cometido por apenas um único agente (crimes *monossubjetivos*), mas que, eventualmente, é praticado por dois ou mais, teremos um **concurso eventual de pessoas**. Um crime de homicídio pode ser praticado por uma ou por várias pessoas em concurso (dois ou mais agentes desferem facadas na vítima).

Entretanto, existem delitos em que o próprio tipo penal exige a pluralidade de agentes (crimes *plurissubjetivos*). Nesse caso, fala-se em **concurso necessário de pessoas**. *Exemplos:* crimes de rixa (art. 137) e associação criminosa (art. 288).

## 2. AUTORIA

Existem várias concepções acerca do conceito de autor.

a) **Teoria unitária** (não adotada pelo CP): todo aquele que concorre de alguma forma para o fato é autor (não há distinção entre autor e partícipe). Possui fundamento na teoria da equivalência dos antecedentes causais (teoria da *conditio sine qua non*). *Exemplo:* no crime de homicídio, são considerados autores tanto aquele que efetua o disparo (ato de matar) como aquele que fornece a arma desejando auxiliar na execução do delito. Todos são autores, já que deram causa ao resultado. Lembre-se que, para a teoria da *conditio sine qua non*, **causa** é toda conduta (ação ou omissão) sem a qual o resultado não teria ocorrido.

b) **Teoria extensiva e teoria subjetiva** (não adotadas pelo CP): a teoria extensiva também possui fundamento na teoria da equivalência dos antecedentes causais. Do ponto de vista objetivo, todos os concorrentes dão causa ao crime e são, portanto, autores. No entanto, a teoria extensiva foi complementada pela *teoria subjetiva da participação*. Segundo essa concepção, no plano subjetivo há de se distinguir autor de partícipe. O autor atua com *animus auctoris* e o partícipe com *animus socii*. Assim, partícipe é aquele que concorre em um crime alheio. As formas de participação (em sentido estrito) funcionam como *causas de restrição da pena*. Caso contrário, todos os concorrentes deveriam ser punidos como autores.

c) **Teoria restritiva** (adotada pelo CP): **faz distinção entre autor e partícipe**. Sustenta que nem todo aquele que dá *causa* ao crime pode ser considerado autor. Isto porque alguém pode contribuir (dar causa) para a realização de um fato, mas não realizar diretamente o tipo penal. Assim, a concorrência do autor é distinta da concorrência do partícipe, sendo que só haverá a responsabilização do último em face de uma "causa de extensão da pena". Caso não existisse tal norma de extensão, a conduta do partícipe ficaria impune.

Para a teoria restritiva (critério objetivo-formal), **autor** é aquele que realiza todos ou alguns elementos do tipo (realiza o núcleo do tipo), como quem mata no homicídio, quem subtrai no furto. **Partícipe** é aquele que contribui sem realizar os elementos do tipo. *Exemplo: A* mata *B* após ser instigado por *C*. Ambos (*A* e *C*) respondem pelo crime descrito no art. 121 do CP, sendo *A* **autor** e *C* **partícipe**. *C* não praticou o ato executório de *matar*, tendo apenas *instigado*, mas mesmo assim concorreu para o delito. **Segundo a doutrina majoritária, é a teoria adotada pelo Código Penal.** O presente critério possui o defeito de não explicar as questões que envolvem a autoria mediata.

d) **Teoria do domínio do fato:** a expressão "domínio do fato" foi empregada pela primeira vez por Hegler (1915) no contexto da culpabilidade. Em 1939, Welzel liga a ideia de domínio do fato com a doutrinada finalista da ação e influencia o desenvolvimento na doutrina alemã da teoria do domínio do fato. Nos crimes dolosos, autor é aquele que possui o domínio final do fato. Para Welzel, "Não é autor de uma ação dolosa quem somente causa um resultado, mas quem tenha o domínio consciente do fato dirigido para o fim". Em 1963, Roxin firma a noção do domínio do fato, que passa a ser seguida pela doutrina. Em sua concepção, o domínio do fato pode se dar de três formas:

   *1)* ***domínio da ação*** (autor imediato): considera-se autor imediato aquele que possui domínio sobre a própria ação. O autor realiza pessoalmente os elementos do tipo;

2) ***domínio da vontade*** (autor mediato): também é autor aquele que domina a vontade de um terceiro que é utilizado como instrumento para realização do fato. O domínio da vontade se dá mediante erro, coação ou por aparatos organizados de poder;

3) ***domínio funcional do fato*** (autor funcional): em uma atuação conjunta (divisão de tarefas) para a realização de um fato, é autor aquele que pratica um ato relevante na execução do plano delitivo global, mesmo que não seja uma ação típica.

Existem decisões dos nossos tribunais adotando a teoria do domínio do fato. Saliente-se que a **teoria do domínio do fato** tem a função de diferenciar autor de partícipe, não servindo para imputar a responsabilidade penal. Nesse sentido: "Nem se diga que o caso viria a encontrar solução na denominada teoria do domínio do fato, pois esta não deve ser utilizada como elemento de imputação de responsabilidade, mas apenas para distinguir entre autores e partícipes" (STJ, trecho do voto na APn 439/MG, Rel. Ministro Castro Meira, Corte Especial, j. 04/09/2013).

▸ **Atenção:**

A teoria do domínio do fato, na concepção de Roxin, somente se aplica aos crimes comissivos dolosos. Não se aplica aos delitos funcionais, crimes culposos, crimes comissivos por omissão, crimes de mão própria.

▸ **Observações:**

– **Autoria mediata**: o sujeito utiliza uma pessoa, que atua sem dolo ou de forma não culpável (*innocent agent*), como instrumento para praticar o delito. O domínio do fato pertence exclusivamente ao autor e não ao executor (autor imediato). Pode resultar de: a) conduta atípica do executor; b) conduta culposa do executor; c) conduta típica, mas lícita do executor; d) executor é inimputável (casos de inimputabilidade, erro de proibição, coação moral irresistível e obediência hierárquica). *Exemplo: A*, desejando subtrair para si o veículo do seu vizinho, utiliza uma pessoa que não possui nenhuma capacidade de entender o caráter ilícito do fato em virtude de doença mental (inimputável = isento de pena) para realizar a subtração. *A* é considerado autor mediato. **Na autoria mediata, embora haja pluralidade de sujeitos, prevalece o entendimento no sentido de que não há concurso de pessoas, pois o executor do crime é mero instrumento.** Assim, o autor mediato não é partícipe (adequação típica indireta ou mediata), mas sim autor principal da conduta (adequação típica direta ou imediata), apesar de não agir diretamente, mas pelas mãos de outro. A doutrina alemã trata de certos casos em que o domínio do fato se dá por meio de aparatos organizados de poder (organização verticalmente estruturada que rompeu com a ordem jurídica). O agente se serve deste aparato para realizar o fato. Ou seja, ocorre quando, dentro de uma "máquina de poder", o agente (autor de escritório) ordena que outrem execute determinada conduta. Em razão da fungibilidade dos membros, esse executor pode ser substituído a qualquer momento por outro integrante da organização criminosa. Trata-se da **teoria do domínio da organização**.

- **Autoria colateral:** ocorre na hipótese em que duas (ou mais) pessoas, desconhecendo a conduta uma da outra, praticam determinada conduta visando ao mesmo resultado, que ocorre em razão do comportamento de apenas uma delas. **Não há concurso de pessoas pela ausência do vínculo subjetivo**. Cada uma responde pela sua conduta. *Exemplo*: *A* e *B*, sem que um conhecesse a intenção do outro, efetuam, ao mesmo tempo, disparos na direção da vítima, que recebe um tiro na cabeça (o fatal), e outro no pé (que não concorreu para a morte). A perícia aponta que o tiro na cabeça do ofendido (causa da morte) foi provocado por *A*, e que o tiro no pé partiu da arma de *B*. Como na autoria colateral cada agente responde por aquilo que praticou, *A* responderá por homicídio consumado e *B* por homicídio tentado.
- **Autoria incerta** ocorre quando, na autoria colateral, não se sabe qual dos autores causou o resultado. *Exemplo*: se no caso acima não se descobrisse quem efetivamente foi o autor do disparo fatal, cada um dos atiradores responderia por homicídio tentado. Aplica-se, aqui, o princípio *in dubio pro reo*. A autoria incerta não deve ser confundida com *autoria ignorada*, que ocorre quando se desconhece o autor do crime.

# 3. PARTICIPAÇÃO

## 3.1. Introdução

A participação (propriamente dita) consiste em contribuir para a conduta criminosa do autor ou coautores. O partícipe responde pelo crime em virtude do disposto no art. 29 do CP, a saber: "*Quem, de qualquer modo, concorre para o crime incide nas penas a este cominadas, na medida de sua culpabilidade*".

O partícipe não realiza diretamente a conduta típica, mas concorre **induzindo**, **instigando** ou **auxiliando** o autor.

## 3.2. Formas

*a)* ***Participação moral (induzimento e instigação):***

- ***determinação ou induzimento:*** agir sobre a vontade do autor, fazendo nascer o propósito delituoso. *Exemplo: A* comenta com *B* que *C* está tecendo maldosos comentários sobre a sua vida. Não bastasse, *A* ainda diz: "se eu fosse você eu mataria *C*". *B*, aceitando a ideia, realmente mata *C*. Nesse caso, *B* não pensava em matar a vítima, mas foi induzido por *A*. Pode-se dizer que *A* "plantou a ideia" na mente de *B*.
- ***instigação:*** agir sobre a vontade do autor, reforçando ou estimulando a ideia criminosa já existente. *Exemplo: B* comenta com *A* que está pensando em matar *C*, mas que ainda está com dúvidas sobre isso. *A* convence *B* a levar adiante o seu plano, o que de fato ocorre.

Nesse caso, *A* não "plantou a ideia" na mente de *B*, mas sim reforçou a ideia que *B* já possuía.

***b) Participação material (cumplicidade):***

É o ***auxílio*** na realização do crime. Trata-se de uma contribuição por meio de um comportamento, tanto na preparação quanto na execução do delito. *Exemplos:* permanecer na vigilância durante a execução de um crime; emprestar uma arma ciente de qual tal instrumento será utilizado para a prática de homicídio.

> **Importante:**
>
> A participação ocorre antes da consumação do delito. Se a contribuição ocorrer depois, poderá configurar um crime autônomo, como, por exemplo, favorecimento real, favorecimento pessoal e receptação. *Exemplo (não haverá concurso de pessoas): A*, sem nada combinar com *B*, furta um veículo. Após o crime, *A* solicita a *B* a garagem de sua casa emprestada para ocultar o carro furtado. *B*, pela amizade com *A*, atende o desejo e esconde o carro. Nesse caso, *B* praticou o crime de favorecimento real (CP, art. 349. *Prestar a criminoso, fora dos casos de coautoria ou de receptação, auxílio destinado a tornar seguro o proveito do crime*). Ressalte-se que em alguns casos ocorre um ajuste prévio e uma contribuição posterior à consumação. *Exemplo* (haverá concurso de pessoas): antes de praticar o crime, *A* combina com *B* que irá furtar um carro, mas que precisará escondê-lo na garagem da casa de *B*. Explica, ainda, que o crime só será praticado se houver esse empréstimo. Em razão da amizade com *A*, *B* resolve ajudá-lo e ajusta o empréstimo do local. Nesse caso, mesmo *B* tendo prestado auxílio somente após a consumação do crime, houve um ajuste prévio antes da consumação, de sorte que passa a ser partícipe do crime de furto. Sobre o tema: STJ: HC 39.732/RJ, 6ª T, j. 26/06/2007.

## 3.3. Natureza jurídica da participação

Trata-se de **adequação típica por subordinação mediata ou indireta**. Inicialmente a conduta do partícipe é atípica, pois seu fato não se subsume ao tipo penal. Mas, aplicando-se a norma de ampliação espacial e pessoal da figura típica (art. 29, *caput*, do CP), o tipo passa a abranger a sua conduta (acessória). Trata-se de uma forma de *acessão* ao fato praticado pelo executor. *Exemplo: A* mata *B* (conduta principal) após ser induzido por *C* (conduta acessória).

Assim, para haver participação (conduta acessória) é necessária uma conduta principal praticada pelo autor ou coautores (fato principal). Doutrinariamente, se diz que há quatro classes de acessoriedade (**teorias da acessoriedade**):

1) teoria da *acessoriedade mínima:* é necessário que a conduta principal constitua fato típico;

2) teoria da *acessoriedade limitada:* é necessário que a conduta principal constitua fato típico e ilícito;

3) teoria da *acessoriedade máxima ou extrema:* é necessário que a conduta principal constitua fato típico, ilícito e culpável;

4) teoria da *hiperacessoriedade:* é necessário que a conduta principal constitua fato típico, ilícito e culpável, e que o autor seja efetivamente punido no caso concreto; além disso, incidem sobre o partícipe todas as agravantes e atenuantes de caráter pessoal relativas ao autor principal.

Na doutrina pátria predomina o entendimento de que **o CP adotou a teoria da acessoriedade limitada**, de sorte que o fato principal deve ser típico e ilícito para que o partícipe possa responder pelo crime.

### 3.4. Participação de menor importância

Conforme o **art. 29, § 1º**, se a participação for de menor importância, a pena pode ser diminuída de um sexto a um terço. Possui aplicação apenas ao partícipe, haja vista que é incompatível com a conduta do coautor, que realiza o verbo típico ou possui o domínio do fato.

Uma vez evidenciada a contribuição de menor importância para o delito, a redução da pena se torna obrigatória. A expressão "pode" refere-se ao *quantum* da diminuição. Há posição minoritária em contrário (no sentido de ser facultativa a redução, podendo o juiz deixar de aplicá-la ainda que convencido da participação de pouca importância).

O critério para fixação do *quantum* deve variar de acordo com a maior ou menor contribuição do partícipe na prática delituosa: quanto mais a conduta se aproximar do núcleo do tipo, maior deverá ser a pena, ao passo que quanto mais distante a conduta restar do núcleo, menor será a sanção.

## 4. REQUISITOS DO CONCURSO DE PESSOAS

São requisitos do concurso de pessoas:

a) **Pluralidade de condutas:** existência de duas ou mais pessoas realizando a conduta típica ou concorrendo de algum outro modo para que outrem a realize (induzindo, instigando ou auxiliando).

b) **Relevância causal e jurídica de cada uma das ações:** relação de causa e efeito entre cada conduta e o resultado (teoria da equivalência dos antecedentes causais). Em relação ao partícipe, sua conduta deve ter provocado ou facilitado a conduta principal.

c) **Liame subjetivo entre os agentes:** vontade de colaborar para o mesmo crime (princípio da convergência). Exige-se homogeneidade de elemento subjetivo (participação dolosa em crime doloso ou concorrência culposa em crime culposo).

No entanto, é desnecessária a prévia combinação (*pactum sceleris)*, mas deve o participante saber que está aderindo ao crime (*scientia sceleris* ou *scientia maleficci*). *Exemplo (inexistência de prévia combinação):* empregada doméstica, percebendo que alguém está desejando invadir a residência do seu empregador para praticar um furto, abre a porta da casa (participação mediante auxílio) visando a facilitar a subtração. Nesse caso, a empregada responde pelo furto, não obstante o executor desconhecer que houve a ajuda.

d) **Identidade de fato:** todos os concorrentes devem responder pelo mesmo crime (teoria unitária ou monista do concurso de pessoas). Nessa seara, a doutrina pátria e estrangeira traz algumas teorias sobre o concurso de agentes, as quais buscam estabelecer se os concorrentes, na realização do fato, respondem por crimes distintos ou por apenas um único delito. Vejamos:

- ***teoria monística, monista, unitária ou igualitária*** *(concursus plurium ad idem delictum):* como os concorrentes visam ao mesmo resultado, todos (independentemente da distinção entre coautores e partícipes) respondem pelo *mesmo crime.* **Adotada pelo Código Penal como regra** (v. **item 25** da Exposição de Motivos da Nova Parte Geral).

- ***teoria pluralista*** *("da cumplicidade-delito distinto"* ou *"da autonomia da participação"):* cada um dos agentes pratica um crime distinto. Segundo acentua a doutrina nacional, esta teoria foi adotada em certas hipóteses, como exceção, pelo Código Penal. *Exemplo:* artigos 124, 2ª parte, e 126, ambos do Código Penal. Nessa hipótese, a gestante que se submete ao aborto responde pelo delito descrito no art. 124, sendo que o sujeito que provoca o aborto responde pelo crime descrito no art. 126. Outras hipóteses: art. 235 e seu § 1º; art. 317 e art. 333; art. 342 e art. 343; art. 29, *caput*, parte final, e seu § 2º.

- ***teoria dualística ou dualista:*** há dois delitos, sendo um crime único entre os chamados *autores principais* (coautores) e outro crime único entre os *autores secundários* (partícipes), que teria punição menos severa.

## 5. COOPERAÇÃO DOLOSAMENTE DISTINTA

O **art. 29, § 2º**, cuida da hipótese em que um dos agentes quis participar de delito menos grave, mas acabou concorrendo para um crime mais grave. No caso de ***não ser previsível* o *resultado mais grave***, o concorrente que não quis participar do crime mais grave responderá apenas pelo delito menos grave, ou seja, pelo crime que quis participar. *Exemplo: A* induz *B* a praticar um furto na casa de sua vizinha *C*, que se encontra em viagem há mais de um ano. *B*, achando fácil e quase sem risco a prática do crime, resolve cometê-lo. No entanto, ao entrar na residência, se depara com a vítima, que inesperadamente acabara de retornar de viagem. *B* resolve subtrair uma TV da mesma forma, mas é preciso utilizar violência para conseguir a subtração. Nesse caso, *A* responderá apenas pelo crime menos grave (furto), pois não era previsível o resultado mais grave (roubo). Isto porque *A* sequer tinha conhecimento que a vítima iria retornar da viagem.

Entretanto, ***se o crime mais grave era previsível***, o agente continuará respondendo pelo delito menos grave, mas com a pena elevada até metade. *Exemplo:* no caso acima, se *A* desconfiasse que a vítima estivesse prestes a retornar de viagem, pode-se dizer que o crime mais grave era previsível. Nessa hipótese, *A* continuará respondendo pelo crime menos grave (furto), mas com o *aumento de pena*. A pena do crime menos grave, mesmo com o aumento, não pode ser superior àquela que seria aplicada ao crime mais grave.

Por fim, ***se o crime mais grave era previsto e aceito como possível***, o concorrente responderá por ele, uma vez que haverá **dolo eventual**. *Exemplo do mandato criminoso*: *A* contrata *B* para dar uma surra em *C*, ciente de que *B* é pessoa violenta e, em todas as oportunidades anteriores quando foi contratado para tal mister criminoso, ocasionou a morte das suas vítimas. Caso *B* mate *C*, ambos, *A* e *B*, deverão responder pelo crime de homicídio, o primeiro a título de dolo eventual e o último a título de dolo direto.

## 6. CIRCUNSTÂNCIAS INCOMUNICÁVEIS

> ***Art. 30.*** *Não se comunicam as circunstâncias e as condições de caráter pessoal, salvo quando elementares do crime.*

Todos os tipos penais são integrados por suas elementares. Alguns tipos contam também com as circunstâncias.

Elementares (*essentialia delicti*) são dados que *constituem o tipo penal*, ou seja, são os elementos constitutivos do crime. *Exemplo*: o crime de furto traz as seguintes elementares (art. 155, *caput* = subtrair + para si ou para outrem + coisa alheia + móvel).

Circunstâncias (acidentais) são dados *acessórios* ao crime, dispensáveis para a configuração da figura penal básica, embora causem influência sobre a quantidade de pena (circunstâncias acessórias – *accidentalia delicti*). *Exemplo*: art. 155, § 1º: no crime de furto a pena é aumentada de um terço se o delito é praticado durante o período de repouso noturno.

As circunstâncias ou elementares podem ter:

*a)* ***caráter não pessoal (são objetivas)***: aquelas que se relacionam com aspectos *objetivos* ou *externos* do crime (relacionam-se com o fato), como os meios (emprego de fogo, veneno ou explosivo) e modos (emboscada, traição, dissimulação, surpresa) de execução, tempo, ocasião e lugar, bem como qualidades da vítima (mulher grávida, criança, idoso, enfermo).

*b)* ***caráter pessoal (são subjetivas)***: aquelas que se relacionam com aspectos *subjetivos* ou *internos* do crime (relacionam-se com o agente e não ao fato), como os motivos do delito (motivo fútil, motivo de relevante valor moral), as qualidades específicas do autor (seus antecedentes, sua conduta social, sua personalidade) e as relações pessoais que possua com a vítima (cônjuge, ascendente, descendente, irmão).

Extrai-se do art. 30 o seguinte:

1) As **elementares** se comunicam aos coautores e partícipes, tanto as objetivas como as de caráter pessoal, desde que sejam do conhecimento do outro agente. *Exemplo*: no crime descrito no art. 312 do Código Penal (peculato) é indispensável que o sujeito ativo seja funcionário público. A elementar funcionário público (elemento normativo, mas de caráter pessoal) pode se comunicar a outros concorrentes que não possuam essa qualidade. Assim, se um particular instigar o funcionário a praticar peculato, também responderá pelo crime.

2) As **circunstâncias objetivas** se comunicam aos coautores e partícipes, desde que sejam do conhecimento do outro agente. *Exemplo*: *A* induz *B* a furtar *C* durante o repouso noturno. A causa de aumento do art. 155, § 1º, do CP (crime praticado durante o repouso noturno) incide também ao partícipe *A*.

3) As **circunstâncias subjetivas** não se comunicam. Isso porque se relacionam exclusivamente ao agente, e não ao fato delituoso. *Exemplo*: se alguém, sob o domínio de violenta emoção, logo em seguida a injusta provocação, mata o provocador, terá a sua pena diminuída (art. 121, § 1º, do CP). Essa circunstância é claramente de natureza pessoal, uma vez que se relaciona com a capacidade do agente de compreender a ilicitude ou de autodeterminar-se. Não há razão para comunicar essa circunstância

ao outro agente que não estava na mesma situação de violenta emoção. Da mesma forma, não se comunicam as seguintes circunstâncias: antecedentes, reincidência, conduta social e circunstâncias que encontram fundamento em causas de exclusão da culpabilidade ou punibilidade.

## 7. CASOS DE IMPUNIBILIDADE

> ***Art. 31****. O ajuste, a determinação ou instigação e o auxílio, salvo disposição expressa em contrário, não são puníveis, se o crime não chega, pelo menos, a ser tentado.*

O **ajuste** (acordo celebrado para cometer o delito), a **determinação** (agir sobre a vontade do autor, fazendo nascer o propósito delituoso), a **instigação** (agir sobre a vontade do autor, estimulando a ideia criminosa já existente) e o **auxílio** (contribuição por meio de um comportamento positivo ou negativo, tanto na preparação quanto na execução do delito) são *impuníveis* se o fato principal não alcança a fase executória. Se o autor não iniciar a execução do crime, o fato será atípico tanto para este quanto para o partícipe. *Atenção*: em casos excepcionais o ajuste pode ser punido, como no crime de associação criminosa (CP, art. 288).

CAPÍTULO VII

# Penas

## 1. CONCEITO

Segundo o princípio *nulla poena sine crimine*, a pena é uma **consequência jurídica** da infração penal (crime ou contravenção penal). Desse modo, praticado um fato típico, ilícito e culpável, surge a possibilidade de aplicação da pena.

A pena é a espécie de sanção penal consistente na privação de determinados bens jurídicos, cujo pressuposto é a *culpabilidade* do agente. Entretanto, não se deve confundir pena com sanção penal. Isso porque a ***pena* é uma das espécies de sanção penal**. A outra é a *medida de segurança* aplicada aos inimputáveis e aos semi-imputáveis.

| Sanção penal | |
|---|---|
| Penas | Medidas de segurança |

## 2. FINALIDADES DA PENA

Existe uma relação dinâmica entre o Estado e a visão dos fins da pena. Isso significa que as teorias que justificam a pena encontram sua motivação em conformidade com a estrutura política do Estado. Apesar da histórica discussão acerca dos fins da pena, duas teorias se destacam: as **teorias absolutas** (pena como forma de retribuição pelo crime cometido) e as **teorias relativas** (pena como meio para se realizar o fim utilitário da prevenção de crimes). Dessas duas teorias existem outras variantes denominadas **teorias mistas, unitárias ou ecléticas**, mas sempre procurando uma combinação das duas primeiras posições.

**Nosso Código Penal adota a teoria mista**, como se pode constatar pela parte final do art. 59:

> *O juiz, atendendo à culpabilidade, aos antecedentes, à conduta social, à personalidade do agente, aos motivos, às circunstâncias e consequências do crime, bem como ao comportamento da vítima, estabelecerá, conforme seja necessário o suficiente para **reprovação** e **prevenção** do crime: (...).*

## 3. PRINCÍPIOS FUNDAMENTAIS RELACIONADOS À PENA

a) **Princípio da legalidade estrita ou da reserva legal** *(nullum crimen nulla poena sine lege)*: vem insculpido no art. 5º, XXXIX, da CF, e no art. 1º do CP:

> *"Não há crime sem lei anterior que o defina, nem pena sem prévia cominação legal".*

b) **Princípio da anterioridade:** do postulado básico do princípio da legalidade decorre o princípio da anterioridade:

> *"Não há crime sem lei anterior que o defina, nem pena sem* ***prévia*** *cominação legal" (nullum crimen nulla poena sine lege praevia).*

Isso quer dizer que não pode haver punição de fatos praticados antes da vigência da lei penal.

c) **Princípio da aplicação da lei mais favorável:** em regra, os fatos praticados na vigência de uma lei devem ser por ela regidos (*tempus regit actus*). Como exceção à regra, é prevista a extra-atividade da lei penal mais benéfica (CF, art. 5º, XL e CP, art. 2º), possibilitando a sua retroatividade (aplicação da lei penal a fato ocorrido antes de sua vigência) ou ultra-atividade (aplicação da lei após a sua revogação), desde que ainda não esgotadas as consequências jurídicas do fato.

d) **Princípio da individualização da pena:** a lei regulará a individualização da pena (art. 5º, XLVI, 1ª parte, da CF e art. 59 do CP). Três são os momentos da individualização da pena, a saber: a) *cominação legal* (pena abstrata): nesse momento o legislador estabelece as penas mínima e máxima dentro dos critérios de necessidade e adequação; b) *aplicação judicial* (pena concreta): nessa etapa compete ao magistrado a fixação da pena de acordo com as circunstâncias referentes ao fato, ao agente e à vítima; c) *execução penal*, que "tem por objetivo efetivar as disposições de sentença ou decisão criminal e proporcionar condições para a harmônica integração social do condenado e do internado" (LEP, art. 1º).

e) **Princípio da humanidade:** nenhuma pena pode atentar contra a dignidade da pessoa humana, de sorte que é vedada a aplicação de penas cruéis e infamantes. A pena deve ser cumprida de forma a efetivamente ressocializar o condenado. Isso significa que se ela criasse um impedimento físico permanente ao agente (como a morte ou a amputação de membro) ou um efeito jurídico inapagável a ele (como a obrigatoriedade de constar, do seu documento de identificação, os dados sobre sua condenação), haveria flagrante inconstitucionalidade.

f) **Princípio da pessoalidade ou personalidade ou intranscendência da pena:** nos termos do art. 5º, XLV, da CF, nenhuma pena passará da pessoa do condenado, podendo a obrigação de reparar o dano e a decretação do perdimento de bens ser, nos termos da lei, estendidas aos sucessores e contra eles executadas, até o limite do valor do patrimônio transferido.

Com a morte, a sanção penal se resolve (*mors omnia solvit*). Para a maioria da doutrina, resolve-se inclusive a *pena de multa*. No entanto, os efeitos civis da sentença penal condenatória subsistem, de sorte que os herdeiros respondem até o limite da herança.

g) **Princípio da suficiência da pena:** o juiz estabelecerá a espécie de pena e a sua quantidade conforme seja necessária e suficiente para reprovação e prevenção do crime (art. 59, CP).

h) **Princípio da proporcionalidade da pena:** enfoques: 1) *subprincípio da necessidade:* a pena privativa de liberdade deve ser aplicada de forma subsidiária, isto é, quando outras espécies de penas não se mostrarem suficientes; 2) *subprincípio da adequação*: a pena deve ser adequada (apta) para alcançar os fins (prevenção e retribuição); 3) *subprincípio da proporcionalidade em sentido estrito:* os meios utilizados para consecução dos fins não devem extrapolar os limites do tolerável. Os benefícios a serem alcançados (tutela eficaz do bem jurídico) devem ser maiores que os custos (sacrifício do autor do crime ou da própria sociedade). Deve haver uma relação de proporcionalidade da pena com a gravidade da infração, ou seja, quanto mais grave o delito maior a pena.

CAPÍTULO VIII

# Penas privativas de liberdade

## 1. ESPÉCIES

O Código Penal prevê a **reclusão** e a **detenção** como as duas espécies de penas privativas de liberdade. A Lei de Contravenções Penais prevê a **prisão simples** como pena privativa de liberdade (art. 6º da LCP – "A pena de prisão simples é cumprida, sem rigor penitenciário, em estabelecimento especial ou seção especial de prisão comum, em regime semiaberto ou aberto"). Não há diferença ontológica entre reclusão e detenção, de sorte que a doutrina critica a postura legislativa de diferenciar as penas privativas de liberdade.

- Reclusão e detenção: aplicáveis aos crimes
- Prisão simples: aplicável às contravenções penais

## 2. REGIMES DE CUMPRIMENTO DA PENA

### 2.1. Espécies de regime

O Código Penal, no art. 33, § 1º, prevê três espécies de regimes: *a) regime **fechado*** (§ 1º, *a*): a pena é cumprida em estabelecimento de segurança máxima ou média (penitenciária); *b) regime **semiaberto*** (§ 1º, *b*): a pena é cumprida em colônia agrícola, industrial ou estabelecimento similar; *c) regime **aberto*** (§ 1º, *c*): a pena é cumprida em casa de albergado ou estabelecimento adequado.

A Lei nº 10.792/03 alterou a LEP e criou o **RDD** (regime disciplinar diferenciado).

De acordo com o art. 52 da Lei de Execução Penal (Lei nº 7.210/84), a prática de fato previsto como crime doloso constitui falta grave e, quando ocasione subversão da ordem ou disciplina internas, sujeita o preso provisório, ou condenado, sem prejuízo da sanção penal, ao regime disciplinar diferenciado, com as seguintes características: I – duração máxima de trezentos e sessenta dias, sem prejuízo de repetição da sanção por nova falta grave de mesma espécie, até o limite de um sexto da pena aplicada; II – recolhimento em cela individual; III – visitas semanais de duas pessoas, sem contar as crianças, com duração de duas horas; e IV – o preso terá direito à saída da cela por 2 horas diárias para banho de sol.

Ademais, o RDD também poderá abrigar presos provisórios ou condenados, nacionais ou estrangeiros, que apresentem alto risco para a ordem e a segurança do estabelecimento penal ou da sociedade.

A autorização para a inclusão do preso em regime disciplinar dependerá de requerimento circunstanciado elaborado pelo diretor do estabelecimento ou outra autoridade administrativa, sendo a respectiva decisão judicial precedida de manifestação do Ministério Público e da defesa e prolatada no prazo máximo de quinze dias (art. 54, §§ 1º e 2º, da LEP).

## 2.2. Fixação do regime inicial

No momento da sentença condenatória, o juiz, após analisar as circunstâncias judiciais, as circunstâncias atenuantes e agravantes, bem como as causas de diminuição (ou minorantes) e de aumento (ou majorantes), estabelecerá: as penas aplicáveis dentre as cominadas; a quantidade de pena aplicável, dentro dos limites previstos; o **regime inicial** de cumprimento da pena privativa de liberdade; a substituição da pena privativa da liberdade aplicada, por outra espécie de pena, se cabível (art. 59 c/c art. 68).

Segundo o **art. 33, § 2º**, as penas privativas de liberdade deverão ser executadas em forma progressiva, segundo o mérito do condenado, observados os seguintes critérios e ressalvadas as hipóteses de transferência a regime mais rigoroso: ***a)*** o condenado a pena superior a 8 anos deverá começar a cumpri-la em regime *fechado*; ***b)*** o condenado não reincidente, cuja pena seja superior a 4 anos e não exceda a oito, poderá, desde o princípio, cumpri-la em regime *semiaberto*; ***c)*** o condenado não reincidente, cuja pena seja igual ou inferior a 4 anos, poderá, desde o início, cumpri-la em regime *aberto*. O **§ 3º** do referido artigo ainda dispõe que a determinação do regime inicial de cumprimento da pena far-se-á com observância dos critérios previstos no **art. 59 do CP** (análise das circunstâncias judiciais para fixação da pena necessária e suficiente para a reprovação e prevenção do crime).

Desse modo, vislumbra-se que o regime inicial será fixado em observância aos seguintes critérios: **quantidade e espécie da pena, reincidência e análise das circunstâncias judiciais**.

Devem ser observadas as seguintes regras:

*1) **Pena superior a 8 anos:***

a) O condenado a pena de ***reclusão***, *reincidente ou não*, e independentemente das circunstâncias judiciais, deverá começar a cumpri-la em regime fechado.

b) O condenado a pena de ***detenção***, *reincidente ou não*, iniciará no regime semiaberto. A pena de detenção não se iniciará no regime fechado, mesmo se a quantidade da pena aplicada for superior a oito anos. Entretanto, no curso da execução é possível a transferência para o regime fechado.

*2) **Pena superior a 4 anos e não excedente de 8 anos:***

a) O condenado a pena de ***reclusão*** e *não reincidente* poderá, desde o princípio, cumpri-la em regime semiaberto. Entretanto, o juiz, em análise das circunstâncias judiciais, poderá fixar o regime fechado, desde que haja motivação idônea. Segundo predomina na jurisprudência, não constitui motivação idônea a mera opinião do magistrado sobre a gravidade em abstrato do crime (*ex.*: não pode o juiz, no crime de roubo, fixar o regime fechado constando apenas que se trata de um crime grave). Nesse sentido:

**Súmula 719 do STF**: A imposição do regime de cumprimento mais severo do que a pena aplicada permitir exige motivação idônea.

**Súmula 718 do STF**: A opinião do julgador sobre a gravidade em abstrato do crime não constitui motivação idônea para a imposição de regime mais severo do que o permitido segundo a pena aplicada.

**Súmula 440 do STJ**: Fixada a pena-base no mínimo legal, é vedado o estabelecimento de regime prisional mais gravoso do que o cabível em razão da sanção imposta, com base apenas na gravidade abstrata do delito.

b) O condenado a pena de ***reclusão*** e *reincidente* deverá cumpri-la em regime fechado.

c) O condenado a pena de ***detenção***, *reincidente* ou *não reincidente*, deverá cumpri-la em regime semiaberto.

*3) **Pena igual ou inferior a 4 anos:***

a) O condenado a pena de ***reclusão*** ou ***detenção*** e *não reincidente* poderá, desde o início, cumpri-la em regime aberto. Entretanto, conforme o enunciado da Súmula 719 do STF, poderá ser fixado regime mais severo, desde que haja motivação idônea.

b) O condenado a pena de ***reclusão*** e *reincidente* cumprirá em regime fechado. Segundo a jurisprudência, poderá iniciar no semiaberto, dependendo das circunstâncias judiciais. Nesse sentido:

**Súmula 269 do STJ**: É admissível a adoção do regime prisional semiaberto aos reincidentes condenados a pena igual ou inferior a quatro anos se favoráveis as circunstâncias judiciais.

c) O condenado a pena de ***detenção*** e *reincidente* cumprirá em regime semiaberto.

▸ REINCIDÊNCIA E REGIME ABERTO (STF)

O STF decidiu que "uma vez aplicada pena privativa de liberdade inferior a quatro anos de reclusão ao **reincidente**, o juiz pode, se considerar suficiente, aplicar o regime inicial aberto, afastando a incidência do art. 33, § 2º, *c*, do CP" (HC 126174 AgR, 2ª T., j. 26/04/2016). Ainda: "O Plenário do STF, no julgamento do HC 123.734, Rel. Min. Luís Roberto Barroso, explicitou as seguintes teses: (i) a reincidência não impede, por si só, que o juiz da causa reconheça a insignificância penal da conduta, à luz dos elementos do caso concreto; e (ii) na hipótese de o juiz da causa considerar penal ou socialmente indesejável a aplicação do princípio da insignificância por furto, em situações em que tal enquadramento seja cogitável, eventual sanção privativa de liberdade deverá ser fixada, como regra geral, em regime inicial aberto, paralisando-se a incidência do art. 33, § 2º, c, do CP no caso concreto, com base no princípio da proporcionalidade" (STF, 1ª T., HC 137425, j. 11/09/2018).

Por fim, cumpre ressaltar que quando houver condenação por mais de um crime, no mesmo processo ou em processos distintos, a determinação do regime de cumprimento será feita pelo resultado da soma ou unificação das penas, observada, quando for o caso, a detração ou remição (LEP, art. 111).

## 2.3. Regime inicial nos crimes hediondos e equiparados

Na redação original da Lei dos Crimes Hediondos (Lei nº 8.072/90) constava:

> *"A pena por crime previsto neste artigo será cumprida integralmente em regime fechado"* (art. 2, § 1º).

Ou seja, o regime era necessariamente o fechado, independentemente da quantidade da pena aplicada. Em 2006, o STF declarou, de forma incidental, a sua inconstitucionalidade. Posteriormente, surgiu a Lei nº 11.464/07, dando nova redação ao art. 2º, § 1º, da Lei nº 8.072/90:

> *"A pena por crime previsto neste artigo será cumprida inicialmente em regime fechado".*

O STF, mais uma vez, declarou, de forma incidental, a sua inconstitucionalidade, agora com a redação dada pela Lei nº 11.464/07. Isso ocorreu no julgamento do HC nº 111.840 (Pleno, j. 27/06/2012). No caso, foi reconhecida a inconstitucionalidade da obrigatoriedade de fixação do regime fechado para o início do cumprimento de pena decorrente da condenação por crime hediondo ou equiparado. Nesse sentido: "A imposição do regime inicial de cumprimento fechado, tal como prevista na Lei dos Crimes Hediondos, revela-se inconstitucional, considerado o princípio da individualização da pena. Precedente: habeas corpus nº 111.840, relator ministro Dias Toffoli, Pleno, 27 de junho de 2012, acórdão publicado no Diário da Justiça de 17 de dezembro de 2013" (STF, 1ª T., HC 155421, j. 14/05/2019).

### 2.4. Direito de cumprir a pena no estabelecimento penal adequado

Segundo a Lei de Execuções Penais (arts. 82 a 104 da Lei nº 7.210/84), a sanção penal deverá ser cumprida nos seguintes estabelecimentos penais: **a) Penitenciária**: destina-se ao condenado à pena de reclusão, em regime fechado. A União Federal, os Estados, o Distrito Federal e os Territórios poderão construir Penitenciárias destinadas, exclusivamente, aos presos provisórios e condenados que estejam em regime fechado, sujeitos ao regime disciplinar diferenciado, nos termos do art. 52 da LEP; **b) Colônia Agrícola, Industrial ou similar:** destina-se ao cumprimento da pena em regime semiaberto; **c) Casa do Albergado:** destina-se ao cumprimento de pena privativa de liberdade em regime aberto, bem como da pena de limitação de fim de semana; **d) Hospital de Custódia e Tratamento Psiquiátrico:** destina-se aos inimputáveis e semi-imputáveis referidos no artigo 26 e seu parágrafo único do Código Penal. Registre-se que a **cadeia pública** destina-se ao recolhimento de presos provisórios.

## 3. PROGRESSÃO DE REGIME

Nos termos do art. 33, § 2º, do CP e do art. 112 da LEP, a pena privativa de liberdade será executada em forma progressiva com a transferência para regime menos rigoroso.

### 3.1. Regra geral

Para ser concedida a progressão pelo juiz, deve haver o cumprimento de ao menos **um sexto da pena** no regime anterior (requisito objetivo) e ostentar o condenado **bom comportamento carcerário**, comprovado pelo diretor do estabelecimento (requisito subjetivo).

▸ **EXAME CRIMINOLÓGICO**

A lei não exige o **exame criminológico**, mas pode o juiz determinar a sua realização, desde que fundamente os motivos. Nesse sentido:

- **Súmula Vinculante 26 do STF:** "Para efeito de progressão de regime no cumprimento de pena por crime hediondo, ou equiparado, o juízo da execução observará a inconstitucionalidade do art. 2º da Lei n. 8.072, de 25 de julho de 1990, sem prejuízo de avaliar se o condenado preenche, ou não, os requisitos objetivos e subjetivos do benefício, podendo determinar, para tal fim, de modo fundamentado, a realização de exame criminológico".
- **Súmula 439 do STJ:** "Admite-se o exame criminológico pelas peculiaridades do caso, desde que em decisão motivada".

No caso de **mulher gestante** ou que for **mãe ou responsável por crianças ou pessoas com deficiência**, o § 3º do art. 112 da LEP (incluído pela Lei nº 13.769/18) traz os seguintes requisitos cumulativos para a progressão de regime: I - não ter cometido crime com violência ou grave ameaça a pessoa; II - não ter cometido o crime contra seu filho ou dependente; III - ter cumprido ao menos 1/8 (um oitavo) da pena no regime anterior; IV - ser primária e ter bom comportamento carcerário, comprovado pelo diretor do estabelecimento; V - não ter integrado organização criminosa.

Nos termos do art. 33, § 4º, do CP, o condenado por **crime contra a administração pública** terá a progressão de regime do cumprimento da pena condicionada à reparação do dano que causou, ou à devolução do produto do ilícito praticado, com os acréscimos legais.

▸ **ATENÇÃO**

- **Progressão provisória (cabível):** "Admite-se a progressão de regime de cumprimento da pena ou a aplicação imediata de regime menos severo nela determinada, antes do trânsito em julgado da sentença condenatória" (**Súmula 716 do STF**); "Não impede a progressão de regime de execução da pena, fixada em sentença não transitada em julgado, o fato de o réu se encontrar em prisão especial" (**Súmula 717 do STF**). Ainda: "Em regime de repercussão geral, fica reafirmada a jurisprudência do Supremo Tribunal Federal no sentido de que a execução provisória de acórdão penal condenatório proferido em grau recursal, ainda que sujeito a recurso especial ou extraordinário, não compromete o princípio constitucional da presunção de inocência afirmado pelo artigo 5º, inciso LVII, da Constituição Federal" (STF, Pleno, ARE 964246 RG, j. 10/11/2016).
- **Progressão "por saltos" (incabível):** "É inadmissível a chamada progressão *per saltum* de regime prisional" (**Súmula 491 do STJ**).
- **Falta grave:** "A prática de falta grave interrompe a contagem do prazo para a progressão de regime de cumprimento de pena, o qual se reinicia a partir do cometimento dessa infração" (**Súmula 534 do STJ**).

## 3.2. Crime hediondo

A Lei nº 11.464/07 deu nova redação ao artigo 2º da Lei nº 8.072/90, possibilitando a progressão de regime após o cumprimento de **2/5** da pena, se o apenado for primário, e de **3/5** se reincidente (§ 2º). Se o crime foi praticado antes da vigência da Lei nº 11.464/07, devem ser observadas as seguintes súmulas:

a) **Súmula Vinculante 26 do STF:** "Para efeito de progressão de regime no cumprimento de pena por crime hediondo, ou equiparado, o juízo da execução observará a inconstitucionalidade do art. 2º da Lei nº 8.072, de 25 de julho de 1990, sem prejuízo de avaliar se o condenado preenche, ou não, os requisitos objetivos e subjetivos do benefício, podendo determinar, para tal fim, de modo fundamentado, a realização de exame criminológico".

b) **Súmula 471 do STJ:** "Os condenados por crimes hediondos ou assemelhados cometidos antes da vigência da Lei nº 11.464/2007 sujeitam-se ao disposto no art. 112 da Lei nº 7.210/1984 (Lei de Execução Penal) para a progressão de regime prisional".

Com a Lei nº 13.769/18, o § 2º do artigo 2º da Lei dos Crimes Hediondos ganhou a seguinte redação: "A progressão de regime, no caso dos condenados pelos crimes previstos neste artigo, dar-se-á após o cumprimento de 2/5 (dois quintos) da pena, se o apenado for primário, e de 3/5 (três quintos), se reincidente, observado o disposto nos §§ 3º e 4º do art. 112 da Lei nº 7.210, de 11 de julho de 1984 (Lei de Execução Penal)". Isso significa que, no caso de **mulher gestante ou que for mãe ou responsável por crianças ou pessoas com deficiência**, devem ser observados os requisitos cumulativos do § 3º do artigo 112 da Lei de Execução Penal, dentre eles o cumprimento de **1/8** da pena no regime anterior.

| | |
|---|---|
| **Crime hediondo ou equiparado praticado antes da Lei nº 11.464/07** | Progressão com 1/6 |
| **Crime hediondo ou equiparado praticado depois da Lei nº 11.464/07** | Progressão com 2/5 (não reincidente) ou 3/5 (reincidente) |
| **Mulher gestante ou mãe ou responsável por crianças ou pessoas com deficiência** | Progressão com 1/8 (crime comum ou crime hediondo, primária ou reincidente) |

## 3.3. Regressão

Nos termos do art. 118 da Lei de Execução Penal, a execução da pena privativa de liberdade ficará sujeita à forma regressiva, com a transferência para qualquer dos regimes mais rigorosos, quando o condenado: **1)** praticar fato definido como crime doloso ou falta grave; **2)** sofrer condenação, por crime anterior, cuja pena, somada ao restante da pena em execução, torne incabível o regime (art. 111). Além dessas hipóteses, o condenado será transferido do regime aberto se frustrar os fins da execução ou não pagar, podendo, a multa cumulativamente imposta.

De acordo com a **Súmula 526 do STJ**, "O reconhecimento de falta grave decorrente do cometimento de fato definido como crime doloso no cumprimento da pena **prescinde do trânsito em julgado de sentença penal condenatória** no processo penal instaurado para apuração do fato". É também a posição do STF: 1ª T., HC 110881, j. 20/11/2012.

*Obs.:* foi reconhecida a repercussão geral no RE 776823 RG, j. 28/08/2014.

## 4. REGRAS GERAIS

### 4.1. Regras do regime fechado (CP, art. 34)

*a)* ***local de cumprimento:*** Penitenciária (LEP, artigos 87 a 90); ***b) classificação:*** art. 34 do CP e arts. 5º ao 9º da LEP; ***c) trabalho interno:*** o condenado fica sujeito a trabalho no período diurno e a isolamento durante o repouso noturno (CP, art. 34, § 1º); o trabalho será em comum dentro do estabelecimento, na conformidade das aptidões ou ocupações anteriores do condenado, desde que compatíveis com a execução da pena (CP, art. 34, § 2º). Atente-se para os seguintes dispositivos: artigos 31 a 35 da LEP e art. 5º, XLVII, da CF (não haverá trabalhos forçados); ***d) trabalho externo:*** é admissível, no regime fechado, em *serviço ou obras públicas realizadas por órgãos da administração direta ou indireta, ou entidades privadas* (LEP, artigos 36 e 37).

### 4.2. Regras do regime semiaberto (CP, art. 35)

*a)* ***local de cumprimento:*** Colônia Agrícola, Industrial ou similar (LEP, artigos 91 e 92);

*b)* ***classificação:*** art. 35 do CP e arts. 5º ao 9ª da LEP;

*c)* ***trabalho:*** o condenado fica sujeito a trabalho em comum durante o período diurno, em colônia agrícola, industrial ou estabelecimento similar (§ 1º); o *trabalho externo* é admissível, bem como a frequência a cursos supletivos profissionalizantes, de instrução de segundo grau ou superior (§ 2º). Já decidiu o STJ que é desnecessário o cumprimento mínimo de 1/6 da pena para a concessão do benefício do trabalho externo ao condenado a cumprir a reprimenda no regime semiaberto, desde que satisfeitos os demais requisitos necessários, de natureza subjetiva (HC 98.849, j. 05/05/2009; HC 355674, j. 10/11/2016);

*d) monitoração eletrônica e saída temporária:* nos termos do art. 122 da LEP, os condenados que cumprem pena em regime semiaberto poderão obter autorização para **saída temporária** do estabelecimento, sem vigilância direta, nos seguintes casos: I – visita à família; II – frequência a curso supletivo profissionalizante, bem como de instrução do 2º grau ou superior, na Comarca do Juízo da Execução; III – participação em atividades que concorram para o retorno ao convívio social. A Lei nº 12.258, de 15 de junho de 2010, acrescentou o parágrafo único: "A ausência de vigilância direta não impede a utilização de equipamento de **monitoração eletrônica** pelo condenado, quando assim determinar o juiz da execução." Trata-se de uma hipótese de vigilância, mas de forma indireta. Conforme disposto no art. 146-C da LEP, também incluído pela referida Lei, o condenado será instruído acerca dos cuidados que deverá adotar com o equipamento eletrônico e dos seguintes deveres: I – receber visitas do servidor responsável pela monitoração eletrônica, responder aos seus contatos e cumprir suas orientações; II – abster-se de remover, de violar, de modificar, de danificar de qualquer forma o dispositivo de monitoração eletrônica ou de permitir que outrem o faça.

**IMPORTANTE**

- Não há previsão legal para a monitoração eletrônica no regime aberto, nas penas restritivas de direito, no livramento condicional e na suspensão condicional da pena.
- **Súmula 520 do STJ:** "O benefício de saída temporária no âmbito da execução penal é ato jurisdicional insuscetível de delegação à autoridade administrativa do estabelecimento prisional".

## 4.3. Regras do regime aberto (CP, art. 36)

*a) local de cumprimento:* Casa do Albergado (LEP, artigos 93 a 95). Atente-se para os artigos 113 a 119 da LEP;

*b) fundamento:* o regime aberto baseia-se na autodisciplina e no senso de responsabilidade do condenado (art. 36, *caput*);

*c) trabalho externo (art. 36, § 1º):* o condenado deverá, fora do estabelecimento e sem vigilância, trabalhar, frequentar curso ou exercer outra atividade autorizada, permanecendo recolhido durante o período noturno e nos dias de folga;

*d) regressão (art. 36, § 2º):* o condenado será transferido do regime aberto se praticar fato definido como crime doloso, se frustrar os fins da execução ou se, podendo, não pagar a multa cumulativa aplicada.

## 4.4. Regime especial para mulher (CP, art. 37)

> ***Art. 37.*** *As mulheres cumprem pena em estabelecimento próprio, observando-se os deveres e direitos inerentes à sua condição pessoal, bem como, no que couber, o disposto neste Capítulo.*

*a)* ***garantia constitucional:*** art. 5º, XLVIII – a pena será cumprida em estabelecimentos distintos, de acordo com a natureza do delito, a idade e o sexo do apenado; art. 5º, L – às presidiárias serão asseguradas condições para que possam permanecer com seus filhos durante o período de amamentação;

*b)* ***ensino profissional:*** art. 19 da LEP – o ensino profissional será ministrado em nível de iniciação ou de aperfeiçoamento técnico. Parágrafo único. A mulher condenada terá ensino profissional adequado à sua condição;

*c)* ***mulher e pessoa idosa:*** art. 82, § 1º, da LEP – a mulher e o maior de sessenta anos, separadamente, serão recolhidos a estabelecimento próprio e adequado à sua condição pessoal;

*d)* ***estabelecimento penal e outros direitos:*** *berçário*: art. 83, § 2º, da LEP – os estabelecimentos penais destinados a mulheres serão dotados de berçário, onde as condenadas possam cuidar de seus filhos, inclusive amamentá-los, no mínimo, até 6 meses de idade. Tais estabelecimentos deverão possuir, exclusivamente, agentes do sexo feminino na segurança de suas dependências internas (§ 3º do referido artigo); *creche*: art. 89 da LEP – (...) a penitenciária de mulheres poderá ser dotada de seção para gestante e parturiente e de creche com a finalidade de assistir ao menor desamparado cuja responsável esteja presa; *regime domiciliar*: art. 117 da LEP – somente se admitirá o recolhimento do beneficiário de regime aberto em residência particular quando se tratar de: (...) III – condenada com filho menor ou deficiente físico ou mental; IV – condenada gestante; *pré-natal e pós-parto:* art. 14, § 3º, da LEP – Será assegurado acompanhamento médico à mulher, principalmente no pré-natal e no pós-parto, extensivo ao recém-nascido;

*e)* ***progressão de regime***: no caso de mulher gestante ou que for mãe ou responsável por crianças ou pessoas com deficiência, os requisitos para progressão de regime são, cumulativamente: I - não ter cometido crime com violência ou grave ameaça a pessoa; II - não ter cometido o crime contra seu filho ou dependente; III - ter cumprido ao menos 1/8 (um oitavo) da pena no regime anterior; IV - ser primária e ter bom comportamento carcerário, comprovado pelo diretor do estabelecimento; V - não ter integrado organização criminosa (§ 3º do art. 112 da LEP, incluído pela Lei nº 13.769/18).

## 4.5. Direitos do preso

Nos termos do art. 38 do CP, o preso conserva todos os direitos não atingidos pela perda da liberdade, impondo-se a todas as autoridades o respeito à sua integridade corporal e psíquica. O art. 5º, XLIX, da CF dispõe que "é assegurado aos presos o respeito à integridade física e moral".

## 4.6. Trabalho do preso

De acordo com o art. 39 do CP, o trabalho do preso será sempre remunerado, sendo-lhe garantidos os benefícios da Previdência Social. O trabalho do condenado, como dever social e condição de dignidade humana, terá finalidade educativa e produtiva (LEP, art. 28). A LEP dispõe sobre o trabalho do preso nos artigos 28 a 37.

## 4.7. Remição

A *remição* é um instituto que tem origem no Direito Espanhol, destinado, originalmente, à redenção da pena pelo trabalho. Em princípio, aplicava-se somente aos presos políticos, sendo posteriormente ampliado aos demais crimes.

A Lei nº 12.433, de 29 de junho de 2011, deu nova redação aos artigos 126 a 129 da Lei de Execução Penal (Lei nº 7.210/84). Nos termos do art. 126, *caput*, da LEP, o condenado que cumpre a pena nos **regimes fechado e semiaberto** poderá remir, por **trabalho ou estudo**, parte do tempo de execução da pena. Há, no entanto, possibilidade de remição também para o condenado em **regime aberto**, porém exclusivamente em face do **estudo**. Observe-se:

| Remição | |
|---|---|
| **Trabalho** | **Estudo** |
| Regime fechado | Regime fechado |
| Regime semiaberto | Regime semiaberto |
| – | Regime aberto |
| – | Liberdade condicional |

O tempo remido será computado como pena cumprida para todos os efeitos (art. 128), como, por exemplo, para fins de contagem do prazo para obtenção de progressão de regime ou de livramento condicional.

Uma novidade interessante é a possibilidade de cumulação das horas diárias de trabalho com as de estudo (art. 126, § 3º). Assim, deverá a autoridade viabilizar ao preso horário compatível para que estude e trabalhe.

Em caso de acidente que impossibilite o trabalho ou estudo, o preso continuará a beneficiar-se com a remição (art. 126, § 4º).

A redação antiga (arts. 126 e seguintes da LEP) não autorizava a remição pelo **estudo**, mas o STJ havia formado posicionamento no sentido de que

> "*A frequência a curso de ensino formal é causa de remição de parte do tempo de execução de pena sob regime fechado ou semiaberto*" (**Súmula 341**).

Isso significa que a alteração legislativa seguiu posicionamento já consolidado.

A **contagem** do tempo será feita da seguinte forma (art. 126, § 1º):

- *1 (um) dia de pena a cada 12 (doze) horas de frequência escolar – atividade de ensino fundamental, médio, inclusive profissionalizante, ou superior, ou ainda de requalificação profissional – divididas, no mínimo, em 3 (três) dias.*
- *1 (um) dia de pena a cada 3 (três) dias de trabalho.*

**TRABALHO FORA DO ESTABELECIMENTO PENITENCIÁRIO**

- **Súmula 562 do STJ:** "É possível a remição de parte do tempo de execução da pena quando o condenado, em regime fechado ou semiaberto, desempenha atividade laborativa, ainda que extramuros".
- **Recurso repetitivo (Tema: 917).** Tese: "É possível a remição de parte do tempo de execução da pena quando o condenado, em regime fechado ou semiaberto, desempenha atividade laborativa extramuros" (STJ, 3ª Seção, REsp 1381315, j. 13/05/2015).

Conforme o § 2º do art. 126 da Lei nº 7.210/84, as atividades de estudo poderão ser desenvolvidas de forma presencial ou por metodologia de ensino à distância e deverão ser certificadas pelas autoridades educacionais competentes dos cursos frequentados.

O condenado poderá ser autorizado a estudar fora do estabelecimento penal. Nessa hipótese, deverá comprovar mensalmente, por meio de declaração da respectiva unidade de ensino, a frequência e o aproveitamento escolar (art. 129, § 1º).

O tempo a remir em função das horas de estudo será acrescido de 1/3 no caso de conclusão do ensino fundamental, médio ou superior durante o cumprimento da pena, desde que certificada pelo órgão competente do sistema de educação (art. 126, § 5º).

A Lei nº 12.245, de 24 de maio de 2010, alterou o art. 83 da LEP para autorizar a instalação de salas de aulas nos presídios. Foi acrescentado o § 4º:

> *"Serão instaladas salas de aulas destinadas a cursos do ensino básico e profissionalizante".*

Assim, facilitou o acesso à educação e a possibilidade da remição.

O art. 127 da LEP também recebeu substancial alteração. Agora, **em caso de falta grave, o juiz poderá revogar até 1/3 do tempo remido** (antes o condenado perdia *todo* o tempo remido), observado o disposto no art. 57, recomeçando a contagem a partir da data da infração disciplinar. E, de acordo com a **Súmula Vinculante 9 do STF,**

> "O disposto no artigo 127 da Lei 7.210/84 foi recebido pela ordem constitucional vigente e não se lhe aplica o limite temporal previsto no *caput* do artigo 58".

## 4.8. Superveniência de doença mental

De acordo com o art. 41 do CP, o condenado a quem sobrevém doença mental deve ser recolhido a hospital de custódia e tratamento psiquiátrico ou, à falta, a outro estabelecimento adequado.

Se a enfermidade tiver caráter permanente, o juiz da execução, de ofício, a requerimento do Ministério Público, da Defensoria Pública ou da autoridade administrativa, poderá determinar a substituição da pena por medida de segurança (art. 183 da LEP).

## 4.9. Detração

Nos termos do art. 42 do CP, deve ser abatido na pena privativa de liberdade e na medida de segurança o tempo de prisão provisória, no Brasil ou no estrangeiro, e o de internação em qualquer dos estabelecimentos referidos no artigo anterior. Exemplo: o agente pratica homicídio, permanecendo preso em flagrante por 6 meses. No final, foi condenado a 12 anos de prisão. Deve ser abatido na pena o período de 6 meses em que esteve preso provisoriamente.

## 4.10. Detração e regime inicial

A Lei n.º 12.736/12 acrescentou o § 2º ao art. 387 do CPP:

> *"O tempo de prisão provisória, de prisão administrativa ou de internação, no Brasil ou no estrangeiro, será computado para fins de determinação do regime inicial de pena privativa de liberdade".*

Apesar de a redação não prezar pela clareza, a correta interpretação, a nosso ver, é no sentido de o juiz fixar o regime utilizando as regras específicas sobre o tema para, em seguida, analisar na própria sentença a possibilidade de conceder a progressão de regime prisional, considerando o tempo de pena já cumprido (detração).

*Exemplo 1:* imaginemos uma condenação à pena de 9 anos de reclusão (regime fechado) em que o condenado tenha permanecido preso provisoriamente por 1 ano e 7 meses. Como já cumpriu mais de 1/6 da pena (1 ano e 6 meses), terá cumprido o requisito temporal para a progressão, podendo então o juiz, na própria sentença, aplicar o regime semiaberto, ao invés de fixar o fechado e deixar que o juiz da execução proceda à progressão.

*Exemplo 2*: imaginemos que no exemplo acima o condenado tenha permanecido preso provisoriamente por 1 ano e 2 meses. Como não houve o cumprimento de mais de 1/6 da pena (1 ano e 6 meses), não teria preenchido o requisito temporal para a progressão, de modo que o regime seria o fechado, considerando a pena de 9 anos de reclusão.

Saliente-se, entretanto, a existência de uma segunda posição, inclusive no STJ, no sentido de interpretar-se o dispositivo de maneira diversa. Sustenta-se que o tempo de pena já cumprido provisoriamente deve sempre ser abatido da pena fixada para então se analisar qual o regime inicial. Ou seja, não se fala em progressão. Vejamos: "Com o advento da Lei n. 12.736/2012, o Juiz processante, ao proferir sentença condenatória, deverá detrair o período de custódia cautelar para fins de fixação do regime prisional. Forçoso reconhecer que o § 2º do art. 387 do Código de Processo Penal não versa sobre progressão de regime prisional, instituto próprio da execução penal, mas, sim, acerca da possibilidade de se estabelecer regime inicial menos severo, descontando-se da pena aplicada o tempo de prisão cautelar do acusado" (STJ, 5ª T., HC 438.203, j. 17/04/2018); Ainda: "I - O parágrafo 2º do art. 387 do Código de Processo Penal, acrescentado pela Lei n. 12.736/2012, determina que o tempo de prisão cautelar deve ser considerado para a determinação do regime inicial de cumprimento de pena, vale dizer, a detração do período de segregação cautelar deve ser considerada já no estabelecimento do regime inicial pela decisão condenatória. II - Ainda, tem-se que as alterações trazidas pelo diploma legal supramencionado não afastaram a competência concorrente do Juízo das Execuções para a detração, nos termos do art. 66 da Lei n. 7.210/1984, sempre que o Magistrado sentenciante não houver adotado tal providência" (STJ, 5ª T., RHC 109854, j. 16/05/2019).

Assim, no *exemplo 2* acima, a pena definitiva seria 7 anos e 10 meses (9 anos - 1 ano e 2 meses), de modo que seria cabível, em tese, o regime semiaberto.

CAPÍTULO IX

# Aplicação das penas privativas de liberdade

O CP adotou o **modelo trifásico** (defendido por Nélson Hungria) na aplicação da pena privativa de liberdade. A pena-base será fixada atendendo-se ao critério do art. 59 do Código Penal; em seguida serão consideradas as circunstâncias atenuantes e agravantes; por último, as causas de diminuição e de aumento (CP, art. 68).

| | |
|---|---|
| **1ª fase** | Fixação da pena-base considerando as circunstâncias judiciais (art. 59). |
| **2ª fase** | Aplicação das circunstâncias atenuantes e agravantes. |
| **3ª fase** | Aplicação das causas de diminuição e aumento. |

Após a fixação da pena privativa de liberdade, observando as três fases acima descritas, o juiz estabelecerá o regime inicial de cumprimento da pena (art. 59, III) e, em seguida, verificará a possibilidade da substituição da pena privativa de liberdade aplicada por outra espécie de pena (art. 59, IV).

## 1. PENA-BASE (1ª FASE)

> *Art. 59. O juiz, atendendo à culpabilidade, aos antecedentes, à conduta social, à personalidade do agente, aos motivos, às circunstâncias e consequências do crime, bem como ao comportamento da vítima, estabelecerá, conforme seja necessário e suficiente para reprovação e prevenção do crime: I – as penas aplicáveis dentre as cominadas; II – a quantidade de pena aplicável, dentro dos limites previstos (...).*

### 1.1. Considerações

Na primeira fase o juiz fixará a **pena-base** dentro dos *limites legais* e segundo as **circunstâncias judiciais**. *Exemplos de limites legais:* furto simples (CP, art. 155, *caput*): de 1 a 4 anos de reclusão; furto qualificado (CP, art. 155, § 4º): de 2 a 8 anos de reclusão; homicídio simples (CP, art. 121, *caput*): de 6 a 20 anos de reclusão; homicídio qualificado (CP, art. 121, § 2º): de 12 a 30 anos de reclusão.

Se todas as circunstâncias judiciais forem **favoráveis**, deverá o juiz fixar a pena no mínimo previsto, ao passo que qualquer circunstância judicial desfavorável terá o condão de afastar a pena-base do mínimo legal. A lei não dispõe sobre o montante de aumento de cada circunstância. Fica a critério do juiz, mas deve haver proporcionalidade.

## 1.2. Circunstâncias judiciais

*a)* ***culpabilidade:*** juízo de censurabilidade (reprovação) da conduta e do agente.

*b)* ***antecedentes***: vida pregressa em relação a outros crimes praticados. Discute-se se inquéritos policiais e ações penais em andamento ensejam maus antecedentes. Segundo posicionamento do Superior Tribunal de Justiça, tal situação violaria o princípio da presunção da inocência. Nesse sentido é o enunciado da **Súmula 444 do STJ:**

> "É vedada a utilização de inquéritos policiais e ações penais em curso para agravar a pena-base".

Saliente-se que só poderão ser consideradas como antecedentes as condenações que não gerarem *reincidência*. Isto porque a reincidência é utilizada como circunstância agravante (2ª fase), de sorte que não poderá ser utilizada, ao mesmo tempo, como circunstância judicial (1ª fase). Nesse sentido a **Súmula 241 do STJ:** "A reincidência penal não pode ser considerada como circunstância agravante e, simultaneamente, como circunstância judicial".

A folha de antecedentes criminais é documento suficiente a comprovar os maus antecedentes e a reincidência **(Súmula 636 do STJ)**.

*c)* ***conduta social***: relacionamento na família, no trabalho, nas atividades de lazer, filantrópicas e comunitárias. São os antecedentes sociais do agente.

*d)* ***personalidade***: caráter, individualidade do agente.

*e)* ***motivos***: causa que inspirou o delito. Os motivos podem ser nobres ou não.

*f)* ***circunstâncias***: relacionadas com o tempo e lugar do crime, bem como com a maneira de sua execução.

*g)* ***consequências do crime***: mensuração do dano ocasionado pelo delito, principalmente para a vítima e seus familiares.

*h)* ***comportamento da vítima***: participação da vítima tanto no momento da inspiração do agente à prática do delito como na facilitação de sua execução.

A lei não dispõe sobre o *quantum* de cada circunstância judicial, ficando este ao critério do juiz, mas deve haver proporcionalidade no sopesamento e análise de cada uma das oito vetoriais, que poderão ser favoráveis ou desfavoráveis ao agente. Segundo decidido pelo STJ: "A definição do quantum de aumento da pena-base, em razão de circunstância judicial desfavorável, está dentro da discricionariedade juridicamente vinculada e deve observar os princípios da proporcionalidade, razoabilidade, necessidade e suficiência à reprovação e prevenção ao crime. Não se admite a adoção de um critério puramente matemático, baseado apenas na quantidade de circunstâncias judiciais desfavoráveis, até porque de acordo com as especificidades de cada delito e também com as condições pessoais do agente, uma dada circunstância judicial desfavorável poderá e deverá possuir maior relevância (valor) do que outra no momento da fixação da pena-base, em obediência aos princípios da individualização da pena e da própria proporcionalidade" (STJ, 5ª T., HC 437.157, j. 17/04/2018). Ainda: "A ponderação das circunstâncias judiciais do artigo 59 do Código Penal não é uma operação aritmética, mas sim um exercício de discricionariedade vinculada que impõe ao magistrado apontar os fundamentos da consideração negativa, positiva ou neutra das oito circunstâncias judiciais mencionadas, e, dentro disso, eleger a reprimenda que melhor servirá para a prevenção e repressão do fato-crime" (STJ, 5ª T., AgRg no REsp 1791346, j. 12/03/2019).

O Código Penal também não fixa regras sobre a possibilidade de a pena ser aplicada em seu patamar máximo, ou se existe algum limite intermediário, bem como se deve partir do mínimo o seu cálculo. Sobre o tema, aponta a doutrina que, se todas as circunstâncias do art. 59 do Código Penal forem favoráveis ao agente, a pena-base deve ser aplicada no mínimo cominado, bem como seu cálculo deve partir deste.

## 2. CIRCUNSTÂNCIAS ATENUANTES E AGRAVANTES (2ª FASE)

Fixada a **pena-base** (1ª fase do critério trifásico), deve o juiz aferir as atenuantes e agravantes para fixar a **pena intermediária** (2ª fase do critério trifásico). As denominadas circunstâncias agravantes e atenuantes são dados que não alteram o crime (tipo penal básico), mas sim a pena. Estão previstas nos artigos 61 a 66 do CP e somente serão aplicadas se não forem utilizadas como **elementares** do crime ou como **forma qualificada** (qualificadoras e causas de aumento de pena) ou **privilegiada** (privilegiadora e causa de diminuição).

*Exemplos:* **a)** no crime de *infanticídio* não se aplicará a circunstância agravante de crime praticado contra *descendente* (art. 61, II, *e*), haja vista que o parentesco é elementar do delito, pois do contrário haveria *bis in idem*; **b)** no crime de *homicídio doloso* é prevista a causa de aumento de pena de 1/3 se o crime é praticado contra pessoa menor de 14 ou maior de 60 anos; desse modo, ocorrendo uma dessas hipóteses, não se aplicará a circunstância agravante descrita no art. 61, II, *h*, do CP (se o crime é praticado contra criança ou maior de 60 anos), uma vez que uma dessas circunstâncias já foi utilizada como causa de aumento na parte especial; **c)** no crime de *furto*, a circunstância de ser *criança* ou *maior de 60 anos* como vítima não integra o tipo (não é elementar) e nem qualifica o delito; desse modo, poderão incidir as agravantes descritas no art. 61, II, *h*, do CP.

A lei não dispõe sobre o montante do aumento de cada agravante ou da redução de cada atenuante, ficando a critério do juiz, que deve decidir com proporcionalidade. Apesar da ausência de previsão, parcela da doutrina posiciona-se no sentido de que, na prática, o juiz deve agravar ou atenuar a pena por cada circunstância em valor aproximado de 1/6 (um sexto), tendo como parâmetro a pena-base.

Nesse sentido: "A jurisprudência deste Tribunal Superior firmou-se no sentido de que deve ser adotada a fração paradigma de 1/6 (um sexto) para aumento ou diminuição da pena pela incidência das agravantes ou atenuantes genéricas, e não pela incidência de circunstâncias judiciais constantes do art. 59 do Código Penal" (STJ, 5ª T., HC 487538, j. 16/05/2019).

As circunstâncias *agravantes* têm como limite a pena máxima cominada. Por sua vez, nos termos da **Súmula 231 do STJ**, a incidência da circunstância *atenuante* não pode conduzir à redução da pena abaixo do mínimo legal. No mesmo sentido posiciona-se o STF: "A jurisprudência desta Corte é no sentido da impossibilidade de fixação da pena abaixo do mínimo legal por força de circunstância atenuante genérica" (STF, 2ª T., ARE 1028069 AgR , j. 20/02/2018).

## 2.1. Circunstâncias agravantes

Conforme o art. 61 do CP, são circunstâncias que sempre agravam a pena, quando não constituem ou qualificam o crime: **I – a reincidência** (será vista no próximo item); **II – ter o agente cometido o crime:**

*a)* ***por motivo fútil ou torpe.*** *Motivo torpe* é o repugnante, ignóbil, vil. *Motivo fútil* é o insignificante, desproporcional, desarrazoado.

*b)* ***para facilitar ou assegurar a execução, a ocultação, a impunidade ou vantagem de outro crime:*** *execução de outro crime* (conexão teleológica): pratica-se um primeiro crime para garantir a execução de um delito posterior; *ocultação* (conexão consequencial): pratica-se um segundo crime para que o primeiro delito fique desconhecido; *impunidade* (conexão consequencial): pratica-se um segundo crime para que fique desconhecida a autoria do primeiro delito (o delito é conhecido, mas não a sua autoria); *vantagem de outro crime* (conexão consequencial): pratica-se um delito para que assegurar a vantagem de outro.

c) ***à traição, de emboscada, ou mediante dissimulação, ou outro recurso que dificultou ou tornou impossível a defesa do ofendido:*** *traição* é a agressão súbita e sorrateira, atingindo a vítima desprevenida; *emboscada* é a espreita, tocaia, ou seja, esperar às escondidas para agir; *dissimulação* é a ocultação da intenção para atacar a vítima desprevenida, é a falsa demonstração de amizade; *outro recurso que dificulte ou torne impossível a defesa da vítima:* é, por exemplo, a *surpresa*, sendo necessário que a vítima não tenha motivo para desconfiar do ataque e que o agente possua a consciência e vontade de utilizar este modo de execução.

d) ***com emprego de veneno, fogo, explosivo, tortura ou outro meio insidioso ou cruel, ou de que podia resultar perigo comum.*** *Tortura*: prolongamento desnecessário dos atos executórios, causando angústia e sofrimento na vítima. Na verdade, é um meio cruel mais prolongado, podendo caracterizar crime autônomo (Lei nº 9.455/97); *outro meio insidioso*: astúcia, estratégia, perfídia; *outro meio cruel*: o agente deve agir sem piedade, com a intenção de causar sofrimento desnecessário à vítima.

e) ***contra ascendente, descendente, irmão ou cônjuge:*** justifica-se a maior reprovação em razão da ausência de afetividade e solidariedade.

f) ***com abuso de autoridade ou prevalecendo-se de relações domésticas, de coabitação ou de hospitalidade, ou com violência contra a mulher na forma da lei específica:*** *abuso de autoridade*: uso imoderado da autoridade em relações privadas Alguns autores sustentam que pode ter natureza pública, mas desde que não incida a alínea seguinte (art. 61, II, *g*); *relações domésticas*: pessoas que visitam habitualmente a casa ou mesmo empregados; *coabitação*: convivência na mesma casa; *hospitalidade*: convivência passageira, como pernoites e visitas; a agravante *"com violência contra a mulher na forma da lei específica"* foi acrescentada pela Lei n.° 11.340/06 (Lei Maria da Penha).

g) ***com abuso de poder ou violação de dever inerente a cargo, ofício, ministério ou profissão:*** *abuso de poder:* relações de direito público; *cargo:* relativo a serviço público; *ofício:* atividade de habilidade manual; *ministério:* atividade religiosa; *profissão:* atividade que visa a lucro.

h) ***contra criança, maior de 60 anos, enfermo ou mulher grávida:*** justifica-se pela inferioridade física das vítimas e pela covardia do agente. *Criança:* menor de 12 anos (posição majoritária), na forma do art. 2º do Estatuto da Criança e do Adolescente (Lei nº 8.069/90). A Lei nº 10.741/03 (Estatuto do Idoso) alterou o Código Penal substituindo o termo "velho" por "maior de 60 anos". A agravante *mulher grávida* não se aplica ao delito de aborto, pois este dado constitui o próprio crime.

i) ***quando o ofendido estava sob a imediata proteção da autoridade:*** *ex.*: a vítima do crime, desejando se vingar do ladrão que acabara de ser preso em flagrante pela polícia, pratica contra este lesão corporal durante o período em que estava sendo transportado para a Delegacia de Polícia.

j) ***em ocasião de incêndio, naufrágio, inundação ou qualquer calamidade pública, ou de desgraça particular do ofendido:*** justifica-se pela ausência de solidariedade do agente e pela facilidade na execução do delito.

k) ***em estado de embriaguez preordenada:*** o agente se embriaga a fim de encorajar-se para a prática do crime.

Por fim, segundo o **art. 62 do CP**, a pena será ainda agravada em relação ao agente que: I – promove, ou organiza a cooperação no crime ou dirige a atividade dos demais agentes; II – coage ou induz outrem à execução material do crime; III – instiga ou determina a cometer o crime alguém sujeito à sua autoridade ou não punível em virtude de condição ou qualidade pessoal; IV – executa o crime, ou nele participa, mediante paga ou promessa de recompensa.

## 2.2. Reincidência (circunstância agravante)

Nos termos do art. 63, verifica-se a **reincidência** quando o agente comete novo crime, depois de transitar em julgado a sentença que, no País ou no estrangeiro, o tenha condenado por crime anterior.

**Requisitos:** 1) prática de crime anterior (no Brasil ou no estrangeiro). O crime anterior ou o crime posterior podem ser dolosos ou culposos, tentados ou consumados. Ex.: lesão culposa (crime 1) e tentativa de homicídio (crime 2); 2) sentença condenatória transitada em julgado; 3) cometimento de novo crime depois de transitar em julgado a sentença condenatória (no País ou no estrangeiro) por crime anterior.

> ATENÇÃO

- Como a **anistia** e a ***abolitio criminis*** cessam os efeitos penais da sentença condenatória, o agente que vier a praticar novo delito não poderá ser considerado reincidente. Nos termos do art. 120 do CP, a sentença que concede o **perdão judicial** não gera a reincidência.
- De acordo com o STJ, "as condenações anteriores por contravenções penais não são aptas a gerar reincidência, tendo em vista o que dispõe o art. 63 do Código Penal, que apenas se refere a crimes anteriores. E, se as contravenções penais, puníveis com pena de prisão simples, não geram reincidência, **mostra-se desproporcional o delito do art. 28 da Lei n. 11.343/2006 configurar reincidência**, tendo em vista que nem é punível com pena privativa de liberdade" (STJ, 6ª T., AgRg no REsp 1778346, j. 23/04/2019).

Foi adotado o **sistema da temporariedade da reincidência,** pois, segundo dispõe o art. 64, inciso I, para efeito de reincidência não prevalece a condenação anterior se entre a data do cumprimento ou extinção da pena e a infração posterior tiver decorrido período de tempo superior a **5 anos**, computado o período de prova da suspensão ou do livramento condicional, se não ocorrer revogação.

Assim, a contagem inicial do prazo de 5 anos, observando o disposto no art. 10 do CP será da: *a)* data do cumprimento da pena; *b)* data da extinção da pena; *c)* data do início do período de prova do *sursis* ou do livramento condicional (inicia-se na audiência admonitória), se não ocorrer revogação.

A folha de antecedentes criminais é documento suficiente a comprovar os maus antecedentes e a reincidência **(Súmula 636 do STJ)**.

## Maus antecedentes após o prazo de 5 anos previsto no art. 64, I, do CP

**Há duas posições:**

1ª) **Sistema da perpetuidade:** "As condenações criminais cujo cumprimento ou extinção da pena ocorreu há mais de 5 anos, a despeito de não implicarem reincidência nos termos do que dispõe o art. 64, I, do CP, são hábeis a caracterizar maus antecedentes" (STJ, 5ª T., HC 489226, j. 11/04/2019).

2ª) **Sistema da temporariedade:** "Maus antecedentes não caracterizados. Decorridos mais de 5 anos desde a extinção da pena da condenação anterior (CP, artigo 64, inciso I), não é possível alargar a interpretação de modo a permitir o reconhecimento dos maus antecedentes. Aplicação do princípio da razoabilidade, proporcionalidade e dignidade da pessoa humana" (STF, 2ª T., HC 159727 AgR , j. 05/04/2019).

Nos termos dos arts. 63 do CP e 7° da LCP:

| Crime (Brasil/exterior) | Crime | Reincidente |
|---|---|---|
| Crime (Brasil/exterior) | Contravenção | Reincidente (art. 7º da LCP) |
| Contravenção (Brasil) | Crime | Não reincidente |
| Contravenção (Brasil) | Contravenção | Reincidente (art. 7º da LCP) |
| Contravenção (exterior) | Contravenção | Não reincidente |

▸ **Observações:**

- O art. 64, II estabelece que, para efeito de reincidência, não se consideram os crimes *militares próprios* (aqueles somente previstos no CPM) e *políticos* (como aqueles da Lei nº 7.170/83);
- Nos termos da jurisprudência do STJ, "a folha de antecedentes criminais é documento hábil e suficiente a comprovar os maus antecedentes e a reincidência, não sendo necessária a apresentação de certidão cartorária" (STJ, 5ª T., HC 496696, j. 04/04/2019).
- **Súmula 241 do STJ**: "A reincidência penal não pode ser considerada como circunstância agravante e, simultaneamente, como circunstância judicial".
- Não há reincidência quando o agente comete crime depois de transitar em julgado a sentença que aplicou medida de segurança ao inimputável (CP, art. 26, *caput*). Isto porque a sentença que aplica a medida de segurança nessa hipótese não é condenatória, mas sim absolutória (absolutória imprópria).
- Desde que singularmente apreciadas, é possível sejam levadas em consideração **duas condenações transitadas em julgado**, a primeira como *maus antecedentes* e a segunda como *reincidência*, porquanto são distintos os elementos geradores de cada uma. O que não se admite, sob pena de *bis in idem*, é a valoração de um mesmo fato, em momentos diversos da fixação da pena. Nesse sentido: "Nos termos da jurisprudência desta Corte, não se cogita manifesta desproporcionalidade na dosimetria da pena, na utilização de condenações, relativas a fatos anteriores, transitadas em julgado, diversas e remanescentes àquela utilizada como fundamento da agravante de reincidência, como reforço ao quantum da agravante de reincidência ou como fundamento para a fixação da pena-base acima do mínimo legal, diante da valoração negativa dos antecedentes, conforme seja necessário e suficiente para a prevenção e reprovação da infração penal, ficando apenas vedado o bis in idem" (STJ, 5ª T., HC 462137, j. 02/04/2019).

## 2.3. Circunstâncias atenuantes

Nos termos do art. 65 do CP, são circunstâncias que sempre atenuam a pena:

*a)* ***ser o agente menor de 21, na data do fato, ou maior de 70 anos, na data da sentença (inciso I):*** para efeitos penais, o reconhecimento da menoridade do réu requer prova por documento hábil (**Súmula 74 do STJ**). Trata-se de circunstância preponderante: "A jurisprudência desta Corte é reiterada no sentido de que a atenuante da menoridade relativa, por estar relacionada à personalidade do agente, e a agravante da reincidência, por expressa disposição legal, são circunstâncias preponderantes, razão pela qual devem ser integralmente compensadas, na esteira do disposto no art. 67 do Código Penal" (STJ, 5ª T., HC 467028, j. 04/10/2018).

*b)* ***o desconhecimento da lei (inciso II):*** no momento em que a lei é publicada no diário oficial presume-se que todos passam a conhecê-la. Embora se trate de uma ficção, a presunção é *juris et de jure*, ou seja, absoluta;

c) ***ter o agente cometido o crime por motivo de relevante valor social ou moral:*** *valor social* denota interesse da sociedade; *valor moral* denota interesse do próprio agente;

d) ***procurado, por sua espontânea vontade e com eficiência, logo após o crime, evitar-lhe ou minorar-lhe as consequências, ou ter, antes do julgamento, reparado o dano:*** preenchendo os requisitos do art. 16 do CP (arrependimento posterior), aplica-se este e não a atenuante;

e) ***cometido o crime sob coação a que podia resistir, ou em cumprimento de ordem de autoridade superior, ou sob a influência de violenta emoção, provocada por ato injusto da vítima:*** *coação moral resistível* é atenuante; *coação moral irresistível* é causa de exclusão da culpabilidade (do coagido), por inexigibilidade de conduta diversa (art. 22);

f) ***confessado espontaneamente, perante a autoridade, a autoria do crime:*** justifica a atenuante em razão da colaboração do agente com a instrução processual. Para incidir a lei traz dois requisitos: 1) espontaneidade (espontâneo = livre de coação); 2) que seja realizada perante a autoridade (ex.: delegado, juiz).

**▸ IMPORTANTE**

- **Súmula 545 do STJ:** "Quando a confissão for utilizada para a formação do convencimento do julgador, o réu fará jus à atenuante prevista no art. 65, III, *d*, do Código Penal".
- **Súmula 630 do STJ:** "A incidência da atenuante da confissão espontânea no crime de tráfico ilícito de entorpecentes exige o reconhecimento da traficância pelo acusado, não bastando a mera admissão da posse ou propriedade para uso próprio".
- **Confissão qualificada:** ocorre na hipótese em que o agente confessa o fato, mas alega alguma tese defensiva, como ausência de dolo, causas excludentes de ilicitude ou de culpabilidade. Há divergência doutrinária e jurisprudencial sobre a sua possibilidade e incidência como atenuante. O STJ admite a confissão qualificada: "Para o reconhecimento da atenuante da confissão espontânea é necessário que o réu admita a prática de fato criminoso, ainda que de maneira parcial, qualificada ou até mesmo extrajudicial" (STJ, 6ª T., AgRg no RHC 107606, j. 16/05/2019). Em sentido contrário, o STF decidiu: "A confissão qualificada não é suficiente para justificar a atenuante prevista no art. 65, III, 'd', do Código Penal (...). A aplicação da atenuante da confissão espontânea prevista no art. 65, III, 'd', do Código Penal não incide quando o agente reconhece sua participação no fato, contudo, alega tese de exclusão da ilicitude" (STF, HC 119671, 1ª T., j. 05/11/2013).

g) ***cometido o crime sob a influência de multidão em tumulto, se não o provocou:*** o agente que provocou o tumulto, além de não fazer jus à atenuante, ainda responde pela contravenção penal do art. 40 da LCP.

Consoante o art. 66 do CP, a pena poderá ser ainda atenuada em razão de circunstância relevante, anterior ou posterior ao crime, embora não prevista expressamente em lei. Como exemplo, pode ser citado o caso da ***coculpabilidade*** da sociedade organizada, que não consegue garantir a todos os homens as mesmas oportunidades, gerando nos menos favorecidos um menor âmbito de autodeterminação, condicionado por causas sociais (Zaffaroni).

## 2.4. Concurso entre circunstâncias atenuantes e agravantes

Pode haver concurso entre circunstâncias agravantes e atenuantes. Nesse caso, nos termos do art. 67 do CP, a pena deve aproximar-se do limite indicado pelas circunstâncias preponderantes, entendendo-se como tais as que resultam dos **motivos** determinantes do crime, da **personalidade** do agente e da **reincidência**. Observa-se que as *circunstâncias subjetivas* (atenuantes ou agravantes) preponderam sobre as *circunstâncias objetivas* (atenuantes ou agravantes).

Uma circunstância agravante por ser compensada com uma atenuante, desde que uma não seja preponderante em relação à outra. *Exemplo*: se o crime for cometido contra ascendente (agravante), mas houver a reparação do dano (atenuante), uma poderá ser compensada com a outra (elas se anulam).

Entretanto, se uma circunstância for preponderante em relação à outra, não haverá anulação. *Exemplo*: a reparação do dano (circunstância atenuante não preponderante) não pode ser compensada com a reincidência (circunstância agravante preponderante).

Por outro lado, uma circunstância preponderante pode ser compensada com outra circunstância preponderante. *Exemplo*: a reincidência (circunstância agravante preponderante) pode ser compensada com o motivo de relevante valor moral (circunstância atenuante preponderante).

▸ COMPENSAÇÃO

- **CONFISSÃO E REINCIDÊNCIA:**

  **1ª posição (é possível a compensação):** "A Terceira Seção desta Corte, no julgamento do EREsp n. 1.154.752/RS, uniformizou o entendimento de que a atenuante da confissão espontânea deve ser compensada com a agravante da reincidência, por serem igualmente preponderantes, notadamente, nos casos em que o reconhecimento da referida agravante se dá em função de uma única condenação definitiva anterior" (STJ, 5ª T., HC 479977, j. 14/05/2019).

  **2ª posição (não é possível a compensação):** "Prepondera sobre a confissão a reincidência, no que esta última revela a necessidade de observar-se apenação substancial, não se colocando no mesmo nível o reincidente e o primário" (STF, 1ª T., RHC 135819, j. 29/05/2018).

- **CONFISSÃO E PROMESSA DE RECOMPENSA:** "É possível, na segunda fase da dosimetria da pena, a compensação da atenuante da confissão espontânea com a agravante do art. 62, IV, do CP (promessa de recompensa), por serem igualmente preponderantes, haja vista que a primeira diz respeito à personalidade do agente e a segunda está relacionada ao motivo determinante do crime" (STJ, 6ª T., HC 268165, j. 05/05/2016).

## 3. CAUSAS DE AUMENTO E DE DIMINUIÇÃO (3ª FASE)

Uma vez consideradas as atenuantes e agravantes e fixada a pena intermediária, passa o juiz para a terceira fase do critério trifásico, momento em que irão incidir as causas de aumento e de diminuição porventura existentes.

Causas de aumento ou majorantes são circunstâncias que elevam a pena. *Exemplo:* CP, art. 155, § 1º (a pena *aumenta-se de um terço* se o crime é praticado durante o repouso noturno).

Não deve ser confundida com a *qualificadora*, já que nesta a lei não estabelece um valor a incidir sobre determinada pena, mas sim comina diretamente uma pena autônoma, estabelecendo o mínimo e o máximo. *Exemplo:* CP, art. 155, § 4º (pena de 2 a 8 anos).

As causas de diminuição ou minorantes, por sua vez, são circunstâncias que diminuem a pena. *Exemplo:* CP, art. 155, § 2º (Se o criminoso é primário, e é de pequeno valor a coisa furtada, o juiz pode substituir a pena de reclusão pela de detenção, *diminuí-la de um a dois terços*, ou aplicar somente a pena de multa).

**A causa de aumento pode superar o máximo da pena abstrata e a causa de diminuição pode reduzir a pena abaixo do mínimo previsto.** *Exemplo:* o homicídio simples prevê uma pena mínima de seis anos de reclusão. Aplicando a causa de diminuição de pena prevista no art. 121, § 1º (diminuição de 1/6 a 1/3), a pena mínima poderá ser reduzida abaixo dos seis anos. Por outro lado, aplicando a causas de aumento previstas na parte final do § 4º (homicídio doloso contra menor de 14 anos), a pena poderá superar os vinte anos.

No crime de roubo é importante atentar para a **Súmula 443 do STJ:** *"O aumento na terceira fase de aplicação da pena no crime de roubo circunstanciado exige fundamentação concreta, não sendo suficiente para a sua exasperação a mera indicação do número de majorantes"*.

Pode ocorrer *concurso de causas de aumento ou de diminuição* da pena. No concurso de causas de aumento ou de diminuição previstas na **parte especial**, pode o juiz limitar-se a um só aumento ou a uma só diminuição, prevalecendo, todavia, a causa que mais aumente ou diminua (art. 68, par. único, do CP). *Exemplo:* causas de aumento previstas nos arts. 250, § 1º, e 258, 1ª parte.

Se houver concurso de causas de aumento ou diminuição previstas na **parte geral**, o juiz deverá aplicar todas elas.

As causas de aumento incidem umas sobre as outras, assim como as de diminuição. Assim, se a pena intermediária for fixada em 6 anos e houver duas causas de aumento de metade, a pena definitiva será de 13 anos e 6 meses. Com o primeiro aumento de metade a pena se elevaria para 9 anos; com o segundo aumento, a incidir sobre o último resultado (9 anos), chega-se ao total de 13 anos e 6 meses.

# Penas restritivas de direitos

## 1. ESPÉCIES E CLASSIFICAÇÃO

> ***Art. 43.*** *As penas restritivas de direitos são:*
>
> *I – prestação pecuniária;*
>
> *II – perda de bens e valores;*
>
> *III – (...)*
>
> *IV – prestação de serviço à comunidade ou a entidades públicas;*
>
> *V – interdição temporária de direitos;*
>
> *VI – limitação de fim de semana.*

As penas restritivas de direitos são chamadas de *penas alternativas*. Isso porque são alternativas à pena privativa de liberdade.

As penas restritivas de direitos são classificadas como: *a) comuns ou genéricas:* aplicadas em todas as infrações (*ex.*: limitação de fim de semana, prestação de serviços à comunidade e prestação pecuniária); *b) específicas ou especiais:* aplicadas em apenas alguns crimes (*ex.*: interdição de direito, como a suspensão de habilitação para dirigir).

De acordo com o art. 55 do CP, as penas restritivas de direitos de prestação de serviços comunitários, interdição temporária de direitos e limitação de fim de semana terão a **mesma duração** das penas privativas de liberdade. Atente para a ressalva do art. 46, § 4º, do CP (se a pena substituída for superior a 1 ano, é facultado ao condenado cumprir a PSC em menor tempo, nunca inferior à metade da pena privativa de liberdade fixada).

## 2. FORMAS DE CUMPRIMENTO DAS PENAS RESTRITIVAS DE DIREITOS

### 2.1. Prestação pecuniária (art. 45, § 1º)

*Conceito:* a prestação pecuniária consiste no pagamento em dinheiro à vítima, a seus dependentes ou a entidade pública ou privada com destinação social, de importância fixada pelo juiz, não inferior a 1 salário mínimo nem superior a 360 salários mínimos. ***Finalidade:*** reparação do dano causado. ***Destinatários:*** vítima ou seus dependentes (e não os herdeiros) ou entidade pública ou privada com destinação social (o rol é preferencial). ***Valor:*** não inferior a 1 salário mínimo nem superior a 360 salários mínimos. ***Possibilidade de dedução:*** o valor pago será deduzido do montante de eventual condenação em ação de reparação civil, se coincidentes os beneficiários.

### 2.2. Prestação inominada (art. 45, § 2º)

***Consentimento:*** deve haver consentimento de quem irá receber a prestação. ***Outra natureza:*** como, por exemplo, a obrigação de fazer e a doação de cestas básicas. ***Constitucionalidade:*** pela sua incerteza e imprecisão, há quem entenda que esta pena infringe o princípio da legalidade ou da reserva legal (CF, art. 5º, XXXIX, e CP, art. 1º).

### 2.3. Perda de bens e valores (art. 45, § 3º)

***Conceito:*** consiste na retirada de bens e valores do patrimônio lícito dos condenados. ***Previsão constitucional:*** art. 5º, XLVI, *b*, CF. ***Destinatário:*** em favor do Fundo Penitenciário Nacional, ressalvada a legislação especial. ***Limite:*** seu valor terá como teto – o que for maior – o montante do prejuízo causado ou do provento obtido pelo agente ou por terceiro, em consequência da prática do crime.

### 2.4. Prestação de serviços à comunidade ou a entidades públicas (art. 46)

***Conceito:*** consiste na atribuição de tarefas gratuitas ao condenado. ***Previsão constitucional:*** art. 5º, XLVI, *d* (prestação social alternativa). ***Aplicação:*** penas superiores a 6 meses de privação da liberdade. ***Local de cumprimento:*** a prestação de serviço à comunidade dar-se-á em entidades assistenciais, hospitais, escolas, orfanatos e outros estabelecimentos congêneres, em programas comunitários ou estatais (§ 2º). ***Aptidões pessoais:*** as tarefas a que se refere o § 1º serão atribuídas conforme as aptidões do condenado. ***Tempo de cumprimento das tarefas:*** devem ser cumpridas à razão de 1 hora de tarefa por dia de condenação, fixadas de modo a não prejudicar a jornada normal de trabalho (§ 3º). ***Cumprimento antecipado:*** se a pena substituída for superior a 1 ano, é facultado ao condenado cumprir a pena substitutiva em menor tempo (artigo 55), nunca inferior à metade da pena privativa de liberdade fixada (§ 4º). ***LEP:*** arts. 149 e 150.

## 2.5. Interdição temporária de direitos (art. 47)

***Previsão constitucional:*** art. 5º, XLVI, *e* (interdição de direitos). ***Espécies:*** a) proibição do exercício de cargo, função ou atividade pública, bem como de mandato eletivo; b) proibição do exercício de profissão, atividade ou ofício que dependam de habilitação especial, de licença ou autorização do poder público; c) suspensão de autorização ou de habilitação para dirigir veículo (v. art. 57 do CP); d) proibição de frequentar determinados lugares; e) proibição de inscrever-se em concurso, avaliação ou exame públicos. ***Distinções com os efeitos da condenação:*** não deve ser confundido o art. 47 com o art. 92, ambos do CP. ***Pena específica (art. 56):*** aplicadas a crimes cometidos com abuso ou violação dos deveres inerentes ao cargo, função, ofício, profissão ou atividade. ***Autorização ou habilitação para dirigir:*** se o delito for praticado com veículo automotor, aplica-se a Lei nº 9.503/97, de sorte que a pena de interdição prevista no Código Penal só pode ser aplicada ao agente que, habilitado para dirigir veículo, pratica crime culposo de trânsito na condução de veículo de tração humana ou animal (bicicletas, carroças etc.). Como a suspensão da habilitação está hoje prevista no Código de Trânsito, essa modalidade de interdição aplica-se somente à suspensão de autorização. ***Proibição de frequentar determinados lugares:*** somente se justifica quando o lugar tiver alguma relação com o crime. ***LEP**: arts. 154 e 155.* ***Duração:*** segundo art. 55 do CP, terá a mesma duração da pena privativa de liberdade substituída.

## 2.6. Limitação de fim de semana (art. 48)

***Conceito:*** consiste na obrigação de permanecer, aos sábados e domingos, por 5 horas diárias, em casa de albergado ou outro estabelecimento adequado. ***Atividades:*** durante a permanência poderão ser ministrados ao condenado cursos e palestras ou atribuídas atividades educativas. ***LEP***: arts. 151 a 153. ***Duração:*** segundo art. 55 do CP, terá a mesma duração da pena privativa de liberdade substituída.

## 3. SUBSTITUIÇÃO

### 3.1. Autonomia e substitutividade das penas alternativas

As penas restritivas de direitos possuem **autonomia**, ou seja, são aplicadas sem cumulação com a pena privativa de liberdade. São, por outro lado, **substitutivas**, ou seja, em primeiro lugar é fixada a pena privativa de liberdade para, em seguida, haver a substituição por pena restritiva de direitos.

Existem exceções na legislação especial, tanto à *autonomia* das penas restritivas de direitos (no CTB há vários tipos penais prevendo a cumulação entre as penas privativas de liberdade e as penas restritivas de direitos) quanto ao seu caráter de *substitutividade* (no art. 28 da Lei de Drogas há previsão autônoma de penas alternativas).

### 3.2. Requisitos (objetivos e subjetivos)

1º) Aplicação de pena privativa de liberdade não superior a 4 anos nos crimes *dolosos* (art. 44, I): trata-se de pena aplicada (concreta) e não de pena cominada (abstrata).

2º) Crime cometido sem violência ou grave ameaça à pessoa (art. 44, I). A *violência culposa* (homicídio praticado na direção de veículo automotor, por exemplo) não impede a substituição.

3º) Qualquer que seja a pena aplicada, se o crime for *culposo* (art. 44, I).

4º) Réu não reincidente em crime *doloso* (art. 44, II), salvo se a medida for socialmente recomendável e não ocorra a reincidência específica (art. 44, § 3º).

5º) A culpabilidade, os antecedentes, a conduta social e a personalidade do condenado, bem como os motivos e as circunstâncias indicarem que essa substituição seja suficiente (art. 44, III).

**Atenção**

**1)** Na hipótese de concurso de crimes, a substituição deverá observar o total da pena imposta pelos delitos dolosos.

**2)** Nos termos da Lei Maria da Penha, "É vedada a aplicação, nos casos de violência doméstica e familiar contra a mulher, de penas de cesta básica ou outras de prestação pecuniária, bem como a substituição de pena que implique o pagamento isolado de multa" (art. 17 da Lei nº 11.340/06).

**3)** "A prática de crime ou contravenção penal contra a mulher com violência ou grave ameaça no ambiente doméstico impossibilita a substituição da pena privativa de liberdade por restritiva de direitos" (**Súmula 588 do STJ**).

**PRDs e crimes hediondos.** A Lei nº 8.072/90 não veda expressamente a possibilidade de substituição da pena privativa de liberdade por penas restritivas de direitos no caso de condenação por crimes hediondos e equiparados. No caso específico do **tráfico de drogas** (delito equiparado a hediondo), a vedação legal à substituição (a lei usa o termo *conversão*) da pena privativa de liberdade por restritiva de direitos (arts. 33, § 4º e 44, ambos da Lei nº 11.343/06) foi considerada inconstitucional pelo Pleno do STF (HC 97.256, j. 1º/09/2011, noticiado no Informativo 598). O condenado por tráfico de drogas pode, portanto, cumprir penas alternativas em substituição à pena de prisão. Sobre o tema deve ser observada a **Resolução nº 05/2012 do Senado Federal.**

### 3.3. Formas de aplicação

*a)* ***condenação igual ou inferior a 1 ano:*** a substituição pode ser feita por multa ou por 1 pena restritiva de direitos.

*b)* ***condenação superior a 1 ano:*** a pena privativa de liberdade pode ser substituída por 1 pena restritiva de direitos e multa ou por 2 restritivas de direitos (substituição cumulativa).

## 4. CONVERSÃO (ART. 44, §§ 4º E 5º)

A pena restritiva de direitos pode ser convertida em privativa de liberdade. Hipóteses:

### 4.1. Descumprimento injustificado da restrição imposta

Segundo o art.44, § 4º, do CP, a pena restritiva de direitos converte-se em privativa de liberdade quando ocorrer o descumprimento injustificado da restrição imposta.

No cálculo da pena privativa de liberdade a executar será deduzido o tempo cumprido da pena restritiva de direitos, respeitado o saldo mínimo de 30 dias de detenção ou reclusão (***princípio da detração penal).***

A conversão de pena restritiva de direitos em privativa de liberdade deve obediência ao princípio constitucional do contraditório e da ampla defesa (CF, art. 5º, inciso LV), sob pena de nulidade da decisão.

### 4.2. Nova condenação (art. 44, § 5º)

*1)* ***Hipótese facultativa:*** sobrevindo condenação irrecorrível a pena privativa de liberdade, por outro crime, o juiz da execução penal decidirá sobre a conversão, podendo deixar de aplicá-la se for possível ao condenado cumprir a pena substitutiva anterior.

2) ***Tempo do crime:*** é indiferente o tempo da prática do crime. A nova condenação pode ter sido por crime cometido antes ou durante o cumprimento da pena restritiva de direitos.

3) ***Hipótese obrigatória:*** quando há impossibilidade de cumprimento simultâneo da pena substitutiva anterior com a nova pena.

4) ***Conversão facultativa:*** possibilidade de cumprimento simultâneo da pena substitutiva anterior com a nova pena.

5) ***Contravenção:*** não se aplica a conversão, já que o art. 44, § 5º fala em *crime*.

▸ **Atenção:**

A LEP (Lei nº 7.210/84) dispõe sobre outras causas de conversão no art. 181, §§ 1º a 3º.

CAPÍTULO XI

# Pena de multa

## 1. CONCEITO

A pena de multa consiste no pagamento ao Fundo Penitenciário Nacional de certa quantia em dinheiro, fixada na sentença e calculada em dias-multas. Será no mínimo de 10 e no máximo de 360 dias-multa.

## 2. COMINAÇÃO

a) ***Multa abstrata*** (sanção principal – CP, arts. 32, III e 58): pena de multa cominada no tipo penal (pena abstrata). Na sentença condenatória, a pena de multa é aplicada diretamente pelo juiz, ou seja, não é substitutiva da pena privativa de liberdade.

b) ***Multa substitutiva ou vicariante*** (CP, art. 44, § 2º e art. 60, § 2º): na sentença condenatória, primeiro aplica-se a pena privativa de liberdade para depois realizar-se a substituição pela multa. Assim, mesmo que o tipo não tenha previsto a pena de multa (multa abstrata), pode o juiz aplicá-la (multa substitutiva).

> **Atenção:**
>
> **Súmula 171 do STJ**: "Cominadas cumulativamente, em lei especial, penas privativa de liberdade e pecuniária, é defeso a substituição da prisão por multa".

## 3. LEGITIMIDADE ATIVA DA EXECUÇÃO DA MULTA

Nos termos do art. 51 do CP, "transitada em julgado a sentença condenatória, a multa será considerada dívida de valor, aplicando-se-lhes as normas da legislação relativa à dívida ativa da Fazenda Pública, inclusive no que concerne às causas interruptivas e suspensivas da prescrição".

De acordo com a **Súmula 521 do STJ**, *"A legitimidade para a execução fiscal de multa pendente de pagamento imposta em sentença condenatória é exclusiva da Procuradoria da Fazenda Pública"*.

No entanto, por maioria de votos, o Plenário do STF definiu que **o Ministério Público é o principal legitimado para executar a cobrança das multas pecuniárias fixadas em sentenças penais condenatórias**. Na ocasião, os ministros entenderam que, por ter natureza de sanção penal, a competência da Fazenda Pública para executar essas multas se limita aos casos de inércia do MP (STF, Pleno, ADI 3150, j. 13/12/2019). O tema também foi debatido na 12ª Questão de Ordem apresentada na AP 470 ("Mensalão").

A controvérsia diz respeito ao artigo 51 do Código Penal, que estabelece a conversão da multa pecuniária em dívida de valor após o trânsito em julgado da sentença condenatória, e determina que a cobrança se dê conforme as normas da legislação relativa à dívida ativa. A Procuradoria-Geral da República ajuizou a ADI 3150 pedindo que o texto seja interpretado de forma a conferir legitimidade exclusiva ao MP para executar essas dívidas. A União, por sua vez, argumentou que a competência seria da Fazenda Pública.

Conforme o voto do ministro Roberto Barroso, Relator, o fato de a nova redação do artigo 51 do Código Penal transformar a multa em dívida de valor não retira a competência do MP para efetuar sua cobrança. Ele lembrou que a multa pecuniária é uma sanção penal prevista na Constituição Federal (artigo 5º, inciso XLVI, alínea c), o que torna impossível alterar sua natureza jurídica por meio de lei. Ressaltou, também, que a Lei de Execuções Penais (LEP), em dispositivo expresso, reconhece a atribuição do MP para executar a dívida. Segundo Barroso, o fato de o MP cobrar a dívida, ou seja, executar a condenação, não significa que ele estaria substituindo a Fazenda Pública. O ministro destacou que a condenação criminal é um título executivo judicial, sendo incongruente sua inscrição em dívida ativa, que é um título executivo extrajudicial. Reafirmando seu voto na 12ª Questão de Ordem na AP 470, o ministro salientou que, **caso o MP não proponha a execução da multa no prazo de 90 dias após o trânsito em julgado da sentença, o juízo da vara criminal comunicará ao órgão competente da Fazenda Pública para efetuar a cobrança na vara de execução fiscal**. "Mas a prioridade é do Ministério Público, pois, antes de ser uma dívida, é uma sanção criminal", reiterou. A maioria dos ministros seguiu essa orientação.

**Não pagamento da multa e conversão em prisão.** Com a redação atual do art. 51 do CP, a possibilidade de conversão da multa em detenção foi tacitamente proibida pela Lei nº 9.268/96.

## 4. FASES DA FIXAÇÃO DA PENA DE MULTA

Enquanto o critério para a fixação da pena privativa de liberdade é *trifásico*, o critério para a fixação da pena de multa é *bifásico*. Veja-se:

### *1ª fase: fixação da quantidade de dias-multa (art. 49, caput, do CP)*

Será fixado no mínimo de 10 e no máximo de 360 dias-multa. Existe divergência em relação ao que se deve levar em consideração para a fixação da quantidade de dias-multa: *1ª posição:* somente as circunstâncias judiciais; *2ª posição:* as circunstâncias judiciais (art. 59 do CP), as agravantes e atenuantes e, por fim, as causas de aumento e de diminuição; *3ª posição:* somente a situação econômica do réu.

### *2ª fase: fixação do valor do dia-multa*

Será fixado pelo juiz, não podendo ser inferior a um trigésimo do salário mínimo mensal vigente ao tempo do fato, nem superior a cinco vezes esse salário (art. 49, § 1º). Na fixação do valor deve ser considerada a situação econômica do réu (art. 60).

Observe-se que, nos termos do art. 60, § 1º:

> "A multa pode ser aumentada até o triplo, se o juiz considerar que, em virtude da situação econômica do réu, é ineficaz, embora aplicada no máximo".

# Concurso de crimes e outras disposições

## 1. CONCURSO MATERIAL

### 1.1. Conceito

Caracteriza-se o **concurso material ou real** quando o agente, *mediante mais de uma ação ou omissão*, pratica dois ou mais crimes, idênticos ou não (CP, art. 69). Ou seja, para a existência de concurso material, nos termos do CP, basta a prática de mais de um crime mediante mais de uma conduta típica, independente de qualquer vínculo fático ou jurídico entre os delitos. *Ex.*: o agente pratica extorsão mediante sequestro. Durante o tempo em que a vítima está sequestrada, vem estuprá-la. Há duas condutas e dois resultados (arts. 159 e 213).

> ▸ **ATENÇÃO**
>
> Não se deve confundir *conduta descrita no tipo* com *ato*, já que uma única conduta pode envolver ou se desdobrar em vários atos. *Ex.*: o sujeito subtrai vários pertences da mesma vítima. Neste caso, houve a prática de uma conduta típica (subtrair) com vários atos, de tal forma que não se fala em concurso material ante a inexistência de mais de uma conduta.

Em relação à natureza dos crimes, tem-se a seguinte classificação:

a) *Concurso homogêneo*: crimes idênticos. O sujeito, em um acidente de trânsito, causa lesões corporais em várias pessoas.

b) *Concurso heterogêneo*: crimes de espécies distintas. O sujeito, no aludido acidente, mata várias pessoas e causa lesões corporais em inúmeras outras.

## 2. CONCURSO FORMAL

### 2.1. Conceito

Caracteriza-se o concurso formal ou ideal quando o agente, mediante uma só ação ou omissão, pratica dois ou mais crimes, idênticos ou não (CP, art. 70).

### 2.2. Concurso formal perfeito ou próprio

Nos termos do **art. 70, *caput*, 1ª parte, do CP** ocorre quando o agente, mediante uma só ação ou omissão, pratica dois ou mais crimes, idênticos ou não. Situações:

1) **Crimes culposos:** o agente não quis nem assumiu o risco de cometer nenhum crime, mas os praticou por culpa. *Ex.:* um motorista causa culposamente um acidente de trânsito e mata 10 pessoas.
2) **Crime doloso e crime(s) culposo(s):** o agente quis ou assumiu o risco de praticar apenas um único crime, mas, além deste, praticou outro ou outros crimes por culpa. *Ex.:* o agente quis matar alguém, mas, além deste, causa a morte de outras três pessoas por culpa.
3) **Crimes dolosos sem desígnios autônomos:** "Caracteriza-se o concurso formal de crimes quando praticado o roubo, mediante uma só ação, contra vítimas distintas, pois atingidos patrimônios diversos. Precedentes" (STJ, 6ª T., HC 459546, DJe 04/02/2019).

### 2.3. Concurso formal imperfeito ou impróprio

Nos moldes do **art. 70, *caput*, 2ª parte, do CP** ocorre quando o agente, mediante uma só ação ou omissão, pratica dois ou mais crimes dolosos (idênticos ou não) com desígnios autônomos (propósitos ou planos independentes). Mesmo tendo praticado apenas uma conduta, o agente atua com a intenção específica de realizar mais de um crime. *Exemplo:* o autor, com o intuito de matar duas pessoas, coloca uma bomba no veículo em que se encontram as vítimas. Há uma conduta e dois resultados (que advêm de dolos autônomos).

> **CONCURSO FORMAL PRÓPRIO x CONCURSO FORMAL IMPRÓPRIO**
>
> "É assente neste Superior Tribunal de Justiça que a 'A distinção entre o concurso formal próprio e o impróprio relaciona-se com o elemento subjetivo do agente, ou seja, a existência ou não de desígnios autônomos. Precedente' (...)" (STJ, 6ª T., AgRg no AREsp 1131742, j. 21/09/2017).

## 2.4. Aplicação das penas

a) **Concurso formal perfeito:** foi adotado o **sistema da exasperação** em relação às penas privativas de liberdade. Aplica-se a mais grave das penas cabíveis ou, se iguais, somente uma delas, mas aumentada, em qualquer caso, de um sexto até metade.

| Mesmos crimes (homogêneo) | Crimes distintos (heterogêneo) |
|---|---|
| Aplica-se uma pena com o aumento de 1/6 até 1/2. | Aplica-se a pena mais grave com o aumento de 1/6 até 1/2. |

O **critério de aumento** varia de acordo com a **quantidade de crimes**, sendo utilizada a seguinte técnica:

| 2 crimes | 3 crimes | 4 crimes | 5 crimes | 6 ou mais crimes |
|---|---|---|---|---|
| Aumento de 1/6 | Aumento de 1/5 | Aumento de 1/4 | Aumento de 1/3 | Aumento de 1/2 |

Nesse sentido: "Nos termos da jurisprudência deste Superior Tribunal de Justiça, o aumento da pena decorrente do concurso formal próprio é calculada com base no número de infrações penais cometidas. Nesses termos, aplica-se a fração de aumento de 1/6 pela prática de 2 infrações; 1/5, para 3 infrações; 1/4 para 4 infrações; 1/3 para 5 infrações e 1/2 para 6 ou mais infrações" (STJ, 5ª T., HC 421419, j. 09/04/2019).

▸ ***Concurso material benéfico***

Nos termos do art. 70, parágrafo único, não poderá a pena exceder a que seria cabível pela regra do artigo 69 do Código Penal. Trata-se do chamado ***concurso material benéfico.***

*Exemplo:* o agente, com uma ação, praticou dois crimes. A mais grave das penas foi fixada em 12 anos de reclusão, ao passo que a outra em 1 ano de detenção. Se aplicado o sistema da exasperação, levando em consideração o aumento mínimo (1/6), a pena será 14 de anos (12 anos + 1/6 de 12 anos). Se aplicarmos o sistema do cúmulo material, a pena será de 13 anos.

b) **Concurso formal imperfeito (sistema do cúmulo material):** Foi adotado o **sistema do cúmulo material**. As penas são aplicadas cumulativamente.

▸ ATENÇÃO

Nem sempre é fácil interpretar se nos crimes dolosos houve unidade de desígnio ou desígnios autônomos. Neste último caso, como veremos, ocorrerá concurso formal impróprio (as penas serão somadas). Ex.: "1. Esta Corte Superior, de forma reiterada, já decidiu que incide o concurso formal impróprio (art. 70, segunda parte, do Código Penal) no crime de latrocínio, nas hipóteses em que o agente, mediante uma única subtração patrimonial, busca alcançar mais de um resultado morte, caracterizados os desígnios autônomos. Precedentes. 2. Na espécie, além de a conduta praticada pelo recorrente haver atingido uma esfera patrimonial - subtração de um automóvel -, a sua conduta ocasionou a morte do proprietário do veículo e de seu ajudante, mediante disparos de arma de fogo (...)" (STJ, 6ª T., AgRg no REsp 1251035, j. 03/08/2017). Ainda: "Nos crimes de latrocínio, a prática de uma subtração, com dois resultados morte, é hipótese de reconhecimento do concurso formal impróprio. Precedentes" (STJ, 3ª Seção, AgRg na RvCr 4109, j. 22/02/2018).

# 3. CRIME CONTINUADO

## 3.1. Conceito

Caracteriza-se o **crime continuado ou a continuidade delitiva** quando o agente, mediante mais de uma ação ou omissão, pratica dois ou mais crimes da mesma espécie e, pelas condições de tempo, lugar, maneira de execução e outras semelhantes, devem os subsequentes ser havidos como continuação do primeiro (art. 71). *Exemplo:* o caixa do banco planeja furtar a quantia de dez mil reais. Para que não seja descoberto, subtrai mil reais por semana. Na realidade, o autor praticou dez crimes de furto, os quais, por uma ficção jurídica, são entendidos como um só (continuidade delitiva).

## 3.2. Requisitos

***1º) Pluralidade de condutas***

***2º) Pluralidade de crimes da mesma espécie.*** *1º posicionamento (dominante):* crimes da mesma espécie são os previstos no mesmo tipo penal. Haverá continuação entre as formas simples, privilegiadas e qualificadas, bem como entre delitos tentados e consumados. *2º posicionamento:* crimes da mesma espécie são os que tutelam o mesmo bem jurídico (para essa corrente poderia haver crime continuado entre roubo e extorsão).

**▸ ROUBO E EXTORSÃO**

De acordo com a jurisprudência consolidada das cortes superiores, não há continuidade delitiva entre roubo e extorsão, pois não são da mesma espécie, embora sejam do mesmo gênero. Nesse sentido: "Não é possível o reconhecimento da continuidade delitiva entre os crimes de roubo e extorsão, pois embora sejam delitos do mesmo gênero, são de espécies distintas, o que inviabiliza a aplicação da regra contida no art. 71 do Código Penal. Precedentes" (STJ, 5ª T., HC 461794, j. 07/02/2019).

*3º) **Similitude de circunstâncias objetivas.*** *Tempo*: não superior a trinta dias (orientação jurisprudencial majoritária). *Lugar*: mesma cidade ou cidades próximas. *Modo de execução*: mesmo *modus operandi* (se o primeiro furto ocorre mediante escalada e o segundo com emprego de chave falsa não haverá continuidade delitiva). *Outras semelhantes*: existem decisões no sentido de ser exigida a *conexão ocasional*, devendo o agente aproveitar as mesmas oportunidades surgidas com o crime anterior para se valer da continuidade delitiva.

*4º) **Unidade de desígnio ou liame subjetivo entre os crimes (STF e STJ).*** Exige-se a demonstração de entrelaçamento entre as condutas delituosas, ou seja, evidências no sentido de que a ação posterior é um desdobramento da anterior. É a posição dos Tribunais Superiores. Nesse sentido: "O Código Penal adotou a Teoria Mista ou Objetivo-subjetiva para a caracterização do crime continuado, segundo a qual é necessário que estejam preenchidos, cumulativamente, requisitos de ordem objetiva (pluralidade de ações, mesmas condições de tempo, lugar e modo de execução) e de ordem subjetiva, assim entendido como a unidade de desígnios havida entre os eventos delituosos" (STJ, 6ª T., REsp 1588037, j. 07/05/2019).

## 3.3. Natureza jurídica

Segundo a **teoria da ficção jurídica** (adotada pelo Código Penal), por determinação legal os vários crimes consideram-se apenas um único delito.

## 3.4. Espécies

*a)* ***crime continuado comum***: crimes cometidos sem violência ou grave ameaça contra a pessoa (art. 71, *caput*); ou com violência ou grave ameaça contra a mesma vítima.

*b)* ***crime continuado específico***: delitos dolosos cometidos com violência ou grave ameaça contra vítimas diferentes (art. 71, parágrafo único). Com a redação dada ao art. 71 (Lei nº 7.209/84), é possível a continuidade delitiva em crimes de homicídio, de forma que **a Súmula 605 do STF encontra-se superada**. Nesse sentido: "A Súmula n. 605 do Supremo Tribunal Federal, que vedava a aplicação da continuidade delitiva aos crimes dolosos contra a vida, não é mais aplicada, haja vista a incompatibilidade do enunciado com a atual redação do art. 71, parágrafo único, do Código Penal, reformado pela Lei n. 7.209/1984" (STJ, 6ª T., REsp 1588037, j. 07/05/2019).

## 3.5. Aplicação das penas (sistema da exasperação)

*a)* ***crime continuado comum***: aplica-se a pena de um só dos crimes, se idênticas, ou a mais grave, se diversas, aumentada, em qualquer caso, de um sexto a dois terços. O *critério de aumento* varia de acordo com a *quantidade de crimes* (STF e STJ). Não existe uma regra precisa para determinar a quantidade do aumento em relação ao número de crimes, devendo ser seguida a seguinte orientação jurisprudencial: 2 crimes: aumento de 1/6; 3 crimes: aumento de 1/5; 4 crimes: aumento de 1/4; 5 crimes: aumento de 1/3; 6 crimes: aumento de 1/2; 7 ou mais crimes: aumento de 2/3. Nesse sentido: "(...) 7. A exasperação da pena do crime de maior pena, realizado em continuidade delitiva, será determinada, basicamente, pelo número de infrações penais cometidas, parâmetro este que especificará no caso concreto a fração de aumento, dentro do intervalo legal de 1/6 a 2/3. Nesse diapasão, esta Corte Superior de Justiça possui o entendimento consolidado de que, em se tratando de aumento de pena referente à continuidade delitiva, aplica-se a fração de aumento de 1/6 pela prática de 2 infrações; 1/5, para 3 infrações; 1/4 para 4 infrações; 1/3 para 5 infrações; 1/2 para 6 infrações e 2/3 para 7 ou mais infrações" (STJ, 5ª T., HC 490707, j. 21/02/2019).

*b)* ***crime continuado específico***: considerando a culpabilidade, os antecedentes, a conduta social e a personalidade do agente, bem como os motivos e as circunstâncias, deve-se aumentar a pena de um só dos crimes, se idênticas, ou a mais grave, se diversas, até o triplo. Apesar de não haver previsão legal, o aumento mínimo deve ser de 1/6.

▸ **ATENÇÃO**

- Na aplicação do crime continuado, a pena não poderá exceder a que seria cabível pela regra do concurso material.
- No concurso de crimes, as *penas de multa* são aplicadas distinta e integralmente (CP, art. 72).

## 4. ERRO NA EXECUÇÃO (*ABERRATIO ICTUS*) – ART. 73 DO CP

Ocorre a *aberratio ictus* quando, por acidente ou erro no uso dos meios de execução, o agente, ao invés de atingir a pessoa que pretendia ofender, atinge pessoa diversa.

*Exemplo: A*, desejando matar *B*, por erro de pontaria vem a atingir e matar *C* (culposamente), que estava nas proximidades.

De acordo com o art. 73, *A* responde como se tivesse praticado o crime contra *B*, sendo consideradas as condições ou qualidades pessoais da vítima pretendida (*B*).

Assim, no exemplo citado, *A* responderá apenas por um homicídio doloso consumado, apesar de ter praticado dois delitos: tentativa de homicídio (contra *B*) e homicídio culposo (contra *C*).

Nos termos do art. 73, pode ocorrer erro na execução com **resultado único** (art. 73, 1ª parte) ou **duplo** (art. 73, 2ª parte). Assim, se além da vítima efetiva foi também atingida a pessoa que o agente pretendia ofender, será aplicada a mais grave das penas cabíveis ou, se idênticas, somente uma delas, mas com o aumento, em qualquer caso, de um sexto até metade (concurso formal perfeito: art. 70, *caput*, primeira parte).

*Exemplo: A*, com intenção de matar *B*, efetua um disparo de arma de fogo. Além de atingir e matar *B*, atinge culposamente o motorista de um ônibus, provocando um acidente, do qual resulta a morte de 10 pessoas. *A* responde pelo crime de homicídio doloso consumado, aplicando-se o aumento de 1/6 a 1/2 em relação aos demais crimes.

> ▸ **ATENÇÃO**
>
> No erro na execução (art. 73 do CP), há erro de pontaria e o agente não confunde as vítimas.
>
> No erro sobre a pessoa (art. 20, § 3º, do CP), não há erro de pontaria e o agente confunde a sua vítima com outra pessoa.

## 5. RESULTADO DIVERSO DO PRETENDIDO (*ABERRATIO CRIMINIS* OU *DELICTI*) – ART. 74 DO CP

Ocorre a *aberratio criminis* ou *delicti* quando, por acidente ou erro na execução do crime, sobrevém resultado diverso do pretendido. O agente responde por culpa, se o fato é previsto como crime culposo; se ocorre também o resultado pretendido, aplica-se a regra do art. 70 do Código Penal.

**No erro de execução (art. 73) ocorre erro de pessoa para pessoa. No resultado diverso do pretendido (art. 74) existe erro de coisa para pessoa ou de pessoa para coisa.**

*Exemplo*: *A*, desejando quebrar uma janela (crime de dano), acaba provocando lesões corporais em *B*. De acordo com o art. 74, o sujeito responderá pelo delito de lesão corporal culposa. Fica excluída a tentativa de dano.

Se além do resultado não desejado ocorrer também o resultado pretendido, será aplicada a mais grave das penas cabíveis ou, se idênticas, somente uma delas, mas com o aumento, em qualquer caso, de um sexto até metade (concurso formal perfeito - art. 70, *caput*, 1ª parte).

Caso o sujeito tenha previsto e assumido o risco de produzir o resultado no bem jurídico diverso, aplica-se a segunda parte do art. 70 (concurso formal imperfeito), com cumulação de penas. Restando provado que o resultado em relação ao outro bem jurídico não foi decorrente de dolo eventual ou culpa, o sujeito não poderá responder pelo crime, sob pena de caracterizar responsabilidade objetiva.

Não se aplica o dispositivo no caso de o resultado não desejado ser menos grave que o resultado pretendido, ou quando não houver a previsão da forma culposa no resultado não pretendido.

*Exemplo:* o agente, com a intenção de matar a vítima, erra o alvo (pessoa) e deteriora um bem especialmente protegido por lei. Não seria razoável que respondesse pelo delito culposo (art. 62, parágrafo único, da Lei nº 9.605/98) e deixasse de ser responsabilizado pelo crime de homicídio tentado.

## 6. LIMITES DAS PENAS PRIVATIVAS DE LIBERDADE

De acordo com o art. 5º, XLVII, da CF não haverá pena de caráter perpétuo, de tal forma que uma condenação a 100 ou mais anos de prisão infringiria este dispositivo. De outra parte, uma das finalidades da pena é a ressocialização, que se mostraria inócua se não houvesse um limite, já que o condenado não voltaria a viver em sociedade.

Dessa forma, estabelece o art. 75 do Código Penal que o tempo de cumprimento das penas privativas de liberdade não pode ser superior a 30 anos. Quando o agente for condenado a penas privativas de liberdade cuja soma seja superior a 30 anos, devem elas ser unificadas para atender ao limite máximo do citado dispositivo (art. 75, § 1º).

Por sua vez, sobrevindo condenação por fato posterior (e não condenação posterior por fato anterior ao cumprimento da pena unificada) ao início do cumprimento da pena, far-se-á nova unificação, desprezando-se, para esse fim, o período de pena já cumprido (art. 75, § 2º).

*Exemplo 1:* o agente é condenado a penas privativas de liberdade cuja soma seja de 100 anos. Depois de unificadas as penas, inicia o seu cumprimento. Após cumprir 18 anos de prisão, vem a ser condenado a uma pena de 10 anos por crime praticado durante a execução da pena. Desprezam-se os 18 anos, de sorte que faltarão 12 anos a cumprir da pena anteriormente unificada. Assim, somam-se os 12 anos restantes com a nova condenação (10 anos), de modo que deverá o condenado cumprir mais 22 anos de prisão. Registre-se que a melhor interpretação é no sentido de se somar a nova pena com o restante que faltava para o cumprimento dos 30 anos (pena unificada), e não do restante da soma total das penas sem unificação (82 anos).

*Exemplo 2:* o agente é condenado a penas privativas de liberdade cuja soma seja de 100 anos. Depois de unificadas as penas, inicia o seu cumprimento. Após cumprir 18 anos de prisão, vem a ser condenado a uma pena de 20 anos por crime praticado durante a execução da pena. Desprezam-se os 18 anos, de sorte que faltarão 12 anos a cumprir da pena anteriormente unificada. Assim, somam-se os 12 anos restantes com a nova condenação (20 anos), chegando-se a um total de 32 anos. Nesse caso, deve-se fazer uma nova unificação, de modo que o condenado cumprirá mais 30 anos de prisão.

Por outro lado, se a nova condenação for por ***fato anterior*** ao início do cumprimento da pena, não incidirá o § 2º, pois apenas deverá essa nova pena ser somada ao montante e não ao total unificado. No exemplo acima (100 anos de pena), se o fato fosse anterior, a nova pena de 20 anos seria apenas acrescentada aos 100 anos. Nessa hipótese, o tempo de cumprimento da pena não se alteraria.

Discute-se se a unificação prevalece para os efeitos da concessão de benefícios. Existem duas orientações:

1ª) Os benefícios são calculados com base na pena total aplicada. Nesse sentido:

> "*A pena unificada para atender ao limite de trinta anos de cumprimento, determinado pelo art. 75 do Código Penal, não é considerada para a concessão de outros benefícios, como o livramento condicional ou regime mais favorável de execução*" **(Súmula 715 do STF)**.

2ª) Os benefícios são calculados com base na pena unificada. Como argumento, pode-se dizer que essa orientação observa o princípio da individualização da pena.

Imaginemos que o agente – não reincidente em crime doloso e portador de bons antecedentes – reste condenado a uma pena total de 60 anos. O livramento condicional poderia ser obtido com 10 anos de cumprimento de pena (1/3 de 30 anos) ou com 20 anos (1/3 de 60 anos), dependendo do entendimento.

CAPÍTULO XIII

# Suspensão condicional da pena ou *sursis*

## 1. INTRODUÇÃO

Trata-se da possibilidade de o juiz liberar o condenado do cumprimento da pena privativa de liberdade desde que preenchidos certos requisitos. O condenado **não iniciará o cumprimento da pena**, ficando em liberdade durante certo lapso de tempo denominado *período de prova*. Após o transcurso desse período, e cumpridas as condições estabelecidas, a pena privativa de liberdade suspensa será extinta. Havendo a revogação do *sursis*, o condenado iniciará o cumprimento da pena.

Nos termos do art. 80, a suspensão não se estende às penas restritivas de direitos nem à multa.

> **Atenção:**
>
> Não se deve confundir ***sursis* da pena** (em estudo) com o ***sursis* processual** (suspensão condicional do processo – art. 89 da Lei nº 9.099/95).

## 2. REQUISITOS

a) ***pena privativa de liberdade aplicada não superior a 2 anos (art. 77, caput).*** Exceções: *1ª)* art. 77, § 2º: pena não superior a 4 anos, no caso de ser o condenado maior de setenta anos de idade (***sursis* etário**), ou por razões de saúde que justifiquem a suspensão (***sursis* humanitário**); *2ª)* art. 16 da Lei nº 9.605/98 (crimes ambientais): a pena aplicada não pode ser superior a 3 anos.

b) ***não ser o réu reincidente em crime doloso, salvo se na condenação anterior foi aplicada somente a pena de multa (art. 77, I, e § 1º).*** Assim, a reincidência em crime *culposo* não impede a aplicação da suspensão da pena, desde que presentes os demais requisitos legais.

c) ***a culpabilidade, os antecedentes, a conduta social e personalidade do agente, bem como os motivos e as circunstâncias autorizem a concessão do benefício (art. 77, II).*** Se na fixação da pena-base o juiz considerou as circunstâncias judiciais favoráveis, não poderá, no momento da análise do *sursis*, alterar esse enfoque.

d) ***não ser indicada ou cabível a substituição da pena privativa de liberdade por restritiva de direitos (art. 77, III).*** O *sursis* tem aplicação subsidiária em relação à pena restritiva de direitos.

e) ***reparação do dano no* sursis *especial, salvo impossibilidade de fazê-lo.***

▸ **Importante:**

- Lei nº 8.072/90 (crimes hediondos): não existe vedação legal para a concessão do *sursis*.
- Lei nº 11.342/06 (Lei de Drogas): proíbe expressamente a concessão do *sursis* aos crimes previstos no art. 33, *caput*, § 1º, e 34 a 37. Nesse sentido: "Consoante entendimento deste Superior Tribunal de Justiça, a vedação ao sursis (prevista no artigo 44 da Lei n. 11.343/06) não foi objeto de controle de constitucionalidade pelo Supremo Tribunal Federal, razão pela qual mantém-se em plena vigência, ainda que a reprimenda definitiva fixada não seja superior a 2 (dois) anos de reclusão" (STJ, 5ª T., AgRg no REsp 1615201, j. 08/08/2017).

## 3. CONDIÇÕES

As condições são legais e judiciais e devem ser observadas durante o período de prova, sob pena de revogação do *sursis*.

a) **Condições legais (art. 78):**

- No primeiro ano do prazo, deverá o condenado prestar serviços à comunidade ou submeter-se à limitação de fim de semana (art. 78, § 1º). Trata-se do ***sursis* simples**.
- Se o condenado houver reparado o dano, salvo impossibilidade de fazê-lo, e se as circunstâncias do art. 59 do CP lhe forem inteiramente favoráveis, o juiz poderá substituir a exigência anterior (prestação de PSC ou limitação de fim de semana) pelas seguintes condições, aplicadas cumulativamente: a) proibição de frequentar determinados lugares; b) proibição de ausentar-se da comarca onde reside, sem autorização do juiz; c) comparecimento pessoal e obrigatório ao juízo,

mensalmente, para informar e justificar suas atividades (art. 78, § 2º). Trata-se do ***sursis* especial**.

b) **Condições judiciais (art. 79):** a sentença poderá especificar outras condições a que fica subordinada a suspensão, desde que adequadas ao fato e à situação pessoal do condenado.

## 4. PERÍODO DE PROVA

Período de prova é o tempo em que o condenado deverá observar as condições estabelecidas. Inicia-se com a audiência admonitória ou de advertência, realizada após o trânsito em julgado.

No caso de *crime*, o período de prova é de 2 a 4 anos. Se a condenação for pela prática de *contravenção*, o período será de 1 a 3 anos (art. 11 da LCP).

Há exceção no *sursis* etário e no *sursis* humanitário, em que o prazo do período de prova será de 4 a 6 anos (art. 77, § 2º).

## 5. REVOGAÇÃO OBRIGATÓRIA (ART. 81, I A III)

A suspensão será revogada se, no curso do prazo, o beneficiário:

*a)* ***é condenado, em sentença irrecorrível, por crime doloso:*** o crime pode ter sido cometido antes ou durante o período de prova, pois o que interessa é a condenação durante tal período de prova. A sentença que concede o perdão judicial durante o período de prova não revoga o *sursis*. Entende-se que não se revoga o *sursis* se a pena aplicada for de multa. Isto porque se condenação anterior à pena de multa não impede o *sursis*, também não pode ser causa da sua revogação.

*b)* ***frustra, embora solvente, a execução de pena de multa ou não efetua, sem motivo justificado, a reparação do dano.***

*c)* ***descumpre a condição do § 1º do artigo 78 deste Código.*** No caso de *sursis* especial, deve o condenado prestar serviços à comunidade ou sujeitar-se à limitação de fim de semana. Se descumprir essas condições, o *sursis* será revogado.

**▸ Observação:**

Não se fala em detração penal durante o período de prova do *sursis*, já que a pena, por estar suspensa, sequer teve sua execução iniciada pelo condenado, não havendo, portanto, o que ser descontado.

## 6. REVOGAÇÃO FACULTATIVA (ART. 81, § 1°)

a) *descumprimento de qualquer outra condição imposta.*

b) ***o agente é irrecorrivelmente condenado, durante o período de prova, por crime culposo ou por contravenção, a pena privativa de liberdade ou restritiva de direitos:*** exclui-se a pena de multa.

Nessas hipóteses, o juiz pode, ao invés de decretar a revogação, prorrogar o período de prova até o máximo, se este não foi o fixado (art. 81, § 3°) ou exacerbar as condições (CPP, art. 707, parágrafo único).

## 7. CASSAÇÃO

Considera-se **cassado** o *sursis* quando ocorre alguma hipótese que impede o início do período de prova, tais como:

a) o condenado não comparece sem justificativa à audiência admonitória;

b) o condenado não aceita as condições do *sursis;*

c) condenação a pena privativa de liberdade (não suspensa) antes do período de prova;

d) a pena é aumentada pelo Tribunal em grau de recurso.

## 8. PRORROGAÇÃO DO PERÍODO DE PROVA

A primeira hipótese de prorrogação vem descrita no art. 81, § 2º, do CP:

> *Se o beneficiário está sendo processado por outro crime ou contravenção, considera-se prorrogado o prazo da suspensão até o julgamento definitivo.*

O processo pode ser por infração penal praticada antes ou durante o período de prova, considerando-se como *termo inicial* o início da ação penal e não a prática da infração. Durante a prorrogação não perduram mais as condições fixadas na sentença.

Essa prorrogação não está sujeita a decisão judicial, pois é *automática.*

A segunda hipótese de prorrogação se dá nos ***casos de revogação facultativa***, sendo que o juiz pode, ao invés de decretar a revogação, prorrogar o período de prova até o máximo, se este não foi o fixado (art. 81, § 3°).

## 9. EXTINÇÃO DA PENA

Terminado o período de prova sem que haja motivo para sua revogação, a pena privativa de liberdade é extinta. A extinção da pena se dá com o término do período de prova e não na data da sentença que declara a extinção da punibilidade. Observe-se que, se houver a prorrogação (art. 81, § 1°), não haverá a extinção.

O juiz pode **revogar** o *sursis* em razão de uma causa de revogação incidente durante o período de prova, **desde que ainda não tenha sido extinta a punibilidade** mediante sentença transitada em julgado. Nesse sentido: "Inexistindo revogação ou prorrogação do período de prova, correta a decisão que extinguiu a pena, nos termos do art. 82 do Código Penal, segundo o qual 'Expirado o prazo sem que tenha havido revogação, considera-se extinta a pena privativa de liberdade'" (STJ, 5ª T., AgRg no REsp 1468840, j. 15/12/2016).

CAPÍTULO XIV

# Livramento condicional

## 1. CONCEITO

O livramento condicional é uma forma de antecipação da liberdade do condenado antes do término do cumprimento da pena. Denomina-se período de prova o tempo em que o condenado fica liberado (restante da pena). Durante esse período, o condenado deverá observar certas condições.

Lembremos que no sursis o condenado não inicia o cumprimento da pena, ao passo que no livramento condicional o condenado começa a cumprir a pena e poderá obter a sua liberdade condicional.

## 2. REQUISITOS

a) pena privativa de liberdade fixada na sentença igual ou superior a 2 anos. As penas que correspondem a infrações diversas devem se somar para efeito do livramento (CP, art. 84).

b) cumprimento de mais de um terço da pena se o condenado não for reincidente em crime doloso e tiver bons antecedentes (art. 83, I).

c) cumprimento de mais da metade se o condenado for reincidente em crime doloso (art. 83, II).

d) cumprimento de mais de dois terços da pena, nos casos de condenação por crime hediondo, prática da tortura, tráfico ilícito de entorpecentes e drogas afins, e terrorismo, se o apenado não for reincidente específico em crimes dessa natureza (art. 83, V). A Lei nº 13.344, de 06/10/2016 (publicada em 07/10/2016), com vigência após decorridos 45 dias de sua publicação, deu nova redação ao inciso V do art. 83: V – cumpridos mais de dois terços da pena, nos casos de condenação por crime hediondo, prática de tortura, tráfico ilícito de entorpecentes e drogas afins, **tráfico**

**de pessoas** e terrorismo, se o apenado não for reincidente específico em crimes dessa natureza.

e) reparação do dano causado pela infração, salvo efetiva impossibilidade de fazê-lo (art. 83, IV).

f) ostentar bom comportamento carcerário (LEP, art. 112) ou, segundo art. 83, III, do CP, comportamento satisfatório durante a execução da pena, bom desempenho no trabalho que lhe foi atribuído e aptidão para prover à própria subsistência mediante trabalho honesto.

g) para o condenado por crime doloso, cometido com violência ou grave ameaça à pessoa, a concessão do livramento ficará também subordinada à constatação de condições pessoais que façam presumir que o liberado não voltará a delinquir (CP, art. 83, parágrafo único).

**Observações:**

- Com o advento da Lei nº 10.792/03, que alterou o art. 112 da LEP, o exame criminológico deixou de ser obrigatório. Desse modo, também não mais justifica a obrigatoriedade dessa perícia para a concessão do livramento condicional, embora o juiz, no caso concreto e em decisão fundamentada, possa determiná-la. Nesse sentido: "2. Para a concessão do benefício do livramento condicional, nos termos dos arts. 83 do Código Penal, 112 e 131 da Lei de Execuções Penais, deve o reeducando preencher os requisitos de natureza objetiva (fração de cumprimento da pena) e subjetiva (comportamento satisfatório durante a execução da pena, bom desempenho no trabalho que lhe foi atribuído e aptidão para prover o próprio sustento de maneira lícita). 3. O Superior Tribunal de Justiça firmou entendimento no sentido de não haver obrigatoriedade de o sentenciado passar, previamente, por regime intermediário para que obtenha o benefício do livramento condicional, em razão da inexistência de tal previsão no art. 83 do Código Penal. 4. Permite-se ao órgão julgador determinar a submissão do apenado ao exame criminológico, desde que o faça de maneira fundamentada, em estrita observância à garantia constitucional de motivação das decisões judiciais, expressa no art. 93, IX, bem como à própria previsão do art. 112, § 1º, da Lei de Execução Penal. (Súmula 439/STJ)" (STJ, 5ª T., RHC 107872, j. 14/05/2019).
- **Súmula 439 do STJ**: "Admite-se o exame criminológico pelas peculiaridades do caso, desde que em decisão motivada".
- **Súmula 441 do STJ:** "A falta grave não interrompe o prazo para obtenção de livramento condicional".
- A lei não trata do **não reincidente portador de maus antecedentes**. Há dois entendimentos: *1º)* deve cumprir mais de 1/3 da pena, pois o cumprimento de 1/2 é aplicável somente aos reincidentes em crime doloso; *2º)* deve cumprir mais de 1/2 da pena. A *primeira posição* tem sido a preferida na jurisprudência. Nesse sentido: "No caso de paciente primário, de maus antecedentes, como o Código não contemplou tal hipótese, ao tratar do prazo para concessão do livramento condicional, não se admite a interpretação em prejuízo do réu, devendo ser aplicado o prazo de um terço. O paciente primário com maus antecedentes não pode ser equiparado ao reincidente, em seu prejuízo" (STJ, HC 102278, j. 03/04/2008).
- O livramento condicional pode ser concedido a crimes cometidos com violência ou grave ameaça à pessoa.

## 3. PROCEDIMENTO

O livramento condicional poderá ser concedido mediante requerimento do sentenciado, de seu cônjuge ou de parente em linha reta, ou por proposta do diretor do estabelecimento penal, ou por iniciativa do Conselho Penitenciário (CPP, art. 712). O livramento condicional poderá ser concedido pelo juiz da execução, presentes os requisitos do artigo 83, incisos e parágrafo único, do Código Penal, ouvidos o Ministério Público e o Conselho Penitenciário (LEP, art. 131).

## 4. CONDIÇÕES

a) ***Condições obrigatórias (LEP, art. 132, § 1º):*** obter ocupação lícita, dentro de prazo razoável se for apto para o trabalho; comunicar periodicamente ao juiz sua ocupação; não mudar do território da comarca do Juízo da Execução, sem prévia autorização deste.

b) ***Condições facultativas (LEP, art. 132, § 2º):*** não mudar de residência sem comunicação ao juiz e à autoridade incumbida da observação cautelar e de proteção; recolher-se à habitação em hora fixada; não frequentar determinados lugares.

## 5. REVOGAÇÃO OBRIGATÓRIA

a) se o liberado vem a ser condenado a pena privativa de liberdade, em sentença irrecorrível, por crime cometido durante a vigência do período de prova.

Revogado o livramento, os **efeitos** são os seguintes: não poderá ser novamente concedido em relação à mesma pena (nada impede o livramento em relação à nova pena imposta); não se computará como tempo de cumprimento da pena o período de prova (tempo em que esteve solto o condenado); não será permitida, para a concessão de novo livramento, a soma do tempo das duas penas.

*Exemplo:* o sujeito foi condenado a 6 anos de reclusão. Após o cumprimento de 4 anos, consegue o livramento condicional. Com 1 ano de período de prova, vem a ser novamente condenado a pena privativa de liberdade de 5 anos, em sentença irrecorrível, por crime cometido *durante* o período de prova. Da primeira pena (6 anos), havia cumprido 4 anos de prisão. O tempo de 1 ano correspondente ao período de prova não será computado, restando, assim, 2 anos de pena a ser cumprida (primeira condenação). Como a segunda condenação foi por crime cometido *durante* o período de prova, as penas não se somam para efeito de nova concessão. Em relação ao restante da pena (primeira condenação) não caberá novo livramento condicional. No tocante à segunda pena, poderá haver a concessão do livramento.

b) se o liberado vem a ser condenado a pena privativa de liberdade, em sentença irrecorrível, por crime anterior ao período de prova, observado o disposto no artigo 84 deste Código.

Revogado o livramento, os **efeitos** são os seguintes: poderá ser novamente concedido em relação à mesma pena; computar-se-á como tempo de cumprimento da pena o período de prova (tempo em que esteve solto o condenado); será permitida, para a concessão de novo livramento, a soma do tempo das duas penas.

*Exemplo:* o sujeito foi condenado a 6 anos de reclusão. Após o cumprimento de 2 anos, consegue o livramento condicional. Com 1 ano de período de prova, vem a ser novamente condenado a pena privativa de liberdade de 5 anos, em sentença irrecorrível, por crime *anterior* ao período de prova. Da primeira pena (6 anos), havia cumprido 2 anos de prisão + 1 ano de período de prova (que será computado), restando, assim, 3 anos de pena a ser cumprida (primeira condenação). Como a segunda condenação foi por crime anterior ao período de prova, somam-se as penas, isto é, o restante da primeira (3 anos) com a segunda pena (5 anos). No caso, teremos uma pena de 8 anos a ser cumprida. Preenchidos os pressupostos, poderá novamente ser concedido o livramento condicional.

## 6. REVOGAÇÃO FACULTATIVA

Nas hipóteses de revogação facultativa, poderá o juiz revogar o livramento ou mantê-lo. Nesse caso, deve advertir o liberado ou agravar as condições (LEP, art. 140, parágrafo único).

a) se o liberado deixar de cumprir qualquer das obrigações constantes da sentença.

Revogado o livramento, os **efeitos** são os seguintes: não poderá ser novamente concedido em relação à mesma pena; não se computará como tempo de cumprimento da pena o período de prova (tempo em que esteve solto o condenado).

b) se o liberado for irrecorrivelmente condenado, por crime ou contravenção, a pena de multa ou restritiva de direitos (não poderá ser pena privativa de liberdade).

Em relação aos efeitos, vai depender se o crime foi praticado antes ou durante o período de prova, conforme acima explicado.

▸ **Observação:**

A lei não tratou da hipótese de ser o liberado condenado a pena privativa de liberdade em razão da prática de *contravenção penal*.

## 7. PRORROGAÇÃO / SUSPENSÃO

Como acima visto, se o liberado for condenado em sentença irrecorrível por crime praticado durante o período de prova, o livramento condicional será revogado. No entanto, a simples prática do crime não é causa de revogação, mas poderá o juiz decretar a prisão do liberado e suspender o curso do livramento (LEP, art. 145).

Ocorrerá a **prorrogação** do livramento condicional enquanto não passar em julgado a sentença em processo a que responde o liberado, por **crime cometido na vigência do livramento** (CP, art. 89). Após o período de prova não perduram as condições fixadas.

## 8. EXTINÇÃO DA PENA

De acordo com o art. 89 do Código Penal, o juiz não poderá declarar extinta a pena enquanto não passar em julgado a sentença em processo a que responde o liberado, por crime cometido na vigência do livramento.

Se até o seu término o livramento não é revogado, considera-se extinta a pena privativa de liberdade (CP, art. 90). O juiz, de ofício, a requerimento do interessado, do Ministério Público ou mediante representação do Conselho Penitenciário, julgará extinta a pena privativa de liberdade, se expirar o prazo do livramento sem revogação (LEP, art. 146).

A sentença é declaratória, tendo como marco da extinção da punibilidade a data do término do período de prova.

Segundo STJ e STF, expirado o prazo do livramento condicional sem a sua suspensão ou prorrogação, **a pena é automaticamente extinta**, ainda que se descubra posteriormente a prática de crime no curso do lapso temporal. Nesse sentido: STF, RHC 85287; ainda: "A ausência de suspensão ou revogação do livramento condicional antes do término do período de prova enseja a extinção da punibilidade pelo integral cumprimento da pena" (**Súmula 617 do STJ**).

CAPÍTULO XV

# Efeitos da condenação e reabilitação

## 1. EFEITOS DA CONDENAÇÃO

<table>
<tr><td rowspan="8">1. Efeitos</td><td rowspan="5">1) Principais</td><td rowspan="5">1.1) Sanção penal</td><td rowspan="3">1.1.1) Pena</td><td>a) Privativa de liberdade</td></tr>
<tr><td>b) Restritiva de direitos</td></tr>
<tr><td>c) Multa</td></tr>
<tr><td rowspan="2">1.1.2) Medida de segurança (semi-imputável)</td><td>a) Internação</td></tr>
<tr><td>b) Tratamento ambulatorial</td></tr>
<tr><td rowspan="3">2) Secundários</td><td>2.1) Penais</td><td colspan="2">–</td></tr>
<tr><td rowspan="2">2.2) Extrapenais</td><td colspan="2">2.2.1) Genéricos (art. 91)</td></tr>
<tr><td colspan="2">2.2.2) Específicos (art. 92)</td></tr>
</table>

### 1.1. Efeitos principais

O principal efeito da **condenação** é a imposição de sanção penal (penas ou medidas de segurança). Observe-se:

1) *Penas*: aplicadas ao imputável ou semi-imputável.

   a) pena privativa de liberdade

   b) pena restritiva de direitos

   c) pena de multa

2) *Medidas de segurança:* aplicadas ao semi-imputável. Obs.: o inimputável será "absolvido impropriamente".

## 1.2. Efeitos secundários de natureza penal

a) enseja reincidência, se houver crime posterior (CP, art. 63);

b) revogação facultativa ou obrigatória do *sursis* anteriormente concedido (CP, art. 81);

c) revogação facultativa ou obrigatória do livramento condicional (CP, arts. 86 e 87);

d) aumento ou interrupção do prazo de prescrição da pretensão executória quando caracterizada a reincidência (CP, art. 110, *caput*, e 117, VI);

e) revogação da reabilitação (CP, art. 95), quando se tratar de reincidente;

f) impede a concessão de certos privilégios (*ex.*: CP, arts. 155, § 2º; 170; 171, § 1º);

g) impossibilidade de eventual concessão de suspensão condicional do processo (art. 89 da Lei nº 9.099/95).

## 1.3. Efeitos secundários de natureza extrapenal

A condenação produz efeitos secundários **genéricos (art. 91)** e **específicos (art. 92)**. Os *genéricos* são de aplicação automática, independente de declaração na sentença, ao passo que os *específicos* precisam ser motivadamente declarados na sentença.

### *1.3.1. Efeitos secundários genéricos (CP, art. 91)*

*a)* ***Obrigação de reparação do dano (art. 91, I):*** com a sentença penal condenatória não mais se discute o fato ilícito e a obrigação de indenizar. Nos termos do art. 515, VI, do Novo CPC, "São títulos executivos judiciais, cujo cumprimento dar-se-á de acordo com os artigos previstos neste Título: (...) VI – a sentença penal condenatória transitada em julgado".

> **Observação:**
>
> De acordo com o art. 387, IV, do CPP, na sentença condenatória o juiz fixará valor mínimo para reparação dos danos causados pela infração, considerando os prejuízos sofridos pelo ofendido. Por ser norma de Direito Penal, não se aplica aos crimes praticados antes da vigência da Lei nº 11.719/2008. Ademais, segundo o STJ, **deve haver pedido formal**. Vejamos: "A reparação de danos, além de pedido expresso, pressupõe a indicação de valor e de prova suficiente a sustentá-lo, possibilitando ao réu o direito de defesa com indicação de quantum diverso ou mesmo a comprovação de inexistência de prejuízo material ou moral a ser reparado. Necessário, portanto, instrução específica para apurar o valor da indenização. In casu, verifica-se que, apesar de ter havido pedido expresso do Ministério Público na denúncia para a fixação de valor para a reparação do dano, nos termos do art. 387, inciso IV, do CPP, não houve instrução específica, o que afastou do acusado a possibilidade de se defender e produzir contraprova" (STJ, 5ª T., AgRg no AREsp 1361693, j. 02/04/2019).

b) ***Confisco (art. 91, II):*** perda em favor da União, ressalvado o direito do lesado ou de terceiro de boa-fé: *a)* dos instrumentos do crime, desde que consistam em coisa cujo fabrico, alienação, uso, porte ou detenção constitua fato ilícito; *b)* do produto do crime ou de qualquer bem ou valor que constitua proveito auferido pelo agente com a prática do fato criminoso. O **confisco** tem como propósitos impedir a difusão de instrumentos idôneos à prática de infrações penais e vedar o enriquecimento ilegal por parte do agente. Só caberá o confisco se não houver a restituição do produto do crime ao lesado ou terceiro de boa-fé.

A alínea *a* faz referência ao **instrumento do crime** (*instrumenta sceleris*), que é o meio utilizado na execução do delito.

Por outro lado, o produto do crime (*producta sceleris*) abrange: a coisa adquirida diretamente com o crime (*ex.*: coisa objeto do furto ou roubo); a coisa adquirida mediante especificação (*ex.*: joia feita com o ouro roubado); e a coisa adquirida mediante alienação (*ex.*: dinheiro obtido da venda da coisa roubada).

c) ***Suspensão dos direitos políticos enquanto durarem os efeitos da condenação criminal transitada em julgado (CF, art. 15, III).***

## 1.3.2. Efeitos secundários específicos (CP, art. 92)

Os efeitos específicos *não são automáticos*, devendo ser declarados na sentença. São os seguintes:

a) ***Perda de cargo, função pública ou mandato eletivo:*** a) quando aplicada pena privativa de liberdade por tempo igual ou superior a 1 ano, nos crimes praticados com abuso de poder ou violação de dever para com a Administração Pública; b) quando for aplicada pena privativa de liberdade por tempo superior a 4 anos nos demais casos.

Na primeira hipótese (letra *a*), é necessário que o ilícito tenha sido praticado no exercício das funções do agente. Com a perda do cargo o condenado não mais poderá exercê-lo, ainda que reabilitado, isto é, não poderá se reintegrar à situação anterior. Nada impede que, após a reabilitação, venha a prestar novo concurso ou seja eleito novamente.

> **Importante**
>
> Em relação aos deputados e senadores, dispõe o art. 55, § 2º, da CF: "*Perderá o mandato o Deputado ou Senador: (...) VI – que sofrer condenação criminal em sentença transitada em julgado. (...) § 2º Nos casos dos incisos I, II e VI, a perda do mandato será decidida pela Câmara dos Deputados ou pelo Senado Federal, por maioria absoluta, mediante provocação da respectiva Mesa ou de partido político representado no Congresso Nacional, assegurada ampla defesa.*

Sobre o art. 55, § 2º, da CF, vejamos as decisões abaixo:

- **STF:** "Perda do mandato parlamentar: É da competência das Casas Legislativas decidir sobre a perda do mandato do Congressista condenado criminalmente (artigo 55, VI e § 2º, da CF). Regra excepcionada – adoção, no ponto, da tese proposta pelo eminente revisor, Ministro Luís Roberto Barroso –, quando a condenação impõe o cumprimento de pena em regime fechado, e não viável o trabalho externo diante da impossibilidade de cumprimento da fração mínima de 1/6 da pena para a obtenção do benefício durante o mandato e antes de consumada a ausência do Congressista a 1/3 das sessões ordinárias da Casa Legislativa da qual faça parte. Hipótese de perda automática do mandato, cumprindo à Mesa da Câmara dos Deputados declará-la, em conformidade com o artigo 55, III, § 3º, da CF. Precedente: MC no MS 32.326/DF, Rel. Min. Roberto Barroso, 02.9.2013. 8. Suspensão dos direitos políticos do condenado quando do trânsito em julgado da condenação (art. 15, III, da CF)" (STF, 1ª T., AP 694, j. 02/05/2017).
- **STF:** "(...) 5. Perda do mandato parlamentar. Entendimento da maioria no sentido de que não cabe ao Poder Judiciário decretar a perda de mandato de parlamentar federal, em razão de condenação criminal. Determinação de comunicação à respectiva Casa para instauração do procedimento do art. 55, § 2º, da Constituição Federal" (STF, AP 572, 2ª T., j. 11/11/2014).
- **STF:** "Controvérsia no âmbito desta Suprema Corte a respeito da competência para decretar a perda do mandato no caso de condenação criminal transitada em julgado. Orientação original que deve prevalecer, no sentido de a atribuir à Casa Legislativa a que pertence o parlamentar condenado. Inteligência do art. 55, § 2º, da Constituição da República". (AP 563, 2ª T., j. 21/10/2014).
- **STF:** "1. A perda do mandato parlamentar, no caso em pauta, deriva do preceito constitucional que impõe a suspensão ou a cassação dos direitos políticos. 2. Questão de ordem resolvida no sentido de que, determinada a suspensão dos direitos políticos, a suspensão ou a perda do cargo são medidas decorrentes do julgado e imediatamente exequíveis após o trânsito em julgado da condenação criminal, sendo desimportante para a conclusão o exercício ou não de cargo eletivo no momento do julgamento" (AP 396 QO, Tribunal Pleno, j. 26/06/2013).

b) ***Incapacidade para o exercício do poder familiar, da tutela ou da curatela nos crimes dolosos sujeitos à pena de reclusão cometidos contra outrem igualmente titular do mesmo poder familiar, contra filho, filha ou outro descendente ou contra tutelado ou curatelado.*** O inciso II do artigo 92 do Código Penal teve nova redação dada pela Lei n. 13.715, de 24/09/2018. Com a alteração, a incapacidade para o exercício do poder familiar pode ocorrer quando o crime doloso e punido com reclusão é praticado contra outrem igualmente titular do mesmo poder familiar (ex.: marido que tenta matar esposa), e não necessariamente contra os filhos.

c) ***Inabilitação para dirigir veículo, quando utilizado como meio para a prática de crime doloso.*** Conforme o art. 140 do Código de Trânsito (Lei n. 9.503/97), "A habilitação para conduzir veículo automotor e elétrico será apurada por meio de exames que deverão ser realizados junto ao órgão ou entidade executivos do Estado ou do Distrito Federal, do domicílio ou residência do candidato, ou na sede estadual ou distrital do próprio órgão, devendo o condutor preencher os seguintes requisitos: I - ser penalmente imputável; II - saber ler e escrever; III - possuir Carteira de Identidade ou equivalente".

▸ **OUTROS EFEITOS DA CONDENAÇÃO**

Algumas leis especiais também dispõem sobre outros efeitos da condenação. Exemplos:

- Lei n° 7.716/89 (preconceito racial)
- Lei n° 9.613/98 (lavagem de capitais)
- Lei n° 11.101/05 (falência)
- Lei n° 9.472/97 (telecomunicações)
- Lei n° 9.455/97 (tortura)

Conforme prevalece, em caso de condenação definitiva pelos crimes de tortura e de organização criminosa, a perda do cargo público é automática. A propósito: "(...) conforme entendimento que se assentou nesta Corte Superior, a perda de cargo, função pública ou mandato eletivo, prevista no art. 92, I, do Código Penal, não é efeito automático da condenação, de forma que a sua incidência demanda fundamentação expressa e específica, à exceção do crime de tortura" (STJ, 5ª T., HC 315470, j. 21/02/2019).

A Lei nº 13.804, de 10/01/2019, incluiu ao CTB o art. 278-A, estabelecendo o seguinte: "O condutor que se utilize de veículo para a prática do crime de receptação, descaminho, contrabando, previstos nos arts. 180, 334 e 334-A do Decreto-Lei nº 2.848, de 7 de dezembro de 1940 (Código Penal), condenado por um desses crimes em decisão judicial transitada em julgado, terá cassado seu documento de habilitação ou será proibido de obter a habilitação para dirigir veículo automotor pelo prazo de 5 (cinco) anos".

## 2. REABILITAÇÃO

### 2.1. Finalidade

A reabilitação tem por fim: a) assegurar ao condenado o sigilo dos registros sobre seu processo e condenação (CP, art. 93); e b) extinguir os efeitos secundários extrapenais específicos da sentença penal condenatória, vedada a reintegração na situação anterior, nos casos dos incisos I e II do mesmo artigo (CP, art. 93, par. único).

Mesmo reabilitado, se o condenado vier a praticar novo delito durante o período do art. 64, I, do CP, **será reincidente.**

O sigilo das condenações disposto no art. 202 da LEP não depende de reabilitação, pois é automático. No entanto, poderá ser quebrado a pedido de qualquer autoridade judiciária, do Ministério Público ou da autoridade policial. No caso do sigilo decorrente da reabilitação, apenas pode ser quebrado por requisição judicial.

## 2.2. Requisitos e processamento

Os requisitos são os seguintes **(CP, art. 94)**:

a) decurso de 2 anos do dia em que for extinta, de qualquer modo, a pena ou terminar sua execução, computando-se o período de prova da suspensão e o do livramento condicional, se não sobrevier revogação;

b) tenha tido o condenado domicílio no País no prazo acima referido;

c) tenha dado o condenado, durante esse tempo, demonstração efetiva e constante de bom comportamento público e privado;

d) tenha ressarcido o dano causado pelo crime ou demonstrado a absoluta impossibilidade de fazê-lo, até o dia do pedido, ou exiba documento que comprove a renúncia da vítima ou novação da dívida.

O pedido deverá ser feito pelo condenado ao **juízo da condenação** e não ao da execução. Se negado ou concedido o pedido, caberá recurso de apelação. Negada a reabilitação, poderá ser requerida, a qualquer tempo, desde que o pedido seja instruído com novos elementos comprobatórios dos requisitos necessários (art. 94, parágrafo único, do CP).

A reabilitação será **revogada**, de ofício ou a requerimento do Ministério Público, se o reabilitado for condenado, como reincidente, por decisão definitiva, a pena que não seja de multa (art. 95 do CP). Assim, a revogação somente poderá ocorrer dentro do prazo do art. 64, I, do CP.

CAPÍTULO XVI

# Medidas de segurança

## 1. INTRODUÇÃO

As *medidas de segurança* e as *penas* são as duas **espécies de sanção penal**. A medida de segurança tem função preventiva (prevenção especial), isto é, visa a afastar o criminoso do convívio social.

Os **pressupostos** da medida de segurança são: a) a prática de um fato típico e ilícito (crime ou contravenção); b) a periculosidade social (análise feita em relação ao futuro).

A **periculosidade** pode ser presumida ou ficta. **Presumida** quando a lei estabelece que em determinada hipótese o indivíduo é considerado perigoso, sem que haja averiguação de sua periculosidade. **Real** quando é realizada a averiguação da periculosidade. No Brasil, há a periculosidade *presumida* em relação aos inimputáveis (CP, art. 26, *caput*, c/c art. 97) e a periculosidade *real* em relação aos semi-imputáveis (CP, art. 26, parágrafo único).

## 2. ESPÉCIES DE MEDIDAS DE SEGURANÇA

As medidas de segurança são (CP, art. 96):

1) ***internação*** em hospital de custódia e tratamento psiquiátrico ou, à falta, em outro estabelecimento adequado (natureza detentiva);

2) sujeição a ***tratamento ambulatorial*** (natureza restritiva).

Nos termos do art. 97 do CP, se o agente for inimputável, o juiz determinará sua internação (art. 26 do CP). Se, todavia, o fato previsto como crime for punível com detenção, poderá o juiz submetê-lo a tratamento ambulatorial.

## 3. IMPOSIÇÃO DA MEDIDA DE SEGURANÇA

Nos termos do art. 26, *caput*, do CP, é isento de pena o agente que, por doença mental ou desenvolvimento mental incompleto ou retardado, era, ao tempo da ação ou da omissão, inteiramente incapaz de entender o caráter ilícito do fato ou de determinar-se de acordo com esse entendimento.

Assim, evidenciada a inimputabilidade (art. 26, *caput*), o agente será absolvido (absolvição *imprópria*), não se aplicando pena. Entretanto, será aplicada a medida de segurança adequada. Nos termos do art. 97,

> "Se o agente for inimputável, o juiz determinará sua internação (art. 26). Se, todavia, o fato previsto como crime for punível com *detenção*, poderá o juiz submetê-lo a tratamento ambulatorial".

## 4. PRAZO DA MEDIDA DE SEGURANÇA E PERÍCIA MÉDICA

A internação, ou o tratamento ambulatorial, nos termos do art. 97, § 1º, do CP, será por **tempo indeterminado**, perdurando enquanto não for averiguada, mediante perícia médica, a cessação de periculosidade. **O prazo mínimo deverá ser de 1 a 3 anos.**

> **Importante:**
>
> O Pretório Excelso já decidiu que a medida de segurança não pode ultrapassar os 30 anos, da mesma forma que a pena privativa de liberdade (STF, 1ª T., RHC 100383, j. 18/10/2011).
>
> O **STJ**, em posicionamento ainda mais garantista, à luz dos princípios da isonomia e da proporcionalidade, sumulou a matéria no seguinte sentido: *"O tempo de duração da medida de segurança não deve ultrapassar o limite máximo da pena abstratamente cominada ao delito praticado"* (**Súmula 527**).

A *perícia médica* realizar-se-á ao termo do prazo mínimo fixado e deverá ser repetida de ano em ano, ou a qualquer tempo, se o determinar o juiz da execução (§ 2º).

A *desinternação*, ou a *liberação*, será sempre condicional devendo ser restabelecida a situação anterior se o agente, antes do decurso de 1 ano, pratica fato indicativo de persistência de sua periculosidade (art. 97, § 3º).

Em qualquer fase do tratamento ambulatorial poderá o juiz determinar a internação do agente, se essa providência for necessária para fins curativos (art. 97, § 4º).

## 5. MEDIDA DE SEGURANÇA AO SEMI-IMPUTÁVEL

> ***Art. 98.*** *Na hipótese do parágrafo único do art. 26 deste Código e necessitando o condenado de especial tratamento curativo, a pena privativa de liberdade pode ser substituída pela internação, ou tratamento ambulatorial, pelo prazo mínimo de 1 (um) a 3 (três) anos, nos termos do artigo anterior e respectivos §§ 1º a 4º.*

O semi-imputável (art. 26, parágrafo único, do CP) que pratica um crime se submete ao **sistema vicariante ou unitário**, sendo que a sentença aplicará pena reduzida ou medida de segurança. O CP aboliu o **sistema do duplo binário ou dualista**, que possibilitava a aplicação cumulativa e sucessiva de pena e medida de segurança.

Nesta hipótese (semi-imputável), o juiz primeiro aplicará a pena e, em seguida, averiguará se o condenado necessita de especial tratamento curativo, para então substituir a pena pela medida de segurança de internação ou tratamento ambulatorial.

## 6. SUPERVENIÊNCIA DE DOENÇA MENTAL

Pode ocorrer que, durante a execução da pena, o condenado passe a sofrer de doença mental. Nesse caso, o juiz poderá substituir a pena por medida de segurança (LEP, art. 183). Havendo recuperação de sua saúde mental, deverá voltar a cumprir a pena.

A medida de segurança no curso da execução (medida de segurança substitutiva) deve observar o tempo de cumprimento da pena privativa de liberdade fixada na sentença condenatória. Nesse sentido: STJ, HC 249.790/MG, 5ª T., j. 25/09/2012.

▸ **Observações:**

1) Extinta a punibilidade, não se impõe medida de segurança nem subsiste a que tenha sido imposta (art. 96, parágrafo único, do CP).
2) **Prescrição:** "O instituto da prescrição é aplicável até mesmo às medidas de segurança impostas em sentença absolutória imprópria, devendo, no entanto, o lapso prescricional se regular pela pena máxima abstratamente cominada ao delito. Inocorrência" (STJ, 6ª T., AgRg no REsp 1667508, j. 10/04/2018). No mesmo sentido: "A prescrição nos casos de sentença absolutória imprópria é regulada pela pena máxima abstratamente cominada ao delito. Precedentes" (STJ, 5ª T., AgRg no HC 469698, j. 12/02/2019).
3) Ao contrário do que ocorre com o inimputável (sentença absolutória imprópria), a sentença relativa ao semi-imputável é condenatória.

CAPÍTULO XVII

# Extinção da punibilidade

*Art. 107. Extingue-se a punibilidade:*

*I – pela morte do agente;*

*II – pela anistia, graça ou indulto;*

*III – pela retroatividade de lei que não mais considera o fato como criminoso;*

*IV – pela prescrição, decadência ou perempção;*

*V – pela renúncia do direito de queixa ou pelo perdão aceito, nos crimes de ação privada;*

*VI – pela retratação do agente, nos casos em que a lei a admite;*

*(...)*

*IX – pelo perdão judicial, nos casos previstos em lei.*

*Art. 108. A extinção da punibilidade de crime que é pressuposto, elemento constitutivo ou circunstância agravante de outro não se estende a este. Nos crimes conexos, a extinção da punibilidade de um deles não impede, quanto aos outros, a agravação da pena resultante da conexão.*

## 1. INTRODUÇÃO

Praticado um fato típico e ilícito, e sendo o agente culpável, caberá ao Estado exercer seu *jus puniendi*, abrindo-se, então, a possibilidade de aplicação da pena. Acontece que, mesmo diante da ocorrência do crime, podem surgir, antes ou após o trânsito em julgado da sentença, causas de extinção do direito de punir. Essas causas não afetam o crime, pois a punibilidade não é requisito deste.

> **Atenção:**
>
> Não se deve confundir causas de extinção da punibilidade com condições objetivas de punibilidade. Em alguns casos, para que haja a punibilidade, não basta a prática de um crime e que o agente seja culpável, sendo necessária a ocorrência de certas condições, chamadas de condições objetivas de punibilidade. Ex.: para que possa ser aplicada a lei penal brasileira a um crime praticado por brasileiro no exterior é preciso que o fato seja punível também no país em que foi praticado (CP, art. 7º, § 2º, *b*). Trata-se de condição objetiva de punibilidade.

O art. 107 do CP prevê várias causas de extinção da punibilidade. Entretanto, além destas, existem outras, como por exemplo: no peculato culposo, a reparação do dano, se precede à sentença irrecorrível (art. 312, § 3º, do CP); se o agente declara ou confessa sonegação de contribuição previdenciária (art. 337-A, § 1º, do CP); término do período de suspensão condicional do processo (art. 89, § 5º, da Lei nº 9.099/95); pagamento do tributo (art. 83, § 4º, da Lei nº 9.430/96, com redação dada pela Lei nº 12.382/2011).

**A Lei nº 11.106/05 revogou os incisos VII e VIII do art. 107**, que previam a extinção da punibilidade nos seguintes casos:

> *"VII – pelo casamento do agente com a vítima, nos crimes contra os costumes, definidos nos Capítulos I, II e III do Título VI da Parte Especial deste Código;*
>
> *VIII – pelo casamento da vítima com terceiro, nos crimes referidos no inciso anterior, se cometidos sem violência real ou grave ameaça e desde que a ofendida não requeira o prosseguimento do inquérito policial ou da ação penal no prazo de 60 (sessenta) dias a contar da celebração".*

Apesar da revogação, tais disposições aplicam-se aos crimes praticados antes da vigência da nova lei.

## 2. MORTE DO AGENTE

**Princípio:** *CF, art. 5º, XLV – nenhuma pena passará da pessoa do condenado, podendo a obrigação de reparar o dano e a decretação do perdimento de bens ser, nos termos da lei, estendidas aos sucessores e contra eles executadas, até o limite do valor do patrimônio transferido.*

Assim, com a morte, a sanção penal se resolve (*mors omnia solvit*). Para a maioria da doutrina, resolve-se inclusive a *pena de multa*. No entanto, os efeitos civis da sentença penal condenatória subsistem, de sorte que os herdeiros respondem até o limite da herança.

**Comprovação:** somente com a certidão do assento de óbito (art. 62 do CPP). Trata-se de aplicação do *princípio da prova legal ou tarifada* e uma exceção ao *sistema de prova do livre convencimento.*

**Morte presumida**: não possui o efeito de extinguir a punibilidade. Existe posicionamento doutrinário em contrário.

**Certidão de óbito falsa:** discute-se se é possível, após o trânsito em julgado da sentença que decretou a extinção da punibilidade, dar prosseguimento ao processo. Há duas orientações: *1ª)* não é possível, por inexistir a revisão *pro societate*; *2ª)* é possível, pois teve como fundamento fato juridicamente inexistente, não produzindo quaisquer efeitos (STF, HC 84.525, j. 03/12/2004; STJ, HC 143.474, j. 06/05/2010).

**Concurso de pessoas:** a extinção da punibilidade do agente que morreu não se estende aos demais concorrentes (partícipes e/ou coautores).

**Questões processuais:** não impede ação civil por reparação do dano contra os herdeiros (CPP, art. 63) e nem desautoriza os familiares a ajuizarem revisão criminal (CPP, art. 623).

▸ **Atenção:**

O que extingue a punibilidade é a morte do *agente* e não a da *vítima*. Entretanto, no caso do art. 236 do CP ("Contrair casamento, induzindo em erro essencial o outro contraente, ou ocultando-lhe impedimento que não seja casamento anterior"), a morte da vítima acarretará a extinção da punibilidade. Isso porque a ação penal depende de queixa do contraente enganado, ou seja, é uma hipótese de ação penal privada personalíssima. Somente a vítima poderá promover a ação, sendo que, no caso de morte desta durante o curso do processo criminal, seus familiares não possuem legitimidade para o prosseguimento. Assim: se a vítima morrer antes de exercer seu direito de queixa, a extinção da punibilidade ocorrerá em razão da *decadência*; se depois de iniciada a ação, a extinção se dará em virtude da *perempção* (CPP, art. 60, III).

## 3. ANISTIA, GRAÇA OU INDULTO

A anistia consiste no esquecimento jurídico da infração, atingindo *fatos* e não pessoas. Compete ao Congresso Nacional (CF, arts. 48, VIII, e 21, XVII). Trata-se de ato do Poder Legislativo de renúncia ao poder-dever de punir em virtude de razões de necessidade ou conveniência política. Possui efeitos *ex tunc,* fazendo cessar os *efeitos penais* da sentença condenatória. No entanto, subsistem os *efeitos civis* da sentença, como, por exemplo, a obrigação de reparação do dano, permitindo-se a respectiva execução.

O **indulto** (indulto coletivo) consiste em uma forma de clemência. Não diz respeito a fatos, como a anistia, mas sim a *pessoas*. Por sua vez, a **graça** (indulto individual) é um benefício concedido a uma *pessoa determinada*. Compete ao Presidente da República (por intermédio de decreto), mas é permitida a delegação (art. 84, XII, e parágrafo único, da CF). **A graça e o indulto extinguem somente os efeitos principais da condenação, ou seja, a pena**, persistindo os efeitos secundários (penais e extrapenais) da sentença penal condenatória irrecorrível.

▸ ATENÇÃO

- **Súmula 535 do STJ**: A prática de falta grave não interrompe o prazo para fim de comutação de pena ou indulto.
- **Inaplicabilidade:** crimes hediondos, tortura, tráfico ilícito de entorpecentes e drogas afins e terrorismo (art. 5º, XLIII, da CF e art. 2º, I, Lei nº 8.072/90). A Lei nº 9.455/97 (tortura – art. 1º, § 6º), no entanto, refere que o crime de tortura é insuscetível de *graça* e *anistia*, não fazendo referência ao *indulto*. Assim, há forte entendimento no sentido de que a proibição à concessão de indulto, prevista na Lei nº 8.072/90, não se aplica à tortura.
- **Associação para o tráfico de drogas:** "1. O art. 44 da Lei n. 11.343/2006 estatui que 'os crimes previstos nos arts. 33, caput e § 1º, e 34 a 37 da Lei são inafiançáveis e insuscetíveis de sursis, graça, indulto, anistia e liberdade provisória, vedada a conversão de suas penas em restritivas de direitos.' 2. Embora a vedação à concessão do indulto ao crime de associação para o tráfico de drogas (art. 35 da Lei n. 11.343/2006) não conste, de fato, no Decreto Presidencial n. 9.246/2017, está expressamente delineada no art. 44, caput, da Lei n. 11.343/2006. 3. **Não é possível a concessão de indulto ou comutação da pena ao condenado pelo delito de associação para o tráfico de drogas**, pois há vedação legal contida no art. 44, caput, da Lei n. 11.343/2006. Precedentes" (STJ, 5ª T., AgRg no HC 464605, j. 02/04/2019).
- **Súmula 631 do STJ:** "O indulto extingue os efeitos primários da condenação (pretensão executória), mas não atinge os efeitos secundários, penais ou extrapenais".

## 4. *ABOLITIO CRIMINIS*

Conforme o art. 107, III, do CP, extingue-se a punibilidade pela retroatividade de lei que não mais considera o fato como criminoso. Nos termos do art. 2º, *caput*, do CP,

> *"Ninguém pode ser punido por fato que lei posterior deixa de considerar crime, cessando em virtude dela a execução e os efeitos penais da sentença condenatória".*

Como se vê, se está diante de lei nova e mais benéfica, que deixa de considerar o fato como criminoso. Como exemplo, pode ser citada a Lei nº 11.106/05, que revogou o crime de adultério.

Com a *abolitio criminis* a extinção da punibilidade pode ocorrer mesmo após o trânsito em julgado da sentença. Cessam a execução e os efeitos **penais** da sentença condenatória, remanescendo os **efeitos extrapenais**. Isso significa que o réu, mesmo diante da *abolitio criminis*, continua obrigado a reparar o dano causado pelo delito (efeito secundário de natureza extrapenal).

Obs.: "A **'abolitio criminis' temporária** prevista na Lei n. 10.826/2003 aplica-se ao crime de posse de arma de fogo de uso permitido com numeração, marca ou qualquer outro sinal de identificação raspado, suprimido ou adulterado, praticado somente até 23/10/2005" (**Súmula 513 do STJ**).

## 5. DECADÊNCIA

Consiste na perda do direito de propor, mediante **queixa**, ação penal privada ou ação privada subsidiária, ou de oferecer **representação** nos crimes de ação penal pública condicionada, em virtude do decurso do prazo legal.

Não ocorre decadência nos crimes de ação penal pública incondicionada e nos de ação penal pública condicionada à requisição do Ministro da Justiça. Em regra, no caso de *ação penal privada e ação penal pública condicionada à representação*, o prazo será de 6 meses, contado do dia em que o ofendido veio a saber quem é o autor do crime (CP, art. 103). Apresentada a representação dentro do prazo legal em crime de ação penal pública condicionada, não ocorre a decadência se o Ministério Público oferece a denúncia até o lapso de seis meses após o dia em que o ofendido veio a saber quem é o autor do crime.

Nos delitos de menor potencial ofensivo, discute-se se o prazo deve ser contado segundo a regra do art. 38 do CPP (dia em que a vítima toma conhecimento da autoria) ou a partir da audiência de conciliação (Lei nº 9.099/95, art. 75). O STJ decidiu da seguinte forma:

> "O prazo decadencial aplicável à hipótese é o comum, previsto no art. 38 do Código de Processo Penal, pelo qual a representação deve ocorrer dentro de 6 (seis) meses, a contar do dia em que a vítima tem conhecimento da autoria delitiva" (Sd. 156/RS, j. 30/06/2008).

Nos casos de ação penal privada subsidiária, o prazo será de 6 meses, contado do dia em que se esgota o prazo para oferecimento da denúncia.

> ▸ **PRAZO DE DIREITO MATERIAL**
>
> A decadência, por se tratar de causa de extinção da punibilidade, segue, quanto aos prazos, o art. 10 do CP e não o art. 798, § 1º, do CPP, ou seja, inclui-se o dia do início (o primeiro dia).

## 6. PEREMPÇÃO

Consiste em uma sanção processual imposta ao querelante omisso na ação penal exclusivamente privada, impedindo o seu prosseguimento. Não possui aplicação na ação penal pública subsidiária, haja vista que o Ministério Público pode assumir a respectiva titularidade.

Nos termos do **art. 60 do CPP**, temos as seguintes hipóteses:

> I - quando, iniciada a ação penal, o querelante deixar de promover o andamento do processo durante 30 dias seguidos;
>
> II - quando, falecendo o querelante, ou sobrevindo sua incapacidade, não comparecer em juízo, para prosseguir no processo, dentro do prazo de 60 dias, qualquer das pessoas a quem couber fazê-lo, ressalvado o disposto no art. 36;
>
> III - quando o querelante deixar de comparecer, sem motivo justificado, a qualquer ato do processo a que deva estar presente, ou deixar de formular o pedido de condenação nas alegações finais;
>
> IV - quando, sendo o querelante pessoa jurídica, esta se extinguir sem deixar sucessor.

## 7. RENÚNCIA

A renúncia é um ato voluntário do ofendido desistindo do direito de propor ação penal privada (CP, art. 104). Pode ser *expressa* (declaração assinada pelo ofendido, por seu representante legal ou procurador com poderes especiais - CPP, art. 50) ou *tácita* (prática de ato incompatível com a vontade de exercer o direito de queixa).

Havendo *concurso de pessoas*, a renúncia em relação a um dos autores do crime, *a todos se estenderá* (CPP, art. 49).

> ▸ **RENÚNCIA NO JUIZADO ESPECIAL CRIMINAL**
>
> Antes da Lei nº 9.099/95, a renúncia era aplicada exclusivamente à ação penal privada. Porém, nos Juizados Especiais Criminais, tratando-se de ação penal de iniciativa *privada* ou de ação penal *pública condicionada à representação*, **o acordo homologado acarreta a renúncia ao direito de queixa ou representação** (art. 74, parágrafo único, da Lei n.º 9.099/95).

## 8. PERDÃO ACEITO

Trata-se de um ato voluntário do ofendido que visa a obstar o prosseguimento da ação penal privada (CP, art. 105). Pode ser expresso ou tácito, e concedido dentro ou fora do processo. Perdão *tácito* é o que resulta da prática de ato incompatível com a vontade de prosseguir na ação (CP, art. 106, § 1º).

▸ **ATO BILATERAL**

Como é **ato bilateral**, pode haver recusa do querelado. Por isso, o que extingue a punibilidade não é o *oferecimento* do perdão pelo querelante (vítima), mas o *perdão aceito*. O perdão deve ser exercido após a propositura da ação penal privada, mas antes do trânsito em julgado da sentença condenatória (CP, art. 106, § 2º). No caso de concurso de pessoas, se o ofendido concedê-lo a qualquer um dos autores (querelados), a todos os outros se estenderá (CP, 106, I). Havendo ofensa a mais de uma pessoa, se um dos ofendidos concedê-lo, não prejudica o direito dos outros (CP, 106, II).

## 9. RETRATAÇÃO

Retratar é o ato de retirar o que foi dito. Como se trata de *ato pessoal*, a retratação realizada por um dos querelados não se aplica aos demais. A retratação deve ser irrestrita e incondicional, e não pode ser confundida com a retratação da representação.

O CP prevê a retratação nos crimes de calúnia e difamação (art. 143) e no crime de falso testemunho ou falsa perícia (art. 342, § 2º).

## 10. PERDÃO JUDICIAL

Consiste na possibilidade de o juiz deixar de aplicar a sanção penal ao autor do crime se evidenciadas certas circunstâncias.

Algumas hipóteses: arts. 121, § 5º; 129, § 8º; 140, § 1º, I e II; 176, parágrafo único; 180, § 5º; 242, parágrafo único; 249, § 2º, todos do Código Penal.

De acordo com a **Súmula 18 do STJ**, "A sentença concessiva do perdão judicial é **declaratória da extinção da punibilidade**, não subsistindo qualquer efeito condenatório".

# Prescrição

## 1. INTRODUÇÃO

Prescrição é a **perda do direito de punir** do Estado em virtude de não ter sido exercido dentro do prazo legal, ou seja, diante da *inércia estatal*, ocorre a **extinção da punibilidade**. Isto quer dizer que o Estado possui um limite temporal para exercer seu direito de punir, sob pena de vir a perdê-lo, salvo nos casos de imprescritibilidade.

Os fundamentos da prescrição surgiram sob vários prismas político-criminais, tais como: *o desaparecimento dos efeitos do crime para a sociedade*; a *presunção de bom comportamento do agente*; *a desproporcionalidade na punição depois de haver negligência estatal.*

Apesar dos razoáveis fundamentos que legitimam a prescrição e da nova parte geral do Código Penal (1984) não dispor de nenhum caso de imprescritibilidade, dois crimes foram considerados imprescritíveis pela Constituição Federal de 1988:

1) CF, art. 5º, XLII – *a prática do* ***racismo*** *constitui crime inafiançável e imprescritível, sujeito à pena de reclusão, nos termos da lei;*
2) CF, art. 5º, XLIV – *constitui crime inafiançável e imprescritível a* ***ação de grupos armados, civis ou militares, contra a ordem constitucional e o Estado Democrático***.

▸ **TRIBUNAIS SUPERIORES**

- **STJ (a injúria racial é imprescritível):** "Nos termos da orientação jurisprudencial desta Corte, com o advento da Lei n. 9.459/97, introduzindo a denominada injúria racial, criou-se mais um delito no cenário do racismo, portanto, imprescritível, inafiançável e sujeito à pena de reclusão" (STJ, 6ª T., AgRg no AREsp 734236, j. 27/02/2018).
- **STF (a homofobia deve ser criminalizada como racismo):** a maioria dos ministros do Pretório Excelso decidiu (ADO 26, ainda em trâmite na data de atualização desta obra) que a discriminação por orientação sexual e identidade de gênero deve ser considerada um tipo de racismo. Diante da omissão do Poder Legislativo em tratar do tema, a homofobia deve ser abrangida pela Lei de Racismo (Lei nº 7.716/89).

## 2. ESPÉCIES DE PRESCRIÇÃO

No período compreendido entre a data da consumação do crime (em regra) e o trânsito em julgado da sentença penal condenatória pode ocorrer a **prescrição da pretensão punitiva**, ao passo que após o trânsito em julgado para as partes, formando-se o título executivo, poderá ocorrer a **prescrição da pretensão executória**.

| Prescrição da pretensão punitiva | TJ | Prescrição da pretensão executória |
|---|---|---|
| 1) prescrição propriamente dita | | |
| 2) prescrição superveniente | | |
| 3) prescrição retroativa | | |

A **PRESCRIÇÃO DA PRETENSÃO PUNITIVA (PPP)** é a uma forma de prescrição que ocorre antes de transitar em julgado a sentença condenatória (art. 109). Mesmo se houver condenação (sem trânsito em julgado), essa espécie de prescrição tem o condão de **excluir os efeitos principais e secundários (penais e extrapenais)** de eventual sentença penal condenatória. Há três espécies de PPP: a) prescrição propriamente dita; b) prescrição retroativa; c) prescrição superveniente/intercorrente/subsequente.

Por outro lado, a **PRESCRIÇÃO DA PRETENSÃO EXECUTÓRIA (PPE)** ocorre depois de transitar em julgado a sentença final condenatória (art. 110, *caput*). A PPE **exclui apenas o efeito principal** da sentença condenatória (sanção penal). Regula-se pela *pena aplicada* e de acordo com os prazos fixados no art. 109 do CP, os quais são aumentados de um terço se o condenado é reincidente.

## 3. PRESCRIÇÃO DA PRETENSÃO PUNITIVA PROPRIAMENTE DITA

### 3.1. Sistemática

Antes da sentença condenatória transitada em julgado não se tem a pena definitiva, de sorte que a prescrição deve ser regulada pela **pena máxima cominada ao delito** (prescrição da pretensão punitiva *propriamente dita*), uma vez que, em tese, essa pena poderá ser aplicada na sentença.

Nos termos da nova redação do art. 109 do CP, os prazos prescricionais são os seguintes:

| Prazo prescricional | Pena |
|---|---|
| 20 anos | + de 12 anos |
| 16 anos | + de 8 anos a 12 anos |
| 12 anos | + de 4 anos a 8 anos |
| 8 anos | + de 2 anos a 4 anos |
| 4 anos | = 1 ano a 2 anos |
| 3 anos | – de 1 ano |

*Exemplo*: *A*, no dia 10 de dezembro de 2000, praticou o crime de furto simples (CP, art. 155, *caput*). No dia 15 de janeiro de 2009 o inquérito policial foi enviado ao Ministério Público para que, se fosse o caso, oferecesse a denúncia. Da data da consumação do crime (termo inicial da prescrição – art. 111) até a remessa do inquérito já transcorreu um período superior a 8 anos, o que impossibilita o Ministério Público de oferecer a denúncia. Isso porque a pena máxima abstrata para o crime de furto simples é de 4 anos, de sorte que o prazo prescricional será de 8 anos (CP, art. 109, inciso IV). Ocorreu, assim, a *prescrição da pretensão punitiva propriamente dita* (regulada pela pena máxima prevista no preceito secundário do tipo).

Registre-se, porém, que o CP prevê causas de interrupção (art. 117) e suspensão (art. 116) da prescrição, conforme será visto a seguir, bem como hipótese de redução do prazo prescricional (art. 115).

> **Atenção:**
>
> O inciso VI do art. 109 teve nova redação pela **Lei nº 12.234**, de 05 de maio de 2010. Antes da alteração, a prescrição ocorria em ***2 anos*** se o máximo da pena fosse inferior a 1 ano. Agora, a prescrição ocorre em ***3 anos***. Por se tratar de lei penal mais severa (*lex gravior*), não se aplica aos fatos praticados antes de sua vigência.

## 3.2. Regras para o cálculo do prazo prescricional

No caso de *prescrição da pretensão punitiva propriamente dita* devem ser consideradas as seguintes regras:

*a)* ***causas de aumento ou de diminuição de pena (3ª fase de aplicação da pena)***: são consideradas para o cálculo do prazo prescricional, uma vez que as causas de aumento podem elevar a pena cominada acima do limite legal, e as causas de diminuição podem deixar a pena abaixo do mínimo previsto.

- Nas causas de aumento de quantidade variável, incide o percentual de **maior elevação**. Ex.: o crime de estupro (art. 213 do CP) tem pena de 6 a 10 anos. Se o agente transmite à vítima doença sexualmente transmissível de que sabe ou deveria saber ser portador, a pena é aumentada de um sexto até a metade (art. 234-A, IV, do CP). Assim, a PPP propriamente dita será calculada sobre a pena de 15 anos (10 + metade).
- Nas causas de diminuição de quantidade variável, incide o percentual de **menor redução**. Ex.: o crime de violação sexual mediante fraude (art. 215 do CP) tem pena de 2 a 6 anos. Se o agente for considerado semi-imputável, a pena poderá ser diminuída de um terço a dois terços. Assim, a PPP propriamente dita será calculada sobre a pena de 4 anos (6 – um terço).

*b)* ***concurso de crimes*** (concurso material, concurso formal e crime continuado): a prescrição atinge a pretensão punitiva em relação a cada delito isoladamente, de sorte que *a soma ou o aumento das penas não é considerado* para o cálculo do prazo prescricional (art. 119).

*c)* ***qualificadoras***: são consideradas para o cálculo do prazo prescricional, tendo em vista que a qualificadora possui pena autônoma, distinta e superior da pena cominada no tipo básico.

*d)* ***agravantes e atenuantes (2ª fase na aplicação da pena)***: não interferem no prazo prescricional da prescrição propriamente dita, uma vez que não alteram o limite da pena abstrata.

**▸ MENOR DE 21 / MAIOR DE 70**

Ressalte-se que as circunstâncias previstas no art. 115 do CP (menor de 21 anos ao tempo do crime e maior de 70 anos na data da sentença) possuem o efeito de reduzir a prescrição pela metade (art. 115).

*e)* ***condenado reincidente e aumento do prazo prescricional***: "A prescrição depois de transitar em julgado a sentença condenatória regula-se pela pena aplicada e verifica-se nos prazos fixados no artigo anterior, os quais se aumentam de um terço, se o condenado é reincidente" (art. 110, *caput*, do CP). Verifica-se que, em relação à PPE (prescrição da prescrição executória), a reincidência aumenta de um terço o prazo prescricional. Por outro lado, "A reincidência não influi no prazo da prescrição da pretensão punitiva" (**Súmula 220 do STJ**).

*f)* ***pena de multa***: prescreve em 2 anos quando a multa for a única pena cominada ou aplicada, ou no mesmo prazo estabelecido para prescrição da pena privativa de liberdade, quando a multa for alternativa ou cumulativamente cominada ou cumulativamente aplicada (artigos 114 e 118 do CP).

*g) **penas restritivas de direitos***: aplicam-se os mesmos prazos previstos para as penas privativas de liberdade (art. 109, parágrafo único, do CP).

## 3.3. Termo inicial da prescrição antes de transitar em julgado a sentença final

A prescrição da pretensão punitiva ocorre entre um **termo inicial** e o trânsito em julgado. Entretanto, a lei penal dispõe sobre *causas interruptivas* (quando se reinicia a contagem) e *causas suspensivas* do prazo prescricional.

O **termo inicial** consta do art. 111 do CP: a prescrição, antes de transitar em julgado a sentença final, começa a correr:

> I – do dia em que o crime se consumou;
>
> II – no caso de tentativa, do dia em que cessou a atividade criminosa;
>
> III – nos crimes permanentes, do dia em que cessou a permanência;
>
> IV – nos de bigamia e nos de falsificação ou alteração de assentamento do registro civil, da data em que o fato se tornou conhecido;
>
> V – nos crimes contra a dignidade sexual de crianças e adolescentes, previstos neste Código ou em legislação especial, da data em que a vítima completar 18 (dezoito) anos, salvo se a esse tempo já houver sido proposta a ação penal.

O **inciso** V foi acrescentado ao art. 111 do Código Penal pela Lei nº 12.650/12. Como se trata de *lex gravior*, não pode retroagir.

## 3.4. Causas interruptivas da prescrição da pretensão punitiva

Com a interrupção da prescrição, o prazo recomeça a correr integralmente do dia da interrupção. Nos termos do Código Penal, ocorre a **interrupção** da prescrição da pretensão punitiva:

> I – pelo recebimento da denúncia ou da queixa.
>
> II – pela pronúncia.
>
> III – pela decisão confirmatória da pronúncia;
>
> IV – pela publicação da sentença ou acórdão condenatórios recorríveis.

▸ **Dicas:**

No inciso I, a interrupção se dá com o **recebimento** da denúncia ou queixa e não com o **oferecimento.** No inciso II, no caso de decisão de desclassificação do crime pelo Tribunal do Júri, a pronúncia continua sendo causa interruptiva (**Súmula 191 do STJ**: "A pronúncia é causa interruptiva da prescrição, ainda que o Tribunal do Júri venha a desclassificar o crime"). A publicação de sentença absolutória não interrompe a prescrição.

## 3.5. Comunicabilidade das causas interruptivas

> *Art. 117, § 1º. Excetuados os casos dos incisos V e VI deste artigo, a interrupção da prescrição produz efeitos relativamente a todos os autores do crime. Nos crimes conexos, que sejam objeto do mesmo processo, estende-se aos demais a interrupção relativa a qualquer deles.*

*a)* ***a interrupção da prescrição produz efeitos relativamente a todos os autores do crime (1ª parte)***: apesar de constar autores do crime, deve ser interpretado o dispositivo no sentido amplo, ou seja, concorrentes (coautores e partícipes). *Exemplo:* na mesma sentença um coautor é absolvido e outro é condenado. A condenação possui o condão de interromper o lapso prescricional em relação ao réu absolvido. Possui a finalidade de evitar que o absolvido venha se beneficiar com a demora do julgamento de eventual recurso da acusação.

*b)* ***nos crimes conexos, que sejam objeto do mesmo processo, estende-se aos demais a interrupção relativa a qualquer deles (2ª parte).*** *Exemplo:* réu processado pelo crime de estelionato em concurso material com furto vem a ser absolvido pelo estelionato e condenado pelo furto. A sentença condenatória recorrível no tocante ao furto interrompe o prazo prescricional em relação à absolvição do estelionato.

Frise-se que a comunicabilidade de causa interruptiva se aplica em relação às demais causas de interrupção (incisos I a IV).

## 3.6. Causas impeditivas (suspensivas) da prescrição da pretensão punitiva

As chamadas **causas impeditivas (suspensivas)** da prescrição suspendem o curso do prazo prescricional. Cessado o motivo da suspensão, o prazo prescricional retoma o seu curso, computando-se o período anterior.

Nos termos do art. 116 do Código Penal, a prescrição não corre:

*I –* ***enquanto não resolvida, em outro processo, questão de que dependa o reconhecimento da existência do crime (art. 116, I):*** trata-se de questão prejudicial, conforme arts. 92 e 93 do CPP. *Exemplo:* o processo penal que apura o crime de bigamia ficará suspenso enquanto houver discussão no juízo cível sobre a validade do primeiro casamento.

***II – enquanto o agente cumpre pena no estrangeiro (art. 116, II):*** a justificativa dessa causa é a impossibilidade de extradição do agente.

Além das duas causas descritas no Código Penal, existem outras, a saber: CF, art. 53, § 5º; CPP, art. 366 (réu citado por edital que não comparece nem constitui advogado); CPP, art. 368; Lei nº 9.099/95, art. 89, § 6º; Lei nº 9.430/96, art. 83, § 3º (com redação dada pela Lei nº 12.382/11).

De acordo com a **Súmula 415 do STJ**: "O período de suspensão do prazo prescricional é regulado pelo máximo da pena cominada".

## 3.7. Prescrição do crime pressuposto

Nos termos do art. 108 do CP, a extinção da punibilidade de crime que é pressuposto, elemento constitutivo ou circunstância agravante de outro crime não se estende a ele. Nos crimes conexos, a extinção da punibilidade de um deles não impede, quanto aos outros, a agravação da pena resultante da conexão.

*Exemplos:*

- O agente praticou extorsão mediante sequestro (art. 159 do CP), em que o crime de sequestro ou cárcere privado (art. 148 do CP) funciona como elementar. Caso decorra eventual prazo prescricional relativo à infração menos grave (sequestro ou cárcere privado), isso não afetaria a infração mais grave (extorsão mediante sequestro).
- "A denúncia será instruída com indícios suficientes da existência da infração penal antecedente, sendo puníveis os fatos previstos nesta Lei, ainda que desconhecido ou isento de pena o autor, ou extinta a punibilidade da infração penal antecedente" (art. 2º, § 1º, da Lei nº 9.613/98 – Lei de Lavagem de Dinheiro).

# 4. PRESCRIÇÃO SUPERVENIENTE (ESPÉCIE DE PPP)

Segundo o art. 110, § 1º, do Código Penal (redação dada pela Lei nº 12.234/10), a prescrição, depois da sentença condenatória com trânsito em julgado para a acusação ou depois de improvido seu recurso, regula-se pela **pena aplicada**, não podendo, em nenhuma hipótese, ter por termo inicial data anterior à da denúncia ou queixa.

Esse dispositivo regula a possibilidade da prescrição superveniente e da prescrição retroativa.

Como visto, o prazo prescricional varia de acordo com a pena. **Antes** da sua fixação (pena concreta), é levada em consideração a *pena máxima* prevista para o crime, uma vez que ela pode ser aplicada. Entretanto, **após** a fixação da pena concreta, e ocorrendo o trânsito em julgado para a acusação ou o improvimento do seu recurso, não será mais possível a alteração da pena para quantidade superior (proibição da *reformatio in pejus*) e, por consequência, do prazo prescricional, surgindo, então, a possibilidade da ocorrência da prescrição retroativa ou da prescrição superveniente.

**A prescrição superveniente é uma espécie de prescrição da pretensão punitiva** que ocorre entre a *publicação da sentença condenatória recorrível* e o *trânsito em julgado da sentença.* Também é denominada de prescrição **intercorrente** ou **subsequente**.

Regula-se pela *pena concreta* (aplicada na sentença) e desde que não haja a possibilidade de sua alteração a ponto de aumentar o prazo prescricional. Desse modo, pressupõe o trânsito em julgado para a acusação ou o improvimento do seu recurso, uma vez que nessas hipóteses não será possível a alteração da pena para quantidade superior e, por consequência, do prazo prescricional.

Possui como *marco inicial* a **publicação da sentença condenatória** (mas desde que haja o trânsito em julgado para a acusação ou que seja improvido o seu recurso) e como *marco final* o **trânsito em julgado para ambas as partes**, que pode se dar em qualquer instância superior.

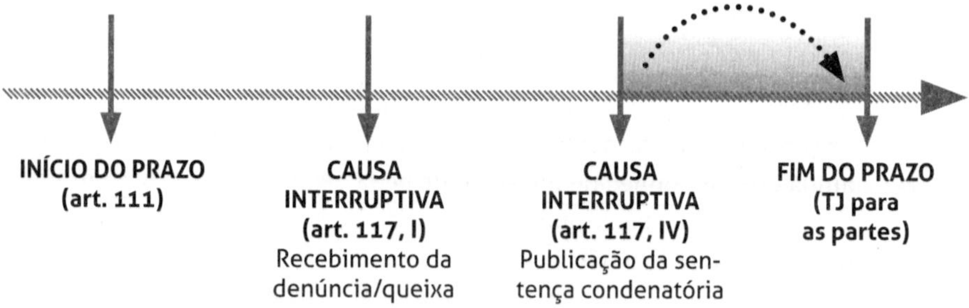


| Prescrição superveniente | | |
|---|---|---|
| **Pressuposto** | **Termo inicial** | **Ocorrência** |
| Trânsito em julgado para a acusação ou que seja improvido o seu recurso. | Publicação da sentença condenatória recorrível. | Demora da intimação do réu da sentença ou demora do julgamento de eventual recurso. |

*Exemplo:* o agente, no ano 2010, praticou o crime de furto simples (CP, art. 155, *caput*). O juiz **recebeu a denúncia** no ano de 2012 e foi **publicada no mesmo ano a sentença penal condenatória recorrível.** Foi fixada a pena de reclusão de 1 ano e 6 meses. A acusação não apresentou recurso. A defesa interpôs o recurso de apelação requerendo a reforma da sentença com a absolvição. Como não houve recurso da acusação, a pena fixada não pode ser aumentada pelo Tribunal (proibição da *reformatio in pejus*). Se transcorridos mais de 4 anos da publicação da sentença sem que haja o julgamento pelo Tribunal de Justiça, ocorrerá a prescrição superveniente, considerando que para uma pena de 1 ano e 6 meses o prazo prescricional será de 4 anos.

## 5. PRESCRIÇÃO RETROATIVA (ESPÉCIE DE PPP)

A prescrição, depois da sentença condenatória com trânsito em julgado para a acusação ou depois de improvido seu recurso, regula-se pela *pena aplicada*. Da publicação da sentença condenatória para frente pode ocorrer a *prescrição superveniente*, ao passo que da publicação da sentença condenatória para trás pode ocorrer a *prescrição retroativa*.

No caso da *prescrição retroativa*, não se poderá, em nenhuma hipótese, ter por termo inicial data anterior à da denúncia ou queixa (nova redação do art. 110, § 1º, do CP).

Assim, **a prescrição retroativa também é uma espécie de prescrição da pretensão punitiva**, só que ocorre entre o recebimento da denúncia ou queixa e a publicação da sentença condenatória recorrível.

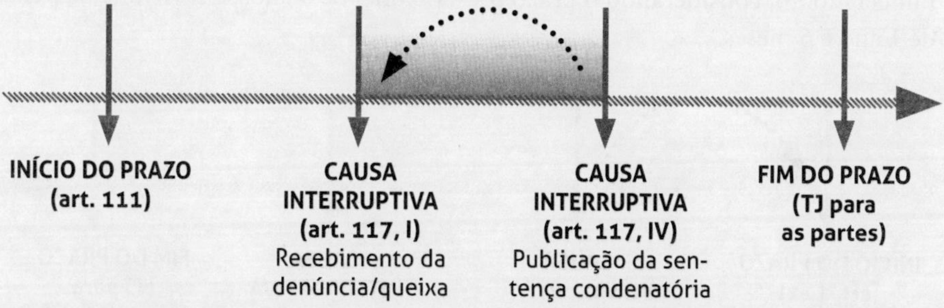


| Prescrição retroativa | |
|---|---|
| **Pressuposto:** | **Períodos em que ocorrerá a prescrição** |
| Trânsito em julgado para a acusação ou que seja improvido o seu recurso. | Entre o recebimento da denúncia ou queixa e a publicação da sentença condenatória recorrível.<br>*Atenção*: se o crime for da competência do Tribunal do Júri, devem ser observadas as causas interruptivas específicas (pronúncia e decisão confirmatória da pronúncia). |

*Exemplo:* o agente, no ano de 2000, praticou o crime de furto simples (CP, art. 155, *caput*). O juiz **recebeu a denúncia** em 2003. O processo seguiu o trâmite legal. Em 2008 foi **publicada sentença penal condenatória recorrível.** Foi fixada a pena de reclusão de 1 ano e 6 meses. A acusação não apresentou recurso, de sorte que a pena não pode ser aumentada em caso de recurso exclusivo da defesa (proibição da *reformatio in pejus*). Verificando-se que a prescrição, com base na pena aplicada, será de 4 anos, ocorreu a prescrição retroativa, uma vez que entre a publicação da sentença condenatória recorrível (2008) e o recebimento da denúncia (2003) transcorreu um prazo superior a 4 anos.

**▸ Importante:**

A Lei nº 12.234/10 alterou a redação do art. 110, § 1º, do CP, excluindo a possibilidade da prescrição retroativa em período anterior ao recebimento da denúncia ou da queixa.

*Exemplo:* o agente, no ano de 2000, praticou o crime de furto simples (CP, art. 155, *caput*). O juiz **recebeu a denúncia** em 2005 (5 anos depois da consumação do crime). O processo seguiu o trâmite legal. Em 2007 foi **publicada sentença penal condenatória recorrível** (2 anos depois do recebimento da denúncia). Foi fixada a pena de reclusão de 1 ano e 6 meses. A acusação não apresentou recurso. No caso, pela redação anterior do art. 110, §§ 1º e 2º, teria ocorrido a prescrição retroativa entre a data da consumação do crime (2000) e a do recebimento da denúncia (2005), considerando o prazo prescricional de 4 anos, em virtude da pena de 1 ano e 6 meses.

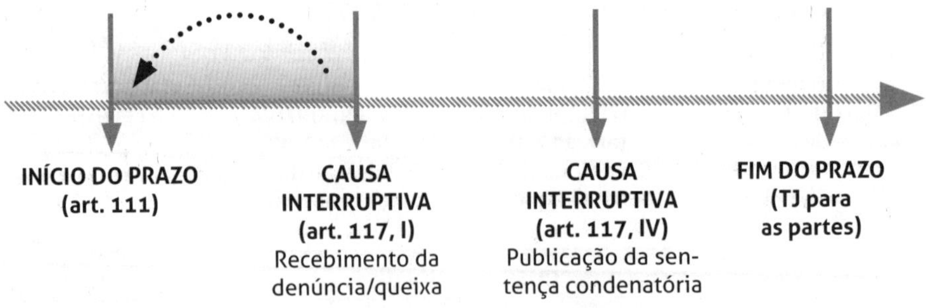


**▸ Observação:**

Como a Lei nº 12.234/10 se trata de lei penal mais severa, não se aplica aos fatos praticados antes de sua vigência.

## 6. PRESCRIÇÃO DA PRETENSÃO EXECUTÓRIA (PPE)

> ***Art. 110.*** *A prescrição depois de transitar em julgado a sentença condenatória regula-se pela pena aplicada e verifica-se nos prazos fixados no artigo anterior, os quais se aumentam de um terço, se o condenado é reincidente.*

### 6.1. Introdução

Como dito anteriormente, **a prescrição da pretensão executória ocorre depois de transitar em julgado sentença condenatória para a acusação e defesa** (art. 110, *caput*). Regula-se pela *pena aplicada* e de acordo com os prazos fixados no art. 109, os quais se aumentam de um terço se o condenado é reincidente.

Assim, a partir da sentença penal transitada em julgado para ambas as partes, inicia-se o direito de o Estado executar a pena aplicada, ou seja, o direito de punir transforma-se no direito de executar. Enquanto o Estado não cumpre seu poder-dever de executar a pena, estará correndo o prazo prescricional.

A *prescrição da pretensão executória* não afeta o título executivo formado com o trânsito em julgado, de sorte que **exclui apenas o efeito principal da sentença condenatória** (sanção penal), permanecendo, assim, os efeitos secundários de natureza penal e extrapenal.

### 6.2. Termo inicial da prescrição da pretensão executória (art. 112) e causas interruptivas da prescrição da pretensão executória (art. 117, V e VI)

Vejamos o **termo inicial** da prescrição após a sentença condenatória irrecorrível (art. 110 do CP). De acordo com o art. 112 do CP, a prescrição começa a correr:

> I – do dia em que transita em julgado a sentença condenatória para a acusação, ou a que revoga a suspensão condicional da pena ou o livramento condicional;
>
> II – do dia em que se interrompe a execução, salvo quando o tempo da interrupção deva computar-se na pena.

No caso de evasão do condenado, ou de revogação do livramento condicional, a prescrição será regulada pelo tempo que resta da pena, conforme dispõe o art. 113 do CP.

Por outro lado, o art. 117, incisos V e VI, do CP traz **causas interruptivas** da prescrição da pretensão executória:

O curso da prescrição interrompe-se:

> (...)
>
> V – pelo início ou continuação do cumprimento da pena;
>
> VI – pela reincidência.

E, de acordo com o art. 117, § 2º, do CP, interrompida a prescrição, salvo a hipótese do inciso V do artigo 117, todo o prazo começa a correr, novamente, do dia da interrupção.

| 1ª situação | **Termo inicial:** dia em que transita em julgado a sentença condenatória para a acusação (art. 112, I, 1ª parte) |
|---|---|
| | **Causa interruptiva:** início do cumprimento da pena (art. 117, V) |

Transitada em julgado a sentença condenatória para ambas as partes, compete ao Estado executar a pena aplicada. Esse prazo correrá até que se *inicie o cumprimento da pena* (causa interruptiva: CP, art. 117, V). Pressupõe o trânsito em julgado para ambas as partes. Apenas para efeito de contagem do *termo inicial* é que se considera o trânsito em julgado para a acusação.

*Exemplo:* a sentença condenatória transitou em julgado para a acusação no dia 10/01/2006. Foi fixada uma pena privativa de liberdade de 6 anos de reclusão. No caso, o prazo prescricional ***inicia-se*** *no dia em que transita em julgado a sentença condenatória para a acusação* (CP, art. 112, I), ou seja, no dia 10/01/2006, e será ***interrompido*** *quando o condenado iniciar o cumprimento da pena* (causa interruptiva: CP, art. 117, V). Considerando que a pena de 6 anos prescreve no prazo de 12 anos (CP, art. 109, III), ocorrerá a prescrição da pretensão executória às 24 horas do dia 09/01/2018, desde que não ocorra a interrupção da prescrição pela reincidência (CP, art. 117, VI), hipótese em que se reiniciará o prazo.

▸ **Importante:**

**STF: HC 84.078 (j. 05/02/2009), HC 126292 (j. 17/02/2016), ADCs 43 e 44 (j. 05/10/2016), ARE 964246 RG (j. 10/11/2016) e HC 152752 (j. 05.04.2018).**

No julgamento do HC 84.078 foi decidido que seria incabível a execução provisória da condenação antes do trânsito em julgado para ambas as partes. Essa decisão refletiu no início do prazo da prescrição da pretensão executória. Isso porque somente poderia haver inércia Estatal após o trânsito em julgado para ambas as partes.

Como consequência, surgiram decisões no seguinte sentido: "*A partir do julgamento pelo Plenário desta Corte do HC nº 84.078, deixou-se de se admitir a execução provisória da pena, na pendência do RE. O princípio da presunção de inocência ou da não culpabilidade, tal como interpretado pelo STF, deve repercutir no marco inicial da contagem da prescrição da pretensão executória, originariamente regulado pelo art. 112, I do Código Penal. Como consequência das premissas estabelecidas, o início da contagem do prazo de prescrição somente se dá quando a pretensão executória pode ser exercida. Agravo regimental desprovido"* (STF, HC 107710 1ª T., j. 09/06/2015). No mesmo sentido: *"O termo inicial da contagem do prazo prescricional da pretensão executória é o trânsito em julgado para ambas as partes, porquanto somente neste momento é que surge o título penal passível de ser executado pelo Estado. Desta forma, não há como se falar em início da prescrição a partir do trânsito em julgado para a acusação, tendo em vista a impossibilidade de se dar início à execução da pena, já que ainda não haveria uma condenação definitiva, em respeito ao disposto no artigo 5º, inciso LVII, da Constituição Federal"* (STJ, 5ª T., HC 163.261, j. 01/03/2011).

No entanto, no julgamento do HC 126292 (17/02/2016), o Plenário do STF decidiu que o início da execução da pena condenatória após a confirmação da sentença em segundo grau não ofende o princípio constitucional da presunção de inocência. Desse modo, a referida decisão refletirá no início do prazo da prescrição da pretensão executória, que começará a ser contado na data da confirmação da sentença em segundo grau. No mesmo sentido: "Por maioria, o Plenário do STF entendeu que o artigo 283 do CPP não impede o início da execução da pena após condenação em segunda instância e indeferiu liminares pleiteadas nas Ações Declaratórias de Constitucionalidade (ADCs) 43 e 44". Ainda: "Em regime de repercussão geral, fica reafirmada a jurisprudência do Supremo Tribunal Federal no sentido de que a execução provisória de acórdão penal condenatório proferido em grau recursal, ainda que sujeito a recurso especial ou extraordinário, não compromete o princípio constitucional da presunção de inocência afirmado pelo artigo 5º, inciso LVII, da Constituição Federal" (STF, Pleno, ARE 964246 RG, j. 10/11/2016). No mesmo sentido: "A execução provisória de acórdão penal condenatório proferido em grau recursal, ainda que sujeito a recurso especial ou extraordinário, é compatível com o princípio constitucional da presunção de inocência afirmado pelo artigo 5º, inciso LVII, da Constituição Federal, consoante julgamento do ARE 964.246, julgado sob o rito da repercussão geral (tema 925)" (STF, 1ª T., HC 165297 AgR, j. 15/03/2019).

| | |
|---|---|
| **2ª Situação** | **Termo inicial:** dia em que transita em julgado a decisão que revoga a suspensão condicional da pena (art. 112, I, 2ª parte) |
| | **Causa interruptiva:** início do cumprimento da pena (art. 117, V) |

Revogado o *sursis*, compete ao Estado executar a pena anteriormente suspensa. Esse prazo correrá até que se *inicie o cumprimento da pena* (causa interruptiva: CP, art. 117, V).

*Exemplo:* fixada uma pena privativa de liberdade de 1 ano e 6 meses de reclusão, foi concedida a suspensão condicional da pena (*sursis*). Durante o período de prova, houve o descumprimento das condições, o que ensejou a revogação do *sursis*. A decisão transitou em julgado no dia 25/10/2007. No caso, o prazo prescricional ***inicia-se*** no dia 25/10/2007 e será ***interrompido*** quando o condenado *iniciar o cumprimento da pena* (causa interruptiva: CP, art. 117, V). Considerando que a pena de 1 ano e 06 meses prescreve no prazo de 4 anos (CP, art. 109, V), ocorrerá a prescrição da pretensão executória às 24 horas do dia 24/10/2011, desde que também não ocorra a interrupção da prescrição pela reincidência (CP, art. 117, VI).

| 3ª Situação | |
|---|---|
| | **Termo inicial:** dia em que transita em julgado a decisão que revoga o livramento condicional (art. 112, I, parte final) |
| | **Causa interruptiva:** continuação do cumprimento da pena (art. 117, V) |

Revogado o livramento condicional, compete ao Estado dar continuidade à execução da pena privativa de liberdade que não estava sendo cumprida em razão da concessão do benefício (livramento condicional). O prazo prescricional correrá até que se *continue o cumprimento da pena restante* (causa interruptiva: CP, art. 117, V). Nesse caso, da mesma forma que ocorre com a *fuga*, a prescrição é regulada pelo **tempo restante da pena** (CP, art. 113). Ressalte-se que deverá ser observado o art. 88 do CP para o cálculo do tempo restante da pena.

*Exemplo:* fixada uma pena privativa de liberdade de 7 anos de reclusão, foi concedido o livramento condicional após o cumprimento de 3 anos de pena. Durante o período de prova, após ter cumprido 3 anos e 6 meses de livramento condicional, houve o descumprimento das condições impostas pelo juiz, o que ensejou a revogação do livramento condicional. A decisão transitou em julgado no dia 25/10/2007.

No caso acima, o prazo prescricional ***inicia-se*** no dia 25/10/2007 e será ***interrompido*** quando o condenado *continuar o cumprimento da pena* (causa interruptiva: CP, art. 117, V). Nesse caso de revogação não se desconta na pena o tempo em que esteve solto o condenado (CP, art. 88 e LEP, art. 142). Desse modo, ainda resta a cumprir 4 anos de pena. Nos termos do art. 113 do CP, a prescrição é regulada pelo tempo que resta da pena. Considerando que 4 anos (tempo restante da pena) prescreve no prazo de 8 anos (CP, art. 109, IV), ocorrerá a prescrição da pretensão executória às 24 horas do dia 24/10/2015, desde que também não ocorra a interrupção da prescrição pela reincidência (CP, art. 117, VI).

| 4ª Situação | |
|---|---|
| | **Termo inicial:** dia em que se interrompe a execução, salvo quando o tempo da interrupção deva se computar na pena (art. 112, II). |
| | **Causa interruptiva:** pela continuação do cumprimento da pena (art. 117, V) |

Na hipótese de *interrupção da execução* (ex.: fuga do condenado), ***inicia-se*** o prazo prescricional, que será ***interrompido*** pela *continuação do cumprimento da pena* ou se houver a *reincidência* (CP, art. 117, V e VI).

*Exemplo:* fixada uma pena privativa de liberdade de 7 anos de reclusão, o condenado evadiu-se no dia 25/10/2007 após ter cumprido 3 anos de pena. No caso, o prazo prescricional ***inicia-se*** no dia 25/10/2007 e será ***interrompido*** quando o condenado *continuar o cumprimento da pena* (causa interruptiva: CP, art. 117, V). Nos termos do art. 113 do CP, a prescrição é regulada pelo tempo que resta da pena. Considerando que 4 anos (tempo restante da pena) prescreve no prazo de 8 anos (CP, art. 109, IV), ocorrerá a prescrição da pretensão executória às 24 horas do dia 24/10/2015, desde que também não ocorra a interrupção da prescrição pela reincidência (CP, art. 117, VI).

▸ ATENÇÃO

Conforme consta no art. 112, II, última parte, do CP quando o tempo da interrupção da execução deva ser computado na pena não se fala em termo inicial, ou seja, não está correndo prazo prescricional. *Exemplo*: a superveniência de doença mental interrompe a execução da pena, uma vez que o condenado é internado em hospital de custódia e tratamento psiquiátrico. Porém, esse período de internação é computado na pena (CP, arts. 41 e 42 e LEP, art. 183).

A reincidência, nos termos do art. 117, inciso VI, do CP é causa interruptiva da prescrição. Apesar de não constar expressamente, somente se aplica à prescrição da pretensão executória (PPE). Existe divergência em relação ao momento em que se dará a interrupção. Orientações: 1ª) a interrupção se dá na data do trânsito em julgado da sentença condenatória do novo crime. Segundo Delmanto, a lei se refere à "reincidência" e não ao cometimento de novo delito, de modo que há de se considerar a reincidência de direito, representada pela nova condenação transitada em julgada (DELMANTO, Celso et al. Código Penal Comentado. São Paulo: Saraiva, 2010, p. 435); 2ª) "Consoante o entendimento pacificado nesta Corte Superior de Justiça, a reincidência, como causa de interrupção da prescrição da pretensão executória, é contada a partir da prática do novo delito, e não do trânsito em julgado de eventual sentença condenatória" (STJ, 5ª T., HC 360940, j. 15/09/2016).

### 6.3. Causa impeditiva (suspensiva) da prescrição da pretensão executória

Depois de passada em julgado a sentença condenatória, a prescrição não corre durante o tempo em que o condenado está preso por outro motivo (art. 116, par. único, do CP). Deve ser observado que enquanto o condenado cumpre o *sursis* não estará correndo o prazo prescricional. Nesse sentido: "Embora o Código Penal não considere, de forma explícita, a suspensão condicional (sursis) como causa impeditiva da prescrição, esse efeito deflui da lógica do sistema vigente" (STF, HC 91562, j. 09/10/2007).

## 7. REDUÇÃO DOS PRAZOS PRESCRICIONAIS

> ***Art. 115.*** *São reduzidos de metade os prazos de prescrição quando o criminoso era, ao tempo do crime, menor de 21 (vinte e um) anos, ou, na data da sentença, maior de 70 (setenta) anos.*

Esse dispositivo aplica-se a todas as espécies de prescrição (da pretensão punitiva e da pretensão executória).

A primeira hipótese se refere ao **maior de 18 anos e menor de 21 anos ao tempo do crime**. Sobre o *tempo do crime* deve ser observado o art. 4º do CP:

> "Considera-se praticado o crime no momento da ação ou omissão, ainda que outro seja o momento do resultado" (teoria da atividade).

No que tange ao **maior de 70 anos**, o Estatuto do Idoso não alterou a idade referida no art. 115 do Código Penal *para igual ou superior a 60 anos* (STF, HC 88.083, j. 03/06/2008; STJ, HC 155437, j. 07/12/2010).

## 8. PRESCRIÇÃO DA MEDIDA DE SEGURANÇA E DA MEDIDA SOCIOEDUCATIVA

O inimputável (art. 26, *caput*) é isento de pena e não de sanção penal, pois se aplica a medida de segurança na sentença absolutória imprópria. O Código Penal não regula especificamente a prescrição para a medida de segurança. Desse modo, como se trata de uma espécie de sanção penal, deve-se sujeitar às mesmas regras dispostas no CP referentes aos prazos prescricionais.

De acordo com o STF, "As medidas de segurança se submetem ao regime ordinariamente normado da prescrição penal. Prescrição a ser calculada com base na pena máxima cominada ao tipo penal debitado ao agente (no caso da **prescrição da pretensão punitiva**) ou com base na duração máxima da medida de segurança, trinta anos (no caso da **prescrição da pretensão executória**). Prazos prescricionais, esses, aos quais se aplicam, por lógico, os termos iniciais e marcos interruptivos e suspensivos dispostos no Código Penal" (STF, 2ª T., HC 107777, j. 07/02/2012). Ainda: "A prescrição nos casos de sentença absolutória imprópria é regulada pela pena máxima abstratamente cominada ao delito. Precedentes" (STJ, 5ª T., AgRg no HC 469698, j. 12/02/2019).

Da mesma forma, é possível a prescrição das **medidas socioeducativas** aplicadas aos adolescentes (**Súmula 338 do STJ** – "A prescrição penal é aplicável nas medidas socioeducativas"). A propósito: "1. Nos termos da Súmula 338/STJ, aplica-se a prescrição penal às medidas socioeducativas. 2. Anulada a sentença em recurso do Ministério Público, deve ser considerado, para efeitos prescricionais, o prazo limite da medida de internação, que é de 3 anos, nos termos do art. 121, § 3º, do ECA. 3. Não transcorrido o lapso temporal de 4 anos, nos termos do art. 109, IV, c/c 115 do CP, desde o recebimento da representação, não houve a superveniência da prescrição da pretensão socioeducativa" (STJ, 6ª T., AgRg no AREsp 1218434, j. 05/02/2019).

Inclusive, aplica-se aos adolescentes a norma do art. 115 do CP, que dispõe sobre a redução de metade do prazo prescricional (STF, 2ª T., HC 107200 MC, j. 28/06/2011).

## 9. PRESCRIÇÃO ANTECIPADA

Também denominada de **prescrição projetada, em perspectiva, hipotética ou com pena virtual**. Trata-se de uma análise sobre o futuro. É verificada qual seria a possível pena concreta a ser aplicada no caso de condenação, de acordo com as circunstâncias apresentadas. Se for antevista uma pena que certamente levaria à prescrição, conclui-se que se torna inútil toda a atividade jurisdicional.

*Exemplo:* o agente, no ano de 2010, praticou o crime de lesão corporal leve (pena máxima de 1 ano). Em 2011 o juiz recebeu a denúncia (causa interruptiva da prescrição). Transcorrido o prazo de 3 anos e 06 meses, a instrução não foi encerrada. Como a pena máxima é 1 ano, o prazo prescricional seria de 4 anos (CP, art. 109, V), de sorte que ainda não teria transcorrido o prazo prescricional. Entretanto, em certos casos, considerando as circunstâncias do crime e as relacionadas ao agente, prevê-se que, mesma havendo uma futura condenação, a pena não seria fixada no máximo (1 ano). Assim, mesmo se fixada a pena em 11 meses e 20 dias, o prazo prescricional passaria a ser de 3 anos (nova redação do art. 109, VI, do CP), de tal forma que ocorreria a prescrição retroativa (entre a data do recebimento da denúncia e a data da publicação da sentença condenatória). Isso significa que, conforme entendimento de alguns doutrinadores, poderia ser declarada a extinção da punibilidade mesmo sem encerrar a instrução.

No entanto, **STF e STJ posicionam-se contrariamente à prescrição antecipada**. Nesse sentido a **Súmula 438 do STJ**: "É inadmissível a extinção da punibilidade pela prescrição da pretensão punitiva com fundamento em pena hipotética, independentemente da existência ou sorte do processo penal".

# PARTE ESPECIAL

# Crimes contra a pessoa

## 1. CRIMES CONTRA A VIDA

### 1.1. Homicídio

#### *1.1.1. Homicídio simples (art. 121, caput)*

> ***Art. 121.*** *Matar alguém:*
>
> *Pena – reclusão, de seis a vinte anos.*

**Bem jurídico:** o tipo penal visa a proteger a **vida**.

**Sujeitos:** qualquer pessoa pode figurar como sujeito *ativo* (**crime comum**). O sujeito *passivo* também pode ser qualquer pessoa (ser vivo nascido de mulher). Ressalte-se, porém, que a interrupção da gravidez com a morte do feto configura aborto. Do início do parto em diante haverá homicídio ou infanticídio (art. 123).

**Tipo subjetivo:** o homicídio simples somente prevê o **dolo** (*animus necandi* ou *occidendi*) como elemento subjetivo, consistente na consciência e vontade de matar alguém (dolo direito) ou na simples assunção do risco de matar (dolo eventual). No *caput* não há previsão de elemento subjetivo especial (finalidade específica). Entretanto, o fim ou motivo de agir se encontra presente em algumas circunstâncias (privilegiadoras e qualificadoras).

**Consumação:** com a morte de alguém. Nos termos da Lei nº 9.434/97, que dispõe sobre a remoção de órgãos, tecidos e partes do corpo humano para fins de transplante e tratamento, deve ser considerado o momento da **morte encefálica**.

#### *1.1.2. Homicídio privilegiado (art. 121, § 1º)*

Trata-se de **causa de diminuição de pena de 1/6 a 1/3**. O homicídio *privilegiado* pode ser reconhecido em três situações:

a) **Relevante valor social.** Interesse da coletividade, como, por exemplo, a morte do traidor da pátria.

b) **Relevante valor moral.** Interesse particular do agente, apurado de acordo com os princípios morais da sociedade (*ex.*: eutanásia).

c) **Homicídio emocional (crime de ímpeto).** Requisitos: *1º) injusta provocação da vítima.* Nessa hipótese a vítima provoca (estimula, dá causa, origina algo) o agente injustamente (sem autorização legal; sem justificativa razoável). Exemplos: risadas com desprezo; ofensas à honra. Se o ato injusto da vítima for uma *agressão*, atual ou iminente, à vida do agente, poderá caracterizar legítima defesa, desde que preenchidos os requisitos do art. 25 do CP; *2º) domínio de violenta emoção.* O agente fica com sua capacidade de autodeterminação diminuída em razão de ter sido injustamente provocado. A emoção e a paixão não excluem a imputabilidade (CP, art. 28, I), mas, como no caso, podem ser uma causa de diminuição de pena; *3º) logo em seguida.* Requisito relacionado à imediatidade entre a injusta provocação e a reação. ***Importante:*** o homicídio emocional não deve ser confundido com a hipótese da atenuante genérica *"sob a **influência** de violenta emoção, provocada por ato injusto da vítima"* (CP, art. 65, III, *c*), pois neste caso não se exige nem o ***domínio*** de violenta emoção, bastando a *mera influência* da emoção violenta, e nem o requisito temporal *logo em seguida* (imediatidade).

## 1.1.3. Homicídio qualificado (art. 121, § 2º)

*§ 2º Se o homicídio é cometido:*

*I – mediante paga ou promessa de recompensa, ou por outro motivo torpe;*

*II – por motivo fútil;*

*III – com emprego de veneno, fogo, explosivo, asfixia, tortura ou outro meio insidioso ou cruel, ou de que possa resultar perigo comum;*

*IV – à traição, de emboscada, ou mediante dissimulação ou outro recurso que dificulte ou torne impossível a defesa do ofendido;*

*V – para assegurar a execução, a ocultação, a impunidade ou vantagem de outro crime;*

*VI – contra a mulher por razões da condição de sexo feminino;*

*VII – contra autoridade ou agente descrito nos arts. 142 e 144 da Constituição Federal, integrantes do sistema prisional e da Força Nacional de Segurança Pública, no exercício da função ou em decorrência dela, ou contra seu cônjuge, companheiro ou parente consanguíneo até terceiro grau, em razão dessa condição:*

*Pena – reclusão, de doze a trinta anos.*

▸ **Observação**

São considerados hediondos (Lei n.º 8.072/90), dentre outros, os seguintes crimes: homicídio (art. 121), quando praticado em atividade típica de grupo de extermínio, ainda que cometido por um só agente, e **homicídio qualificado** (art. 121, § 2º, incisos I, II, III, IV, V, VI e VII). (Redação dada pela Lei nº 13.142, de 2015).

***Mediante paga ou promessa de recompensa.*** É o chamado homicídio mercenário. A *paga* acontece com o recebimento anterior ao cometimento do crime, ao passo que a *promessa* ocorre com a expectativa do recebimento da recompensa após a prática do delito.

▸ **Observação**

Existe divergência se a qualificadora aplica-se também ao mandante do crime. Orientações: **1ª)** Não há comunicabilidade, pois a qualificadora (tipo qualificado) não é uma elementar, mas sim uma circunstância, de sorte que não se comunica se de natureza subjetiva, como é o caso. Nesse sentido: Fragoso, Bitencourt, Greco e Masson. Ainda: "(...) 3. A Quinta Turma do Superior Tribunal de Justiça, no julgamento do REsp 1.415.502/MG (Rel. Ministro FELIX FISCHER, DJe 17/2/2017), firmou compreensão no sentido de que a qualificadora da paga ou promessa de recompensa não é elementar do crime de homicídio e, em consequência, possuindo caráter pessoal, não se comunica aos mandantes. Ressalva de entendimento pessoal do Relator" (STJ, 5ª T., HC 403263, j. 13/11/2018). **2ª)** Há comunicabilidade, pois as circunstâncias de natureza subjetiva comunicam-se quando se tratarem de circunstâncias elementares, como é o caso das qualificadoras. Nesse sentido: "(...) 3. No homicídio mercenário, a qualificadora da paga ou promessa de recompensa é elementar do tipo qualificado, comunicando-se ao mandante do delito" (STJ, 6ª T., AgInt no REsp 1681816, j. 03/05/2018).

***Motivo torpe*** é aquele que ofende o sentimento ético e moral da sociedade. É o motivo repugnante, ignóbil, vil. *Exemplo:* matar o próprio pai para receber herança. A vingança, em algumas circunstâncias, pode caracterizar a torpeza, como na hipótese de matar a vítima que meses antes havia cometido supostos furtos na residência do agente. A propósito: "Este Superior Tribunal de Justiça firmou entendimento no sentido de que 'cabe ao Tribunal do Júri decidir, no caso em concreto, se o ciúme configura ou não a qualificadora de motivo torpe'" (STJ, 5ª T., REsp 1706918, j. 03/05/2018).

***Motivo fútil*** é o insignificante, desproporcional, desarrazoado. Existe uma desproporção do crime com a sua causa moral. Ou seja, a causa que ensejou a conduta homicida do agente não seria motivo suficiente para que o homem médio assim agisse. *Exemplo:* matar o motoboy que demorou na entrega de uma pizza. Essa causa é incapaz de gerar no homem médio o impulso para a conduta homicida. Discute-se se a *ausência de motivo* pode ser equiparada ao motivo fútil. No sentido da não equiparação: STJ, HC 91.747, j. 15/05/2009. Ainda: "A jurisprudência desta Corte Superior não admite que a ausência de motivo seja considerada motivo fútil, sob pena de se realizar indevida analogia em prejuízo do acusado" (STJ, 5ª T., HC 369.163, j. 21/02/2017). O ciúme, por si só, não configura motivo fútil. Nesse sentido: "Embora os ciúmes não caracterizem, por si só, a motivação fútil, tem-se que cabe ao Conselho de Sentença avaliar se o contexto trazido nos autos autoriza a qualificação dos ciúmes como motivo fútil" (STJ, 5ª T., HC 296.167, j. 14/02/2017).

***Meio insidioso*** é o meio falso, pérfido, desleal, como ocorre no emprego de veneno. O homicídio somente restará qualificado pelo emprego de veneno se a vítima desconhecer que está ingerindo o veneno. ***Meio cruel*** é aquele doloroso, desumano, despiedoso, como ocorre na hipótese de emprego de fogo, de asfixia (suspensão da respiração seguida de morte, que pode ser causada por estrangulação, afogamento, ação de gases irrespiráveis etc.) e de tortura (intenso sofrimento físico ou mental). ***Meio que possa resultar perigo comum*** é aquele que expõe a coletividade a perigo de dano, como em casos de incêndio.

A ***traição*** *(homicidium proditorium)* ocorre com a agressão súbita e sorrateira, atingindo a vítima desprevenida. ***Emboscada*** é a espreita, a tocaia. O agente espera o ofendido às escondidas para atacar. A ***dissimulação*** se verifica na ocultação da intenção hostil para que a vítima seja atingida quando estiver desprevenida. ***Recurso que dificulte ou torne impossível a defesa da vítima:*** deve ser alguma situação assemelhada às hipóteses específicas (traição, emboscada, dissimulação). *Ex.*: *surpresa*, como na hipótese de matar alguém que esteja dormindo em uma praça pública. É necessário que vítima não tenha motivo para desconfiar do ataque, e que o agente possua a consciência e vontade de utilizar esse modo de execução.

***Para assegurar a execução de outro crime:*** trata-se de conexão *teleológica*. *Ex.*: matar o segurança para sequestrar a vítima. Ocorrerá a qualificadora mesmo que o crime visado reste tentado, ou mesmo que o agente desista de prosseguir na execução. ***Para assegurar a ocultação de outro crime:*** é uma hipótese de conexão *consequencial*. O agente mata a vítima para que *o outro crime* por ele anteriormente praticado fique desconhecido. ***Para assegurar a impunidade de outro crime***: trata-se de uma forma conexão *consequencial*. O agente mata a vítima para que a *autoria* de outro crime por ele anteriormente praticado fique desconhecida. O outro crime seria conhecido, mas não a autoria (*ex.:* o agente mata a única testemunha do crime para que ninguém conheça a sua autoria). ***Para assegurar a vantagem de outro crime***: também é uma forma de conexão *consequencial*. *Ex.*: o agente mata o coautor do furto para ficar com toda a *res furtiva*.

A Lei nº 13.104, de 09/03/2015, incluiu ao Código Penal a qualificadora do **FEMINICÍDIO**, quando o homicídio é cometido contra a mulher por razões da condição de sexo feminino (inciso VI). De acordo com o art. 121, § 2º-A, considera-se que há **razões de condição de sexo feminino** quando o crime envolve: I – violência doméstica e familiar; II – menosprezo ou discriminação à condição de mulher. Vejamos o seguinte exemplo: inconformado com a sentença que o condenou, o agente atenta contra a vida da juíza responsável pela decisão. Neste caso não incidiria a qualificadora do inciso VI, pois o delito não envolveu violência doméstica ou familiar e nem menosprezo ou discriminação à condição de mulher. Obs.: como se trata de *lex gravior*, não poderá retroagir.

Conforme a Lei nº 13.142, de 06/07/2015 (publicada em 07/07/2015), foi acrescentado novo inciso ao § 2º do art. 121 do CP, qual seja: VII – contra autoridade ou agente descrito nos arts. 142 e 144 da Constituição Federal, integrantes do sistema prisional e da Força Nacional de Segurança Pública, no exercício da função ou em decorrência dela, ou contra seu cônjuge, companheiro ou parente consanguíneo até terceiro grau, em razão dessa condição. A função pública desempenhada pelos servidores públicos acima elencados envolve riscos, a justificar uma pena mais elevada, principalmente por razões de prevenção geral.

No que tange à autoridade ou ao agente descrito nos arts. 142 e 144 da Constituição Federal, temos:

- ***Agente das Forças Armadas***: constituídas pela Marinha, pelo Exército e pela Aeronáutica.
- ***Agente da Segurança Pública:*** polícia federal; polícia rodoviária federal; polícia ferroviária federal; polícias civis; polícias militares e corpos de bombeiros militares. Também abrange as guardas municipais (art. 144, § 8º, da CF) e os agentes de segurança viária (art. 144, § 10, da CF). Constam ainda os integrantes do sistema prisional e da Força Nacional de Segurança Pública.

O crime deve ser praticado enquanto a vítima estiver exercendo a sua função, ainda que seja motivado por outras causas. Também configura a qualificadora se, mesmo fora da função, a vítima for morta em decorrência dela, ou seja, em razão da função. *Exemplo:* traficante de drogas, após ser indiciado, mata um policial civil, o qual estava gozando férias, motivado pelo trabalho que este desempenhou durante a investigação. Por outro lado, não basta matar um policial para incidir a qualificadora, como, por exemplo, não se qualificaria pelo inciso VII a morte de um policial que, durante suas férias, entrou em discussão com um terceiro por questão de dívida e, em razão disso, ocorreu o evento fatal.

No caso de crime praticado **contra seu cônjuge, companheiro ou parente consanguíneo até terceiro grau, em razão dessa condição,** entendemos que abrange os relacionamentos homoafetivos. Os parentes consanguíneos até 3º grau são os pais, avós, bisavós (ascendentes); filhos, netos, bisnetos (descendentes); irmãos, tios e sobrinhos (colaterais). A lei excluiu os parentes por afinidade (sogro, sogra, cunhado etc.). A vítima morre em razão de ser cônjuge, companheiro ou parente dos agentes acima descritos. *Exemplo*: matar o cônjuge de um policial civil para vingar-se do trabalho que este desempenhou durante certa investigação.

▶ **Importante:**

1) **Homicídio híbrido.** Apesar da discussão doutrinária, predomina que é possível o chamado *homicídio qualificado-privilegiado* (homicídio híbrido), desde que as qualificadoras sejam de natureza objetiva (exemplos: incisos III e IV). Nesse caso, "Por incompatibilidade axiológica e por falta de previsão legal, o homicídio qualificado-privilegiado não integra o rol dos denominados crimes hediondos" (STJ, HC 153.728, j. 13/04/2010).

2) **Coexistência entre as qualificadoras da torpeza e do feminicídio.** "Nos termos do art. 121, § 2º-A, II, do CP, é devida a incidência da qualificadora do feminicídio nos casos em que o delito é praticado contra mulher em situação de violência doméstica e familiar, possuindo, portanto, natureza de ordem objetiva, o que dispensa a análise do animus do agente. Assim, não há se falar em ocorrência de bis in idem no reconhecimento das qualificadoras do motivo torpe e do feminicídio, porquanto, a primeira tem natureza *subjetiva* e a segunda *objetiva*" (STJ, 6ª T., HC 433898, j. 24/04/2018). **Obs.:** embora a decisão faça referência ao *inciso II* do § 2º-A do artigo 121 do Código Penal, a circunstância enfrentada diz respeito ao *inciso I* do mesmo dispositivo legal ("violência doméstica e familiar").

### *1.1.4. Homicídio culposo (art. 121, § 3º)*

Ocorre quando o agente dá causa à morte da vítima por: **a) imprudência:** é uma atitude precipitada, sem a devida ponderação ou de forma perigosa (agir culposo); **b) negligência:** inatividade material; ausência de precaução; é o deixar de fazer algo imposto (omitir-se culposamente); **c) imperícia:** é a inaptidão para o exercício de arte ou profissão. É necessário que o fato seja praticado pelo sujeito no exercício de sua atividade profissional.

Se o homicídio culposo ocorrer na direção de veículo automotor, incide o art. 302 da Lei nº 9.503/97 (Código de Trânsito).

### *1.1.5. Causas de aumento de pena (art. 121, § 4º)*

No **homicídio culposo** (§ 4º, 1ª parte) aumenta-se a pena 1/3 nas seguintes hipóteses:

a) se o crime resulta de inobservância de regra técnica de profissão, arte ou ofício;

b) se o agente deixa de prestar imediato socorro à vítima;

c) se o agente não procura diminuir as consequências do seu ato;

d) se o agente foge para evitar prisão em flagrante.

No **homicídio doloso**, a pena é aumentada de 1/3 se o crime é praticado contra pessoa:

a) menor de 14 anos;

b) maior de 60 anos.

A razão da maior reprovação se dá em face de as vítimas serem pessoas *vulneráveis*. A idade da vítima é verificada no momento da conduta (tempo do crime).

### 1.1.6. Perdão judicial (art. 121, § 5º)

No homicídio **culposo**, o juiz poderá deixar de aplicar a pena se as consequências da infração atingirem o próprio agente de forma tão grave que a sanção penal se torne desnecessária. Segundo o STJ, "a sentença concessiva do perdão judicial é declaratória da extinção da punibilidade, não subsistindo qualquer efeito condenatório" (**Súmula 18**).

### 1.1.7. Majorante acrescentada pela Lei de Extermínio de Seres Humanos (art. 121, § 6º)

A Lei nº 12.720, de 27 de setembro de 2012, conhecida como 'Lei de Extermínio de Seres Humanos', incluiu ao art. 121 do Código Penal um § 6º, nos seguintes termos:

> "A pena é aumentada de 1/3 (um terço) até a metade se o crime for praticado por milícia privada, sob o pretexto de prestação de serviço de segurança, ou por grupo de extermínio".

O dispositivo não poderá retroagir em prejuízo do réu (*novatio legis in pejus*).

### 1.1.8. Majorante relacionada ao feminicídio (art. 121, § 7º)

A Lei nº 13.104, de 09/03/2015, com vigência a partir de 10/03/2015 (data da publicação no DOU), inseriu um § 7º ao art. 121, dispondo que a pena do feminicídio é aumentada de 1/3 (um terço) até a metade se o crime for praticado: I – durante a gestação ou nos 3 (três) meses posteriores ao parto; II – contra pessoa menor de 14 (catorze) anos, maior de 60 (sessenta) anos ou com deficiência; III – na presença de descendente ou de ascendente da vítima.

Por sua vez, a Lei nº 13.771, de 19/12/2018, com vigência a partir de 20/12/2018 (data da publicação no DOU), alterou o dispositivo, inserindo novas causas de aumento.

| **Lei nº 13.771, de 19/12/2018 – DOU 20/12/2018<br>CAUSA DE AUMENTO – FEMINICÍDIO** | |
|---|---|
| **LEI ANTERIOR<br>Lei nº 13.104, de 2015** | **LEI NOVA<br>Lei nº 13.771, de 2018** |
| **CP, art. 121, § 7º** - A pena do feminicídio é aumentada de 1/3 (um terço) até a metade se o crime for praticado: | **CP, art. 121, § 7º** - ... |
| I - durante a gestação ou nos 3 (três) meses posteriores ao parto; | I - ... |
| II - contra pessoa menor de 14 (catorze) anos, maior de 60 (sessenta) anos ou com deficiência; | II - contra pessoa menor de 14 (catorze) anos, maior de 60 (sessenta) anos, com deficiência ou **portadora de doenças degenerativas que acarretem condição limitante ou de vulnerabilidade física ou mental;** |
| III - na presença de descendente ou de ascendente da vítima. | III - na presença **física ou virtual** de descendente ou de ascendente da vítima; |
| ........ | **IV - em descumprimento das medidas protetivas de urgência previstas nos incisos I, II e III do caput do art. 22 da Lei nº 11.340, de 7 de agosto de 2006.** |

***Durante a gestação.*** Em razão da vulnerabilidade da vítima justifica-se o aumento. O agente deve ter conhecimento dessa situação.

***Nos 3 meses posteriores ao parto.*** A maior reprovação encontra-se nas consequências do delito em relação à criança, a qual não terá a presença da genitora nos seus primeiros meses de vida extrauterina, inclusive prejudicando a amamentação. Ademais, durante este período a gestante encontra-se mais fragilizada.

***Contra pessoa menor de 14 anos, maior de 60 anos ou com deficiência.*** A razão da maior reprovabilidade é a situação de vulnerabilidade da vítima. *Obs.*: no § 4º o aumento (em relação ao menor de 14 e ao maior de 60 anos) é de **1/3**; já no § 7º, o aumento é de **1/3 a 1/2.**

***Portadora de doenças degenerativas que acarretem condição limitante ou de vulnerabilidade física ou mental.*** A parte final do inciso II foi inserida pela Lei nº 13.771/18 e também se justifica em razão da vulnerabilidade da vítima.

***Na presença física ou virtual de descendente ou de ascendente da vítima.*** Trata-se de circunstâncias relacionadas às consequências do delito. O crime, além de afetar o sujeito passivo, traz consequências a terceiro, como no caso dos ascendentes e descendentes. Estes são fortemente abalados quando o crime é praticado em sua presença. O legislador, para evitar divergência no momento de interpretação e aplicação da lei, inseriu as palavras *física ou virtual*. Assim, imaginemos que o agente pratique o feminicídio e, ao mesmo tempo, transmita o vídeo aos pais da vítima. Nesse caso incidirá a majorante.

***Descumprimento das medidas protetivas de urgência previstas nos incisos I, II e III do caput do art. 22 da Lei nº 11.340/06.*** O inciso IV foi inserido pela Lei nº 13.771/18 e uma das justificativas do projeto de lei foi a omissão do Poder Judiciário quanto ao fato de o agente ter descumprido medida protetiva quando ocorria também feminicídio, uma vez que esse descumprimento acabava não sendo considerado, mas tão somente o próprio crime de feminicídio.

### 1.1.9. Observações finais

- ***Homicídio e crime hediondo***: considera-se crime hediondo o *homicídio simples* (art. 121, *caput*), quando praticado em atividade típica de grupo de extermínio, ainda que cometido por um só agente, e o *homicídio qualificado* (art. 121, § 2º). Agora também a modalidade majorada (na forma "grupo de extermínio" – § 6º), é delito hediondo.

- ***Homicídio e crime continuado***: com a redação dada ao art. 71, par. único, do CP pela Reforma Penal de 1984 (Lei nº 7.209/84), prevalece o entendimento que é possível a continuidade delitiva em crimes de homicídio, de forma que **a Súmula 605 do STF se encontra superada**.

- ***Homicídio e aborto:*** como já mencionado, ocorrerá aborto e não homicídio se houver a morte do feto na fase intrauterina. Assim sendo, após o início do parto (rompimento do saco amniótico) ocorrerá homicídio ou infanticídio.

- ***Homicídio e lesão corporal seguida de morte:*** no homicídio, o agente quer o resultado morte (dolo direito) ou assume o risco de sua produção (dolo eventual). No crime de lesão corporal seguida de morte (art. 129, § 3º), o agente não quer o resultado morte, nem assumiu o risco de produzi-lo.

- ***Homicídio e latrocínio (art. 157, § 3º, in fine):*** se da violência praticada no roubo resulta morte, trata-se de latrocínio, previsto no capítulo referente aos crimes contra o patrimônio. No crime de latrocínio a finalidade do agente é a subtração da coisa, mesmo que para isso precise matar. A morte no latrocínio pode ser por dolo (direto ou eventual) ou por culpa.

- ***Homicídio e extorsão mediante sequestro qualificado pela morte (art. 159, § 3º, in fine):*** se do sequestro resulta morte, o agente responderá pelo art. 159, § 3º. Neste caso, a finalidade do agente é o sequestro. A morte pode ser por dolo (direto ou eventual) ou por culpa.

- ***AIDS (o portador do vírus HIV que, tendo ciência da doença, deliberadamente a oculta de seus parceiros sexuais).*** Orientações: 1ª) tentativa de homicídio; 2ª) lesão corporal gravíssima em razão da enfermidade incurável (art. 129, § 2º, II); 3ª) perigo de contágio de moléstia grave (art. 131). *Atenção:* o STF decidiu que não se trata de tentativa de homicídio, desclassificando a imputação sem, entretanto, vincular o fato a qualquer outro tipo (1ª T., HC 98712, j. 05/10/2010); já o STJ decidiu que "o ato de propagar síndrome da imunodeficiência adquirida não é tratado no Capítulo III, Título I, da Parte Especial, do Código Penal (art. 130 e seguintes), onde não há menção a enfermidades sem cura. (...) Na hipótese de transmissão dolosa de doença incurável, a conduta deverá será apenada com mais rigor do que o ato de contaminar outra pessoa com moléstia grave, conforme previsão clara do art. 129, § 2º, inciso II, do Código Penal" (5ª T., HC 160982/DF, j. 17/05/2012).

## 1.2. Induzimento, instigação ou auxílio a suicídio (art. 122)

Condutas típicas: **a)** ***induzir alguém a suicidar-se*** (induzir é inspirar, incutir na vítima a vontade de suicidar-se); **b)** ***instigar alguém a suicidar-se*** (reforçar ou estimular a vontade preconcebida de suicidar-se); **b)** ***prestar auxílio ao suicídio*** (ajudar a vítima a suicidar-se, como no empréstimo da arma). Essas condutas são dirigidas a pessoa determinada.

**Suicidar** significa eliminar de forma voluntária e direta a própria vida. Neste crime, a própria vítima realiza o ato material. Se o agente praticar o ato executório de matar (cooperação direta) responderá por homicídio.

Predomina o entendimento que se consuma com a *morte* da vítima ou com a produção de *lesão corporal grave*. Assim, **não existe tentativa de participação em suicídio**, uma vez que a lei exige a produção do resultado morte ou lesão corporal de natureza grave. É o que alguns doutrinadores chamam de **crime condicionado**, já que depende do advento de uma condição qualquer (aqui, no caso, a superveniência de morte ou lesão grave na vítima) para a sua configuração.

Portanto, se o agente induzir ou instigar alguém a suicidar-se ou prestar-lhe auxílio para que o faça, e não ocorrer o suicídio ou não resultar lesão corporal de natureza grave, o agente não terá cometido o crime.

**Forma qualificada.** A pena é duplicada se o crime é praticado por motivo egoístico, bem como se a vítima é menor ou tem diminuída, por qualquer causa, a capacidade de resistência.

▸ **Atenção:**

**Pacto de morte (suicídio a dois ou ambicídio).** *A* e *B* ajustam se matar mediante respiração de gás carbônico em sala hermeticamente fechada. *A* se encarregou de abrir o registro do gás, mas, por interferência de outras pessoas, não vieram a morrer, sendo que *A* sofreu lesões corporais graves. *A*, por ter praticado ato executório de matar (abrir o registro de gás na sala fechada), responderá por tentativa de homicídio (obs.: se *B* tivesse morrido *A* responderia por homicídio consumado). *B*, por sua vez (aquele que não abriu a torneira), responderá pelo crime do art. 122 do CP (obs.: se *A* tivesse sofrido apenas lesões leves, *B* não responderia).

## 1.3. Infanticídio (art. 123)

Nos termos do art. 123 do CP, configura o delito:

> "Matar, sob a influência do estado puerperal, o próprio filho, durante o parto ou logo após".

**Sujeitos:** o sujeito *ativo* é a mãe (crime próprio), mas pode haver concurso de pessoas. Figura como sujeito *passivo* o filho nascente (durante o parto) ou neonato (logo após o parto).

**Elementos do tipo objetivo**: *matar* (eliminar a vida do ser humano); *estado puerperal* (são sintomas fisiológicos que, iniciados com o parto, acometem a mulher, podendo levá-la, dependendo do grau de perturbação emocional, a matar o próprio filho); *durante o parto ou logo após* (o infanticídio ocorre do início do parto para frente). *Logo após* significa imediatidade. No entanto, deve ser entendido o período em que durar o estado puerperal, mesmo que decorridos vários dias após o parto.

▸ **Observação:**

**Erro quanto à pessoa:** se a mãe mata outra criança imaginando que é o próprio filho, responde também por infanticídio, uma vez que não se consideram, neste caso, as condições ou qualidades da vítima, senão as da pessoa contra quem o agente queria praticar o crime (art. 20, § 3º, do CP).

**Tipo subjetivo:** dolo direto ou eventual. Não se exige nenhuma finalidade especial.

**Consumação e tentativa:** consuma-se com a morte. A tentativa é admissível. Se o fato é praticado contra criança morta, haverá crime impossível (CP, art. 17).

**Modalidade culposa.** Orientações: *1ª)* fato atípico, já que não há previsão legal (Damásio e Frederico Marques); *2ª)* o agente responde por homicídio culposo (Bitencourt, Noronha, Hungria, Mirabete e Capez).

**Concurso de pessoas:** predomina a orientação que é possível, considerando que os dados de natureza pessoal (qualidade de mãe e estado puerperal) são *elementares* do delito e, como tal, se comunicam (CP, art. 30). Assim, quem de qualquer modo concorre para o crime de infanticídio, por este responderá (CP, art. 29).

## 1.4. Aborto

**Bem jurídico:** vida humana. Na hipótese de aborto provocado por terceiro, tutela-se a vida e a incolumidade da gestante.

**Sujeitos:** *a) ativo:* a própria gestante no art. 124 e qualquer pessoa no aborto provocado por terceiro (artigos 125 e 126); *b) passivo:* o produto da concepção (ovo, embrião ou feto). No caso do art. 125 (aborto provocado *sem* consentimento) trata-se de crime de **dupla subjetividade passiva**, uma vez que são sujeitos passivos o produto da concepção e a gestante.

**Tipo objetivo:**

*a)* ***provocar aborto em si mesma*** **(art. 124, 1ª parte) ou** ***consentir que outrem lho provoque*** **(art. 124, 2ª parte):** *provocar* significa dar causa, promover algo. *Aborto*: descontinuação da gravidez, da qual resulta a morte do produto da concepção. Somente a gestante pode praticar o verbo típico. O terceiro que provoca o aborto pratica o delito descrito no art. 126. Admite-se a participação, desde que o terceiro não provoque o aborto. *Ex.*: namorado induz a gestante a provocar o autoaborto.

*b)* ***provocar aborto sem o consentimento da gestante*** **(art. 125):** trata-se do aborto provocado sem a vontade da gestante. Deve ser observado o parágrafo único do art. 126, ou seja, presume-se que não há o consentimento se a gestante não é maior de 14 anos, ou é alienada ou débil mental, ou se o consentimento é obtido mediante fraude, grave ameaça ou violência. O agente provocador do aborto deve ter ciência dessas qualidades da vítima ou da forma que o consentimento foi obtido.

*c)* ***provocar aborto com consentimento da gestante*** **(art. 126):** a gestante responde pelo delito do art. 124 e o terceiro provocador pelo art. 126. Trata-se de uma *exceção dualista à teoria monista* do concurso de pessoas.

**Tipo subjetivo:** dolo, consistente na consciência e vontade de interromper a gravidez, causando a morte do produto da concepção. Admite-se o dolo eventual. Não há previsão da modalidade culposa.

**Consumação e tentativa:** consuma-se com a interrupção da gravidez e a destruição do produto da concepção. A conduta é praticada antes do início do parto. Haverá aborto consumado mesmo que o feto nasça com vida, mas logo venha a falecer. A tentativa é admissível. Caso o ato executório de matar ocorra após o início do parto, haverá infanticídio ou homicídio.

**Causas de aumento (majorantes):** conforme o art. 127, as penas cominadas nos artigos 125 e 126 são aumentadas de um terço se, em consequência do aborto ou dos meios empregados para provocá-lo, a gestante sofre lesão corporal de natureza grave; e são duplicadas se, por qualquer dessas causas, lhe sobrevém a morte.

Por não se punir a autolesão, não se aplica a causa de aumento ao crime do art. 124 (autoaborto), nem mesmo a eventual partícipe.

**Aborto legal (art. 128):** não se pune o aborto praticado por médico: I – se não há outro meio de salvar a vida da gestante; II – se a gravidez resulta de estupro e o aborto é precedido de consentimento da gestante ou, quando incapaz, de seu representante legal.

*Natureza jurídica:* prevalece na doutrina que as duas hipóteses configuram causas de exclusão da ilicitude.

*a)* ***Aborto necessário ou terapêutico (inciso I)*** – requisitos: 1º) perigo de morte; 2º) único meio de salvar a vida da gestante (inevitabilidade). É dispensável o consentimento e a autorização judicial, pois o médico é a pessoa que irá auferir a necessidade do aborto. Caso haja a recusa expressa da gestante, o médico poderá estar amparado por uma causa de exclusão da antijuridicidade (estado de necessidade – CP, art. 24), desde que o perigo de morte da gestante seja atual.

*b)* ***Aborto sentimental, humanitário ou piedoso (inciso II)*** – requisitos: 1º) gravidez resultante de estupro (prevalece na doutrina que é admitido o aborto mesmo que o estupro seja praticado com violência presumida); 2º) consentimento prévio da gestante ou de seu representante legal, quando incapaz (é dispensável a autorização judicial, pois a norma não a exige).

**Observação:**

- **ABORTO NO CASO DE FETO ANENCÉFALO:** não há previsão no Código Penal. Apesar da divergência, o STF, julgando a Arguição de Descumprimento de Preceito Fundamental (ADPF) 54, em 12/04/2012, decidiu por maioria de votos (8 x 2) que a antecipação terapêutica de parto nos casos de **feto anencéfalo** não caracteriza o crime de aborto. A Resolução CFM nº 1.989/2012 dispõe sobre o diagnóstico de anencefalia para a antecipação terapêutica do parto e dá outras providências.
- **ZICA VÍRUS.** Em parecer proferido nos autos da ADIn 5.581/DF, datado do dia 06/09/2016, o Procurador-Geral da República considerou "constitucional interrupção de gravidez quando houver diagnóstico de infecção pelo vírus zica, para proteção da saúde, inclusive no plano mental, da mulher e de sua autonomia reprodutiva. Configura-se causa de justificação genérica de estado de necessidade, cabendo às redes pública e privada realizar o procedimento apropriado, nessas situações". A ação aguarda julgamento pelo STF.

- **ABORTO NO 1º TRIMESTRE DE GESTAÇÃO.** No HC nº 124.306, julgado em 29/11/2016, a 1ª Turma do STF conferiu "interpretação conforme a Constituição aos arts. 124 e 126 do Código Penal, para excluir do seu âmbito de incidência a interrupção voluntária da gestação efetivada no primeiro trimestre". Isso porque "a criminalização, nessa hipótese, viola diversos direitos fundamentais da mulher, bem como o princípio da proporcionalidade".

## 2. LESÕES CORPORAIS

**Lesão corporal leve (art. 129, *caput*).** Constitui lesão corporal:

> "Ofender a integridade corporal ou a saúde de outrem".

Protege-se a incolumidade do indivíduo (física, fisiológica e mental).

**Lesão corporal grave (§ 1º).** Se resulta: incapacidade para as ocupações habituais, por mais de 30 dias; perigo de vida; debilidade permanente de membro, sentido ou função; aceleração de parto (o agente deve conhecer a gravidez).

**Lesão corporal gravíssima (§ 2º).** Se resulta: incapacidade permanente para o trabalho; enfermidade incurável; perda ou inutilização de membro, sentido ou função; deformidade permanente; aborto.

▸ **Atenção:**

- Art. 129, § 2º, V: o **aborto** só pode ser causado a título de **culpa** (crime preterdoloso), ou seja, há dolo no antecedente (lesão corporal) e culpa no resultado qualificador (aborto), pois havendo dolo em relação às lesões e também em relação ao aborto o agente responderá por lesão corporal (sem esta qualificadora) em concurso com aborto sem o consentimento (art. 125). Ainda: **a gravidez deve ser conhecida do agente**, caso contrário não responderá pela lesão corporal qualificada pelo aborto.
- Os §§ 1º e 2º só se aplicam à lesão corporal *dolosa*.

**Desistência voluntária e arrependimento eficaz (art. 15) no crime de homicídio.** Se o agente inicia a execução do crime de homicídio, causando, por exemplo, lesões corporais na vítima, mas, voluntariamente, desiste de prosseguir na execução ou impede que o resultado se produza, só responde pelos atos já praticados. No caso, responde por lesão corporal, que pode ser leve, grave ou gravíssima. É o que se conhece em doutrina como *tentativa qualificada*, ou seja, o agente responde pelo crime remanescente, se houver.

**Lesão corporal seguida de morte (§ 3º).** Denomina-se *homicídio preterintencional ou preterdoloso.* Há dolo em relação ao crime de lesão corporal (antecedente) e culpa no que se refere à morte (consequente). Se o agente quer a morte ou assume o risco de produzi-la, configura homicídio doloso e não o art. 129, § 3º. *Resultado decorrente de caso fortuito, força maior ou imprevisível*: inexiste culpa, não se podendo responsabilizar o agente pela morte (CP, art. 19), de modo que não incide a qualificadora do 129, § 3º. *Tentativa*: é inadmissível o crime de lesão seguida de morte na modalidade tentada.

**Lesão corporal privilegiada (§ 4°).** Se o agente comete o crime impelido por motivo de relevante valor social ou moral ou sob o domínio de violenta emoção, logo em seguida a injusta provocação da vítima, o juiz pode reduzir a pena de um sexto a um terço.

**Substituição da pena na lesão corporal leve (§ 5°).** O juiz, não sendo graves as lesões, pode ainda substituir a pena de detenção pela de multa: I – se ocorre qualquer das hipóteses do parágrafo anterior; II – se as lesões são recíprocas.

**Lesão corporal culposa (§ 6º).** Ocorre quando a lesão corporal é causada por imprudência, negligência ou imperícia. *Gravidade das lesões*: não há graduação da lesão leve, grave e gravíssima, mas o juiz deve considerá-la na fixação da pena concreta. *Delitos de trânsito*: art. 303 da Lei nº 9.503/97 (Código de Trânsito Brasileiro). *Ação penal*: pública condicionada à representação (Lei 9.099/95, art. 88).

**Aumento de pena (§ 7º).** Aumenta-se a pena de 1/3 (um terço) se ocorrer qualquer das hipóteses dos §§ 4º e 6º do art. 121 do Código Penal. O dispositivo tem sua redação dada pela 'Lei de Extermínio de Seres Humanos' (Lei nº 12.720/12).

**Lesão corporal leve qualificada pela violência doméstica e familiar (§ 9º).** Trata-se de uma qualificadora em relação às *lesões corporais leves* nos casos de *violência doméstica*. Observe-se que não necessariamente será contra a mulher, ou seja, o sujeito passivo pode ser homem ou mulher. Caso seja uma *violência doméstica e familiar contra a mulher*, incidirão as regras específicas da Lei Maria da Penha (Lei nº 11.340/06). Situações:

*Se a lesão for praticada: contra ascendente, descendente, irmão, cônjuge ou companheiro; com quem conviva ou tenha convivido; prevalecendo-se o agente das relações domésticas, de coabitação ou de hospitalidade.*

**Lesão corporal de natureza grave ou seguida de morte majorada pela violência doméstica e familiar (§ 10º).** Nos casos previstos nos §§ 1º a 3º do art. 129, se as circunstâncias são as indicadas no § 9º deste artigo, aumenta-se a pena em 1/3.

**Lesão corporal no âmbito doméstico ou familiar majorada pela vulnerabilidade da vítima (§ 11).** Na hipótese do § 9º do art. 129, a pena será aumentada de 1/3 se o crime for cometido contra pessoa portadora de deficiência.

**Lesão corporal praticada contra autoridade ou agente descrito nos arts. 142 e 144 da Constituição Federal, integrantes do sistema prisional e da Força Nacional de Segurança Pública, no exercício da função ou em decorrência dela, ou contra seu cônjuge, companheiro ou parente consanguíneo até terceiro grau, em razão dessa condição (§ 12):** a pena é aumentada de um a dois terços (incluído pela Lei nº 13.142, de 2015).

**Ação penal.** Depende de *representação* para que sejam adotadas as providências criminais em relação aos crimes de lesão corporal *leve* e lesão corporal *culposa* (Lei 9.099/95, art. 88). Nas hipóteses dos §§ 1º a 3º, a ação é pública incondicionada.

> **Importante:**
>
> - **Coabitação:** "Para configuração da violência doméstica e familiar prevista no artigo 5º da Lei 11.340/2006, Lei Maria da Penha, não se exige a coabitação entre autor e vítima" (Súmula 600 do STJ).
> - **Princípio da insignificância:** "É inaplicável o princípio da insignificância nos crimes ou contravenções penais praticados contra a mulher no âmbito das relações domésticas" (Súmula 589 do STJ).
> - **Ação penal no caso de violência doméstica contra a mulher:** "A ação penal relativa ao crime de lesão corporal resultante de violência doméstica contra a mulher é pública incondicionada" (**Súmula 542 do STJ**).
> - **Súmula 536 do STJ** – A suspensão condicional do processo e a transação penal não se aplicam na hipótese de delitos sujeitos ao rito da Lei Maria da Penha.
> - **Crime hediondo:** A Lei nº 13.142/15 acrescentou o inciso I-A ao art. 1º da Lei nº 8.072/90, alterando o rol dos crimes hediondos: "I-A – lesão corporal dolosa de natureza gravíssima (art. 129, § 2º) e lesão corporal seguida de morte (art. 129, § 3º), quando praticadas contra autoridade ou agente descrito nos arts. 142 e 144 da Constituição Federal, integrantes do sistema prisional e da Força Nacional de Segurança Pública, no exercício da função ou em decorrência dela, ou contra seu cônjuge, companheiro ou parente consanguíneo até terceiro grau, em razão dessa condição".

## 3. PERICLITAÇÃO DA VIDA E DA SAÚDE

### 3.1. Perigo de contágio venéreo (art. 130)

Pune-se aquele que expõe alguém, por meio de relações sexuais ou qualquer ato libidinoso, a contágio de moléstia venérea, de que sabe ou deve saber que está contaminado. Basta a vontade de praticar a conduta, independente da vontade de causar o resultado (contágio). Porém, se é intenção do agente transmitir a moléstia, o crime será qualificado.

## 3.2. Perigo de contágio de moléstia grave (art. 131)

É punida a conduta daquele que pratica, com o fim de transmitir a outrem moléstia grave de que está contaminado, ato capaz de produzir o contágio. Consuma-se com a conduta (ato idôneo para transmitir a moléstia), independentemente da produção do resultado (transmissão da moléstia grave). Na hipótese de o agente não estar contaminado e utilizar algum objeto que esteja com a contaminação de outrem, responderá por lesão corporal, consumada ou tentada. Discute-se em qual tipo se amolda a conduta de transmitir o vírus HIV: 1ª) homicídio tentado; 2ª) art. 131; 3ª) art. 129, § 2º, II.

## 3.3. Perigo para a vida ou saúde de outrem (art. 132)

É proibido expor a vida ou a saúde de outrem a perigo direto e iminente. É necessário que a conduta (ação ou omissão) perigosa recaia sobre uma pessoa ou algumas pessoas determinadas. *Exemplo*: não ter adotado as providências de segurança, expondo os empregados da empresa a perigo no que se refere à sua saúde ou vida (STF, HC 80.721, j. 10/04/2001). Trata-se de **delito subsidiário**, que só incide se não houver crime mais grave. Se for criado pelo agente um perigo indeterminado e indireto, poderá configurar um dos crimes contra a incolumidade pública (art. 250 e seguintes). A pena é aumentada de um sexto a um terço se a exposição da vida ou da saúde de outrem a perigo decorre do transporte de pessoas para a prestação de serviços em estabelecimentos de qualquer natureza, em desacordo com as normas legais.

## 3.4. Abandono de incapaz (art. 133)

É punida a conduta daquele que abandona pessoa que está sob seu cuidado, guarda, vigilância ou autoridade, e, por qualquer motivo, incapaz de defender-se dos riscos resultantes do abandono. Trata-se de **crime próprio**, uma vez que somente será sujeito ativo aquele que possui o dever de cuidado, guarda, vigilância ou possui autoridade em relação à vítima. O crime é doloso (vontade de abandonar). Não se pune a modalidade culposa. Para a consumação é necessária a prova de que o abandono deixou a vítima exposta a um perigo de dano.

## 3.5. Exposição ou abandono de recém-nascido (art. 134)

Configura o delito a conduta de expor ou abandonar recém-nascido, para ocultar desonra própria. São as situações em que a mãe esconde a gravidez, por ser fruto de relações extramatrimoniais. Se o abandono do recém-nascido não for com a finalidade de ocultar desonra própria, trata-se do crime previsto no art. 133.

## 3.6. Omissão de socorro (art. 135)

Violação do dever de solidariedade. Comete o crime aquele que deixar de prestar assistência, quando possível fazê-lo sem risco pessoal, a criança abandonada ou extraviada, ou a pessoa inválida ou ferida, ao desamparo ou em grave e iminente perigo; ou não pedir, nesses casos, o socorro da autoridade pública. No caso de homicídio ou lesões corporais culposas, eventual omissão de socorro pelo agente configurará causa de aumento de pena (CP, arts. 121, § 4º, e 129, § 7º; CTB, arts. 302, par. único, e 303, par. único). O Código de Trânsito também prevê como crime deixar o condutor do veículo, na ocasião do acidente (que não causou por culpa), de prestar imediato socorro à vítima, ou, não podendo fazê-lo diretamente, por justa causa, deixar de solicitar auxílio da autoridade pública (art. 304).

## 3.7. Condicionamento de atendimento médico-hospitalar emergencial (art. 135-A)

A Lei nº 12.653, de 28 de maio de 2012, acrescentou ao Código Penal um novo delito, com pena de detenção de 3 meses a 1 ano, e multa (é infração de menor potencial ofensivo), nos seguintes termos:

> *"Exigir cheque-caução, nota promissória ou qualquer garantia, bem como o preenchimento prévio de formulários administrativos, como condição para o atendimento médico-hospitalar emergencial".*

O crime é próprio, pois somente poderá ser praticado por representantes ou funcionários hospitalares (sócios, administradores, atendentes, seguranças) ou profissionais da área da saúde (médicos, enfermeiros) incumbidos do atendimento emergencial. Ou seja, o sujeito ativo deve ser a pessoa com poderes para exigir cheque-caução, nota promissória ou qualquer garantia, bem como o preenchimento prévio de formulários administrativos, como condição para o atendimento médico-hospitalar emergencial.

Na prática, o autor executor será um mero empregado que, por ordem de seu superior, irá cumprir o que lhe foi ordenado. Entretanto, o mandante também responderá pelo crime (concurso de pessoas), figurando como autor ou partícipe, a depender da teoria adotada (teoria do domínio do fato ou restritivo-objetiva).

O sujeito passivo é a pessoa que deveria receber o atendimento médico-hospitalar emergencial.

O tipo prevê apenas a modalidade dolosa. Além do dolo, exige-se o elemento subjetivo específico, consistente na finalidade condicional de atendimento médico-hospitalar emergencial.

Ocorre a consumação com a mera exigência da garantia ou do preenchimento dos formulários. Não se exige que a vítima deixe de ser atendida ou que a sua situação se agrave.

Se da negativa de atendimento resultar lesão corporal de natureza grave, a pena é aumentada até o dobro; se resultar a morte da vítima, a pena é aumentada até o triplo.

Ademais, o estabelecimento de saúde que realize atendimento médico-hospitalar emergencial fica obrigado a afixar, em local visível, cartaz ou equivalente, para ciência de todos acerca da existência do crime previsto no art. 135-A do Código Penal.

### 3.8. Maus-tratos (art. 136)

Pune-se a conduta de expor a perigo a vida ou a saúde de pessoa sob sua autoridade, guarda ou vigilância, para fim de educação, ensino, tratamento ou custódia, quer privando-a de alimentação ou cuidados indispensáveis, quer sujeitando-a a trabalho excessivo ou inadequado, quer abusando de meios de correção ou disciplina. Trata-se de **crime próprio**, tendo em vista que deve existir uma relação específica entre os sujeitos ativo e passivo. Por outro lado, poderá configurar **crime de tortura** se o agente submeter alguém, sob sua guarda, poder ou autoridade, com emprego de violência ou grave ameaça, a intenso sofrimento físico ou mental, como forma de aplicar castigo pessoal ou medida de caráter preventivo (Lei nº 9.455/97, art. 1º, II).

## 4. RIXA

Pune-se a participação em rixa (art. 137). **Rixa** consiste na briga entre **pelo menos três pessoas**, com agressões físicas recíprocas entre os participantes. É pressuposto da rixa a existência de tumulto envolvendo pessoas sem que a ação de cada contendor seja determinada. Assim, na rixa não se tem como distinguir a participação de cada um. Por isso se diz que quando um grupo definido luta contra outro não haverá rixa, podendo existir lesões corporais recíprocas (nesse sentido: STJ, Apn. 35).

Consuma-se com qualquer ato de agressão. A tentativa é inadmissível no caso de rixa *ex improviso (aquela que surge subitamente, sem planejamento)*. Trata-se de crime comum, de perigo abstrato, comissivo e plurissubjetivo (de concurso necessário).

Se ocorrer morte ou lesão corporal de natureza grave incidirá a qualificadora (a lesão *leve* não qualifica a rixa). A morte ou a lesão corporal pode ser de um dos rixosos ou de terceiro. Se for identificada a autoria da morte ou das lesões corporais graves, esse autor responderá por homicídio ou lesões corporais graves em concurso material com rixa (discute-se se rixa qualificada ou rixa simples), ao passo que os demais rixosos apenas por rixa qualificada. O rixoso responde por rixa qualificada mesmo se for a vítima das lesões corporais graves. Ainda que ocorram várias lesões corporais ou mortes haverá apenas um delito de rixa.

## 5. CRIMES CONTRA A HONRA

### 5.1. Calúnia (art. 138)

Nos termos no art. 138, *caput*, do CP, configura crime:

> "Caluniar alguém, imputando-lhe falsamente fato definido como crime".

Também comete o crime quem, sabendo falsa a imputação, a propala ou divulga (§ 1º).

O objeto jurídico protegido é a **honra objetiva**, que consiste na reputação que a pessoa possui na sociedade. Qualquer pessoa pode ser sujeito ativo ou passivo (crime comum). Em relação ao sujeito passivo, a vítima deve ser certa e determinada.

Imputar (*caput*) significa atribuir, acusar. Propalar ou divulgar (§ 1º) consiste em tornar pública a calúnia que tomou conhecimento. A imputação deve ser de **fato definido como crime**. Ademais a **imputação deve ser falsa**, sendo que pode ter existido o fato criminoso, mas não ser o ofendido o seu autor; ou o fato pode não ter acontecido e, mesmo assim, ser imputado ao ofendido. Saliente-se que o agente deve imputar um fato definido e não algo vago, indeterminado. Nos termos, do § 2º, **é punível a calúnia contra os mortos.**

No art. 138, *caput*, deve haver dolo direto ou eventual, ao passo que no § 1º somente dolo direto. Além do dolo, deve haver o firme propósito de ofender a honra (elemento subjetivo especial do tipo). Assim, não configura o delito quando o agente possui apenas *animus narrandi, criticandi, defendendi, retorquendi, corrigendi* ou *jocandi.*

**Consuma-se no momento em que terceira pessoa toma conhecimento.** A tentativa é admissível na forma escrita. *Exemplo de tentativa*: envio e-mail para meus contatos caluniando alguém; por um problema técnico, o e-mail não chega ao conhecimento de ninguém, nem mesmo do empregado da provedora.

**Exceção da verdade** (*exceptio veritatis*): possibilidade de o agente provar que o fato é verdadeiro, caso em que não haverá o delito, já que a imputação não será falsa. Não se admite em alguns casos (§ 3º): *a)* se, constituindo o fato imputado crime de ação privada, o ofendido não foi condenado por sentença irrecorrível; *b)* se o fato é imputado a qualquer das pessoas indicadas no nº I do art. 141 (Presidente da República ou chefe de governo estrangeiro); e *c)* se do crime imputado, embora de ação pública, o ofendido foi absolvido por sentença irrecorrível.

## 5.2. Difamação (art. 139)

No crime descrito no art. 139, o agente difama alguém, imputando-lhe fato ofensivo à sua reputação. Tutela-se também a **honra objetiva.** Qualquer pessoa pode figurar como sujeito ativo e passivo. Na difamação, o agente atribui a alguém **fato ofensivo à sua reputação**. Não é necessário que o fato ofensivo seja falso. Se a imputação for de fato considerado *crime* será calúnia. Se o fato consistir em *contravenção* será difamação. Consuma-se no momento em que terceira pessoa toma conhecimento do fato ofensivo. **Exceção da verdade:** somente se admite se o ofendido é funcionário público e a ofensa é relativa ao exercício de suas funções.

## 5.3. Injúria (art. 140)

Nos moldes do art. 140, é proibido

> "Injuriar alguém, ofendendo-lhe a dignidade ou o decoro".

O bem jurídico tutelado é a **honra subjetiva**, que é o conceito que o indivíduo possui de sua própria dignidade e decoro. Trata-se do autoconceito dos atributos morais, éticos, físicos e intelectuais. Refere-se ao nosso amor-próprio e autoestima.

Na injúria, o agente emite **qualidades negativas** sobre a vítima, ofendendo a sua *dignidade* (sentimento sobre valores morais) ou *decoro* (sentimento de respeitabilidade pessoal, referente a atributos físicos e intelectuais), ou seja, atingindo a **honra subjetiva** do ofendido. *Exemplos*: chamar alguém de safado, incompetente, mau-caráter etc. O consentimento do ofendido exclui o delito.

> **▸ Observação:**
>
> Chamar alguém de *ladrão* configura injúria e não calúnia, uma vez que **não se imputou um fato determinado**, mas sim se proferiu uma ofensa.

**Consuma-se no momento em que a vítima toma conhecimento** do conceito negativo emitido sobre sua pessoa. Não é necessário que a vítima se sinta ofendida, bastando a possibilidade da produção desse resultado.

**Na injúria não se admite exceção da verdade.**

Hipóteses de **perdão judicial** (§ 1º): *a)* quando o ofendido, de forma reprovável, provocou diretamente a injúria; *b)* no caso de retorsão imediata, que consista em outra injúria.

**Injúria real** (§ 2º): qualifica o crime se a injúria consiste em violência ou vias de fato que, por sua natureza ou pelo meio empregado, se considerem aviltantes.

**Injúria racial ou preconceituosa** (§ 3º): qualifica o crime se a injúria consiste na utilização de elementos referentes a raça, cor, etnia, religião, origem ou a condição de pessoa idosa ou portadora de deficiência. O art. 140, § 3º, do CP (no qual há vítima determinada) não deve ser confundido com os crimes resultantes de preconceito de raça, ou de cor, definidos na Lei nº 7.716/89.

***Imprescritibilidade e inafiançabilidade:*** "Nos termos da orientação jurisprudencial desta Corte, com o advento da Lei n. 9.459/97, introduzindo a denominada injúria racial, criou-se mais um delito no cenário do racismo, portanto, imprescritível, inafiançável e sujeito à pena de reclusão" (STJ, 6ª T., AgRg no AREsp 734236, j. 27/02/2018). Entretanto, existe posição doutrinária em sentido contrário ao decidido pelo STJ, no sentido de que a injúria racial, apesar da possibilidade de conter expressões racistas, não é considerada "crime de racismo" e nem se sujeita às consequências da norma constitucional, como imprescritibilidade e inafiançabilidade.

## 5.4. Disposições gerais

### *5.4.1. Causas de aumento*

Nos termos do art. 141, as penas cominadas neste Capítulo aumentam-se de um terço se qualquer dos crimes é cometido:

> I – contra o Presidente da República, ou contra chefe de governo estrangeiro;
>
> II – contra funcionário público, em razão de suas funções;
>
> III – na presença de várias pessoas, ou por meio que facilite a divulgação da calúnia, da difamação ou da injúria;
>
> IV – contra pessoa maior de 60 anos ou portadora de deficiência, exceto no caso de injúria.
>
> Igualmente, se o crime é cometido mediante paga ou promessa de recompensa, aplica-se a pena em dobro.

### *5.4.2. Exclusão do crime*

Não constituem injúria ou difamação punível:

I – a ofensa irrogada em juízo, na discussão da causa, pela parte ou por seu procurador;

II – a opinião desfavorável da crítica literária, artística ou científica, salvo quando inequívoca a intenção de injuriar ou difamar;

III – o conceito desfavorável emitido por funcionário público, em apreciação ou informação que preste no cumprimento de dever do ofício.

Nos casos dos incisos I e III, responde pela injúria ou pela difamação quem lhe dá publicidade.

### 5.4.3. Retratação

Nos termos do art. 143 do CP, o querelado que, antes da sentença, se retrata (retira o que disse) cabalmente da calúnia ou da difamação, fica isento de pena.

A Lei nº 13.188, de 11/11/ 2015 (publicada em 12/11/2015), acrescentou o parágrafo único ao art. 143 com a seguinte redação: "Nos casos em que o querelado tenha praticado a calúnia ou a difamação utilizando-se de meios de comunicação, a retratação dar-se-á, se assim desejar o ofendido, pelos mesmos meios em que se praticou a ofensa".

Antes da inclusão da norma, a jurisprudência já afirmava que a retratação deveria ser cabal: "Nos termos do art. 143 do Código Penal, a retratação, para gerar a extinção da punibilidade do agente, deve ser cabal, ou seja, completa, inequívoca. No caso, em que a ofensa foi praticada mediante texto veiculado na internet, o que potencializa o dano à honra do ofendido, a exigência de publicidade da retratação revela-se necessária para que esta cumpra a sua finalidade e alcance o efeito previsto na lei" (STJ, REsp 320.958, j. 06/09/2007).

### 5.4.4. Pedido de explicações

Se, de referências, alusões ou frases, se infere calúnia, difamação ou injúria, quem se julga ofendido pode pedir explicações em juízo. Aquele que se recusa a dá-las ou, a critério do juiz, não as dá satisfatórias, responde pela ofensa. O pedido de explicações refere-se a um procedimento anterior ao início da ação penal, caracterizando-se como verdadeira medida de natureza penal-cautelar destinada a instruir futuro processo criminal.

### 5.4.5. Ação Penal

Em regra, nos crimes contra a honra somente se procede mediante **queixa (ação penal privada)**.

Exceções:

- **Ação penal pública condicionada à requisição do Ministro da Justiça**: se qualquer dos crimes é cometido contra o Presidente da República, ou contra chefe de governo estrangeiro (art. 141, I).
- **Ação penal pública condicionada à representação do ofendido**: se qualquer dos crimes é cometido contra funcionário público, em razão de suas funções (art. 141, II). Segundo a **Súmula 714 do STF**:

*É concorrente a legitimidade do ofendido, mediante queixa, e do Ministério Público, condicionada à representação do ofendido, para a ação penal por crime contra a honra de servidor público em razão do exercício de suas funções.*

- **Ação penal pública condicionada à representação do ofendido**: no caso de crime de injúria preconceituosa (art. 140, § 3º).
- **Ação penal pública incondicionada**: no caso de injúria real, se da *violência* resulta lesão corporal (art. 140, § 2º).

### *5.4.6. Distinção*

Se houver interesse eleitoral, o crime poderá ser enquadrado no Código Eleitoral [Lei 4.737/65]: calúnia (art. 324), difamação (art. 325) ou injúria (art. 326).

Se houve interesse militar, o crime poderá ser enquadrado no Código Penal Militar [DL 1.001/69]: calúnia (art. 214), difamação (art. 215) ou injúria (art. 216).

Se houver interesse político, e o crime for praticado contra o chefe de um dos Três Poderes, poderá haver o enquadramento na Lei dos Crimes contra a Segurança Nacional [Lei 7.170/83]: calúnia e difamação (art. 26).

# 6. CRIMES CONTRA A LIBERDADE INDIVIDUAL

## 6.1. Constrangimento ilegal (art. 146)

Pune-se aquele que constrange alguém, mediante violência ou grave ameaça, ou depois de lhe haver reduzido, por qualquer outro meio, a capacidade de resistência, a não fazer o que a lei permite, ou a fazer o que ela não manda. Trata-se de **crime subsidiário**, de sorte que em certos casos incide o delito mais grave (ex.: art. 158). Se a pretensão do agente for *legítima*, configura exercício arbitrário das próprias razões (CP, art. 345). Exclui o crime: a intervenção médica ou cirúrgica, sem o consentimento do paciente ou de seu responsável legal, se justificada por iminente perigo de vida; a coação exercida para impedir suicídio.

▸ **Observação:**

Para compreensão da resposta dada à questão, deve-se atentar que não restou configurado o crime de roubo (art. 157 do CP) pela ausência do *elemento subjetivo especial* exigido no tipo penal ("para si ou para outrem"), vale dizer, o agente não possuía a intenção de assenhoreamento definitivo da coisa. Assim, Ares, na verdade, constrangeu alguém (Ártemis), mediante violência, a não reagir ao seu propósito de utilizar a bicicleta.

## 6.2. Ameaça (art. 147)

É proibido ameaçar alguém, por palavra, escrito ou gesto, ou qualquer outro meio simbólico, de causar-lhe mal injusto e grave. Trata-se de **crime formal**, de sorte que se consuma no momento em que a vítima vem conhecer a ameaça. A ameaça deve possuir idoneidade para intimidar uma pessoa comum. A tentativa é admitida. Somente se procede mediante *representação* (**ação penal pública condicionada**).

## 6.3. Sequestro e cárcere privado (art. 148)

Configura crime privar alguém de sua liberdade, mediante sequestro ou cárcere privado. Segundo aponta a doutrina, **cárcere privado** significa privação da liberdade "dentro de quatro paredes" (recinto fechado, como um quarto), ao passo que **sequestro** seria a privação da liberdade "fora de quatro paredes" (como restringir a liberdade de alguém dentro de um sítio ou em uma ilha). Trata-se de **crime permanente**. *Forma qualificada e Lei 11.106/2005:* os artigos 219 e 220 do Código Penal foram revogados pela Lei nº 11.106/05. No entanto, **não ocorreu a *abolitio criminis* em relação ao delito de rapto violento ou mediante fraude** (art. 219), pois na sucessão das leis penais inexistiu a descontinuidade normativo-típica, tendo em vista que o núcleo do tipo foi inserido no § 1º, inciso V (sequestro para fins libidinosos). O fato, portanto, continua criminoso, embora possua hoje outro *nomen iuris* (era chamado de "rapto violento"; hoje é chamado de "sequestro e cárcere privado qualificado, pois praticado com fins libidinosos"). É o que se conhece como **princípio da continuidade normativo-típica**.

## 6.4. Redução à condição análoga à de escravo (art. 149)

Consiste em reduzir alguém a condição análoga à de escravo, praticando as seguintes condutas: submeter alguém a trabalhos forçados ou a jornada exaustiva, quer sujeitando-o a condições degradantes de trabalho, quer restringindo, por qualquer meio, sua locomoção em razão de dívida contraída com o empregador ou preposto, bem como cercear o uso de qualquer meio de transporte por parte do trabalhador, com o fim de retê-lo no local de trabalho; ou manter vigilância ostensiva no local de trabalho ou se apoderar de documentos ou objetos pessoais do trabalhador, com o fim de retê-lo no local de trabalho. **Competência da Justiça Federal:** STF: "1. O bem jurídico objeto de tutela pelo art. 149 do Código Penal vai além da liberdade individual, já que a prática da conduta em questão acaba por vilipendiar outros bens jurídicos protegidos constitucionalmente como a dignidade da pessoa humana, os direitos trabalhistas e previdenciários, indistintamente considerados. (...) 4. A conjugação harmoniosa dessas circunstâncias se mostra hábil para atrair para a competência da Justiça Federal (CF, art. 109, inciso VI) o processamento e o julgamento do feito" (STF, Pleno, RE 459510, j. 26/11/2015).

## 6.5. Tráfico de Pessoas (art. 149-A)

A Lei nº 13.344, de 06/10/2016 (publicada em 07/10/2016), com vigência após decorridos 45 dias de sua publicação, inseriu o art. 149-A no Código Penal. Prevê uma pena de reclusão, de 4 (quatro) a 8 (oito) anos, e multa, para quem agenciar, aliciar, recrutar, transportar, transferir, comprar, alojar ou acolher pessoa, mediante grave ameaça, violência, coação, fraude ou abuso, com a finalidade de: I – remover-lhe órgãos, tecidos ou partes do corpo; II – submetê-la a trabalho em condições análogas à de escravo; III – submetê-la a qualquer tipo de servidão; IV – adoção ilegal; ou V – exploração sexual. O § 1º traz uma aumento de pena de um terço até a metade se: I – o crime for cometido por funcionário público no exercício de suas funções ou a pretexto de exercê-las; II – o crime for cometido contra criança, adolescente ou pessoa idosa ou com deficiência; III – o agente se prevalecer de relações de parentesco, domésticas, de coabitação, de hospitalidade, de dependência econômica, de autoridade ou de superioridade hierárquica inerente ao exercício de emprego, cargo ou função; ou IV – a vítima do tráfico de pessoas for retirada do território nacional. Por sua vez, o § 2º prevê que a pena é reduzida de um a dois terços se o agente for primário e não integrar organização criminosa.

## 6.6. Violação de domicílio (art. 150)

Configura o delito quando o agente entra (penetra, ingressa) ou permanece (conserva-se dentro), clandestina ou astuciosamente, ou contra a vontade expressa ou tácita de quem de direito, em casa alheia ou em suas dependências. Tutela-se a inviolabilidade domiciliar. Entrar em casa *desabitada* não configura o delito. Consuma-se com a entrada ou permanência (crime de mera conduta). Na modalidade *entrar* o crime é **instantâneo**. Na modalidade *permanecer* o crime é

**permanente**. Admite-se a tentativa na forma comissiva. Exclusão do crime (CF, art. 5º, XI): a casa é asilo inviolável do indivíduo, ninguém nela podendo penetrar sem consentimento do morador, salvo em caso de flagrante delito ou desastre, ou para prestar socorro, ou, durante o dia, por determinação judicial. O conceito de **casa** vem disposto no art. 150, § 4º, do CP.

> **Importante**
>
> O Plenário do STF, ao julgar o RE 603616 (j. 05/11/2015), firmou a tese de que "a entrada forçada em domicílio sem mandado judicial só é lícita, mesmo em período noturno, quando amparada em fundadas razões, devidamente justificadas a posteriori, que indiquem que dentro da casa ocorre situação de flagrante delito, sob pena de responsabilidade disciplinar, civil e penal do agente ou da autoridade e de nulidade dos atos praticados".

## 6.7. Violação, sonegação ou destruição de correspondência (art. 151, *caput*, e § 1º)

O art. 151, *caput*, e § 1º, do CP foi revogado tacitamente pelo art. 40, *caput*, e § 1º, da Lei nº 6.538/78. Configura o delito a conduta de devassar indevidamente o conteúdo de correspondência fechada dirigida a outrem, bem como se apossar indevidamente de correspondência alheia, embora não fechada, para sonegá-la ou destruí-la, no todo ou em parte.

## 6.8. Violação de comunicação telegráfica, radioelétrica ou telefônica (art. 151, § 1º, II, III e IV)

Segundo o CP, comete crime: quem indevidamente divulga, transmite a outrem ou utiliza abusivamente comunicação telegráfica ou radioelétrica dirigida a terceiro, ou conversação telefônica entre outras pessoas (inciso II). *Divergência:* discute-se se a parte final do inciso II (conversação telefônica) foi revogada pela Lei nº 9.296/96, uma vez que tratou da interceptação telefônica e criou um crime específico para a violação do sigilo telefônico: *"Art. 10. Constitui crime realizar interceptação de comunicações telefônicas, de informática ou telemática, ou quebrar segredo da Justiça, sem autorização judicial ou com objetivos não autorizados em lei"*.

Também conforme dispõe o CP, comete crime: quem impede a comunicação ou a conversação referidas no número anterior (inciso III). O inciso IV proíbe a instalação ou utilização de estação ou aparelho radioelétrico, sem observância de disposição legal. Entretanto, esse inciso IV foi revogado pelo art. 70 da Lei nº 4.117/62 (Código Brasileiro de Telecomunicações). Por sua vez, a Lei nº 9.472/97 prevê como crime: *"desenvolver clandestinamente atividades de telecomunicação"*.

Considera-se clandestina a atividade desenvolvida sem a competente concessão, permissão ou autorização de serviço, de uso de radiofrequência e de exploração de satélite.

## 6.9. Correspondência comercial (art. 152)

Configura o crime abusar da condição de sócio ou empregado de estabelecimento comercial ou industrial para, no todo ou em parte, desviar, sonegar, subtrair ou suprimir correspondência, ou revelar a estranho seu conteúdo.

## 6.10. Divulgação de segredo (art. 153)

Comete o crime aquele que divulgar, sem justa causa, conteúdo de documento particular ou de correspondência confidencial, de que é destinatário ou detentor, e cuja divulgação possa produzir dano a outrem. Também pratica o delito quem divulga, sem justa causa, informações sigilosas ou reservadas, assim definidas em lei, contidas ou não nos sistemas de informações ou banco de dados da Administração Pública.

## 6.11. Violação do segredo profissional (art. 154)

Pune-se aquele que revela, sem justa causa, segredo, de que tem ciência em razão de função, ministério, ofício ou profissão, e cuja revelação possa produzir dano a outrem.

## 6.12. Invasão de dispositivo informático (art. 154-A)

O art. 154-A foi inserido ao Código Penal pela Lei nº 12.737, de 30 de novembro de 2012, conhecida como 'Lei Carolina Dieckmann' (em razão do caso amplamente divulgado da atriz que teve fotos íntimas espalhadas pela internet em face da invasão do seu computador).

A conduta delituosa é invadir dispositivo informático alheio, conectado ou não à rede de computadores, mediante violação indevida de mecanismo de segurança e com o fim de obter, adulterar ou destruir dados ou informações sem autorização expressa ou tácita do titular do dispositivo ou instalar vulnerabilidades para obter vantagem ilícita. A pena é de detenção, de 3 meses a 1 ano, e multa (infração de menor potencial ofensivo).

A invasão deve ocorrer sem autorização de quem de direito (proprietário ou possuidor do dispositivo), tendo em vista a elementar "mediante violação indevida de mecanismo de segurança". Entende-se por *mecanismo de segurança* a medida adotada para proteção do dispositivo de informática ou da informação nele contida. *Ex.*: sistema de controle de acesso (*login* e senha); controle de acesso de dados.

Para que opere a invasão indevida, o dispositivo informático pode estar conectado, ou não, à rede de computadores, compreendida como o grupo de computadores ligados por meio de equipamento de comunicação. As ligações podem ser permanentes (como cabos) ou temporárias (telefone ou outro meio de comunicação). As redes podem envolver alguns computadores, impressoras e outros dispositivos (rede local) ou vários computadores, bem como se dar por meio da internet (agrupamento mundial de redes e portas de ligação que se comunicam umas com as outras utilizando o conjunto de protocolos TCP/IP).

**Formas equiparadas.** Na mesma pena incorre quem produz, oferece, distribui, vende ou difunde dispositivo ou programa de computador com o intuito de permitir a prática da conduta definida no *caput*.

**Forma majorada do § 2º:** o § 2º do art. 154-A do CP prevê a seguinte majorante:

> "Aumenta-se a pena de um sexto a um terço se da invasão resulta prejuízo econômico".

*Prejuízo econômico* é aquele de caráter financeiro ou material, afastando-se, por consequência, eventual dano moral sofrido pela vítima. Trata-se de situação em que o exaurimento do crime funciona como causa especial de aumento de pena.

**Forma qualificada (§ 3º):** consta no § 3º do art. 154-A do Código Penal:

> "Se da invasão resultar a obtenção de conteúdo de comunicações eletrônicas privadas, segredos comerciais ou industriais, informações sigilosas, assim definidas em lei, ou o controle remoto não autorizado do dispositivo invadido: Pena – reclusão, de 6 (seis) meses a 2 (dois) anos, e multa, se a conduta não constitui crime mais grave".

**Formas majoradas (§§ 4º e 5º):** já o § 4º do mesmo dispositivo dispõe que

> "Na hipótese do § 3º, aumenta-se a pena de um a dois terços se houver divulgação, comercialização ou transmissão a terceiro, a qualquer título, dos dados ou informações obtidos".

O aumento limita-se ao caso do § 3º. O § 5º, por sua vez, preocupa-se com a função exercida pela vítima, estabelecendo:

> "Aumenta-se a pena de um terço à metade se o crime for praticado contra: I – Presidente da República, governadores e prefeitos; II – Presidente do

> Supremo Tribunal Federal; III – Presidente da Câmara dos Deputados, do Senado Federal, de Assembleia Legislativa de Estado, da Câmara Legislativa do Distrito Federal ou de Câmara Municipal; ou IV – dirigente máximo da administração direta e indireta federal, estadual, municipal ou do Distrito Federal".

O dispositivo pode incidir na forma simples (*caput*) ou na forma qualificada (§ 3º).

**Ação penal.** De acordo com o art. 154-B, o delito de invasão de dispositivo informático somente se procede mediante representação (ação penal pública condicionada), salvo se é cometido contra a administração pública direta ou indireta de qualquer dos Poderes da União, Estados, Distrito Federal ou Municípios ou contra empresas concessionárias de serviços públicos, caso em que a ação penal é pública incondicionada.

# Crimes contra o patrimônio

## 1. FURTO

### 1.1. Furto simples (art. 155, *caput*)

Constitui o crime de furto "subtrair, para si ou para outrem, coisa alheia móvel". Tutelam-se os bens jurídicos propriedade, posse e detenção.

**Tipo objetivo.** O verbo típico ***subtrair*** significa retirar a coisa da posse da vítima, passando ao poder do agente. ***Coisa:*** aquilo que possui existência de natureza corpórea e tem valor econômico. Segundo Hungria, a coisa deve representar para o dono pelo menos uma utilidade (valor de uso). Para alguns autores (Mirabete, por exemplo), coisa de valor afetivo ou sentimental também pode ser objeto material de furto. A subtração de **cadáver** pode caracterizar crime de furto, como, por exemplo, quando pertencer a um museu ou na hipótese de ser utilizado para a finalidade científica, pois nesses casos passa a ter valor patrimonial. Caso contrário, pode configurar o delito de subtração de cadáver (CP, art. 211). ***Alheia:*** pertencente a outrem. Não configura o crime de furto (art. 155) a subtração de *coisa própria*, mesmo que em poder de terceiro (neste caso poderá caracterizar o crime descrito no art. 346 do CP ou o crime de furto de coisa comum – art. 156). Não há furto de *coisa abandonada*, pois não integra o patrimônio de ninguém. O apoderamento de *coisa perdida* poderá configurar o crime do art. 169, par. único, II, do CP. ***Móvel*:** passível de ser removida ou deslocada. Certos objetos são considerados *imóveis* pelo Código Civil (navios e materiais separados provisoriamente de um prédio, por exemplo), mas são *móveis* para o Direito Penal e, assim, passíveis de furto.

Nos termos do § 3º,

> *"Equipara-se a coisa móvel a energia elétrica ou qualquer outra que tenha valor econômico."*

Assim, ocorre o crime de furto nos casos de ligação clandestina de energia elétrica, de telefone e de água. Predomina que o furto de energia elétrica constitui *crime permanente*. No caso de adulteração do medidor de energia elétrica, para o fim de reduzir a conta, discute-se se configura furto mediante fraude (STF, HC 72467) ou estelionato (STJ, 5ª T., AREsp 1418119, j. 07/05/2019).

> ▸ **Atenção:**
>
> Segundo decidiu o **STF**, é *atípica* a conduta de realizar ligação clandestina de TV a cabo (HC 97261, j. 12/04/2011). Por sua vez, o **STJ** possui decisões no sentido de que a captação irregular de sinal de TV a cabo configura o delito previsto no art. 155, § 3º, do CP (REsp 1076287/RN, j. 02/06/2009). Idem: STJ, RHC 30.847/RJ, 5ª T., j. 20/08/2013.

**Tipo subjetivo.** *Dolo*, consistente na consciência e vontade de subtrair coisa alheia móvel. *Elemento subjetivo especial:* expressão "para si ou para outrem", que revela o fim de assenhoreamento definitivo (*animus furandi*).

*Furto de uso:* será atípica, por ausência do elemento subjetivo especial do tipo (*para si ou para outrem*), a subtração de coisa alheia móvel quando o agente não possuir a intenção de assenhoreamento.

**Consumação.** Quatro teorias clássicas se destacam: a) teoria da *contrectatio*: consuma-se no momento em que o agente toca suas mãos na coisa; b) teoria da *amotio* ou *apprehensio*: a consumação ocorre no momento em que a coisa passa para o poder do agente (predomina na jurisprudência pátria); c) teoria da *ablatio:* consumação no momento em que a coisa é transportada de um local para outro; d) teoria da *illatio*: para ocorrer a consumação é necessário que a coisa seja levada ao local desejado para tê-la a salvo.

Embora não exista consenso na doutrina, **a jurisprudência do STJ, em Recurso Repetitivo, decidiu pela adoção da teoria da apprehensio ou amotio**: "Consuma-se o crime de furto com a posse de fato da *res furtiva*, ainda que por breve espaço de tempo e seguida de perseguição ao agente, sendo prescindível a posse mansa e pacífica ou desvigiada" (STJ, 3ª Seção, REsp 1524450, j. 14/10/2015). Idem: STJ, 5ª T., HC 496.696, j. 04/04/2019.

**Vigilância eletrônica e não ocorrência de crime impossível:** "Sistema de vigilância realizado por monitoramento eletrônico ou por existência de segurança no interior de estabelecimento comercial, por si só, não torna impossível a configuração do crime de furto" (**Súmula 567 do STJ**).

## 1.2. Furto majorado (art. 155, § 1º)

Nos termos do § 1º, a pena aumenta-se de um terço se o crime é praticado durante o repouso noturno. É período em que as pessoas se recolhem para dormir. Deve ser analisado de acordo com os costumes e hábitos do local do crime.

***Furto majorado (§ 1º) e forma qualificada (§ 4º).*** Orientações:

**1ª posição:** Incide a majorante somente na hipótese de furto simples (*caput*), de sorte que não haverá a sua aplicação se o furto for qualificado (§§ 4º e 5º). Precedente: STJ, HC 131.391, 6ª T, j. 19/08/2010. Nada impede, contudo, que tal hipótese seja utilizada como circunstância judicial (art. 59) no caso de um furto qualificado. Nesse sentido: STF, HC 77289 – "Não tendo a prática de furto noturno constituído causa de aumento da pena, nada impede a sua utilização, como circunstância judicial, para exasperação da reprimenda correspondente ao delito qualificado pelo concurso de agentes (art. 155, § 4º, IV, do Código Penal)".

**2ª posição:** STJ: "A alegação da impossibilidade de aplicação da causa de aumento de pena pelo repouso noturno, nos casos de furto qualificado, sequer ultrapassa o conhecimento, uma vez que este Superior Tribunal de Justiça firmou entendimento no sentido de que 'a causa de aumento prevista no § 1° do artigo 155 do Código Penal, que se refere à prática do crime durante o repouso noturno - em que há maior possibilidade de êxito na empreitada criminosa em razão da menor vigilância do bem, mais vulnerável à subtração -, é aplicável tanto na forma simples como na qualificada do delito de furto'" (STJ, 5ª T., AgRg no HC 429695, j. 23/08/2018).

## 1.3. Furto privilegiado (art. 155, § 2º)

Segundo o art. 155, § 2º, se o criminoso é primário, e é de pequeno valor a coisa furtada, o juiz pode substituir a pena de reclusão pela de detenção, diminuí-la de um a dois terços, ou aplicar somente a pena de multa.

***Coisa de pequeno valor:*** "Na linha do entendimento pacificado neste Superior Tribunal, deve ter como parâmetro o valor do salário mínimo vigente à época dos fatos" (STJ, 6ª T., HC 402.873, j. 09/04/2019).

***Coisa de valor ínfimo:*** poderá ser caso de atipicidade material, tendo em vista não haver ofensa ao bem jurídico tutelado; aplica-se, nesta hipótese, o **princípio da insignificância**, que incide quando presentes, cumulativamente, as seguintes condições objetivas: (a) mínima ofensividade da conduta do agente, (b) nenhuma periculosidade social da ação, (c) grau reduzido de reprovabilidade do comportamento, e (d) inexpressividade da lesão jurídica provocada. Ademais: "A jurisprudência desta Corte, dentre outros critérios, aponta o parâmetro da décima parte do salário mínimo vigente ao tempo da infração penal, para aferição da relevância da lesão patrimonial" (STJ, 5ª T., HC 428313, j. 15/05/2018).

***Furto qualificado-privilegiado:*** de acordo com a jurisprudência do Superior Tribunal de Justiça, é possível desde que a qualificadora tenha natureza objetiva. Nesse sentido a **Súmula 511 do STJ**: *"É possível o reconhecimento do privilégio* *previsto no § 2º do art. 155 do CP nos casos de crime de furto qualificado, se estiverem presentes a primariedade do agente, o pequeno valor da coisa e a qualificadora for de ordem* ***objetiva****".*

▸ **Importante:**

**Furto famélico:** é aquele praticado para saciar a fome, quando o agente se encontra em situação de extrema pobreza ou desemprego. Apesar de o fato ser típico, em determinadas circunstâncias não será ilícito, em virtude do estado de necessidade (causa de exclusão da ilicitude). Nesse sentido: *"A tentativa de furto de uma peça de costela pelo paciente, aliada às circunstâncias da prisão em flagrante, oportunidade na qual confessou o seu desvio de comportamento invocando a necessidade provocada pela falta de recursos materiais, caracteriza a sua atuação em manifesto estado de necessidade, afastando a ilicitude do fato que lhe foi imputado"* (STJ, 5ª T., HC 267447, j. 25/06/2013). **Atenção**: em determinados casos o fato pode ser *atípico* em face do princípio insignificância.

## 1.4. Furto qualificado (§§ 4º a 7º)

*§* ***4º****. A pena é de reclusão de dois a oito anos, e multa, se o crime é cometido:*

*I - com destruição ou rompimento de obstáculo à subtração da coisa;*

*II - com abuso de confiança, ou mediante fraude, escalada ou destreza;*

*III - com emprego de chave falsa;*

*IV - mediante concurso de duas ou mais pessoas.*

*§* ***4º-A****. A pena é de reclusão de 4 (quatro) a 10 (dez) anos e multa, se houver emprego de explosivo ou de artefato análogo que cause perigo comum (incluído pela Lei nº 13.654/2018).*

*§* ***5º****. A pena é de reclusão de 3 (três) a 8 (oito) anos, se a subtração for de veículo automotor que venha a ser transportado para outro Estado ou para o exterior.*

*§* ***6º****. A pena é de reclusão de 2 (dois) a 5 (cinco) anos se a subtração for de semovente domesticável de produção, ainda que abatido ou dividido em partes no local da subtração.*

*§* ***7º****. A pena é de reclusão de 4 (quatro) a 10 (dez) anos e multa, se a subtração for de substâncias explosivas ou de acessórios que, conjunta ou isoladamente, possibilitem sua fabricação, montagem ou emprego (incluído pela Lei nº 13.654/2018).*

### *1.4.1. Qualificadoras do § 4º*

a) Destruição ou rompimento de obstáculo à subtração da coisa (§ 4º, inciso I): qualifica o furto se o agente emprega violência contra um obstáculo que protege a coisa. Exemplo: visando a subtrair aparelho sonoro localizado no interior do veículo, o agente quebra o vidro da janela do automóvel para atingir seu intento (STJ, 5ª T., REsp 1738084, j. 02/08/2018). Obs.: o ato de violência é contra a coisa, e não contra a pessoa, caso em que configuraria roubo.

b) Abuso de confiança (§ 4º, inciso II): o autor aproveita-se da facilidade surgida com a confiança. Como se trata de circunstância de natureza subjetiva, é imperioso que o agente possua consciência de que está agindo com abuso da confiança depositada pela vítima.

c) Fraude (§ 4º, inciso II): o sujeito utiliza artifício ou ardil para iludir a vítima e reduzir a vigilância sobre a coisa, facilitando, assim, a sua subtração. Obs.: no crime de estelionato, a fraude é utilizada para que a vítima, ludibriada, entregue algo ao agente.

d) Escalada (§ 4º, inciso II): significa adentrar no local do furto por meio anormal e que exija do autor um esforço incomum (inclusive a via subterrânea).

e) Destreza (§ 4º, inciso II): é a especial habilidade de o agente subtrair a coisa sem ser notado.

f) Emprego de chave falsa (§ 4º, inciso III): chave falsa é qualquer instrumento, com ou sem forma de chave, que o sujeito utiliza para abrir fechaduras ou mecanismo material de segurança (ex.: prego ou arame).

g) Concurso de pessoas (§ 4º, inciso IV): são necessárias, no mínimo, duas pessoas. Predomina que os inimputáveis são computados para o reconhecimento do concurso de pessoas. Conforme a Súmula 442 do STJ, "É inadmissível aplicar, no furto qualificado, pelo concurso de agentes, a majorante do roubo".

### 1.4.2. Qualificadora do § 4º-A

A Lei nº 13.654, de 23/04/2018 (vigência a partir de 24/04/2018), incluiu o § 4º-A ao artigo 155 do Código Penal, nos seguintes termos: "A pena é de reclusão de 4 (quatro) a 10 (dez) anos e multa, se houver emprego de explosivo ou de artefato análogo que cause perigo comum".

O explosivo (ou artefato análogo) é utilizado como meio de execução para o crime de furto. Explosivo, conforme o Decreto nº 3.665/00 (art. 3º, LI), é o "tipo de matéria que, quando iniciada, sofre decomposição muito rápida em produtos mais estáveis, com grande liberação de calor e desenvolvimento súbito de pressão". Ex.: engenho de dinamite (composto por nitroglicerina e dotado de elevada sensibilidade), trinitrotolueno (explosivo comumente conhecido como TNT). Perigo comum ou coletivo é o que alcança um número indeterminado de pessoas ou coisas.

Antes da Lei nº 13.654/2018, a conduta de explodir caixa eletrônico para subtração de valores gerava controvérsia na doutrina e na jurisprudência, havendo duas posições: pelo concurso de crimes (furto simples ou qualificado + explosão) e pelo delito único (furto qualificado pelo rompimento de obstáculo). O legislador, com a alteração de 2018, optou pelo segundo entendimento.

### *1.4.3. Qualificadora do § 5º*

Foi acrescentada pela Lei nº 9.426/96 e tem a finalidade de combater a crescente criminalidade envolvendo furtos, roubos e receptação de veículos.

### *1.4.4. Qualificadora do § 6º*

Foi acrescentada pela Lei nº 13.330/16 e é conhecida como "furto-abigeato". Trata-se, na verdade, da subtração de animais que são criados para a finalidade de obtenção de produtos com objetivo comercial, como gado, suínos e aves.

A intenção do legislador foi tornar mais severa a legislação em busca de dar proteção especial à atividade pecuária, tendo em vista a quantidade crescente de abigeatos (furto de gado) e, consequentemente, o prejuízo aos produtores rurais. Além de proteger o patrimônio, a qualificadora teria, de forma indireta, a possibilidade de proteger a saúde pública (ex.: diminuição do abate clandestino).

### *1.4.5. Qualificadora do § 7º*

Foi acrescentada pela Lei nº 13.654, de 23/04/2018 (vigência a partir de 24/04/2018). A intenção do legislador foi punir com mais gravidade a subtração do próprio explosivo (e de acessórios), independentemente de sua utilização.

Ao contrário do que ocorre na hipótese do § 4º-A (explosivo empregado como meio de execução para o furto), no § 7º o explosivo (ou acessório) é o objeto material do delito de furto.

## 1.5. Furto de coisa comum (art. 156)

Configura o delito

> "Subtrair o condômino, coerdeiro ou sócio, para si ou para outrem, a quem legitimamente a detém, a coisa comum".

Somente se procede mediante *representação*. Não é punível a subtração de coisa comum fungível, cujo valor não excede a quota a que tem direito o agente.

## 2. ROUBO

### 2.1. Roubo próprio e impróprio (art. 157, *caput*, e § 1º)

**Roubo próprio (*caput*).**

> "Subtrair coisa móvel alheia, para si ou para outrem, mediante grave ameaça ou violência à pessoa, ou depois de havê-la, por qualquer meio, reduzido à impossibilidade de resistência".

**Roubo impróprio ou por aproximação (§ 1º).** Responde pelo crime o agente que,

> "Logo depois de subtraída a coisa, emprega violência contra pessoa ou grave ameaça, a fim de assegurar a impunidade do crime ou a detenção da coisa para si ou para terceiro".

**Atenção:**

No *roubo próprio* a violência ou grave ameaça é empregada **antes** da subtração da coisa, ao passo que no *roubo impróprio ou por aproximação* a violência ou grave ameaça é empregada **logo depois** de subtraída a coisa (requisito temporal – imediatidade), a fim de assegurar a impunidade do crime ou a detenção da coisa para si ou para terceiro.

**Violência ou grave ameaça.** A *violência física (própria)* é a força bruta (*vis absoluta* ou *corporalis*), consistente em agressão com ou sem lesão corporal. A *violência moral* consiste na grave ameaça, que se dá por meio de intimidação (*vis relativa* ou *compulsiva*). A grave ameaça pode ser velada. A *violência imprópria* ocorre na hipótese de redução por qualquer outro meio da capacidade de resistência da vítima (ex.: ingestão de drogas e hipnose).

**Tipo subjetivo.** Dolo, consistente na consciência e vontade de subtrair a coisa alheia. É previsto ainda o elemento subjetivo especial do tipo, qual seja, "para si ou para outrem", que revela o fim de assenhoreamento definitivo (*animus furandi*). **No roubo impróprio é exigível outro elemento subjetivo especial**, contido na expressão:

> "A fim de assegurar a impunidade do crime ou detenção da coisa para si ou para terceiro".

**Consumação.** Da mesma forma que no crime de furto, discute-se o momento da consumação do crime de roubo.

a) *Roubo próprio:* vejamos a jurisprudência do Superior Tribunal de Justiça: "1. Recurso Especial processado sob o regime previsto no art. 543-C, § 2º, do CPC, c/c o art. 3º do CPP, e na Resolução nº 8/2008 do STJ. **Tese**: Consuma-se o crime de roubo com a inversão da posse do bem, mediante emprego de violência ou grave ameaça, ainda que por breve tempo e em seguida a perseguição imediata ao agente e recuperação da coisa roubada, sendo prescindível a posse mansa e pacífica ou desvigiada. 2. A jurisprudência pacífica desta Corte Superior e do Supremo Tribunal Federal é de que o crime de roubo se consuma no momento em que o agente se torna possuidor da coisa subtraída, mediante violência ou grave ameaça, ainda que haja imediata perseguição e prisão, sendo prescindível que o objeto subtraído saia da esfera de vigilância da vítima. Jurisprudência do STF (evolução). 3. Recurso especial representativo de controvérsia provido para, reconhecendo que a consumação do crime de roubo independe da posse mansa e pacífica da res furtiva, restabelecer a pena e o regime prisional fixados na sentença" (STJ, 3ª Seção, REsp 1499050, j. 14/10/2015).

No mesmo sentido a **Súmula 582 do STJ:** "Consuma-se o crime de roubo com a inversão da posse do bem mediante emprego de violência ou grave ameaça, ainda que por breve tempo e em seguida à perseguição imediata ao agente e recuperação da coisa roubada, sendo prescindível a posse mansa e pacífica ou desvigiada".

b) *Roubo impróprio:* ocorre quando o agente, *logo depois* da subtração da coisa, emprega violência contra pessoa ou grave ameaça, a fim de assegurar a impunidade do crime ou a detenção da coisa para si ou para terceiro.

No roubo impróprio a violência ou grave ameaça é empregada logo em seguida à subtração. Caso contrário, não haverá unidade de contexto e poderá configurar mais de um crime. Ex.: João subtrai a moto de José. No dia seguinte, ao ver a moto subtraída, José vai conversar com João, ocasião em que este lhe desfere um pontapé, ofendendo a sua integridade. No caso, João responderá por furto e pelo crime de lesões corporais.

**Tentativa.** No *roubo próprio* é admissível. Ocorre quando o sujeito, mesmo com o emprego de violência ou grave ameaça, não consegue a posse da *res*. No *roubo impróprio* existe divergência: ***1ª posição:*** predomina ser inadmissível. Segundo Hungria, "já no caso de violência subsequente à subtração, o momento consumativo é o do emprego da violência; e não há falar-se em tentativa: ou a violência é empregada, e tem-se a consumação, ou não é empregada, e o que se apresenta é o crime de furto". *2ª posição:* admissível. Conforme acentua Fragoso: "A tentativa de roubo impróprio é possível e se verifica sempre que o agente, tendo completado a subtração, é preso após tentar o emprego da violência ou da ameaça para assegurar a posse da coisa ou a impunidade. Há também tentativa se o agente é surpreendido após ter completado a subtração e emprega violência, mas se vê forçado a abandonar a coisa, fugindo".

## 2.2. Roubo majorado ou circunstanciado (art. 157, § 2º)

A Lei n.º 13.654, de 23/04/2018, com vigência em 24/04/2018, revogou o inciso I do § 2º, do art. 157 do CP ("se a violência ou ameaça é exercida com emprego de arma"), ao mesmo tempo em que inseriu o § 2º-A, inciso I, prevendo um aumento de pena de 2/3 "se a violência ou ameaça é exercida com emprego de arma de fogo".

Assim, em relação ao emprego de "arma de fogo", a lei nova é mais gravosa. Em relação a outras espécies de armas, mesmo as consideradas brancas ou impróprias (facas, canivetes etc.), não mais se aplica a causa de aumento. Nada impede que o juiz considere essa arma na pena-base (1ª fase do processo dosimétrico), como circunstância judicial negativa.

O art. 157, § 2º dispõe que a pena será aumentada de um terço até metade:

> I – ~~se a violência ou ameaça é exercida com emprego de arma~~; (revogado pela Lei nº 13.654/2018)
>
> II – se há o concurso de duas ou mais pessoas;
>
> III – se a vítima está em serviço de transporte de valores e o agente conhece tal circunstância;
>
> IV – se a subtração for de veículo automotor que venha a ser transportado para outro Estado ou para o exterior;
>
> V – se o agente mantém a vítima em seu poder, restringindo sua liberdade;
>
> VI – se a subtração for de substâncias explosivas ou de acessórios que, conjunta ou isoladamente, possibilitem sua fabricação, montagem ou emprego (incluído pela Lei n.º 13.654/2018).

Já o § 2º-A do art. 157 do CP, incluído pela Lei n.º 13.654/2018, prevê um aumento de pena 2/3:

> I – se a violência ou ameaça é exercida com emprego de arma de fogo;
>
> II – se há destruição ou rompimento de obstáculo mediante o emprego de explosivo ou de artefato análogo que cause perigo comum.

Obs.: **a Súmula 174 do STJ foi cancelada** ("No crime de roubo, a intimidação feita com arma de brinquedo autoriza o aumento da pena").

Ademais, **STF e STJ entendem que a apreensão e perícia da arma de fogo é desnecessária**, podendo haver outros meios de prova de sua utilização. Veja-se: "A Terceira Seção deste Superior Tribunal de Justiça, por ocasião do julgamento dos Embargos de Divergência n. 961.863/RS, firmou o entendimento de que é despicienda a apreensão e a perícia da arma de fogo, para a incidência da majorante do § 2º, I, do art. 157 do CP, quando existirem, nos autos, outros elementos de prova que evidenciem a sua utilização no roubo, como na hipótese, em que há farta comprovação testemunhal atestando o seu emprego" (STJ, 5ª T., HC 493.590, j. 23/04/2019).

- ***Concurso de pessoas:*** de acordo com a **Súmula 442 do STJ**, "É inadmissível aplicar, no furto qualificado, pelo concurso de agentes, a majorante do roubo".
- ***Restrição da liberdade.*** Hipóteses: a) ocorre a restrição da liberdade por poucos instantes no momento da execução do crime: não incide a majorante; b) ocorre a restrição da liberdade, por tempo juridicamente relevante, no âmbito da execução do crime de roubo ou para evitar a ação policial: incide a majorante; c) ocorre a restrição da liberdade, por tempo juridicamente relevante, sem qualquer relação com a execução ou garantia de fuga: não incide a majorante, mas haverá concurso de crimes do roubo com o sequestro (art. 148).

## 2.3. Roubo qualificado (§ 3º)

*a)* ***se da violência resulta lesão corporal grave (§ 3º, I).*** Ocorre quando resulta lesão corporal de natureza grave ou gravíssima (art. 129, §§ 1º e 2º, do CP). O resultado agravador pode ser a título de dolo ou de culpa.

*b)* ***se resulta morte (§ 3º, II) – latrocínio.*** No crime de latrocínio, o agente busca a subtração da coisa, mesmo que para isso resulte a morte da vítima, que pode ser causada a título de dolo ou culpa.

*Consumação:* consuma-se com a morte do ofendido. A propósito: "Há crime de latrocínio, quando o homicídio se consuma, ainda que não realize o agente a subtração de bens da vítima" (**Súmula 610 do STF**).

*Crime hediondo:* o latrocínio é considerado delito hediondo (art. 1º, II, da Lei nº 8.072/90).

*Competência:* "A competência para o processo e julgamento de latrocínio é do juiz singular e não do Tribunal do Júri" (**Súmula 603 do STF**).

▸ **Observações:**

O agente não poderá ser responsabilizado pela ocorrência de um resultado que não lhe era previsível, sob pena de acolher-se a indesejada responsabilidade penal objetiva. O fundamento está no art. 19 do CP: "Pelo resultado que agrava especialmente a pena, só responde o agente que o houver causado ao menos culposamente".

# 3. EXTORSÃO

## 3.1. Extorsão (art. 158)

**Extorsão simples (art. 158, *caput*).** Configura o crime de extorsão quando o agente constrange alguém, mediante violência ou grave ameaça, e com o intuito de obter para si ou para outrem indevida vantagem econômica, a fazer, tolerar que se faça ou deixar fazer alguma coisa.

Se a vantagem for *devida* pode configurar o crime de exercício arbitrário das próprias razões (art. 345 do CP). Na extorsão, além do dolo, exige-se o *elemento subjetivo especial do tipo*, consistente na finalidade de obtenção de indevida vantagem econômica. Ausente essa intenção específica, poderá configurar constrangimento ilegal (art. 146 do CP).

Os elementos do tipo podem ser analisados em três momentos:

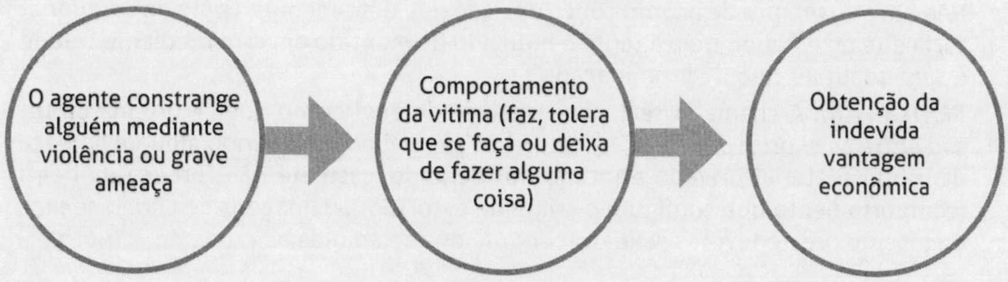


Predomina que o crime é **formal**, o qual dispensa a produção do resultado (obtenção da indevida vantagem econômica) para sua consumação. Nesse sentido a **Súmula 96 do STJ:** *"O crime de extorsão consuma-se independentemente da obtenção da vantagem indevida"*. Se o agente obtiver o resultado ocorrerá o exaurimento do crime, que será considerado na fixação da pena-base.

***Ex.:*** o agente, mediante grave ameaça, obriga a vítima a sacar dinheiro no caixa eletrônico. Após inserir o cartão e digitar senha e outros dados, e ainda antes de sacar o dinheiro, a polícia percebe o crime e efetua a prisão em flagrante do agente. O crime restará consumado.

De acordo com o STJ, "Configura o delito de extorsão (art. 158 do CP) a conduta de agente que submete vítima à **grave ameaça espiritual** que se revelou idônea a atemorizá-la e compeli-la a realizar o pagamento de vantagem econômica indevida" (STJ, 6ª T., REsp 1299021, j. 14/02/2017, Informativo 598).

▸ Importante

**DIFERENÇAS ENTRE EXTORSÃO E ROUBO. Três orientações se destacam:**

1ª) Na extorsão, a vítima possui comportamento imprescindível, enquanto no roubo é prescindível. Na extorsão, se a vítima não praticar o comportamento, o agente não consegue a indevida vantagem, sendo que no roubo o agente possui o poder de subtrair a coisa. Exemplo de comportamento imprescindível: se a vítima não fornecer a senha para o saque no caixa eletrônico, o agente não poderá sacar o dinheiro;

2ª) O objeto material do roubo é a "coisa alheia móvel", ao passo que na extorsão é mais abrangente, tendo em vista que é uma "indevida vantagem econômica". Em muitos casos, no roubo ocorre subtração e na extorsão ocorre a tradição, i.e., o agente no roubo subtrai, ao passo que o "extorsionário" (agente da extorsão) obriga a vítima entregar algo;

3ª) No roubo, a coisa é subtraída no momento da violência ou grave ameaça; na extorsão, o mal anunciado e a vantagem são futuros.

▸ Observação

- **FALSO SEQUESTRO.** No **(a)** falso sequestro por telefone praticado por presidiários e na **(b)** simulação de sequestro pelo próprio filho para enganar os pais, há, segundo entendemos, **extorsão**, pois a vítima foi coagida a entregar a vantagem ilícita. Não haverá, sempre de acordo com a posição que defendemos, crime de estelionato, já que no estelionato o agente é induzido ou mantido em erro mediante fraude e sem qualquer tipo de intimidação.
- ***SEXTORTION.*** A chamada *sextortion* decorre do anglicismo que se origina da fusão entre as expressões "sex" e "extortion", a qual ocorre quando alguém ameaça distribuir material privado e íntimo do ofendido, caso ele não forneça dinheiro (comportamento que configura o crime de extorsão) ou imagens de cunho sexual, ou mesmo preste favores sexuais (conduta que se amolda ao crime de estupro).

**Extorsão majorada (§ 1º).** Se o crime é cometido por duas ou mais pessoas, ou com emprego de arma, aumenta-se a pena de um terço até metade.

**Extorsão qualificada (§ 2º).** Aplica-se à extorsão praticada mediante violência o disposto no § 3º do artigo 157.

***A extorsão qualificada pela morte é crime hediondo*** *(Lei nº 8.072/90, art. 1º, III).*

**Extorsão mediante restrição da liberdade da vítima (§ 3º) – *"sequestro relâmpago"*.** Se o crime é cometido mediante a restrição da liberdade da vítima, e essa condição é necessária para a obtenção da vantagem econômica, a pena é de reclusão, de 6 a 12 anos, além da multa; se resulta lesão corporal grave ou morte, aplicam-se as penas previstas no art. 159, §§ 2º e 3º, respectivamente. A Lei nº

11.923/09 acrescentou o § 3º na tentativa de pacificar a divergência da tipificação do "sequestro relâmpago". Hoje não há dúvida: é crime de extorsão qualificada.

Se o agente sequestra (privação da liberdade) a vítima com o fim de obter, para si ou para outrem, qualquer vantagem, como condição ou preço do resgate, configura o crime previsto no art. 159 do CP. Ou seja, na extorsão mediante sequestro (art. 159 do CP), a privação da liberdade é utilizada como condição ou preço do resgate. É diversa a situação em que a vítima tem sua liberdade restringida durante a extorsão, como ocorre na hipótese de ser obrigada a acompanhar o agente a um caixa eletrônico para sacar dinheiro.

## 3.2. Extorsão mediante sequestro (art. 159)

**Forma simples (art. 159, *caput*).** Configura o delito quando o agente sequestra pessoa com o fim de obter, para si ou para outrem, qualquer vantagem, como condição ou preço do resgate. ***Trata-se de crime hediondo, independentemente do resultado morte*** (Lei nº 8.072/90, art. 1º, IV). Além do dolo, consistente na vontade e consciência de sequestrar a vítima, exige-se o elemento subjetivo especial do tipo, contido na expressão "com o fim de obter para si ou para outrem". Se o agente não possuir essa finalidade, poderá ocorrer o delito do art. 148 do CP (sequestro ou cárcere privado). Consuma-se com a privação da liberdade da vítima por tempo juridicamente relevante, independente do pagamento da vantagem (**crime formal**). A tentativa é admitida. Uma vez sequestrada a vítima, é indiferente, para fins de consumação, se o agente se arrependeu do seu ato, tendo em vista que o crime restará consumado ainda que não tenha obtido a vantagem.

**Qualificadoras (§§ 1º a 3º).** Se o sequestro dura mais de 24 horas, se o sequestrado é menor de 18 ou maior de 60 anos, ou se o crime é cometido por bando ou quadrilha (§ 1º); se do fato resulta lesão corporal de natureza grave (§ 2º); se resulta a morte (§ 3º).

**Delação premiada (§ 4º).** Se o crime é cometido em concurso, o concorrente que o denunciar à autoridade, facilitando a libertação do sequestrado, terá sua pena reduzida de um a dois terços. Observe que, para incidir a causa de diminuição, deve haver a efetiva libertação da vítima.

## 3.3. Extorsão indireta (art. 160)

Pune-se com pena de reclusão de 1 a 3 anos, e multa:

> "Exigir ou receber, como garantia de dívida, abusando da situação de alguém, documento que pode dar causa a procedimento criminal contra a vítima ou contra terceiro".

# 4. USURPAÇÃO

## 4.1. Alteração de limites (art. 161)

Configura crime suprimir ou deslocar tapume, marco, ou qualquer outro sinal indicativo de linha divisória, para apropriar-se, no todo ou em parte, de coisa imóvel alheia. *Importante:* colocar marco ou tapume onde anteriormente não existia, invadindo coisa alheia móvel (propriedade vizinha à do agente), não configura o crime por ausência de tipicidade. Trata-se de uma lacuna. *Conduta idônea:* para que configure o delito, é necessário que a supressão ou deslocamento do tapume, marco ou outro sinal indicativo tenha a **possibilidade de causar confusão entre a linha divisória**. Se for de fácil constatação o meio utilizado é absolutamente ineficaz, de sorte que não haverá tipicidade. Por essa razão, entre muros de imóveis urbanos é praticamente impossível haver o crime. *Distinção:* se o agente praticar uma das condutas na pendência de processo civil ou administrativo, com o fim de induzir a erro o juiz ou o perito, configura fraude processual (art. 347).

## 4.2. Usurpação de águas (art. 161, I)

Pune-se aquele que desvia ou represa, em proveito próprio ou de outrem, águas alheias. Por outro lado, caracteriza o art. 155 do CP se ocorre subtração de água "mobilizada". Assim, subtrair água das companhias de fornecimento (SABESP, CEDAE, SANEAGO, COPASA, EMBASA, CORSAN etc.) configura furto, e não usurpação.

## 4.3. Esbulho possessório (art. 161, II)

Constitui crime invadir, com violência a pessoa ou grave ameaça, ou mediante concurso de mais de duas pessoas, terreno ou edifício alheio, para o fim de esbulho possessório. Se o agente usa de violência, incorre também na pena a esta cominada. Se a propriedade é particular, e não há emprego de violência, somente se procede mediante *queixa*.

## 4.4. Supressão ou alteração de marca em animais (art. 162)

É punido quem suprime ou altera, indevidamente, em gado ou rebanho alheio, marca ou sinal indicativo de propriedade. Por lacuna na lei, não configura o crime se o animal não possuir a marca ou sinal indicativo.

# 5. DANO

## 5.1. Dano (art. 163)

Constitui crime destruir (demolir, desfazer), inutilizar (tornar inútil) ou deteriorar (estragar) coisa alheia (móvel ou imóvel). Consuma-se com a destruição, deterioração ou inutilização (crime material). A tentativa é admissível. Em certos casos, não incidirá o art. 163, como no caso de o dano ser praticado como meio para a subtração da coisa (art. 155, § 4º, I). Também não incidirá quando o agente, depois de furtar a coisa alheia, vier a destruí-la (*post factum* impunível).

O crime restará qualificado se cometido: I – com violência à pessoa ou grave ameaça; II – com emprego de substância inflamável ou explosiva, se o fato não constitui crime mais grave; III – contra o patrimônio da União, de Estado, do Distrito Federal, de Município ou de autarquia, fundação pública, empresa pública, sociedade de economia mista ou empresa concessionária de serviços públicos; IV – por motivo egoístico ou com prejuízo considerável para a vítima.

A Lei n.º 13.531, de 07/12/2017, alterou a qualificadora do art. 163, III, do CP. Antes era considerado dano qualificado se cometido contra o patrimônio da *União, Estado, Município, empresa concessionária de serviços públicos ou sociedade de economia mista*. Com a nova lei, inseriu-se *Distrito Federal, autarquia, fundação pública e empresa pública*. Assim, se praticado contra uma dessas pessoas inseridas e antes da vigência da Lei 13.531/2017, não poderá ser considerado qualificado. Nesse sentido: "1. O Direito Penal é regido pelo princípio da legalidade, não havendo crime sem lei anterior que o defina, nem pena sem prévia cominação legal, nos termos do artigo 5º, inciso XXXIX, da Constituição Federal, e do artigo 2º do Código Penal. 2. Em observância ao mencionado postulado, não se admite o recurso à analogia em matéria penal quando esta for utilizada de modo a prejudicar o réu. Doutrina. Precedentes. 3. No caso dos autos, o recorrente teria danificado patrimônio do Distrito Federal, ente federativo cujos bens não se encontram expressamente abrangidos nos previstos no inciso III do parágrafo único do artigo 163 do Código Penal. 4. Ainda que com a previsão da forma qualificada do dano o legislador tenha pretendido proteger o patrimônio público de forma geral, e mesmo que a destruição ou a inutilização de bens distritais seja tão prejudicial quanto as cometidas em face das demais pessoas jurídicas de direito público interno mencionadas na norma penal incriminadora em exame, o certo é que, como visto, não se admite analogia in malam partem no Direito Penal, de modo que não é possível incluir o Distrito Federal no rol constante do dispositivo em apreço" (STJ, 5ª T., HC 308.441, j. 23/08/2016).

**▸ Atenção:**

O **dano culposo é fato atípico no Brasil**, com exceção da Lei dos Crimes Ambientais (art. 62, par. único, da Lei nº 9.605/98) e do Código Penal Militar (arts. 263 e 266 do Decreto-lei nº 1.001/69).

## 5.2. Introdução ou abandono de animais em propriedade alheia (art. 164)

Constitui crime introduzir ou deixar animais em propriedade alheia, sem consentimento de quem de direito, desde que o fato resulte prejuízo. *Atenção:* o agente não possui a intenção de causar dano; se essa é a sua intenção, responderá pelo art. 163.

## 5.3. Dano em coisa de valor artístico, arqueológico ou histórico (art. 165)

Segundo o CP, é crime

> "Destruir, inutilizar ou deteriorar coisa tombada pela autoridade competente em virtude de valor artístico, arqueológico ou histórico".

O art. 62, I, da Lei nº 9.605/98 revogou tacitamente o art. 165 do CP:

> *Art. 62. Destruir, inutilizar ou deteriorar: I – bem especialmente protegido por lei, ato administrativo ou decisão judicial (...). Parágrafo único. Se o crime for culposo, a pena é de seis meses a um ano de detenção, sem prejuízo da multa.*

## 5.4. Alteração de local especialmente protegido (art. 166)

Nos termos do CP, configura crime

> "Alterar, sem licença da autoridade competente, o aspecto de local especialmente protegido por lei".

O art. 63 da Lei nº 9.605/98 revogou tacitamente o art. 166 do CP:

> *Art. 63. Alterar o aspecto ou estrutura de edificação ou local especialmente protegido por lei, ato administrativo ou decisão judicial, em razão de seu valor paisagístico, ecológico, turístico, artístico, histórico, cultural, religioso, arqueológico, etnográfico ou monumental, sem autorização da autoridade competente ou em desacordo com a concedida.*

## 5.5. Ação penal (art. 167)

Nos casos do art. 163, do inciso IV do seu parágrafo e do art. 164, somente se procede mediante *queixa*.

# 6. APROPRIAÇÃO

## 6.1. Apropriação indébita (art. 168)

Constitui crime:

*"Apropriar-se de coisa alheia móvel, de que tem a posse ou a detenção".*

O agente (possuidor ou detentor da coisa) inverte o título da posse ou da detenção, passando a comportar-se como se fosse dono. A coisa "alheia" pode ser na parte do sócio, coerdeiro ou coproprietário. *Depósito de coisa fungível*: é possível ser a coisa fungível, desde que o depositário seja obrigado a devolver a mesma coisa (STJ, RHC 19.683, j. 19/06/2007). *Espécies: a) apropriação indébita propriamente dita*: o agente revela que inverteu o título da posse, como no caso de venda da coisa; *b) negativa de restituição*: o agente recusa a devolver a coisa. *Tipo subjetivo:* dolo (*animus rem sibi habendi*).

> **Atenção:**
>
> A intenção de apropriar deve existir **após** o agente ter a posse ou a detenção da coisa, ou seja, ao receber a coisa o sujeito não possui a intenção de apropriar-se dela. Ex.: o cliente antigo de uma locadora de vídeos aluga um DVD normalmente. No dia seguinte, surge a ideia de não mais devolvê-lo e assim age. Nesse caso, pratica apropriação indébita, considerando que se apropriou de coisa alheia móvel que estava em seu poder. No entanto, se o agente recebe a coisa já com o propósito de apropriar-se dela (dolo *ab ovo*), poderá ocorrer *estelionato*. Ex.: o sujeito dirige-se à locadora de vídeo e fornece dados pessoais falsos para a abertura de seu cadastro, conseguindo, assim, receber o DVD do qual pretendia, desde o início, tornar-se dono.

**Consumação**: "É certo que o delito de apropriação indébita se consuma no momento em que ocorre a inversão da posse do bem, ou seja, no momento em que o agente decide se apossar da coisa com animus domini" (STJ, 3ª Seção, CC 133.495, j. 25/02/2015).

**Apropriação majorada.** Segundo o § 1º do art. 168, a pena é aumentada de um terço quando o agente recebeu a coisa: I – em depósito necessário (arts. 647, I e II, e 649 do CC); II – na qualidade de tutor, curador, síndico, liquidatário, inventariante, testamenteiro ou depositário judicial; III – em razão de ofício, emprego ou profissão (revela abuso de confiança).

**Apropriação privilegiada.** Nos termos do art. 170 do CP, é possível a aplicação das regras do furto privilegiado (artigo 155, § 2º do CP).

## 6.2. Apropriação indébita previdenciária (art. 168-A)

No art. 168-A (*caput* e § 1º, I) é punida a conduta do agente que deixou de repassar (recolher) à Previdência Social as contribuições arrecadadas (recolhidas) dos contribuintes. No ***caput***, pune-se a pessoa que arrecadou as contribuições sociais de certos contribuintes, por dever legal, e deixou de repassá-las à Previdência Social. Assim, pressupõe que tenha havido a arrecadação da contribuição dos contribuintes. Não se trata de mero descumprimento de dever legal de deixar de arrecadar, mas, sim, deve existir uma ação de arrecadar dos contribuintes e uma omissão de deixar de recolher o que arrecadou à Previdência Social. No **§ 1º, I** pune-se a conduta daquele que deixa de recolher, no prazo legal, contribuição ou outra importância destinada à Previdência Social que tenha sido descontada de pagamento efetuado a segurados, a terceiros ou arrecadada do público. Essa obrigação de arrecadar a contribuição do contribuinte e de recolher os valores arrecadados à Previdência Social vem disposta no art. 30 da Lei nº 8.212/90. O **§ 1º, II** pune a conduta de deixar recolher contribuições devidas à Previdência Social que tenham integrado despesas contábeis ou custos relativos à venda de produtos ou à prestação de serviços. Se o valor da contribuição integrou o custo, a empresa irá receber esses valores, passando a ter a sua posse. Se não repassa à Previdência Social, terá apropriado indevidamente. Por fim, o **§ 1º, III** pune o agente que deixar de pagar benefício devido a segurado, quando as respectivas cotas ou valores já tiverem sido reembolsados à empresa pela Previdência Social. Todas as condutas típicas são omissivas (crimes omissivos), de sorte que não é possível fracionamento da fase de execução (crimes unissubsistentes), e, por consequência, incabível a tentativa.

▸ **Dispensa de dolo específico:**

"A jurisprudência desta Corte há muito se firmou com base na orientação de que, nos crimes de apropriação indébita de contribuição previdenciária, é suficiente, para a sua caracterização, a presença do dolo genérico consistente na omissão voluntária do recolhimento, no prazo legal, dos valores devidos" (STJ, 3ª Seção, AgRg nos EREsp 1263669, j. 12/09/2018).

**Consumação:** "É assente nesta Corte o entendimento de que o tipo penal do artigo 168-A do Código Penal constitui crime omissivo próprio, que se consuma com o não recolhimento da contribuição previdenciária dentro do prazo e das formas legais, inexigindo a demonstração do dolo específico" (STJ, 5ª T., AgRg nos EDcl no REsp 1417240, j. 23/10/2018).

**Princípio da insignificância:** para a incidência do princípio da insignificância no crime de apropriação indébita previdenciária, o STJ vem utilizando como parâmetro as regras da execução fiscal. Entende-se que, se não há interesse na execução, com maior razão não pode existir também para o ajuizamento da ação penal. A propósito: "Esta Corte Superior de Justiça, em recente julgamento proferido no âmbito da Terceira Seção, no Recursos Especiais n. 1.709.029/MG e 1.688.878/SP, sob a sistemática dos recursos repetitivos, firmou o entendimento de que incide o princípio da insignificância aos crimes tributários federais e de descaminho quando o débito tributário verificado não ultrapassar o limite de R$ 20.000,00, a teor do disposto no art. 20 da Lei n. 10.522/02, com as atualizações efetivadas pelas Portarias n. 75 e 130, ambas do Ministério da Fazenda" (STJ, 5ª T., RHC 101910, j. 02/10/2018).

**Lançamento definitivo do crédito tributário como termo inicial de contagem da prescrição:** "Este Superior Tribunal de Justiça, adotando entendimento firmado pelo Supremo Tribunal Federal na Súmula Vinculante n.º 24, entende que o crime tipificado no art. 168-A, do Código Penal possui natureza material e, dessa forma, consuma-se a partir da conclusão definitiva do procedimento administrativo de constituição do crédito tributário, sendo, portanto, este o momento a ser considerado para fins de contagem inicial do prazo da prescrição da pretensão punitiva estatal. Precedentes" (STJ, 5ª T., REsp 1734799, j. 23/08/2018).

**Súmula Vinculante 24 do STF:** "Não se tipifica crime material contra a ordem tributária, previsto no art. 1º, incisos I a IV, da Lei n.º 8.137/90, antes do lançamento definitivo do tributo".

▸ IMPORTANTE:

- Lei nº 10.684/03. Art. 9º. É suspensa a pretensão punitiva do Estado, referente aos crimes previstos nos arts. 1º e 2º da Lei nº 8.137, de 27 de dezembro de 1990, e nos arts. 168-A e 337-A do Decreto-Lei nº 2.848, de 7 de dezembro de 1940 – Código Penal, durante o período em que a pessoa jurídica relacionada com o agente dos aludidos crimes estiver incluída no regime de parcelamento. § 1º A prescrição criminal não corre durante o período de suspensão da pretensão punitiva. § 2º Extingue-se a punibilidade dos crimes referidos neste artigo quando a pessoa jurídica relacionada com o agente efetuar o pagamento integral dos débitos oriundos de tributos e contribuições sociais, inclusive acessórios.
- Lei nº 11.941/ 2009. **Art. 67.** Na hipótese de **parcelamento do crédito tributário antes do oferecimento da denúncia**, essa somente poderá ser aceita na superveniência de inadimplemento da obrigação objeto da denúncia. **Art. 68.** É suspensa a pretensão punitiva do Estado, referente aos crimes previstos nos arts. 1º e 2º da Lei nº 8.137, de 27 de dezembro de 1990, e nos arts. 168-A e 337-A do Decreto-Lei nº 2.848, de 7 de dezembro de 1940 – Código Penal, limitada a suspensão aos débitos que tiverem sido objeto de concessão de parcelamento, enquanto não forem rescindidos os parcelamentos de que tratam os arts. 1º a 3º desta Lei, observado o disposto no art. 69 desta Lei.

  Parágrafo único. A prescrição criminal não corre durante o período de suspensão da pretensão punitiva. **Art. 69. Extingue-se a punibilidade** dos crimes referidos no art. 68 quando a pessoa jurídica relacionada com o agente **efetuar o pagamento integral** dos débitos oriundos de tributos e contribuições sociais, inclusive acessórios, que tiverem sido **objeto de concessão de parcelamento.** Parágrafo único. Na hipótese de pagamento efetuado pela pessoa física prevista no § 15 do art. 1º desta Lei, a extinção da punibilidade ocorrerá com o pagamento integral dos valores correspondentes à ação penal.

- Lei nº 9.430/96 (redação dada pela Lei nº 12.382/11). **Art. 83.** A representação fiscal para fins penais relativa aos crimes contra a ordem tributária previstos nos arts. 1º e 2º da **Lei nº 8.137, de 27 de dezembro de 1990**, e aos crimes contra a Previdência Social, previstos nos arts. 168-A e 337-A do **Decreto-Lei nº 2.848, de 7 de dezembro de 1940 – Código Penal**, será encaminhada ao Ministério Público depois de proferida a decisão final, na esfera administrativa, sobre a exigência fiscal do crédito tributário correspondente. **§ 1º** Na hipótese de concessão de parcelamento do crédito tributário, a representação fiscal para fins penais somente será encaminhada ao Ministério Público após a exclusão da pessoa física ou jurídica do parcelamento. **§ 2º** É suspensa a pretensão punitiva do Estado referente aos crimes previstos no caput, durante o período em que a pessoa física ou a pessoa jurídica relacionada com o agente dos aludidos crimes estiver incluída no parcelamento, **desde que o pedido de parcelamento tenha sido formalizado antes do recebimento da denúncia criminal.** **§ 3º** A prescrição criminal não corre durante o período de suspensão da pretensão punitiva. **§ 4º** Extingue-se a punibilidade dos crimes referidos no caput quando a pessoa física ou a pessoa jurídica relacionada com o agente efetuar o **pagamento integral** dos débitos oriundos de tributos, inclusive acessórios, que tiverem sido objeto de concessão de parcelamento.
- O STF (2ª T., RHC 128245, j. 23/08/2016) decidiu que:
  - ***Pagamento:*** o pagamento integral do débito previdenciário, ainda que no curso da execução penal, é causa de extinção da punibilidade do agente, nos termos do art. 9º, § 2º, da Lei nº 10.684/03.
  - ***Parcelamento:*** observados os requisitos legais, ocorre a suspensão da pretensão punitiva do Estado.
- O **STJ** decidiu no mesmo sentido (5ª T., HC 362.478/SP, j. 14/09/2017).

Ainda na decisão do STF (2ª T., RHC 128245, j. 23/08/2016), foi realizada a seguinte distinção:

- **Pagamento direto (estabelecido na Lei nº 10.684/03):** *"O sistema segue sendo disciplinado, de modo geral, quanto à extinção da punibilidade pelo pagamento, consoante o disposto no art. 9º, § 2º, da Lei nº 10.684/03, com a possibilidade de o pagamento se dar a qualquer tempo, qualquer que haja sido a modalidade de pagamento".*
- **Pagamento resultante de parcelamento (disciplinado pela Lei nº 12.382/11):** *"Na hipótese de parcelamento, conforme previsto na Lei nº 12.382/11, se dá a suspensão da pretensão punitiva do Estado, com relação aos crimes tributários, pelo período em que a pessoa física ou a pessoa jurídica relacionada com o agente dos aludidos crimes estiver incluída no regime de parcelamento, com a ressalva de que o pedido de parcelamento deverá ter sido formalizado antes do recebimento da denúncia no procedimento penal".*

## Perdão judicial ou aplicação da pena de multa:

> § 3º. É facultado ao juiz deixar de aplicar a pena ou aplicar somente a de multa se o agente for primário e de bons antecedentes, desde que: I – tenha promovido, após o início da ação fiscal e antes de oferecida a denúncia, o pagamento da contribuição social previdenciária, inclusive acessórios; ou II – o valor das contribuições devidas, inclusive acessórios, seja igual ou inferior àquele estabelecido pela Previdência Social, administrativamente, como sendo o mínimo para o ajuizamento de suas execuções fiscais.

> **§ 4º** A faculdade prevista no § 3º deste artigo não se aplica aos casos de parcelamento de contribuições cujo valor, inclusive dos acessórios, seja superior àquele estabelecido, administrativamente, como sendo o mínimo para o ajuizamento de suas execuções fiscais (redação dada pela Lei n.º 13.606, de 09 de janeiro de 2018).

Conforme exposto no acórdão do STF (2ª T., RHC 128245, j. 23/08/2016), o § 2º do art. 168-A do CP teria sido revogado pela Lei nº 10.684/03. Assim, se a referida norma, que trata de causa extintiva da punibilidade pelo pagamento, foi revogada, com maior razão teria sido também o § 3º do art. 168-A, considerando que este prevê um perdão judicial ou aplicação de multa, aliado ao fato de o agente ser primário e de bons antecedentes, bem como se tratar de valor baixo (o valor das contribuições devidas, inclusive acessórios, deve ser igual ou inferior àquele estabelecido pela previdência social, administrativamente, como sendo o mínimo para o ajuizamento de suas execuções fiscais).

Entretanto, a Lei nº 13.606, de 09 de janeiro de 2018 (DOU de 10.1.2018), **inseriu um § 4º ao art. 168-A, o qual faz referência ao 3º do mesmo artigo.** Pela norma, não pode o juiz conceder os benefícios (deixar de aplicar a pena ou aplicar somente a de multa) aos casos de <u>parcelamento de contribuições</u> ***cujo valor, inclusive dos acessórios, seja superior àquele estabelecido, administrativamente, como sendo o mínimo para o ajuizamento de suas execuções fiscais.***

Certo é que deve restar claro que o parcelamento não extingue a punibilidade, bem como não enseja o perdão judicial nem a substituição de prisão por pena de multa, mas sim *suspende a pretensão punitiva*, desde que *o pedido de parcelamento tenha sido formalizado antes do recebimento da denúncia criminal* (art. 83 da Lei nº 9.430/96, com redação dada pela Lei nº 12.382, de 25 de fevereiro de 2011). Por sua vez, efetuado o pagamento das contribuições parceladas, aí sim se pode falar em extinção da punibilidade.

## 6.3. Apropriação de coisa havida por erro, caso fortuito ou força da natureza (art. 169)

Configura o delito se o agente se apropria de coisa alheia vinda ao seu poder por erro, caso fortuito ou força da natureza. Na primeira hipótese (erro), o agente não induz a vítima em erro, mas é esta que, por conta própria, incide em equívoco. Se o agente a induz a erro, poderá configurar estelionato (art. 171).

## 6.4. Apropriação de tesouro (art. 169, I)

É punido aquele que acha tesouro em prédio alheio e se apropria, no todo ou em parte, da quota a que tem direito o proprietário do prédio.

### 6.5. Apropriação de coisa achada (art. 169, II)

Pune-se o agente que acha coisa alheia perdida e dela se apropria, total ou parcialmente, deixando de restituí-la ao dono ou legítimo possuidor ou de entregá-la à autoridade competente, dentro no prazo de 15 dias. Trata-se de **crime de conduta mista**, pois inicia de forma comissiva e termina de forma omissiva.

### 6.6. Apropriação privilegiada (art. 170)

Nos crimes de apropriação, aplica-se o disposto no art. 155, § 2º: *Se o criminoso é primário, e é de pequeno valor a coisa furtada, o juiz pode substituir a pena de reclusão pela de detenção, diminuí-la de um a dois terços, ou aplicar somente a pena de multa.*

## 7. ESTELIONATO E OUTRAS FRAUDES

### 7.1. Estelionato

#### *7.1.1. Estelionato simples (art. 171,* caput*)*

Configura estelionato quando o agente obtém, para si ou para outrem, vantagem ilícita, em prejuízo alheio, induzindo ou mantendo alguém em erro, mediante artifício, ardil, ou qualquer outro meio fraudulento.

***Fraude***: emprego de *artifício* (aparato material, como o disfarce), *ardil* (elemento intelectual, como a conversa enganosa), ou qualquer outro meio fraudulento. O emprego da fraude deve se dar antes da obtenção da vantagem ilícita. O meio executório deve ser idôneo. ***Erro***: induzimento ou manutenção da vítima em erro. Relaciona-se com a realidade do fato, ou seja, o agente induz a vítima a não ter a correta percepção da realidade, ou aproveita-se da situação ao ver o ofendido manifestar a falsa percepção da realidade. ***Vantagem ilícita***: vantagem não amparada pelo ordenamento jurídico. Se a vantagem for lícita poderá caracterizar o delito do art. 345 do Código Penal. ***Prejuízo alheio***: o resultado do estelionato é *duplo*. Além da vantagem ilícita deve ocorrer o prejuízo alheio. Sem prejuízo alheio não ocorre a consumação.

Além do *dolo*, consistente na vontade de obter vantagem ilícita, em prejuízo de terceiro, utilizando meio enganoso, exige-se o *elemento subjetivo especial do tipo* "para si ou para outrem". Consuma-se quando o agente obtém a vantagem ilícita em prejuízo alheio. Admite-se a tentativa.

**Distinções.**

1) ***Estelionato e apropriação indébita:*** no estelionato o agente possui o dolo *ab initio,* antes de auferir a vantagem; na apropriação o agente possui a posse ou detenção lícita da coisa e depois se apropria (dolo subsequente).

2) ***Estelionato e furto mediante fraude:*** no estelionato a fraude é utilizada para que a vítima entregue a coisa ao agente; no furto, a fraude é utilizada para diminuir a vigilância da vítima sobre a coisa e facilitar a subtração.

3) ***Estelionato e extorsão:*** no estelionato a vítima (enganada) entrega voluntariamente a coisa ao sujeito; na extorsão, a vítima faz, deixa de fazer ou tolera algo, em razão da violência ou grave ameaça empregada pelo agente.

4) ***Falso (crime anterior) e estelionato (crime posterior):*** orientações: (i) Súmula 17 do STJ: *"Quando o falso se exaure no estelionato, sem mais potencialidade lesiva, é por este absorvido".* O crime-meio (falso) é absorvido pelo crime-fim (estelionato), se o falso foi o meio necessário para se obter o estelionato. Aplica-se o princípio da consunção. No entanto, se persistir a potencialidade lesiva do falso, haverá concurso de crimes; (ii) O estelionato será um fato posterior impunível; (iii) Caracteriza concurso material (art. 69), não se podendo aplicar o princípio da consunção porque os bens jurídicos são distintos (o falso tutela a fé pública e o estelionato o patrimônio); (iv) O crime de estelionato absorve o falso (independente de persistir ou não a potencialidade lesiva), uma vez que este é crime-meio.

**Situações específicas:**

a) ***"Cola eletrônica":*** o Plenário do STF, no julgamento do Inquérito 1145, reconheceu que a conduta designada "cola eletrônica" é penalmente *atípica* (HC 88967, j. 06/02/2007). Porém, o legislador tipificou o delito no art. 311-A (redação dada pela Lei nº 12.550/11), bem como outras fraudes em certames de interesse público. Tais crimes, no entanto, somente poderão viger a partir de 15 de dezembro de 2011, data da publicação da Lei nº 12.550. ATENÇÃO: parcela da doutrina sustenta que o novo crime não abrange a cola eletrônica, tendo em vista que "gabarito particular" não pode ser compreendido como conteúdo sigiloso.

b) ***"Pindura":*** *1ª posição:* configura fato atípico, sendo mero ilícito civil se os agentes possuírem recursos para efetuar o pagamento; caso não possuam, configura o crime descrito no art. 176; *2ª posição*: configura estelionato (art. 171) se os agentes possuírem recursos para efetuar o pagamento; caso não possuam, configura o crime descrito no art. 176.

### 7.1.2. Forma privilegiada (§ 1º)

Se o criminoso é primário, e é de pequeno valor o prejuízo, o juiz pode aplicar a pena conforme o disposto no art. 155, § 2º. Observe-se que no furto privilegiado o legislador utilizou a expressão "pequeno valor da coisa furtada", ao passo que no estelionato utilizou "pequeno valor do prejuízo", de forma que deve ser verificado o efetivo prejuízo suportado pela vítima.

### 7.1.3. Formas especiais de estelionato (§ 2º)

a) **Disposição de coisa alheia como própria (§ 2º, I):** vende, permuta, dá em pagamento, em locação ou em garantia coisa alheia como própria. Figuram como sujeitos passivos o adquirente de boa-fé e o verdadeiro proprietário. O agente deve ter ciência que a coisa é alheia. A coisa pode ser móvel ou imóvel. O delito se consuma com o recebimento do preço, sendo dispensável a tradição da coisa móvel ou a transcrição do imóvel.

b) **Alienação ou oneração fraudulenta de coisa própria (§ 2º, II):** vende, permuta, dá em pagamento ou em garantia coisa própria inalienável, gravada de ônus ou litigiosa, ou imóvel que prometeu vender a terceiro, mediante pagamento em prestações, silenciando sobre qualquer dessas circunstâncias.

c) **Defraudação de penhor (§ 2º, III):** defrauda, mediante alienação não consentida pelo credor ou por outro modo, a garantia pignoratícia, quando tem a posse do objeto empenhado. Figura como sujeito *ativo* o devedor do contrato de penhor e como sujeito *passivo* o credor pignoratício. A defraudação é praticada com a venda, permuta, doação ou outro modo qualquer, como a destruição ou ocultação da coisa.

d) **Fraude na entrega de coisa (§ 2º, IV):** defrauda substância, qualidade ou quantidade de coisa que deve entregar a alguém. Sujeito *ativo* é aquele que está obrigado a entregar a coisa, e sujeito *passivo* é aquele que tem o direito de receber a coisa. A conduta recai sobre a substância (essência), qualidade ou quantidade da coisa.

e) **Fraude para recebimento de indenização ou valor de seguro (§ 2º, V):** destrói, total ou parcialmente, ou oculta coisa própria, ou lesa o próprio corpo ou a saúde, ou agrava as consequências da lesão ou doença, com o intuito de haver indenização ou valor de seguro. Sujeito *ativo:* segurado. Sujeito *passivo:* segurador. O terceiro que auxilia o segurado, conhecendo da fraude, responde pelo delito. Trata-se de crime formal, de modo que para a consumação basta a conduta, independente de o agente conseguir a indenização ou o valor do seguro.

f) **Fraude no pagamento por meio de cheque (§ 2º, VI):** emite cheque, sem suficiente provisão de fundos em poder do sacado, ou lhe frustra o pagamento.

**Observações:**

- **Estelionato simples (art. 171, *caput*) e emissão de cheque:** configuram estelionato na forma fundamental (art. 171, *caput*) as seguintes hipóteses: a) pagamento com cheque roubado; b) emissão de cheque de conta cancelada; c) emissão de cheque sem fundos com nome falso ou assinatura falsa; d) emissão de cheque de conta aberta com características pessoais falsas do correntista.
- **Pagamento de dívida (prejuízo passado) mediante emissão de cheque:** emissão de cheque sem fundos para pagamento de dívida não configura o delito, uma vez que o prejuízo é anterior à sua emissão, ou seja, a emissão do cheque (fraude) não proporcionou nenhuma vantagem ao agente. Nesse sentido: "Não configura crime de estelionato a emissão de cheque sem suficiente provisão de fundos, ou a frustração do respectivo pagamento, se a cártula consubstancia pagamento de dívida preexistente. Inocorrente, em casos tais, a lesão fraudulenta ao patrimônio da vítima decorrente da emissão do título de crédito" (STJ, 6ª T., RHC 19.314, j. 22/03/2012).
- **Cheque "pós-datado" ou "pré-datado":** "Sedimentou-se na jurisprudência desta Corte Superior de Justiça o entendimento de que a emissão de cheques pós-datados pode caracterizar o crime previsto no artigo 171 do Código Penal quando restar comprovado que as cártulas não foram fornecidas como garantia de dívida, mas sim com o intuito de fraudar. Precedentes do STJ e do STF" (STJ, 6ª T., RHC 76364, DJe 15/02/2018).
- **Súmula 554 do STF:** "O pagamento de cheque emitido sem provisão de fundos, após o recebimento da denúncia, não obsta ao prosseguimento da ação penal". Na verdade, após a consumação do delito, o pagamento deveria ser considerado como causa de diminuição de pena (art. 16) e não como forma de obstar o prosseguimento da ação penal. A Súmula 554 do STF somente se aplica na forma prevista no art. 171, § 2º, inciso VI, não se aplicando ao estelionato simples (art. 171, *caput*).
- **Endossante:** o endosso não é emissão de cheque, de tal forma que o endossante não responde por esta forma especial de estelionato, salvo na forma de partícipe.
- **Competência (art. 171, § 2º, VI):** local da recusa do pagamento. Nesse sentido: **Súmula 521 do STF:** "O foro competente para o processo e o julgamento dos crimes de estelionato, sob a modalidade de emissão dolosa de cheque sem provisão de fundos, é o do local onde se deu a recusa do pagamento pelo sacado". **Súmula 244 do STJ:** "Compete ao foro do local da recusa processar e julgar o crime de estelionato mediante cheque sem provisão de fundos". No entanto, no caso de uso de cheque falso na prática de estelionato simples (art. 171, *caput*), a competência é do local da obtenção da vantagem ilícita. Nesse sentido: **Súmula 48 do STJ:** "Compete ao juízo do local da obtenção da vantagem ilícita processar e julgar crime de estelionato cometido mediante falsificação de cheque".

### *7.1.4. Formas majoradas (§§ 3º e 4º)*

A pena aumenta-se de um terço se o crime é cometido em detrimento de entidade de direito público ou de instituto de economia popular, assistência social ou beneficência (§ 3º). *Exemplos:* fraude para recebimento de benefício previdenciário e de seguro obrigatório (DPVAT). ***Súmula 24 do STJ***:

> "Aplica-se ao crime de estelionato, em que figure como vítima entidade autárquica da Previdência Social, a qualificadora do § 3º do art. 171 do Código Penal".

A Lei nº 13.228, de 28/12/2015 (publicada em 29/12/2015), modificou o art. 171 do Código Penal para inserir o **§ 4º**, com o propósito de estabelecer causa de aumento de pena na hipótese de **estelionato cometido contra idoso**.

Conforme o **§ 4º**, "aplica-se a pena em dobro se o crime for cometido contra idoso". A razão da causa de aumento foi justificada pela fragilidade e maior dificuldade da vítima resistir à ação de criminosos.

### *7.1.5. Matéria sumulada*

- ***Súmula 17 do STJ***: "Quando o falso se exaure no estelionato, sem mais potencialidade lesiva, é por este absorvido".
- ***Súmula 24 do STJ***: "Aplica-se o crime de estelionato, em que figure como vítima entidade autárquica da Previdência Social, a qualificadora do § 3º do art. 171 do Código Penal".
- ***Súmula 48 do STJ***: "Compete ao juízo do local da obtenção da vantagem ilícita processar e julgar crime de estelionato cometido mediante falsificação de cheque".
- ***Súmula 73 do STJ***: "A utilização de papel moeda grosseiramente falsificado configura, em tese, o crime de estelionato, da competência da justiça estadual".
- ***Súmula 107 do STJ***: "Compete à Justiça Comum Estadual processar e julgar crime de estelionato praticado mediante falsificação das guias de recolhimento das contribuições previdenciárias, quando não ocorrente lesão à autarquia federal".
- ***Súmula 246 do STF***: "Comprovado não ter havido fraude, não se configura o crime de emissão de cheques sem fundos".
- ***Súmula 521 do STF***: "O foro competente para o processo e o julgamento dos crimes de estelionato, sob a modalidade da emissão dolosa de cheque sem provisão de fundos, é o do local onde se deu a recusa do pagamento pelo sacado".

- ***Súmula 244 do STJ***: "Compete ao foro do local da recusa processar e julgar o crime de estelionato mediante cheque sem provisão de fundos".
- ***Súmula 554 do STF***: "O pagamento de cheque emitido sem provisão de fundos, após o recebimento da denúncia, não obsta ao prosseguimento da ação penal".

## 7.2. Duplicata Simulada (art. 172)

Constitui crime emitir fatura, duplicata ou nota de venda que não corresponda à mercadoria vendida, em quantidade ou qualidade, ou ao serviço prestado, bem como falsificar ou adulterar a escrituração do Livro de Registro de Duplicatas.

## 7.3. Abuso de incapazes (art. 173)

Comete o crime o agente que abusa, em proveito próprio ou alheio, de necessidade, paixão ou inexperiência de menor, ou da alienação ou debilidade mental de outrem, induzindo qualquer deles à prática de ato suscetível de produzir efeito jurídico, em prejuízo próprio ou de terceiro.

## 7.4. Induzimento à especulação (art. 174)

Constitui crime abusar, em proveito próprio ou alheio, da inexperiência ou da simplicidade ou inferioridade mental de outrem, induzindo-o à prática de jogo ou aposta, ou à especulação com títulos ou mercadorias, sabendo ou devendo saber que a operação é ruinosa.

## 7.5. Fraude no comércio (art. 175)

Configura o delito quando o agente engana, no exercício de atividade comercial, o adquirente ou consumidor: vendendo, como verdadeira ou perfeita, mercadoria falsificada ou deteriorada; entregando uma mercadoria por outra. Nos termos do § 1º, também é punido o agente que: alterar em obra que lhe é encomendada a qualidade ou o peso de metal ou substituir, no mesmo caso, pedra verdadeira por falsa ou por outra de menor valor; vender pedra falsa por verdadeira; vender, como precioso, metal de outra qualidade.

> **Atenção:**
>
> **Legislação especial:** há crimes contra as relações de consumo previstos tanto na Lei nº 8.137/90 (art. 7º) quanto no próprio Código de Defesa do Consumidor (Lei nº 8.078/90).

## 7.6. Outras fraudes (art. 176)

Configura o crime nas hipóteses de o agente tomar refeição em restaurante, alojar-se em hotel ou utilizar-se de meio de transporte sem dispor de recursos para efetuar o pagamento. Trata-se de crime de ação penal pública condicionada à *representação*. O juiz pode, conforme as circunstâncias, deixar de aplicar a pena.

## 7.7. Fraudes e abusos na fundação ou administração de sociedade por ações (art. 177)

> "Promover a fundação de sociedade por ações, fazendo, em prospecto ou em comunicação ao público ou à assembleia, afirmação falsa sobre a constituição da sociedade, ou ocultando fraudulentamente fato a ela relativo:
>
> Pena - reclusão, de um a quatro anos, e multa, se o fato não constitui crime contra a economia popular.
>
> § 1º - Incorrem na mesma pena, se o fato não constitui crime contra a economia popular:
>
> I - o diretor, o gerente ou o fiscal de sociedade por ações, que, em prospecto, relatório, parecer, balanço ou comunicação ao público ou à assembleia, faz afirmação falsa sobre as condições econômicas da sociedade, ou oculta fraudulentamente, no todo ou em parte, fato a elas relativo;
>
> II - o diretor, o gerente ou o fiscal que promove, por qualquer artifício, falsa cotação das ações ou de outros títulos da sociedade;
>
> III - o diretor ou o gerente que toma empréstimo à sociedade ou usa, em proveito próprio ou de terceiro, dos bens ou haveres sociais, sem prévia autorização da assembleia geral;
>
> IV - o diretor ou o gerente que compra ou vende, por conta da sociedade, ações por ela emitidas, salvo quando a lei o permite;
>
> V - o diretor ou o gerente que, como garantia de crédito social, aceita em penhor ou em caução ações da própria sociedade;
>
> VI - o diretor ou o gerente que, na falta de balanço, em desacordo com este, ou mediante balanço falso, distribui lucros ou dividendos fictícios;
>
> VII - o diretor, o gerente ou o fiscal que, por interposta pessoa, ou conluiado com acionista, consegue a aprovação de conta ou parecer;
>
> VIII - o liquidante, nos casos dos ns. I, II, III, IV, V e VII;
>
> IX - o representante da sociedade anônima estrangeira, autorizada a funcionar no País, que pratica os atos mencionados nos ns. I e II, ou dá falsa informação ao Governo.
>
> § 2º - Incorre na pena de detenção, de seis meses a dois anos, e multa, o acionista que, a fim de obter vantagem para si ou para outrem, negocia o voto nas deliberações de assembleia geral".

### 7.8. Emissão irregular de conhecimento de depósito ou "warrant" (art. 178)

Pune-se aquele que emite conhecimento de depósito ou warrant, em desacordo com disposição legal. *Warrant* é o instrumento equiparado e considerado como título de crédito, endossável, que se emite, sob garantia pignoratícia, junto com o conhecimento de depósito de mercadorias nos armazéns-gerais.

### 7.9. Fraude à execução (art. 179)

Configura crime fraudar execução, alienando, desviando, destruindo ou danificando bens, ou simulando dívidas. Somente se procede mediante *queixa.*

## 8. RECEPTAÇÃO

**Receptação própria (art. 180, *caput*, 1ª parte).** Adquirir (ocorre a transmissão de propriedade), receber (não ocorre transmissão da propriedade), transportar (levar de um lugar para outro), conduzir (dirigir algum meio de locomoção) ou ocultar (esconder), em proveito próprio ou alheio, coisa que sabe ser produto de crime. Qualquer pessoa pode figurar como sujeito *ativo*, desde que não seja coautor ou partícipe do crime anterior. O sujeito *passivo* é o proprietário da coisa do crime anterior.

**Receptação imprópria (art. 180, *caput*, 2ª parte):** influir para que terceiro de boa-fé a adquira, receba ou oculte. Se o terceiro estiver de má-fé, será punido como receptador próprio, caso em que o influenciador será partícipe.

A receptação é um **crime parasitário ou acessório**, pois depende de delito anterior. Se a infração anterior for *contravenção* não haverá receptação. O crime anterior não precisa ser contra o patrimônio. Igualmente, é dispensável que haja sequer inquérito policial, bastando a prova da origem criminosa. O STF já decidiu entendendo inexistir receptação de bem imóvel (RHC 58.329). É admissível a receptação de receptação.

**Receptação e favorecimento real (art. 349).** Na receptação o agente visa a proveito próprio ou de terceiro (terceiro que não seja autor do crime anterior), ou seja, visa a uma vantagem econômica (*animus lucrandi*) para si ou para outrem. No crime de *favorecimento real*, o agente visa apenas a beneficiar o *autor do crime anterior*, tornando seguro o proveito do crime (*exemplo* de favorecimento real: *A*, após furtar um veículo, solicita a seu amigo *B* que o oculte em sua residência por alguns dias). A característica da receptação é que o agente, adquirindo, recebendo ou ocultando produto de crime, executa tal conduta em proveito próprio ou de terceiro que não o autor do delito pressuposto.

**Receptação qualificada (§ 1º).** Consiste em adquirir, receber, transportar, conduzir, ocultar, ter em depósito, desmontar, montar, remontar, vender, expor à venda, ou de qualquer forma utilizar, em proveito próprio ou alheio, no exercício de atividade comercial ou industrial, coisa que deve saber ser produto de crime. Nos termos do § 2º, equipara-se à atividade comercial, para efeito do parágrafo anterior, qualquer forma de comércio irregular ou clandestino, inclusive o exercido em residência.

**Receptação culposa (§ 3º).** Configura a modalidade culposa se o agente adquirir ou receber coisa que, por sua natureza ou pela desproporção entre o valor e o preço, ou pela condição de quem a oferece, deve presumir-se obtida por meio criminoso. Trata-se de **tipo culposo fechado**.

**Autonomia da receptação (§ 4º).** A receptação é punível ainda que desconhecido ou isento de pena o autor do crime de que proveio a coisa. Dispensa-se instauração de inquérito policial, ação penal ou sentença condenatória em relação ao crime anterior, bastando a prova de a coisa ser proveniente de crime.

**Perdão judicial e receptação privilegiada (§ 5º).** Na hipótese do § 3º, se o criminoso é primário, pode o juiz, tendo em consideração as circunstâncias, deixar de aplicar a pena. Na receptação dolosa aplica-se o disposto no § 2º do art. 155.

**Receptação qualificada (§ 6º).** Tratando-se de bens do patrimônio da União, de Estado, do Distrito Federal, de Município ou de autarquia, fundação pública, empresa pública, sociedade de economia mista ou empresa concessionária de serviços públicos, aplica-se em dobro a pena prevista no *caput* deste artigo. A redação do § 6º do art. 180 do Código Penal foi alterada pela Lei nº 13.531, de 07/12/2017. Antes o dispositivo era o seguinte: "Tratando-se de bens e instalações do patrimônio da União, Estado, Município, empresa concessionária de serviços públicos ou sociedade de economia mista, a pena prevista no *caput* deste artigo aplica-se em dobro". Foram incluídos o Distrito Federal, a autarquia, a fundação pública e a empresa pública.

▸ **Atenção:**

**RECEPTAÇÃO DE ANIMAL:**

A Lei nº 13.330/2016 incluiu o crime do **art. 180-A** ao Código Penal: "Adquirir, receber, transportar, conduzir, ocultar, ter em depósito ou vender, com a finalidade de produção ou de comercialização, semovente domesticável de produção, ainda que abatido ou dividido em partes, que deve saber ser produto de crime: Pena – reclusão, de 2 (dois) a 5 (cinco) anos, e multa".

## 9. IMUNIDADE PENAL

Nos termos do art. 181, é isento de pena quem comete qualquer dos crimes previstos neste título ("Dos Crimes Contra o Patrimônio") em prejuízo do cônjuge, na constância da sociedade conjugal; ou de ascendente ou descendente. Trata-se da chamada **imunidade penal absoluta ou escusa absolutória**. O crime permanece intacto, mas haverá extinção da punibilidade. As hipóteses legais são taxativas.

O art. 182 dispõe que somente se procede mediante *representação* se o crime previsto neste título é cometido em prejuízo do cônjuge judicialmente separado, de irmão ou de tio ou sobrinho com quem o agente coabita. Aqui é prevista a **imunidade penal relativa**. Não extingue a punibilidade, mas transforma a ação penal pública incondicionada em condicionada à representação.

Por sua vez, o art. 183 prevê hipóteses de **exclusão das imunidades** nos seguintes casos:

> I – se o crime é de roubo ou de extorsão, ou, em geral, quando haja emprego de grave ameaça ou violência à pessoa;
>
> II – ao estranho que participa do crime;
>
> III – se o crime é praticado contra pessoa com idade igual ou superior a 60 anos.

# Crimes contra a propriedade imaterial

O Título III da Parte Especial dispõe sobre os crimes contra a propriedade imaterial. A Lei nº 9.279/96 revogou as disposições do CP referentes aos crimes contra o privilégio de invenção, crimes contra as marcas de indústria e comércio e crimes de concorrência desleal. Entretanto, a Lei nº 9.279/96 dispôs sobre os crimes contra a propriedade industrial: crimes contra as patentes, crimes contra os desenhos industriais, crimes contra as marcas, crimes cometidos por meio de marca, título de estabelecimento e sinal de propaganda, crimes contra indicações geográficas e demais indicações e crimes de concorrência desleal.

Por sua vez, a Lei nº 10.695/03 alterou a redação dos artigos 184 (violação de direitos autorais) e 186, e revogou o art. 185, bem como incluiu no CPP os arts. 530-A/I.

Assim, o CP trata apenas de um crime contra a propriedade intelectual (art. 184), que é o delito de violação de direito autoral e os que lhe são conexos.

Qualifica o delito se a violação consistir em reprodução total ou parcial, com intuito de lucro direto ou indireto, por qualquer meio ou processo, de obra intelectual, interpretação, execução ou fonograma, sem autorização expressa do autor, do artista intérprete ou executante, do produtor, conforme o caso, ou de quem os represente (§ 1º).

Também pratica crime quem, com o intuito de lucro direto ou indireto, distribui, vende, expõe à venda, aluga, introduz no País, adquire, oculta, tem em depósito, original ou cópia de obra intelectual ou fonograma reproduzido com violação do direito de autor, do direito de artista intérprete ou executante ou do direito do produtor de fonograma, ou, ainda, aluga original ou cópia de obra intelectual ou fonograma, sem a expressa autorização dos titulares dos direitos ou de quem os represente.

Nos termos do § 3º, o agente será punido com a pena de reclusão, de 2 a 4 anos, e multa, se a violação consistir no oferecimento ao público, mediante cabo, fibra ótica, satélite, ondas ou qualquer outro sistema que permita ao usuário realizar a seleção da obra ou produção para recebê-la em um tempo e lugar previamente determinados por quem formula a demanda, com intuito de lucro, direto ou indireto, sem autorização expressa, conforme o caso, do autor, do artista intérprete ou executante, do produtor de fonograma, ou de quem os represente.

Segundo o § 4º, o disposto nos §§ 1º, 2º e 3º não se aplica quando se tratar de exceção ou limitação ao direito de autor ou os que lhe são conexos, em conformidade com o previsto na Lei nº 9.610, de 19 de fevereiro de 1998, nem a cópia de obra intelectual ou fonograma, em um só exemplar, para uso privado do copista, sem intuito de lucro direto ou indireto.

**Ação penal (art. 186).** Procede-se mediante: I – queixa, nos crimes previstos no *caput* do art. 184; II – ação penal pública incondicionada, nos crimes previstos nos §§ 1º e 2º do art. 184; III – ação penal pública incondicionada, nos crimes cometidos em desfavor de entidades de direito público, autarquia, empresa pública, sociedade de economia mista ou fundação instituída pelo Poder Público; IV – ação penal pública condicionada à representação, nos crimes previstos no § 3º do art. 184.

▸ Importante:

- **Não incidência dos princípios da adequação social e da insignificância:** "(...) A Terceira Seção desta Corte Superior, no julgamento do Recurso Especial Repetitivo n. 1.193.196/MG, pacificou o entendimento de que é formal e materialmente típica a conduta descrita no art. 184, § 2º, do Código Penal, não havendo que se falar, portanto, no princípio da adequação social ou no princípio da insignificância" (STJ, 6ª T., AgRg no REsp 1767921, DJe 01/02/2019).
- **Súmula 502 do STJ:** "Presentes a materialidade e a autoria, afigura-se típica, em relação ao crime previsto no art. 184, § 2º, do CP, a conduta de expor à venda CDs e DVDs piratas".
- **Súmula 574 do STJ:** "Para a configuração do delito de violação de direito autoral e a comprovação de sua materialidade, é suficiente a perícia realizada por amostragem do produto apreendido, nos aspectos externos do material, e é desnecessária a identificação dos titulares dos direitos autorais violados ou daqueles que os representem".

CAPÍTULO IV

# Crimes contra a organização do trabalho

***Legislação especial***: existem crimes contra a organização do trabalho que estão definidos em outro Título dentro da Parte Especial do CP (art. 149 do CP) ou mesmo em legislação extravagante (Lei nº 7.170/83 – Lei de Segurança Nacional).

***Competência:*** nos termos do **art. 109 da CF**, aos juízes federais compete processar e julgar os crimes contra a organização do trabalho (inciso VI). No entanto, as Cortes Superiores vêm entendendo que, não havendo lesão ao direito dos trabalhadores de forma coletiva ou ofensa aos órgãos e institutos que os preservam, apurando-se somente a frustração de direitos trabalhistas de trabalhadores específicos, e, portanto, em âmbito individual, não há falar em competência da Justiça Federal. Nesse sentido: "1. Com base na orientação contida no verbete nº 115 da Súmula do extinto Tribunal Federal de Recursos, a jurisprudência deste Superior Tribunal de Justiça consagrou-se no sentido de que o julgamento pela prática do delito do art. 203 do Código Penal, consistente em frustração de direito assegurado por lei trabalhista, somente compete à Justiça Federal quando o interesse em questão afetar órgãos coletivos do trabalho ou a organização geral do trabalho. Precedentes. 2. Também o Supremo Tribunal Federal, em mais de uma ocasião, afirmou que somente se firmará a competência da Justiça Federal, prevista no art. 109, VI, da CF, quando houver ofensa ao sistema de órgãos e institutos destinados a preservar, coletivamente, os direitos e deveres dos trabalhadores" (STJ, 3ª Seção, CC 137045, j. 24/02/2016).

## 1. ATENTADO CONTRA A LIBERDADE DE TRABALHO

Condutas típicas:

1ª) *Constranger alguém, mediante violência ou grave ameaça, a exercer ou não exercer arte, ofício, profissão ou indústria.* Nesta modalidade, o crime consuma-se no momento em que alguém exerce ou deixa de exercer ofício, profissão ou indústria.

*2ª) Constranger alguém, mediante violência ou grave ameaça, a trabalhar ou não trabalhar durante certo período ou em determinados dias.* Aqui o crime se consuma no momento em que alguém trabalha ou deixa de trabalhar em certo período ou em determinados dias.

*3ª) Constranger alguém, mediante violência ou grave ameaça, a abrir ou fechar o seu estabelecimento de trabalho.* O delito consuma-se com a abertura ou o fechamento do estabelecimento de trabalho. O sujeito passivo é o proprietário do estabelecimento de trabalho, se pessoa física.

*4ª) Constranger alguém, mediante violência ou grave ameaça, a participar de parede:* o direito de greve (parede) é regulamentado pela Lei nº 7.783/89. O grevista deve induzir o seu colega a participar da greve de modo pacífico e não mediante constrangimento. Existe posicionamento no sentido da revogação dessa modalidade.

*5ª) Constranger alguém, mediante violência ou grave ameaça, a participar de paralisação de atividade econômica.* Ocorre a consumação com a paralisação da atividade econômica. Nesta última conduta típica, também figura como sujeito passivo o proprietário do estabelecimento de trabalho, se pessoa física. Observe-se que se o constrangimento for exercido para que apenas o sujeito passivo feche seu estabelecimento, ocorrerá a conduta típica descrita na primeira parte do inciso II, de sorte que, para configurar esta modalidade, é necessário que outras pessoas tenham paralisado a mesma atividade. O legislador visou a impedir o constrangimento para participação de *lockout*.

## 2. ATENTADO CONTRA A LIBERDADE DE CONTRATO DE TRABALHO E BOICOTAGEM VIOLENTA

**Atentado contra a liberdade de contrato de trabalho (art. 198, 1ª parte).** Pune-se o agente que constrange alguém, mediante violência ou grave ameaça, a celebrar contrato de trabalho. Consuma-se com a celebração do contrato, ou seja, com a assinatura (contrato escrito) ou com a aquiescência (contrato verbal). Se houver constrangimento para que alguém *não celebre* contrato de trabalho, não configura este delito (poderá, no entanto, configurar constrangimento ilegal – art. 146). A alteração e a renovação são também hipóteses de celebração de contrato de trabalho.

**Boicotagem violenta (art. 198, 2ª parte).** Constitui crime constranger alguém, mediante violência ou grave ameaça, a não fornecer a outrem ou não adquirir de outrem matéria-prima ou produto industrial ou agrícola. Aqui ocorre a consumação no momento em que a pessoa constrangida não fornece a outrem ou não adquire de outrem matéria-prima ou produto industrial ou agrícola.

## 3. ATENTADO CONTRA A LIBERDADE DE ASSOCIAÇÃO

O bem jurídico é a liberdade de associação. Para configurar o delito deve haver constrangimento, mediante violência ou grave ameaça, a fim de que a vítima participe de sindicado ou associação sindical *determinada*. Isso significa que não estará configurada a infração penal se o constrangimento visar a que a vítima participe ou não de sindicato ou associação profissional *indeterminados* (poderá haver o delito subsidiário de constrangimento ilegal – art. 146).

## 4. PARALISAÇÃO DE TRABALHO, SEGUIDA DE VIOLÊNCIA OU PERTURBAÇÃO DA ORDEM

Constitui crime participar de suspensão ou abandono coletivo de trabalho, praticando violência contra pessoa ou contra coisa (art. 200).

No abandono coletivo do trabalho **exige-se o concurso de, no mínimo, três empregados**. Na suspensão coletiva de trabalho causada pelos empregadores exige-se o concurso de mais de uma pessoa, mesmo se componentes de uma mesma pessoa jurídica empregadora. A violência deve ser praticada pelo participante durante a participação na suspensão ou abandono do trabalho. O delito consuma-se com a prática da violência durante a greve ou *lockout*. Admite-se a tentativa.

## 5. PARALISAÇÃO DE TRABALHO DE INTERESSE COLETIVO

Nos termos do art. 201 do CP, configura crime

> "Participar de suspensão ou abandono coletivo de trabalho, provocando a interrupção de obra pública ou serviço de interesse coletivo".

Esse crime deve ser interpretado de acordo com o art. 9º da CF.

## 6. INVASÃO DE ESTABELECIMENTO INDUSTRIAL, COMERCIAL OU AGRÍCOLA. SABOTAGEM

O artigo prevê dois tipos penais:

a) **invasão de estabelecimento industrial, comercial ou agrícola (1ª parte):** *invadir ou ocupar estabelecimento industrial, comercial ou agrícola, com o intuito de impedir ou embaraçar o curso normal do trabalho.*

Consuma-se com a invasão ou ocupação, independentemente de o agente obter o fim especial desejado (crime formal).

b) **sabotagem (2ª parte):** danificar o estabelecimento ou as coisas nele existentes ou delas dispor com o intuito de impedir ou embaraçar o curso normal do trabalho.

Consuma-se com a danificação, independentemente de o agente obter o fim especial desejado (crime formal).

Nestes delitos, além do dolo, exige-se o *elemento subjetivo especial do tipo*, ou seja, o fim específico de impedir ou embaraçar o curso normal do trabalho.

## 7. FRUSTRAÇÃO DE DIREITO ASSEGURADO POR LEI TRABALHISTA

Constitui crime frustrar, mediante fraude ou violência, direito assegurado pela legislação do trabalho. Também responde pelo delito aquele que obriga ou coage alguém a usar mercadorias de determinado estabelecimento, para impossibilitar o desligamento do serviço em virtude de dívida; ou impede alguém de se desligar de serviços de qualquer natureza, mediante coação ou por meio da retenção de seus documentos pessoais ou contratuais. Trata-se de *norma penal em branco*, a qual depende de complemento do seu preceito primário pela legislação trabalhista. Consuma-se no momento em que o direito trabalhista é frustrado. O § 1º prevê modalidades típicas assemelhadas. Na primeira, além do dolo, exige-se o elemento subjetivo especial do tipo *para impossibilitar o desligamento do serviço em virtude da dívida*; para a consumação, basta a prática da conduta, independentemente de o empregador conseguir o fim visado (crime formal). Na segunda modalidade, o delito consuma-se no momento em que o trabalhador é impedido de se desligar do serviço.

## 8. FRUSTRAÇÃO DE LEI SOBRE A NACIONALIZAÇÃO DO TRABALHO

É punido aquele que frustrar, mediante fraude ou violência, obrigação legal relativa à nacionalização do trabalho. *Atenção*: deve haver fraude ou violência. Trata-se de norma penal em branco, dependente de normas trabalhistas para especificar as obrigações relativas à nacionalização do trabalho (proteção da mão-de-obra nacional). Consuma-se com a frustração da obrigação legal (crime material). Há quem entenda (Mirabete, por exemplo) que o art. 204 do CP não foi recepcionado pela CF, a qual estabelece igualdade de direitos entre os brasileiros e os estrangeiros residentes no País. É também a nossa posição.

## 9. EXERCÍCIO DE ATIVIDADE COM INFRAÇÃO DE DECISÃO ADMINISTRATIVA

Pratica o crime aquele que exerce atividade, de que está impedido por decisão administrativa. Se a decisão for judicial, poderá configurar o delito do art. 359 (desobediência à decisão judicial sobre perda ou suspensão de direito).

## 10. ALICIAMENTO PARA O FIM DE EMIGRAÇÃO

É proibido recrutar trabalhadores, mediante fraude, com o fim de levá-los para território estrangeiro. O bem jurídico é a permanência de trabalhadores no País. Para configurar o delito é indispensável que o agente atue com emprego de fraude, enganando os trabalhadores acerca da realidade do trabalho a ser exercido no exterior. Trata-se de crime formal, que se consuma com o aliciamento, independentemente da obtenção do resultado (emigração). Admite-se a tentativa.

## 11. ALICIAMENTO DE TRABALHADORES DE UM LOCAL PARA OUTRO DO TERRITÓRIO NACIONAL

Pune-se aquele que alicia trabalhadores, com o fim de levá-los de uma para outra localidade do território nacional, bem como aquele que recruta trabalhadores fora da localidade de execução do trabalho, dentro do território nacional, mediante fraude ou cobrança de qualquer quantia do trabalhador, ou, ainda, não assegurar condições do seu retorno ao local de origem. A norma protege o interesse de evitar a migração dos trabalhadores. O êxodo provoca prejuízo na região onde o aliciamento ocorre. A consumação se dá no momento em que o agente pratica o aliciamento, independentemente de conseguir levar os trabalhadores para outra localidade (crime formal). O § 1º prevê tipos assemelhados.

# Crimes contra o sentimento religioso e contra o respeito aos mortos

## 1. CRIMES CONTRA O SENTIMENTO RELIGIOSO

### 1.1. Ultraje a culto e impedimento ou perturbação de ato a ele relativo (art. 208)

a) *Escarnecer de alguém publicamente, por motivo de crença ou função religiosa:* o agente deve zombar de pessoa determinada (alguém), e isso deve ocorrer publicamente, sendo desnecessária a presença do ofendido. Consuma-se com o escárnio, independentemente da obtenção do fim visado.

b) *Impedir ou perturbar cerimônia ou prática de culto religioso:* é inviolável a liberdade de consciência e de crença, sendo assegurado o livre exercício dos cultos religiosos e garantida, na forma da lei, a proteção aos locais de culto e a suas liturgias (art. 5º, VI, da CF).

c) *Vilipendiar publicamente ato ou objeto de culto religioso:* vilipendiar significa menosprezar, ultrajar, desprezar.

## 2. CRIMES CONTRA O RESPEITO AOS MORTOS

### 2.1. Impedimento ou perturbação de cerimônia funerária (art. 209)

Constitui crime impedir ou perturbar enterro ou cerimônia funerária. O objeto jurídico tutelado é o *respeito aos mortos*. Figura como sujeito passivo a *coletividade* (crime vago).

## 2.2. Violação de sepultura (art. 210)

Configura crime violar abrir, destruir, devassar ou profanar sepultura ou urna funerária. *Sepultura* é o lugar em que se recebe o cadáver, abrangendo a cova, o túmulo e todo o lugar em que será enterrado. *Urna funerária* é o recipiente onde se guarda o cadáver (caixão mortuário).

**Obs.**: é necessária a existência do cadáver na sepultura para que ocorra o delito.

## 2.3. Destruição, subtração ou ocultação de cadáver (art. 211)

É punido aquele que destrói, subtrai ou oculta cadáver ou parte dele. A *ocultação* ocorre antes que o cadáver seja sepultado. Após, poderá haver a *destruição* ou *subtração*. Consuma-se com a destruição, subtração ou ocultação. Na modalidade *ocultar* o crime é **permanente**. Nesse sentido: "O crime previsto no art. 211 do Código Penal, na forma ocultar, é permanente. Logo, se encontrado o cadáver após atingida a maioridade, o agente deve ser considerado imputável para todos os efeitos penais, ainda, que a ação de ocultar tenha sido cometida quando era menor de 18 anos" (STJ, 5ª T., REsp 900.509, j. 26/06/2007).

A subtração de cadáver pode configurar crime de furto (quando, por exemplo, pertencer a um museu ou na hipótese de ser utilizado para a finalidade científica, pois nesses casos passa a ter valor patrimonial). A disposição gratuita de tecidos, órgãos e partes do corpo humano, em vida ou *post mortem*, para fins de transplante e tratamento, é permitida na forma da Lei nº 9.434/97.

## 2.4. Vilipêndio a cadáver (art. 212)

Vilipendiar significa tratar como vil, desprezível. Além do dolo, exige-se um elemento subjetivo especial do tipo (implícito), consistente na finalidade de ultrajar. Ocorre a consumação com o efetivo vilipêndio. Frise-se que configura o delito mesmo na hipótese de cadáver utilizado para fins científicos. *Exemplos:* atos de necrofilia; escarrar sobre o cadáver. *Observação:* apesar de não constar expressamente, a lei tutela as partes do cadáver, uma vez que protege as próprias **cinzas**.

CAPÍTULO VI

# Crimes contra a dignidade sexual

## 1. CRIMES CONTRA A LIBERDADE SEXUAL

### 1.1. Estupro (art. 213)

Nos termos da nova redação do art. 213, configura **estupro**:

> "Constranger alguém, mediante violência ou grave ameaça, a ter conjunção carnal ou a praticar ou permitir que com ele se pratique outro ato libidinoso".

Apesar da revogação formal do art. 214, inexistiu *abolitio criminis* do delito de **atentado violento ao pudor**, uma vez que não houve descontinuidade normativo-típica, ou seja, a conduta descrita como proibida no revogado art. 214 permanece proibida no ordenamento jurídico, mas agora no art. 213, com nova denominação. É o que conhece em doutrina como **princípio da continuidade normativo-típica**. O tipo penal passou a ser misto alternativo (ação múltipla).

São elementos do tipo:

a) ***Constrangimento mediante violência ou grave ameaça.*** Para que se caracterize o crime de estupro deve haver *dissenso* da vítima em relação ao ato sexual, ou seja, é necessário que não haja adesão do ofendido à prática da relação sexual. Essa resistência deve ser sincera e positiva, pois a negativa sem maior rebeldia não denota discordância. Justamente em face da necessidade de *dissenso*, o agente executa a prática do ato sexual mediante violência ou grave ameaça.

*b)* ***Conjunção carnal.*** Significa coito vagínico, ou seja, introdução do pênis, completa ou incompleta, na cavidade vaginal. Outros atos sexuais estão fora do conceito de *conjunção carnal.*

*c)* ***Ato libidinoso*** (elemento normativo do tipo). É o que atenta contra o sentimento médio de moralidade sexual (critério objetivo), não importando que a vítima perceba a natureza libidinosa. Assim, mesmo que o agente se sinta realizado ao passar a mão no braço da vítima para satisfazer a sua lascívia, não será considerado ato libidinoso, uma vez que passar as mãos no braço de outra pessoa não ofende a moral sexual média.

**Comportamento da vítima.** Conforme dispõe o tipo penal, o comportamento da vítima pode ser ativo ou passivo, uma vez que é coagida a: a) praticar (comportamento *ativo* da vítima) ato libidinoso com o autor ou em terceiro, ou com ela mesma; b) permitir (comportamento *passivo* da vítima) que o autor ou terceiro nela pratique o ato libidinoso. O tipo penal não exige o contato físico entre a vítima e o agente, ou entre a vítima e um terceiro, mas é necessário que o corpo da vítima seja envolvido no ato libidinoso, como ocorre na hipótese de ela ser obrigada a praticar o ato libidinoso em si mesma (*ex.*: ser coagida a introduzir um objeto na vagina). Em sentido contrário, parcela da doutrina (Pierangeli; Fragoso) e da jurisprudência sustentam que deve haver o contato físico (toque) com o corpo da vítima. Nesse sentido: "Segundo a jurisprudência do Superior Tribunal de Justiça, o delito de estupro de vulnerável se consuma com a prática de qualquer ato de libidinagem ofensivo à dignidade sexual da vítima, incluindo toda ação atentatória contra o pudor praticada com o propósito lascivo, seja sucedâneo da conjunção carnal ou não, evidenciando-se com o contato físico entre o agente e a vítima durante o apontado ato voluptuoso" (STJ, 5ª T., AgRg no REsp 1684947, j. 19/10/2017).

▸ **CONTEMPLAÇÃO LASCIVA**

"De acordo com o novel entendimento consagrado por esta 5ª Turma, à unanimidade de votos, em julgamento de caso semelhante, decidiu-se que a 'contemplação lasciva configura o ato libidinoso constitutivo dos tipos dos arts. 213 e 217-A do Código Penal, **sendo irrelevante, para a consumação dos delitos, que haja contato físico entre ofensor e ofendido**'" (STJ, 5ª T., REsp 1640087, DJe 01/02/2017).

**Questão 1.** Se o agente constranger alguém, maior de 14 anos, mediante violência ou grave ameaça, a *presenciar* conjunção carnal ou outro ato libidinoso, a fim de satisfazer lascívia própria ou de outrem, configura estupro? Não, uma vez que a vítima não *praticou* com o autor nem *permitiu* que com ela se praticasse nenhum ato libidinoso. Entretanto, se o agente praticar na presença de alguém menor de 14 anos, ou induzi-lo a presenciar, conjunção carnal ou outro ato libidinoso, a fim de satisfazer lascívia própria ou de outrem, haverá o crime descrito no **art. 218-A**.

**Questão 2.** Imaginemos que no *mesmo contexto fático* o agente pratique, mediante violência e/ou grave ameaça, conjunção carnal e coito anal com a mesma vítima. Nessa situação, o agente responderá por um **único crime**, devendo as diversas formas de violência sexual ser sopesadas na pena-base (art. 59 do CP).

▸ ESTUPRO VIRTUAL

Ocorre quando a vítima, mediante grave ameaça, é constrangida a praticar atos libidinosos por meio da internet. Exemplo: o agente se passa por interessado em sites de relacionamento e consegue nudes; em seguida, sob a ameaça de publicar as fotografias na internet, obriga a ofendida a praticar atos libidinosos nela mesma em frente à webcam.

**Sujeitos do crime.** O sujeito *ativo* pode ser qualquer pessoa. O delito pode ser praticado por um único agente (autor) ou em concorrência com outros agentes (coautoria e participação). É possível ainda a autoria mediata ou indireta. Em relação ao sujeito *passivo*, pode ser homem ou mulher, desde que não seja vulnerável segundo o art. 217-A. Na redação anterior, somente mulher poderia figurar como sujeito passivo.

▸ Observação:

Na modalidade *constranger, mediante violência ou grave ameaça, a ter* ***conjunção carnal***, o crime ainda será "bipróprio", ou seja, exige-se qualidade especial tanto do sujeito ativo quanto do passivo. Isso porque, para que ocorra a conjunção carnal, deve haver penetração do pênis na vagina, de sorte que o sujeito ativo deve ser *homem* e o sujeito passivo, *mulher*, ou também pode ocorrer que a *mulher* figure como sujeito ativo, mas neste caso o *homem* deverá ser a vítima.

**Consumação e tentativa.** Na hipótese de *conjunção carnal*, ocorrerá a consumação com a introdução do pênis na vagina, mesmo que a introdução seja parcial, independentemente ainda de ejaculação ou orgasmo. Na modalidade de estupro com *ato libidinoso*, basta um único ato libidinoso para consumação, mesmo que o agente não consiga praticar outros atos por circunstâncias alheias à sua vontade. No crime de estupro existem dois momentos, o primeiro relacionado ao constrangimento mediante violência ou grave ameaça, e o segundo consiste na prática da conjunção carnal ou de outro ato libidinoso. Desse modo, a **tentativa** é perfeitamente admissível em qualquer modalidade do delito, desde que, após o constrangimento, o agente não pratique a conjunção carnal ou nenhum outro ato libidinoso.

**Formas qualificadas.** Se da conduta resulta lesão corporal de natureza grave ou se a vítima é menor de 18 ou maior de 14 anos (§ 1º), ou se da conduta resulta morte (§ 2º). No que tange à idade da vítima, deve ser interpretada a qualificadora no sentido de ser a vítima menor de 18 anos (dia anterior ao 18º aniversário) e maior de 14 anos. Em relação ao resultado qualificador *lesão corporal grave ou* *morte*, discute-se se pode ser causado a título de dolo ou culpa (corrente minoritária), ou se somente por culpa (corrente majoritária). Assim, **predomina tratar-se de crime preterdoloso**, ou seja, há *dolo* em relação ao estupro e *culpa* em relação à morte ou lesão grave. O agente não quer nem assume o risco da morte ou lesão grave, mas, por culpa, produz o resultado.

> ▸ **ESTUPRO DOLOSO + HOMICÍDIO DOLOSO ou ESTUPRO DOLOSO + LESÃO CORPORAL GRAVE DOLOSA**
>
> Se houver dolo direto ou eventual em relação à morte ou à lesão grave, o agente responderá pelo art. 213, *caput* (ou seja, sem a qualificadora) em concurso com o art. 121 (crime de homicídio) doloso ou, se for o caso, art. 129 (lesão corporal grave) dolosa. Esse concurso pode ser formal impróprio (art. 70, *caput*, 2ª parte) ou material (art. 69).

**Crime hediondo:**

***Antes da Lei nº 12.015/09:*** apesar da discussão doutrinária e jurisprudencial existente, o **STF**, desde o julgamento proferido pelo Plenário ao apreciar o HC 81.288, j. 17/12/2001, firmou o entendimento de que os crimes de estupro e atentado violento ao pudor nas suas formas simples (arts. 213, *caput* e 214, *caput*), ainda que mediante violência presumida (art. 224), estavam inseridos no rol dos crimes considerados hediondos, conforme disposto no art. 1º, V e VI, da Lei nº 8.072/90. O **STJ** uniformizou seu entendimento sobre o tema somente em 2012:

> "Os crimes de estupro e atentado violento ao pudor cometidos antes da edição da Lei nº 12.015/2009 são considerados hediondos, ainda que praticados na forma simples" (3ª Seção, REsp 1.110.520, j. 26/9/2012 - Informativo 505).

***Depois da Lei nº 12.015/09:*** com o advento da Lei nº 12.015/09, alterando o art. 1º, V, da Lei dos Crimes Hediondos (Lei nº 8.072/90), a celeuma anterior perdeu o sentido em relação aos crimes praticados após a sua vigência, tendo em vista que a forma simples do estupro (art. 213, *caput*) passou a figurar de forma clara e expressa no rol dos crimes hediondos.

## 1.2. Violação sexual mediante fraude (art. 215)

Configura crime ter conjunção carnal, ou praticar outro ato libidinoso com alguém, mediante fraude ou outro meio que impeça ou dificulte a livre manifestação de vontade da vítima. *Ex.:* médico ginecologista, em exame, toca as partes pudendas da ofendida sem a devida necessidade, somente para satisfazer a sua lascívia; líder espiritual ou médium que, mediante a promessa de cura espiritual, pratica atos libidinosos na vítima.

O crime do art. 215 do CP é conhecido como "estelionato sexual".

▸ **ESTUPRO DE VULNERÁVEL**

Se a vítima não tiver nenhuma possibilidade de oferecer resistência, haverá estupro de vulnerável (art. 217-A, § 1º). Ex.: enquanto a paciente está inconsciente, o médico pratica conjunção carnal ou ato libidinoso com ela.

## 1.3. Importunação sexual (art. 215-A)

A Lei nº 13.718, de 24/09/2018 (vigência a partir de 25/09/2018), incluiu ao Código Penal o crime de importunação sexual, nos seguinte termos: "Art. 215-A. Praticar contra alguém e sem a sua anuência ato libidinoso com o objetivo de satisfazer a própria lascívia ou a de terceiro: Pena - reclusão, de 1 (um) a 5 (cinco) anos, se o ato não constitui crime mais grave".

Antes da alteração, condutas como apalpar, encoxar ou até ejacular na vítima, muitas vezes praticadas em transportes coletivos ou em espaços públicos, ora eram tipificadas como *contravenção penal* (infração de menor potencial ofensivo sujeita ao rito sumaríssimo do JECrim), ora eram tipificadas como *estupro* (crime hediondo).

Não havia, portanto, um meio-termo entre a contravenção penal de importunação ofensiva ao pudor ("Art. 61 da LCP. Importunar alguém, em lugar público ou acessível ao público, de modo ofensivo ao pudor: Pena – multa, de duzentos mil réis a dois contos de réis"), que agora foi expressamente revogada pela Lei nº 13.718/18, e o crime de estupro ("Art. 213 do CP. Constranger alguém, mediante violência ou grave ameaça, a ter conjunção carnal ou a praticar ou permitir que com ele se pratique outro ato libidinoso: Pena - reclusão, de 6 a 10 anos").

**Vítima específica:** o crime do art. 215-A do CP deve ser praticado "contra alguém e sem a sua anuência", ou seja, somente se configura se a vítima for certa (pessoa determinada ou grupo determinado de pessoas). Não havendo sujeito passivo específico (ex.: o autor se automasturba em praça pública, sem visar a pessoa determinada), haverá ato obsceno (art. 233 do CP), que tem como vítima imediata a coletividade.

**Vítima menor de 14 anos:** havendo prática de ato libidinoso com vítima menor de 14 anos, estará configurado o *crime de estupro de vulnerável* (art. 217-A do CP). Por outro lado, se o agente pratica, na presença de alguém menor de 14 anos, ou o induz a presenciar, conjunção carnal ou outro ato libidinoso, a fim de satisfazer lascívia própria ou alheia, haverá o *crime de satisfação de lascívia mediante presença de criança ou adolescente* (art. 218-A do CP).

## 1.4. Assédio sexual (art. 216-A)

Constitui crime constranger alguém com o intuito de obter vantagem ou favorecimento sexual, prevalecendo-se o agente da sua condição de superior hierárquico ou ascendência inerentes ao exercício de emprego, cargo ou função. Trata-se de crime formal, de sorte que dispensa a produção da vantagem ou favorecimento sexual. A pena é aumentada em até um terço se a vítima é menor de 18 anos.

Ainda que exista "liderança espiritual" na relação entre o líder espiritual (padre, pastor etc.) e o fiel, ou "superioridade acadêmica" na relação entre o professor e o aluno, eventual constrangimento à vítima com o intuito de obter favorecimento sexual não configura o crime do art. 216-A, já que não há vínculo de emprego, cargo ou função entre as partes.

## 1.5. Ação penal (art. 225)

Nos termos do art. 225 do Código Penal, conforme redação dada pela Lei nº 13.718, de 24/09/2018 (vigência a partir de 25/09/2018), o crime de estupro é processado mediante **ação penal pública incondicionada**. Por se tratar de disposição prejudicial ao réu, a nova regra não poderá retroagir.

Ademais, com a alteração, resta superado o debate a respeito da aplicação, ou não, da **Súmula 608 do STF** ("No crime de estupro, praticado mediante violência real, a ação penal é pública incondicionada").

▸ **Evolução legislativa**

*Redação original:* **Art. 225.** Nos crimes definidos nos capítulos anteriores, somente se procede mediante queixa. **§ 1º**. Procede-se, entretanto, mediante ação pública: **I** - se a vítima ou seus pais não podem prover às despesas do processo, sem privar-se de recursos indispensáveis à manutenção própria ou da família; **II** - se o crime é cometido com abuso do pátrio poder, ou da qualidade de padrasto, tutor ou curador. **§ 2º**. No caso do nº I do parágrafo anterior, a ação do Ministério Público depende de representação.

*Redação a partir da Lei nº 12.015/09:* **Art. 225.** Nos crimes definidos nos Capítulos I e II deste Título, procede-se mediante ação penal pública condicionada à representação. **Parágrafo único**. Procede-se, entretanto, mediante ação penal pública incondicionada se a vítima é menor de 18 (dezoito) anos ou pessoa vulnerável.

*Redação a partir da Lei nº 13.718/18:* **Art. 225.** Nos crimes definidos nos Capítulos I e II deste Título, procede-se mediante ação penal pública incondicionada.

## 1.6. Aumento de pena (arts. 226 e 234-A)

> ***Art. 226.*** *A pena é aumentada:*
>
> ***I*** *- de quarta parte, se o crime é cometido com o concurso de 2 (duas) ou mais pessoas;*

*II - de metade, se o agente é ascendente, padrasto ou madrasta, tio, irmão, cônjuge, companheiro, tutor, curador, preceptor ou empregador da vítima ou por qualquer outro título tiver autoridade sobre ela (redação dada pela Lei nº 13.718/18);*

*III - (revogado pela Lei nº 11.106, de 2005)*

*IV - de 1/3 (um terço) a 2/3 (dois terços), se o crime é praticado (incluído pela Lei nº 13.718/18):*

***Estupro coletivo***

***a)** mediante concurso de 2 (dois) ou mais agentes;*

***Estupro corretivo***

***b)** para controlar o comportamento social ou sexual da vítima.*

O art. 226 do Código Penal traz causas de aumento de pena (3ª fase do critério trifásico de aplicação da pena privativa de liberdade) aplicáveis aos delitos sexuais previstos nos Capítulos I (crimes contra a liberdade sexual) e II (crimes sexuais contra vulnerável).

A Lei nº 13.718/18, além de dar nova redação ao inciso II do art. 226 (limitando-se a substituir a palavra "tem" por "tiver"), incluiu as majorantes do estupro coletivo (alínea a do inciso IV) e do estupro corretivo (alínea b do inciso IV).

**Estupro coletivo:** aquele praticado mediante concurso de dois ou mais agentes. Entendemos que não há incompatibilidade entre os incisos I ("de quarta parte, se o crime é cometido com o concurso de 2 ou mais pessoas") e IV ("de 1/3 a 2/3, se o crime é praticado: a) mediante concurso de 2 ou mais agentes"). Isso porque o inciso I se refere a todos os crimes dos Capítulos I e II do Título VI (crimes contra a dignidade sexual), enquanto que o inciso IV se refere somente aos delitos de estupro e estupro de vulnerável (princípio da especialidade).

**Estupro corretivo:** aquele praticado para controlar o comportamento social ou sexual da vítima. Há notícia de práticas criminosas, machistas e repugnantes em que mulheres lésbicas são estupradas para "virarem mulheres de verdade", ou "aprenderem a gostar de homens", devendo incidir, nesses casos, a majorante.

***Aumento de pena***

***Art. 234-A.** Nos crimes previstos neste Título a pena é aumentada:*

***I** - (vetado);*

***II** - (vetado);*

***III** - de metade a 2/3 (dois terços), se do crime resulta gravidez (redação dada pela Lei nº 13.718/18);*

***IV** - de 1/3 (um terço) a 2/3 (dois terços), se o agente transmite à vítima doença sexualmente transmissível de que sabe ou deveria saber ser portador, ou se a vítima é idosa ou pessoa com deficiência (redação dada pela Lei nº 13.718/18).*

As causas de aumento (3ª fase do critério trifásico de aplicação da pena privativa de liberdade) do art. 234-A do Código Penal foram incluídas pela Lei nº 12.015/09, e depois alteradas pela Lei nº 13.718/18.

**Se do crime resulta gravidez:** a majorante somente tem aplicação se a vítima for mulher, exigindo, para sua comprovação, exame pericial. A gestante poderá realizar o aborto, nos termos do art. 128, II, do Código Penal. Obs.: na hipótese de a mulher figurar como sujeito ativo e vir a engravidar, não se justifica o aumento de pena.

**Transmissão de doença sexualmente transmissível:** exige-se o dolo direto ("de que sabe ser portador") ou eventual ("de que deveria saber ser portador"). Para evitar o *bis in idem*, o agente não responderá, também, pelo crime de perigo de contágio venéreo (art. 130 do CP).

**Vítima idosa ou pessoa com deficiência:** as majorantes foram incluídas pela Lei nº 13.718/18. Justifica-se o aumento da pena em face da vulnerabilidade da vítima.

## 2. EXPOSIÇÃO DA INTIMIDADE SEXUAL

### 2.1. Registro não autorizado da intimidade sexual (art. 216-B)

A Lei nº 13.772, de 19/12/2018, com vigência a partir de 20/12/2018 (data da publicação no DOU), inseriu no Código Penal o **Capítulo I-A** (Da Exposição da Intimidade Sexual) e o **art. 216-B** (Registro não autorizado da intimidade sexual). O novo tipo penal vem tutelar a intimidade sexual.

Conforme o art. 216-B, é crime "Produzir, fotografar, filmar ou registrar, por qualquer meio, conteúdo com cena de nudez ou ato sexual ou libidinoso de caráter íntimo e privado sem autorização dos participantes", punido com pena de detenção de 6 meses a 1 ano, e multa.

O objeto material consiste em conteúdo com cena de nudez ou ato sexual ou libidinoso de caráter íntimo e privado. O agente não tem autorização para captar e guardar a imagem. Foi noticiado que, em alguns estabelecimentos, como hotéis ou motéis, pessoas foram filmadas em cenas de sexo por meio de câmera escondidas.

**▸ PRODUÇÃO X DIVULGAÇÃO**

Com a nova lei, o legislador passou a punir aquele que produz a cena sexual, sem autorização dos envolvidos, com pena inferior à daquele que a divulga:

- Agente que produz: detenção de 6 meses a 1 ano (art. 216-B)
- Agente que divulga: reclusão de 1 a 5 anos (art. 218-C)

No parágrafo único o tipo prevê uma forma equiparada, punindo com a mesma pena quem realiza montagem em fotografia, vídeo, áudio ou qualquer outro registro com o fim de incluir pessoa em cena de nudez ou ato sexual ou libidinoso de caráter íntimo.

Na eleição de 2018, circulou nas redes sociais um vídeo contendo registro de cena de ato sexual entre um homem e algumas mulheres, sendo que a imagem do homem que participava do ato foi veiculada como sendo a de um candidato a governador. De imediato, o referido candidato veio a público dizer que se tratava de montagem.

# 3. CRIMES SEXUAIS CONTRA VULNERÁVEL

## 3.1. Estupro de vulnerável (art. 217-A)

É proibido ter conjunção carnal ou praticar outro ato libidinoso com:

a) menor de 14 anos;

b) alguém que, por enfermidade ou deficiência mental, não tem o necessário discernimento para a prática do ato;

c) alguém que, por qualquer outra causa, não pode oferecer resistência (*exemplos*: estado de coma; embriaguez alcoólica completa; paralisia dos membros).

Na data em que o menor completa 14 anos já não mais se considera como sujeito passivo do art. 217-A. Ou seja, seu consentimento é válido para o ato sexual.

Ao contrário do estupro (art. 213), o estupro de vulnerável (art. 217-A) pode ser praticado **com ou sem violência/grave ameaça** contra a vítima. Nesse sentido: "Quanto ao pleito de desclassificação da conduta para a contravenção penal do art. 61 do Decreto-lei 3.688/1941, o estupro de vulnerável é crime hediondo, comum, material, instantâneo, em regra plurissubsistente, cujos dois núcleos do tipo consistem em ter conjunção carnal ou praticar qualquer ato libidinoso com vulnerável, nos termos do art. 217-A e 1º, do Código Penal. Diversamente do estupro (CP, art. 213), despiciendo qualquer tipo de violência real ou grave ameaça para a consumação deste crime, bastando a execução de quaisquer dos dois núcleos típicos, ainda que haja o consentimento expresso da vítima" (STJ, 5ª T., HC 431708, j. 24/05/2018).

**O tipo penal não exige o contato físico entre a vítima e o agente**, ou entre a vítima e um terceiro, mas é necessário que o corpo da vítima seja envolvido no ato libidinoso, como ocorre na hipótese de ela ser obrigada a praticar o ato libidinoso em si mesma (ex.: ser coagida a introduzir um objeto na vagina) ou a se despir.

Assim: "Cuidando-se de vítima de dez anos de idade, conduzida, ao menos em tese, a motel e obrigada a despir-se diante de adulto que efetuara pagamento para **contemplar a menor em sua nudez**, parece dispensável a ocorrência de efetivo contato físico para que se tenha por consumado o ato lascivo que configura ofensa à dignidade sexual da menor" (STJ, 5ª T., RHC 70976, j. 02/08/2016).

O sujeito *ativo* pode ser qualquer pessoa, podendo o crime ser praticado por um único agente (autor) ou em concorrência com outros agentes (coautoria e participação). Em relação ao sujeito *passivo*, pode ser homem ou mulher, desde que se encontre em alguma das hipóteses de vulnerabilidade.

*Consuma-se* com a prática da conjunção carnal ou de outro ato libidinoso. A *tentativa* é admissível em qualquer modalidade do crime, apesar de ser de difícil comprovação no caso de o delito ser praticado sem violência ou grave ameaça.

**Contemplação lasciva:** "De acordo com o novel entendimento consagrado por esta 5ª Turma, à unanimidade de votos, em julgamento de caso semelhante, decidiu-se que a 'contemplação lasciva configura o ato libidinoso constitutivo dos tipos dos arts. 213 e 217-A do Código Penal, sendo irrelevante, para a consumação dos delitos, que haja contato físico entre ofensor e ofendido'" (STJ, 5ª T., REsp 1640087, DJe 01/02/2017).

**Pessoa menor de 14 anos e consentimento:** "O crime de estupro de vulnerável se configura com a conjunção carnal ou prática de ato libidinoso com menor de 14 anos, sendo **irrelevante** eventual consentimento da vítima para a prática do ato, sua experiência sexual anterior ou existência de relacionamento amoroso com o agente" (**Súmula 593 do STJ**).

Ainda: "De acordo com a jurisprudência do Superior Tribunal de Justiça, firmada em julgamento do Recurso Representativo da Controvérsia n. 1.480.881/PI, há **presunção absoluta de violência** nos casos de prática de conjunção carnal ou ato libidinoso diverso com pessoa menor de 14 anos" (STJ, 5ª T., AgRg no AREsp 1211088, j. 06/11/2018).

Nesse sentido, também, o **§ 5º** do art. 217-A do Código Penal, incluído pela Lei nº 13.718/18: "As penas previstas no *caput* e nos §§ 1º, 3º e 4º deste artigo aplicam-se **independentemente do consentimento da vítima ou do fato de ela ter mantido relações sexuais anteriormente ao crime**".

**▸ ERRO DE TIPO E ERRO DE PROIBIÇÃO**

**Erro de tipo:** se o agente não tem consciência da situação de vulnerabilidade (*ex.*: não percebeu a idade da vítima, uma vez que claramente aparentava ser maior de 14 anos), aplica-se o art. 20, *caput*, do CP, vale dizer, exclui-se o dolo; como não há a previsão da modalidade culposa, o fato será atípico (ausência de tipicidade subjetiva).

**Erro de proibição:** se o agente, embora tenha consciência do fato, não possua consciência da ilicitude deste fato (*ex.*: não sabia que era ilícito praticar conjunção carnal com sua namorada de 13 anos, mesmo diante da autorização paterna), trata-se de erro de proibição (art. 21 do CP). Não há a exclusão do dolo, mas pode ocorrer a exclusão da culpabilidade (erro de proibição inevitável) ou a diminuição da pena (erro de proibição evitável).

Se da conduta resulta *lesão corporal de natureza grave*, a pena é de reclusão, de 10 a 20 anos. Se da conduta resulta *morte*, pune-se o crime com a pena de reclusão, de 12 a 30 anos. De acordo com a posição majoritária, se está diante de **crime preterdoloso** (v. explicação atinente à forma qualificada do art. 213).

Trata-se de **crime hediondo**, na sua forma simples e qualificada (art. 1º, VI, da Lei nº 8.072/90).

## 3.2. Corrupção de menores (art. 218)

Com a nova redação do art. 218, responde pelo crime aquele que induz alguém menor de 14 anos a satisfazer a lascívia de outrem. Observe que o agente do crime não pratica ato libidinoso, nem satisfaz a sua própria lascívia. Existe divergência sobre a interpretação desse tipo penal: *1ª posição*: o agente (que induziu o menor) só responderá pelo art. 218 se o terceiro (outrem), não praticar nenhum ato libidinoso com o menor. *Ex.*: o terceiro irá satisfazer a sua lascívia fotografando o menor sem roupa. Isso porque, se o terceiro praticar conjunção carnal ou outro ato libidinoso, responderá por estupro de vulnerável (art. 217-A), e aquele que induziu o menor será partícipe, de sorte que também responderá pelo art. 217-A, e não pelo art. 218; *2ª posição*: responde pelo art. 218 aquele que induz o menor de 14 anos a satisfazer a lascívia de outrem, ao passo que a pessoa que irá satisfazer a sua lascívia responderá pelo art. 217-A caso pratique conjunção carnal ou outro ato libidinoso. Trata-se de uma exceção à teoria monista do concurso de pessoas.

## 3.3. Satisfação de lascívia mediante presença de criança ou adolescente (art. 218-A)

Esse crime foi criado pela Lei nº 12.015/09. Configura o delito quando o agente:

*a)* pratica, na presença de alguém menor de 14 anos, conjunção carnal ou outro ato libidinoso, a fim de satisfazer lascívia própria ou de outrem;

*b)* induz alguém menor de 14 anos a presenciar conjunção carnal ou outro ato libidinoso, a fim de satisfazer lascívia própria ou de outrem.

## 3.4. Favorecimento da prostituição ou outra forma de exploração sexual de vulnerável (art. 218-B)

Pune-se aquele que submeter, induzir ou atrair à prostituição ou outra forma de exploração sexual alguém menor de 18 anos ou que, por enfermidade ou deficiência mental, não tem o necessário discernimento para a prática do ato, facilitá-la, impedir ou dificultar que a abandone. Também comete crime: quem pratica conjunção carnal ou outro ato libidinoso com alguém menor de 18 e maior de 14 anos na situação de prostituição ou outra forma de exploração sexual; o proprietário, o gerente ou o responsável pelo local em que se verifiquem as práticas referidas no *caput* do art. 218-B. Nesse caso, constitui efeito obrigatório da condenação a cassação da licença de localização e de funcionamento do estabelecimento. **É crime hediondo** (art. 1º, VIII, da Lei nº 8.072/90).

▸ **Atenção:**

- A Lei nº 13.440, de 08/05/2017, deu nova redação ao preceito secundário do art. 244-A do ECA. Entretanto, o referido tipo penal foi revogado tacitamente pelo art. 218-B do CP. Na verdade, a pena de prisão cominada é a mesma (reclusão de quatro a dez anos), de sorte que houve a cominação de multa, bem como a perda de bens e valores utilizados na prática criminosa em favor do Fundo dos Direitos da Criança e do Adolescente da unidade da Federação (Estado ou Distrito Federal) em que foi cometido o crime, ressalvado o direito de terceiro de boa-fé. Entendemos que, enquanto o legislador não ajuste a legislação, somente terá aplicação o preceito secundário do art. 244-A do ECA, combinado com o art. 218-B do CP.
- A Lei nº 13.441, de 08/05/2017, alterou a Lei n. 8.069/90 (Estatuto da Criança e do Adolescente), para prever a infiltração de agentes de polícia na internet com o fim de investigar crimes contra a dignidade sexual de criança e de adolescente (crimes previstos nos arts. 240, 241, 241-A, 241-B, 241-C e 241-D do ECA e nos arts. 154-A, 217-A, 218, 218-A e 218-B do Código Penal).

## 3.5. Divulgação de cena de estupro ou de cena de estupro de vulnerável, de cena de sexo ou de pornografia (art. 218-C)

Tutela-se a dignidade, a honra e a intimidade da vítima. O tipo penal foi criado principalmente em razão de pessoas que, sem o seu consentimento, tiveram fotos ou vídeos de cunho sexual divulgados na internet. Com a criminalização da conduta de fazer apologia ou induzir à prática de estupro ou estupro de vulnerável, protege--se, ainda, a paz pública.

O crime previsto no art. 218-C foi incluído ao Código Penal pela Lei nº 13.718, de 24/09/2018 (vigência a partir de 25/09/2018). Anteriormente, na falta de tipo penal específico, a divulgação de imagens íntimas da vítima, com conotação sexual, era considerada mero crime contra a honra, resolvido, em muitos casos, com penas alternativas junto ao Juizado Especial Criminal. A desproporcionalidade da resposta penal diante do dano causado às vítimas era evidente. A nova legislação, no entanto, por se tratar de *lex gravior*, não pode retroagir.

**Vítima for menor de 18 anos:** a conduta do autor poderá configurar crime do ECA, seja o art. 241 ("Vender ou expor à venda fotografia, vídeo ou outro registro que contenha cena de sexo explícito ou pornográfica envolvendo criança ou adolescente"), seja o art. 241-A ("Oferecer, trocar, disponibilizar, transmitir, distribuir, publicar ou divulgar por qualquer meio, inclusive por meio de sistema de informática ou telemático, fotografia, vídeo ou outro registro que contenha cena de sexo explícito ou pornográfica envolvendo criança ou adolescente").

**Acesso e armazenamento:** receber e salvar fotos ou vídeos com conteúdo erótico não caracterizam o crime.

**Objeto material:** é a fotografia, o vídeo ou outro registro audiovisual, que deve conter (i) cena de estupro ou de estupro de vulnerável, (ii) cena que faça apologia ao estupro/estupro de vulnerável ou que induza a sua prática ou (iii) cena de sexo, nudez ou pornografia sem o consentimento da vítima.

***(i) Cena de estupro ou de estupro de vulnerável***

Pune-se a divulgação (ou oferecimento, troca, disponibilização, transmissão, venda, exposição à venda, distribuição, publicação) de fotos ou vídeos que contenham cena de relação sexual não consentida. Em maio de 2016 tornou-se viral na internet um vídeo supostamente gravado no Rio de Janeiro em que uma adolescente aparece nua, dopada e com marcas de violência, gerando protestos, notas de repulsa e pedidos de providências.

Seria inadmissível pensar que alguém pudesse satisfazer a sua lascívia, ou de qualquer forma se excitar, trocando mensagens (fotos ou vídeos) contendo cenas de violência sexual.

No caso de cena de estupro de vulnerável, a vítima deve estar enquadrada em uma das hipóteses do § 1º do artigo 217-A do Código Penal: quem, por enfermidade ou deficiência mental, não tem o necessário discernimento para a prática do ato, ou quem, por qualquer outra causa, não pode oferecer resistência. Se a vítima for vulnerável por ser menor de 14 anos, haverá crime previsto no Estatuto da Criança e do Adolescente (art. 241 ou art. 241-A, conforme o caso).

***(ii) Cena que faça apologia ao estupro/estupro de vulnerável ou que induza a sua prática***

Trata-se de tipo especial de apologia de crime ("Art. 287. Fazer, publicamente, apologia de fato criminoso ou de autor de crime"), razão pela qual, além da dignidade sexual, também é tutelada a paz pública neste caso. Busca-se evitar a divulgação de fotos ou vídeos que, de qualquer forma, façam elogio, defesa, propaganda ou enaltecimento dos crimes de estupro ou estupro de vulnerável. Não se exige que o material divulgado contenha cenas sexuais; neste caso, a vítima será a coletividade, ou seja, um número indeterminado de pessoas (crime vago).

***(iii) Cena de sexo, nudez ou pornografia sem o consentimento da vítima***

A cena divulgada não contém violência sexual, pois caso contrário incidiria a primeira figura (divulgar cena de estupro ou estupro de vulnerável). Possíveis interpretações do dispositivo: a) uma interpretação mais extensiva permitirá enquadrar na última figura do caput do art. 218-C comportamentos como a divulgação em redes sociais de fotos pornográficas de pessoas desconhecidas em clara situação de "flagra" (foto sem autorização), inclusive em grupos fechados de WhatsApp; b) uma interpretação mais restritiva exigirá que exista alguma relação com a vítima – que não a relação íntima de afeto, prevista no § 1º –, como no caso de relações laborais (colegas de trabalho), relações domiciliares (caso dos vizinhos) ou relações profissionais (caso dos paparazzi que perseguem artistas famosos). Exemplos: o agente, por cima do muro, consegue tirar fotografias de sua vizinha enquanto ela toma banho de sol nua no pátio, divulgando-as na internet; o fotógrafo, da praia, com uma câmera de grande alcance, capta cenas de sexo ocorridas em um barco no qual se encontra conhecido jogador de futebol, e depois vende o vídeo para um periódico sensacionalista.

***Forma majorada***. De acordo com o § 1º, "A pena é aumentada de 1/3 (um terço) a 2/3 (dois terços) se o crime é praticado por agente que mantém ou tenha mantido relação íntima de afeto com a vítima ou com o fim de vingança ou humilhação". São duas, portanto, as hipóteses de aumento da pena:

1ª) O crime é cometido por quem mantém ou tenha mantido relação íntima de afeto com a vítima: existe relação íntima no casamento, na união estável e no namoro. Encontros casuais, em regra, não majoram a pena, caracterizando a formal simples do delito (*caput*).

2ª) O crime é cometido com o fim de vingança ou humilhação: trata-se da prática conhecida como ***revenge porn***. Ativada pela turbulência tecnológica e cultural que colocou uma câmera em cada bolso e criou uma audiência global para cada publicação de mídia social, a "pornografia não consensual", ou "pornografia da vingança", ou "pornografia de revanche", torna-se, nos dias atuais, cada vez mais comum. Neste caso, fotografias e/ou vídeos íntimos de alguém, tiradas/gravados de maneira consensual, são posteriormente expostos na internet, quando do fim do relacionamento, geralmente pela parte inconformada, como forma de vingar-se do(a) antigo(a) parceiro(a).

| Espécies de exposição sexual não consentida | |
|---|---|
| **Sexting** | é um anglicismo derivado da contratação de "sex" e "texting", e significa a divulgação de textos com conteúdo erótico por meio de telefones celulares. Com o avanço tecnológico, passaram a ser enviados vídeos e fotografias de pessoas nuas (nudes) ou poses sexuais. |
| **Revenge porn** | remete à ideia de uma "pornografia não consensual", "pornografia da vingança", "pornografia de revanche" ou "vingança pornô". Trata-se de fenômeno em que fotografias e/ou vídeos íntimos de alguém, tiradas/gravados de maneira consensual, são posteriormente expostos na internet, quando do fim do relacionamento, geralmente pela parte inconformada, como forma de vingar-se do(a) antigo(a) parceiro(a). |
| **Sextortion** | decorre do anglicismo que se origina da fusão entre as expressões "sex" e extortion", a qual ocorre quando alguém ameaça distribuir material privado e íntimo do ofendido, caso ele não forneça dinheiro (comportamento que configura o crime de extorsão) ou imagens de cunho sexual, ou mesmo preste favores sexuais (conduta que se amolda ao crime de estupro). |

***Exclusão da ilicitude:*** conforme § 2º, "Não há crime quando o agente pratica as condutas descritas no **caput** deste artigo em publicação de natureza jornalística, científica, cultural ou acadêmica com a adoção de recurso que impossibilite a identificação da vítima, ressalvada sua prévia autorização, caso seja maior de 18 (dezoito) anos".

Vamos voltar ao vídeo referido acima, ao que tudo indica tornado público pelos próprios autores do estupro coletivo, em que uma adolescente aparece nua, dopada e com marcas de violência. Caso um determinado programa televisivo investigativo, depois de tomar todas as providências para impedir a identificação da jovem, divulgue o vídeo com o fim de buscar a identificação e posterior responsabilização penal dos agentes, não terá praticado crime. Não se admite, em qualquer hipótese, a identificação da vítima se ela for menor de 18 anos.

## 3.6. Ação penal (art. 225)

Nos termos do art. 225 do Código Penal, conforme redação dada pela Lei nº 13.718, de 24/09/2018 (vigência a partir de 25/09/2018), o crime de estupro é processado mediante **ação penal pública incondicionada.** Por se tratar de disposição prejudicial ao réu, a nova regra não poderá retroagir.

Ademais, com a alteração, resta superado o debate a respeito da aplicação, ou não, da **Súmula 608 do STF** ("No crime de estupro, praticado mediante violência real, a ação penal é pública incondicionada").

▸ **EVOLUÇÃO LEGISLATIVA**

*Redação original:* **Art. 225.** Nos crimes definidos nos capítulos anteriores, somente se procede mediante queixa. **§ 1º.** Procede-se, entretanto, mediante ação pública: **I** - se a vítima ou seus pais não podem prover às despesas do processo, sem privar-se de recursos indispensáveis à manutenção própria ou da família; **II** - se o crime é cometido com abuso do pátrio poder, ou da qualidade de padrasto, tutor ou curador. **§ 2º.** No caso do nº I do parágrafo anterior, a ação do Ministério Público depende de representação.

*Redação a partir da Lei nº 12.015/09:* **Art. 225.** Nos crimes definidos nos Capítulos I e II deste Título, procede-se mediante ação penal pública condicionada à representação. **Parágrafo único.** Procede-se, entretanto, mediante ação penal pública incondicionada se a vítima é menor de 18 (dezoito) anos ou pessoa vulnerável.

*Redação a partir da Lei nº 13.718/18:* **Art. 225.** Nos crimes definidos nos Capítulos I e II deste Título, procede-se mediante ação penal pública incondicionada

## 3.7. Aumento de pena (arts. 226 e 234-A)

*Art. 226. A pena é aumentada:*

*I - de quarta parte, se o crime é cometido com o concurso de 2 (duas) ou mais pessoas;*

*II - de metade, se o agente é ascendente, padrasto ou madrasta, tio, irmão, cônjuge, companheiro, tutor, curador, preceptor ou empregador da vítima ou por qualquer outro título tiver autoridade sobre ela (redação dada pela Lei nº 13.718/18);*

*III - (revogado pela Lei nº 11.106, de 2005)*

*IV - de 1/3 (um terço) a 2/3 (dois terços), se o crime é praticado (incluído pela Lei nº 13.718/18):*

***Estupro coletivo***

***a)** mediante concurso de 2 (dois) ou mais agentes;*

***Estupro corretivo***

***b)** para controlar o comportamento social ou sexual da vítima.*

O art. 226 do Código Penal traz causas de aumento de pena (3ª fase do critério trifásico de aplicação da pena privativa de liberdade) aplicáveis aos delitos sexuais previstos nos Capítulos I (crimes contra a liberdade sexual) e II (crimes sexuais contra vulnerável).

A Lei nº 13.718/18, além de dar nova redação ao inciso II do art. 226 (limitando-se a substituir a palavra "tem" por "tiver"), incluiu as majorantes do estupro coletivo (alínea *a* do inciso IV) e do estupro corretivo (alínea *b* do inciso IV).

**Estupro coletivo:** aquele praticado mediante concurso de dois ou mais agentes. Entendemos que não há incompatibilidade entre os incisos I ("de quarta parte, se o crime é cometido com o concurso de 2 ou mais pessoas") e IV ("de 1/3 a 2/3, se o crime é praticado: a) mediante concurso de 2 ou mais agentes"). Isso porque o inciso I se refere a todos os crimes dos Capítulos I e II do Título VI (crimes contra a dignidade sexual), enquanto que o inciso IV se refere somente aos delitos de estupro e estupro de vulnerável (princípio da especialidade).

**Estupro corretivo:** aquele praticado para controlar o comportamento social ou sexual da vítima. Há notícia de práticas criminosas, machistas e repugnantes em que mulheres lésbicas são estupradas para "virarem mulheres de verdade", ou "aprenderem a gostar de homens", devendo incidir, nesses casos, a majorante.

> ***Aumento de pena***
>
> ***Art. 234-A.*** *Nos crimes previstos neste Título a pena é aumentada:*
>
> *I - (vetado);*
>
> *II - (vetado);*
>
> *III - de metade a 2/3 (dois terços), se do crime resulta gravidez (redação dada pela Lei nº 13.718/18);*
>
> *IV - de 1/3 (um terço) a 2/3 (dois terços), se o agente transmite à vítima doença sexualmente transmissível de que sabe ou deveria saber ser portador, ou se a vítima é idosa ou pessoa com deficiência (redação dada pela Lei nº 13.718/18).*

As causas de aumento (3ª fase do critério trifásico de aplicação da pena privativa de liberdade) do art. 234-A do Código Penal foram incluídas pela Lei nº 12.015/09, e depois alteradas pela Lei nº 13.718/18.

**Se do crime resulta gravidez:** a majorante somente tem aplicação se a vítima for mulher, exigindo, para sua comprovação, exame pericial. A gestante poderá realizar o aborto, nos termos do art. 128, II, do Código Penal. Obs.: na hipótese de a mulher figurar como sujeito ativo e vir a engravidar, não se justifica o aumento de pena.

**Transmissão de doença sexualmente transmissível:** exige-se o dolo direto ("de que sabe ser portador") ou eventual ("de que deveria saber ser portador"). Para evitar o *bis in idem*, o agente não responderá, também, pelo crime de perigo de contágio venéreo (art. 130 do CP).

**Vítima idosa ou pessoa com deficiência:** as majorantes foram incluídas pela Lei nº 13.718/18. Justifica-se o aumento da pena em face da vulnerabilidade da vítima.

## 4. LENOCÍNIO E TRÁFICO DE PESSOA PARA FIM DE PROSTITUIÇÃO OU OUTRA FORMA DE EXPLORAÇÃO SEXUAL

### 4.1. Mediação para servir a lascívia de outrem (art. 227)

Responde pelo crime aquele que induzir alguém a satisfazer a lascívia de outrem. Qualifica o delito se a vítima é maior de 14 e menor de 18 anos, ou se o agente é seu ascendente, descendente, cônjuge ou companheiro, irmão, tutor ou curador ou pessoa a quem esteja confiada para fins de educação, de tratamento ou de guarda, bem como se o crime é cometido com emprego de violência, grave ameaça ou fraude. Se o crime é cometido com o fim de lucro, aplica-se também multa.

> **Atenção:**
>
> Se a pessoa que for induzida a satisfazer a lascívia de outrem for menor de 14 anos, o agente responde pelo delito do art. 218-A.

### 4.2. Favorecimento da prostituição ou outra forma de exploração sexual (art. 228)

Conforme a redação dada pela Lei nº 12.015/09, é proibido:

a) *induzir* alguém à prostituição ou outra forma de exploração sexual;

b) *atrair* alguém à prostituição ou outra forma de exploração sexual;

c) *facilitar* alguém a se prostituir ou a se entregar a outra forma de exploração sexual;

d) *impedir* alguém a abandonar a prostituição ou outra forma de exploração sexual;

e) *dificultar* alguém a abandonar a prostituição ou outra forma de exploração sexual.

É importante ressaltar que a prostituição não é crime, mas sim a sua exploração. Qualifica o delito se o agente é ascendente, padrasto, madrasta, irmão, enteado, cônjuge, companheiro, tutor ou curador, preceptor ou empregador da vítima, ou se assumiu, por lei ou outra forma, obrigação de cuidado, proteção ou vigilância, bem como se o crime é cometido com emprego de violência, grave ameaça ou fraude. Se o crime é cometido com o fim de lucro, aplica-se também multa (é o chamado "lenocínio questuário").

## 4.3. Casa de prostituição (art. 229)

Segundo a redação dada pela Lei nº 12.015/09, configura crime manter, por conta própria ou de terceiro, estabelecimento em que ocorra exploração sexual, haja, ou não, intuito de lucro ou mediação direta do proprietário ou gerente. A pessoa que está sendo explorada sexualmente não comete crime.

***Princípio da adequação social (não incidência)***: "I – De acordo com o entendimento firmado pelo Superior Tribunal de Justiça – STJ, não se aplica o princípio da adequação social aos crimes de favorecimento da prostituição ou manutenção de casa de prostituição" (STJ, 6ª T., AgRg no REsp 1508423, j. 01/09/2015). No mesmo sentido decidiu o STF: HC 104467, j. 08/02/2011.

▸ EXPLORAÇÃO SEXUAL

**STJ:** "1. Mesmo após as alterações legislativas introduzidas pela Lei nº 12.015/2009, a conduta consistente em manter Casa de Prostituição segue sendo crime tipificado no artigo 229 do Código Penal. Todavia, com a novel legislação, passou-se a exigir a 'exploração sexual' como elemento normativo do tipo, de modo que a conduta consistente em manter casa para fins libidinosos, por si só, não mais caracteriza crime, sendo necessário, para a configuração do delito, que haja exploração sexual, assim entendida como a violação à liberdade das pessoas que ali exercem a mercancia carnal. 2. Não se tratando de estabelecimento voltado exclusivamente para a prática de mercancia sexual, tampouco havendo notícia de envolvimento de menores de idade, nem comprovação de que o recorrido tirava proveito, auferindo lucros da atividade sexual alheia mediante ameaça, coerção, violência ou qualquer outra forma de violação ou tolhimento à liberdade das pessoas, não há falar em fato típico a ser punido na seara penal. 3. Recurso improvido" (STJ, 6ª T., REsp 1683375, j. 14/08/2018).

***Prostituição juvenil e infantil:*** o proprietário, o gerente ou o responsável pelo local em que se verifique a exploração sexual de vulnerável incorre no art. 218-B, § 2º, II, do CP. Já o cliente que praticar conjunção carnal ou outro ato libidinoso com alguém menor de 18 e maior de 14 responderá pelo delito disposto no art. 218-B, § 2º, I, do CP. Obs.: se a pessoa prostituída/explorada sexualmente for menor de 14 anos, haverá estupro de vulnerável (art. 217-A do CP).

## 4.4. Rufianismo (art. 230)

Configura o delito se o agente tirar proveito da prostituição alheia, participando diretamente de seus lucros ou fazendo-se sustentar, no todo ou em parte, por quem a exerça. Qualifica o crime se a vítima é menor de 18 e maior de 14 anos ou se o crime é cometido por ascendente, padrasto, madrasta, irmão, enteado, cônjuge, companheiro, tutor ou curador, preceptor ou empregador da vítima, ou por quem assumiu, por lei ou outra forma, obrigação de cuidado, proteção ou vigilância, bem como se é cometido mediante violência, grave ameaça, fraude ou outro meio que impeça ou dificulte a livre manifestação da vontade da vítima (sem prejuízo da pena correspondente à violência).

## 4.5. Tráfico internacional de pessoa para fim de exploração sexual (art. 231)

Constituía crime promover ou facilitar a entrada, no território nacional, de alguém que nele viesse a exercer a prostituição ou outra forma de exploração sexual, ou a saída de alguém que fosse exercê-la no estrangeiro.

## 4.6. Tráfico interno de pessoa para fim de exploração sexual (art. 231-A)

Era punido aquele que promovesse ou facilitasse o deslocamento de alguém dentro do território nacional para o exercício da prostituição ou outra forma de exploração sexual, bem como aquele que agenciasse, aliciasse, vendesse ou comprasse a pessoa traficada, assim como, tendo conhecimento dessa condição, transportasse, transferisse ou alojasse a vítima.

▸ **Atenção:**

A Lei nº 13.344, de 06/10/2016 (publicada em 07/10/2016), com vigência após decorridos 45 dias de sua publicação, revogou os artigos 231 e 231-A e inseriu o art. 149-A (tráfico de pessoas) no Código Penal.

## 4.7. Promoção de migração ilegal (art. 232-A)

O tipo tutela a **soberania nacional**, com regulação da entrada e saída de pessoas do território brasileiro. O crime do art. 232-A foi incluído ao Código Penal pela Lei n. 13.445, de 24/05/2017, conhecida como **Lei de Migração**, a qual foi publicada em 25/05/2017 e ficou 180 dias em *vacatio legis*. A Lei de Migração revogou o Estatuto do Estrangeiro (antiga Lei 6.815/80). De acordo com o art. 6º da Lei 13.445/17, o visto é o documento que dá a seu titular expectativa de ingresso no território nacional. A ausência do visto significará ingresso ilegal, razão pela qual o tipo penal também protege a **segurança nacional**.

O crime é *promover*, por qualquer meio, com o fim de obter vantagem econômica, a entrada ilegal de estrangeiro em território nacional ou de brasileiro em país estrangeiro.

***Promover:*** significa proporcionar, facilitar, viabilizar, oportunizar. Assim, o tipo pune tanto aquele que providencia a entrada do estrangeiro no território nacional, como o agenciador, como também quem o transporta ou mesmo o recebe quando do ingresso no País.

***Migração:*** trata-se de movimento de entrada (imigração) ou de saída (emigração) de pessoas ou grupo de pessoas que buscam, em regra, melhores condições de vida. O movimento pode se dar dentro de um mesmo país ou entre países diversos.

***Brasileiros natos (art. 12, I, da CF):*** **a)** os nascidos na República Federativa do Brasil, ainda que de pais estrangeiros, desde que estes não estejam a serviço de seu país; **b)** os nascidos no estrangeiro, de pai brasileiro ou mãe brasileira, desde que qualquer deles esteja a serviço da República Federativa do Brasil; **c)** os nascidos no estrangeiro de pai brasileiro ou de mãe brasileira, desde que sejam registrados em repartição brasileira competente ou venham a residir na República Federativa do Brasil e optem, em qualquer tempo, depois de atingida a maioridade, pela nacionalidade brasileira.

***Brasileiros naturalizados (art. 12, II, da CF):*** **a)** os que, na forma da lei, adquiram a nacionalidade brasileira, exigidas aos originários de países de língua portuguesa apenas residência por um ano ininterrupto e idoneidade moral; **b)** os estrangeiros de qualquer nacionalidade, residentes na República Federativa do Brasil há mais de quinze anos ininterruptos e sem condenação penal, desde que requeiram a nacionalidade brasileira.

***Estrangeiro:*** é o indivíduo que não se insere na definição de brasileiro nato ou naturalizado.

***Território nacional:*** **a) sentido jurídico:** espaço sujeito à soberania do Estado; **b) sentido material, efetivo ou real:** abrange a superfície terrestre (solo e subsolo), as águas interiores, o mar territorial (12 milhas marítimas a partir da baixa-mar do litoral continental e insular, conforme o art. 1º da Lei nº 8.617/93) e o espaço aéreo correspondente (teoria da soberania sobre a coluna atmosférica); **c) por extensão ou flutuante:** as embarcações e aeronaves brasileiras, de natureza pública ou a serviço do governo brasileiro onde quer que se encontrem (CP, art. 5º, § 1º, 1ª parte); as aeronaves e embarcações brasileiras (matriculadas no Brasil), mercantes ou de propriedade privada, que se achem, respectivamente, no espaço aéreo correspondente ao alto-mar ou em alto-mar (CP, art. 5º, § 1º, 2ª parte).

Como o crime é comum, o sujeito ativo pode ser qualquer pessoa. O tipo não pune o migrante, mas sim aquele que promove a entrada ilegal de estrangeiro no território nacional ou de brasileiro em país estrangeiro. Conforme o art. 3º, III, da Lei 13.445/17, a política migratória brasileira rege-se pelo **princípio da não criminalização da migração.** O sujeito passivo é o Estado, já que o delito em questão atenta contra a soberania nacional. Ademais, o País deixa de exercer o controle sobre a entrada de estrangeiros ou a saída de brasileiros do território nacional.

O tipo subjetivo é comporto pelo dolo, caracterizado pela vontade de promover a entrada ilegal de estrangeiro em território nacional ou de brasileiro em país estrangeiro.

É previsto um elemento subjetivo especial (dolo específico), consistente no "fim de obter vantagem econômica". Trata-se da **promoção de migração ilegal mercenária ou questuária**. Assim, caso *A* ajude *B*, seu amigo estrangeiro, a ingressar ilegalmente no Brasil, sem buscar qualquer vantagem de natureza pecuniária, não configura este delito.

Não há previsão de modalidade culposa.

De acordo com o art. 232-A, § 1º, do Código Penal, na mesma pena incorre quem promover, por qualquer meio, com o fim de obter vantagem econômica, a saída de estrangeiro do território nacional para ingressar ilegalmente em país estrangeiro.

O *caput* do art. 232-A do Código Penal pune aquele que promove a **entrada** ilegal de estrangeiro no País. Caso o agente, com o fim de obter vantagem econômica, promova a **saída** de estrangeiro do território nacional para ingressar ilegalmente em país estrangeiro, estará configurada a figura equiparada do § 1º.

O crime estará consumado no momento em que o sujeito ativo, com a finalidade especial de obter vantagem econômica, promover, por qualquer meio, a entrada ilegal de estrangeiro em território nacional ou de brasileiro em país estrangeiro. Na forma equiparada do § 1º, a consumação ocorre quando se dá a saída do estrangeiro no território nacional. Trata-se de **crime formal**, razão pela qual a consumação ocorre ainda que o autor não receba a vantagem de natureza pecuniária. Como o delito é plurissubsistente, é possível a tentativa. *Ex.:* 1) o agenciador adquire as passagens aéreas e providencia os documentos, mas a pessoa (brasileira) é impedida de ingressar no país estrangeiro pela autoridade aeroportuária, que percebeu a ilegalidade na documentação; 2) o agente brasileiro providencia o transporte do estrangeiro numa embarcação precária, a qual afunda antes de entrar no território brasileiro.

A pena é aumentada de 1/6 a 1/3 em duas situações: **a)** se o crime é cometido com violência; **b)** se a vítima é submetida a condição desumana ou degradante.

A prática de crime com violência e a submissão da vítima a condição desumana ou degradante atentam contra a política migratória brasileira, que se rege, entre outros, por princípios e diretrizes ligados à *universalidade, indivisibilidade e interdependência dos direitos humanos* (art. 3º, I, da Lei 13.445/17), o que justifica o aumento da pena. Ademais, ao migrante é garantida no território nacional, em condição de igualdade com os nacionais, a inviolabilidade do direito à vida, à liberdade, à igualdade, à segurança e à propriedade (art. 4º, *caput*, da Lei 13.445/17).

De acordo com o § 3º do art. 232-A do Código Penal, "A pena prevista para o crime será aplicada sem prejuízo das correspondentes às infrações conexas". Como se observa, o dispositivo prevê uma hipótese de cúmulo material, ou seja, caso outro crime (*ex.*: falsificação de documento público) seja praticado no mesmo contexto fático que a promoção de migração ilegal, as penas dos dois delitos serão somadas. A ação penal é pública incondicionada.

O revogado Estatuto do Estrangeiro (Lei n. 6.815/80) punia a conduta de *"introduzir estrangeiro clandestinamente ou ocultar clandestino ou irregular"* com pena de detenção de 1 a 3 anos, além de expulsão se o infrator fosse estrangeiro (art. 125, XII). Assim, em caso de promoção ilegal de estrangeiro no território nacional, com o fim de obter vantagem econômica, praticada antes da vigência da Lei 13.445/17, mostra-se possível a ultra-atividade do dispositivo revogado, já que se trata de *lex mitior*.

## 5. ULTRAJE PÚBLICO AO PUDOR

### 5.1. Ato obsceno (art. 233)

Ato obsceno é o que se refere à sexualidade e é ofensivo ao pudor público (*ex*: andar nu pela rua; exibição de órgão sexual). O ato obsceno deve ser praticado: *1º)* em lugar público; *2º)* ou em lugar aberto ao público; *3º)* ou em lugar exposto ao público (lugar que pode ser visto pelo público). A *manifestação verbal obscena* não caracteriza o delito.

### 5.2. Escrito ou objeto obsceno (art. 234)

Condutas típicas do *caput*: ***a)*** *Fazer* escrito, desenho, pintura, estampa ou qualquer objeto obsceno, para fim de comércio, de distribuição ou de exposição pública; ***b)*** *Importar* escrito, desenho, pintura, estampa ou qualquer objeto obsceno, para fim de comércio, de distribuição ou de exposição pública; ***c)*** *Exportar* escrito, desenho, pintura, estampa ou qualquer objeto obsceno, para fim de comércio, de distribuição ou de exposição pública; ***d)*** *Adquirir* escrito, desenho, pintura, estampa ou qualquer objeto obsceno, para fim de comércio, de distribuição ou de exposição pública; ***e)*** *Ter sob sua guarda* escrito, desenho, pintura, estampa ou qualquer objeto obsceno, para fim de comércio, de distribuição ou de exposição pública. Condutas típicas do parágrafo único: vender, distribuir ou expor à venda ou ao público qualquer dos objetos referidos neste artigo; realizar, em lugar público ou acessível ao público, representação teatral, ou exibição cinematográfica de caráter obsceno, ou qualquer outro espetáculo, que tenha o mesmo caráter; realizar, em lugar público ou acessível ao público, ou pelo rádio, audição ou recitação de caráter obsceno.

CAPÍTULO VII

# Crimes contra a família

## 1. CRIMES CONTRA O CASAMENTO

A Lei nº 11.106/05 revogou o crime de *adultério* (art. 240)

### 1.1. Bigamia (art. 235)

Pessoa casada que contrai novo casamento comete o delito de bigamia (*caput*).

A pessoa solteira ou divorciada que contrai casamento com pessoa casada, conhecendo essa circunstância, também comete crime (§ 1º).

Se a pessoa, não casada, não tiver conhecimento do casamento anterior, não comete o delito. Anulado por qualquer motivo o primeiro casamento, ou o outro por motivo que não a bigamia, considera-se inexistente o crime. Não exclui o delito a anulação do segundo casamento pela bigamia. Segundo predomina, o crime de bigamia absorve o delito de falso (crime-meio) praticado (*ex*.: declaração falsa do procedimento de habilitação para o casamento).

### 1.2. Induzimento a erro essencial e ocultação de impedimento (art. 236)

Pune-se aquele que contrair casamento, induzindo em erro essencial o outro contraente, ou ocultando-lhe impedimento que não seja casamento anterior. O Código Civil dispõe sobre as hipóteses de *erro essencial* (art. 1.557) e de *impedimento* (art. 1.521). Se os dois contraentes tiverem conhecimento de impedimento que causa a nulidade absoluta do casamento, haverá coautoria no crime previsto no art. 237. A ação penal depende de *queixa* do contraente enganado e não pode ser intentada senão depois de transitar em julgado a sentença que, por motivo de erro ou impedimento, anule o casamento.

### 1.3. Conhecimento prévio de impedimento (art. 237)

Configura crime contrair casamento, conhecendo a existência de impedimento que lhe cause a nulidade absoluta. Se os dois contraentes tiverem conhecimento do impedimento, haverá coautoria.

### 1.4. Simulação de autoridade para celebração de casamento (art. 238)

Ocorre o crime no momento em que o agente se atribui falsamente autoridade para celebração de casamento, independentemente da realização do ato. Comina-se pena de detenção, de um a três anos, se o fato não constitui delito mais grave.

### 1.5. Simulação de casamento (art. 239)

É punido aquele que simula casamento mediante engano de outra pessoa. O casamento não se realiza legalmente. Trata-se de *crime subsidiário*, só incidindo se o fato não constitui elemento de delito mais grave.

## 2. CRIMES CONTRA O ESTADO DE FILIAÇÃO

### 2.1. Registro de nascimento inexistente (art. 241)

Ocorre o crime quando o agente efetua a inscrição no registro civil de nascimento que não existiu. Nos termos do art. 111, IV, do CP, a *prescrição* da pretensão punitiva começa a correr da data em que o fato se tornou conhecido. O delito de falsidade será absorvido.

### 2.2. Parto suposto. Supressão ou alteração de direito inerente ao estado civil de recém-nascido (art. 242)

Figuras típicas:

*1ª) Dar parto alheio como próprio (parto suposto):* figura como sujeito *ativo* a mulher. Terceiro poderá participar, inclusive a própria mãe. Não é necessário o registro da criança, bastando que a autora assuma a maternidade de filho alheio. Ocorre a consumação no momento em que a agente apresenta a criança, assumindo a maternidade. Admite-se a tentativa. Observe-se que dar parto próprio como alheio não configura o delito.

2ª) *registro de filho alheio ("adoção à brasileira"):* essa modalidade típica foi criada pela Lei nº 6.898/81, de sorte que o art. 299, parágrafo único, do CP não se aplica à espécie. Consuma-se com o *registro*. Nos termos do art. 111, IV, do CP, a ***prescrição*** da pretensão punitiva começa a correr da data em que o fato se tornou conhecido.

3ª) *ocultação de recém-nascido, suprimindo ou alterando direito inerente ao estado civil:* o que se oculta é o recém-nascido e não o seu nascimento. A ocultação é a forma de o agente conseguir a supressão de direitos relativos ao estado de filiação.

4ª) *substituição de recém-nascido, suprimindo ou alterando direito inerente ao estado civil:* aqui ocorre a troca de recém-nascidos. Não se exige a inscrição no registro. Tanto nesta modalidade como na anterior (ocultação), além do dolo, exige-se o *elemento subjetivo especial*, consistente na finalidade de suprimir ou alterar direito inerente ao estado civil.

***Privilégio e perdão judicial***: se o crime é praticado por motivo de reconhecida nobreza, a pena será inferior, podendo o juiz, inclusive, deixar de aplicá-la.

### 2.3. Sonegação de estado de filiação (art. 243)

É punido aquele que deixar em asilo de expostos ou outra instituição de assistência filho próprio ou alheio, ocultando-lhe a filiação ou atribuindo-lhe outra, com o fim de prejudicar direito inerente ao estado civil. Trata-se de figura típica especial em relação aos crimes dos arts. 133 e 134 do CP. Além do abandono, visou a lei a coibir que o agente oculte ou altere a verdadeira filiação, com o fim de prejudicar direito inerente ao estado civil. Consuma-se no momento em que a criança é abandonada, resultando a ocultação ou alteração do seu estado civil.

## 3. CRIMES CONTRA A ASSISTÊNCIA FAMILIAR

### 3.1. Abandono material (art. 244)

Figuras típicas:

1ª) deixar, sem justa causa, de prover à subsistência do cônjuge ou de filho menor de 18 anos ou inapto para o trabalho, ou de ascendente inválido ou maior de 60 anos, não lhes proporcionando os recursos necessários:

2ª) faltar ao pagamento de pensão alimentícia judicialmente acordada, fixada ou majorada;

*3ª)* deixar de socorrer ascendente ou descendente gravemente enfermo;

*4ª)* frustrar ou elidir, de qualquer modo, inclusive por abandono injustificado de emprego ou função, o pagamento de pensão alimentícia judicialmente acordada, fixada ou majorada.

### 3.2. Entrega de filho menor a pessoa inidônea (art. 245)

Comete o delito o pai ou a mãe que entrega filho menor de 18 anos a pessoa em cuja companhia saiba ou deva saber que o menor fica moral ou materialmente em perigo (*caput*). Qualifica o crime se o agente pratica delito para obter lucro, ou se o menor é enviado para o exterior. Também responde pelo delito quem, embora excluído o perigo moral ou material, auxilia a efetivação de ato destinado ao envio de menor para o exterior, com o fito de obter lucro (*ex.*: aquisição de passagens).

### 3.3. Abandono intelectual (arts. 246 e 247)

Haverá o crime se o agente deixar, sem justa causa, de prover à instrução primária de filho em idade escolar (é **crime próprio**: sujeitos ativos são os pais), bem como permitir que menor de 18 anos, sujeito a seu poder ou confiado à sua guarda ou vigilância (também é **crime próprio**: sujeitos ativos são os pais ou qualquer pessoa que tenha poder sobre o menor, como o guardião ou o tutor) frequente casa de jogo ou mal-afamada, ou conviva com pessoa viciosa ou de má vida; frequente espetáculo capaz de pervertê-lo ou de ofender-lhe o pudor, ou participe de representação de igual natureza; resida ou trabalhe em casa de prostituição; mendigue ou sirva a mendigo para excitar a comiseração pública.

## 4. CRIMES CONTRA O PÁTRIO PODER, TUTELA OU CURATELA

A expressão "pátrio poder" foi substituída, no atual Código Civil (art. 1.630), por "poder familiar".

### 4.1. Induzimento a fuga, entrega arbitrária ou sonegação de incapazes (art. 248)

Pune-se aquele que induz menor de 18 anos, ou interdito, a fugir do lugar em que se acha por determinação de quem sobre ele exerce autoridade, em virtude de lei ou de ordem judicial; confia a outrem sem ordem do pai, do tutor ou do curador algum menor de 18 anos ou interdito, ou deixa, sem justa causa, de entregá-lo a quem legitimamente o reclame.

## 4.2. Subtração de incapazes (art. 249)

Constitui delito subtrair menor de 18 anos ou interdito ao poder de quem o tem sob sua guarda em virtude de lei ou de ordem judicial. Trata-se de **crime subsidiário**, que só incidirá se o fato não constitui elemento de outro delito. O fato de o agente ser pai ou tutor do menor ou curador do interdito não o exime de pena, se destituído ou temporariamente privado do poder familiar, tutela, curatela ou guarda. No caso de restituição do menor ou do interdito, se este não sofreu maus-tratos ou privações, o juiz pode deixar de aplicar pena.

# Crimes contra a incolumidade pública

## 1. CRIMES DE PERIGO COMUM

### 1.1. Incêndio (art. 250)

Pune-se aquele que causa incêndio, expondo a perigo a vida, a integridade física ou o patrimônio de outrem.

***Crime de perigo comum ou coletivo:*** expõe a perigo um número indeterminado de pessoas. Vejamos a jurisprudência sobre o tema: "É consabido que o crime de incêndio, previsto no artigo 250 do Código Penal, é um delito de perigo concreto, bastando, para sua configuração, que o fogo tenha a potencialidade de colocar em risco os bens jurídicos tutelados: a incolumidade pública, a vida, a integridade física ou o patrimônio de terceiros – o que ocorreu no caso, uma vez que o fogo não se alastrou para os prédios vizinhos devido a pronta intervenção do corpo de bombeiros impediu essa ocorrência. Cumpre assinalar, ainda, que o delito em questão é um crime de perigo comum, sendo prescindível que a conduta seja dirigida a determinadas vítimas" (STJ, AgRg no HC 192.574/ES, 5ª T., j. 25/06/2013).

As penas aumentam-se de *um terço*:

- se o crime é cometido com intuito de obter vantagem pecuniária em proveito próprio ou alheio;
- se o incêndio é: *a)* em casa habitada ou destinada a habitação; *b)* em edifício público ou destinado a uso público ou a obra de assistência social ou de cultura; *c)* em embarcação, aeronave, comboio ou veículo de transporte coletivo; *d)* em estação ferroviária ou aeródromo; *e)* em estaleiro, fábrica ou oficina; *f)* em depósito de explosivo, combustível ou inflamável; *g)* em poço petrolífico ou galeria de mineração; *h)* em lavoura, pastagem, mata ou floresta.

É prevista a modalidade *culposa.*

***Legislação específica.*** Lei nº 9.605/98, art. 41. Provocar incêndio em mata ou floresta: Pena - reclusão, de dois a quatro anos, e multa. Nesse caso, não se exige que o incêndio cause perigo à vida, integridade física ou patrimônio de outrem.

## 1.2. Explosão (art. 251)

Ocorre o delito quando o agente expõe a perigo a vida, a integridade física ou o patrimônio de outrem, mediante explosão, arremesso ou simples colocação de engenho de dinamite ou de substância de efeitos análogos. O crime será privilegiado se a substância utilizada não é dinamite ou explosivo de efeitos análogos. É prevista a modalidade *culposa.*

***Legislação específica.*** Lei nº 10.300/01, art. 2º. É crime o emprego, o desenvolvimento, a fabricação, a comercialização, a importação, a exportação, a aquisição, a estocagem, a retenção ou a transferência, direta ou indiretamente, de minas terrestres antipessoal no território nacional; Lei nº 10.826, art. 16, par. único, III: Possuir, detiver, fabricar ou empregar artefato explosivo ou incendiário, sem autorização ou em desacordo com determinação legal ou regulamentar; Lei nº 9.605/98, art. 35: Pescar mediante a utilização de: I - explosivos ou substâncias que, em contato com a água, produzam efeito semelhante.

## 1.3. Uso de gás tóxico ou asfixiante (art. 252)

Comete o delito aquele que expõe a perigo a vida, a integridade física ou o patrimônio de outrem, usando de gás tóxico ou asfixiante. É prevista a modalidade *culposa.*

## 1.4. Fabrico, fornecimento, aquisição, posse ou transporte de explosivos ou gás tóxico, ou asfixiante (art. 253)

Pune-se a conduta de fabricar, fornecer, adquirir, possuir ou transportar, sem licença da autoridade, substância ou engenho explosivo, gás tóxico ou asfixiante, ou material destinado à sua fabricação.

## 1.5. Inundação (art. 254)

Pune-se aquele que causa inundação, expondo a perigo a vida, a integridade física ou o patrimônio de outrem. É prevista a modalidade *culposa.*

## 1.6. Perigo de inundação (art. 255)

Ocorre o crime quando o agente remove, destrói ou inutiliza obstáculo natural ou obra destinada a impedir inundação, expondo a perigo a vida, a integridade física ou o patrimônio de outrem. Deve estar presente o elemento subjetivo especial "em prédio próprio ou alheio".

## 1.7. Desabamento ou desmoronamento (art. 256)

Configura o delito quando o agente causa desabamento ou desmoronamento, expondo a perigo a vida, a integridade física ou o patrimônio de outrem. É prevista a modalidade *culposa.*

## 1.8. Subtração, ocultação ou inutilização de material de salvamento (art. 257)

Pratica o crime aquele que subtrai, oculta ou inutiliza, por ocasião de incêndio, inundação, naufrágio, ou outro desastre ou calamidade, aparelho, material ou qualquer meio destinado a serviço de combate ao perigo, de socorro ou salvamento; ou impede ou dificulta serviço de tal natureza.

## 1.9. Formas qualificadas de crime de perigo comum (art. 258)

Se do crime *doloso* de perigo comum resulta lesão corporal de natureza grave, a pena privativa de liberdade é aumentada de metade; se resulta morte, é aplicada em dobro. No caso de *culpa*, se do fato resulta lesão corporal, a pena aumenta-se de metade; se resulta morte, aplica-se a pena cominada ao homicídio culposo, aumentada de um terço.

## 1.10. Difusão de doença ou praga (art. 259)

Constitui crime difundir doença ou praga que possa causar dano à floresta, plantação ou animais de utilidade econômica. É prevista a modalidade *culposa*. Entendemos que o art. 61 da Lei dos Crimes Ambientais (Lei nº 9.605/98) revogou tacitamente o art. 259 do Código Penal. No mesmo sentido: Regis Prado, Nucci, Rogério Greco, Masson e Delmanto. Vejamos o tipo penal específico:

> *"Art. 61. Disseminar doença ou praga ou espécies que possam causar dano à agricultura, à pecuária, à fauna, à flora ou aos ecossistemas: pena – reclusão, de um a quatro anos, e multa".*

## 2. CRIMES CONTRA A SEGURANÇA DOS MEIOS DE COMUNICAÇÃO E TRANSPORTE E OUTROS SERVIÇOS PÚBLICOS

### 2.1. Perigo de desastre ferroviário (art. 260)

Configura delito impedir ou perturbar serviço de estrada de ferro (qualquer via de comunicação em que circulem veículos de tração mecânica, em trilhos ou por meio de cabo aéreo): destruindo, danificando ou desarranjando, total ou parcialmente, linha férrea, material rodante ou de tração, obra de arte ou instalação; colocando obstáculo na linha; transmitindo falso aviso acerca do movimento dos veículos ou interrompendo ou embaraçando o funcionamento de telégrafo, telefone ou radiotelegrafia; praticando outro ato. Qualifica o crime se do fato resulta desastre. No caso de *culpa*, ocorrendo desastre, pune-se com detenção, de seis meses a dois anos.

### 2.2. Atentado contra a segurança de transporte marítimo, fluvial ou aéreo (art. 261)

Pune-se aquele que expõe a perigo embarcação ou aeronave, própria ou alheia, ou pratica qualquer ato tendente a impedir ou dificultar navegação marítima, fluvial ou aérea. Qualifica o crime se do fato resulta naufrágio, submersão ou encalhe de embarcação ou a queda ou destruição de aeronave. Também será aplicada a pena de multa se o agente pratica o crime com intuito de obter vantagem econômica, para si ou para outrem. É prevista a modalidade *culposa*.

### 2.3. Atentado contra a segurança de outro meio de transporte (art. 262)

Comete o delito quem expõe a perigo outro meio de transporte público, impede-lhe ou dificulta-lhe o funcionamento. Qualifica o crime se do fato resulta *desastre*. No caso de *culpa*, se ocorre desastre, a pena será de detenção, de três meses a um ano.

### 2.4. Forma qualificada (art. 263)

Se de qualquer dos crimes previstos nos arts. 260 a 262, no caso de desastre ou sinistro, resulta lesão corporal ou morte, aplica-se o disposto no art. 258.

### 2.5. Arremesso de projétil (art. 264)

Responde pelo delito quem arremessa projétil contra veículo, em movimento, destinado ao transporte público por terra, por água ou pelo ar. Se do fato resulta lesão corporal, a pena é de detenção, de 6 meses a 2 anos; se resulta morte, a pena é a do art. 121, § 3º, aumentada de um terço.

### 2.6. Atentado contra a segurança de serviço de utilidade pública (art. 265)

Constitui crime atentar contra a segurança ou o funcionamento de serviço de água, luz, força ou calor, ou qualquer outro de utilidade pública. Aumenta-se a pena de um terço até a metade se o dano ocorrer em virtude de subtração de material essencial ao funcionamento dos serviços.

### 2.7. Interrupção ou perturbação de serviço telegráfico ou telefônico (art. 266)

Pratica o crime quem interrompe ou perturba serviço telegráfico, radiotelegráfico ou telefônico, impede ou dificulta-lhe o restabelecimento. Aplicam-se as penas em dobro se o crime é cometido por ocasião de calamidade pública.

## 3. CRIMES CONTRA A SAÚDE PÚBLICA

### 3.1. Epidemia (art. 267)

Pune-se aquele que causa epidemia, mediante a propagação de germes patogênicos com uma pena de reclusão, de dez a quinze anos. Se do fato resulta morte, a pena é aplicada em dobro. **Nesse caso (morte), trata-se de *crime hediondo* (art. 1º, VII, da Lei nº 8.072/90).** No caso de culpa, a pena é de detenção, de um a dois anos, ou, se resulta morte, de dois a quatro anos.

### 3.2. Infração de medida sanitária preventiva (art. 268)

Configura crime infringir determinação do poder público, destinada a impedir introdução ou propagação de doença contagiosa. Não se exige a produção do resultado (introdução ou propagação de doença contagiosa), bastando a prática da conduta. A pena é aumentada de um terço se o agente é funcionário da saúde pública ou exerce a profissão de médico, farmacêutico, dentista ou enfermeiro.

### 3.3. Omissão de notificação de doença (art. 269)

Constitui crime deixar o médico de denunciar à autoridade pública doença cuja notificação é compulsória. Trata-se de *norma penal em branco*, uma vez que necessita complemento em seu conteúdo. O SINAN (Sistema de Informação de Agravos de Notificação) recebe as informações de casos de doenças e agravos que constam da lista nacional de doenças de notificação compulsória.

### 3.4. Envenenamento de água potável ou de substância alimentícia ou medicinal (art. 270)

Será punido com uma pena de reclusão, de 10 a 15 anos, quem envenenar água potável, de uso comum ou particular, ou substância alimentícia ou medicinal destinada a consumo. Está sujeito à mesma pena quem entrega a consumo ou tem em depósito, para o fim de ser distribuída, a água ou a substância envenenada. **Não é mais considerado crime hediondo**. É prevista a modalidade culposa.

### 3.5. Corrupção ou poluição de água potável (art. 271)

Responde pelo delito quem corromper ou poluir água potável, de uso comum ou particular, tornando-a imprópria para consumo ou nociva à saúde. É prevista a modalidade *culposa*.

### 3.6. Falsificação, corrupção, adulteração ou alteração de substância ou produtos alimentícios (art. 272)

Constitui crime corromper, adulterar, falsificar ou alterar substância ou produto alimentício destinado a consumo (incluem-se as bebidas, com ou sem teor alcoólico), tornando-o nocivo à saúde ou reduzindo-lhe o valor nutritivo. Para a consumação da infração é indispensável a prova de ser o produto nocivo à saúde ou de reduzido valor nutritivo. Também responde pelo crime aquele que fabrica, vende, expõe à venda, importa, tem em depósito para vender ou, de qualquer forma, distribui ou entrega a consumo a substância alimentícia ou o produto falsificado, corrompido ou adulterado. É prevista a modalidade *culposa*.

### 3.7. Falsificação, corrupção, adulteração ou alteração de produto destinado a fins terapêuticos ou medicinais (art. 273)

Configura **crime hediondo** (art. 1º, VII-B, da Lei nº 8.072/90) falsificar, corromper, adulterar ou alterar produto destinado a fins terapêuticos ou medicinais (incluem-se os medicamentos, as matérias-primas, os insumos farmacêuticos, os cosméticos, os saneantes e os de uso em diagnóstico). A pena cominada é de reclusão, de 10 a 15 anos, e multa. Nas mesmas penas incorre quem importa, vende, expõe à venda, tem em depósito para vender ou, de qualquer forma, distribui ou entrega a consumo o produto falsificado, corrompido, adulterado ou alterado. Também comete crime aquele que importa, vende, expõe à venda, tem em depósito para vender ou, de qualquer forma, distribui ou entrega a consumo o produto: sem registro, quando exigível, no órgão de vigilância sanitária competente; em desacordo com a fórmula constante do registro previsto no inciso anterior; sem as características de identidade e qualidade admitidas para a sua comercialização; com redução de seu valor terapêutico ou de sua atividade; de procedência ignorada; adquiridos de estabelecimento sem licença da autoridade sanitária competente. **A modalidade culposa não é delito hediondo.**

▸ **Pena cominada e princípio da proporcionalidade**

***Inconstitucionalidade da pena do art. 273 e aplicação da pena do tráfico de drogas:*** "(...) 3. A Corte Especial do Superior Tribunal de Justiça, no julgamento da Arguição de Inconstitucionalidade no HC 239.363/PR (Rel. Ministro SEBASTIÃO REIS JÚNIOR, DJe 10/4/2015), considerou ser inconstitucional o preceito secundário do art. 273, § 1º-B, inciso V, do Código Penal. 4. Em consequência, firmou-se entendimento no sentido de aplicar, em substituição, o preceito secundário previsto para o crime de tráfico de drogas, previsto no art. 33 da Lei 11.343/2006, aos casos em que o acusado é condenado pelo crime previsto no art. 273, § 1º-B, do Código Penal, tendo em vista que ambos são considerados hediondos, de perigo abstrato e visam a proteção da saúde pública" (STJ, 5ª T., HC 438746, j. 24/05/2018).

***Inaplicabilidade da minorante do tráfico privilegiado:*** (...) 3. A Corte Especial do Superior Tribunal de Justiça, no julgamento da Arguição de Inconstitucionalidade no Habeas Corpus 239.363/PR, declarou a inconstitucionalidade do preceito secundário do art. 273, § 1º-B, do Código Penal, autorizando a aplicação analógica das penas previstas para o crime de tráfico de drogas àquele delito. [...] Todavia, a jurisprudência desta Corte Superior consolidou-se no sentido de que não é cabível, por ausência de previsão legal, a aplicação da minorante prevista no § 4º do art. 33 da Lei nº 11.343/2006 aos crimes tipificados no art. 273, § 1º-B, do Código Penal, mesmo nas hipóteses em que se tenha utilizado analogicamente o preceito secundário do delito de tráfico de drogas (AgRg no REsp nº 1.407.493/PR, Ministro Ribeiro Dantas, Quinta Turma, DJe 18/4/2018). 4. Nos termos da jurisprudência desta Corte Superior, não é cabível, por ausência de previsão legal, a aplicação da minorante prevista no § 4° do art. 33 da Lei n° 11.343/06 nos crimes previstos no art. 273, § 1°-B, do CP, mesmo nas hipóteses em que se tenha utilizado o preceito secundário do crime de tráfico de drogas (...)" (STJ, 6ª T., AgRg no REsp 1741646, j. 18/09/2018).

## 3.8. Emprego de processo proibido ou de substância não permitida (art. 274)

Comete o crime quem emprega, no fabrico de produto destinado a consumo, revestimento, gaseificação artificial, matéria corante, substância aromática, antisséptica, conservadora ou qualquer outra não expressamente permitida pela legislação sanitária.

## 3.9. Invólucro ou recipiente com falsa indicação (art. 275)

Ocorre o delito quando o agente inculca (indica, dá a entender), em invólucro ou recipiente de produtos alimentícios, terapêuticos ou medicinais, a existência de substância que não se encontra em seu conteúdo ou que nele existe em quantidade menor que a mencionada.

## 3.10. Produto ou substância nas condições dos dois artigos anteriores (art. 276)

Também comete crime aquele que vende, expõe à venda, tem em depósito para vender ou, de qualquer forma, entrega a consumo produto nas condições dos arts. 274 e 275.

## 3.11. Substância destinada à falsificação (art. 277)

Constitui delito vender, expor à venda, ter em depósito ou ceder substância destinada à falsificação de produtos alimentícios, terapêuticos ou medicinais.

## 3.12. Outras substâncias nocivas à saúde pública (art. 278)

Configura crime fabricar, vender, expor à venda, ter em depósito para vender ou, de qualquer forma, entregar a consumo coisa ou substância nociva à saúde, ainda que não destinada à alimentação ou a fim medicinal. É prevista a modalidade *culposa*.

## 3.13. Medicamento em desacordo com receita médica (art. 280)

Ocorre o crime quando o agente fornece substância medicinal em desacordo com receita médica. É prevista a modalidade *culposa*.

## 3.14. Exercício ilegal da medicina, arte dentária ou farmacêutica (art. 282)

Constitui delito exercer, ainda que a título gratuito, a profissão de médico, dentista ou farmacêutico, sem autorização legal ou excedendo-lhe os limites. Se o crime é praticado com o fim de lucro, aplica-se também multa. É **crime habitual**, somente atingindo a consumação com a prática reiterada e uniforme de vários atos que revelam um estilo ou modo de vida criminoso do agente. Cada ato isoladamente considerado, portanto, é atípico.

O STJ já decidiu que: "O exercício da acupuntura não configura o delito previsto no art. 282 do CP (exercício ilegal da medicina, arte dentária ou farmacêutica)" (STJ, RHC 66.641-SP, j. 3/3/2016).

## 3.15. Charlatanismo (art. 283)

Pratica o crime quem inculcar ou anuncia cura por meio secreto ou infalível.

## 3.16. Curandeirismo (art. 284)

Pune-se aquele que exerce o *curandeirismo*: prescrevendo, ministrando ou aplicando, habitualmente, qualquer substância; usando gestos, palavras ou qualquer outro meio; fazendo diagnósticos. Se o delito é praticado mediante remuneração, o agente fica também sujeito à multa. Também é **crime habitual** (conforme observação acima, item 3.14), razão pela qual não admite tentativa.

## 3.17. Forma qualificada (art. 285)

Aplica-se o disposto no art. 258 aos crimes contra a saúde pública, salvo quanto ao definido no art. 267.

# Crimes contra a paz pública

Os delitos previstos nos artigos 286 a 288-A são **crimes formais**, em que a consumação ocorre com a conduta, independentemente da produção do resultado naturalístico, que, no caso, seria a perturbação efetiva da paz pública. Qualquer pessoa pode ser sujeito *ativo*. A coletividade figura como sujeito *passivo*.

## 1. INCITAÇÃO AO CRIME

A conduta típica descrita no **art. 286 do CP** consiste em induzir ou instigar, em local público ou acessível ao público, a prática de crime. A incitação pode ser promovida por meio de palavra, escrito, gestos etc. Importante destacar que a incitação pode ser dirigida a um número indeterminado ou determinado de pessoas, ou mesmo a uma única pessoa, mas é indispensável que outras pessoas determinadas ou indeterminadas tomem conhecimento do crime incitado. *Exemplo*: em praça pública, onde se encontravam várias pessoas, *A* incitou *B* a praticar o crime de furto, argumentado que ficou sabendo que ninguém mais é preso por isso. *A* tinha ciência da presença de várias pessoas. A incitação deve ser de um determinado crime ou de crimes determinados (incita-se a prática de roubo; de roubo e furto; de furtos). Não é preciso que se indique a vítima do crime. Não configura o delito se a incitação for de *contravenção penal*.

## 2. APOLOGIA DE CRIME OU CRIMINOSO

Nos termos do **art. 287 do CP**, configura delito fazer, publicamente, apologia de fato criminoso ou de autor de crime.

A conduta típica consiste em elogiar ou enaltecer, em local público ou acessível ao público:

***a)*** ***fato criminoso:*** fato previsto em algum tipo penal como crime. Se o fato é previsto como contravenção ou crime culposo não haverá o delito. Atenção para a **divergência**: *1ª posição:* o fato criminoso deve ter sido praticado antes da apologia; *2ª posição:* o fato pode referir-se a um crime abstratamente considerado;

*b)* ***autor de crime:*** trata-se de autor de crime praticado antes da apologia. A defesa (elogio) não se refere aos atributos do autor, mas sim em relação à sua conduta criminosa.

> ▸ **Importante:**
>
> ***Defesa da legalização das drogas:*** "Por entender que o exercício dos direitos fundamentais de reunião e de livre manifestação do pensamento devem ser garantidos a todas as pessoas, o Plenário julgou procedente pedido formulado em ADPF para dar, ao art. 287 do CP, com efeito vinculante, interpretação conforme a CF, de forma a excluir qualquer exegese que possa ensejar a criminalização da defesa da legalização das drogas, ou de qualquer substância entorpecente específica, inclusive através de manifestações e eventos públicos" (STF, Pleno, ADPF 187, j. 15/06/2011). **Informativo nº 631 do STF**.

## 3. ASSOCIAÇÃO CRIMINOSA

Trata-se do antigo crime de quadrilha ou bando.

Dispõe o **art. 288**, com a redação dada pela Lei nº 12.850, publicada dia 05/08/2103 (vigência após decorridos 45 dias de sua publicação):

> *"Associarem-se 3 (três) ou mais pessoas, para o fim específico de cometer crimes: Pena – reclusão, de 1 (um) a 3 (três) anos".*

### ▸ Elementos do crime:

a) **Concurso necessário de três ou mais pessoas.** Não é imprescindível que elas se conheçam. A ausência de identificação de algum ou alguns dos membros da associação não possui o condão de excluir o delito. Ocorre a associação criminosa mesmo se posteriormente alguns dos delitos planejados tiverem sido cometidos somente por dois executores. Prevalece o entendimento de que os inimputáveis são computados, mas desde que tenham consciência de estarem integrando a associação. No crime de quadrilha ou bando (redação anterior do art. 288) eram elementos do tipo: *"Associarem-se mais de três pessoas, em quadrilha ou bando, para o fim de cometer crimes"*. Ou seja, exigia-se pelo menos quatro pessoas. Como a nova redação do tipo exige apenas três, tratando-se de lei nova mais severa e, como tal, irretroativa neste aspecto.

b) **Finalidade específica voltada ao cometimento de crimes.** Não configura o delito se a associação ocorrer para o cometimento de contravenções penais e crimes culposos. Também não caracteriza o crime a associação para o cometimento de apenas um único delito. Prevalece o entendimento que ocorrerá o crime mesmo se os delitos praticados pelos agentes vierem a ser caracterizados como crime continuado (art. 71 do CP).

c) **Estabilidade e permanência da associação.** A associação não pode ser momentânea, sendo mister a estabilidade e a permanência, configuradas pela intenção de praticar crimes.

Trata-se de crime formal, de sorte que independe a realização do fim visado (prática ulterior de qualquer delito). Se ocorrer a prática de um dos delitos haverá concurso de crimes. O crime de associação criminosa, por ser permanente, permite a prisão em flagrante enquanto não cessada a permanência. A tentativa não é admissível. Se o agente se associa ou adere, ocorre a consumação. Caso isso não ocorra, não há de se falar em tentativa.

**Forma majorada (parágrafo único):** a pena aumenta-se até a metade se a associação é armada ou se houver a participação de criança ou adolescente. Trata-se da redação dada pela Lei nº 12.850/13. A nova lei é mais benéfica no que tange ao *quantum* do aumento. Antes a pena se aplicava **em dobro**, sendo que agora o aumento é de **até a metade**. No entanto, foi inserida nova hipótese, qual seja, *a participação de criança ou adolescente*. Nesse ponto a lei é irretroativa. Por outro lado, como se trata de um crime permanente, se a associação atingiu a vigência da novel lei, esta será aplicada, ainda que mais severa (**Súmula 711 do STF**).

**Associação para o fim de cometer crimes hediondos:** se os delitos visados forem crimes hediondos, prática da tortura ou terrorismo, aplica-se o art. 8º da Lei nº 8.072/90. Assim, será de 3 a 6 anos de reclusão a pena prevista ao artigo 288 do Código Penal. **Atenção:** a Lei de Drogas (Lei nº 11.343/06) prevê o crime específico de associação criminosa: "Associarem-se duas ou mais pessoas para o fim de praticar, reiteradamente ou não, qualquer dos crimes previstos nos arts. 33, caput e § 1º, e 34 desta Lei". Ao contrário do art. 288 do Código Penal, que exige no mínimo 3 (três) agentes (antes da alteração exigia-se quatro), o art. 35 da Lei de Drogas caracteriza-se com apenas 2 pessoas, desde que ambas tenham dolo de se associar com estabilidade e permanência.

**Delação premiada nos crimes hediondos e equiparados:** o participante e o associado que denunciar à autoridade a associação (antes "bando ou quadrilha"), possibilitando seu desmantelamento, terá a pena reduzida de um a dois terços (parágrafo único do art. 8º da Lei nº 8.072/90).

**Organização Criminosa:** a Lei 12.850/13 define organização criminosa e dispõe sobre a investigação criminal, os meios de obtenção da prova, infrações penais correlatas e o procedimento criminal. Nos termos da lei, considera-se **organização criminosa** a associação de 4 (quatro) ou mais pessoas estruturalmente ordenada e caracterizada pela divisão de tarefas, ainda que informalmente, com objetivo de obter, direta ou indiretamente, vantagem de qualquer natureza, mediante a prática de infrações penais cujas penas máximas sejam superiores a 4 (quatro) anos, ou que sejam de caráter transnacional. É considerado crime e é cominada pena de reclusão, de 3 (três) a 8 (oito) anos, e multa, sem prejuízo das penas correspondentes às demais infrações penais praticadas:

> *"Promover, constituir, financiar ou integrar, pessoalmente ou por interposta pessoa, organização criminosa".*

## 4. CONSTITUIÇÃO DE MILÍCIA PRIVADA

Prevê o **art. 288-A do CP**:

> *"Constituir, organizar, integrar, manter ou custear organização paramilitar, milícia particular, grupo ou esquadrão com a finalidade de praticar qualquer dos crimes previstos neste Código: Pena – reclusão, de 4 (quatro) a 8 (oito) anos".*

O crime de constituição de milícia privada foi criado pela 'Lei de Extermínio de Seres Humanos' (Lei nº 12.720/12), a qual também acrescentou ao homicídio (art. 121, § 6º) e à lesão corporal (art. 129, § 7º) novas causas especiais de aumento de pena. Trata-se de delito plurissubjetivo ou de concurso necessário: embora o art. 288-A seja omisso a respeito, entendemos que o número mínimo de agentes é três, a exemplo do que ocorre com o delito similar associação criminosa (art. 288 do CP). Trata-se de interpretação sistemática, já que os dois crimes ofendem a paz pública.

A Lei nº 12.720/12 não definiu o que é 'organização paramilitar', 'milícia particular', 'grupo' e 'esquadrão', deixando tal tarefa para o intérprete (tipo penal aberto).

O art. 288-A ainda prevê um elemento subjetivo especial: "com a finalidade de praticar qualquer dos crimes previstos no Código Penal". *Nossa crítica:* se determinada organização paramilitar reúne-se para o fim de praticar genocídio, não haveria incidência do art. 288-A, não obstante a gravidade do fato, já que o crime de genocídio não está no Código Penal. Trata-se de injustificada omissão legislativa.

A ação penal é pública incondicionada.

# Crimes contra a fé pública

## 1. MOEDA FALSA

### 1.1. Moeda Falsa (art. 289)

Pune-se com uma pena de reclusão de 3 a 12 anos, e multa, aquele que falsificar, fabricando-a ou alterando-a, moeda metálica ou papel-moeda de curso legal no país ou no estrangeiro. Na falsificação por alteração, a moeda ou papel já existe, mas o agente aumenta o seu valor. A competência é da *Justiça Federal.*

A falsificação deve *imitar o verdadeiro*, ou seja, deve apresentar possibilidade de ser aceita como verdadeira. Ocorre o falso grosseiro na absoluta impossibilidade de ser aceita, hipótese que o haverá *crime impossível* (art. 17 do CP). Atenção para a **Súmula 73 do STJ**: "A utilização de papel moeda grosseiramente falsificado configura, em tese, o crime de *estelionato*, da competência da Justiça Estadual".

De acordo com a jurisprudência dos Tribunais Superiores, **não incide o princípio da insignificância**. A propósito: "Não se cogita a aplicação do princípio da insignificância ao crimes de moeda falsa, pois o bem jurídico protegido de forma principal é a fé pública, ou seja, a segurança da sociedade, sendo irrelevante o número de notas, o seu valor ou o número de lesados (STJ, 5ª T., HC 439.958/SP, j. 26/06/2018).

Também será responsabilizado quem, por conta própria ou alheia, importa ou exporta, adquire, vende, troca, cede, empresta, guarda ou introduz na circulação moeda falsa.

Será punido com uma pena menor (detenção, de 6 meses a 2 anos, e multa) aquele que recebeu de boa-fé, como verdadeira, moeda falsa ou alterada, e a restitui à circulação, depois de conhecer a falsidade.

Nos termos no § 3º, é punido com reclusão, de 3 a 15 anos, e multa, o funcionário público ou diretor, gerente, ou fiscal de banco de emissão que fabrica, emite ou autoriza a fabricação ou emissão: de moeda com título ou peso inferior ao determinado em lei; e de papel-moeda em quantidade superior à autorizada.

Nas mesmas penas incorre quem desvia e faz circular moeda, cuja circulação não estava ainda autorizada.

## 1.2. Crimes assimilados ao de moeda falsa (art. 290)

Pune-se com pena de reclusão, de 2 a 8 anos, e multa, as condutas de: formar cédula, nota ou bilhete representativo de moeda com fragmentos de cédulas, notas ou bilhetes verdadeiros; suprimir, em nota, cédula ou bilhete recolhidos, para o fim de restituí-los à circulação, sinal indicativo de sua inutilização; restituir à circulação cédula, nota ou bilhete em tais condições, ou já recolhidos para o fim de inutilização. Qualifica o delito se o crime é cometido por *funcionário* que trabalha na repartição onde o dinheiro se achava recolhido, ou nela tem fácil ingresso, em razão do cargo.

## 1.3. Petrechos para falsificação de moeda (art. 291)

Responde pelo crime quem fabrica, adquire, fornece, a título oneroso ou gratuito, possui ou guarda maquinismo, aparelho, instrumento ou qualquer objeto especialmente destinado à falsificação de moeda.

## 1.4. Emissão de título ao portador sem permissão legal (art. 292)

É punida a conduta de emitir, sem permissão legal, nota, bilhete, ficha, vale ou título que contenha promessa de pagamento em dinheiro ao portador ou a que falte indicação do nome da pessoa a quem deva ser pago. A pena prevista é de 1 a 6 meses de detenção, ou multa. Além disso, receberá uma pena de detenção de 15 dias a 3 meses, ou multa, o agente que receber ou utilizar como dinheiro qualquer dos documentos referidos no art. 292.

# 2. FALSIDADE DE TÍTULOS E OUTROS PAPÉIS PÚBLICOS

## 2.1. Falsificação de papéis públicos

Constitui crime falsificar, fabricando-os ou alterando-os: selo destinado a controle tributário, papel selado ou qualquer papel de emissão legal destinado à arrecadação de tributo; papel de crédito público que não seja moeda de curso legal; vale postal; cautela de penhor, caderneta de depósito de caixa econômica ou de outro estabelecimento mantido por entidade de direito público; talão, recibo, guia, alvará ou qualquer outro documento relativo à arrecadação de rendas públicas ou a depósito ou caução por que o poder público seja responsável; bilhete, passe ou conhecimento de empresa de transporte administrada pela União, por Estado ou por Município.

*Bebida falsificada com selo falsificado.* Segundo já decidiu o STJ, "A suposta falsificação de selos de IPI não caracteriza a intenção de fraudar o fisco, mas a de dar aparência de autenticidade aos produtos falsificados. Não havendo prejuízo à União, Autarquias Federais ou Empresas Públicas Federais, o processamento e julgamento da ação de busca e apreensão criminal compete à Justiça Estadual" (CC 102.998, Terceira Seção, j. 23/09/2009).

Nos termos do § 1º, incorre na mesma pena quem: usa, guarda, possui ou detém qualquer dos papéis falsificados a que se refere este artigo; importa, exporta, adquire, vende, troca, cede, empresta, guarda, fornece ou restitui à circulação selo falsificado destinado a controle tributário.

Também responde quem: importa, exporta, adquire, vende, expõe à venda, mantém em depósito, guarda, troca, cede, empresta, fornece, porta ou, de qualquer forma, utiliza em proveito próprio ou alheio, *no exercício de atividade comercial ou industrial*, produto ou mercadoria: *a)* em que tenha sido aplicado selo que se destine a controle tributário, falsificado; *b)* sem selo oficial, nos casos em que a legislação tributária determina a obrigatoriedade de sua aplicação. Nos termos do § 5º, equipara-se a *atividade comercial* qualquer forma de comércio irregular ou clandestino, inclusive o exercido em vias, praças ou outros logradouros públicos e em residências.

O § 2º prevê um **crime mutilado de dois atos** (após ter realizado o tipo, o autor quer alcançar o resultado que se situa fora dele, e que depende de um ato próprio seu). Assim, o agente suprime, em qualquer dos papéis referidos no art. 293, quando legítimos, carimbo ou sinal indicativo de sua inutilização, mas com o fim de torná-los novamente utilizáveis. Também responde aquele que, mesmo não tendo realizado a referida supressão, vem a usar qualquer dos papéis (§ 3º).

O § 4º prevê uma modalidade *privilegiada* de crime, aplicada àquele que usa ou restitui à circulação, embora recibo de boa-fé, qualquer dos papéis falsificados ou alterados, a que se referem este artigo e o seu § 2º, depois de conhecer a falsidade ou alteração.

## 2.2. Petrechos de falsificação (art. 294)

Ocorre o crime quando o agente fabrica, adquire, fornece, possui ou guarda objeto especialmente destinado à falsificação de qualquer dos papéis referidos no artigo 293.

## 2.3. Forma majorada (art. 295)

Se o agente é funcionário público, e comete o crime prevalecendo-se do cargo, aumenta-se a pena de sexta parte.

# 3. FALSIDADE DOCUMENTAL

## 3.1. Falsificação do selo ou sinal público (art. 296)

Configura crime falsificar, fabricando-os ou alterando-os: selo público destinado a autenticar atos oficiais da União, de Estado ou de Município; selo ou sinal atribuído por lei a entidade de direito público, ou a autoridade, ou sinal público de tabelião. Também comete crime quem: faz uso do selo ou sinal falsificado; utiliza indevidamente o selo ou sinal verdadeiro em prejuízo de outrem ou em proveito próprio ou alheio; altera, falsifica ou faz uso indevido de marcas, logotipos, siglas ou quaisquer outros símbolos utilizados ou identificadores de órgãos ou entidades da Administração Pública. Se o agente é funcionário público, e comete o crime prevalecendo-se do cargo, aumenta-se a pena de sexta parte.

## 3.2. Falsificação de documento público (art. 297) e falsificação de documento particular (art. 298)

Nos termos do art. 297,

> Constitui crime falsificar, no todo ou em parte, documento público, ou alterar documento público verdadeiro.

Segundo o art. 298,

> Configura crime falsificar, no todo ou em parte, documento particular ou alterar documento particular verdadeiro.

A conduta de **falsificar** está relacionada à contrafação, ou seja, é a formação total ou parcial do documento: *total*, quando ocorre a confecção integral de documento inexistente (o agente cria materialmente um documento que não existia); *parcial*, se ocorre a modificação do documento verdadeiro. A parte que se modifica possui autonomia jurídica, ou seja, o documento pode ser cindido. **Altera-se** um documento com a modificação das letras ou números existentes, ou com a substituição da fotografia da pessoa.

**Documento** é o escrito emanado de um autor determinado, contendo declaração de vontade ou exposição de fatos, possuidores de relevância jurídica. Em sentido estrito, é o escrito com valor probatório. De acordo com o **art. 232 do CPP**,

> "Consideram-se documentos quaisquer escritos, instrumentos ou papéis, públicos ou particulares".

## Elementos do documento:

*1º) forma escrita*: representação gráfica do pensamento. **Só o escrito é documento**, de tal forma que *não são documentos* as pinturas, imagens, gravações, desenhos e composições musicais, os quais poderão ser objetos materiais de outro delito (do crime de dano, por exemplo) ou meios de prova.

*2º) autor determinado*: deve haver identificação do seu autor, de sorte que **escrito anônimo não é documento**. A identificação pode ser feita pelo nome, assinatura ou pelo pseudônimo.

*3º) conteúdo*: não há documento sem conteúdo, isto é, deve possuir declaração de vontade ou exposição de fatos. O conteúdo deve ser inteligível (se for ininteligível ou sem sentido não é documento). Assinatura posta em papel em branco não é documento.

*4º) relevância jurídica*: é a capacidade de o documento ser utilizado como meio de prova. Basta tal capacidade, sendo desnecessário que o documento venha efetivamente a ser utilizado como meio probatório.

## Espécies de documentos:

*1ª)* ***documento público***: é o elaborado por funcionário público competente, no exercício de suas atribuições, com a observância das formalidades legais. O documento ainda pode ser: *a) formal e substancialmente público*: é o emitido por funcionário público com conteúdo de interesse público; *b) formalmente público e substancialmente privado*: emitido por funcionário público, mas com o conteúdo preponderantemente particular. **Em ambos os casos o documento é público**. O que importa é o aspecto *formal*, isto é, ser elaborado por funcionário público. Nos termos do art. 297, § 2º, temos o documento público por equiparação. O *particular* pode falsificar documento público, pois o tipo penal não exige que seja praticado por funcionário público. As cópias autênticas, traslados, certidões e fotocópias conferidas desses são documentos públicos. No entanto, o documento particular com reconhecimento de firma realizado por tabelião não transforma o documento particular em público, salvo o espaço em que consta o carimbo ou o selo.

*2ª)* ***documento particular***: a lei não o define, razão pela qual se obtém o seu conceito por exclusão. É aquele que não é público propriamente dito, nem por equiparação legal.

### CARTÃO DE CRÉDITO OU DÉBITO

O cartão de crédito ou débito equipara-se a *documento particular*, conforme parágrafo único do art. 298 do CP, incluído pela Lei nº 12.737/12.

### Princípio da consunção ou absorção:

- Súmula 17 do STJ: "Quando o falso se exaure no estelionato, sem mais potencialidade lesiva, é por este absorvido".
- Havendo concurso de crimes, a prescrição deve ser reconhecida em relação a cada delito isoladamente (art. 119 do CP). Entretanto, no caso de o crime-meio ter sido absorvido pelo crime-fim, ocorrendo a prescrição deste, fica prejudicada a incidência do crime-meio, mesmo se este for mais grave que aquele (crime-fim). *Exemplo*: o agente falsifica um documento público com o fim exclusivo de praticar estelionato, em hipótese em que o falso se esgotará no estelionato. Se ocorrer a prescrição do estelionato, não cabe a condenação pelo falso (que foi absorvido). Nesse sentido: STJ, REsp 1024042, j. 21/09/2010. Entretanto, o próprio STJ já decidiu em sentido contrário: "O princípio da consunção pode ser aplicado quando um delito mais leve serve como fase preparatória ou de execução para um crime mais grave, restando absorvido por este, sendo incabível, reconhecer a absorção de crime mais grave pelo mais leve, para declarar a prescrição" (REsp 746.765, j. 17/11/2005).

**Tipo subjetivo.** Dolo, consistente na vontade e consciência da falsificação. Não se exige a intenção de usar o documento nem de causar prejuízo. A simples falsidade já é crime. Se a falsificação é para o cometimento de crimes eleitorais, devem ser observados os tipos de falso previstos no Código Eleitoral.

**Consumação e tentativa.** Ocorre a consumação quando o agente conclui a falsificação, não se exigindo o uso. Trata-se de crime de perigo. A tentativa é admissível. *Atenção*: se o falso for grosseiro, não incidem os arts. 297 e 298, já que o crime é impossível (art. 17 do CP).

**Forma majorada do crime de falsificação de documento público (§ 1º).** Se o agente é funcionário público, e comete o crime prevalecendo-se do cargo, aumenta-se a pena de sexta parte.

**Alteração legislativa.** A Lei nº 9.983/00 acrescentou os §§ 3º e 4º ao art. 297. Observe-se que se trata de *falsidade ideológica* e não de falsidade material. Assim, o acréscimo deveria ter ocorrido ao art. 299. Responde pelo crime, nos moldes do **§ 3º**, quem insere ou faz inserir: na folha de pagamento ou em documento de informações que seja destinado a fazer prova perante a previdência social, pessoa que não possua a qualidade de segurado obrigatório; na Carteira de Trabalho e Previdência Social do empregado ou em documento que deva produzir efeito perante a previdência social, declaração falsa ou diversa da que deveria ter sido escrita; em documento contábil ou em qualquer outro documento relacionado com as obrigações da empresa perante a previdência social, declaração falsa ou diversa da que deveria ter constado. Nos termos do **§ 4º**, comete o delito quem omite, nos documentos mencionados no § 3º, nome do segurado e seus dados pessoais, a remuneração, a vigência do contrato de trabalho ou de prestação de serviços.

▸ **Observação**

Foi decidido pelo STJ que: **"A simples omissão de anotação na Carteira de Trabalho e Previdência Social (CTPS) não configura, por si só, o crime de falsificação de documento público (art. 297, § 4º, do CP).** Isso porque é imprescindível que a conduta do agente preencha não apenas a *tipicidade formal*, mas antes e principalmente a *tipicidade material*, ou seja, deve ser demonstrado o dolo de falso e a efetiva possibilidade de vulneração da fé pública. Com efeito, o crime de falsificação de documento público trata-se de crime contra a fé pública, cujo tipo penal depende da verificação do dolo, consistente na vontade de falsificar ou alterar o documento público, sabendo o agente que o faz ilicitamente. Além disso, a omissão ou alteração deve ter concreta potencialidade lesiva, isto é, deve ser capaz de iludir a percepção daquele que se depare com o documento supostamente falsificado. Ademais, pelo princípio da intervenção mínima, o Direito Penal só deve ser invocado quando os demais ramos do Direito forem insuficientes para proteger os bens considerados importantes para a vida em sociedade. Como corolário, o princípio da fragmentariedade elucida que não são todos os bens que têm a proteção do Direito Penal, mas apenas alguns, que são os de maior importância para a vida em sociedade. Assim, uma vez verificado que a conduta do agente é suficientemente reprimida na esfera administrativa, de acordo com o art. 47 da CLT, a simples omissão de anotação não gera consequências que exijam repressão pelo Direito Penal" (STJ, REsp 1.252.635-SP, 5ª T., j. 24/4/2014). Informativo nº 539.

***Competência:*** "(...) 1. A partir do julgamento no conflito de competência n. 127.706/RS, de relatoria do Ministro ROGERIO SCHIETTI CRUZ, esta egrégia Terceira Seção pacificou o entendimento no sentido de que 'o sujeito passivo primário do crime omissivo do art. 297, § 4º, do Diploma Penal, é o Estado, e, eventualmente, de forma secundária, o particular, terceiro prejudicado, com a omissão das informações, referentes ao vínculo empregatício e a seus consectários da CTPS. Cuida-se, portanto de delito que ofende de forma direta os interesses da União, atraindo a competência da Justiça Federal, conforme o disposto no art. 109, IV, da Constituição Federal' (DJe 9/4/2014). 2. Aplica-se a mesma lógica para o delito do art. 297, § 3º, inciso II, do Código Penal. Assim, compete à Justiça Federal processar e julgar o crime de falsificação de documento público, consistente na anotação de período de vigência do contrato de trabalho inexistente de empregado em sua CTPS" (STJ, 3ª Seção, AgRg no CC 148.963, j. 10/04/2019).

## 3.3. Falsidade ideológica (art. 299)

Constitui crime de falsidade ideológica: "Omitir, em documento público ou particular, declaração que dele devia constar, ou nele inserir ou fazer inserir declaração falsa ou diversa da que devia ser escrita, com o fim de prejudicar direito, criar obrigação ou alterar a verdade sobre fato juridicamente relevante: Pena

– reclusão, de um a cinco anos, e multa, se o documento é público, e reclusão de um a três anos, e multa, se o documento é particular".

### Condutas típicas:

*a)* *omitir*: silêncio intencional. O agente deixa de constar no documento a devida declaração;

*b)* *inserir*: ocorre quando o agente, por ato próprio, introduz declaração falsa ou diversa da que deveria constar;

*c)* *fazer inserir*: ocorre quando o agente se vale da pessoa competente para introduzir a declaração falsa ou diversa da que deveria constar. É a chamada falsidade mediata. Aqui é possível o particular ser autor de falsidade ideológica em documento público.

Nada impede haver falsidade ideológica mesmo constando no documento conteúdo verdadeiro. É o que ocorre quando o agente insere ou faz inserir uma declaração verdadeira, porém diversa da que deveria constar.

### Diferenças entre falsidade material e ideológica:

- na **falsidade ideológica** (intelectual ou expressional), o documento não possui vício em sua forma. Não contém rasuras nem supressão de palavras, nem a introdução de novos dizeres, ou seja, é formalmente perfeito (não envolve a forma do documento). Porém, seu *conteúdo é falso*, de modo que é provada pela apuração dos fatos. Em regra, não há necessidade de se fazer a perícia.
- na **falsidade material**, o documento possui *vício em sua forma*, ou seja, apresenta defeitos extrínsecos (apresenta rasuras, introdução de novos dizeres, supressão de palavras). Em regra, emana de pessoa incompetente. É imprescindível a perícia.

**Preenchimento de papel em branco assinado por terceira pessoa:** *a)* se o agente obteve o papel licitamente e foi autorizado a preenchê-lo, mas o preencheu de maneira diferente da convencionada, comete o crime de falsidade ideológica. Observe-se que o documento emanou da pessoa competente; *b)* se o agente obteve o papel licitamente tão só para guardar ou para outros fins, e não estava autorizado a preenchê-lo, ou obteve ilicitamente o documento, e veio a preenchê-lo, trata-se de crime de falsidade material, eis que emanou da pessoa incompetente.

**Documento sem valor probatório:** o art. 299 trata da falsidade ideológica de documento público ou particular. Conforme já salientado, *documento é o instrumento com valor probatório*, de tal forma que se o conteúdo não servir para provar algum fato não será considerado *documento*. Assim, não há crime no caso de requerimentos, petições e outras declarações sujeitas à averiguação, já que, por si só, não provam nada.

*Exemplo 1*: a declaração de pobreza para fins de assistência judiciária gratuita está sujeita a averiguação, de modo que não configura o crime uma declaração com o conteúdo falso. Nesse sentido: "A presunção de pobreza, para fins de concessão dos benefícios da assistência judiciária gratuita, ostenta caráter relativo, podendo o magistrado indeferir o pedido de assistência se encontrar elementos que infirmem a hipossuficiência do requerente" (STJ, 5ª T., AgInt no AgInt no REsp 1621028, j. 05/10/2017).

*Exemplo 2*: "1 - Documento digital que pode ter a sua higidez aferida e, pois, produzir efeitos jurídicos, é aquele assinado digitalmente, conforme a Infraestrutura de Chaves Públicas Brasileira (ICP-Brasil). 2 - O currículo inserido na página digital Lattes do CNPq não é assinado digitalmente, mas decorrente da inserção de dados, mediante imposição de login e senha, não ostentando, portanto, a qualidade de "documento digital" para fins penais. 3 - Além disso, como qualquer currículo, material ou virtual, necessita ser averiguado por quem tem nele tem interesse, o que, consoante consagradas doutrina e jurisprudência, denota atipicidade na conduta do crime de falsidade ideológica" (STJ, 6ª T., RHC 81.451, j. 22/08/2017).

▸ **Tipo subjetivo:**

*a)* *dolo*, consistente na vontade de falsificar;

*b)* *elemento subjetivo especial do tipo*, consistente no fim de prejudicar direito, criar obrigação ou alterar a verdade.

**Consumação e tentativa.** Consuma-se com a simples conduta de falsificar, desde que o falso possua potencialidade do dano objetivado pelo agente. Não se exige, portanto, a efetiva ocorrência de prejuízo. Não é preciso usar o documento (trata-se de *crime formal*). Admite-se a tentativa na forma *inserir* e *fazer inserir*; na conduta *omitir* é inadmissível a forma tentada.

**Forma majorada (parágrafo único)**. Se o agente é funcionário público, e comete o crime prevalecendo-se do cargo, ou se a falsificação ou alteração é de assentamento de registro civil, aumenta-se a pena de sexta parte.

## 3.4. Falso reconhecimento de firma ou letra (art. 300)

Comete o delito aquele que reconhece, como verdadeira, no exercício de função pública, firma ou letra que o não seja. Trata-se de *crime próprio*, uma vez que o sujeito ativo deve ser o funcionário com competência para reconhecer assinaturas ou manuscritos.

### 3.5. Certidão ou atestado ideologicamente falso (art. 301, *caput*)

Pune-se o funcionário público que *atesta* ou *certifica* falsamente, em razão de função pública, fato ou circunstância que habilite alguém a obter cargo público, isenção de ônus ou de serviço de caráter público, ou qualquer outra vantagem.

### 3.6. Falsidade material de atestado ou certidão (art. 301, § 1º)

Comete o delito aquele que *falsifica*, no todo ou em parte, atestado ou certidão, ou *altera* o teor de certidão ou de atestado verdadeiro, para prova de fato ou circunstância que habilite alguém a obter cargo público, isenção de ônus ou de serviço de caráter público, ou qualquer outra vantagem. Nesse crime, o sujeito passivo pode ser qualquer pessoa (crime *comum*), ao contrário do art. 301, *caput*, que exige uma qualidade especial do sujeito ativo (crime *próprio*).

### 3.7. Falsidade de atestado médico (art. 302)

Pune-se o médico que *dá*, no exercício da sua profissão, atestado falso. Trata-se de *crime próprio*, uma vez que o sujeito ativo deve ser médico. Se o crime é cometido com o fim de lucro, aplica-se também multa.

### 3.8. Reprodução ou adulteração de selo ou peça filatélica (art. 303)

O art. 303 do CP foi revogado tacitamente pelo art. 39 da Lei nº 6.538/78. A conduta continua a ser criminosa, mas com pena mais branda. Comete o delito aquele que reproduz ou altera selo ou peça filatélica de valor para coleção, salvo quando a reprodução ou a alteração estiver visivelmente anotada na face ou no verso do selo ou peça.

### 3.9. Uso de documento falso (art. 304)

Pune-se a conduta do agente que *faz uso* de qualquer dos papéis falsificados ou alterados, a que se referem os arts. 297 a 302. *Fazer uso* é apresentar o documento falso como se fosse o verdadeiro. Exige-se o uso efetivo em sua específica destinação. Só há uso efetivo quando o documento sai da esfera de disponibilidade do agente, conferindo a possibilidade de outras pessoas tomarem conhecimento.

Embora não exista unanimidade, há forte entendimento do STJ no sentido de que não é preciso que o uso seja da iniciativa do agente, caracterizando-se o delito de *uso de documento falso* mesmo no caso de ter sido o autor provocado a utilizar o documento. Nesse sentido: "É copiosa a jurisprudência que entende que 'o delito previsto no art. 304 do Código Penal consuma-se mesmo quando a carteira de habilitação falsificada é exibida ao policial por **exigência** deste, e não por iniciativa do agente" (STJ, 5ª T., AgRg no REsp 1758686, j. 25/09/2018).

> *Questão:* o indivíduo sofre busca pessoal pela polícia, ocasião em que é surpreendido portando carteira de identidade falsa. O agente não apresentou o documento, já que este foi encontrando pelo policial no bolso da sua calça. Pode-se dizer que cometeu algum crime? **Não se trata de uso de documento** (art. 304), pois o indivíduo não apresentou a carteira de identidade, nem mesmo foi exigido pelo policial para fazê-lo, já que ela foi encontrada durante a busca. No entanto, pode ter praticado o delito de **falsidade documental** (art. 297) caso tenha concorrido para o crime. Não haverá, em qualquer hipótese, situação de flagrância.

O art. 304 do CP caracteriza-se por ser um **crime remetido**, isto é, aquele que em sua definição se reporta a outros delitos que passam a integrá-lo. O pressuposto do delito de uso é a existência de um crime de falso. A punição do usuário independe da do falsário. O uso é punido autonomamente.

Consuma-se com o primeiro ato de utilização do documento (é um **delito instantâneo**). Além disso, **o crime é formal**, pois se consuma com o uso, independentemente da obtenção da vantagem visada. A *tentativa* é inadmissível, já que o simples *tentar usar* já é uso, estando consumado o delito. Se o documento for grosseiramente falsificado (fácil percepção do falso), haverá crime impossível.

***Falsificação + uso de documento falso:*** "A teor da jurisprudência desta Corte, o uso de documento falsificado (CP, art. 304) deve ser absorvido pela falsificação do documento público (CP, art. 297), quando praticado por mesmo agente, caracterizando o delito de uso post factum não punível, ou seja, mero exaurimento do crime de falso, não respondendo o falsário pelos dois crimes, em concurso material. 4. Hipótese na qual o réu foi preso em flagrante, tendo apresentado documento de identidade falso ao policial responsável pela sua apreensão, com vistas a ocultar a sua condição de foragido, não podendo se falar em prática dos crimes de falsificação de documento público e de uso de documento falso, devendo apenas ser mantida a persecução penal no que se refere ao crime do art. 297 do CP" (STJ, HC 371.623, j. 08/08/2017).

**Súmulas do STJ sobre o delito:**

> **Súmula 104 do STJ**: "Compete à Justiça Estadual o processo e julgamento dos crimes de falsificação e uso de documento falso relativo a estabelecimento particular de ensino".

> **Súmula 200 do STJ**: "O Juízo Federal competente para processar e julgar acusado de crime de uso de passaporte falso é o do lugar onde o delito se consumou".
>
> **Súmula 546 do STJ**: "A competência para processar e julgar o crime de uso de documento falso é firmada em razão da entidade ou órgão ao qual foi apresentado o documento público, não importando a qualificação do órgão expedidor".

## 3.10. Supressão de documento (art. 305)

Constitui delito *destruir*, *suprimir* ou *ocultar*, em benefício próprio ou de outrem, ou em prejuízo alheio, documento público ou particular verdadeiro, de que não podia dispor. Predomina a interpretação de que somente ocorrerá o crime se o documento for *insubstituível* em seu valor probante, de sorte que não configura o delito, por exemplo, a destruição de uma certidão de nascimento, pois pode ser obtida uma nova.

> **Atenção:**
>
> O advogado que inutiliza ou não devolve voluntariamente os autos do processo comete o delito do art. 356: *"Inutilizar, total ou parcialmente, ou deixar de restituir autos, documento ou objeto de valor probatório, que recebeu na qualidade de advogado ou procurador".*

# 4. OUTRAS FALSIDADES

## 4.1. Falsificação do sinal empregado no contraste de metal precioso ou na fiscalização alfandegária, ou para outros fins (art. 306)

Configura crime *falsificar*, fabricando-o ou alterando-o, marca ou sinal empregado pelo poder público no contraste de metal precioso ou na fiscalização alfandegária, ou *usar* marca ou sinal dessa natureza, falsificado por outrem. Também haverá o delito se a marca ou sinal falsificado é o que usa a autoridade pública para o fim de fiscalização sanitária, ou para autenticar ou encerrar determinados objetos, ou comprovar o cumprimento de formalidade legal.

## 4.2. Falsa identidade (art. 307 e art. 308)

Nos termos do art. 307,

> Constitui delito *atribuir-se* ou *atribuir* a terceiro falsa identidade para obter vantagem, em proveito próprio ou alheio, ou para causar dano a outrem, desde que o fato não constitua elemento de crime mais grave.

O agente imputa a si mesmo uma falsa identidade, assumindo personalidade alheia, de pessoa existente ou fictícia. Deve haver o *elemento subjetivo especial*, consistente na intenção de obter vantagem, em proveito próprio ou alheio, ou para causar dano a outrem.

Consuma-se com a simples conduta de imputar a si próprio ou a terceiro a falsa identidade. Não se exige o resultado, bastando a finalidade. Admite-se a tentativa.

### Identificação falsa perante a autoridade policial:

**STF:** "O Plenário do Supremo Tribunal Federal (RE RE 640.139-RG, Rel. Min. Dias Toffoli), ao reconhecer a repercussão geral do tema discutido neste processo, reafirmou a jurisprudência da Corte no sentido de que 'o princípio constitucional da autodefesa (art. 5º, inciso LXIII, da CF/88) não alcança aquele que atribui falsa identidade perante autoridade policial com o intento de ocultar maus antecedentes, sendo, portanto, típica a conduta praticada pelo agente (art. 307 do CP)'" (STF, 1ª T., HC 112846, j. 02/09/2014).

**Súmula 522 do STJ**: "A conduta de atribuir-se falsa identidade perante autoridade policial é típica, ainda que em situação de alegada autodefesa".

De acordo com o **art. 308**, constitui crime *usar*, como próprio, passaporte, título de eleitor, caderneta de reservista ou qualquer documento de identidade alheia, ou *ceder* a outrem, para que dele se utilize, documento dessa natureza, próprio ou de terceiro. Trata-se de **tipo subsidiário**, que só incide se o fato não constituir elemento de crime mais grave.

## 4.3. Fraude de lei sobre estrangeiro (arts. 309 e 310)

Pune-se o estrangeiro que *usa nome que não é o seu* para entrar ou permanecer no território nacional. Também comete o delito aquele que *atribui* a estrangeiro falsa qualidade para promover-lhe a entrada em território nacional.

Nos termos do art. 310, constitui crime *prestar-se* a figurar como proprietário ou possuidor de ação, título ou valor pertencente a estrangeiro, nos casos em que a este é vedada por lei a propriedade ou a posse de tais bens.

## 4.4. Adulteração de sinal identificador de veículo automotor (art. 311)

Responde pelo crime aquele que *adultera* ou *remarca* número de chassi ou qualquer sinal identificador de veículo automotor, de seu componente ou equipamento. Segundo já decidiu o STJ, não configura o crime:

1) *substituir* a placa original do reboque, uma vez que não é veículo automotor (HC 134.794, j. 28/09/2010);

2) *ocultar*, mediante dispositivo operado manualmente, a placa de identificação de seu veículo quando passava pela cancela de uma praça de pedágio, objetivando, com a prática, furtar-se de efetuar o devido pagamento. Isso porque o tipo penal não prevê a conduta *ocultar* (HC 139.199, j. 23/02/2010).

- **Fita adesiva:** "Este Superior Tribunal de Justiça firmou o entendimento no sentido de que é típica a conduta de alterar placa de veículo automotor, mediante a colocação de fita adesiva, conforme ocorreu na espécie dos autos. Isto porque a objetividade jurídica tutelada pelo art. 311 do CP é a fé pública ou, mais precisamente, a proteção da autenticidade dos sinais identificadores de automóveis" (STJ, 5ª T., HC 369.501, j. 05/10/2017).

Nos termos do § 1º, se o agente comete o crime no exercício da *função pública* ou em razão dela, a pena é aumentada de um terço. Também pratica o delito o *funcionário público* que contribui para o licenciamento ou registro do veículo remarcado ou adulterado, fornecendo indevidamente material ou informação oficial (§ 2º).

## 4.5. Fraudes em certames de interesse público (art. 311-A)

A Lei nº 12.550, de 15 de dezembro de 2011, inseriu ao Código Penal o seguinte crime:

> *"Utilizar ou divulgar, indevidamente, com o fim de beneficiar a si ou a outrem, ou de comprometer a credibilidade do certame, conteúdo sigiloso de: I - concurso público; II - avaliação ou exame públicos; III - processo seletivo para ingresso no ensino superior; ou IV - exame ou processo seletivo previsto em lei".*

A pena é de 1 a 4 anos de reclusão, além de multa. Nas mesmas penas incorre quem permite ou facilita, por qualquer meio, o acesso de pessoas não autorizadas às informações mencionadas no *caput*.

**Forma qualificada** (pena de 2 a 6 anos de reclusão, além de multa): se da ação ou omissão resultar dano à administração pública.

**Forma majorada** (aumento da pena em 1/3): se o fato é cometido por funcionário público.

**Princípio da anterioridade:** a Lei nº 12.550/11 também acrescentou, ao art. 47 do Código Penal, mais uma pena de interdição temporária de direitos:

> *"Proibição de inscrever-se em concurso, avaliação ou exame públicos".*

Deve-se atentar para o princípio da anterioridade, não podendo o crime e a pena incidirem para fato praticado antes da vigência da Lei nº 12.550 (15/12/2011).

**"Cola eletrônica":** passa a ser crime a partir da Lei n.º 12.550/11. Nesse sentido:

> "Nos termos do informativo nº 0506, Período: 4 a 17 de outubro de 2012, a 'cola eletrônica', antes do advento da Lei n. 12.550/2011, era uma conduta atípica, não configurando o crime de estelionato" (STJ, 6ª T., AgRg no AREsp 702915, 10/10/2017).

CAPÍTULO XI

# Crimes contra a Administração Pública

## 1. CRIMES PRATICADOS POR FUNCIONÁRIO PÚBLICO CONTRA A ADMINISTRAÇÃO EM GERAL

Os artigos 312 a 326 estabelecem os crimes praticados por funcionário público contra a administração pública. Protege-se o bem jurídico *administração pública*, no que se refere ao seu patrimônio, à sua moralidade, ao seu prestígio e respeito.

São chamados de *crimes funcionais*, uma vez que figura como sujeito ativo o funcionário público. Podem ser:

- ***funcionais impróprios***: a ausência da condição de funcionário público desclassifica a infração para outro tipo. *Ex.*: a ausência da qualidade de funcionário público desclassifica o crime de peculato-apropriação (art. 312, *caput*) para apropriação indébita (art. 168).
- ***funcionais próprios***: a condição de funcionário público é essencial para configuração do crime, de forma que, sem ela, o fato será atípico. *Ex.*: prevaricação é um crime funcional próprio.

Nos termos do **art. 327**,

> *"Considera-se funcionário público, para os efeitos penais, quem, embora transitoriamente ou sem remuneração, exerce cargo, emprego ou função pública".*

**▸ Atenção:**

Jurados do Tribunal do Júri e mesários nas eleições são considerados funcionários públicos, embora não percebam remuneração. Conforme o § 1º, "*equipara-se a funcionário público quem exerce cargo, emprego ou função em entidade paraestatal, e quem trabalha para empresa prestadora de serviço contratada ou conveniada para a execução de atividade típica da Administração Pública*".

***Organizações Sociais:*** "A Sexta Turma deste Superior Tribunal de Justiça, por ocasião do julgamento do Recurso Especial nº 1.519.662/DF, também de minha relatoria, à unanimidade, assentou entendimento de que 'o conceito de entidades paraestatais existente no § 1º do artigo 327 do Código Penal contempla as chamadas Organizações Sociais, estas previstas no âmbito federal pela Lei nº 9.637/98 e na órbita distrital pela Lei nº 2.415/99'" (STJ, 6ª T., AgRg no REsp 1575378, j. 20/09/2016).

***Autarquias:*** no REsp 1385916/PR, j. 20/02/2014, o STJ decidiu: "No Direito Penal prevaleceu, por meio de uma interpretação integradora, um conceito de funcionário público mais abrangente do que aquele definido pelo Direito Administrativo, que, a par do que já dizia o *caput* do artigo 327 do CP, tanto englobou o rol reproduzido no § 2º deste dispositivo, como os próprios **entes autárquicos**".

O § 2º prevê uma causa de aumento da terça parte quando os autores dos crimes previstos nos arts. 312 a 326 forem *ocupantes de cargos* em comissão ou de função de direção ou assessoramento de órgão da administração direta, sociedade de economia mista, empresa pública ou fundação instituída pelo poder público.

**O particular pode responder por um desses crimes, desde que ocorra concurso de pessoas.** Observe-se que, nos termos do art. 30, as elementares se comunicam, mesmo as de natureza pessoal, como no caso do *funcionário público*. Entretanto, para que um particular responda por um crime funcional, é necessário que tenha conhecimento da qualidade de funcionário público do agente. Se não conhece essa qualidade, poderá responder por outro delito, mas não por um crime funcional. *Exemplo*: se o particular concorre na conduta do funcionário público de apropriar-se de bem de que tem a posse em razão do cargo **sem saber que se trata de um funcionário público**, este [o agente público] responde por peculato-apropriação (art. 312, *caput*) e aquele [o particular] por apropriação indébita (art. 168).

> **Atenção:**
>
> Não são funcionários públicos o inventariante judicial, o curador e o tutor.

**Princípio da insignificância:** "O princípio da insignificância é inaplicável aos crimes contra a Administração Pública" **(Súmula 599 do STJ).**

## 1.1. Peculato (art. 312)

O art. 312, *caput,* dispõe sobre o **peculato-apropriação** e **peculato-desvio.** O § 1º trata do **peculato-furto** e o § 2º do **peculato culposo.**

No **peculato-apropriação** o funcionário público apropria-se de dinheiro, valor ou qualquer outro bem móvel, público ou particular, de que tem a posse em razão do cargo. Apropriar-se é tornar-se dono. O funcionário inverte o título da posse. Assemelha-se ao delito de apropriação indébita (CP, art. 168), só que o *sujeito ativo* é um funcionário público. A posse deve se dar em razão da função, ou seja, deve fazer parte das atribuições do funcionário ter a posse da coisa. *Exemplo*: o funcionário público vende o notebook da administração que estava na sua posse em razão do seu cargo.

Por sua vez, no **peculato-desvio** o funcionário público desvia dinheiro, valor ou qualquer outro bem móvel, público ou particular, de que tem a posse em razão do cargo, em proveito próprio ou alheio. Caso o desvio seja em favor da própria administração, poderá existir o crime previsto no art. 315 do CP. Exemplo de peculato-desvio extraído da jurisprudência:

> "Comete o crime de peculato, na modalidade desvio (art. 312, *caput*, segunda parte, do Código Penal), em continuidade delitiva (art. 71 Código Penal), o servidor público que se utiliza ilegalmente de passagens e diárias pagas pelos cofres públicos" (STJ, APn 477, j. 04/03/2009).

No **peculato-furto (peculato impróprio)** o funcionário subtrai ou concorre para a subtração de dinheiro, valor ou bem. Nesta figura, o agente não tem a posse nem a detenção, mas se vale da facilidade que lhe proporciona a qualidade de funcionário. Assim, é necessário o nexo causal entre a facilidade e o crime praticado. *Exemplo*: se o autor entra na repartição pública em seu horário de trabalho e subtrai um computador, valendo-se de facilidade que lhe proporciona a qualidade de funcionário, **comete peculato-furto**. Se a subtração ocorrer durante um final de semana, com arrombamento da porta, **comete furto**, pois neste caso não se valeu da facilidade de sua função. O particular responde por peculato na hipótese de conhecer a qualidade de funcionário público do concorrente (CP, art. 30); caso contrário, responde por furto.

Configura o delito de **peculato culposo** quando o funcionário concorre culposamente para o crime de outrem. É um *delito parasitário*, isto é, para existir depende da existência de outro crime. *Exemplo*: o funcionário público, responsável pelo uso e segurança de certo bem, negligencia nos cuidados necessários para evitar a subtração, que ocorre por outro funcionário, valendo-se este da facilidade que lhe proporciona a qualidade de agente público. Nesse caso, concorreu culposamente para o peculato-furto de outrem.

▸ **Atenção:**

**Reparação do dano no peculato *culposo*.** No crime de peculato culposo, a reparação do dano, se precede à sentença irrecorrível, extingue a punibilidade; se lhe é posterior, reduz de metade a pena imposta (§ 3º). Por ser regra específica e mais benéfica, não se aplica o art. 16 do CP. Frise-se que somente o autor do peculato culposo aproveitará a reparação do dano. Sendo *doloso* o peculato, a reparação do dano poderá ensejar a aplicação do art. 16 do CP (arrependimento posterior, que configura causa de diminuição de pena) ou do art. 65, III, *b*, do CP (circunstância atenuante).

**Peculato de uso.** Embora o Código Penal não preveja o *peculato de uso*, haverá na espécie fato atípico ante a ausência do *animus* de apropriação. Tal prática, entretanto, poderá caracterizar ilícito administrativo ou ato de improbidade administrativa (Lei nº 8.429/92). Nesse sentido: STJ, HC 94.168, j. 01/04/2008.

> **Observação**
>
> Embora a utilização de veículos, tratores e outras máquinas não configure o crime do art. 312 do CP, pode-se dizer que, em tese, o combustível (bem fungível) consumido é objeto material do referido tipo.

Sendo o peculato praticado por **prefeito**, aplica-se o Decreto-Lei nº 201/67 (norma específica), que prevê como crime, inclusive, o *peculato de uso*.

## 1.2. Peculato mediante erro de outrem (art. 313)

Comete o crime o funcionário público que se apropria de dinheiro ou qualquer utilidade que, no exercício do cargo, recebeu por erro de outrem.

Segundo predomina na doutrina, o funcionário público deve receber o bem por *erro espontâneo* de outrem, ou seja, não há indução de terceira pessoa a erro. Se induzi-la a erro, responderá por estelionato (art. 171). Ressalte-se que, para configurar o art. 313, é preciso que o funcionário receba a coisa no exercício da função, pois caso contrário haverá o delito previsto no art. 169, 1ª parte, do CP. Consuma-se no momento em que o agente se apropria (passa a se comportar como dono, como quando aliena ou recusa a devolução) e não quando recebe.

## 1.3. Inserção de dados falsos em sistema de informações (art. 313-A)

O sujeito ativo, além de ser funcionário, deve estar autorizado a inserir dados nos sistemas informatizados ou bancos de dados.

O tipo é *misto alternativo*, de sorte que configurará apenas um delito mesmo ocorrendo mais de uma conduta no mesmo contexto fático. As condutas típicas são as seguintes: *a) inserir* o funcionário autorizado dados falsos nos sistemas informatizados ou bancos de dados da Administração Pública; *b) facilitar* o funcionário autorizado a inserção de dados falsos nos sistemas informatizados ou bancos de dados da Administração Pública; *c) alterar* indevidamente dados corretos nos sistemas informatizados ou bancos de dados da Administração Pública; *d) excluir* indevidamente dados corretos nos sistemas informatizados ou bancos de dados da Administração Pública.

As expressões *sistema informatizado* e *banco de dados* são elementos normativos do tipo. O significado pode ser retirado do **projeto-lei dos crimes cibernéticos**: *sistema informatizado*: qualquer sistema capaz de processar, capturar, armazenar ou transmitir dados eletrônica ou digitalmente ou de forma equivalente; *dados informáticos*: qualquer representação de fatos, de informações ou de conceitos sob forma suscetível de processamento numa rede de computadores ou dispositivo de comunicação ou sistema informatizado.

Além do dolo, exige-se o elemento subjetivo especial do tipo, consistente na finalidade especial de agir:

> "Com o fim de obter vantagem indevida para si ou para outrem ou para causar dano".

Trata-se de **crime formal**, que se consuma com a inserção de dados falsos, ou com a alteração ou exclusão de dados corretos, sendo dispensável que o agente consiga obter vantagem indevida ou que cause dano. A tentativa é possível.

## 1.4. Modificação ou alteração não autorizada de sistema de informações (art. 313-B)

Constitui crime *modificar* ou *alterar*, o funcionário, sistema de informações ou programa de informática sem autorização ou solicitação de autoridade competente. O *sujeito ativo* é o funcionário público, não necessitando que seja o autorizado. A conduta recai sobre o sistema de informações ou programa de informática. O tipo é *misto alternativo*, de sorte que configurará apenas um delito mesmo ocorrendo mais de uma conduta no mesmo contexto fático. Exige-se apenas o dolo, uma vez que não há previsão de nenhum elemento subjetivo especial. Consuma-se com a alteração ou modificação, independente se da modificação ou alteração resulta dano para a Administração Pública ou para o administrado (mas se tal ocorrer incidirá a causa de aumento prevista no parágrafo único).

> **Atenção:**
>
> Estará caracterizado o delito mesmo na hipótese de o funcionário (não autorizado ou solicitado) possuir a intenção de causar *melhoria* no sistema ou programa. A pena, em tal caso, será bem inferior (*detenção*, de 3 meses a 2 anos, e multa) àquela do 313-A (*reclusão*, de 2 a 12 anos, e multa).

## 1.5. Extravio, sonegação ou inutilização de livro ou documento (art. 314)

Constitui delito *extraviar* livro oficial ou qualquer documento, de que tem a guarda em razão do cargo; *sonegá-lo* ou *inutilizá-lo*, total ou parcialmente. Figura como sujeito ativo o funcionário público que possui a guarda do livro oficial ou documento. O objeto material do crime é o livro oficial ou qualquer outra espécie de documento, público ou particular. Trata-se de crime doloso, não sendo prevista a modalidade culposa. Exemplo: funcionário público, por descuido, triturou um documento juntamente com alguns rascunhos. Neste caso, não haverá o delito por ausência de dolo.

Consuma-se com a prática da conduta, independente de efetivo prejuízo à administração pública. Na conduta omissiva de sonegar (deixar de apresentar) não se admite a tentativa. O art. 314 é um *crime subsidiário*, de sorte que dependendo das circunstâncias pode haver delito mais grave (*ex*.: art. 305 do CP).

▸ **Atenção:**

- Se o agente não for funcionário público, poderá caracterizar o crime previsto no art. 337 (*Subtrair, ou inutilizar, total ou parcialmente, livro oficial, processo ou documento confiado à custódia de funcionário, em razão de ofício, ou de particular em serviço público*).
- O advogado ou procurador pode cometer o delito previsto no art. 356 (*Inutilizar, total ou parcialmente, ou deixar de restituir autos, documento ou objeto de valor probatório, que recebeu na qualidade de advogado ou procurador*).

## 1.6. Emprego irregular de verbas ou rendas públicas (art. 315)

Comete o delito o funcionário que dá às verbas ou rendas públicas aplicação diversa da estabelecida em lei. Figura como *sujeito ativo* o funcionário público que possui competência para dar aplicação às verbas ou rendas públicas. Trata-se de crime doloso, não sendo prevista a modalidade culposa. Consuma-se com a aplicação da verba ou renda pública em finalidade diversa da estabelecida em lei, independentemente se a intenção do agente era de buscar um resultado mais vantajoso para a administração pública. Se o agente for **prefeito**, aplica-se o DL nº 201/67.

▸ **Atenção:**

No crime de peculato-desvio (art. 312) o agente visa a benefício próprio ou de terceiro (terceiro que não seja a própria administração pública); se o desvio da verba é em favor da própria administração, mas com finalidade diversa da estabelecida em lei, haverá o delito previsto no art. 315.

## 1.7. Concussão (art. 316)

Comete o crime o funcionário que *exige* vantagem indevida, para si ou para outrem, direta ou indiretamente, ainda que fora da função ou antes de assumi-la, mas em razão dela. *Exemplo*: médico contratado de hospital credenciado ao Sistema Único de Saúde (SUS) que exige quantia para prestar atendimento a pessoa acobertada pelo referido sistema (STF, HC 97.710, j. 02/02/2010).

*Exigir* significa ordenar, impor uma obrigação. Na exigência o funcionário emite ameaça de represálias, incutindo temor na vítima. A exigência pode ser praticada de forma implícita ou por interposta pessoa. É necessário que a exigência seja em razão da função, não sendo preciso que o funcionário esteja no exercício desta no momento em que exige. *Exemplo*: o juiz está em férias e exige dinheiro do réu para absolvê-lo. Mesmo antes de assumir a função o funcionário poderá praticar o delito, desde que faça a exigência em razão dela.

Além do *dolo*, exige-se o *elemento subjetivo especial do tipo*, contido na expressão "para si ou para outrem". Consuma-se com a simples exigência (**crime formal**). O recebimento da vantagem indevida é mero exaurimento do crime. A tentativa é admissível. *Exemplo*: o agente envia um e-mail exigindo a vantagem indevida, mas a vítima não o recebe.

**Diferenças entre concussão e extorsão.** Na *concussão*, o funcionário exige vantagem indevida em razão da sua função. O ato que o funcionário irá praticar ou deixar de praticar está na esfera de sua competência. Na *extorsão*, mesmo que cometida por funcionário público, a exigência de vantagem indevida não se relaciona com a prática de um ato em razão da função pública do agente. Além disso, a extorsão traz como elementar típica a "violência ou grave ameaça", a qual inexiste na concussão.

> **Atenção:**
>
> Aplica-se o art. 3º, II, da Lei nº 8.137/90 se o crime for *contra a ordem tributária*.

## 1.8. Excesso de exação (art. 316, § 1º)

Comente o crime o funcionário que:

*1) exige tributo ou contribuição social que sabe ou deveria saber indevido;*

*2) emprega na cobrança do tributo, embora devido, meio vexatório ou gravoso, que a lei não autoriza.*

Consuma-se com a simples conduta, independente do recebimento do tributo (**crime formal**). Admite-se a tentativa.

Qualifica o crime se o funcionário desvia, em proveito próprio ou de outrem, o que recebeu indevidamente para recolher aos cofres públicos. A forma qualificada prevista no § 2º ocorre após a prática do crime previsto no § 1º, ou seja, **o exaurimento funciona como qualificadora**. Aqui, o funcionário recebe indevidamente para recolher aos cofres públicos, mas não recolhe.

## 1.9. Corrupção passiva (art. 317)

Pratica o crime o funcionário público que *solicita* ou *recebe*, para si ou para outrem, direta ou indiretamente, ainda que fora da função ou antes de assumi-la, mas em razão dela, vantagem indevida, ou *aceita* promessa de tal vantagem.

**Condutas típicas:** *a) Solicitar:* significa pedir. A iniciativa é do funcionário. O particular que der a vantagem indevida não pratica crime; ***b)*** *Receber*: obter a vantagem. A iniciativa é do particular (*extraneus*) que "oferece para...". O funcionário responde por corrupção passiva (art. 317) e o particular por corrupção ativa (art. 333); *c) Aceitar promessa:* concordar em receber. A iniciativa é do particular. O funcionário responde pelo art. 317 e o particular pelo art. 333 (*prometer vantagem para...).*

▸ Atenção:

Pode haver corrupção ativa sem a corrupção passiva e vice-versa. ***Exemplo de corrupção ativa sem a passiva:*** o motorista infrator *oferece* dinheiro ao agente de trânsito para determiná-lo a omitir ato de ofício (lavratura da multa). Se o agente de trânsito não *receber*, somente haverá corrupção ativa. ***Exemplo de corrupção passiva sem corrupção ativa:*** o agente de trânsito solicita dinheiro a um motorista infrator para não lavrar a multa. Só haverá corrupção passiva, pois a iniciativa não foi do particular (motorista). Mesmo que o motorista dê o dinheiro, não haverá o delito de corrupção ativa, uma vez que o tipo não prevê o verbo *dar* ou *entregar.*

Para caracterização do art. 317 é necessário que a vantagem indevida seja uma contraprestação pela ação ou omissão do funcionário público relacionada com a sua função. Observe que é possível que o funcionário público esteja fora da função ou que ainda não a tenha assumido, desde que a corrupção seja em razão dela.

**Classificação.** *Corrupção passiva própria*: o funcionário solicita, recebe ou aceita promessa para praticar ato ilegal ou para deixar de praticar ato legal (ex.: escrivão recebe dinheiro para retardar o processo). *Corrupção passiva imprópria*: o funcionário solicita, recebe ou aceita promessa para praticar ato legal que iria regularmente praticar (ex.: o magistrado recebe dinheiro para dar celeridade ao processo, o que deve ser normalmente realizado). *Corrupção passiva antecedente*: o funcionário solicita, recebe ou aceita promessa antes de praticar ou omitir o ato. *Corrupção passiva subsequente*: o funcionário se vende (*solicita* ou *recebe* vantagem indevida) após ter praticado o ato ou se omitido.

**Consumação:** *a) solicitar*: consuma-se no momento em que a solicitação chega ao terceiro; *b) receber*: consuma-se com o recebimento da vantagem; c*) aceitar promessa*: consuma-se com a simples aceitação. Ou seja, o delito se consuma independentemente de o funcionário retardar ou deixar de praticar qualquer ato de ofício ou praticá-lo infringindo dever funcional.

**Tentativa:** *a) solicitar*: admite-se se o meio utilizado for o escrito (ex.: a solicitação se dá por meio de carta que é extraviada); *b) receber*: inadmissível; *c) aceitar* promessa: em tese admissível se levado em consideração que o momento da aceitação da promessa ocorre quando o particular toma conhecimento da aceitação (ex.: o particular promete vantagem através de uma carta e o funcionário responde aceitando-a, mas a carta de resposta é extraviada).

**Forma majorada (§ 1º).** A corrupção se consuma com a simples solicitação, recebimento ou aceitação da vantagem. Mas se o funcionário efetivamente retardar ou deixar de praticar ato de ofício, ou infringir dever funcional, a pena será aumenta de 1/3. O exaurimento funciona como causa de aumento de pena.

**Forma privilegiada (§ 2º).** Ocorre quando o funcionário pratica, deixa de praticar ou retarda ato de ofício, com infração de dever funcional, *cedendo a pedido ou influência de outrem.* Aqui o agente não visa a receber nenhuma vantagem, mas sim atender pedidos de amigos ou de pessoa influente.

A corrupção passiva privilegiada não se confunde com a **prevaricação**. Nesta, o funcionário age para satisfazer interesse ou sentimento próprio, sem que terceiro participe do ato. Não há acordo de vontade. Se existiu o acordo entre o funcionário e o particular (bilateralidade), isto é, se aparecer a figura do corruptor, haverá corrupção passiva privilegiada.

**Corrupção passiva e concussão.** No crime de concussão o funcionário público faz uma *exigência* de vantagem indevida, ao passo que na corrupção passiva o funcionário *solicita, recebe* ou *aceita promessa* de tal vantagem.

## 1.10. Facilitação de contrabando ou descaminho (art. 318)

Configura o crime quando o funcionário público *facilita*, com infração de dever funcional, a prática de contrabando ou descaminho (art. 334).

O sujeito ativo deve ser o funcionário público que possui como atribuição o dever de evitar o contrabando ou descaminho. Se o funcionário não possui esse dever funcional e mesmo assim facilitar o contrabando ou descaminho, poderá responder pelo art. 334, como partícipe, ou até mesmo pelo art. 318, também como partícipe, se induzir, instigar ou auxiliar secundariamente o funcionário público que possui o dever funcional de evitar o contrabando ou descaminho.

***Contrabando***: importar ou exportar mercadoria proibida. ***Descaminho***: iludir, no todo ou em parte, o pagamento de direito ou imposto devido pela entrada, pela saída ou pelo consumo de mercadoria. Quem pratica o contrabando ou descaminho responde pelo delito do art. 334 do CP.

Consuma-se com a conduta de *facilitar, com infração de dever funcional*, independentemente da ocorrência do contrabando ou descaminho.

## 1.11. Prevaricação (arts. 319 e 319-A)

Constitui crime *retardar* ou *deixar de praticar*, indevidamente, ato de ofício, ou *praticá-lo* contra disposição expressa de lei, para satisfazer interesse ou sentimento pessoal. Além do dolo, exige-se o **elemento subjetivo especial do tipo**, consistente no fim específico de *satisfazer interesse ou sentimento pessoal*. O interesse pessoal pode ser patrimonial, moral ou outro qualquer. Ocorre sentimento pessoal nos casos de vingança, ódio, amor, piedade etc. Consuma-se com a simples conduta, ou seja, quando o funcionário retarda, omite ou pratica o ato ilegal. Admite-se a tentativa na conduta comissiva "praticar ato ilegal"; inadmissível a forma tentada nas condutas omissivas "retardar" ou "deixar de praticar".

**Alteração legislativa.** A Lei nº 11.466/07 acrescentou o art. 319-A, dispondo que constitui crime

> "Deixar o Diretor de Penitenciária e/ou agente público de cumprir seu dever de vedar ao preso o acesso a aparelho telefônico, de rádio ou similar, que permita a comunicação com outros presos ou com o ambiente externo".

Trata-se de uma modalidade específica de prevaricação. É chamada de **prevaricação imprópria**, pois o agente omite-se *independentemente* de qualquer interesse ou sentimento pessoal.

## 1.12. Condescendência criminosa (art. 320)

Comete o crime de condescendência criminosa: a) o funcionário que, por indulgência, deixa de responsabilizar subordinado que cometeu infração no exercício do cargo; b) o funcionário que, por indulgência, não leva o fato ao conhecimento da autoridade competente, quando lhe falte competência para responsabilizar o infrator.

O sujeito ativo é o funcionário público com superioridade hierárquica sobre o funcionário infrator. A infração deve ser cometida no exercício do cargo. Se fora de sua atribuição, o superior não responde pelo delito. Consuma-se com a omissão do superior. A tentativa é inadmissível (crime omissivo próprio ou puro).

## 1.13. Advocacia administrativa (art. 321)

Pune-se o funcionário público que patrocina, direta ou indiretamente, interesse privado (alheio) perante a administração pública, valendo-se da qualidade de funcionário, mesmo que o interesse alheio seja legítimo. No caso de interesse ilegítimo, incide a qualificadora (a pena, que era de *detenção de 1 a 3 meses, ou multa*, passa a ser de *detenção de 3 meses a 1 ano, além da multa*). **Patrocinar** significa defender, facilitar, pleitear, apadrinhar. A conduta pode se dar por meio de pedidos, petições, através de acompanhamento de processos etc. Consuma-se o crime com a prática da conduta de patrocínio, sendo dispensável a obtenção de alguma vantagem. A tentativa é possível.

> **Atenção:**
>
> Se o patrocínio for perante a administração fazendária, aplica-se o art. 3º, III, da Lei nº 8.137/90; se envolver licitação pública, aplica-se o art. 91 da Lei nº 8.666/93.

## 1.14. Violência arbitrária (art. 322)

Configura o delito quando o funcionário público pratica violência, no exercício de função ou a pretexto de exercê-la (nesse caso responde também pela violência).

A violência (*vis absoluta ou corporalis*) abrange as vias de fato, a lesão corporal e o homicídio. A violência deve ser *ilegítima*. Se a violência empregada para a prática do ato for *legítima* (autorizada), não haverá o delito (ex.: 284 do CPP). A violência deve ser praticada no exercício da função ou a pretexto de exercê-la, isto é, deve haver nexo causal entre a violência e a função.

Apesar da discussão existente, o STF já decidiu que

> "O artigo 322 do Código Penal, que tipifica o crime de violência arbitrária, não foi revogado pelo artigo 3º, alínea *i* da Lei nº 4.898/65 (Lei de Abuso de Autoridade)" (RHC 95.617, j. 25/11/2008).

O STJ também possui decisão nesse sentido: HC 48.083, j. 20/11/2007. A matéria, como dito, não é pacífica.

## 1.15. Abandono de função (art. 323)

O funcionário público comete o delito quando *abandona* cargo público, fora dos casos permitidos em lei. O *nomen juris* está incorreto, pois o tipo refere-se a **cargo** público e não a **função**. Consuma-se com o abandono por um tempo juridicamente relevante, capaz de expor a dano o serviço público. Se ocorrer algum dano (prejuízo público), o crime restará qualificado (§ 1º). Também qualifica o delito se o abandono ocorre em lugar compreendido na faixa de fronteira (§ 2º).

## 1.16. Exercício funcional ilegalmente antecipado ou prolongado (art. 324)

O tipo prevê duas modalidades: *a)* entrar no exercício de função pública antes de satisfeitas as exigências legais; e *b)* continuar a exercer função pública, sem autorização, depois de saber oficialmente que foi exonerado, removido, substituído ou suspenso. Nesta segunda modalidade (*continuar a exercer*), não basta a publicação no Diário Oficial da exoneração, remoção, substituição ou suspensão, pois o agente deve realmente ficar ciente do ato. O crime se consuma quando o agente pratica o primeiro ato indevido.

## 1.17. Violação de sigilo funcional (art. 325)

Configura o delito quando o funcionário público revela fato de que tem ciência em razão do cargo e que deva permanecer em segredo, ou facilita-lhe a revelação. Frise-se que o agente deve ter recebido a informação sigilosa em razão de seu cargo. Trata-se de **crime subsidiário**, que só incide se o fato não constitui delito mais grave.

Também comete o crime quem: permite ou facilita, mediante atribuição, fornecimento e empréstimo de senha ou qualquer outra forma, o acesso de pessoas não autorizadas a sistemas de informações ou banco de dados da Administração Pública; se utiliza, indevidamente, do acesso restrito.

Consuma-se com a prática das condutas, independentemente do dano à Administração Pública ou a outrem; exige-se, isto sim, a *probabilidade* de dano (**atenção**: se este ocorrer o crime torna-se qualificado - art. 325, § 2º).

## 1.18. Violação do sigilo de proposta de concorrência (art. 326)

O art. 326 está definido atualmente na Lei nº 8.666/93 (art. 94), segundo o qual constitui crime devassar o sigilo de proposta apresentada em procedimento licitatório, ou proporcionar a terceiro o ensejo de devassá-lo.

O sujeito ativo deve ser o funcionário que exerce atribuições relacionadas com o procedimento licitatório. **Devassar** significa ter conhecimento do conteúdo. Assim, o delito consuma-se no momento em que o funcionário tem acesso ao conteúdo (na modalidade *devassar*), independente de transmitir a terceiro, ou no momento em que o terceiro passa a conhecer o conteúdo (na modalidade *proporcionar*).

## 2. CRIMES PRATICADOS POR PARTICULAR CONTRA A ADMINISTRAÇÃO EM GERAL

### 2.1. Usurpação de função pública (art. 328)

Configura crime *usurpar* o exercício de função pública. A norma proíbe o sujeito de assumir função pública de forma indevida. **O próprio funcionário público pode cometer o delito**, isso quando assumir função que não lhe compete. Para a consumação do crime o agente deve realizar pelo menos um ato relativo à função. Não configura o delito dizer que é funcionário público, embora possa caracterizar a contravenção do art. 45 da LCP. Não é necessário o fim de auferir vantagem para a consumação da infração, mas se o agente vier a auferi-la aplica-se a qualificadora (parágrafo único).

### 2.2. Resistência (art. 329)

Pune-se a conduta de opor-se à execução de ato legal, mediante violência ou ameaça a funcionário competente para executá-lo ou a quem lhe esteja prestando auxílio.

Deve haver emprego de violência ou ameaça contra o *funcionário público* executor do ato ou contra o *particular* que lhe esteja prestando auxílio. **Caso o funcionário não seja competente para a prática do ato, o fato será atípico**. Observe-se que a violência deve ser contra a *pessoa* e não contra alguma *coisa*. A simples ofensa verbal caracteriza desacato. A resistência meramente passiva, isto é, sem violência ou ameaça, não é crime (*ex.*: o sujeito agarra-se em um poste e fica gritando para não ser preso, ou foge para evitar a prisão).

**Ato legal**: a) *legalidade substancial*: ato autorizado pela norma, como ocorre com a prática de prisão em flagrante; b) *legalidade formal*: o ato deve atender as formalidades. Se o sujeito resiste a ato ilegal não haverá resistência.

Consuma-se com a prática da violência ou ameaça, independentemente de o agente conseguir impedir a execução do ato legal (crime formal). Admite-se a tentativa. Entretanto, se o ato, em razão da resistência, não se executa, incide a qualificadora (§ 1º). O § 2º dispõe acerca da aplicação da regra do **concurso material** entre o crime de resistência e a violência. Assim, o agente poderá responder pelo art. 329 em concurso com o art. 121, ou pelo art. 329 em concurso com o art. 129. Os delitos de desobediência e desacato são absorvidos pela resistência se praticados no mesmo contexto fático.

**Resistência e crime de roubo:** pode ocorrer resistência durante a execução do crime de roubo. Responderá o agente *somente pelo crime de roubo* se a violência ou ameaça da resistência for um desdobramento da violência ou ameaça do roubo. Porém se o roubo já se consumou, poderá haver concurso de crimes, pois não se deve confundir a violência praticada no roubo com a violência para resistir à prisão. No entanto, há quem considere haver crime de resistência mesmo na hipótese de ser a violência empregada contra os policiais no mesmo contexto do roubo, hipótese em que haverá concurso de crimes (posição minoritária).

## 2.3. Desobediência (art. 330)

Pratica o delito aquele que desobedece a ordem legal de funcionário público. O sujeito *ativo* pode ser qualquer pessoa. Apesar da discussão, o STJ já decidiu que pode ser inclusive um funcionário público (REsp 1173226, j. 17/03/2011). A desobediência pode ser crime omissivo ou comissivo, dependendo da ordem. Se a ordem era o cumprimento de um fazer, o crime será omissivo (o agente deixa de fazer o que devia); se a ordem era de não fazer, a desobediência será crime comissivo (o agente faz o que deveria deixar de fazer).

Para caracterização do crime: o agente deve desobedecer a ordem *legal*; a ordem deve ser emanada de *autoridade competente*; a ordem deve ser *dirigida diretamente* ao destinatário; o agente deve ter o *dever jurídico* de obedecer. Consuma-se no momento em que o agente não cumpre a ordem. A tentativa é admitida na forma comissiva (ordem de não fazer), uma vez que o agente faz o que não devia.

Prevalece o entendimento de Nélson Hungria no sentido de não configurar crime de desobediência quando a lei comina penalidade civil ou administrativa para o descumprimento da ordem, sem ressalvar expressamente a possibilidade do crime de desobediência. Vejamos: "Para a caracterização do crime de desobediência (art. 330 do CP), é necessário que não haja sanção especial para o seu não cumprimento, ou seja, se pelo descumprimento de ordem legal de servidor público, alguma lei estabelece determinada penalidade administrativa ou civil, não se deverá reconhecer o crime em questão, salvo se a referida lei expressamente ressalvar a cumulativa aplicação do art. 330 do CP" (STJ, 5ª T., AgRg no REsp 1492647, j. 10/11/2015).

Exemplo em que a lei *ressalva* o cúmulo criminal: CPP, art. 219 e CPC, art. 403, par. único. Exemplo em que a lei *não ressalva* o cúmulo criminal: CPC, art. 455, § 5º.

***Lei Maria da Penha:*** "A jurisprudência desta Corte Superior de Justiça está pacificada no sentido de que o descumprimento de medidas protetivas estabelecidas na Lei Maria da Penha não caracteriza a prática do delito previsto no art. 330 do Código Penal, em atenção ao princípio da *ultima ratio*, tendo em vista a existência de cominação específica nas hipóteses em que a conduta for praticada no âmbito doméstico e familiar, nos termos do art. 313, III, do Código de Processo Penal" (STJ, 5ª T., HC 406.951, j. 26/09/2017). Ainda: "Nos termos de entendimento pacífico no âmbito desta Corte, o descumprimento de decisão que impõe medida protetiva de urgência prevista na Lei n. 11.340/2006 não configura o crime de desobediência previsto no art. 359 do Código Penal, podendo importar a imposição de outras medidas legais cabíveis. Precedentes" (STJ, 6ª T., AgRg no AREsp 1226600, j. 05/06/2018).

Com o advento da Lei nº 13.641/18 foi incluído à Lei Maria da Penha o delito do **art. 24-A**, nos seguintes termos: "Descumprir decisão judicial que defere medidas protetivas de urgência previstas nesta Lei: Pena – detenção, de 3 (três) meses a 2 (dois) anos. § 1º. A configuração do crime independe da competência civil ou criminal do juiz que deferiu as medidas. § 2º. Na hipótese de prisão em flagrante, apenas a autoridade judicial poderá conceder fiança. § 3º. O disposto neste artigo não exclui a aplicação de outras sanções cabíveis".

A *lex gravior* não pode retroagir: "1. A jurisprudência do Superior Tribunal de Justiça firmou-se no sentido de que o descumprimento de medidas protetivas impostas nos termos a Lei 11.340/06 não configura o delito do art. 359 do Código Penal. 2. Em se tratando de *novatio legis in pejus*, cuja irretroatividade se impõe, conforme os arts. 5º, XL, da CF e 1º do CP, não incide o art. 24-A da Lei Maria da Penha aos fatos anteriores à publicação da Lei 13.641/18, que criou tipo penal específico para a conduta de desobedecer decisões judiciais que impõem medidas protetivas" (STJ, 6ª T., AgRg no AREsp 1216126, j. 21/08/2018).

### ▸ ORDEM DE PARADA

**1ª situação.** Ordem de parada dada pela autoridade de trânsito ou por seus agentes, ou mesmo por policiais ou outros agentes públicos no exercício de atividades relacionadas ao trânsito: "Não constitui crime de desobediência, pois há previsão de sanção administrativa específica no art. 195 do Código de Trânsito Brasileiro, o qual não estabelece a possibilidade de cumulação de sanção penal. Assim, em razão dos princípios da subsidiariedade do Direito Penal e da intervenção mínima, inviável a responsabilização da conduta na esfera criminal" (STJ, 5ª T., HC 369.082, j. 27/06/2017).

**2ª situação.** Ordem de parada dada por policiais militares no exercício de atividade ostensiva, destinada à prevenção e à repressão de crimes: há crime de desobediência. Veja-se: "No presente caso, contudo, a ordem de parada não foi dada pela autoridade de trânsito e nem por seus agentes, mas por policiais militares no exercício de atividade ostensiva, destinada à prevenção e à repressão de crimes, que foram acionados para fazer a abordagem do paciente, em razão de atividade suspeita por ela apresentada, conforme restou expressamente consignado no v. acórdão impugnado. Desta forma, não restou configurada a hipótese de incidência da regra contida no art. 195 do Código de Trânsito Brasileiro e, por conseguinte, do entendimento segundo o qual não seria possível a responsabilização criminal do paciente pelo delito de desobediência tipificado no art. 330 do Código Penal" (STJ, 5ª T., HC 369.082, j. 27/06/2017).

## 2.4. Desacato (art. 331)

Pune-se a conduta de quem desacatar funcionário público no exercício da função ou em razão dela. Qualquer pessoa pode ser sujeito ativo. Predomina que

> "É possível a prática do crime de desacato por funcionário público contra pessoa no exercício de função pública, pois se trata de crime comum em que a vítima imediata é o Estado e a mediata aquela que está sendo ofendida" (STJ, HC 104.921, j. 21/05/2009).

No mesmo sentido: STF, ACO 1179, Tribunal Pleno, j. 11/09/2008.

**Desacatar** significa humilhar, ofender, desprestigiar, desrespeitar. Pode ser por palavras, gestos ou escritos. Deve o agente ter o *fim específico* de ofender o funcionário público.

Modalidades de desacato: ***a)*** *desacato no exercício da função*: ocorre quando o funcionário é ofendido no exercício da função, ainda que a ofensa não possua relação com ela; ***b)*** *desacato em razão da função*: o funcionário pode ser desacatado mesmo se não estiver no exercício da função, desde que a ofensa seja direta e em razão da função (*ex.*: o magistrado está de férias e encontra um réu que, desejando ofendê-lo, diz: 'você é um juiz medíocre e incapaz'; 'não sei como você passou no concurso, pois só decide de forma errada').

**Presença do funcionário público.** É imprescindível a presença do funcionário no local onde a ofensa é praticada, pois deve tomar conhecimento direto da ofensa. Assim, se o agente, por exemplo, atribui qualidade negativa relacionada com a função, mas não na presença do funcionário, haverá o crime de *injúria* (arts. 140 c/c 141, II, ambos do CP).

Consuma-se com a prática da ofensa, independente de o funcionário se sentir ofendido (**crime formal**). Basta que a ofensa seja capaz de ofender. Admite-se a tentativa, salvo se praticado oralmente, pois nesse caso o crime será unissubsistente.

▸ Atenção:

- **Desacato no Estatuto da OAB:** o STF, no julgamento da ADI 1127/DF, declarou a inconstitucionalidade da expressão "*e desacato*" contida no art. 7º, § 2º, da Lei nº 8.906/94 (Estatuto da OAB).
- **Desacato e compatibilidade com a CF e Pacto de São José da Costa Rica**. Veja-se: **STJ:** "Com observância do art. 13 do Pacto de São José da Costa Rica, a 3ª Seção, por maioria, no julgamento do habeas corpus 379269/MS, definiu que o crime de desacato previsto no art. 331 do CP não transgride o Direito à Liberdade de Expressão" (STJ, 5ª T., AgRg no AREsp 1012281, j. 05/10/2017). Anteriormente, no julgamento do REsp 1640084, em 15/12/2016, a 5ª Turma do STJ havia descriminalizado a conduta tipificada como crime de desacato a autoridade, por entender que a tipificação é incompatível com o artigo 13 da Convenção Americana de Direitos Humanos (Pacto de São José da Costa Rica).

**STF:** "Habeas corpus. 2. Crime de desacato a militar (art. 299 do Código Penal Militar). 3. Controle de constitucionalidade (arts. 1º; 5º, incisos IV, V e IX, e 220 da Constituição Federal) e de convencionalidade (art. 13 da Convenção Americana de Direitos Humanos (Pacto de São José da Costa Rica). 4. Alegada ofensa à liberdade de expressão e do pensamento que se rejeita. 5. Criminalização do desacato que se mostra compatível com o Estado Democrático de Direito. 6. Ordem denegada" (STF, 2ª T., HC 141949, j. 13/03/2018).

## 2.5. Tráfico de influência (art. 332)

Constitui delito solicitar, exigir, cobrar ou obter, para si ou para outrem, vantagem ou promessa de vantagem, a pretexto de influir em ato praticado por funcionário público no exercício da função. O agente utiliza *fraude*, uma vez que não influirá no ato a ser praticado pelo funcionário público. Ainda que o autor possua alguma influência em relação ao funcionário, o crime restará configurado, pois não haverá qualquer interferência por parte do primeiro.

Nas condutas *solicitar* e *exigir* o delito consuma-se com a prática da própria conduta, independente do resultado (**crime formal**). Na conduta típica *obter* o crime consuma-se com a obtenção da vantagem (**crime material**).

Se o agente alega ou insinua que a vantagem é também destinada ao funcionário, a pena é aumentada da metade. Quem entrega a vantagem ao agente não comete crime, mesmo nesse caso, pois na realidade nada será oferecido ao funcionário. Isso porque se houver o oferecimento de vantagem ao funcionário público ocorrerá o delito de *corrupção ativa* (art. 333).

**▸ Observação:**

O tipo em estudo assemelha-se com o art. 357 do CP, que trata da exploração de prestígio: *"solicitar ou receber dinheiro ou qualquer outra utilidade, a pretexto de influir em juiz, jurado, órgão do Ministério Público, funcionário de justiça, perito, tradutor, intérprete ou testemunha"*.

## 2.6. Corrupção ativa (art. 333)

Responde pelo delito aquele que *oferece* ou *promete* vantagem indevida a funcionário público, para determiná-lo a praticar, omitir ou retardar ato de ofício.

Se o **funcionário** receber ou aceitar a promessa praticará o crime de **corrupção passiva**. A iniciativa é sempre do *extraneus* (particular). O ato a ser praticado, omitido ou retardado deve ser da competência do funcionário. A vantagem indevida (ilícita) pode ser patrimonial, moral ou qualquer outra.

Se a oferta ou a promessa for **posterior** à prática, omissão ou retardamento do ato, não configura o crime para o *extraneus*, uma vez que a vantagem é dada *para que se faça ou deixe de fazer* e não para o que já foi realizado ou omitido.

Consuma-se com a simples oferta ou promessa de vantagem, independentemente de o funcionário aceitar a oferta ou promessa, ou ainda retardar ou omitir ato de ofício, ou praticá-lo infringindo dever funcional **(crime formal).** A tentativa é admitida.

A pena é aumentada de um terço se, em razão da vantagem ou promessa, o funcionário retarda ou omite ato de ofício, ou o pratica infringindo dever funcional. Caso o funcionário pratique o ato legal, responderá pelo *caput*.

## 2.7. Descaminho (art. 334)

A conduta típica consiste em *iludir*, no todo ou em parte, o pagamento de direito ou imposto devido pela entrada, pela saída ou pelo consumo de mercadoria, com pena de reclusão de 1 a 4 anos. O art. 334 do CP tem redação dada pela Lei nº 13.008, de 26/06/2014.

O crime restará consumado no momento da liberação das mercadorias, sem o recolhimento dos impostos devidos. De acordo com a atual jurisprudência das Cortes Superiores, não há necessidade de constituição definitiva do crédito tributário (exigida pela Súmula Vinculante 24 do STF): "*Consolidado no Supremo Tribunal Federal e neste Superior Tribunal o entendimento de que* ***o crime de descaminho é formal****, não dependendo sua caracterização da constituição definitiva do débito tributário*" (STJ, 5ª T., HC 215948, j. 05/03/2015).

**Princípio da insignificância.** "A Terceira Seção do STJ, por ocasião do julgamento do REsp 1.709.029, julgado em 28/02/2018, firmou a compreensão de ser aplicável o princípio da insignificância aos débitos tributários até o limite de **R$ 20.000,00**, conforme o disposto no art. 20, da Lei n.º 10.522/2002, atualizada pelas Portarias 75 e 130, ambas do Ministério da Fazenda" (STJ, 6ª T., AgInt no REsp 1617899, j. 17/04/2018).

**Figuras equiparadas (§ 1º).** Incorre na mesma pena quem: **I** – pratica navegação de cabotagem, fora dos casos permitidos em lei; **II** – pratica fato assimilado, em lei especial, a descaminho; **III** – vende, expõe à venda, mantém em depósito ou, de qualquer forma, utiliza em proveito próprio ou alheio, no exercício de atividade comercial ou industrial, mercadoria de procedência estrangeira que introduziu clandestinamente no País ou importou fraudulentamente ou que sabe ser produto de introdução clandestina no território nacional ou de importação fraudulenta por parte de outrem; **IV** – adquire, recebe ou oculta, em proveito próprio ou alheio, no exercício de atividade comercial ou industrial, mercadoria de procedência estrangeira, desacompanhada de documentação legal ou acompanhada de documentos que sabe serem falsos.

**Forma majorada (§ 3º).** A pena aplica-se em dobro se o crime de descaminho é praticado em transporte aéreo, marítimo ou fluvial.

**Competência.** Súmula 151 do STJ: *"A competência para o processo e julgamento por crime de contrabando ou descaminho define-se pela prevenção do **Juízo Federal** do lugar da apreensão dos bens"*.

## 2.8. Contrabando (art. 334-A)

A conduta típica consiste em *importar* ou *exportar* mercadoria proibida, com pena de reclusão de 2 a 5 anos. O art. 334-A foi incluído ao Código Penal pela Lei nº 13.008, de 26/06/2014.

**Consumação.** Deve-se analisar o local da entrada ou saída da mercadoria: **a)** se ocorreu via alfândega, a consumação ocorrerá no momento da liberação da mercadoria; **b)** se ocorreu em local diverso da alfândega, a consumação ocorrerá no momento em que a mercadoria ultrapassa as fronteiras nacionais (entra ou sai do País).

**Desnecessidade da constituição definitiva do crédito tributário:** *"O ato de importar cigarros constitui crime de contrabando, e não de descaminho, uma vez que se cuida de mercadorias cuja importação é proibida. Dessa forma, por se tratar de crime que lesiona vários bens jurídicos tutelados, a sua consumação ocorre com a simples entrada dos bens no País, motivo pelo qual não é exigível a constituição definitiva do crédito tributário como condição objetiva de punibilidade"* (STJ, 6ª T., AgRg no REsp 1325831, j. 23/09/2014).

**Princípio da insignificância**: "Esta Corte Especial tem o entendimento consolidado no sentido de ser inaplicável o princípio da insignificância ao crime de contrabando (STJ, 5ª T., AgRg no REsp 1744739, j. 02/10/2018).

**Figuras equiparadas (§ 1º).** Incorre na mesma pena quem: **I** – pratica fato assimilado, em lei especial, a contrabando; **II** – importa ou exporta clandestinamente mercadoria que dependa de registro, análise ou autorização de órgão público competente; **III** – reinsere no território nacional mercadoria brasileira destinada à exportação; **IV** – vende, expõe à venda, mantém em depósito ou, de qualquer forma, utiliza em proveito próprio ou alheio, no exercício de atividade comercial ou industrial, mercadoria proibida pela lei brasileira; **V** – adquire, recebe ou oculta, em proveito próprio ou alheio, no exercício de atividade comercial ou industrial, mercadoria proibida pela lei brasileira.

**Forma majorada (§ 3º).** A pena aplica-se em dobro se o crime de contrabando é praticado em transporte aéreo, marítimo ou fluvial.

**Competência.** Súmula 151 do STJ: "*A competência para o processo e julgamento por crime de contrabando ou descaminho define-se pela prevenção do **Juízo Federal** do lugar da apreensão dos bens*".

## 2.9. Impedimento, perturbação ou fraude de concorrência (art. 335)

Pune-se a conduta de quem *impede*, *perturba* ou *frauda* concorrência pública ou venda em hasta pública, promovida pela administração federal, estadual ou municipal, ou por entidade paraestatal, bem como aquele que *afasta* ou *procura afastar* concorrente ou licitante, por meio de violência, grave ameaça, fraude ou oferecimento de vantagem. Também cometerá o delito quem se abstém de concorrer ou licitar, em razão da vantagem oferecida.

Entendemos que o art. 335 do CP está *revogado* pela Lei nº 8.666/93 (Lei de Licitações), que regulamenta o art. 37, XXI, da CF e institui normas para licitações e contratos da Administração Pública, bem como os respectivos crimes em caso de descumprimento.

## 2.10. Inutilização de edital ou de sinal (art. 336)

Pune-se aquele que rasga ou, de qualquer forma, inutiliza ou conspurca edital afixado por ordem de funcionário público, bem como quem viola ou inutiliza selo ou sinal empregado, por determinação legal ou por ordem de funcionário público, para identificar ou cerrar qualquer objeto.

## 2.11. Subtração ou inutilização de livro ou documento (art. 337)

Pratica o crime quem subtrai, ou inutiliza, total ou parcialmente, livro oficial, processo ou documento confiado à custódia de funcionário, em razão de ofício, ou de particular em serviço público. Trata-se de *delito subsidiário*.

## 2.12. Sonegação de contribuição previdenciária (art. 337-A)

Constitui crime suprimir ou reduzir contribuição social previdenciária e qualquer acessório, mediante as seguintes condutas: omitir de folha de pagamento da empresa ou de documento de informações previsto pela legislação previdenciária segurados empregado, empresário, trabalhador avulso ou trabalhador autônomo ou a este equiparado que lhe prestem serviços; deixar de lançar mensalmente nos títulos próprios da contabilidade da empresa as quantias descontadas dos segurados ou as devidas pelo empregador ou pelo tomador de serviços; omitir, total ou parcialmente, receitas ou lucros auferidos, remunerações pagas ou creditadas e demais fatos geradores de contribuições sociais previdenciárias.

Independentemente de pagamento, nos termos do **§ 1º**, é extinta a punibilidade se o agente, espontaneamente, declara e confessa as contribuições, importâncias ou valores e presta as informações devidas à previdência social, na forma definida em lei ou regulamento, antes do início da ação fiscal.

É facultado ao juiz deixar de aplicar a pena ou aplicar somente a de multa se o agente for primário e de bons antecedentes, desde que: o valor das contribuições devidas, inclusive acessórios, seja igual ou inferior àquele estabelecido pela previdência social, administrativamente, como sendo o mínimo para o ajuizamento de suas execuções fiscais.

Se o empregador não é pessoa jurídica e sua folha de pagamento mensal não ultrapassa R$ 1.510,00 (mil quinhentos e dez reais), o juiz poderá reduzir a pena de um terço até a metade ou aplicar apenas a de multa. Este valor será reajustado nas mesmas datas e nos mesmos índices do reajuste dos benefícios da previdência social.

**Princípio da insignificância:** o STJ aceita a aplicação do princípio da insignificância aos casos de apropriação previdenciária (art. 168-A) e sonegação previdenciária (art. 337-A). Nesse sentido: STJ, 6ª T., AgRg no REsp 1609757, j. 27/02/2018. Ainda: "A Terceira Seção do STJ, por ocasião do julgamento do REsp 1.709.029, julgado em 28/02/2018, firmou a compreensão de ser aplicável o princípio da insignificância aos débitos tributários até o limite de R$ 20.000,00, conforme o disposto no art. 20, da Lei n.º 10.522/2002, atualizada pelas Portarias n.º 75 e 130, ambas do Ministério da Fazenda" (STJ, 6ª T., AgInt no REsp 1617899, j. 17/04/2018).

**Súmula Vinculante 24 do STF:** "Não se tipifica crime material contra a ordem tributária, previsto no art. 1º, incisos I a IV, da Lei nº 8.137/90, antes do lançamento definitivo do tributo".

**Consumação:** "Os delitos de apropriação indébita previdenciária e de sonegação de contribuição previdenciária, previsto nos arts. 168-A e 337-A, ambos do Código Penal, ostentam natureza de delito material, consumando-se apenas na data da constituição definitiva do crédito tributário. Assim, a ausência de comprovação da constituição do crédito impede o reconhecimento da justa causa para a ação penal" (STJ, AgRg no REsp 1416220, j. 12/09/2017).

▶ Atenção

**Lei nº 10.684/03**. Art. 9º. É suspensa a pretensão punitiva do Estado, referente aos crimes previstos nos arts. 1º e 2º da Lei nº 8.137, de 27 de dezembro de 1990, e nos arts. 168-A e 337-A do Decreto-Lei nº 2.848, de 7 de dezembro de 1940 – Código Penal, durante o período em que a pessoa jurídica relacionada com o agente dos aludidos crimes estiver incluída no regime de parcelamento. § 1º A prescrição criminal não corre durante o período de suspensão da pretensão punitiva. § 2º Extingue-se a punibilidade dos crimes referidos neste artigo quando a pessoa jurídica relacionada com o agente efetuar o pagamento integral dos débitos oriundos de tributos e contribuições sociais, inclusive acessórios.

**Lei nº 11.941/ 2009. Art. 67.** Na hipótese de **parcelamento do crédito tributário antes do oferecimento da denúncia**, essa somente poderá ser aceita na superveniência de inadimplemento da obrigação objeto da denúncia. **Art. 68.** É suspensa a pretensão punitiva do Estado, referente aos crimes previstos nos arts. 1º e 2º da Lei nº 8.137, de 27 de dezembro de 1990, e nos arts. 168-A e 337-A do Decreto-Lei nº 2.848, de 7 de dezembro de 1940 – Código Penal, limitada a suspensão aos débitos que tiverem sido objeto de concessão de parcelamento, enquanto não forem rescindidos os parcelamentos de que tratam os arts. 1º a 3º desta Lei, observado o disposto no art. 69 desta Lei.

Parágrafo único. A prescrição criminal não corre durante o período de suspensão da pretensão punitiva. **Art. 69. Extingue-se a punibilidade** dos crimes referidos no art. 68 quando a pessoa jurídica relacionada com o agente **efetuar o pagamento integral** dos débitos oriundos de tributos e contribuições sociais, inclusive acessórios, que tiverem sido **objeto de concessão de parcelamento.** Parágrafo único. Na hipótese de pagamento efetuado pela pessoa física prevista no § 15 do art. 1º desta Lei, a extinção da punibilidade ocorrerá com o pagamento integral dos valores correspondentes à ação penal.

**Lei n º 9.430/96 (redação dada pela Lei nº 12.382/11). Art. 83.** A representação fiscal para fins penais relativa aos crimes contra a ordem tributária previstos nos arts. 1º e 2º da **Lei nº 8.137, de 27 de dezembro de 1990**, e aos crimes contra a Previdência Social, previstos nos arts. 168-A e 337-A do **Decreto-Lei nº 2.848, de 7 de dezembro de 1940 – Código Penal**, será encaminhada ao Ministério Público depois de proferida a decisão final, na esfera administrativa, sobre a exigência fiscal do crédito tributário correspondente. **§ 1º** Na hipótese de concessão de parcelamento do crédito tributário, a representação fiscal para fins penais somente será encaminhada ao Ministério Público após a exclusão da pessoa física ou jurídica do parcelamento. **§ 2º** É suspensa a pretensão punitiva do Estado referente aos crimes previstos no caput, durante o período em que a pessoa física ou a pessoa jurídica relacionada com o agente dos aludidos crimes estiver incluída no parcelamento, **desde que o pedido de parcelamento tenha sido formalizado antes do recebimento da denúncia criminal. §** **3º** A prescrição criminal não corre durante o período de suspensão da pretensão punitiva. **§ 4º** Extingue-se a punibilidade dos crimes referidos no caput quando a pessoa física ou a pessoa jurídica relacionada com o agente efetuar o **pagamento integral** dos débitos oriundos de tributos, inclusive acessórios, que tiverem sido objeto de concessão de parcelamento.

O STF (2ª T., RHC 128245, j. 23/08/2016) decidiu que:

- ***Pagamento:*** o pagamento integral do débito previdenciário, ainda que no curso da execução penal, é causa de extinção da punibilidade do agente, nos termos do art. 9º, § 2º, da Lei nº 10.684/03.
- ***Parcelamento:*** observados os requisitos legais, ocorre a suspensão da pretensão punitiva do Estado.

O **STJ** decidiu no mesmo sentido (5ª T., HC 362.478/SP, j. 14/09/2017).

Ainda na decisão do STF (2ª T., RHC 128245, j. 23/08/2016), foi realizada a seguinte distinção:

- **Pagamento direto (estabelecido na Lei nº 10.684/03):** *"O sistema segue sendo disciplinado, de modo geral, quanto à extinção da punibilidade pelo pagamento, consoante o disposto no art. 9º, § 2º, da Lei nº 10.684/03, com a possibilidade de o pagamento se dar a qualquer tempo, qualquer que haja sido a modalidade de pagamento".*
- **Pagamento resultante de parcelamento (disciplinado pela Lei nº 12.382/11):** *"Na hipótese de parcelamento, conforme previsto na Lei nº 12.382/11, se dá a suspensão da pretensão punitiva do Estado, com relação aos crimes tributários, pelo período em que a pessoa física ou a pessoa jurídica relacionada com o agente dos aludidos crimes estiver incluída no regime de parcelamento, com a ressalva de que o pedido de parcelamento deverá ter sido formalizado antes do recebimento da denúncia no procedimento penal".*

## 3. CRIMES PRATICADOS POR PARTICULAR CONTRA A ADMINISTRAÇÃO PÚBLICA ESTRANGEIRA

O Capítulo II-A e respectivos artigos foram incluídos pela Lei nº 10.467/02, que visou a dar efetividade ao Decreto nº 3.678/00, que promulgou a Convenção sobre o Combate da Corrupção de Funcionários Públicos Estrangeiros em Transações Comerciais, concluída em Paris, em 17 de dezembro de 1997.

Nos termos do art. 337-D, considera-se **funcionário público estrangeiro**, para os efeitos penais, quem, ainda que transitoriamente ou sem remuneração, exerce cargo, emprego ou função pública em entidades estatais ou em representações diplomáticas de país estrangeiro. Equipara-se a funcionário público estrangeiro quem exerce cargo, emprego ou função em empresas controladas, diretamente ou indiretamente, pelo Poder Público de país estrangeiro ou em organizações públicas internacionais.

### 3.1. Corrupção ativa em transação comercial internacional (art. 337-B)

Responde pelo delito aquele que promete, oferece ou dá, direta ou indiretamente, vantagem indevida a funcionário público estrangeiro, ou a terceira pessoa, para determiná-lo a praticar, omitir ou retardar ato de ofício relacionado à transação comercial internacional. Trata-se de **crime comum**, podendo ser praticado por qualquer pessoa. O sujeito passivo é a Administração Pública estrangeira. Para configurar o delito o agente deve visar (elemento subjetivo especial do tipo) a que o funcionário público estrangeiro pratique, omita ou retarde ato de ofício relacionado à transação comercial internacional, de sorte que não é qualquer ato de ofício. Importante frisar que o funcionário deve ter atribuição para o ato.

### 3.2. Tráfico de influência em transação comercial internacional (art. 337-C)

Ocorre o crime quando o agente solicita, exige, cobra ou obtém, para si ou para outrem, direta ou indiretamente, vantagem ou promessa de vantagem a pretexto de influir em ato praticado por funcionário público estrangeiro no exercício de suas funções, relacionado à transação comercial internacional. Trata-se de tipo especial em relação ao tráfico de influência comum (CP, art. 332). Pode ser praticado por qualquer pessoa. A pena é aumentada da metade se o agente alega ou insinua que a vantagem é também destinada a funcionário estrangeiro.

## 4. CRIMES CONTRA A ADMINISTRAÇÃO DA JUSTIÇA

### 4.1. Reingresso de estrangeiro expulso (art. 338)

Comete o delito o estrangeiro que reingressa no território nacional que dele foi expulso. Além da pena de reclusão, de um a quatro anos, nada impede que haja nova expulsão após o cumprimento da sanção penal.

### 4.2. Denunciação caluniosa (art. 339)

Para configurar o delito, deve o agente imputar **crime** (*caput*) ou **contravenção** (§ 2º) a alguém (pessoa determinada), tendo consciência da inocência do acusado, dando causa à instauração de investigação policial, de processo judicial, instauração de investigação administrativa, inquérito civil ou ação de improbidade administrativa. Nada impede que alguém impute a prática de crime a outrem, dando causa à instauração de investigação. Entretanto, fazer isso sabendo que a pessoa é inocente, passa a ser crime.

A falsidade pode recair sobre a autoria (o crime existiu, mas se imputa como autor indivíduo inocente) ou sobre a infração penal (não ocorreu sequer a infração penal). Consuma-se com a instauração "de investigação policial, de processo judicial, instauração de investigação administrativa, inquérito civil ou ação de improbidade administrativa". A tentativa é admissível.

A pena é aumentada de sexta parte se o agente se serve de anonimato ou de nome suposto. Nos termos do § 2º, a pena é diminuída de *metade* se a imputação é de prática de *contravenção*.

**Denunciação caluniosa e calúnia.** Em ambas há imputação falsa de crime. Só que na denunciação caluniosa o agente vai além, uma vez que dá causa à instauração de investigação policial, de processo judicial, instauração de investigação administrativa, inquérito civil ou ação de improbidade administrativa, lesando o bem jurídico *Administração da Justiça*. A calúnia (crime contra a honra) poderá ser absorvida pela denunciação caluniosa (STF, RHC 62714).

**Denunciação caluniosa com finalidade eleitoral.** A Lei nº 13.834, de 04/06/2019, incluiu ao Código Eleitoral o art. 326-A: "Dar causa à instauração de investigação policial, de processo judicial, de investigação administrativa, de inquérito civil ou ação de improbidade administrativa, atribuindo a alguém a prática de **crime ou ato infracional** de que o sabe inocente, **com finalidade eleitoral**: Pena - reclusão, de 2 (dois) a 8 (oito) anos, e multa. § 1º - A pena é aumentada de sexta parte, se o agente se serve do anonimato ou de nome suposto. § 2º - A pena é diminuída de metade, se a imputação é de prática de contravenção".

## 4.3. Comunicação falsa de crime ou de contravenção (art. 340)

Responde pelo crime quem provoca a ação de autoridade, comunicando-lhe a ocorrência de crime ou de contravenção que sabe não se ter verificado. A comunicação falsa de crime ou contravenção não deve ser confundida com a denunciação caluniosa. **No art. 340, o crime ou contravenção comunicado é fictício e não há imputação de autoria a pessoa determinada**. Se o agente imputar crime a terceiro inocente configurará denunciação caluniosa. A autoridade pública pode ser judicial, policial ou administrativa. O delito consuma-se no momento em que a autoridade começa a agir (*ex.*: oitiva de pessoas, lavratura de IP). Ocorre o *arrependimento eficaz* se o agente, após a comunicação falsa, mas antes da ação da autoridade, assume a falsidade da sua comunicação.

## 4.4. Autoacusação falsa (art. 341)

Pratica o delito quem se autoacusa, perante a autoridade, de crime inexistente ou praticado por outrem. Na *autoacusação falsa* o agente assume a autoria, coautoria ou participação de crime inexistente ou praticado por outrem. Na *denunciação caluniosa* (art. 339) o agente acusa terceiro inocente. Não haverá o delito, por falta de tipicidade, no caso de a autoacusação versar sobre *contravenção penal*. O crime se consuma no momento em que a autoridade toma conhecimento da acusação falsa. Pode ocorrer que o agente pratique, em concurso formal, autoacusação falsa e denunciação caluniosa, como, por exemplo, na hipótese de o sujeito acusar-se de crime que não participou e, ainda, acusar falsamente terceiro inocente, dando causa à instauração de investigação policial.

## 4.5. Falso testemunho ou falsa perícia (art. 342)

Constitui crime fazer afirmação falsa, ou negar ou calar a verdade como testemunha, perito, contador, tradutor ou intérprete em processo judicial, ou administrativo, inquérito policial, ou em juízo arbitral.

Condutas típicas: ***a)** fazer afirmação falsa*: o agente faz declaração diversa do que sabe; ***b)** negar a verdade*: o agente nega a percepção do fato que teve conhecimento (*ex.*: testemunha presenciou o fato, mas afirma que não); ***c)** calar a verdade* (reticência): o agente recusa-se a responder ou oculta o que sabe.

**Teorias sobre a falsidade.** Existem duas teorias a respeito da falsidade: *1ª) objetiva:* a falsidade ocorre quando o relatado é diverso do fato ocorrido; *2ª) subjetiva (predominante):* a falsidade ocorre na contradição entre o fato presenciado e percebido pela testemunha e aquilo que ela relatou ou omitiu. Isso significa que, mesmo não sendo verdadeiro o que a testemunha afirmou, não quer dizer que haja cometido o crime de falso, pois ela pode estar relatando algo que acredita ser verdadeiro.

**Fato juridicamente relevante.** Em relação ao falso testemunho a falsidade deve referir-se a *fato juridicamente relevante*, ou seja, a fato que possa interferir na decisão, independentemente de ter efetivamente influído (**crime formal**). Basta a possibilidade de influir.

**Necessidade do compromisso para configurar o delito.** Orientações: *1ª posição:* testemunha não compromissada não comete o delito; *2ª posição:* a testemunha, independente do compromisso, pode cometer o delito, uma vez que não cumpriu o dever de afirmar a verdade. Há decisões do STJ no último sentido: "I. Merece ser mantida a decisão embargada, por seus próprios fundamentos, eis que, de acordo com o entendimento firmado pelo STJ, mostra-se prescindível o compromisso, para a configuração do delito de falso testemunho" (STJ, 6ª T., AgRg no HC 190766, j. 25/06/2013).

**Consumação.** *a) falso testemunho*: predomina que se consuma no momento em que é feita a afirmação falsa, nada impedindo, portanto, o oferecimento da denúncia antes mesmo da sentença definitiva do processo principal, que obsta somente a conclusão da ação penal em que se apura o crime de falso testemunho diante da possibilidade de retratação (STJ, HC 89.885, j. 16/03/2010). Ainda: "É pacífico o entendimento desta Corte Superior no sentido de que o crime de falso testemunho é de natureza **formal**, consumando-se no momento da afirmação falsa a respeito de fato juridicamente relevante, aperfeiçoando-se quando encerrado o depoimento, podendo, inclusive, a testemunha ser autuada em flagrante delito" (STJ, 5ª T., AgRg no AREsp 603.029, j. 23/05/2017). Admite-se a tentativa, como na hipótese de o testemunho ser prestado por escrito; *b) falsa perícia*: consuma-se com a entrega do laudo; *c) contador*: consuma-se com a entrega dos cálculos.

**Possibilidade da existência de concurso de pessoas.** Predomina que é possível a *participação*, mas não a *coautoria*, por se tratar de **crime de mão própria** (atuação pessoal).

**Forma majorada.** Nos termos do § 1º, as penas aumentam-se de um sexto a um terço se o crime é praticado mediante suborno ou se cometido com o fim de obter prova destinada a produzir efeito em processo penal, ou em processo civil em que for parte entidade da administração pública direta ou indireta.

**Retratação (§ 2º).** O fato deixa de ser punível se, antes da sentença no processo em que ocorreu o ilícito, o agente se retrata ou declara a verdade.

**▸ Observação:**

A Lei nº 12.850/13, de 05/08/2013, deu nova redação ao preceito secundário do art. 342 do Código Penal. A pena reclusiva, que era de 1 a 3 anos, passou a ser de **2 a 4 anos**, além da multa. Trata-se de *lex gravior*, razão pela qual não poderá retroagir. A lei ficou 45 dias em *vacatio legis*.

**Súmula 165 do STJ:** "Compete à Justiça Federal processar e julgar crime de falso testemunho cometido no processo trabalhista".

## 4.6. Corrupção ativa de testemunha, perito, contador, tradutor ou intérprete (art. 343)

Constitui crime dar, oferecer ou prometer dinheiro ou qualquer outra vantagem a testemunha, perito, contador, tradutor ou intérprete, para fazer afirmação falsa, negar ou calar a verdade em depoimento, perícia, cálculos, tradução ou interpretação.

O agente que *dá*, *oferece* ou *promete* vantagem para perito, contador, tradutor ou intérprete pratica o delito do art. 343. A testemunha, perito, contador, tradutor ou intérprete (não oficiais) que recebe ou aceita promessa de vantagem responde pelo art. 342, § 1º.

Trata-se de **crime formal**, consumando-se no momento em que o agente dá, oferece ou promete vantagem, independente de qualquer resultado.

As penas aumentam-se de um sexto a um terço se o crime é cometido com o fim de obter prova destinada a produzir efeito em processo penal ou em processo civil em que for parte entidade da administração pública direta ou indireta.

## 4.7. Coação no curso do processo (art. 344)

Ocorre o delito quando o agente usa de violência ou grave ameaça, com o fim de favorecer interesse próprio ou alheio, contra autoridade, parte, ou qualquer outra pessoa que funciona ou é chamada a intervir em processo judicial, policial ou administrativo, ou em juízo arbitral. O autor responde também pela violência. O STJ já decidiu que o crime de coação no curso do processo (art. 344 do CP) pode ser praticado no decorrer de Procedimento Investigatório Criminal instaurado no âmbito do Ministério Público (STJ, HC 315.743, j. 6/8/2015).

## 4.8. Exercício arbitrário das próprias razões (arts. 345 e 346)

É proibido fazer justiça pelas próprias mãos, para satisfazer pretensão, embora legítima, salvo quando a lei o permite. Como compete ao Estado a solução dos conflitos de interesses, as pessoas não estão autorizadas a fazer justiça pelas próprias mãos, exceto em algumas hipóteses. É **crime de forma livre**, podendo ser executado por meio de violência, ameaça, fraude, subtração etc. Se ocorrer violência, o agente responderá por ela. *Exemplo*: *A* encontra o inadimplente *B*, que está lhe devendo R$ 1.000,00 há mais de um ano, ocasião em que, mediante socos, consegue retirar da carteira de *B* a quantia devida. *A* responderá por exercício arbitrário das próprias razões e por lesões corporais.

*Pretensão legítima* é a amparada pelo direito. Pode ser de natureza real, pessoal, familiar etc. *Ex.*: o locador invade a casa do locatário inadimplente e o retira à força, ao invés de ajuizar a devida ação de despejo. *Pretensão ilegítima*: não amparada pelo direito. Nesse caso, o agente deve estar convencido de que realmente possui o direito. No entanto, **é irrelevante que a pretensão seja legítima ou ilegítima**; no último caso, porém, exige-se que o agente a suponha legítima.

**Ação penal:** a) ação penal *privada*, se não há emprego de violência; b) ação penal *pública incondicionada*, se há emprego de violência.

Nos termos do art. 356, também configura crime tirar, suprimir, destruir ou danificar coisa própria, que se acha em poder de terceiro por determinação judicial ou convenção.

## 4.9. Fraude processual (art. 347)

Constitui delito inovar artificiosamente, na pendência de processo civil ou administrativo, o estado de lugar, de coisa ou de pessoa, com o fim de induzir a erro o juiz ou o perito. Se a inovação se destina a produzir efeito em processo penal, ainda que não iniciado, as penas aplicam-se em dobro. ***Atenção***: nos termos do **art. 312 do CTB** (Lei nº 9.503/97), constitui crime inovar artificiosamente, em caso de acidente automobilístico com vítima, na pendência do respectivo procedimento policial preparatório, inquérito policial ou processo penal, o estado de lugar, de coisa ou de pessoa, a fim de induzir a erro o agente policial, o perito, ou juiz.

## 4.10. Favorecimento pessoal (art. 348)

Pune-se aquele que auxilia autor de *crime* a subtrair-se à ação de autoridade pública. Não configura o delito o auxílio de autor de *contravenção penal*. Para a configuração da infração o agente não pode ter sido coautor ou partícipe do crime anterior (o auxílio, portanto, deve ocorrer *após* a consumação do delito anterior). ***Caso concreto***: se a ajuda prestada a suposto assaltante não objetivava sua fuga, mas sim que recebesse atendimento médico, não há o crime de favorecimento pessoal (STJ, HC 46209, j. 30/05/2006).

**Isenção de pena (§ 2º).** Se quem presta o auxílio é ascendente, descendente, cônjuge ou irmão do criminoso, fica *isento de pena*.

## 4.11. Favorecimento real (art. 349)

Ocorre o delito quando o agente presta a criminoso, fora dos casos de coautoria ou de receptação, auxílio destinado a tornar seguro o proveito do crime. O auxílio deve ocorrer *após* a consumação do delito anterior, de modo que o agente não pode ter sido coautor ou partícipe do crime anterior. Consuma-se com o auxílio, independente do resultado (**crime formal**).

**Distinções.** *1) favorecimento real e pessoal*: no favorecimento pessoal o agente visa a auxiliar o autor do crime anterior, ao passo que no favorecimento real visa a tornar seguro o proveito do crime anterior; *2) favorecimento real e receptação*: na receptação o agente visa a proveito próprio ou de terceiro (terceiro que não seja autor do crime anterior), ou seja, objetiva uma vantagem econômica para si ou para outrem; no *favorecimento real* o agente visa apenas a beneficiar o *autor do crime anterior*, tornando seguro o proveito do delito.

**Alteração legislativa.** A Lei nº 12.012/09 acrescentou o **art. 349-A**, definindo como crime ingressar, promover, intermediar, auxiliar ou facilitar a entrada de aparelho telefônico de comunicação móvel, de rádio ou similar, sem autorização legal, em estabelecimento prisional.

**▸ Atenção:**

Responde pelo crime do **art. 319-A** o Diretor de Penitenciária e/ou agente público que deixa de cumprir seu dever de vedar ao preso o acesso a aparelho telefônico, de rádio ou similar, que permita a comunicação com outros presos ou com o ambiente externo.

## 4.12. Exercício arbitrário ou abuso de poder (art. 350)

Existe posicionamento no sentido da revogação tácita do art. 350 pela Lei de Abuso de Autoridade (Lei nº 4.898/65). O STJ, no entanto, manifestando-se acerca do crime previsto no art. 350, IV, do CP, entendeu pela sua plena vigência (HC 65.499, j. 27/03/2008). Segundo o Código Penal, comete o crime aquele que ordenar ou executar medida privativa de liberdade individual, sem as formalidades legais ou com abuso de poder. Também responde o *funcionário* que: ilegalmente recebe e recolhe alguém a prisão, ou a estabelecimento destinado a execução de pena privativa de liberdade ou de medida de segurança; prolonga a execução de pena ou de medida de segurança, deixando de expedir em tempo oportuno ou de executar imediatamente a ordem de liberdade; submete pessoa que está sob sua guarda ou custódia a vexame ou a constrangimento não autorizado em lei; efetua, com abuso de poder, qualquer diligência.

## 4.13. Fuga de pessoa presa ou submetida a medida de segurança (art. 351)

Pratica o delito quem promove ou facilita a fuga de pessoa legalmente presa ou submetida a medida de segurança detentiva. Incide a *qualificadora* se o crime é praticado a mão armada, ou por mais de uma pessoa, ou mediante arrombamento. Se há emprego de violência contra pessoa, aplica-se também a pena correspondente à violência.

A pena é de reclusão, de 1 a 4 anos, se o crime é praticado por pessoa sob cuja custódia ou guarda está o preso ou o internado. No caso de *culpa* do funcionário incumbido da custódia ou guarda, aplica-se a pena de detenção, de 3 meses a 1 ano, ou multa.

## 4.14. Evasão mediante violência contra a pessoa (art. 352)

Pune-se o preso ou o indivíduo submetido a medida de segurança detentiva que se evade ou que tenta se evadir, usando de violência contra a pessoa.

> **Importante:**
>
> - O agente que foge ou tenta fugir, sem utilizar-se de violência contra a pessoa, não comete esse delito (se houver violência contra coisa poderá caracterizar crime de *dano*);
> - Se está, excepcionalmente, diante de um delito que traz a mesma pena para a sua forma consumada e para a sua forma tentada (é o chamado **crime de atentado ou empreendimento**).

## 4.15. Arrebatamento de preso (art. 353)

Configura crime arrebatar (tirar com violência) preso, a fim de maltratá-lo, do poder de quem o tenha sob custódia ou guarda. O agente responde também pela violência. **O objetivo do agente não é a fuga do preso, mas sim maltratá-lo.** É indiferente que o preso esteja em estabelecimento penitenciário (*ex.*: pessoa acaba de ser presa em flagrante pela autoridade policial, momento em que é arrebatada pelo agente, que objetiva praticar lesão corporal contra ela).

## 4.16. Motim de presos (art. 354)

Ocorre o delito quando certa quantidade de presos se amotinarem, perturbando a ordem ou disciplina da prisão. Trata-se de **crime de concurso necessário.** Os agentes respondem também pela violência.

## 4.17. Patrocínio infiel (art. 355, *caput*)

Pune-se o advogado ou procurador que trai o dever profissional, prejudicando interesse, cujo patrocínio, em juízo, lhe é confiado. Trata-se de **crime próprio**, figurando como sujeito ativo o advogado ou estagiário que esteja com inscrição regular junto à OAB. Requisitos: *1)* prejuízo de interesse material ou moral; *2)* existência de mandato, independente de remuneração; *3)* existência de uma causa judicial. O delito consuma-se com o efetivo prejuízo de interesse (**crime material**).

## 4.18. Patrocínio simultâneo ou tergiversação (art. 355, parágrafo único)

Também é punido o advogado ou procurador judicial que defende na mesma causa, simultânea ou sucessivamente, partes contrárias. Condutas típicas: 1) *patrocínio simultâneo*: o agente defende na mesma causa, **simultaneamente**, partes contrárias; 2) *patrocínio sucessivo*: o agente defende na mesma causa, **sucessivamente**, partes contrárias. Mesma causa não quer dizer mesmo processo, uma vez que a causa pode ter mais de um processo. Nesta figura típica o crime é **formal**, consumando-se com a conduta de patrocinar, independente de prejuízo.

## 4.19. Sonegação de papel ou objeto de valor probatório (art. 356)

Comete o delito aquele que inutiliza, total ou parcialmente, ou deixa de restituir autos, documento ou objeto de valor probatório, que recebeu na qualidade de advogado ou procurador.

## 4.20. Exploração de prestígio (art. 357)

Constitui crime solicitar ou receber dinheiro ou qualquer outra utilidade, a pretexto de influir em juiz, jurado, órgão do Ministério Público, funcionário de justiça, perito, tradutor, intérprete ou testemunha. As penas aumentam-se de um terço se o agente alega ou insinua que o dinheiro ou utilidade também se destina a qualquer das pessoas referidas neste artigo.

▸ Atenção:

**Este delito não pode ser confundido** com o **tráfico de influência** (art. 332): *"Solicitar, exigir, cobrar ou obter, para si ou para outrem, vantagem ou promessa de vantagem, a pretexto de influir em ato praticado por funcionário público no exercício da função"*.

### 4.21. Violência ou fraude em arrematação judicial (art. 358)

Responde pelo crime quem impede, perturba ou frauda arrematação judicial; e também quem afasta ou procura afastar concorrente ou licitante, por meio de violência, grave ameaça, fraude ou oferecimento de vantagem.

### 4.22. Desobediência a decisão judicial sobre perda ou suspensão de direito (art. 359)

Pratica o crime quem exerce função, atividade, direito, autoridade ou múnus, de que foi suspenso ou privado por decisão judicial.

## 5. CRIMES CONTRA AS FINANÇAS PÚBLICAS

O Capítulo IV do Título XI (art. 359-A/H) foi incluído pela Lei nº 10.028/00. Os crimes são os seguintes:

### 5.1. Contratação de operação de crédito (art. 359-A)

Ordenar, autorizar ou realizar operação de crédito, interno ou externo, sem prévia autorização legislativa: Pena – reclusão, de 1 a 2 anos. Parágrafo único.

O crime se consuma quando o agente implementa os elementos do tipo, ou seja, ao *ordenar*, *autorizar* ou *realizar* operação de crédito, interno ou externo, sem prévia autorização legislativa.

Para Cezar Bitencourt e Damásio, é incabível a tentativa nas duas primeiras modalidades (*ordenar* e *autorizar*), uma vez que consideram que o crime é unissubsistente. Entendemos que todas as modalidades (*ordenar*, *autorizar* ou *realizar*) admitem a tentativa quando houver, no caso concreto, fracionamento da fase executória.

Nos termos do parágrafo único, incide na mesma pena quem ordena, autoriza ou realiza operação de crédito, interno ou externo: I – com inobservância de limite, condição ou montante estabelecido em lei ou em resolução do Senado Federal; II – quando o montante da dívida consolidada ultrapassa o limite máximo autorizado por lei.

Incide na mesma pena quem ordena, autoriza ou realiza operação de crédito, interno ou externo: I – com inobservância de limite, condição ou montante estabelecido em lei ou em resolução do Senado Federal; II – quando o montante da dívida consolidada ultrapassa o limite máximo autorizado por lei.

## 5.2. Inscrição de despesas não empenhadas em restos a pagar (art. 359-B)

Ordenar ou autorizar a inscrição em restos a pagar, de despesa que não tenha sido previamente empenhada ou que exceda limite estabelecido em lei: Pena – detenção, de 6 meses a 2 anos.

## 5.3. Assunção de obrigação no último ano do mandato ou legislatura (art. 359-C)

Ordenar ou autorizar a assunção de obrigação, nos dois últimos quadrimestres do último ano do mandato ou legislatura, cuja despesa não possa ser paga no mesmo exercício financeiro ou, caso reste parcela a ser paga no exercício seguinte, que não tenha contrapartida suficiente de disponibilidade de caixa: Pena – reclusão, de 1 a 4 anos.

## 5.4. Ordenação de despesa não autorizada (art. 359-D)

Ordenar despesa não autorizada por lei: Pena – reclusão, de 1 a 4 anos.

## 5.5. Prestação de garantia graciosa (art. 359-E)

Prestar garantia em operação de crédito sem que tenha sido constituída contragarantia em valor igual ou superior ao valor da garantia prestada, na forma da lei: Pena – detenção, de 3 meses a 1 ano.

## 5.6. Não cancelamento de restos a pagar (art. 359-F)

Deixar de ordenar, de autorizar ou de promover o cancelamento do montante de restos a pagar inscrito em valor superior ao permitido em lei: Pena – detenção, de 6 meses a 2 anos.

## 5.7. Aumento de despesa total com pessoal no último ano do mandato ou legislatura (art. 359-G)

Ordenar, autorizar ou executar ato que acarrete aumento de despesa total com pessoal, nos cento e oitenta dias anteriores ao final do mandato ou da legislatura: Pena - reclusão, de 1 a 4 anos.

## 5.8. Oferta pública ou colocação de títulos no mercado (art. 359-H)

Ordenar, autorizar ou promover a oferta pública ou a colocação no mercado financeiro de títulos da dívida pública sem que tenham sido criados por lei ou sem que estejam registrados em sistema centralizado de liquidação e de custódia: Pena - reclusão, de 1 a 4 anos.

# Legislação penal especial

## 1. CRIMES HEDIONDOS

Nos termos do **art. 5º, XLIII, da CF**, a lei considerará crimes *inafiançáveis* e *insuscetíveis* de graça ou anistia a prática da tortura, o tráfico ilícito de entorpecentes e drogas afins, o terrorismo e os definidos como crimes hediondos, por eles respondendo os mandantes, os executores e os que, podendo evitá-los, se omitirem.

Em conformidade com a Constituição, a Lei nº 8.072/90 (com suas alterações) definiu que são considerados hediondos os seguintes crimes, todos tipificados no CP, *consumados* ou *tentados*:

> I – homicídio (art. 121), quando praticado em atividade típica de grupo de extermínio, ainda que cometido por um só agente, e homicídio qualificado (art. 121, § 2º, incisos I, II, III, IV, V, VI e VII) (Redação dada pela Lei nº 13.142, de 2015);
>
> I-A – lesão corporal dolosa de natureza gravíssima (art. 129, § 2º) e lesão corporal seguida de morte (art. 129, § 3º), quando praticadas contra autoridade ou agente descrito nos arts. 142 e 144 da Constituição Federal, integrantes do sistema prisional e da Força Nacional de Segurança Pública, no exercício da função ou em decorrência dela, ou contra seu cônjuge, companheiro ou parente consanguíneo até terceiro grau, em razão dessa condição (incluído pela Lei nº 13.142, de 2015);
>
> II – latrocínio (art. 157, § 3º, *in fine*);
>
> III – extorsão qualificada pela morte (art. 158, § 2º);
>
> IV – extorsão mediante sequestro e na forma qualificada (art. 159, *caput*, e §§ 1º, 2º e 3º);
>
> V – estupro (art. 213, *caput* e §§ 1º e 2º);
>
> VI – estupro de vulnerável (art. 217-A, *caput* e §§ 1º, 2º, 3º e 4º); VII – epidemia com resultado morte (art. 267, § 1º);
>
> VII-B – falsificação, corrupção, adulteração ou alteração de produto destinado a fins terapêuticos ou medicinais (art. 273, *caput* e § 1º, § 1º-A e § 1º-B, com a redação dada pela Lei nº 9.677, de 2 de julho de 1998);

VIII – favorecimento da prostituição ou de outra forma de exploração sexual de criança ou adolescente ou de vulnerável (art. 218-B, *caput*, e §§ 1º e 2º).

Consideram-se também hediondos o crime de **genocídio** previsto nos arts. 1º, 2º e 3º da Lei n. 2.889, de 1º de outubro de 1956, e o de **posse ou porte ilegal de arma de fogo de uso restrito**, previsto no art. 16 da Lei n. 10.826, de 22 de dezembro de 2003, todos tentados ou consumados (redação dada pela Lei nº 13.497, de 2017).

▸ **Atenção:**

Antes previsto como hediondo, o crime de envenenamento de água potável ou de substância alimentícia ou medicinal qualificado pela morte (art. 270 c/c art. 285 do CP) *foi retirado do rol* da Lei nº 8.072/90 pela Lei nº 8.930/94.

***Equiparados:*** os crimes de tortura, o tráfico ilícito de entorpecentes e drogas afins e o terrorismo são **equiparados** a crimes hediondos. Nos termos do art. 2º, são insuscetíveis de: I - anistia, graça e indulto; II - fiança.

***Vedações:*** a lei não veda expressamente a **concessão da liberdade provisória**, sendo ela admitida pelo STF (Pleno, HC 92932, j. 07/03/2013). Por sua vez, **a Lei nº 11.343/06 veda a liberdade provisória para o crime de tráfico de drogas e outros delitos (art. 44)**. No entanto, por maioria de votos, o Plenário do STF declarou, incidentalmente, a **inconstitucionalidade** de parte do artigo 44 da Lei de Drogas, que proibia a concessão de liberdade provisória nos casos de tráfico de entorpecentes. Precedente: STF, Pleno, HC 104.339, j. 10/05/2012.

***Regime inicial:*** de acordo com o art. 2º, § 1º, da Lei dos Crimes Hediondos, a pena será cumprida inicialmente em regime fechado (alterada conferida pela Lei nº 11.464/07). No entanto, por maioria de votos, o Plenário do STF declarou incidentalmente a **inconstitucionalidade** do citado § 1º. Precedente: STF, Pleno HC 111.840, j. 27/06/2012. Dessa forma, um condenado por crime hediondo ou equiparado poderá iniciar o cumprimento da pena em regime semiaberto ou aberto, desde que presentes os demais requisitos legais (art. 33 do CP).

***Progressão de regime:*** conforme o § 2º do artigo 2º da Lei nº 8.072/90 (redação dada pela Lei nº 13.769/2018), a progressão de regime, no caso dos condenados pelos crimes previstos neste artigo, dar-se-á após o cumprimento de 2/5 (dois quintos) da pena, se o apenado for primário, e de 3/5 (três quintos), se reincidente, observado o disposto nos §§ 3º e 4º do artigo 112 da LEP.

▸ **Atenção**

**Súmula 471 do STJ:** "Os condenados por crimes hediondos ou assemelhados cometidos *antes* da vigência da Lei nº 11.464/2007 sujeitam-se ao disposto no art. 112 da Lei nº 7.210/1984 (Lei de Execução Penal) para a progressão de regime prisional".

Assim, se o crime hediondo ou equiparado for praticado **antes de 29 de março de 2007** (data da publicação e consequente vigência da Lei nº 11.464/07), a progressão se dará após o cumprimento de 1/6 da pena.

Já no caso de mulher gestante ou que for mãe ou responsável por crianças ou pessoas com deficiência, além dos requisitos cumulativos do § 3º do art. 112 da LEP, a progressão se dará após o cumprimento de 1/8 da pena.

Em caso de sentença condenatória, o juiz decidirá fundamentadamente se o réu poderá apelar em liberdade. A **prisão temporária**, sobre a qual dispõe a Lei nº 7.960/89, nos crimes hediondos e equiparados terá o prazo de *30 dias*, prorrogável por igual período em caso de extrema e comprovada necessidade.

A Lei nº 13.285/16 acrescentou ao CPP o art. 394-A: "Os processos que apurem a prática de crime hediondo terão **prioridade de tramitação** em todas as instâncias".

## 2. TORTURA

Conforme a **Lei nº 9.455/97**, constitui crime de tortura *constranger* alguém com emprego de violência ou grave ameaça, causando-lhe sofrimento físico ou mental: ***a)*** com o fim de obter informação, declaração ou confissão da vítima ou de terceira pessoa; ***b)*** para provocar ação ou omissão de natureza criminosa; ***c)*** em razão de discriminação racial ou religiosa. Também configura tortura *submeter* alguém, sob sua guarda, poder ou autoridade, com emprego de violência ou grave ameaça, a intenso sofrimento físico ou mental, como forma de aplicar castigo pessoal ou medida de caráter preventivo. ***Atenção***: poderá ocorrer o delito de tortura mesmo que o sujeito ativo não seja funcionário público (o crime é comum).

Igualmente comete tortura aquele que *submete* pessoa presa ou sujeita a medida de segurança a sofrimento físico ou mental, por intermédio da prática de ato não previsto em lei ou não resultante de medida legal. Por sua vez, aquele que se *omite* em face dessas condutas, quando tinha o dever de evitá-las ou apurá-las, incorre na pena de detenção de 1 a 4 anos.

Se da tortura resulta *lesão corporal de natureza grave* ou *gravíssima*, a pena é de reclusão de 4 a 10 anos; se resulta *morte*, a reclusão é de 8 a 16 anos. Trata-se de modalidade **preterdolosa**, uma vez que há dolo em relação à tortura e culpa em relação ao resultado lesão ou morte.

A pena será aumentada de um sexto até um terço: se o crime é cometido por agente público; se o crime é cometido contra criança, gestante, portador de deficiência, adolescente ou maior de 60 anos; se o crime é cometido mediante sequestro.

Como efeito secundário da condenação, haverá a perda do cargo, função ou emprego público e a interdição para seu exercício pelo *dobro* do prazo da pena aplicada. De acordo com o STJ, trata-se de **efeito automático da condenação**: "(...) conforme entendimento que se assentou nesta Corte Superior, a perda de cargo, função pública ou mandato eletivo, prevista no art. 92, I, do Código Penal, não é efeito automático da condenação, de forma que a sua incidência demanda fundamentação expressa e específica, à exceção do crime de tortura" (STJ, 5ª T., HC 315470, j. 21/02/2019).

A lei de tortura aplica-se ainda quando o crime não tenha sido cometido em território nacional, sendo a vítima brasileira ou encontrando-se o agente em local sob jurisdição brasileira (hipótese de *extraterritorialidade*).

## 3. LEI DE DROGAS

**O art. 28 da Lei nº 11.343/06 trata de crime específico para o consumidor**, *sem* a cominação de pena privativa de liberdade. O legislador dispôs sobre as seguintes *penas alternativas*: advertência sobre os efeitos das drogas; prestação de serviços à comunidade; medida educativa de comparecimento a programa ou curso educativo. Constitui crime: adquirir, guardar, ter em depósito, transportar ou trazer consigo, *para consumo pessoal*, drogas sem autorização ou em desacordo com determinação legal ou regulamentar.

- Para determinar se a droga destinava-se a consumo pessoal, o juiz atenderá à natureza e à quantidade da substância apreendida, ao local e às condições em que se desenvolveu a ação, às circunstâncias sociais e pessoais, bem como à conduta e aos antecedentes do agente (art. 28, § 2º).
- Também responde por crime quem, para seu consumo pessoal, semeia, cultiva ou colhe plantas destinadas à preparação de pequena quantidade de substância ou produto capaz de causar dependência física ou psíquica (art. 28, § 1º).

**▸ Reincidência e crime de posse de drogas**

- **Jurisprudência do STJ:** "(...) se contravenções penais, puníveis com prisão simples, não têm o condão de gerar reincidência (art. 63 do Código Penal), também o crime de posse de drogas para consumo próprio, sob pena de ofensa ao princípio da proporcionalidade, não deve gerar tal efeito, haja vista ser punível com medidas muito mais brandas, como advertência sobre os efeitos das drogas, prestação de serviços à comunidade e medida educativa de comparecimento a programa ou curso educativo. Precedentes de ambas as Turmas da Terceira Seção desta Corte Superior (HC n. 469.705/MS, Ministra Laurita Vaz, Sexta Turma, DJe 1º/2/2019)" (STJ, 6ª T., AgRg no REsp 1778346, j. 23/04/2019).

**O art. 33 prevê o crime de tráfico ilícito de drogas** (pena – reclusão, de 5 a 15 anos e pagamento de 500 a 1.500 dias-multa). Porém, **o § 2º comina uma pena bem menor ao agente que induzir, instigar ou auxiliar alguém ao uso indevido de droga** (pena – detenção, de 1 a 3 anos, e multa de 100 a 300 dias-multa), e **o § 3º trata do fornecer eventual**, punindo aquele que *oferece* droga, eventualmente e sem objetivo de lucro, a pessoa de seu relacionamento, para juntos a consumirem (pena – detenção, de 6 meses a 1 ano, e pagamento de 700 a 1.500 dias-multa, sem prejuízo das penas previstas no art. 28).

- **Súmula 630/STJ** - A incidência da atenuante da confissão espontânea no crime de tráfico ilícito de entorpecentes exige o reconhecimento da traficância pelo acusado, não bastando a mera admissão da posse ou propriedade para uso próprio.

***Tráfico privilegiado.*** trata-se de uma **causa de diminuição de pena** de 1/6 a 2/3 para os crimes ligados à traficância (art. 33, § 4º). Aplica-se no seguinte caso: agente seja primário, de bons antecedentes, que não se dedica às atividades criminosas e nem integra organização criminosa. São requisitos cumulativos. O Plenário do STF, no HC 118533, j. 23.06.2016, decidiu que **o tráfico privilegiado não deve ser considerado crime de natureza hedionda** (houve, inclusive, o cancelamento da Súmula 512 do STJ). Assim, não se aplicam as vedações dos crimes hediondos, como o benefício do indulto.

- **Súmula 631/STJ** - O indulto extingue os efeitos primários da condenação (pretensão executória), mas não atinge os efeitos secundários, penais ou extrapenais.

Além das hipóteses do art. 33, **também constitui crime**:

1) Fabricar, adquirir, utilizar, transportar, oferecer, vender, distribuir, entregar a qualquer título, possuir, guardar ou fornecer, ainda que gratuitamente, **maquinário, aparelho, instrumento ou qualquer objeto destinado à fabricação, preparação, produção ou transformação de drogas**, sem autorização ou em desacordo com determinação legal ou regulamentar (art. 34);
2) **Associarem-se** duas ou mais pessoas para o fim de praticar, reiteradamente ou não, qualquer dos crimes previstos nos arts. 33, *caput* e § 1º, e 34, bem como associar-se para a prática reiterada do crime definido no art. 36 (art. 35);
3) **Financiar ou custear** a prática de qualquer dos crimes previstos nos arts. 33, *caput*, e § 1º, e 34 desta Lei (art. 36);

4) **Colaborar, como informante**, com grupo, organização ou associação destinados à prática de qualquer dos crimes previstos nos arts. 33, *caput* e § 1º, e 34 (art. 37);

5) **Prescrever ou ministrar, culposamente, drogas,** sem que delas necessite o paciente, ou fazê-lo em doses excessivas ou em desacordo com determinação legal ou regulamentar (art. 38);

6) **Conduzir embarcação ou aeronave** após o consumo de drogas, expondo a dano potencial a incolumidade de outrem (art. 39).

O art. 40 dispõe acerca das **causas de aumento** de 1/6 a 2/3 aplicadas aos arts. 33 a 37, se: a natureza, a procedência da substância ou do produto apreendido e as circunstâncias do fato evidenciarem a **transnacionalidade do delito**; o agente praticar o crime **prevalecendo-se de função pública ou no desempenho de missão de educação, poder familiar, guarda ou vigilância;** a infração tiver sido cometida nas **dependências ou imediações de estabelecimentos** prisionais, de ensino ou hospitalares, de sedes de entidades estudantis, sociais, culturais, recreativas, esportivas, ou beneficentes, de locais de trabalho coletivo, de recintos onde se realizem espetáculos ou diversões de qualquer natureza, de serviços de tratamento de dependentes de drogas ou de reinserção social, de unidades militares ou policiais ou em transportes públicos; o crime tiver sido praticado com **violência, grave ameaça, emprego de arma de fogo, ou qualquer processo de intimidação difusa ou coletiva**; caracterizado o **tráfico entre Estados da Federação** ou entre estes e o Distrito Federal; sua prática envolver ou visar a atingir **criança ou adolescente** ou a quem tenha, por qualquer motivo, diminuída ou suprimida a capacidade de entendimento e determinação; o agente **financiar ou custear** a prática do crime.

- **Súmula 587 do STJ:** "Para a incidência da majorante prevista no art. 40, V, da Lei n. 11.343/2006, é desnecessária a efetiva transposição de fronteiras entre estados da Federação, sendo suficiente a demonstração inequívoca da intenção de realizar o tráfico interestadual".

- **Súmula 607 do STJ:** "A majorante do tráfico transnacional de drogas (art. 40, I, da Lei n. 11.343/2006) configura-se com a prova da destinação internacional das drogas, ainda que não consumada a transposição de fronteiras".

O art. 41 prevê **causa de diminuição de pena** de 1/3 a 2/3 no caso de o indiciado ou acusado colaborar voluntariamente com a investigação policial e o processo criminal na identificação dos demais coautores ou partícipes do crime e na recuperação total ou parcial do produto do delito (trata-se do instituto da **delação premiada**).

Na fixação das penas, o juiz considerará, com preponderância sobre o previsto no art. 59 do Código Penal, a natureza e a quantidade da substância ou do produto, a personalidade e a conduta social do agente (art. 42).

Nos crimes previstos nos arts. 33, *caput* e § 1º, e 34 a 37, dar-se-á o **livramento condicional** após o cumprimento de dois terços da pena, vedada sua concessão ao reincidente específico (art. 83, V, do CP).

> **Atenção:**
>
> - O STF declarou a **inconstitucionalidade** da expressão *"vedada a conversão em penas restritivas de direitos"* constante do art. 33, § 4º, e do art. 44 (HC 97.256, DJ 16/12/2010 – Informativo STF 598). Hoje, portanto, é possível que o condenado por tráfico privilegiado cumpra penas alternativas, como a prestação de serviços à comunidade. Nesse sentido a **Resolução nº 05/2012 do Senado Federal**.
> - Ainda: o STF declarou, incidentalmente, por maioria de votos, a **inconstitucionalidade** de parte do artigo 44 da Lei de Drogas, que proibia a concessão de liberdade provisória nos casos de tráfico de entorpecentes. Precedente: STF, Pleno, HC 104.339, j. 10/05/2012.

## 4. ABUSO DE AUTORIDADE

Segundo a **Lei nº 4.898/65**, constitui abuso de autoridade qualquer *atentado*: a) à liberdade de locomoção; b) à inviolabilidade do domicílio; c) ao sigilo da correspondência; d) à liberdade de consciência e de crença; e) ao livre exercício do culto religioso; f) à liberdade de associação; g) aos direitos e garantias legais assegurados ao exercício do voto; h) ao direito de reunião; i) à incolumidade física do indivíduo; j) aos direitos e garantias legais assegurados ao exercício profissional.

Constitui também abuso de autoridade: a) ordenar ou executar medida privativa da liberdade individual, sem as formalidades legais ou com abuso de poder; b) submeter pessoa sob sua guarda ou custódia a vexame ou a constrangimento não autorizado em lei; c) deixar de comunicar, imediatamente, ao juiz competente a prisão ou detenção de qualquer pessoa; d) deixar o Juiz de ordenar o relaxamento de prisão ou detenção ilegal que lhe seja comunicada; e) levar à prisão e nela deter quem quer que se proponha a prestar fiança, permitida em lei; f) cobrar o carcereiro ou agente de autoridade policial carceragem, custas, emolumentos ou qualquer outra despesa, desde que a cobrança não tenha apoio em lei, quer quanto à espécie quer quanto ao seu valor; g) recusar o carcereiro ou agente de autoridade policial recibo de importância recebida a título de carceragem, custas, emolumentos ou de qualquer outra despesa; h) o ato lesivo da honra ou do patrimônio de pessoa natural ou jurídica, quando praticado com abuso ou desvio de poder ou sem competência legal; i) prolongar a execução de prisão temporária, de pena ou de medida de segurança, deixando de expedir em tempo oportuno ou de cumprir imediatamente ordem de liberdade.

▸ **Atenção:**

- Como a pena para o crime de abuso de autoridade não ultrapassa dois anos (art. 6º, § 3º, letra *b* – detenção, de 10 dias a 6 meses), o procedimento será o comum *sumaríssimo* (art. 394, § 1º, III, do CPP), previsto na Lei n.º 9.099/95;
- A ação dos crimes de abuso de autoridade é pública *incondicionada* (não há necessidade de representação da vítima – Lei nº 5.249/67).

## 5. RACISMO

Segundo consta no **art. 5º, XLII, da CF**,

> A prática do racismo constitui crime *inafiançável* e *imprescritível*, sujeito à pena de reclusão, nos termos da lei.

Por sua vez, a **Lei nº 7.716/89** define os crimes resultantes de discriminação ou preconceito de raça, cor, etnia, religião ou procedência nacional. Pratica crime quem:

- impede ou obsta o acesso de alguém, devidamente habilitado, a qualquer cargo da Administração Direta ou Indireta, bem como das concessionárias de serviços públicos; ou por motivo de discriminação de raça, cor, etnia, religião ou procedência nacional, obstar a promoção funcional.
- nega ou obsta emprego em empresa privada.
- por motivo de discriminação de raça ou de cor ou práticas resultantes do preconceito de descendência ou origem nacional ou étnica: deixa de conceder os equipamentos necessários ao empregado em igualdade de condições com os demais trabalhadores; impede a ascensão funcional do empregado ou obstar outra forma de benefício profissional; proporciona ao empregado tratamento diferenciado no ambiente de trabalho, especialmente quanto ao salário *(Incluído pela Lei nº 12.288/2010 - Estatuto da Igualdade Racial).*
- recusa ou impede acesso a estabelecimento comercial, negando-se a servir, atender ou receber cliente ou comprador.
- recusa, nega ou impede a inscrição ou ingresso de aluno em estabelecimento de ensino público ou privado de qualquer grau.
- impede o acesso ou recusa hospedagem em hotel, pensão, estalagem, ou qualquer estabelecimento similar.

- impede o acesso ou recusar atendimento em restaurantes, bares, confeitarias, ou locais semelhantes abertos ao público.
- impede o acesso ou recusar atendimento em estabelecimentos esportivos, casas de diversões, ou clubes sociais abertos ao público.
- impede o acesso ou recusa atendimento em salões de cabelereiros, barbearias, termas ou casas de massagem ou estabelecimento com as mesmas finalidades.
- impede o acesso às entradas sociais em edifícios públicos ou residenciais e elevadores ou escada de acesso aos mesmos:
- impede o acesso ou uso de transportes públicos, como aviões, navios barcas, barcos, ônibus, trens, metrô ou qualquer outro meio de transporte concedido.
- impede ou obsta o acesso de alguém ao serviço em qualquer ramo das Forças Armadas.
- impede ou obsta, por qualquer meio ou forma, o casamento ou convivência familiar e social.

Nos termos do **art. 20**, reponde por crime aquele que pratica, induz ou incita a discriminação ou preconceito de raça, cor, etnia, religião ou procedência nacional (*caput*).

No art. 20 a vítima é indeterminada (o agente diz: 'os italianos são fascistas'). **Não confunda com o art. 140, § 3º, do CP** (injúria qualificada ou preconceituosa), em que a vítima é certa e determinada (o agente diz: 'você é um italiano fascista').

Qualifica o crime se for cometido por intermédio dos meios de comunicação social ou publicação de qualquer natureza. Nos termos do **§ 1º do art. 20**, comete crime quem fabrica, comercializa, distribui ou veicula símbolos, emblemas, ornamentos, distintivos ou propaganda que utilizem a cruz suástica ou gamada, para fins de divulgação do *nazismo*.

Constitui efeito da condenação a perda do cargo ou função pública, para o servidor público, e a suspensão do funcionamento do estabelecimento particular por prazo não superior a três meses. Esses efeitos **não são automáticos**, devendo ser motivadamente declarados na sentença.

De acordo com o art. 1º da Lei nº 7.716/89, "Serão punidos, na forma desta Lei, os crimes resultantes de discriminação ou preconceito de raça, cor, etnia, religião ou procedência nacional". O STF, em 2014, apreciou uma denúncia ofertada contra Parlamentar na qual foi narrado que este publicou, na conta que mantém na rede social Twitter, manifestação de natureza discriminatória em relação a homossexuais. Eis o teor da mensagem: "A podridão dos sentimentos dos homoafetivos levam ao ódio, ao crime, a (sic) rejeição". O STF assim decidiu: "O disposto no artigo 20 da Lei nº 7.716/89 tipifica o crime de discriminação ou preconceito considerada a raça, a cor, a etnia, a religião ou a procedência nacional, não alcançando a decorrente de opção sexual" (STF, Inq 3590, 1ª T., j. 12/08/2014).

> ▸ Racismo e homofobia
>
> A maioria dos ministros do Pretório Excelso decidiu (ADO 26, ainda em trâmite na data da atualização desta obra) que a discriminação por orientação sexual e identidade de gênero deve ser considerada um tipo de racismo. Diante da omissão do Poder Legislativo em tratar do tema, a homofobia deve ser abrangida pela Lei de Racismo (Lei nº 7.716/89).

## 6. ORDEM TRIBUTÁRIA, ECONÔMICA E RELAÇÕES DE CONSUMO

A **Lei nº 8.137/90** define crimes contra a ordem tributária, econômica e contra as relações de consumo.

### ▸ Crimes contra a ordem tributária praticados por particulares (arts. 1º e 2º)

Nos moldes do art. 1º, constitui crime contra a ordem tributária suprimir ou reduzir tributo, ou contribuição social e qualquer acessório, mediante as seguintes condutas: I – **omitir** informação, ou prestar declaração falsa às autoridades fazendárias; II – **fraudar** a fiscalização tributária, inserindo elementos inexatos, ou omitindo operação de qualquer natureza, em documento ou livro exigido pela lei fiscal; III – **falsificar** ou alterar nota fiscal, fatura, duplicata, nota de venda, ou qualquer outro documento relativo à operação tributável; IV – **elaborar, distribuir, fornecer, emitir ou utilizar** documento que saiba ou deva saber falso ou inexato; V – **negar ou deixar de fornecer**, quando obrigatório, nota fiscal ou documento equivalente, relativa a venda de mercadoria ou prestação de serviço, efetivamente realizada, ou fornecê-la em desacordo com a legislação.

> ▸ Atenção:
>
> Trata-se de **crime material**, pois se exige a *constituição definitiva do crédito tributário*. Segundo a **Súmula Vinculante 24 do STF**, "não se tipifica crime material contra a ordem tributária, previsto no art. 1º, incisos I a IV, da Lei nº 8.137/90, antes do lançamento definitivo do tributo". Desse modo, é indispensável o término do processo administrativo-fiscal.

O art. 2º, de acordo com o entendimento majoritário, dispõe acerca de **crimes formais**: fazer declaração falsa ou omitir declaração sobre rendas, bens ou fatos, ou empregar outra fraude, para eximir-se, total ou parcialmente, de pagamento de tributo; deixar de recolher, no prazo legal, valor de tributo ou de contribuição social, descontado ou cobrado, na qualidade de sujeito passivo de obrigação e que deveria recolher aos cofres públicos; exigir, pagar ou receber, para si ou para o contribuinte beneficiário, qualquer percentagem sobre a parcela dedutível ou deduzida de imposto ou de contribuição como incentivo fiscal; deixar de aplicar, ou aplicar em desacordo com o estatuído, incentivo fiscal ou parcelas de imposto liberadas por órgão ou entidade de desenvolvimento; utilizar ou divulgar programa de processamento de dados que permita ao sujeito passivo da obrigação tributária possuir informação contábil diversa daquela que é, por lei, fornecida à Fazenda Pública.

**Crime de uso de documento falso.** Conforme precedentes do STF e STJ, o delito de uso de documento falso (art. 304 do CP) somente é absorvido pelo crime de sonegação fiscal se a sua prática teve como exclusiva finalidade a sonegação, caso em que constituirá, em regra, meio necessário para a sua consumação. Nesse sentido: STJ, REsp 1162691, j. 26/08/2010.

▸ **Atenção:**

**Lei nº 10.684/03**. Art. 9º. É suspensa a pretensão punitiva do Estado, referente aos crimes previstos nos arts. 1º e 2º da Lei nº 8.137, de 27 de dezembro de 1990, e nos arts. 168-A e 337-A do Decreto-Lei nº 2.848, de 7 de dezembro de 1940 – Código Penal, durante o período em que a pessoa jurídica relacionada com o agente dos aludidos crimes estiver incluída no regime de parcelamento. § 1º A prescrição criminal não corre durante o período de suspensão da pretensão punitiva. § 2º Extingue-se a punibilidade dos crimes referidos neste artigo quando a pessoa jurídica relacionada com o agente efetuar o pagamento integral dos débitos oriundos de tributos e contribuições sociais, inclusive acessórios.

**Lei nº 11.941/ 2009. Art. 67.** Na hipótese de **parcelamento do crédito tributário antes do oferecimento da denúncia**, essa somente poderá ser aceita na superveniência de inadimplemento da obrigação objeto da denúncia. **Art. 68.** É suspensa a pretensão punitiva do Estado, referente aos crimes previstos nos arts. 1º e 2º da Lei nº 8.137, de 27 de dezembro de 1990, e nos arts. 168-A e 337-A do Decreto-Lei nº 2.848, de 7 de dezembro de 1940 – Código Penal, limitada a suspensão aos débitos que tiverem sido objeto de concessão de parcelamento, enquanto não forem rescindidos os parcelamentos de que tratam os arts. 1º a 3º desta Lei, observado o disposto no art. 69 desta Lei.

Parágrafo único. A prescrição criminal não corre durante o período de suspensão da pretensão punitiva. **Art. 69. Extingue-se a punibilidade** dos crimes referidos no art. 68 quando a pessoa jurídica relacionada com o agente **efetuar o pagamento integral** dos débitos oriundos de tributos e contribuições sociais, inclusive acessórios, que tiverem sido **objeto de concessão de parcelamento.** Parágrafo único. Na hipótese de pagamento efetuado pela pessoa física prevista no § 15 do art. 1º desta Lei, a extinção da punibilidade ocorrerá com o pagamento integral dos valores correspondentes à ação penal.

**Lei n º 9.430/96 (redação dada pela Lei nº 12.382/11). Art. 83.** A representação fiscal para fins penais relativa aos crimes contra a ordem tributária previstos nos arts. 1º e 2º da **Lei nº 8.137, de 27 de dezembro de 1990**, e aos crimes contra a Previdência Social, previstos nos arts. 168-A e 337-A do **Decreto-Lei nº 2.848, de 7 de dezembro de 1940 – Código Penal**, será encaminhada ao Ministério Público depois de proferida a decisão final, na esfera administrativa, sobre a exigência fiscal do crédito tributário correspondente. **§ 1º** Na hipótese de concessão de parcelamento do crédito tributário, a representação fiscal para fins penais somente será encaminhada ao Ministério Público após a exclusão da pessoa física ou jurídica do parcelamento. **§ 2º** É suspensa a pretensão punitiva do Estado referente aos crimes previstos no caput, durante o período em que a pessoa física ou a pessoa jurídica relacionada com o agente dos aludidos crimes estiver incluída no parcelamento, **desde que o pedido de parcelamento tenha sido formalizado antes do recebimento da denúncia criminal. § 3º** A prescrição criminal não corre durante o período de suspensão da pretensão punitiva. **§ 4º** Extingue-se a punibilidade dos crimes referidos no caput quando a pessoa física ou a pessoa jurídica relacionada com o agente efetuar o **pagamento integral** dos débitos oriundos de tributos, inclusive acessórios, que tiverem sido objeto de concessão de parcelamento.

O STF (2ª T., RHC 128245, j. 23/08/2016) decidiu que:

- ***Pagamento:*** o pagamento integral do débito previdenciário, ainda que no curso da execução penal, é causa de extinção da punibilidade do agente, nos termos do art. 9º, § 2º, da Lei nº 10.684/03.
- ***Parcelamento:*** observados os requisitos legais, ocorre a suspensão da pretensão punitiva do Estado.

O **STJ** decidiu no mesmo sentido (5ª T., HC 362.478/SP, j. 14/09/2017).

Ainda na decisão do STF (2ª T., RHC 128245, j. 23/08/2016), foi realizada a seguinte distinção:

- **Pagamento direto (estabelecido na Lei nº 10.684/03):** *"O sistema segue sendo disciplinado, de modo geral, quanto à extinção da punibilidade pelo pagamento, consoante o disposto no art. 9º, § 2º, da Lei nº 10.684/03, com a possibilidade de o pagamento se dar a qualquer tempo, qualquer que haja sido a modalidade de pagamento".*
- **Pagamento resultante de parcelamento (disciplinado pela Lei nº 12.382/11):** *"Na hipótese de parcelamento, conforme previsto na Lei nº 12.382/11, se dá a suspensão da pretensão punitiva do Estado, com relação aos crimes tributários, pelo período em que a pessoa física ou a pessoa jurídica relacionada com o agente dos aludidos crimes estiver incluída no regime de parcelamento, com a ressalva de que o pedido de parcelamento deverá ter sido formalizado antes do recebimento da denúncia no procedimento penal".*

## Crimes contra a ordem tributária praticados por funcionários públicos (art. 3º)

Constitui **crime funcional** contra a ordem tributária, além dos previstos no CP: *extraviar* livro oficial, processo fiscal ou qualquer documento, de que tenha a guarda em razão da função; *sonegá-lo, ou inutilizá-lo*, total ou parcialmente, acarretando pagamento indevido ou inexato de tributo ou contribuição social; *exigir,* *solicitar ou receber*, para si ou para outrem, direta ou indiretamente, ainda que fora da função ou antes de iniciar seu exercício, mas em razão dela, vantagem indevida; ou *aceitar promessa* de tal vantagem, para deixar de lançar ou cobrar tributo ou contribuição social, ou cobrá-los parcialmente; *patrocinar*, direta ou indiretamente, interesse privado perante a administração fazendária, valendo-se da qualidade de funcionário público.

## Crimes contra a ordem econômica (art. 4º)

Com o advento da Lei nº 12.529/2011, o art. 4º da Lei nº 8.137/90 foi alterado de maneira substancial, e os arts. 5º e 6º foram revogados.

De acordo com a nova redação do art. 4º, constitui crime contra a ordem econômica:

> I – abusar do poder econômico, dominando o mercado ou eliminando, total ou parcialmente, a concorrência mediante qualquer forma de ajuste ou acordo de empresas; e
>
> II – formar acordo, convênio, ajuste ou aliança entre ofertantes, visando: a) à fixação artificial de preços ou quantidades vendidas ou produzidas; b) ao controle regionalizado do mercado por empresa ou grupo de empresas; e c) ao controle, em detrimento da concorrência, de rede de distribuição ou de fornecedores. A pena é de 2 a 5 anos, e multa.

**Competência.** Conforme salientado em decisão do STJ (HC 32.292, j. 01/04/2004), a Lei nº 8.137/90 não contém dispositivo expresso fixando a competência da *Justiça Federal* para processar e julgar os crimes contra a ordem econômica, de sorte que tal mister compete, em regra, à *Justiça Estadual*. Todavia, isso não afasta, de plano, a competência da Justiça Federal, desde que se verifique hipótese de ofensa a bens, serviços ou interesses da União, suas autarquias ou empresas públicas, nos exatos termos do art. 109, inciso IV, da CF, ou que, pela magnitude da atuação do grupo econômico ou pelo tipo de atividade desenvolvida, o ilícito tenha a propensão de abranger vários Estados da Federação, prejudicar setor econômico estratégico para a economia nacional ou o fornecimento de serviços essenciais.

**Importante:**

Consoante o art. 1º da Lei nº 8.176/91, constitui *crime contra a ordem econômica*:

I – adquirir, distribuir e revender derivados de petróleo, gás natural e suas frações recuperáveis, álcool etílico, hidratado carburante e demais combustíveis líquidos carburantes, em desacordo com as normas estabelecidas na forma da lei;

II – usar gás liquefeito de petróleo em motores de qualquer espécie, saunas, caldeiras e aquecimento de piscinas, ou para fins automotivos, em desacordo com as normas estabelecidas na forma da lei.

Segundo o STJ, para caracterizar o crime previsto no art. 1º, inciso I, da Lei nº 8.176/91, faz-se indispensável a demonstração inequívoca da **materialidade** do crime por exame pericial para atestar a irregularidade do combustível (HC 82.092, j. 02/02/2010). Em regra, a competência é da Justiça Estadual (STF, RE 513446, j. 16/12/2008).

### Crimes contra as relações de consumo (art. 7º):

- favorecer ou preferir, sem justa causa, comprador ou freguês, ressalvados os sistemas de entrega ao consumo por intermédio de distribuidores ou revendedores.
- vender ou expor à venda mercadoria cuja embalagem, tipo, especificação, peso ou composição esteja em desacordo com as prescrições legais, ou que não corresponda à respectiva classificação oficial. Nesta hipótese pune-se a modalidade culposa, reduzindo-se a pena e a detenção de 1/3 (um terço) ou a de multa à quinta parte.
- misturar gêneros e mercadorias de espécies diferentes, para vendê-los ou expô-los à venda como puros; misturar gêneros e mercadorias de qualidades desiguais para vendê-los ou expô-los à venda por preço estabelecido para os demais mais alto custo. Nesta hipótese pune-se a modalidade culposa, reduzindo-se a pena e a detenção de 1/3 (um terço) ou a de multa à quinta parte.
- fraudar preços por meio de: a) alteração, sem modificação essencial ou de qualidade, de elementos tais como denominação, sinal externo, marca, embalagem, especificação técnica, descrição, volume, peso, pintura ou acabamento de bem ou serviço; b) divisão em partes de bem ou serviço, habitualmente oferecido à venda em conjunto; c) junção de bens ou serviços, comumente oferecidos à venda em separado; d) aviso de inclusão de insumo não empregado na produção do bem ou na prestação dos serviços.
- elevar o valor cobrado nas vendas a prazo de bens ou serviços, mediante a exigência de comissão ou de taxa de juros ilegais.
- sonegar insumos ou bens, recusando-se a vendê-los a quem pretenda comprá-los nas condições publicamente ofertadas, ou retê-los para o fim de especulação.
- induzir o consumidor ou usuário a erro, por via de indicação ou afirmação falsa ou enganosa sobre a natureza, qualidade do bem ou serviço, utilizando-se de qualquer meio, inclusive a veiculação ou divulgação publicitária.

– destruir, inutilizar ou danificar matéria-prima ou mercadoria, com o fim de provocar alta de preço, em proveito próprio ou de terceiros.

– vender, ter em depósito para vender ou expor à venda ou, de qualquer forma, entregar matéria-prima ou mercadoria, em condições impróprias ao consumo. Nesta hipótese pune-se a modalidade culposa, reduzindo--se a pena e a detenção de 1/3 ou a de multa à quinta parte.

## 7. LAVAGEM DE CAPITAIS

A Lei de Lavagem de Dinheiro (Lei nº 9.613/98) foi substancialmente alterada pela Lei nº 12.683/12.

Antes da mudança, o legislador havia optado por um rol taxativo de delitos antecedentes, como tráfico ilícito de drogas, terrorismo, contrabando de armas e extorsão mediante sequestro, entre outros.

Agora, com a redação dada pela Lei nº 12.683/12, o art. 1º tem a seguinte redação:

> *"Ocultar ou dissimular a natureza, origem, localização, disposição, movimentação ou propriedade de bens, direitos ou valores provenientes, direta ou indiretamente, de **infração penal**".*

Ou seja, antes da alteração falava-se em "crime"; agora, fala-se em "infração penal" (crime + contravenção penal). Isso significa que eventual ocultação de dinheiro obtido em face do jogo do bicho (que é uma contravenção penal) passa a ser considerada crime de lavagem de dinheiro. Ademais, o rol taxativo de delitos foi revogado.

As figuras equiparadas estão dispostas nos parágrafos do artigo 1º, e também sofreram alteração em virtude da Lei nº 12.683/12:

> § 1º. Incorre na mesma pena quem, para ocultar ou dissimular a utilização de bens, direitos ou valores provenientes de infração penal: I – os converte em ativos lícitos; II – os adquire, recebe, troca, negocia, dá ou recebe em garantia, guarda, tem em depósito, movimenta ou transfere; III – importa ou exporta bens com valores não correspondentes aos verdadeiros.

> § 2º. Incorre, ainda, na mesma pena quem: I – utiliza, na atividade econômica ou financeira, bens, direitos ou valores provenientes de infração penal; II – participa de grupo, associação ou escritório tendo conhecimento de que sua atividade principal ou secundária é dirigida à prática de crimes previstos nesta Lei.

A lavagem de dinheiro é classificada como um **crime derivado, acessório** ou **parasitário**, considerando que se trata de delito que pressupõe a ocorrência de uma infração penal anterior.

**Causa de aumento de pena.** De acordo com o art. 1º, § 4º, da Lei nº 9.613/98, a pena será aumentada de um a dois terços, se os crimes definidos nesta Lei forem cometidos de forma reiterada ou por intermédio de organização criminosa. Conforme o art. 1º, § 1º, da Lei nº 12.850/13,

> *"Considera-se* ***organização criminosa*** *a associação de 4 (quatro) ou mais pessoas estruturalmente ordenada e caracterizada pela divisão de tarefas, ainda que informalmente, com objetivo de obter, direta ou indiretamente, vantagem de qualquer natureza, mediante a prática de infrações penais cujas penas máximas sejam superiores a 4 (quatro) anos, ou que sejam de caráter transnacional".*

**Delação premiada.** A pena poderá ser reduzida de um a dois terços e ser cumprida em regime aberto ou semiaberto, facultando-se ao juiz deixar de aplicá-la ou substituí-la, a qualquer tempo, por pena restritiva de direitos, se o autor, coautor ou partícipe colaborar espontaneamente com as autoridades, prestando esclarecimentos que conduzam à apuração das infrações penais, à identificação dos autores, coautores e partícipes, ou à localização dos bens, direitos ou valores objeto do crime (art. 1º, § 5º, da Lei nº 9.613/98).

Conforme o art. 2º, o processo e julgamento dos crimes previstos nesta Lei: I – obedecem às disposições relativas ao procedimento comum dos crimes punidos com reclusão, da competência do juiz singular; II – independem do processo e julgamento das infrações penais antecedentes, ainda que praticados em outro país, cabendo ao juiz competente para os crimes previstos nesta Lei a decisão sobre a unidade de processo e julgamento; e III – são da competência da Justiça Federal: (a) quando praticados contra o sistema financeiro e a ordem econômico-financeira, ou em detrimento de bens, serviços ou interesses da União, ou de suas entidades autárquicas ou empresas públicas; (b) quando a infração penal antecedente for de competência da Justiça Federal.

A denúncia será instruída com indícios suficientes da existência da infração penal antecedente, sendo puníveis os fatos previstos nesta Lei, ainda que desconhecido ou isento de pena o autor, ou extinta a punibilidade da infração penal antecedente (art. 2º, § 1º). Ademais, nos processos por crimes de lavagem de dinheiro não se aplica o disposto no art. 366 do CPP, devendo o acusado que não comparecer nem constituir advogado ser citado por edital, prosseguindo o feito até o julgamento, com a nomeação de defensor dativo (art. 2º, § 2º).

## 8. CÓDIGO DE TRÂNSITO BRASILEIRO

A Lei nº 9.503/97 define os seguintes crimes:

**Homicídio culposo (art. 302).** Responde pelo crime aquele que pratica homicídio culposo na direção de veículo automotor. No homicídio culposo cometido na direção de veículo automotor, a pena é aumentada de 1/3 (um terço) à metade, se o agente (incluído pela Lei nº 12.971, de 2014): I – não possuir Permissão para Dirigir ou Carteira de Habilitação; II – praticá-lo em faixa de pedestres ou na calçada; III – deixar de prestar socorro, quando possível fazê-lo sem risco pessoal, à vítima do acidente; IV – no exercício de sua profissão ou atividade, estiver conduzindo veículo de transporte de passageiros.

O art. 6º da Lei n.º 13.281, de 04/05/16 (publicada em 05/05/2016), com vigência a partir do dia 01/11/2016, revogou o art. 302, § 2º, do CTB, o qual havia sido incluído pela Lei nº 12.971, de 2014.

Por sua vez, a Lei n.º 13.546, de 19 de dezembro de 2017, com *vacatio legis* de 120 dias, acrescentou um § 3º ao crime de homicídio culposo na direção de veículo automotor (art. 302 do CTB), nos seguintes termos: "Se o agente conduz veículo automotor sob a influência de álcool ou de qualquer outra substância psicoativa que determine dependência: Penas - reclusão, de cinco a oito anos, e suspensão ou proibição do direito de se obter a permissão ou a habilitação para dirigir veículo automotor". Essa alteração vem em harmonia com a jurisprudência no sentido de que a embriaguez, por si só, não tem o condão de presumir o dolo eventual. Ressalte-se, porém, que mesmo com a alteração legislativa, será possível ocorrer dolo no caso de homicídio na direção de veículo automotor, seja direto ou eventual, hipótese em que o fato se amoldará ao art. 121 do Código Penal.

**Lesão corporal culposa (art. 303).** Constitui crime praticar lesão corporal culposa na direção de veículo automotor. Conforme o § 1º, aumenta-se a pena de 1/3 (um terço) à metade, se ocorrer qualquer das hipóteses do § 1º do art. 302. Já o § 2º dispõe que a pena privativa de liberdade é de reclusão de dois a cinco anos, sem prejuízo das outras penas previstas neste artigo, se o agente conduz o veículo com capacidade psicomotora alterada em razão da influência de álcool ou de outra substância psicoativa que determine dependência, e se do crime resultar lesão corporal de natureza grave ou gravíssima (Lei nº 13.546, de 2017).

Se a lesão for culposa, para fins de tipificação no art. 303 pouco importa se é leve, grave ou gravíssima. O crime será sempre o mesmo: lesão corporal culposa. Em regra, a ação penal depende de representação da vítima (é pública condicionada).

▸ **Atenção:**

De acordo com o **art. 291, § 1º, do CTB,** aplica-se aos crimes de trânsito de lesão corporal culposa o disposto nos arts. 74, 76 e 88 da Lei nº 9.099/95, **exceto** se o agente estiver:

I – sob a influência de álcool ou qualquer outra substância psicoativa que determine dependência;

II – participando, em via pública, de corrida, disputa ou competição automobilística, de exibição ou demonstração de perícia em manobra de veículo automotor, não autorizada pela autoridade competente;

III – transitando em velocidade superior à máxima permitida para a via em 50 km/h. Consoante o § 2º, nas hipóteses previstas no § 1º deverá ser instaurado inquérito policial para a investigação da infração penal.

Nessas três hipóteses, portanto, *a ação será pública incondicionada* (não haverá necessidade de representação da vítima).

**Omissão de socorro (art. 304).** Responde pelo delito o condutor de veículo que se envolveu em acidente, mas que deixou, na ocasião de prestar imediato socorro à vítima, ou, não podendo fazê-lo diretamente, por justa causa, deixou de solicitar auxílio da autoridade pública. **Trata-se, aqui, do condutor que se envolveu no acidente sem culpa**. Segundo o parágrafo único, responde o condutor do veículo, ainda que a sua omissão seja suprida por terceiros ou que se trate de vítima com morte instantânea ou com ferimentos leves.

▸ **Importante:**

- Caso o condutor omisso tenha causado culposamente a lesão, responderá por lesão corporal culposa majorada (art. 303, par. único) ou homicídio culposo majorado (art. 302, par. único, III).
- Se quem se omite é condutor não envolvido no acidente, este responderá pela omissão de socorro prevista no Código Penal (art. 135).
- Nos termos do art. 301 do CTB, ao condutor de veículo, nos casos de acidentes de trânsito de que resulte vítima, não se imporá a prisão em flagrante, nem se exigirá fiança, se prestar pronto e integral socorro àquela.

**Fuga do local do acidente (art. 305).** Constitui crime afastar-se o condutor do veículo do local do acidente, para fugir à responsabilidade penal ou civil que lhe possa ser atribuída.

O Plenário do STF, no RE 971959 (j. 14/11/2018), com repercussão geral reconhecida, considerou constitucional o art. 305 do CTB, afirmando que a norma não viola a garantia de não autoincriminação, prevista no art. 5º, LXIII, da CF.

**Embriaguez ao volante (art. 306).** O crime é de perigo abstrato. A partir da Lei nº 12.760/12, o delito passou a ser definido da seguinte forma:

*"Conduzir veículo automotor com capacidade psicomotora alterada em razão da influência de álcool ou de outra substância psicoativa que determine dependência: Penas – detenção, de seis meses a três anos, multa e suspensão ou proibição de se obter a permissão ou a habilitação para dirigir veículo automotor".*

Nos termos do § 1º, as condutas previstas no *caput* serão constatadas por:

> I – concentração igual ou superior a 6 decigramas de álcool por litro de sangue ou igual ou superior a 0,3 miligrama de álcool por litro de ar alveolar; ou
>
> II – sinais que indiquem, na forma disciplinada pelo Contran, alteração da capacidade psicomotora.

Conforme o § 2º, a verificação do disposto neste artigo poderá ser obtida mediante teste de alcoolemia ou toxicológico, exame clínico, perícia, vídeo, prova testemunhal ou outros meios de prova em direito admitidos, observado o direito à contraprova.

Segundo o § 3º, o Contran disporá sobre a equivalência entre os distintos testes de alcoolemia ou toxicológicos para efeito de caracterização do crime tipificado neste artigo.

**Desobediência (art. 307).** Configura crime violar a suspensão ou a proibição de se obter a permissão ou a habilitação para dirigir veículo automotor imposta com fundamento no CTB, bem como deixar de entregar, no prazo estabelecido no § 1º do art. 293 do CTB, a Permissão para Dirigir ou a Carteira de Habilitação.

**Disputa ou competição automobilística (art. 308).** Responde pelo crime aquele que participa, na direção de veículo automotor, em via pública, de corrida, disputa ou competição automobilística ou ainda de exibição ou demonstração de perícia em manobra de veículo automotor, não autorizada pela autoridade competente, gerando situação de risco à incolumidade pública ou privada (redação dada pela Lei n.º 13.546/2017).

Conforme o **§ 1º**, se da prática do crime previsto no *caput* resultar lesão corporal de natureza grave, e as circunstâncias demonstrarem que o agente não quis o resultado nem assumiu o risco de produzi-lo, a pena privativa de liberdade é de reclusão, de 3 (três) a 6 (seis) anos, sem prejuízo das outras penas previstas neste artigo (incluído pela Lei nº 12.971, de 2014).

De acordo com o **§ 2º**, se da prática do crime previsto no *caput* resultar morte, e as circunstâncias demonstrarem que o agente não quis o resultado nem assumiu o risco de produzi-lo, a pena privativa de liberdade é de reclusão de 5 (cinco) a 10 (dez) anos, sem prejuízo das outras penas previstas neste artigo (incluído pela Lei nº 12.971, de 2014).

**Direção sem habilitação (art. 309).** Comete o crime aquele que dirige veículo automotor, em via pública, sem a devida Permissão para Dirigir ou Habilitação ou, ainda, se cassado o direito de dirigir, *gerando perigo de dano*. Trata-se de crime de perigo concreto. Se o condutor não gerar efetivo perigo de dano, responde apenas por infração administrativa. Segundo o STF, o art. 32 da LCP, em relação à condução de veículo automotor, foi tacitamente revogado (**Súmula 720**).

**Entrega de veículo à pessoa não autorizada (art. 310).** Ocorre o delito quando o agente permitir, confiar ou entregar a direção de veículo automotor a pessoa não habilitada, com habilitação cassada ou com o direito de dirigir suspenso, ou, ainda, a quem, por seu estado de saúde, física ou mental, ou por embriaguez, não esteja em condições de conduzi-lo com segurança. Trata-se de crime de perigo abstrato.

**Súmula 575 do STJ:** Constitui crime a conduta de permitir, confiar ou entregar a direção de veículo automotor a pessoa que não seja habilitada, ou que se encontre em qualquer das situações previstas no art. 310 do CTB, independentemente da ocorrência de lesão ou de perigo de dano concreto na condução do veículo.

**Direção perigosa (art. 311).** Configura crime trafegar em velocidade incompatível com a segurança nas proximidades de escolas, hospitais, estações de embarque e desembarque de passageiros, logradouros estreitos, ou onde haja grande movimentação ou concentração de pessoas, gerando perigo de dano.

**Fraude processual (art. 312).** Responde pelo crime aquele que inova artificiosamente, em caso de acidente automobilístico com vítima, na pendência do respectivo procedimento policial preparatório, inquérito policial ou processo penal, o estado de lugar, de coisa ou de pessoa, a fim de induzir a erro o agente policial, o perito, ou juiz.

**Substituição da pena privativa de liberdade (art. 312-A).** Para os crimes relacionados nos arts. 302 a 312 do CTB, nas situações em que o juiz aplicar a substituição de pena privativa de liberdade por pena restritiva de direitos, esta deverá ser de prestação de serviço à comunidade ou a entidades públicas, em uma das seguintes atividades: I - trabalho, aos fins de semana, em equipes de resgate dos corpos de bombeiros e em outras unidades móveis especializadas no atendimento a vítimas de trânsito; II - trabalho em unidades de pronto-socorro de hospitais da rede pública que recebem vítimas de acidente de trânsito e politraumatizados; III - trabalho em clínicas ou instituições especializadas na recuperação de acidentados de trânsito; IV - outras atividades relacionadas ao resgate, atendimento e recuperação de vítimas de acidentes de trânsito.

**Efeito da condenação (art. 278-A, incluído pela Lei nº 13.804/2019).** O condutor que se utilize de veículo para a prática do crime de receptação, descaminho, contrabando, previstos nos arts. 180, 334 e 334-A do Decreto-Lei nº 2.848, de 7 de dezembro de 1940 (Código Penal), condenado por um desses crimes em decisão judicial transitada em julgado, terá cassado seu documento de habilitação ou será proibido de obter a habilitação para dirigir veículo automotor pelo prazo de 5 (cinco) anos. **§ 1º**. O condutor condenado poderá requerer sua reabilitação, submetendo-se a todos os exames necessários à habilitação, na forma deste Código. **§ 2º**. No caso do condutor preso em flagrante na prática dos crimes de que trata o caput deste artigo, poderá o juiz, em qualquer fase da investigação ou da ação penal, se houver necessidade para a garantia da ordem pública, como medida cautelar, de ofício, ou a requerimento do Ministério Público ou ainda mediante representação da autoridade policial, decretar, em decisão motivada, a suspensão da permissão ou da habilitação para dirigir veículo automotor, ou a proibição de sua obtenção.

Parte 2

# Direito Processual Penal

*Leonardo Barreto Moreira Alves*

CAPÍTULO I

# Introdução ao Direito Processual Penal

## 1. NOÇÕES GERAIS SOBRE O DIREITO PROCESSUAL PENAL

Classicamente, o objetivo do Direito Processual Penal é regular a aplicação jurisdicional do Direito Penal. Em outros termos, praticado um fato definido como crime, surge para o Estado o direito de punir (*jus puniendi*), que se exercita por meio justamente do Direito Processual Penal. Assim, pode-se afirmar que o Processo Penal é **instrumental** à aplicação do Direito Penal.

Modernamente, porém, o objetivo clássico acima apontado precisa ser complementado. É que ele destaca apenas uma das facetas da relação jurídica processual penal, qual seja, a pretensão punitiva do Estado, ignorando que hodiernamente há de se atentar igualmente para a **visão constitucional-garantista do processo (Processo Penal Constitucional)**.

Segundo essa visão, inaugurada pela Constituição Federal de 1988, o processo deve ser entendido não só como meio de aplicação do Direito Penal no caso concreto, mas também como uma forma de proteção dos direitos fundamentais do indivíduo contra a força impingida pelo Estado na persecução penal, afinal de contas há uma franca desigualdade material entre eles, já que o Estado investiga (Polícia), acusa (Ministério Público) e julga (Juiz), enquanto o réu apenas se defende, buscando a sua liberdade.

Fala-se então em um **Processo Penal Justo**, no qual deve haver a observância dos direitos fundamentais e dos princípios constitucionais atinentes à matéria, ganhando destaque a presunção de inocência, o sistema acusatório, o convencimento motivado, a proibição de provas ilícitas, o fortalecimento do Ministério Público etc.

## 2. FONTES DO DIREITO PROCESSUAL PENAL

Estudar fonte do Direito significa estudar a origem deste último. No âmbito do Direito Processual Penal, é possível apontar a existência da **fonte de produção ou material** e da **fonte formal ou de cognição.**

a) ***Fonte de produção ou material***: Refere-se ao ente federativo responsável pela elaboração da norma. Nesses termos, o Direito Processual Penal é matéria que deve ser legislada privativamente pela União, nos termos do art. 22, inciso I, da Constituição Federal. Entretanto, lei complementar poderá autorizar os Estados a legislar sobre questões específicas dessa matéria (art. 22, parágrafo único, da Constituição Federal). De outro lado, a competência para legislar sobre direito penitenciário e procedimentos é concorrente da União, dos Estados e do Distrito Federal (art. 24, incisos I e XI, da Constituição Federal). É de competência dos Estados, conforme as constituições estaduais, a legislação sobre organização judiciária no âmbito estadual, bem como sobre custas dos serviços forenses (art. 24, inciso IV, da Constituição Federal). É possível ainda que o Presidente da República legisle, via Decreto, acerca do indulto (art. 84, inciso XII, da Constituição Federal).

Alerte-se para o fato de que é vedada a edição de medidas provisórias sobre Direito Processual Penal (e Direito Penal também), por força do disposto no art. 62, § 1º, inciso I, alínea "b", da Constituição Federal.

b) ***Fonte formal ou de cognição***: Refere-se ao meio pelo qual uma norma jurídica é revelada no ordenamento jurídico. Essa fonte é subdividida em **fontes primárias ou imediatas ou diretas** e em **fontes secundárias ou mediatas ou indiretas ou supletivas.**

   1. **Fontes primárias ou imediatas ou diretas**: São aquelas aplicadas imediatamente. Consideram-se fontes primárias do Processo Penal: a **lei** (art. 22, inciso I, da Constituição Federal); os **tratados, convenções e regras de Direito Internacional** (nos termos do art. 1º, inciso I, do CPP, e art. 5º, § 3º, da Constituição Federal, com a redação dada pela Emenda Constitucional nº 45/04). Registre-se que os tratados e convenções internacionais sobre direitos humanos que forem aprovados, em cada Casa do Congresso Nacional, em dois turnos, por três quintos dos votos dos respectivos membros, serão equivalentes às emendas constitucionais, por força do art. 5º, § 3º, da Constituição Federal. Se, entretanto, esses diplomas normativos não preencherem os requisitos formais exigidos pelo art. 5º, § 3º, da Constituição, a exemplo do que ocorre com o Pacto de São José da Costa Rica, terão

caráter supralegal, superiores à lei ordinária, mas devendo respeito ao Texto Constitucional, conforme entendimento do STF.

2. **Fontes secundárias ou mediatas ou indiretas ou supletivas**: São aquelas aplicadas na ausência das fontes primárias, nos termos do art. 4º da Lei de Introdução às normas do Direito Brasileiro. Consideram-se fontes secundárias do Processo Penal: **costumes; princípios gerais do direito; analogia**.

Esclareça-se que os costumes não têm o condão de revogar dispositivos legais. Noutro giro, os princípios gerais do direito têm a sua aplicação no Processo Penal permitida expressamente pelo art. 3º do CPP. Já a analogia é uma "forma de auto-integração da lei. Na lacuna involuntária desta, aplica-se ao fato não regulado expressamente um dispositivo que disciplina hipótese semelhante" (MIRABETE, 2004, p. 58). A sua aplicação no Processo Penal também é permitida expressamente pelo art. 3º do CPP.

A analogia se subdivide em: **analogia *legis*** (apela-se a uma situação prevista pela lei); **analogia *iuris*** (apela-se a uma situação prevista pelos princípios jurídicos extraídos das normas particulares).

A analogia pode ser feita ***in bonam partem*** (em benefício do agente) ou ***in malam partem*** (em prejuízo do agente). No Direito Penal, somente é admitida a analogia *in bonam partem*, sendo vedada, portanto, a analogia *in malam partem*. Contudo, no Processo Penal, a analogia pode ser feita livremente, sem restrições, ou seja, *in bonam partem* ou *in malam partem*, pois ela não envolverá uma norma penal incriminadora.

**▸ Importante:**

A analogia (ou aplicação analógica, conforme teor do art. 3º do CPP) difere da **interpretação analógica**: nesta a própria lei autoriza o seu complemento, já prevendo hipótese de preenchimento, geralmente por meio de uma expressão genérica, que resume situações casuísticas precedentes (exemplo: no art. 121, § 2º, inciso I, do Código Penal, quando é utilizada a expressão genérica "ou por outro motivo torpe" para definição da qualificadora de motivo torpe no crime de homicídio, após a menção a hipóteses casuísticas "mediante paga ou promessa de recompensa"); na analogia, aplica-se o regramento jurídico de uma dada situação semelhante a outra, na qual não há solução aparente – há verdadeira criação de uma norma (exemplo: o Código de Processo Civil de 1973, no art. 207, e o Código de Processo Civil de 2015, no art. 265, permitem a transmissão por telefone de carta precatória ou de ordem, desde que haja a confirmação do emissor; no Processo Penal, não há norma nesse sentido, mas, por analogia, é possível a concessão de ordem de *habeas corpus* por telefone). A analogia é um modo de autointegração da norma, ao passo que a interpretação analógica é forma de interpretação da norma processual penal. Ambas podem ser feitas *in malam partem* no Processo Penal.

| Analogia | Interpretação analógica |
|---|---|
| É forma de autointegração da norma processual penal. | É forma de interpretação da norma processual penal. |
| Aplica-se o regramento jurídico de uma dada situação semelhante a outra, na qual não há solução aparente – há verdadeira criação de uma norma. | A própria lei autoriza o seu complemento, já prevendo hipótese de preenchimento, geralmente por meio de uma expressão genérica, que resume situações casuísticas precedentes. |
| Pode ser feita *in malam partem* no Processo Penal (não no Direito Penal). | Pode ser feita *in malam partem* no Processo Penal e no Direito Penal. |

# Princípios do Processo Penal

## 1. CONSIDERAÇÕES PRELIMINARES SOBRE OS PRINCÍPIOS

No Processo Penal, há 2 (dois) tipos de princípios: os *princípios constitucionais* e os *princípios do processo penal propriamente ditos*. Por seu turno, os *princípios constitucionais* subdividem-se em princípios constitucionais explícitos (aqueles expressos na Constituição Federal) e em princípios constitucionais implícitos (aqueles extraídos a partir dos princípios, ideias e valores consagrados na Constituição Federal).

De outro lado, os princípios do processo penal propriamente ditos são aqueles inerentes ao próprio estudo da disciplina.

## 2. PRINCÍPIOS CONSTITUCIONAIS DO PROCESSO PENAL

### 2.1. Princípios constitucionais explícitos do processo penal

#### *2.1.1. Princípio da presunção da inocência ou do estado de inocência ou da situação jurídica de inocência ou da não culpabilidade (art. 5º, LVII, CF)*

Expressamente previsto na Constituição Federal de 1988 no art. 5º, inciso LVII, é princípio por meio do qual se entende que ninguém será considerado culpado até o trânsito em julgado de sentença penal condenatória. Em outros termos, no Processo Penal, todo acusado é presumido inocente até a eventual sentença condenatória transitar em julgado.

### *2.1.2. Princípio da igualdade processual ou da paridade das armas – par conditio (art. 5º, caput, CF)*

Trata-se de princípio que decorre do mandamento de que todos são iguais perante a lei, encontrado no art. 5º, *caput*, da Constituição Federal, devidamente adaptado ao Processo Penal. Desse modo, por força do princípio em comento, as partes devem ter, em juízo, as mesmas oportunidades de fazer valer suas razões e ser tratadas igualitariamente, na medida de suas igualdades, e desigualmente, na proporção de suas desigualdades.

### *2.1.3. Princípio da ampla defesa (art. 5º, LV, CF)*

Por força desse princípio, encontrado no art. 5º, LV, da Constituição Federal, entende-se que o réu tem direito a um amplo arsenal de instrumentos de defesa como forma de compensar sua enorme hipossuficiência e fragilidade em relação ao Estado, que atua no Processo Penal por meio de diversos órgãos (Polícia Judiciária, Ministério Público e Juiz), de forma especializada e com acesso a dados restritos.

Este princípio divide-se em **autodefesa** e **defesa técnica**.

A **autodefesa** é a defesa promovida pessoalmente pelo próprio réu, sem assistência de procurador, geralmente durante o seu interrogatório judicial, sendo ela **disponível**, afinal de contas o acusado pode se calar ou até mesmo mentir, em conformidade com outro princípio constitucional expresso, o **direito ao silêncio** (art. 5º, inciso LXIII, CF).

A **autodefesa** distingue-se ainda em **direito de audiência** (direito de o réu ser ouvido no processo, o que ocorre geralmente durante o interrogatório judicial) e **direito de presença** (direito de o réu estar presente aos atos processuais, geralmente audiências, seja de forma direta, seja de forma indireta, o que ocorre por meio da videoconferência).

Já a **defesa técnica** é aquela defesa promovida por um defensor técnico, bacharel em Direito, sendo ela **indisponível**, pois, em regra, o réu não pode se defender sozinho (art. 263, *caput*, do CPP) – apenas se ele for advogado é que poderá promover a sua própria defesa. A esse respeito, vale a pena destacar que, em havendo ausência do defensor técnico no processo (por falecimento, negligência ou qualquer outro motivo), o magistrado, antes de nomear novo defensor, sempre deverá intimar o acusado para que, no prazo por ele determinado, possa constituir novo defensor.

<table>
<tr><td rowspan="2">PRINCÍPIO DA AMPLA DEFESA</td><td>Autodefesa (disponível)</td></tr>
<tr><td>Defesa técnica (indisponível)</td></tr>
</table>

### 2.1.4. *Princípio da plenitude da defesa (art. 5º, XXXVIII, alínea "a", CF)*

Previsto no art. 5º, inciso XXXVIII, alínea "a", da Constituição Federal, é princípio aplicado especificamente para o Tribunal do Júri. Trata-se de um *plus*, um reforço à ampla defesa, que é atribuída apenas para os acusados em geral, permitindo-se que o réu, no Tribunal do Júri, se utilize de todos os meios lícitos de defesa, ainda que não previstos expressamente pelo ordenamento jurídico. Aliás, frise-se que o princípio em tela decorre justamente do fato de que, no Tribunal do Júri, prevalece a íntima convicção do jurado, o qual não necessita fundamentar sua decisão.

### 2.1.5. *Princípio da prevalência do interesse do réu ou favor rei, favor libertatis, in dubio pro reo, favor inocente (art. 5º, LVII, CF)*

Havendo dúvida entre admitir-se o direito de punir do Estado ou reconhecer-se o direito de liberdade do réu, deve-se privilegiar a situação deste último, por ser ele a parte hipossuficiente da relação jurídica estabelecida no Processo Penal. É princípio que decorre ontologicamente do princípio da presunção de inocência, daí porque é possível afirmar que ele também se encontra previsto no art. 5º, inciso LVII, da Constituição Federal.

Ademais, há clara aplicação deste princípio no art. 386 do CPP, com a redação dada pela Lei nº 11.690/08, segundo o qual será possível a absolvição do réu nas hipóteses de existência de excludentes de ilicitude ou culpabilidade, **mesmo se apenas houver fundada dúvida sobre sua existência** - não se exige mais certeza sobre sua existência (inciso VI), bem como se não houver prova suficiente para a sua condenação (inciso VII).

Segundo entendimento doutrinário clássico, **esse princípio não teria aplicação nas fases de oferecimento da denúncia e na prolação da decisão de pronúncia do Tribunal do Júri**, nas quais prevaleceria o princípio do *in dubio pro societate*. Entretanto, impende destacar que o STF já decidiu que não se aplica à pronúncia no Júri o princípio do *in dubio pro societate* e sim o *in dubio pro reo*, em respeito ao princípio da presunção de inocência (STF, Segunda Turma, ARE 1067392).

### 2.1.6. *Princípio do contraditório ou da bilateralidade da audiência (art. 5º, LV, CF)*

Por força do princípio do contraditório, estampado no art. 5º, LV, da Carta Magna Federal, ambas as partes (e não apenas o réu) têm o direito de se manifestar sobre qualquer fato alegado ou prova produzida pela parte contrária, visando a manutenção do equilíbrio entre o direito de punir do Estado e o direito de liberdade do réu e o consequente estado de inocência, objetivo de todo Processo Penal Justo.

Para que o contraditório possa se perfectibilizar no Processo Penal, é preciso necessariamente que sejam atendidos 3 (três) direitos das partes, são eles:

1. Direito de ser intimado sobre os fatos e provas.
2. Direito de se manifestar sobre os fatos e provas.
3. Direito de interferir efetivamente no pronunciamento do juiz.

### 2.1.7. Princípio do juiz natural (art. 5º, LIII, CF)

Em virtude deste princípio, consagrado no art. 5º, inciso LIII, do Texto Constitucional, entende-se que, no Processo Penal, o julgador a atuar em um determinado feito deve ser aquele previamente escolhido por lei ou pela Constituição Federal. **Veda-se com isso o Tribunal ou Juiz de Exceção**, que seria aquele escolhido após a ocorrência de um crime e para determinado caso concreto. Este princípio tem como principal finalidade garantir a participação no processo de um **juiz imparcial**.

### 2.1.8. Princípio da publicidade (art. 5º, LX e XXXIII, e art. 93, IX, CF)

É o princípio segundo o qual os atos processuais devem ser praticados publicamente, sem qualquer controle, permitindo-se o amplo acesso ao público, bem como os autos do processo penal estão disponíveis a todos. Trata-se de forma de fomentar o controle social dos atos processuais.

Esse princípio, porém, comporta **exceções**: nos termos do art. 5º, inciso LX, da Constituição Federal, a lei poderá restringir a publicidade dos atos processuais **quando a defesa da intimidade ou o interesse social o exigirem**. Porém, jamais o ato processual será praticado sem a presença do Ministério Público, assistente de acusação, se houver, e do defensor (embora seja possível excluir a pessoa do réu, como na hipótese prevista no art. 217 do CPP, em que o juiz poderá até determinar a retirada do réu da sala de audiência se perceber que a sua presença causa humilhação, temor, ou sério constrangimento à testemunha ou ao ofendido, de modo que prejudique a verdade do depoimento).

### 2.1.9. Princípio da vedação das provas ilícitas (art. 5º, LVI, CF)

Nos termos do art. 5º, inciso LVI, da Constituição Federal, são inadmissíveis, no processo, as provas obtidas por meios ilícitos.

O Código de Processo Penal, com o advento da Lei nº 11.690/08, passou a disciplinar com pormenores a matéria. Assim, inicialmente, repetiu o mandamento constitucional no art. 157, *caput*, estatuindo que são inadmissíveis, devendo ser desentranhadas do processo, as provas ilícitas. Complementando esta ideia, o art. 157, § 3º, CPP, determina que preclusa a decisão de desentranhamento da prova declarada inadmissível, esta será inutilizada por decisão judicial, facultado às partes acompanhar o incidente. Registre-se, porém, que se a prova permanecer nos autos, mas ela não for utilizada pelo magistrado, de nenhuma forma, para a prolação da sentença, não haverá qualquer nulidade nesta decisão. Não obstante, caso o juiz venha a se utilizar de uma prova ilícita para proferir a sentença, esta será nula (nulidade absoluta).

Em seguida, no mesmo dispositivo legal (art. 157, *caput*), o CPP define o que se entende por provas ilícitas: são aquelas que violam tanto **normas constitucionais** como **legais**.

Na sequência, o CPP, no art. 157, § 1º, consagrou expressamente também a impossibilidade de utilização das **provas ilícitas por derivação** (**teoria dos frutos da árvore envenenada ou do efeito à distância** – ***fruits of the poisonous tree***, construção da Suprema Corte americana e que já vinha sendo aceita, no Brasil, pelo STF), que são aquelas provas que decorrem de uma prova ilícita originária, sendo que tal ilicitude somente restará caracterizada se houver demonstração do **nexo causal** entre as provas ou quando as derivadas não puderem ser obtidas por uma **fonte independente** das primeiras. A esse respeito, considera-se **fonte independente** aquela que por si só, seguindo os trâmites típicos e de praxe, próprios da investigação ou instrução criminal, seria capaz de conduzir ao fato objeto da prova (art. 157, § 2º, do CPP).

Ressalte-se, por fim, que a jurisprudência brasileira começa a reconhecer a **teoria da proporcionalidade** (ou **teoria da razoabilidade** ou **teoria do interesse predominante**) na apreciação da prova ilícita, admitindo excepcionalmente a utilização desta última em benefício dos direitos do réu inocente que produziu tal prova para a sua absolvição.

### 2.1.10. Princípios da economia processual, celeridade processual e duração razoável do processo (art. 5º, LXXVIII, CF)

Segundo estes princípios, evidenciados no art. 5º, inciso LXXVIII, da Constituição Federal, com a redação dada pela Emenda Constitucional nº 45/04, e encontrado também no art. 62 da Lei nº 9.099/95, incumbe ao Estado dar a resposta jurisdicional no menor tempo e custo possíveis.

### *2.1.11. Princípio constitucional geral do devido processo penal – devido processo legal ou due process of law (art. 5º, LIV, CF)*

O princípio do devido processo legal vem insculpido no art. 5º, LIV, da Carta Magna Federal, segundo o qual "Ninguém será privado da liberdade ou de seus bens sem o devido processo legal".

Trata-se de princípio que fundamenta a visão garantista do processo penal, entendido como instrumento de efetivação dos direitos fundamentais do réu em face da força inexorável do Estado. Divide-se em dois aspectos:

1. **Aspecto material ou substancial**: liga-se ao Direito Penal, fazendo valer os princípios penais, a exemplo da máxima de que ninguém deve ser processado senão por crime previsto e definido em lei. Coincide com o **princípio da razoabilidade**.
2. **Aspecto processual ou procedimental**: liga-se "ao procedimento e à ampla possibilidade de o réu produzir provas, apresentar alegações, demonstrar, enfim, ao juiz a sua inocência, bem como o de o órgão acusatório, representando a sociedade, convencer o magistrado, pelos meios legais, da validade da sua pretensão punitiva" (NUCCI, 2008, p. 96).

## 2.2. Princípios constitucionais implícitos do processo penal

### *2.2.1. Princípio de que ninguém está obrigado a produzir prova contra si mesmo ou da não autoincriminação (nemo tenetur se detegere)*

Trata-se de princípio constitucional implícito que decorre dos seguintes princípios constitucionais expressos: presunção de inocência (art. 5º, LVII, CF); ampla defesa (art. 5º, LV, CF); direito ao silêncio (art. 5º, LXIII, CF). Não obstante, é princípio que se encontra expressamente previsto no art. 8º do Pacto de São José da Costa Rica, de 22 de novembro de 1969, incorporado ao ordenamento jurídico brasileiro pelo Decreto nº 678, de 6 de novembro de 1992, e que tem *status* supralegal, conforme entendimento do STF.

Considera-se que o Estado é infinitamente superior ao réu no processo penal, não necessitando, portanto, de sua ajuda na atividade persecutória, sob pena de se decretar a falência de seus órgãos.

Por força deste princípio é que a doutrina e a jurisprudência do STF e do STJ majoritárias vêm considerando que o acusado não está obrigado a participar de atividades probatórias que impliquem em **intervenções corporais**, como realização de exames de DNA, grafotécnico ou de bafômetro, este último frequentemente utilizado para a constatação do crime de embriaguez ao volante previsto no art. 306 da Lei nº 9.503/97 (Código de Trânsito Brasileiro).

### 2.2.2. Princípio da iniciativa das partes ou da ação ou da demanda (ne procedat judex ef officio) e princípio consequencial da correlação entre acusação e sentença

Trata-se de princípio extraído do sistema acusatório, que vige no Brasil e pode ser depurado dos artigos 129, inciso I, e 5º, inciso, LIX, da Constituição Federal, os quais garantem, respectivamente, a titularidade da ação penal pública por parte do Ministério Público e a possibilidade de oferecimento da ação penal privada subsidiária da pública, se a ação penal pública não for intentada pelo *Parquet* no prazo legal.

Nesses termos, entende-se que o princípio veda que o juiz deflagre a ação penal de ofício, exigindo-se para tanto a iniciativa do titular da ação. Por força do princípio em comento é que não se admite mais o **processo judicialiforme**, que consistia na possibilidade de início da ação penal das contravenções penais por meio do auto de prisão em flagrante delito ou por portaria expedida pelo delegado ou pelo magistrado, de ofício ou a requerimento do Ministério Público. A esse respeito, frise-se que o art. 531 do CPP, que contemplava essa possibilidade, foi alterado pela Lei nº 11.719/08, que a extirpou desse dispositivo legal. Sendo assim, deve-se considerar que houve a revogação tácita do art. 26 do CPP, que tinha conteúdo idêntico àquele dispositivo legal alterado.

**Consequência** direta deste princípio é o surgimento de outro princípio, o da **correlação (ou congruência ou relatividade ou reflexão) entre a acusação e a sentença**, o qual implica na exigência de que o fato imputado ao réu, na peça inicial acusatória, guarde "perfeita correspondência com o fato reconhecido pelo juiz, na sentença, sob pena de grave violação aos princípios do contraditório e da ampla defesa, consequentemente, ao devido processo legal" (NUCCI, 2008, p. 661).

Em outros termos, o magistrado está adstrito aos exatos termos do que fora narrado na peça inicial da ação penal, não podendo decidir fora, além ou aquém dos seus limites, sob pena de decisões, respectivamente, *extra*, *ultra* ou *infra petita* (*Ne eat judex ultra petita partium*), as quais estão eivadas de nulidade absoluta.

Em havendo, pois, necessidade de ampliação da tese acusatória, faz-se imprescindível o aditamento à denúncia ou queixa, nos termos do art. 384 do CPP (*mutatio libelli*).

Contudo, o princípio da iniciativa das partes comporta **exceções**, situações nas quais o magistrado pode conceder provimentos jurisdicionais de ofício. São elas:

1. **Decisões referentes ao estado de liberdade do indivíduo**, tais como a expedição de ordem de h*abeas corpus* (art. 654, § 2º, do CPP), o relaxamento de prisão em flagrante (art. 5º, inciso LXV, CF), a revogação da prisão preventiva (art. 316 do CPP) e a concessão da liberdade provisória (art. 5º, inciso LXVI, CF). Contudo, a prisão temporária é modalidade de prisão cautelar que não pode ser decretada de ofício pelo juiz, dependendo sempre de representação da autoridade policial ou de requerimento do Ministério Público (art. 2º, *caput*, da Lei nº 7.960/89).

2. **Procedimento da execução penal** (art. 195 da Lei de Execução Penal).

### 2.2.3. *Princípio do duplo grau de jurisdição*

É princípio que inicialmente decorre da própria estrutura do Poder Judiciário traçada pela Constituição Federal, consistente na divisão do mesmo em instâncias diversas, começando pelos magistrados singulares, passando pelos respectivos tribunais a que eles estão vinculados, pelo STJ e finalmente chegando ao órgão de cúpula, o STF.

Decorre também da natural irresignação da parte com uma decisão que considera injusta, da necessidade de controle de todo e qualquer ato estatal, característica marcante do Estado Democrático de Direito, e do fato de que, ao menos em tese, o juiz de primeiro grau ficaria psicologicamente mais pressionado a acertar na decisão, para evitar revisão por parte do Tribunal, enquanto que este, por sua vez, é constituído por magistrados mais experientes, que melhor poderiam julgar a causa.

Decorre ainda do princípio constitucional expresso da ampla defesa. Ademais, é princípio que vem consagrado expressamente no Pacto de São José da Costa Rica no seu art. 8º, item 2, alínea "h".

Em razão de tudo isso, portanto, é que se estabelece o princípio em apreciação, que garante à parte o direito de reexame da causa por instância superior.

### 2.2.4. *Princípio do juiz imparcial*

É princípio que decorre do princípio constitucional expresso do juiz natural, com a finalidade de complementá-lo, afinal de contas o magistrado pode até estar previamente investido na jurisdição, mas mesmo assim não ser imparcial na sua atuação, motivo pelo qual o CPP prevê hipóteses de impedimento (arts. 252 e 253) e suspeição (art. 254) do julgador.

Desse modo, para que um juiz efetivamente atue no processo penal, além de estar investido na função jurisdicional do Estado, não deve ter "vínculos subjetivos com o processo de molde a lhe tirar a neutralidade necessária para conduzi-lo com isenção" (TÁVORA; ALENCAR, 2009, p. 46).

Ademais, frise-se que este princípio está consagrado expressamente no art. 8º, 1, do Pacto de São José da Costa Rica (aprovado pelo Decreto nº 678/92).

### *2.2.5. Princípio do promotor natural e imparcial ou promotor legal*

Trata-se de princípio constitucional implícito que decorre dos seguintes princípios constitucionais expressos:

1. **Princípio da inamovibilidade funcional dos membros do Ministério Público** (art. 128, § 5º, I, "b", CF).
2. **Princípio da independência funcional dos membros do Ministério Público** (art. 127, § 1º, CF).
3. **Princípio do juiz natural** (art. 5º, LIII, CF) – por analogia.

Por força deste princípio, entende-se que o agente delitivo deve ser acusado por órgão imparcial do Estado, previamente designado por lei, vedada a indicação de acusador para atuar em casos específicos.

Em respeito a este princípio, o Procurador-Geral de Justiça apenas pode designar Promotores de Justiça para determinados casos concretos se houver prévia e expressa previsão em lei nesse sentido. Tais hipóteses de designação atualmente estão estipuladas no art. 10, inciso IX, da Lei nº 8.625/93 (Lei Orgânica do Ministério Público dos Estados).

### *2.2.6. Princípio da vedação da dupla punição e do duplo processo pelo mesmo fato (ne bis in idem)*

Trata-se de princípio que decorre dos princípios da legalidade penal (art. 5º, inciso XXXIX, da Constituição Federal) e da dignidade da pessoa humana (art. 1º, inciso III, da Constituição Federal). Ademais, é consagrado expressamente no art. 8º, 4, do Pacto de São José da Costa Rica.

Este princípio impede que a pessoa seja processada e condenada duas vezes pelo mesmo fato. Implica ainda na proibição de o agente ser processado novamente pelo mesmo fato quando já foi absolvido com sentença transitada em julgado.

## 3. PRINCÍPIOS DO PROCESSO PENAL PROPRIAMENTE DITOS

### 3.1. Princípio da busca da verdade real ou material

No processo civil, tendo em vista que, em regra, estão em jogo direitos meramente patrimoniais (disponíveis), é suficiente a verdade formal, a verdade dos autos, daí porque é possível a aplicação da presunção da veracidade dos fatos e o julgamento antecipado da lide em ocorrendo a revelia do réu. Por força disso, os poderes instrutórios do juiz, nesta seara jurídica, são bastante reduzidos, embora recentemente essa característica esteja sendo bastante mitigada com a edição de leis que, cada vez mais, garantem tais poderes ao magistrado.

Já no processo penal, em que prevalecem direitos indisponíveis, notadamente a liberdade, há a necessidade de busca da verdade real ou material dos fatos, a verdade do mundo real, a verdade objetiva, daí porque o juiz passa a ter maior iniciativa probatória, como se vê do teor do art. 156, incisos I e II, do CPP, com a redação dada pela Lei nº 11.690/08, que permite ao magistrado ordenar, mesmo antes de iniciada a ação penal, a produção antecipada de provas, urgentes e relevantes, observando a necessidade, adequação e proporcionalidade da medida (inciso I), assim como determinar, no curso da instrução, ou antes de proferir sentença, a realização de diligências para dirimir dúvida sobre ponto relevante (inciso II).

### 3.2. Princípio da oralidade e princípios consequenciais da concentração, da imediatidade e da identidade física do juiz

Quanto ao princípio da **oralidade**, há de se registrar que, em algumas etapas do processo, a palavra oral deve prevalecer sobre a palavra escrita, como forma de promover os princípios da concentração, da imediatidade e da identidade física do juiz.

Com a Lei nº 11.719/08, o princípio da oralidade ganhou destaque, a uma porque toda a instrução probatória é produzida em uma só audiência de instrução e julgamento (artigos 400, § 1º, e 411, §2º, do CPP), na qual as alegações finais são, em regra, orais (artigos 403 e 411, §4º, do CPP), podendo a sentença também ser prolatada oralmente (artigos 403 e 411, § 9º, do CPP), a duas porque o art. 405, §§1º e 2º, do CPP permite que os atos processuais praticados ao longo da audiência de instrução e julgamento sejam registrados apenas por meio audiovisual, sem necessidade de transcrição, somente encaminhando-se às partes cópia do registro original.

Como já afirmado, o princípio da oralidade dá origem a 3 (três) outros princípios, o da concentração, o da imediatidade e o da identidade física do juiz.

No que tange ao princípio da **concentração**, entende-se que toda a colheita da prova e o julgamento devem ocorrer em uma única audiência (audiência de instrução e julgamento) - ou ao menos no menor número de audiências (já que, na prática, é possível cindir a audiência de instrução e julgamento) -, o que, como visto alhures, passou a ser regra expressamente consagrada no CPP, mais precisamente nos artigos 400, §1º, e 411, §2º, com a redação dada pela Lei nº 11.719/08.

Com relação ao princípio da **imediatidade**, compreende-se que "o magistrado deve ter contato direto com a prova produzida, formando mais facilmente sua convicção" (NUCCI, 2008, p. 108).

Por fim, o princípio da **identidade física do juiz** consiste no fato de que o juiz que preside a instrução do processo, colhendo as provas, deve ser aquele que julgará o feito, vinculando-se à causa (NUCCI, 2008, p. 108). É novidade do processo penal (existia apenas no processo civil), estando consagrado atualmente no art. 399, § 2º, CPP, com a redação dada pela Lei nº 11.719/08.

As exceções ao princípio da identidade física do juiz previstas no art. 132, *caput*, do Código de Processo Civil de 1973 (se o juiz estiver convocado, licenciado, afastado por qualquer motivo, promovido ou aposentado) continuam sendo aplicadas, por analogia, ao Processo Penal (casos em que o juiz passará os autos ao seu sucessor), analogia esta permitida de acordo com o art. 3º do CPP, ainda que aquele dispositivo não encontre correspondência no CPC de 2015.

## 3.3. Princípio da comunhão ou aquisição da prova

É princípio segundo o qual, uma vez produzida, a prova pertence ao juízo e pode ser utilizada por qualquer das partes e pelo juiz, ajudando na busca da verdade real, mesmo que tenha sido requerida por apenas uma das partes. Desse modo, por exemplo, uma testemunha arrolada pelo Ministério Público pode prestar depoimento que favoreça o réu, sendo permitido que este último utilize tal depoimento em seu benefício.

## 3.4. Princípio do impulso oficial

Por força deste princípio, uma vez iniciada a ação penal, o juiz tem o dever de promover o seu andamento até a sua etapa final, de acordo com o procedimento previsto em lei, proferindo decisão (NUCCI, 2008, p. 109). Este princípio está consagrado expressamente no art. 251 do CPP. Ele é válido também na ação penal privada, não se permitindo a paralisação injustificada do feito, sob pena de perempção (art. 60 do CPP).

## 3.5. Princípio da lealdade processual

É princípio que "Consiste no dever de verdade, vedando-se o emprego de meios fraudulentos (ilícitos processuais)" (CAPEZ, 2007, p. 25). Ele não se encontra expresso no CPP. Entretanto, a fraude destinada a produzir efeitos em processo penal foi tipificada como crime no Código Penal (art. 347).

# Aplicação da Lei Processual Penal no espaço

## 1. PRINCÍPIO DA TERRITORIALIDADE (ART. 1º CPP)

Quanto à aplicação da lei processual penal no espaço, vale, como regra geral, o princípio da territorialidade (*locus regit actum*), consagrado no art. 1º, *caput*, do CPP, segundo o qual é aplicada a lei processual penal brasileira a todo crime ocorrido em território nacional, da mesma forma com que ocorre no Direito Penal (art. 5º CP). A esse respeito, entende-se como lei processual penal brasileira, também como regra, o Código de Processo Penal, que, no entanto, não se aplica para os crimes processados no Brasil nas hipóteses previstas nos incisos I a V do art. 1º do CPP.

## 2. EXCEÇÕES À REGRA DA TERRITORIALIDADE

São situações em que, na verdade, continuará sendo aplicada a lei processual penal brasileira, mas não o Código de Processo Penal e sim outros instrumentos normativos.

### 2.1. Tratados, convenções e regras de direito internacional (art. 1º, I, CPP)

Em firmando o Brasil um tratado ou uma convenção ou ainda participando o país de uma organização mundial regida por regras internacionais, não há de ser aplicado o Código de Processo Penal ao caso concreto, incidindo a lei material do respectivo país e, via de consequência, tramitando o processo penal em tal localidade.

## 2.2. Jurisdição política (art. 1º, II, CPP)

Em determinados **crimes de responsabilidade** (em verdade, infrações político-administrativas), não será o Judiciário que julgará o fato delitivo, mas sim determinado órgão do Poder Legislativo. Assim, no âmbito federal, o Senado Federal tem competência para o julgamento dos crimes de responsabilidade praticados pelas autoridades mencionadas no art. 52, incisos I e II, da Constituição Federal. Quanto ao seu processamento, os crimes de responsabilidade são regidos pela Lei nº 1.079/50. Ademais, nos termos da Súmula Vinculante nº 46 do STF, "A definição dos crimes de responsabilidade e o estabelecimento das respectivas normas de processo e julgamento são da competência legislativa privativa da União".

No âmbito estadual, o julgamento é feito por um Tribunal Especial, de acordo com o previsto no art. 78, § 3º, da Lei nº 1.079/50. No âmbito municipal, o regramento é feito pelo Decreto-Lei nº 201/67 e o julgamento competirá à Câmara de Vereadores (art. 4º do Decreto-Lei nº 201/67).

## 2.3. Justiça Militar (art. 1º, III, CPP)

A Justiça Militar é considerada justiça especial, possuindo regras próprias, motivo pelo qual a ela não se aplica o Código de Processo Penal, mas sim o Código Penal Militar (define os crimes militares) e o Código de Processo Penal Militar (define os procedimentos de tais crimes).

## 2.4. Tribunal de Segurança Nacional (art. 1º, IV, CPP)

O Tribunal de Segurança Nacional, instituído pelo art. 122, nº 17, da Constituição Federal de 1937, não mais existe no ordenamento, tendo sido extinto pela Lei Constitucional nº 14/45. Hoje os crimes contra a segurança nacional, que eram julgados pelo referido Tribunal, estão previstos na Lei nº 7.170/83 e são, em regra, julgados pela Justiça Federal (art. 109, inciso IV, da Constituição Federal), pois são delitos políticos.

## 2.5. Lei de Imprensa (art. 1º, V, CPP)

Os crimes de imprensa são julgados pela Justiça Comum. Afirma o CPP, no art. 1º, V, que, para esses crimes, deveria ser respeitado o procedimento da Lei de Imprensa (Lei nº 5.250/67). Entretanto, o STF, no julgamento da Ação de Descumprimento de Preceito Fundamental (ADPF) nº 130/DF, julgou pela não recepção ou revogação de toda essa lei, daí porque, para esses casos, deve haver a aplicação direta do procedimento previsto no CPP.

## 2.6. Legislação especial (art. 1º, parágrafo único, CPP)

O art. 1º, parágrafo único, do CPP assevera expressamente o seguinte: "Aplicar-se-á, entretanto, este Código aos processos referidos nos nºs. IV e V, quando as leis especiais que os regulam não dispuserem de modo diverso".

É certo que os incisos IV e V do art. 1º estão prejudicados, como visto alhures. No entanto, o dispositivo legal em comento ainda possui importância, devendo ser interpretado de forma a permitir a aplicação subsidiária do CPP às leis especiais em geral, caso não dispuserem de modo contrário. É o que ocorre, por exemplo, com a Lei de Tóxicos (Lei nº 11.343/06), Lei de Abuso de Autoridade (Lei nº 4.898/65) etc.

CAPÍTULO IV

# Aplicação da Lei Processual Penal no tempo

## 1. REGRA GERAL (ART. 2º CPP) – PRINCÍPIO DO EFEITO IMEDIATO OU PRINCÍPIO DA APLICAÇÃO IMEDIATA

Quanto à aplicação da lei processual penal no tempo, vale, como regra geral, o princípio do efeito imediato ou da aplicação imediata (*tempus regit actum*), consagrado expressamente no art. 2º do CPP, segundo o qual a norma processual penal entra em vigor imediatamente, pouco importa se mais gravosa ou não ao réu, embora os atos processuais praticados na vigência da lei anterior sejam absolutamente válidos.

## 2. EXCEÇÃO (ART. 3º LICPP)

Exceção ao princípio do efeito imediato ou da aplicação imediata vem prevista no art. 3º da Lei de Introdução ao Código de Processo Penal, segundo o qual "O prazo já iniciado, inclusive o estabelecido para a interposição de recurso, será regulado pela lei anterior, se esta não prescrever prazo menor do que o fixado no Código de Processo Penal". Assim, se um determinado prazo já estiver andamento, incluindo prazo recursal, valerá o prazo da lei anterior se o prazo da nova lei for menor do que aquele outro.

## 3. NORMAS PROCESSUAIS PENAIS MATERIAIS OU MISTAS OU HÍBRIDAS (ART. 2º LICPP)

Normas processuais penais materiais ou mistas ou híbridas são aquelas que, "apesar de estarem no contexto do processo penal, regendo atos praticados pelas partes durante a investigação policial ou durante o trâmite processual, têm forte conteúdo de Direito Penal" (NUCCI, 2008, p. 139). São normas, portanto, que envolvem **institutos mistos**, previstos muitas vezes tanto no Código de Processo Penal como no Código Penal, a exemplo do perdão, da perempção, renúncia, decadência etc, que promovem a extinção da punibilidade do agente, nos termos do art. 107, incisos IV e V, do Código Penal.

Ademais, é também considerada norma processual penal mista aquela que diz respeito à **prisão do réu**, pois ela envolve o direito material de liberdade. A prisão preventiva, por exemplo, está diretamente ligada ao direito de liberdade do réu (somente pode ser decretada se houver motivo suficiente para superar tal direito).

Em havendo hipótese de incidência de norma processual penal material, é aplicado, para a norma como um todo (e não apenas para a parte penal), o princípio típico do Direito Penal da **retroatividade da lei mais benéfica** (consagrado no artigo 5º, XL, da Constituição Federal e no artigo 2º do Código Penal), se efetivamente a lei desta natureza for mais benéfica ao réu. Nesse sentido é o art. 2º da Lei de Introdução ao Código de Processo Penal, que determina que sejam aplicados os dispositivos mais favoráveis ao réu, no que concerne à prisão preventiva e à fiança, quando houver a edição de lei nova que colha situação processual em desenvolvimento.

CAPÍTULO V

# Interpretação da Lei Processual Penal

## 1. ESPÉCIES DE INTERPRETAÇÃO DA LEI PROCESSUAL PENAL

### 1.1. Quanto ao sujeito que a realiza ou à origem

É critério que leva em consideração o sujeito que realiza a interpretação da norma processual penal, a sua origem. Divide-se em:

- **Autêntica ou legislativa**: É aquela que "procede da mesma origem da lei e tem força obrigatória" (MIRABETE, 2004, p. 75). Exemplo: o conceito de flagrante delito vem previsto no próprio CPP, nos seus artigos 302 e 303.
- **Jurisprudencial ou judicial**: Trata-se do "conjunto de manifestações judiciais sobre determinado assunto legal, exaradas num sentido razoavelmente constante" (MIRABETE, 2004, p. 75), em regra sem força obrigatória. Entretanto, as súmulas vinculantes do STF (art. 103-A da Constituição Federal, disciplinado pela Lei nº 11.417/2006) e as decisões proferidas em controle concentrado de constitucionalidade têm força obrigatória, constituindo-se assim em verdadeiras fontes do Direito.
- **Doutrinária ou científica**: É espécie de interpretação tida como "o entendimento dado aos dispositivos legais pelos escritores ou comentadores do direito" (MIRABETE, 2004, p. 75). A exposição de motivos do Código é exemplo desta interpretação. Prevalece o entendimento de que a modalidade de interpretação em comento não tem força obrigatória.

### 1.2. Quanto aos meios empregados ou ao modo

- **Gramatical ou literal ou sintática**: É aquela que se espelha "no exato significado das palavras constantes do texto legal" (NUCCI, 2008, p. 128).

- **Sistemática**: Sendo a interpretação gramatical insuficiente, deve-se fazer um confronto lógico entre os dispositivos da lei, o que resulta em uma interpretação sistemática. Exemplo: a palavra "autoridade" empregada no art. 10, §§ 1º, 2º e 3º, do CPP implica em "autoridade policial", conforme artigos 4º, *caput*, e 6º do próprio CPP.
- **Lógica**: É aquela que se vale "das regras de raciocínio e conclusão para compreender o espírito da lei" (TÁVORA; ALENCAR, 2009, p. 39).
- **Histórica**: É aquela que "analisa o contexto da votação do diploma legislativo, os debates, as emendas propostas etc.". (TÁVORA; ALENCAR, 2009, p. 39).
- **Teleológica**: É aquela por meio da qual se procura o sentido e o alcance da norma. A esse respeito, é fundamental relembrar que o art. 5º da Lei de Introdução às normas do Direito Brasileiro assevera que a interpretação deve atender "aos fins sociais a que ela se dirige e às exigências do bem comum".

## 1.3. Quanto aos resultados

- **Declarativa**: É a espécie de interpretação que "ocorre quando o texto examinado não é ampliado nem reduzido, encontrando-se apenas o significado oculto do termo ou expressão utilizada pela lei" (MIRABETE, 2004, p. 76). Exemplo: o art. 248 CPP, ao falar de casa habitada, apenas quer se referir a casa com uma ou mais pessoas.
- **Restritiva**: É espécie de interpretação que procura restringir "o alcance dos termos utilizados na lei para atingir seu real significado" (NUCCI, 2008, p. 128). Nesse sentido, deve ser relembrada a regra de hermenêutica segunda a qual toda exceção deve ser interpretada de forma restritiva.
- **Extensiva ou ampliativa**: É modalidade de interpretação por meio da qual se alarga "o sentido dos termos legais para dar eficiência à norma" (NUCCI, 2008, p. 128), pois o legislador disse menos do que queria ou deveria dizer. Exemplo: no art. 254, o CPP, tratando da suspeição, fala apenas em juiz, mas, por interpretação extensiva, a causa se aplica também ao jurado, que é juiz de fato no Tribunal do Júri **Ela vem prevista expressamente no art. 3º do CPP**.
- **Analógica**: É espécie de interpretação mediante a qual o intérprete se vale "de um processo de semelhança com outros termos constantes na mesma norma para analisar o conteúdo de algum termo duvidoso ou aberto" (NUCCI, 2008, p. 128). Mirabete menciona exemplos de interpretação analógica: "Quando a lei se refere a 'quaisquer outros

elementos' no artigo 6º, IX, do CPP, está mencionado outros dados referentes à 'vida pregressa do indiciado'. Quando menciona 'repartição congênere', refere-se a órgãos que atuem com o objetivo de identificação e estatística. Quando contém a expressão 'fato análogo', como no artigo 254, inclui no rol crimes previstos no mesmo capítulo da lei penal" (MIRABETE, 2004, p. 77). **Ela também vem prevista expressamente no art. 3º do CPP.**

- **Progressiva ou adaptativa ou evolutiva**: Ela ocorre para que sejam abarcadas "no processo novas concepções ditadas pelas transformações sociais, científicas, jurídicas ou morais que devem permear a lei processual estabelecida" (MIRABETE, 2004, p. 76). Exemplos: quando o CPP fala em Tribunal de Apelação quer se referir ao Tribunal de Justiça.

Por fim, registre-se que, embora semelhantes, os conceitos de interpretação extensiva, interpretação analógica e analogia não se confundem. Na **interpretação extensiva**, o legislador disse menos do que queria ou deveria dizer, motivo pelo qual é preciso ampliar o conteúdo de um termo para alcançar o autêntico sentido da norma. Na **interpretação analógica**, há termo expresso no próprio dispositivo que permite a interpretação de outro termo pertencente a ele que seja duvidoso ou polêmico. Já a **analogia** é fonte (secundária) do Direito, processo de integração da norma, que ocorre quando uma situação análoga, semelhante à outra que não tem solução expressa, é a ela aplicada, imaginando-se que o efeito será o mesmo.

CAPÍTULO VI

# Inquérito Policial

## 1. CONCEITO

Inquérito policial é "um procedimento preparatório da ação penal, de caráter administrativo, conduzido pela polícia judiciária e voltado à colheita preliminar de provas para apurar a prática de uma infração penal e sua autoria. Seu objetivo precípuo é a formação da convicção do representante do Ministério Público, mas também a colheitas de provas urgentes, que podem desaparecer, após o cometimento do crime. Não podemos olvidar, ainda, que o inquérito serve à composição das indispensáveis provas pré-constituídas que servem de base à vítima, em determinados casos, para a propositura da ação penal privada". (NUCCI, 2008, p. 143).

## 2. POLÍCIA JUDICIÁRIA (ART. 4º, *CAPUT*, CPP E ART. 144, *CAPUT*, § 1º, I E IV, E § 4º, CF)

Em apertada síntese, pode-se afirmar que a Polícia Judiciária é aquela voltada para a investigação criminal, tendo, portanto, **caráter repressivo**, já que atua após a prática da infração penal, apurando a sua autoria e a materialidade. No âmbito estadual, é exercida pela Polícia Civil (art. 144, § 4º, da Constituição Federal) e, no âmbito federal, pela Polícia Federal (art. 144, § 1º, incisos I e IV, da Constituição Federal).

É a Polícia Judiciária o órgão responsável pela presidência do inquérito policial, consoante dispõe o art. 4º, *caput*, do CPP.

Distingue-se da Polícia Administrativa ou de Segurança, a exemplo da Polícia Militar (art. 144, § 5º, da Constituição Federal), porque esta é polícia ostensiva, preventiva, que visa, pois, evitar a ocorrência de um delito.

| POLÍCIA JUDICIÁRIA | POLÍCIA ADMINISTRATIVA OU DE SEGURANÇA |
|---|---|
| Possui caráter repressivo, já que atua após a prática da infração penal. Por conta disso, é a responsável pela presidência do inquérito policial. No âmbito estadual, é exercida pela Polícia Civil, ao passo que, no âmbito federal, é exercida pela Polícia Federal. | Polícia de caráter preventivo ou ostensivo, já que atua antes da prática da infração penal, justamente para evitá-la. É o exemplo da Polícia Militar. |

## 3. OUTRAS INVESTIGAÇÕES CRIMINAIS (ART. 4º, PARÁGRAFO ÚNICO, CPP)

Nos termos do art. 4º, parágrafo único do CPP, entende-se que o inquérito policial (espécie) não é a única forma de investigação criminal (gênero). Há outras formas de investigação, distintas do inquérito policial, presididas por autoridades administrativas, desde que previstas em lei.

São exemplos destas outras espécies de investigação criminal: **1. Inquérito por crime praticado por Juiz ou Promotor de Justiça é presidido pelo respectivo órgão de cúpula - Tribunal de Justiça ou Procuradoria de Justiça** (art. 33, parágrafo único, da Lei Complementar nº 35/79 – Lei Orgânica da Magistratura Nacional – e art. 41, parágrafo único, da Lei nº 8.625/93 – Lei Orgânica do Ministério Público dos Estados); **2. Inquérito parlamentar é presidido pela Comissão Parlamentar de Inquérito (CPI); 3. Inquérito Policial Militar é presidido pela polícia judiciária militar** (art. 8º do Código de Processo Penal Militar); **4. Investigação feita por agentes florestais; 5. Investigação feita por agentes da Administração pública** (sindicâncias e processos administrativos); **6. Investigação feita pelo Ministério Público em sede de Inquérito Civil Público** (art. 8º, § 1º, da Lei nº 7.347/85); **7. Investigação de autoridades com foro por prerrogativa de função** (a instauração e o indiciamento somente podem ser feitos pelo respectivo foro, embora tal foro possa delegar certos atos para as autoridades policiais); **8. Investigação particular** (mais rara).

▸ **Importante:**

O **Inquérito Judicial**, procedimento preparatório para ação penal, presidido por Juiz de Direito, no qual valiam o contraditório e a ampla defesa, previsto na antiga lei de falências, foi **revogado pela nova lei de falências** (Lei nº 11.101/2005).

## 4. A INVESTIGAÇÃO CRIMINAL PRESIDIDA PELO MINISTÉRIO PÚBLICO

Embora ainda existam diversos posicionamentos doutrinários (minoritários) não admitindo a investigação criminal por parte do Ministério Público, a exemplo de Guilherme de Souza Nucci (2008, p. 146-150), certo é que esta modalidade de investigação encontra-se atualmente regulamentada pela **Resolução nº 181/2017 do Conselho Nacional do Ministério Público**. Além disso, ela é **admitida, de forma pacífica, pelo STJ**. O STF ainda não se posicionou em sede de controle concentrado de constitucionalidade, embora tramitem na Suprema Corte as ADINs de números 2943-6, 3.836, 3.806 e 4271-8, que visam atacar a possibilidade desta espécie de investigação. Porém, **no âmbito do controle difuso, a posição mais recente do STF é pela possibilidade desta investigação**, conforme julgamento paradigmático proferido no RE nº 593727/MG, no qual inclusive foi reconhecida repercussão geral da matéria, assegurando-se a investigação criminal pelo *Parquet*, desde que sejam devidamente resguardados os direitos do investigado, incluindo o acesso a meios de prova, respeitados os limites definidos na Súmula Vinculante nº 14 do STF, e observando-se as hipóteses de cláusula de reserva de jurisdição (provas que somente podem ser realizadas através de ordem judicial) – Informativo nº 785.

Ademais, registre-se que a Súmula nº 234 do STJ afirma expressamente que "a participação de membro do Ministério Público na fase de investigatória criminal não acarreta seu impedimento ou suspeição para o oferecimento da denúncia".

## 5. CARACTERÍSTICAS DO INQUÉRITO POLICIAL

1. **Inquisitivo**: Com a finalidade de se fomentar a agilidade da investigação, no inquérito policial, não há contraditório e ampla defesa, não sendo permitido que o investigado participe dele. Por isso também, em regra, não é possível condenação apenas com base em prova produzida ao longo do inquérito. Caso se deseje que estas provas sirvam para os fins de um decreto condenatório, exige-se a repetição das mesmas ao longo da instrução processual em juízo, sob o crivo do contraditório. Tudo isso pode ser constatado com a simples leitura do art. 155, *caput*, do CPP, com a redação dada pela Lei nº 11.690/08. Excepcionalmente, porém, é possível a utilização de provas produzidas no inquérito policial para a formação da convicção do magistrado, se tais provas forem **cautelares, não repetíveis e antecipadas**, com base no mesmo dispositivo legal anteriormente indicado. Essa característica, no entanto, embora permaneça *plenamente válida*, sofreu a incidência da recente Lei nº 13.245/2016, a qual, ao acrescentar o inciso XXI ao art. 7º do Estatuto da OAB (Lei

nº 8.906/94), passou a permitir ao advogado, na alínea "a" deste mesmo dispositivo legal, no curso de qualquer apuração criminal (não apenas inquérito policial), a apresentação de razões (o que inclui a argumentação e a defesa do seu ponto de vista sobre algo que será decidido pelo delegado ou sobre alguma diligência a ser praticada) e quesitos (o que inclui a formulação de perguntas ao investigado, às testemunhas, ofendido, perito etc.), sob pena de "nulidade absoluta" (termo empregado pela lei, embora incorreto tecnicamente, como adiante se demonstrará) do ato colhido sem observância desta prerrogativa funcional. Saliente-se que a novel legislação não assegurou ao advogado, no interesse do seu cliente, o direito de requisitar diligências, pois a alínea "b" do dispositivo legal em comento, que trazia previsão a esse respeito, foi vetado pela Presidente da República. Não obstante, continua o advogado com o direito de requerer a colheita de provas, que só será realizada ou não a critério (discricionário) da autoridade policial, conforme já previsto no art. 14 do CPP. De qualquer sorte, o STF entende que, malgrado as alterações promovidas pela Lei nº 13.245/2016 no Estatuto da OAB, é desnecessário que o advogado seja intimado previamente para acompanhar tomada de depoimentos na fase de inquérito policial, reafirmando-se, pois, o caráter inquisitivo deste procedimento (STF, Segunda Turma, PET 7.612, Rel. Min. Luiz Edson Fachin). Há ainda outras investigações criminais específicas para as quais a lei permite expressamente o contraditório. São os casos do **inquérito para decretação da expulsão de estrangeiro** e o **inquérito para apurar falta administrativa**. O chamado inquérito judicial, que também permitia o contraditório (artigos 103 e seguintes do Decreto-Lei nº 7.661/45), foi revogado pela atual lei de falências.

2. **Inexistência de nulidades**: Sendo o inquérito mero procedimento informativo e não ato de jurisdição, os vícios nele acaso existentes não afetam a ação penal que a deu origem. A desobediência a formalidades legais pode acarretar apenas a ineficácia do ato em si (prisão em flagrante, por exemplo, que, se ilegal, deve ser relaxada), mas não influi na ação já iniciada. Se a prova irregular era a única do inquérito, a consequência é que a denúncia deve ser rejeitada por falta de suporte probatório mínimo (justa causa), nos termos do art. 395, inciso III, do CPP.

3. **Escrito (art. 9º CPP)**: O procedimento deve ser todo escrito, nos termos do art. 9º do CPP. Quanto aos atos orais, devem ser reduzidos a termo.

4. **Sigiloso (art. 20 CPP)**: O inquérito não está disponibilizado para qualquer do povo, pois não há a publicidade, o que serve de proteção ao investigado contra as investidas da imprensa, em atenção ao princípio da presunção da inocência. Nem o próprio investigado, pessoalmente, tem acesso aos autos. É característica que está prevista expressamente no

art. 20, *caput*, do CPP. Nessa esteira, a Lei nº 12.681/12 deu nova redação ao parágrafo único deste dispositivo legal, que passou a asseverar o seguinte: "Nos atestados de antecedentes que lhe forem solicitados, a autoridade policial não poderá mencionar quaisquer anotações referentes a instauração de inquérito contra os requerentes.". Entretanto, o caráter sigiloso do inquérito **não se aplica ao juiz, ao Ministério Público e ao advogado**. A esse respeito, frise-se que o advogado pode consultar o inquérito (o que inclui não só o simples exame dos autos, como também a cópia de peças e a anotação de apontamentos, em meio físico ou digital), mesmo que não tenha procuração nos autos, por força do **art. 7º, XIV, do Estatuto da OAB (Lei nº 8.906/94)**, em garantia à sua prerrogativa profissional, que, se violada, permite o manejo de reclamação dirigida ao STF. Aliás, noticie-se que este dispositivo legal foi alterado pela Lei nº 13.245/2016, passando-se a garantir esta prerrogativa profissional ao advogado não apenas em sede de inquérito policial, mas em "investigações de qualquer natureza", findos ou em andamento, ainda que conclusos à autoridade. Noutro giro, nos autos sujeitos a sigilo, deve o advogado apresentar procuração para o exercício dos direitos de que trata o inciso XIV do art. 7º do Estatuto da OAB (art. 7º, § 10, do Estatuto da OAB, com a redação dada pela Lei nº 13.245/2016). A inobservância aos direitos estabelecidos neste inciso XIV, o fornecimento incompleto de autos ou fornecimento de autos em que houve a retirada de peças já incluídas no caderno investigativo implicará responsabilização criminal e funcional por abuso de autoridade do responsável que impedir o acesso do advogado com o intuito de prejudicar o exercício da defesa, sem prejuízo do direito subjetivo do advogado de requerer acesso aos autos ao juiz competente (art. 7º, § 12, do Estatuto da OAB, com a redação dada pela Lei nº 13.245/2016). Nesse sentido, o STF, em fevereiro de 2009, editou a **Súmula Vinculante nº 14**, que apregoa: "É direito do defensor, no interesse do representado, ter acesso amplo aos elementos de prova que, já documentados em procedimento investigatório realizado por órgão com competência de polícia judiciária, digam respeito ao exercício do direito de defesa". Seguindo a linha de intelecção da citada Súmula Vinculante, o art. 7º, § 11, do Estatuto da OAB, com a redação dada pela Lei nº 13.245/2016, passa a asseverar que, no caso previsto no inciso XIV do art. 7º do mencionado Estatuto, a autoridade competente poderá delimitar o acesso do advogado aos elementos de prova relacionados a diligências em andamento e ainda não documentados nos autos, quando houver risco de comprometimento da eficiência, da eficácia ou da finalidade das diligências. Até em virtude desta inovação legal, conclui-se também que o teor da Súmula Vinculante nº 14 do STF deve ser estendido para toda e qualquer espécie de investigação criminal, não se restringindo o seu alcance, portanto, somente ao inquérito policial, como aparentemente informa a sua redação. Além de consultar os autos, podendo inclusive extrair cópias, o advogado pode ainda participar da produção de provas, embora de forma limitada. Nessa senda, o inciso XXI, alínea "a", do art. 7º do Estatuto da OAB, incluído pela Lei nº 13.245/2016, expressamente confere ao advogado o direito de assistir a seus clientes investigados durante a apuração de infrações, sob pena de "nulidade absoluta" (termo empregado pela lei, embora tecnicamente incorreto, conforme anteriormente explicitado) do respectivo interrogatório ou depoimento e, subsequentemente, de todos os elementos investigatórios e probatórios dele decorrentes ou derivados, direta ou indiretamente, podendo, inclusive, no curso da respectiva apuração, apresentar razões (o que inclui a argumentação e a defesa do seu ponto de vista sobre algo que será decidido pelo delegado ou sobre alguma diligência a ser praticada) e quesitos (o que inclui a formulação de perguntas ao investigado, às testemunhas, ofendido, perito etc). Desse modo, garante-se ao advogado o direito de, por exemplo, estar presente ao interrogatório do investigado e nos demais depoimentos colhidos pela autoridade policial, podendo inclusive formular perguntas. Reprise-se, há aqui um direito e não dever. Portanto, caso o advogado queira participar do interrogatório do seu cliente, terá esse direito. Mas se o investigado não indicar a existência de procurador constituído, o ato será realizado independentemente da presença do defensor, não sendo sequer necessária a nomeação de defensor dativo. É este o posicionamento do STF, que inclusive assevera que é desnecessário que o advogado seja intimado previamente para acompanhar tomada de depoimentos neste procedimento (STF, Segunda Turma, PET 7.612, Rel. Min. Luiz Edson Fachin). É facultado ao delegado indeferir perguntas formuladas pelo advogado, nas situações expostas no art. 212 do CPP, aplicável à matéria por analogia, e com base também no próprio art. 14 do CPP. Saliente-se, por fim, que a novel legislação não assegurou ao advogado, no interesse do seu cliente, o direito de requisitar diligências, pois a alínea "b" do dispositivo legal em comento, que trazia previsão a esse respeito, foi vetado pela Presidente da República. Não obstante, continua o advogado com o direito de requerer a colheita de provas, que só será realizada ou não a critério (discricionário) da autoridade policial, conforme já previsto no art. 14 do CPP.

5. **Oficialidade**: O inquérito policial deve ser presidido por autoridade oficial do Estado, no caso, o Delegado de Polícia (art. 144, § 4º, da Constituição Federal).

6. **Autoritariedade**: O inquérito policial é presidido por autoridade pública (art. 144, § 4º, da Constituição Federal), o Delegado de Polícia.

7. **Oficiosidade**: Nos crimes de ação penal pública incondicionada, a autoridade policial tem o dever de ofício de proceder à apuração do fato delitivo (art. 5º, inciso I, do CPP).

8. **Indisponibilidade (art. 17 CPP)**: É característica aplicável à autoridade policial, que não pode determinar o arquivamento do inquérito policial, nos termos do art. 17 do CPP, mesmo se não há provas da autoria ou materialidade do fato delitivo e ainda que ele tenha instaurado o inquérito de ofício.

9. **Incomunicabilidade do investigado (art. 21 CPP)**: Embora o art. 21 do CPP traga a possibilidade de se decretar a incomunicabilidade do investigado ao longo do inquérito policial, certo é que **essa característica não foi recepcionada pela Constituição Federal**, já que nem no Estado de Defesa, quando inúmeras garantias fundamentais são mitigadas, isso ocorre, conforme preceitua o art. 136, § 3º, IV, da Constituição Federal. Além disso, se ela ainda fora admitida, não pode ser aceita para o advogado, por força do art. 7º, inciso III, do Estatuto da OAB (Lei nº 8.906/90). Ademais, nem o próprio Regime Disciplinar Diferenciado (RDD) permite a incomunicabilidade do investigado, nos termos da Lei nº 10.792/03.

## 6. INÍCIO DO INQUÉRITO POLICIAL (ART. 5º, I, II E § 3º, CPP)

As formas de instauração do inquérito policial podem ser extraídas basicamente da leitura do art. 5º do Código de Processo Penal, a saber:

1. **De ofício pela autoridade policial (art. 5º, I, CPP)**: O inquérito policial é instaurado pela autoridade policial que irá presidi-lo, quando toma conhecimento, por conta própria, da prática de um delito. Só se permite a instauração do inquérito de ofício pela autoridade policial se o crime for de ação penal pública incondicionada.

2. **Por requerimento do ofendido ou de quem tiver qualidade para representá-lo (art. 5º, II, CPP)**: Ocorre quando o próprio ofendido do delito ou quem tenha qualidade para representá-lo requer à autoridade policial a instauração do inquérito policial. O requerimento do ofendido ou de quem tiver qualidade para representá-lo deverá, sempre que possível, conter os requisitos previstos no art. 5º, § 1º, do CPP. Na hipótese de a autoridade policial indeferir a abertura de inquérito, o prejudicado poderá oferecer **recurso administrativo** dirigido ao **chefe de Polícia** (art. 5º, § 2º, do CPP).

3. **Por delação de terceiro ou *delatio criminis* (art. 5º, § 3º, CPP)**: É a denominação dada à comunicação feita por qualquer pessoa do povo ao delegado acerca da ocorrência da infração penal em que caiba ação penal pública incondicionada. Pode ser feita oralmente ou por escrito. Caso a autoridade policial verifique a procedência da informação, mandará instaurar inquérito para apurar oficialmente o acontecimento delitivo.

4. **Por requisição da autoridade competente (art. 5º, II, CPP)**: Ocorre quando é feita requisição por parte do juiz ou do Ministério Público. A requisição, se devidamente legal, implica em exigência do cumprimento da lei, o que, na prática, serve como uma espécie de ordem para a autoridade policial.

5. **Pela lavratura do auto de prisão em flagrante delito**: Embora não haja previsão expressa no art. 5º do CPP, entende-se que o inquérito policial poderá ser instaurado também a partir da prisão em flagrante do investigado, nas hipóteses previstas no art. 302 do Código de Processo Penal. Nesse caso, o Auto de Prisão em Flagrante Delito, peça que formaliza a prisão em flagrante, dará início ao inquérito policial.

## 7. INTERFERÊNCIA DA ESPÉCIE DE AÇÃO PENAL NA INSTAURAÇÃO DO INQUÉRITO POLICIAL (ART. 5º, §§ 4º E 5º, CPP)

Como é cediço, se a norma penal não estipular o tipo de ação penal a que está sujeito determinado crime, entende-se que ele estará submetido à ação penal pública incondicionada. Nesse caso, o inquérito policial pode ser iniciado por quaisquer das 5 (cinco) formas de instauração deste procedimento abordadas no tópico anterior.

De outro lado, a **ação penal pública condicionada** (à representação do ofendido e à requisição do Ministro da Justiça) e a **ação penal privada** vêm expressas na norma penal. Nessas situações, o inquérito policial **somente pode ser instaurado por provocação do ofendido ou de quem tiver qualidade para representá-lo ou ainda do Ministro da Justiça**, a depender do caso.

## 8. *NOTITIA CRIMINIS* OU NOTÍCIA DO CRIME

*Notitia criminis* (ou notícia do crime) é "a ciência pela autoridade policial da ocorrência de um fato criminoso" (NUCCI, 2008, p. 152), podendo ser:

1. **Direta ou espontânea ou de cognição imediata**: Ocorre quando a própria autoridade policial, investigando, por qualquer meio, toma conhecimento da prática do delito.
2. **Indireta ou provocada ou de cognição mediata**: Ocorre quando o delegado toma conhecimento da prática do delito por meio de provocação de terceiros, a exemplo da vítima ou quem tenha qualidade para representá-la, do Ministério Público, juiz, Ministro da Justiça ou até por terceiro.

## 9. DILIGÊNCIAS INVESTIGATÓRIAS (ARTS. 6º E 13 CPP)

O art. 6º do CPP, com a redação dada pela Lei nº 13.257, de 8 de março de 2016, elenca todas as diligências investigatórias que a autoridade policial deverá praticar, logo que tiver conhecimento da prática da infração penal, merecendo, portanto, ser lido.

O rol do art. 6º do CPP, porém, não é taxativo, até porque o art. 13 do CPP menciona outros atos de incumbência da autoridade policial, merecendo ser também ser lido.

Os arts. 13-A e 13-B, com a redação dada pela Lei nº 13.344/2016, complementam o rol de diligências investigatórias, sendo, pois, recomendável a leitura deles.

## 10. REPRODUÇÃO SIMULADA DOS FATOS OU RECONSTITUIÇÃO DO CRIME (ART. 7º CPP)

Para verificar a possibilidade de haver a infração sido praticada de determinado modo, a autoridade policial poderá proceder à reprodução simulada dos fatos. É vedada, porém, a reconstituição que ofenda a moralidade ou a ordem pública, como no caso de um crime contra a dignidade sexual violento ou de uma chacina quando a população ainda está em grande estado de revolta.

Ressalte-se que o investigado não está obrigado a dela participar, pois ninguém pode ser compelido a produzir prova contra si mesmo, segundo posição do STF. O STF também tem posição no sentido de que o investigado sequer está obrigado a comparecer ao local da reprodução simulada dos fatos, não cabendo, pois, condução coercitiva. Ainda com base em entendimento do STF, a simples ausência do investigado a esta diligência, por si só, não permite a decretação da sua prisão preventiva.

## 11. PRAZO PARA CONCLUSÃO DO INQUÉRITO POLICIAL (ART. 10, *CAPUT* E § 3º, CPP)

Se o inquérito policial tramitar perante a **Justiça Estadual**, em se tratando de **investigado solto**, ele deve ser concluído em **30 (trinta) dias**, mas se o **fato for de difícil elucidação** será possível que a autoridade policial requeira ao magistrado a **dilação deste prazo**, que poderá ser concedida ou não, após a oitiva do Ministério Público (mesmo sem previsão expressa no CPP acerca desta oitiva, ela é obrigatória, pois o *Parquet* é o titular da ação penal pública). Frise-se que não há restrições legais para o número de dilações e para o novo prazo a ser concedido.

Se, porém, o **investigado está preso**, o **prazo é de 10 (dez) dias, não podendo ser dilatado**. Se há necessidade de novas diligências, deverá o juiz relaxar a prisão do investigado por excesso de prazo para que as mesmas sejam efetuadas.

De outro lado, há prazos previstos na legislação especial:

1. **Inquérito policial que tramita perante a Justiça Federal (art. 66 da Lei nº 5.010/66)**: 15 (quinze) dias em se tratando de investigado preso, podendo ser prorrogado por mais 15 (quinze) dias, mediante expressa autorização judicial. Se o investigado estiver solto, o prazo é o regular de 30 (trinta) dias, permitindo prorrogações, por expressa autorização judicial.
2. **Lei de Tóxicos (art. 51, *caput* e parágrafo único, da Lei nº 11.343/06)**: 30 (trinta) dias para investigado preso e 90 (noventa) dias para investigado solto. Esses prazos podem ser duplicados pelo juiz, ouvindo-se previamente o Ministério Público, mediante pedido justificado da autoridade policial.
3. **Crimes contra a economia popular (art. 10, §§ 1º e 2º, da Lei nº 1.521/51)**: prazo de 10 (dez) dias, esteja o investigado preso ou solto, não cabendo prorrogação.
4. **Inquérito militar (art. 20, *caput* e § 1º, CPPM)**: prazos de 20 (vinte) dias se o investigado estiver preso e 40 (quarenta) dias se estiver solto, podendo o prazo para conclusão do inquérito de investigado solto ser prorrogado por mais 20 (vinte) dias pela autoridade militar superior, desde que não estejam concluídos exames ou perícias já iniciados, ou haja necessidade de diligências indispensáveis à elucidação do fato; se o investigado estiver preso, não pode ocorrer essa prorrogação.

## 12. RELATÓRIO FINAL (ART. 10, §§ 1º E 2º, CPP)

A autoridade policial, ao final do inquérito, deve relatar tudo quanto apurado nas investigações (art. 10, § 1º, do CPP), como forma de prestação de contas do Estado-investigação à sociedade. Neste relatório, a autoridade policial poderá indicar testemunhas que não tiverem sido inquiridas, mencionando o lugar onde possam ser encontradas (art. 10, § 2º, do CPP).

Ao longo do relatório, o delegado não deve proferir qualquer **juízo de valor**, exceto nos crimes regulados pela Lei nº 11.343/06, segundo a qual, no relatório, deve a autoridade policial justificar as razões que levaram à classificação do delito (art. 52). A falta do relatório, porém, enseja apenas mera irregularidade, respondendo o delegado por falta funcional.

## 13. DESTINO DO INQUÉRITO POLICIAL (ARTS. 11, 19 E 23 CPP)

Após ser concluído e devidamente relatado, o inquérito policial deve ser remetido ao juízo competente. Se o crime estiver sujeito a ação penal privada, os autos, em regra, igualmente são encaminhados ao juízo competente, onde ficam aguardando a iniciativa do ofendido ou de seu representante legal, mas podem ser também entregues a ele, se o pedir, mediante traslado (art. 19 do CPP).

Ademais, em qualquer situação, a autoridade policial deve oficiar o Instituto de Identificação e Estatística ou repartição congênere, mencionando-se o juízo a que tiverem sido distribuídos os autos e os dados relativos à infração penal e à pessoa do indiciado (art. 23 do CPP).

Além disso, frise-se que devem acompanhar os autos do inquérito os instrumentos do crime e os objetos de prova, para que fiquem à disposição das partes, possibilitando inclusive o requerimento de realização de contraprova (art. 11 do CPP).

## 14. INQUÉRITO COMO BASE DA DENÚNCIA OU QUEIXA E SUA DISPENSABILIDADE (ART. 12 CPP)

O inquérito policial serve para preencher a justa causa da ação penal. Por isso, quando ele preenche esse requisito, deve acompanhar a denúncia ou queixa. Mas, se há outros elementos que preencham esse requisito (sindicâncias, processos administrativos, inquéritos militares, inquéritos parlamentares, incidentes processuais, investigação criminal do Ministério Público etc.), ele é **dispensável**.

## 15. DISCRICIONARIEDADE DO INQUÉRITO POLICIAL (ART. 14 CPP)

Nos termos do art. 14 do CPP, o requerimento para produção de provas feito pelo ofendido, seu representante legal ou até mesmo pelo indiciado pode ser indeferido pela autoridade policial sob a simples alegação de que a diligência não é recomendável para o andamento das investigações, afinal de contas vige no inquérito policial o princípio da **discricionariedade**.

De se registrar, porém, que o requerimento de realização de **exame de corpo de delito**, se o crime deixar vestígios, não pode ser indeferido pela autoridade policial.

## 16. CURADOR (ART. 15 CPP)

Quando o Código de Processo Penal foi promulgado, em 1941, a figura do curador existia nos interrogatórios policial e judicial como forma de proteger o investigado menor de 21 (vinte e um) anos de idade e maior de 18 (dezoito), dada a sua imaturidade à época presumida, afinal de contas, embora ele fosse maior na órbita penal, não era maior na seara civil.

Entretanto, com a redução da maioridade civil para 18 (dezoito) anos feita pelo Código Civil de 2002, a presença do curador no processo penal perdeu o seu sentido. Nesse contexto, a Lei nº 10.792/03 revogou o art. 194 do CPP, eliminando a presença do curador no interrogatório judicial. Embora não revogado expressamente, por uma interpretação sistemática e analógica, entende-se que o **art. 15 do CPP também foi revogado**. Assim, não há mais a necessidade de a autoridade policial nomear curador ao investigado maior de 18 (dezoito) anos e menor de 21 (vinte e um) anos de idade. A figura do curador somente persiste para agentes inimputáveis ou semi-imputáveis.

## 17. NOVAS DILIGÊNCIAS REQUERIDAS PELO MINISTÉRIO PÚBLICO (ARTS. 16 E 47 CPP)

O Ministério Público somente pode pedir ao juiz a devolução dos autos do inquérito policial à Delegacia de Polícia se houver a necessidade da prática de **diligências imprescindíveis ao oferecimento da denúncia**, nos termos do art. 16 do CPP. Se isso ocorre, não pode o magistrado indeferir o requerimento formulado pelo Ministério Público, sob pena de recurso de **correição parcial**.

A regra do art. 16 do CPP deve ser complementada pelo art. 47 do CPP, segundo o qual se o Ministério Público julgar necessários maiores esclarecimentos e documentos complementares ou novos elementos de convicção, **deverá requisitá-los, diretamente**, de quaisquer autoridades ou funcionários que devam ou possam fornecê-los.

## 18. ARQUIVAMENTO DO INQUÉRITO POLICIAL (ART. 17 CPP)

Se **esgotadas todas as diligências cabíveis** (em não havendo esse esgotamento, é caso de remessa dos autos à Delegacia de Polícia para a realização de novas diligências, consoante o art. 16 do CPP), percebendo o órgão do **Ministério Público** (e apenas ele, nunca a autoridade policial) que **não há indícios suficientes de autoria e/ou prova da materialidade delitiva**, ou, em outras palavras, em sendo caso de futura rejeição da denúncia (art. 395 do CPP) ou de absolvição sumária (397 do CPP), deverá ser formulado ao juiz pedido de arquivamento do inquérito policial.

Esse pedido deve ser sempre expresso, não sendo admissível, pois, o chamado **arquivamento implícito ou tácito**, que consiste na espécie de arquivamento em que, havendo vários investigados ou vários crimes, o Promotor de Justiça promove o arquivamento do inquérito policial ou oferece denúncia apenas em face de alguns deles, não se manifestando sobre a exclusão dos demais.

## 19. CONTROLE DO ARQUIVAMENTO DO INQUÉRITO POLICIAL E DE PEÇAS DE INFORMAÇÃO (ART. 28 CPP)

O juiz, em uma **atuação administrativa, anômala**, pode agir como **fiscal dos princípios da obrigatoriedade e da indisponibilidade da ação penal**, discordando do pedido de arquivamento do inquérito policial formulado pelo Ministério Público Estadual. Nesse caso, na **Justiça Estadual**, ele deverá remeter os autos ao **Procurador-Geral de Justiça**.

No entanto, na hipótese de o inquérito tramitar perante a **Justiça Federal**, se o juiz discordar do pedido formulado pelo Ministério Público Federal, remeterá os autos às **Câmaras de Coordenação e Revisão do Ministério Público Federal**, por força do art. 62, inciso IV, da Lei Complementar nº 75/93 (Lei Orgânica do Ministério Público da União).

Em ambos os casos, se o órgão superior do Ministério Público concorda com o agente ministerial que requereu o arquivamento do inquérito, haverá necessariamente tal arquivamento, estando o juiz obrigado a acolher esse posicionamento, afinal de contas é o *Parquet* o titular da ação penal pública.

Mas se o órgão superior concordar com o juiz, há 3 (três) caminhos que podem ser seguidos: I - pode ser determinada a realização de novas diligências, nos termos do art. 16 do CPP; II - o próprio órgão superior pode oferecer denúncia (o que, na prática, é raro); III - o órgão superior pode designar novo membro do Ministério Público para oferecer denúncia (na prática, mais comum).

Na última situação acima apontada, o novo membro do Ministério Público age por delegação (*longa manus*), motivo pelo qual ele não pode se negar a oferecer a denúncia, sob pena de violação funcional, não havendo qualquer violação ao princípio do promotor natural.

▸ **Observação:**

Em regra, não há recurso contra a decisão judicial de arquivamento do inquérito policial. Entretanto, nos **crimes contra a economia popular ou contra a saúde pública**, haverá o **recurso de ofício**, nos termos do art. 7º da Lei nº 1.521/51. Ademais, o art. 6º da Lei nº 1.508/51 prevê o oferecimento de **recurso em sentido estrito** contra a decisão de arquivamento da representação nas **contravenções do jogo do bicho e de aposta de corrida de cavalos fora do hipódromo** (artigos 58 e 60 do Decreto-lei nº 6.259/44), embora a doutrina afirme que tal dispositivo legal não foi recepcionado pela Constituição Federal, já que, em sendo a ação penal pública privativa do Ministério Público (art. 129, inciso I, CF), requerendo o membro do *Parquet* o arquivamento, não haveria a possibilidade de que terceira pessoa recorresse. Nesse sentido, Nestor Távora e Rosmar Rodriges Alencar (TÁVORA; ALENCAR, 2009, p. 99).

▸ **Arquivamento originário:**

Nos casos de competência originária, como é o próprio Procurador-Geral de Justiça quem formula o pedido de arquivamento do inquérito policial ou peças de informação, não há aplicação da sistemática prevista no art. 28 do CPP estando, pois, o Tribunal obrigado a homologar este arquivamento (é o chamado **arquivamento originário**). No entanto, eventual legítimo interessado poderá formular requerimento de revisão do arquivamento do inquérito ou de peças de informação promovido pelo Procurador-Geral de Justiça, nos termos da Lei Orgânica, requerimento este a ser apreciado por um órgão interno do Ministério Público, qual seja, o **Colégio de Procuradores de Justiça**, consoante o art. 12, inciso XI, da Lei nº 8.625/93.

## 20. DESARQUIVAMENTO DO INQUÉRITO POLICIAL (ART. 18 CPP E SÚMULA 524 STF)

A decisão de arquivamento do inquérito **não gera coisa julgada material**, podendo ser revista a qualquer tempo, desde que haja **provas novas**, ou seja, não conhecidas anteriormente, as quais permitem, portanto, o seu **desarquivamento**. Trata-se, portanto, de uma decisão submetida à cláusula *rebus sic stantibus*, persistindo enquanto não surgirem novas provas. Nesse sentido é o teor do art. 18 do CPP e da Súmula nº 524 do STF.

Entretanto, segundo posição do STF, se o arquivamento ocorre por **atipicidade do fato, há a coisa julgada material, não sendo possível o desarquivamento.**

Registre-se ainda que o STJ entende que a decisão de arquivamento do inquérito policial reconhecendo a existência de excludentes de ilicitude faria coisa julgada material, impedindo o desarquivamento da investigação (STJ, 6ª Turma, REsp nº 791.471/RJ, Rel. Min. Nefi Cordeiro, DJe 16/12/2014). Já o STF (1ª Turma, HC nº 95211/ES, Rel. Min. Cármen Lúcia, DJ 22/8/2011, p. 169), inclusive em julgado mais recente (HC 87395/PR, Rel. Min. Ricardo Lewandowski, j. 23/3/2017 – Informativo 858), não reconhece a formação de coisa julgada material na decisão de arquivamento do inquérito policial com fundamento em causa excludente de ilicitude, permitindo-se, pois, o desarquivamento deste procedimento na hipótese de surgimento de novas provas.

## 21. "COMPETÊNCIA" EM INQUÉRITO POLICIAL (ART. 22 CPP)

Por não ser processo, o inquérito policial não obedece as regras de competência processual. Para a autoridade policial, fala-se não em competência, mas sim em **atribuição**, sendo que a delimitação territorial na qual ela exerce as suas atribuições é conhecida como **circunscrição.**

Quanto ao critério **territorial**, a circunscrição é determinada pelo local da consumação do delito. Há ainda o critério **material** de fixação da atribuição, que diz respeito às delegacias especializadas (exemplos: furto e roubo, homicídios, entorpecentes etc.). Também há o critério **em razão da pessoa**, considerando-se a pessoa da vítima, o que permite, por exemplo, delegacias de proteção à mulher, ao turista, ao idoso etc.

Em virtude de o inquérito policial não se submeter às regras de competência do processo penal, o art. 22 do CPP afirma que não necessariamente a autoridade da circunscrição onde ocorreu o crime é a que deve investigar o fato – a autoridade "providenciará, até que compareça a autoridade competente, sobre qualquer fato que ocorra em sua presença, noutra circunscrição".

Não obstante, se o inquérito policial tramita violando os critérios acima expostos, embora não se vicie a futura ação penal, pode ser trancado por meio do *habeas corpus*, em face da manifesta irregularidade.

Além disso, ainda com espeque no art. 22 do CPP, a prática de um ato investigatório em outra circunscrição independe de precatória e requisição – a autoridade "poderá, nos inquéritos a que esteja procedendo, ordenar diligências em circunscrição de outra, independentemente de precatórias ou requisições".

CAPÍTULO VII

# Ação Penal

## 1. CONCEITO

A ação penal é "o direito do Estado-acusação ou do ofendido de ingressar em juízo, solicitando a prestação jurisdicional, representada pela aplicação das normas de direito penal ao caso concreto" (NUCCI, 2008, p. 183).

## 2. ESPÉCIES (ART. 100 CP E ART. 24, *CAPUT*, CPP)

O critério adotado para se definir a espécie de ação penal é o da **titularidade do exercício da ação penal**, consoante o art. 100 do Código Penal, repetido no art. 24, *caput*, do Código de Processo Penal.

Nesse sentido, a regra é a ação penal pública, cujo titular privativo é o Ministério Público (art. 129, inciso I, CF e art. 257, inciso I, CPP), e a exceção a ação penal privada, cujo titular é o ofendido ou seu representante legal, desde que haja previsão legal expressa a esse respeito (art. 100, *caput*, CP).

Dentre as ações penais públicas, a regra é a ação penal pública incondicionada (independente de qualquer autorização do ofendido ou de outro órgão estatal para que seja iniciada), as exceções, se autorizadas por lei, a ação penal pública condicionada à representação do ofendido e a ação penal pública condicionada à requisição do Ministro da Justiça (art. 100, § 1º, CP).

Assim, se não houver qualquer menção, no tipo penal, à espécie de ação penal, entende-se que o crime está submetido a ação penal pública incondicionada. De outro lado, para que o crime esteja submetido a ação penal privada, o tipo penal deve estipular expressamente que tal delito "somente se procede mediante queixa". Na mesma linha de raciocínio, a ação penal somente será pública condicionada à representação do ofendido se o tipo penal informar que o crime "somente se procede mediante representação". E o crime ficará sujeito a ação penal pública condicionada à requisição do Ministro da Justiça se o tipo penal asseverar que o mesmo "procede-se mediante requisição do Ministro da Justiça".

# 3. CASOS ESPECIAIS

## 3.1. Ação penal nos crimes contra a honra de funcionário público praticado no exercício de suas funções (Súmula 714 STF)

Embora o art. 145, parágrafo único, do Código Penal informe que, em havendo crime contra a honra de funcionário público praticado no exercício de suas funções (*propter officium*), a ação é penal pública condicionada à representação do ofendido, a Súmula nº 714 do STF afirma que haverá um caso de **legitimidade concorrente**, podendo o próprio funcionário público ingressar com a ação penal privada, sem prejuízo da legitimidade conferida ao Ministério Público para oferecer a ação penal pública condicionada à representação do ofendido.

## 3.2. Ação penal nos crimes contra a dignidade sexual (art. 225 CP)

Após o advento da Lei nº 13.718/18, os crimes contra a dignidade sexual, segundo o art. 225 do Código Penal, estão sempre sujeitos a **ação penal pública incondicionada**.

## 3.3. Ação penal no crime de injúria qualificada ou injúria racial (art. 145, parágrafo único, CP)

O crime de injúria qualificada ou injúria racial previsto no art. 140, § 3º, do Código Penal estava submetido a ação penal privada. Contudo, a Lei nº 12.033/09 alterou a redação do art. 145, parágrafo único, do Código Penal, passando a determinar que este crime ficasse sujeito a **ação penal pública condicionada à representação do ofendido**.

## 3.4. Ação penal *ex officio* (art. 654, §2º, CPP)

Ação penal *ex officio* é aquela modalidade de ação penal que pode ser iniciada de ofício pelo magistrado.

O art. 531 do CPP, antes do advento da Lei nº 11.719/08, consagrava uma das espécies de ação penal ex *officio*, o chamado **processo judicialiforme**, que consistia na possibilidade de início da ação penal das contravenções penais por meio do auto de prisão em flagrante delito ou por portaria expedida pelo delegado ou pelo magistrado, de ofício ou a requerimento do Ministério Público. No entanto, o citado diploma legal extirpou do art. 531 do CPP o processo judicialiforme. Consequência disso é que se conclui pela revogação tácita do art. 26 do CPP, que tinha conteúdo idêntico àquele dispositivo legal alterado.

Desse modo, a única espécie de ação penal *ex officio* encontrada no ordenamento jurídico brasileiro vem prevista no art. 654, § 2º, do CPP, que permite a concessão de ofício de *habeas corpus* por juízes e tribunais sempre que alguém sofrer ou estiver na iminência de sofrer coação ilegal à liberdade de locomoção.

## 4. CONDIÇÕES DA AÇÃO PENAL (ART. 395, II E III, CPP)

Para que ocorra o recebimento da denúncia ou da queixa, é imprescindível o preenchimento das condições da ação penal, que são requisitos mínimos indispensáveis ao julgamento do mérito da causa. Se ausentes as condições da ação, deve haver a rejeição da peça inicial, nos termos do art. 395, incisos II e III, do CPP.

As condições da ação podem ser **genéricas** (presentes em qualquer ação penal) e **específicas** (presentes apenas em algumas espécies de ação penal).

As condições da ação **genéricas** são:

I. **Possibilidade jurídica do pedido**: É a possibilidade de, em tese, o Estado obter a condenação do réu, o que implica na exigência de que o fato narrado na denúncia seja considerado infração penal. Para tanto, o fato deve ser *típico, antijurídico e culpável*. A possibilidade jurídica do pedido não se prende à tipificação do delito contida na denúncia ou queixa, mas sim à narrativa dos fatos realizada em tal peça processual. O CPC de 2015 deixou de empregar, ao longo de todo o seu texto, a expressão "possibilidade jurídica do pedido", daí porque a doutrina processual penal já afirma que ela não valeria mais como condição (genérica) da ação penal.

II. **Interesse de agir**: O interesse de agir é dividido em três subespécies, quais sejam, a *necessidade*, a *adequação* e a *utilidade* da ação penal. A *necessidade*, no processo penal, é sempre presumida, pois não há aplicação de pena sem o devido processo legal. Por conta disso, afirma-se que o processo penal é hipótese de **jurisdição obrigatória ou necessária**. A *adequação* diz respeito à obrigatoriedade de que o órgão de acusação promova a ação penal nos moldes procedimentais previstos no CPP, bem como com base em prova pré-constituída (NUCCI, 2008, p. 192). A *utilidade* impõe que a ação penal seja útil para a realização da pretensão punitiva do Estado (NUCCI, 2008, p. 192). É com base no interesse-utilidade que parcela da doutrina (NUCCI, 2008, p. 193; TÁVORA; ALENCAR, 2009, p. 121) vem sustentando a rejeição da denúncia ou queixa se houver a chamada **prescrição virtual ou antecipada ou em perspectiva**, que é aquela que incide na infração penal tendo em vista a *provável pena a ser aplicada* (levando-se em consideração as condições pessoais do agente – primário, bons antecedentes –, condições da causa, experiências semelhantes, processos semelhantes etc), o que levaria a uma prescrição retroativa (art. 110, § 1º, CP). Entretanto, a jurisprudência majoritária não admite essa modalidade de prescrição, sob os argumentos de que ela não está prevista em lei e que o réu tem o direito a uma sentença absolutória de mérito. Nesse trilhar é a **Súmula nº 438 do STJ**, que apregoa: "É inadmissível a extinção da punibilidade pela prescrição da pretensão punitiva com fundamento em pena hipotética, independentemente da existência ou sorte do processo penal".

**III. Legitimidade de parte**: A legitimidade pode ser ***ad causam*** ou ***ad processum***. Há ainda a legitimidade **ativa** e a **passiva** A legitimidade ***ad causam*** é a legitimidade para a causa. Possui legitimidade *ad causam* ativa o Ministério Público ou o ofendido, este último como substituto processual, já que age em nome próprio defendendo direito alheio, no caso, direito do Estado (*jus puniendi*), podendo ser representado ou sucedido, nos termos dos artigos 30 e 31 do CPP. Por sua vez, por aplicação do princípio da intranscendência, possui legitimidade *ad causam* passiva apenas o agente da infração penal, que, na ação penal privada, é conhecido como querelado. De outro lado, a **legitimidade *ad processum*** é a legitimidade para o processo. Possui legitimidade *ad processum* ativa o membro do Ministério Público (por aplicação do princípio do promotor natural) ou o ofendido, este último devidamente representado por advogado (exceto se ele mesmo for advogado, hipótese em que poderá advogar em causa própria), sendo que, se for menor de 18 (dezoito) anos, deverá estar acompanhado também do seu representante legal. Possui legitimidade *ad processum* passiva o agente que cometeu a infração penal que for maior de idade, que deve ser devidamente representado por advogado (exceto se ele mesmo for advogado, hipótese em que poderá advogar em causa própria).

> **Atenção:**
>
> Quanto à **legitimidade da pessoa jurídica**, entende-se que ela pode ajuizar ação penal privada se houver, por exemplo, ofensa à sua honra objetiva (pode ser vítima de calúnia ou difamação, não de injúria, pois este último crime viola a honra subjetiva, que é exclusiva de pessoa física). Nos termos do art. 37 do CPP, ela será representada em juízo por quem os respectivos contratos ou estatutos designarem ou, no silêncio destes, pelos seus diretores ou sócios-gerentes. Pode ainda a pessoa jurídica ser ré em crimes de ação penal pública, a saber, nos **crimes contra a ordem econômica e financeira e contra a economia popular**, se houver previsão legal a esse respeito (art. 173, § 5º, CF), e nos **crimes ambientais** (art. 225, § 3º, CF e art. 3º da Lei nº 9.605/98).

**IV. Justa causa**: Antes do advento da Lei nº 11.719/08, a doutrina afirmava que a justa causa não era uma condição autônoma da ação, estando inserida na condição da ação interesse de agir. No entanto, a referida lei passou a tratar a justa causa como uma condição autônoma da ação, destacando-a no inciso III do art. 395 do CPP, em separado com as demais condições da ação, que figuram genericamente no inciso II deste dispositivo legal. Em verdade, a justa causa pode ser entendida como uma síntese de todas as condições da ação - inexistindo uma delas, inexiste a justa causa (NUCCI, 2008, p. 195). Isso porque ela envolve o suporte probatório mínimo, indício mínimo para o oferecimento da ação penal, o somatório de indícios suficientes de autoria com prova da materialidade do delito. É, pois, o *fumus boni iuris* para o exercício da ação penal.

Já as condições da ação **específicas** são algumas condições exigidas, em determinados casos, para que o Ministério Público possa oferecer a denúncia. Elas são consideradas **condições de procedibilidade**, entendidas como aquelas que "vinculam o próprio exercício da ação penal e que são exigidas em determinados casos a partir de previsão legal expressa" (AVENA, 2009, p. 156). As condições de procedibilidade mais conhecidas são a *representação do ofendido* e a *requisição do Ministro da Justiça*, ambas indispensáveis ao oferecimento da ação penal pública condicionada e que serão estudadas no tópico seguinte.

▸ **Observação:**

Existem ainda as chamadas **condições objetivas de punibilidade**, tidas como "aquelas das quais depende o aperfeiçoamento de elementos ou circunstâncias não previstas no tipo penal. Trata-se de circunstâncias exteriores ao crime, não integrantes do tipo e de acontecimento futuro e incerto (o agente não sabe se acontecerá ou não a condição à época do crime)" (AVENA, 2009, p. 157). Nesse sentido, "A decisão que considera inexistente esta ordem de condição ingressa em aspectos de mérito" (AVENA, 2009, p. 157). Por isso, "Não há confundir as condições, genéricas ou específicas, da ação com as chamadas condições objetivas de punibilidade. Os institutos não têm qualquer relação, a despeito de a nomenclatura ser semelhante. As condições da ação constituem fatos relacionados ao direito processual e que são necessários para que o exercício da ação penal possa originar validamente um processo penal. Já as condições objetivas da punibilidade são institutos contidos no plano do direito material" (BONFIM, 2010, p. 183-184). São exemplos de condições objetivas de punibilidade: a *sentença anulatória do casamento, no crime de induzimento a erro essencial e ocultação de impedimento* (art. 236 do CP); o *ingresso no país do autor do crime praticado no estrangeiro* (art. 7º, §§ 2º, alíneas "a" e "b", e 3º, do CP); a *declaração de procedência da acusação pela Câmara dos Deputados, no julgamento do Presidente da República* (art. 86 da Constituição Federal); a *sentença que decreta a falência, concede a recuperação judicial ou extrajudicial, nas infrações falimentares* (art. 180 da Lei nº 11.101/05).

▸ **Súmula Vinculante nº 24 do STF:**

A **Súmula Vinculante nº 24 do STF**, ao estatuir que "Não se tipifica crime material contra a ordem tributária, previsto no art. 1º, incisos I a IV, da Lei nº 8.137/1990, antes do lançamento definitivo do tributo", acabou exigindo a configuração deste último instituto (lançamento definitivo do tributo) como uma verdadeira condição objetiva de punibilidade para crime daquela natureza (crime material contra a ordem tributária).

▸ **Atenção:**

Diferentes das condições de procedibilidade são as **condições de prosseguibilidade**, tidas como condições indispensáveis à "continuidade da ação já deflagrada" (TÁVORA; ALENCAR, 2009, p. 124). É exemplo de condição de prosseguibilidade atualmente "a necessidade do agente recobrar a higidez mental nas hipóteses de insanidade superveniente, pois, enquanto isso não ocorre, o processo fica paralisado, e a prescrição corre normalmente [...] (art. 152, *caput*, CPP) (TÁVORA; ALENCAR, 2009, p. 124). Há, neste exemplo, uma situação de **crise de instância**.

# 5. AÇÃO PENAL PÚBLICA

## 5.1. Princípios regentes

### *5.1.1. Princípio da obrigatoriedade (ou legalidade processual) da ação penal pública e princípio consequencial da indisponibilidade da ação penal*

O **princípio da obrigatoriedade da ação penal pública** consiste no dever imposto à Polícia Judiciária e ao Ministério Público de, respectivamente, investigar e processar crimes desta espécie de ação penal. Para estes crimes, portanto, não há que se falar em princípio da oportunidade da atuação dos referidos órgãos estatais – tal princípio somente tem aplicação nos crimes de ação penal privada.

Já na ação penal pública condicionada à representação do ofendido, tem-se que a representação é regida pelo princípio da oportunidade, ao passo que o oferecimento de denúncia pelo Ministério Público é regido pela obrigatoriedade.

Em decorrência do princípio da obrigatoriedade da ação penal pública é que o art. 27 do CPP estabelece que qualquer pessoa do povo poderá provocar a iniciativa do Ministério Público, nos casos em que caiba a ação pública, fornecendo-lhe, por escrito, informações sobre o fato e a autoria e indicando o tempo, o lugar e os elementos de convicção. Além disso, o art. 40 do CPP assevera que quando, em autos ou papéis de que conhecerem, os juízes ou tribunais verificarem a existência de crime de ação pública, remeterão ao Ministério Público as cópias e os documentos necessários ao oferecimento da denúncia.

Outrossim, o **princípio da indisponibilidade da ação penal pública** decorre do princípio da obrigatoriedade e implica na proibição de que o Ministério Público desista da ação penal instaurada (art. 42 CPP). No campo dos recursos, tal princípio implica na impossibilidade de o Ministério Público desistir do mesmo (art. 576 CPP) – embora não se exija que o *Parquet* recorra.

### *5.1.2. Princípio da oficialidade*

O princípio consiste no fato de que a atividade persecutória será exercida necessariamente por órgãos **oficiais** do Estado, não sendo possível o particular exercê-la. Em juízo, o órgão oficial que atuará na ação penal pública é o Ministério Público.

Em outras palavras, a persecução penal é uma atividade obrigatória do Estado que é cumprida por meio de 3 (três) dos seus órgãos, quais sejam, a Polícia Judiciária (investiga), o Ministério Público (acusa) e o Juiz (julga). Decorre das normas constitucionais previstas nos artigos 129, inciso I (titularidade da ação penal pública por parte do Ministério Público), e 144, § 4º (determina que a função de polícia judiciária será exercida pela polícia civil).

É princípio que se aplica apenas aos **crimes de ação penal pública**, já que, na ação penal privada, o autor da ação é um particular.

### *5.1.3. Princípio da oficiosidade*

É princípio segundo o qual "as autoridades públicas incumbidas da persecução penal devem agir de **ofício**, sem necessidade de provocação ou de assentimento de outrem" (CAPEZ, 2007, p. 22) – destacamos.

Todavia, tal princípio somente se aplica aos **crimes de ação penal pública incondicionada**. Isso, porém, não impede que qualquer do povo provoque a atuação do órgão público, conforme permitido pelo art. 27 do CPP.

| PRINCÍPIO DA OFICIALIDADE | PRINCÍPIO DA OFICIOSIDADE |
|---|---|
| A atividade persecutória deverá ser executada por órgão ***oficial*** do Estado (em juízo, pelo Ministério Público). | A atividade persecutória deverá ser iniciada ***de ofício*** por órgão oficial do Estado (em juízo, pelo Ministério Público). |

### *5.1.4. Princípio da autoritariedade*

É princípio segundo o qual "os órgãos investigantes e processantes devem ser **autoridades públicas** (delegado de polícia e promotor ou procurador de justiça)"

(CAPEZ, 2007, p. 30) - destacamos. Em juízo, a ação penal deve ser oferecida pelo promotor de justiça ou pelo procurador da república, na esfera federal.

O princípio, porém, **não se aplica aos crimes de ação penal privada**, pois ela é oferecida por particular.

### *5.1.5. Princípio da intranscendência ou da pessoalidade*

Por força de tal princípio, exige-se que o processo penal seja instaurado apenas em face de quem efetivamente cometeu o crime. Por conta disso, não é possível que o responsável civilmente pelo ato figure como réu em uma ação penal. Exemplo: se um empregado, usando o carro da sociedade empresarial em que trabalha, atropela e mata, culposamente, terceira pessoa, o sócio responsável por tal sociedade não poderá constar como réu em um eventual processo penal, apenas o empregado.

## 5.2. Representação do ofendido

A representação do ofendido é uma condição de procedibilidade para o exercício da ação penal pública que consiste em uma modalidade de *delatio criminis* postulatória, pois, por meio dela, não só o ofendido informa a prática do crime como também postula que seja instaurada a persecução penal (NUCCI, 2008, p. 196). Desse modo, a persecução penal (inquérito policial, o que inclui o auto de prisão em flagrante delito, e ação penal) não poderá ser instaurada sem que haja manifestação do ofendido nos crimes que dela dependam (ação penal pública condicionada à representação do ofendido). Abaixo seguem informações relevantes sobre este instituto.

1. **Prazo para oferecimento**: Em regra, ela deve ser oferecida no **prazo decadencial de 6 (seis) meses, contados do conhecimento da autoria** (art. 38 do CPP). Na hipótese de ação penal privada subsidiária da pública, o prazo é contado do dia em que se esgotar o prazo para o oferecimento da denúncia por parte do Ministério Público (art. 38, parte final, do CPP).

2. **Legitimidade e capacidade para oferecimento**: A representação pode ser feita pessoalmente ou por procurador (não precisa ser advogado, basta que seja pessoa maior de 18 anos), desde que possua poderes especiais para tanto, nos termos do art. 39, *caput*, do CPP.

No caso de o **ofendido ser menor de 18 (dezoito) anos de idade**, quem pode representar por ele são o ascendente, tutor ou curador (art. 24, *caput*, parte final, CPP).

Ainda sobre a representação do ofendido menor de 18 (dezoito) anos de idade, com a redução da maioridade civil para 18 (dezoito) anos operada pelo Código Civil de 2002, não há mais que se falar em duplicidade do prazo (um para o ofendido e outro para o seu representante legal), que ocorria na hipótese de agente maior de 18 (dezoito) e menor de 21 (vinte e um) anos de idade. Por isso, não é mais aplicável o teor da Súmula nº 594 STF. O art. 34, parte final, do CPP também se encontra tacitamente derrogado.

O art. 33 do CPP prevê a figura do **curador especial** para oferecer a representação nos casos de ausência de representante legal de menores de idade, bem como em se tratando de retardados mentais e pessoas mentalmente enfermas. É possível também para a hipótese de colisão de interesses dos pais com os filhos, como no caso de crimes praticados por aqueles contra estes.

No caso de **vítima morta ou declarada ausente judicialmente**, quem pode representar por ela são seus parentes mencionados no art. 24, § 1º, CPP, necessariamente nessa ordem: cônjuge, ascendente, descendente ou irmão. Entretanto, no conflito entre representar ou não, deve sempre prevalecer a vontade de quem deseja representar (art. 36 do CPP). É de se registrar que, neste dispositivo legal, deve ser incluído também o companheiro, por força do princípio constitucional da igualdade.

As pessoas jurídicas, se forem vítimas de infrações penais, podem oferecer representação por quem os respectivos contratos ou estatutos designarem ou, no silêncio destes, pelos seus diretores ou sócios-gerentes, em analogia ao disposto no art. 37 do CPP, que versa sobre o exercício do direito de ação por esta entidade.

Ademais, ressalte-se que **a mulher casada** pode representar sem o consentimento do marido, pois o art. 35 do CPP, que exigia tal consentimento, foi expressamente revogado pela Lei nº 9.520/97.

3. **Destinatários**: Deve ser **dirigida à autoridade policial, ao juiz ou ao membro do Ministério Público** (art. 39, *caput*, do CPP). Em sendo dirigida à autoridade policial, esta última procederá a inquérito, ou, não sendo competente, remetê-lo-á à autoridade que o for (art. 39, § 3º, do CPP). Se, porém, for dirigida ao juiz ou perante este reduzida a termo, será remetida à autoridade policial para que esta proceda a inquérito (art. 39, § 4º, do CPP). E se ela for encaminhada ao membro do Ministério Público, este dispensará o inquérito, se com a representação forem oferecidos elementos que o habilitem a promover a ação penal e, neste caso, oferecerá a denúncia no prazo de 15 (quinze) dias (art. 39, § 5º, do CPP).

4. **Ausência de formalismo: Não há formalismo para a elaboração da peça**, bastando que seja possível apurar a intenção do ofendido de

instaurar a persecução penal contra o ofensor. Apenas por cautela é que ela deve ser colhida por termo – art. 39, § 1º, do CPP. O STJ tem posicionamento no sentido de que o oferecimento equivocado de queixa-crime, imaginando a vítima que seria caso de ação penal privada, implica no exercício do direito de representação.

**Ela pode ser, pois, escrita com a assinatura autenticada do ofendido ou oral** (art. 39, *caput*, do CPP). Porém, se a representação for feita oralmente ou por escrito, sem assinatura devidamente autenticada do ofendido, de seu representante legal ou procurador, será reduzida a termo, perante o juiz ou autoridade policial, presente o órgão do Ministério Público, quando a este houver sido dirigida (art. 39, § 1º, do CPP).

Em ambos os casos, deve haver a menção ao autor e ao fato criminoso, já que o art. 39, § 2º, do CPP exige que a representação contenha todas as informações que possam servir à apuração do fato e da autoria.

5. **Retratação**: Cabe **retratação da representação até antes do oferecimento da denúncia** (art. 25 CPP), *sem limites*. Contudo, nos **crimes praticados mediante violência doméstica e familiar contra a mulher**, consoante o art. 16 da Lei Maria da Penha (Lei nº 11.340/06), a retratação da representação pode ser feita **até o recebimento da denúncia**, exigindo-se que ela seja feita **perante o juiz, em audiência especial para esse fim, ouvido o Ministério Público**.

Nesse cenário, faz-se imprescindível destacar que o Tribunal Pleno do STF, no julgamento da ADI 4424, em 09/02/2012, por maioria, dando interpretação conforme aos artigos 12, inciso I, e 16, ambos da Lei nº 11.340/2006, assentou a natureza **incondicionada da ação penal em caso de crime de lesão, pouco importando a extensão desta, praticado contra a mulher no ambiente doméstico**. Assim, por exemplo, os crimes de lesões corporais leves e culposas no contexto da Lei Maria da Penha são de ação penal pública incondicionada, não podendo se falar, pois, em retratação da representação. Todavia, crimes que não sejam de lesões corporais e que eram de ação penal pública condicionada à representação do ofendido, a exemplo do crime de ameaça e dos crimes contra a dignidade sexual (se a vítima for maior e capaz), continuam com a natureza desta ação penal inalterada, não sendo alcançados pela decisão do STF. É esse também o teor da recente Súmula nº 542 do STJ (*"A ação penal relativa ao crime de lesão corporal resultante de violência doméstica contra a mulher é pública incondicionada"*).

A retratação da representação, em qualquer caso, pode ser *expressa* ou *tácita* (quando, por exemplo, o ofendido se reconcilia com o agressor). É possível a retratação da retratação, desde que não haja a decadência.

▸ **Lembrete:**

Seja qual for o crime, quando praticado em detrimento do patrimônio ou interesse da União, Estado e Município, a ação penal será pública, conforme previsão do art. 24, § 2º, do CPP. Nesse contexto, registre-se que o crime de dano praticado contra patrimônio da União, de Estado, do Distrito Federal, de Município ou de autarquia, fundação pública, empresa pública, sociedade de economia mista ou empresa concessionária de serviços públicos está submetido a ação penal pública incondicionada, consoante os artigos 163, parágrafo único, inciso III, com a redação dada pela Lei nº 13.531/2017, e 167 do Código Penal.

### 5.3. Requisição do Ministro da Justiça

Trata-se de um "ato de conveniência política, a cargo do Ministro da Justiça, autorizando a persecução criminal nas infrações que a exijam" (TÁVORA; ALENCAR, 2009, p. 133). Ela é exigida, pois, apenas em algumas situações, "diante da complexidade do tema e da conveniência política de se levar o caso à apreciação do Poder Judiciário" (NUCCI, 2008, p. 200). É também modalidade de *delatio criminis* postulatória. Abaixo seguem informações relevantes sobre este instituto.

1. **Prazo para oferecimento**: No silêncio da lei, não há prazo decadencial para formulá-la, desde que não extinta a punibilidade do agente.
2. **Destinatário**: Ela deve ser dirigida ao Ministério Público, na figura do seu Procurador-Geral de Justiça.
3. **Discricionariedade**: Essa requisição está sujeita à discricionariedade do Ministro da Justiça, no sentido de, fazendo um juízo de conveniência e oportunidade, fica a seu critério decidir se oferece ou não a mesma.
4. **Hipóteses**: São hipóteses de ação penal pública condicionada à requisição do Ministro da Justiça: os crimes cometidos por estrangeiro contra brasileiro fora do Brasil (art. 7º, § 3º, alínea "b", do Código Penal); os crimes contra a honra praticados contra o Presidente da República ou chefe de governo estrangeiro (art. 145, parágrafo único, 1ª parte, do Código Penal).

## 6. AÇÃO PENAL PRIVADA

Determinado crime fica submetido a ação penal privada quando o Estado legitima o ofendido ou seu representante legal (art. 30 do CPP) a "agir em seu nome, ingressando com ação penal e pleiteando a condenação do agressor, em hipóteses excepcionais" (NUCCI, 2008, p. 202). O particular, portanto, passa a ter o direito de ação, a legitimidade para o oferecimento da ação penal privada, embora a pretensão punitiva (*jus puniendi*), a titularidade da ação penal permaneça em mãos do Estado.

## 6.1. Legitimação ativa

À semelhança do que ocorre com a representação do ofendido, em regra, possui legitimidade ativa para o oferecimento da ação penal privada o **ofendido ou o seu representante legal** (art. 30 do CPP).

Em havendo a **morte ou declaração de ausência do ofendido**, passam a ter legitimidade ativa o cônjuge, ascendentes, descendentes e irmãos, nesta ordem de preferência (art. 31 do CPP), embora qualquer um deles possa prosseguir na ação, caso o querelante desista da instância ou a abandone (art. 36 do CPP). É de se registrar que, neste dispositivo legal, deve ser incluído também o companheiro, por força do princípio constitucional da igualdade.

É possível ainda a figura do **curador especial**, se o ofendido for menor de 18 (dezoito) anos, ou mentalmente enfermo, ou retardado mental, e não tiver representante legal, ou colidirem os interesses deste com os daquele. Esse curador será nomeado, de ofício ou a requerimento do Ministério Público, pelo juiz competente para o processo penal (art. 33 do CPP).

No entanto, para o ofendido maior de 18 (dezoito) anos de idade e menor de 21 (vinte e um), por ser ele absolutamente capaz, conforme o Código Civil de 2002, a legitimidade é apenas e tão somente dele, não havendo mais a figura do representante legal para o mesmo, motivo pelo qual houve a derrogação tácita do art. 34, parte final, do CPP, bem como a Súmula nº 594 do STF perdeu a sua eficácia.

Registre-se também que é possível o **oferecimento de ação penal privada por parte de pessoa jurídica**, por quem os respectivos contratos ou estatutos designarem ou, no silêncio destes, pelos seus diretores ou sócios-gerentes, nos termos do art. 37 do CPP.

Em qualquer caso, **o autor da ação penal deve estar devidamente acompanhado de advogado** (salvo se ele próprio for advogado, hipótese em que advogará em causa própria).

## 6.2. Princípios regentes

### *6.2.1. Princípio da oportunidade ou da conveniência*

A vítima tem a faculdade de ofertar ou não a ação penal, já que é ela a titular desse direito. Por isso há a possibilidade de transcurso do prazo decadencial *in albis*, o que provoca a decadência do direito de ação e de renúncia (expressa ou tácita, conforme artigos 49 e 50 do CPP) a esse mesmo direito, ambas as causas de extinção da punibilidade (art. 107, incisos IV e V, do Código Penal).

### 6.2.2. Princípio da disponibilidade

Em decorrência do princípio da disponibilidade, o particular pode desistir da ação penal privada já instaurada, seja pelo instituto do perdão (artigos 51 a 59 do CPP), seja pela perempção (art. 60 do CPP). É consequência direta do princípio da oportunidade ou da conveniência.

### 6.2.3. Princípio da indivisibilidade da ação penal privada (art. 48 CPP)

Não pode o ofendido escolher contra qual agente oferecerá ação penal privada. Ou ele ingressa com a ação penal em face de todos os agentes delitivos ou não ingressa em face de nenhum deles. A esse respeito, o art. 48 do CPP assevera que a queixa contra qualquer dos autores do crime obrigará ao processo de todos. Evita-se assim que a ação penal seja utilizada como instrumento de **vingança privada**.

Ademais, ainda nos termos do art. 48 do CPP, o Ministério Público, atuando como *custos legis* na ação penal privada, deverá velar pelo princípio em comento.

### 6.2.4. Princípio da intranscendência ou da pessoalidade

Exige que o processo penal seja instaurado apenas em face do autor do delito, como já visto anteriormente.

## 6.3. Decadência

A decadência é "a perda do direito de agir pelo decurso de determinado lapso temporal, estabelecido em lei, provocando a extinção da punibilidade do agente" (NUCCI, 2008, p. 202). Ela atinge a ação penal pública condicionada à representação do ofendido e a ação penal privada.

Nos termos do art. 38 do CPP, o prazo decadencial para oferecimento da queixa-crime é de **6 (seis) meses, contados a partir do conhecimento da autoria**. A contagem desse prazo é feita a partir da regra contida no art. 10 do CP (conta-se o dia de início e exclui-se o dia do vencimento), não se interrompendo, suspendo ou prorrogando.

Noutro giro, **a demora para a conclusão do inquérito policial não interrompe a decadência**. Nessa situação, é prudente que o querelante ofereça a ação penal e requeira ao magistrado, na inicial, o apensamento do inquérito concluído ao processo criminal.

Há, porém, **prazos decadenciais especiais** para o oferecimento da queixa-crime: I – 6 (seis) meses, a partir do trânsito em julgado da sentença que, por motivo de erro ou impedimento, anule o casamento (art. 236, parágrafo único, CP); II – 30 (trinta) dias, a contar da homologação do laudo (art. 529 CPP), é o prazo para a queixa-crime no caso de crime contra a propriedade imaterial que deixar vestígios.

## 6.4. Renúncia

Na ação penal privada, a renúncia ocorre quando a "vítima se recusa a tomar providência contra o seu agressor" (NUCCI, 2008, p. 205). Ela se opera sempre **até o oferecimento da ação (pré-processual)**. É **irretratável**, já que enseja a extinção da punibilidade (art. 107, inciso V, do Código Penal).

Pelo princípio da indivisibilidade da ação penal privada, **a renúncia feita para um agressor necessariamente beneficia os demais** (art. 49 do CPP).

É ato **unilateral** do ofendido, não necessitando de aceitação do agressor. É ainda **irretratável**, pois enseja a extinção da punibilidade (art. 107, V, CP).

Ela pode ser **expressa** (art. 104 CP – pode ser por petição dirigida ao juiz – *procedimental* – ou correspondência dirigida ao agressor – *extraprocedimental*; em ambos os casos, exige-se que a peça seja assinada pelo ofendido, por seu representante legal ou por procurador com poderes especiais, que não precisa ser advogado) ou **tácita** (por meio de gestos feitos para o agressor incompatíveis como o desejo de processá-lo, como, por exemplo, convidá-lo a ser padrinho de seu filho – art. 104, parágrafo único, CP – valem todos os meios de prova lícitos para sua demonstração, conforme o art. 57 do CPP).

Relembre-se que, em face do Código Civil de 2002, o art. 50, parágrafo único, do CPP, que prevê a figura do representante legal para os maiores de 18 (dezoito) anos e menores de 21 (vinte e um) anos de idade, encontra-se revogado tacitamente. Assim, se o ofendido for maior de 18 (dezoito) anos, somente ele poderá oferecer a renúncia ao direito de queixa.

O fato de receber o ofendido a indenização do dano causado pelo crime não implica em renúncia ao direito de queixa (art. 104, parágrafo único, CP), exceto no Juizado Especial Criminal, em que a composição civil dos danos implica em renúncia (art. 74, parágrafo único, da Lei nº 9.099/95).

## 6.5. Perdão

É a desistência da demanda, o que somente pode ocorrer quando **a ação já estiver iniciada** (NUCCI, 2008, p. 207). Ela também enseja a extinção da punibilidade do agente (art. 107, V, CP). Porém, ao contrário da renúncia, é ato **bilateral**, dependendo da aceitação do agressor, já que ele pode recusá-lo, prosseguindo no feito visando obter uma sentença absolutória.

Essa aceitação do perdão pode ser feita por procurador, desde que possua poderes especiais, não necessitando ser advogado (artigos 55 e 59 do CPP). A aceitação pode ser **processual** ou **extraprocessual** (ela constará de declaração assinada pelo agente do delito ou por procurador com poderes especiais, que deve ser juntada ao processo – é exemplo de aceitação extraprocessual o envio de uma carta pelo agente delitivo ao querelante concordando com o perdão oferecido).

Se o querelado for mentalmente enfermo ou retardado mental e não tiver representante legal, ou colidirem os interesses deste com os do querelado, a aceitação do perdão caberá ao curador que o juiz lhe nomear, nos termos do art. 53 do CPP.

O perdão pode ocorrer **até o trânsito em julgado da sentença condenatória** (art. 106, § 2º, CP). Ele pode ser **expresso** (*processual*: petição dirigida ao juiz, podendo ser feita por procurador, desde que possua poderes especiais – **o querelado será intimado para, no prazo de 3 (três) dias, se manifestar, sendo que o seu silêncio importará em aceitação**, consoante o art. 58 CPP – essa intimação do querelado deverá ser pessoal, salvo se o seu procurador possui poderes especiais para a aceitação do perdão; ou *extraprocessual* – deve-se firmar um termo nos autos, pessoalmente ou por procurador com poderes especiais) ou **tácito** (quando o ofendido toma atitudes incompatíveis com o desejo de processar, a exemplo de se casar com o seu ofensor – art. 106, § 1º, CP – valem todos os meios de prova lícitos para sua demonstração – art. 57 CPP).

Por força do princípio da indivisibilidade, o perdão dirigido a um dos agentes **pode** beneficiar todos os demais, devendo o juiz intimar todos os querelados para que se manifestem se aceitam ou não este perdão. No entanto, como ele é ato bilateral, é possível que alguns aceitem e outros não, sendo que a ação penal continuará para aqueles agentes que não aceitaram – art. 51 CPP e art. 106, incisos I e III, CP.

De outro lado, se há mais de uma vítima, o perdão de uma não afeta a situação da outra (art. 106, II, CP).

| RENÚNCIA | PERDÃO |
|---|---|
| É instituto pré-processual, pois se opera antes do início da ação penal. | É instituto processual, pois se opera após o início da ação penal, até o trânsito em julgado da sentença condenatória. |
| É ato unilateral, pois não depende da concordância do agente delitivo. | É ato bilateral, dependendo da concordância do querelado. |
| A renúncia feita a apenas um dos agentes delitivos necessariamente se estende aos demais (art. 49 CPP). | O perdão concedido a apenas um dos agentes delitivos não necessariamente se estende aos demais, tendo como único efeito a obrigatoriedade da intimação dos outros querelados, que podem ou não aceitar este perdão, sendo que a ação continuará para quem não aceitá-lo. |

▸ **Atenção:**

Considerando que o Código Civil de 2002 reduziu a maioridade para 18 (dezoito) anos, entende-se que os artigos 52 e 54 do CPP foram tacitamente revogados, pois a legitimidade para perdoar é apenas do maior de 18 (dezoito) anos, não havendo legitimidade concorrente em relação ao menor de 21 anos, pois ele já é absolutamente capaz.

## 6.6. Perempção (art. 60 CPP)

A perempção da ação penal exclusivamente privada ocorre "quando o querelante, por desídia, demonstra desinteresse pelo prosseguimento da ação penal" (NUCCI, 2008, p. 209). Desse modo, ela funciona "como autêntica penalidade imposta ao negligente querelante, incapaz de conduzir corretamente a ação penal, da qual é titular" (NUCCI, 2008, p. 209). Por consequência, a perempção acarreta a extinção da punibilidade do agente (art. 107, IV, CP).

As hipóteses de perempção estão previstas no art. 60 do CPP, que merece ser lido na íntegra.

## 6.7. Espécies de ação penal privada

### *6.7.1. Ação penal exclusivamente privada ou propriamente dita*

Ocorre quando o ofendido, seu representante legal (no caso de menoridade do ofendido - art. 30 do CPP), seus sucessores (no caso de morte ou declaração judicial de ausência do ofendido - art. 31 do CPP) ou seu curador especial (nas hipóteses do art. 33 do CPP) podem ingressar com a ação penal.

### 6.7.2. Ação penal privada personalíssima

Ocorre quando a legitimidade ativa é **privativa da pessoa ofendida**, não se admitindo que o representante legal, seus sucessores ou o curador especial da mesma assumam o polo ativo. Diante disso, se o ofendido é menor de 18 (dezoito) anos, o prazo decadencial só passa a ser contado a partir da sua maioridade. Se doente mental, só é contado a partir de quando recobra sua sanidade. Enquanto essas circunstâncias não acontecem, não correrá o prazo decadencial. Ademais, se o ofendido falecer, não será possível o início ou o prosseguimento da ação penal, operando-se a extinção da punibilidade do agente delitivo por decadência (se a ação ainda não foi instaurada) ou por perempção (se a ação já foi instaurada).

Atualmente, o único exemplo de ação penal privada personalíssima existente no ordenamento jurídico brasileiro é o **crime de induzimento a erro essencial e ocultação de impedimento ao casamento (art. 236, parágrafo único, CP)**, pois o crime de adultério (art. 240 CP), que também estava submetido a esta espécie de ação penal, foi revogado pela Lei nº 11.106/05.

### 6.7.3. Ação penal privada subsidiária da pública ou supletiva (art. 5º, LIX, CF, e art. 29 CPP)

Ocorre quando o ofendido ou seu representante legal ingressa "diretamente, com ação penal, através do oferecimento de queixa, quando o Ministério Público, nos casos de ações públicas, deixe de fazê-lo no prazo legal (art. 46, CPP)" (NUCCI, 2008, p. 211). Esta espécie de ação penal privada tem autorização constitucional, mais precisamente no art. 5º, LIX, da Carta Magna Federal.

Pode-se afirmar que a ação penal privada subsidiária da pública é uma faculdade do ofendido, pois ele só oferecerá a ação se quiser. Para valer-se dela, o ofendido tem o **prazo decadencial de 6 (seis) meses** para oferecer a chamada **queixa-crime substitutiva**, prazo este **contado desde o fim do prazo que possui o Ministério Público para oferecer denúncia.**

Esse prazo, porém, "não atinge o Estado-acusação, que mantém o dever de denunciar, até que ocorra a prescrição" (NUCCI, 2008, p. 212), havendo, pois, hipótese de *legitimidade concorrente*. Nesse sentido, o Ministério Público atua em todos os termos do processo, sob pena de nulidade (art. 564, inciso III, alínea "d", do CPP), tendo amplos poderes nesse tipo de ação (art. 29 do CPP): pode aditar a queixa-crime substitutiva (para incluir novo agente e/ou fato delitivo); oferecer *denúncia substitutiva*, repudiando a queixa-crime (não por mera arbitrariedade, mas sim se a queixa é inepta e não preenche os requisitos legais); intervir em todos os termos do processo; fornecer elementos de prova; interpor recurso; retomar a ação principal, se houver negligência do querelante, nos casos de perempção - art. 60 CPP (por conta disso, afirma-se que o instituto da **perempção não se aplica**

**na ação penal privada subsidiária da pública**). Ademais, por força do art. 105 do Código Penal, **não cabe o perdão do ofendido nesse tipo de ação** – se o querelante perdoar o seu ofensor, o Ministério Público retoma o curso da ação penal.

Ressalte-se que **a manifestação de arquivamento do inquérito policial pelo Ministério Público não permite o manejo dessa ação**, que só é permitido se houver absoluta inércia do órgão ministerial. Nesse sentido é a posição do STF.

## 7. DENÚNCIA OU QUEIXA

A denúncia é a peça privativa do Ministério Público que dá início à ação penal pública. Já a queixa-crime é a peça privativa do ofendido ou de seu representante legal ou seu sucessor ou ainda seu curador que dá início à ação penal privada.

### 7.1. Formalidades essenciais para a elaboração da denúncia ou queixa-crime (arts. 41 e 44 CPP)

O art. 41 CPP apresenta os requisitos formais para oferecimento da denúncia ou queixa-crime:

I. **Exposição do fato criminoso, com todas as suas circunstâncias**: O autor da ação penal deve imputar todos os fatos relacionados ao tipo penal principal e às qualificadoras e causas especiais de aumento de pena, podendo não incluir na inicial, porém, as circunstâncias agravantes, que, inclusive, podem ser reconhecidas de ofício pelo juiz, consoante o art. 385 do CPP. Também devem ser narradas as circunstâncias de tempo, lugar e *modus operandi*.

II. **Qualificação do acusado ou esclarecimentos pelos quais se possa identificá-lo**: É suficiente que o autor da ação proceda à *identificação física do autor*, o que geralmente inclui a menção à nacionalidade, ao estado civil, profissão, data de nascimento, naturalidade, filiação, endereço, documentos de identidade e CPF, e, na falta de um ou alguns desses elementos, recorre-se à identificação através de apelido, tatuagens, características físicas marcantes, a exemplo de uma deficiência física. Nesse sentido, vale a pena registrar que o art. 259 do CPP estatui que "a impossibilidade de identificação do acusado com o seu verdadeiro nome ou outros qualificativos não retardará a ação penal, quando certa a identidade física. A qualquer tempo, no curso do processo, do julgamento ou da execução da sentença, se for descoberta a sua qualificação, far-se-á a retificação, por termo, nos autos, sem prejuízo da validade dos atos precedentes".

III. **Classificação do crime**: É a tipicidade ou a definição jurídica do fato, que não vincula a defesa e o juiz, já que o acusado se defende dos fatos alegados. A esse respeito, vale a pena registrar que o art. 383 do CPP, consagrando o instituto da *emendatio libelli*, assevera que "O juiz, sem modificar a descrição do fato contida na denúncia ou queixa, poderá atribuir-lhe definição jurídica diversa, ainda que, em consequência, tenha de aplicar pena mais grave".

IV. **Rol das testemunhas**: É elemento facultativo da denúncia ou queixa, mas se não for oferecido haverá a preclusão desse direito, embora possa o juiz, a seu exclusivo critério, colher o depoimento de testemunhas não arroladas pelas partes, de acordo com o art. 209, *caput*, do CPP. O número de testemunhas varia de acordo com o procedimento a ser seguido. No procedimento ordinário, por exemplo, são 8 (oito) testemunhas. Esse número diz respeito a **cada fato criminoso**, no caso de concurso de crimes.

Com relação à queixa-crime, o art. 44 do CPP ainda exige que ela venha acompanhada de **procuração com poderes especiais** (não sendo suficiente a mera cláusula *ad juditia*), devendo constar em tal instrumento de mandato **o nome do querelado** (embora o dispositivo legal se refira ao querelante) **e a menção ao fato criminoso**, salvo quando esses esclarecimentos dependerem de diligências que devem ser previamente requeridas ao juízo criminal.

Frise-se que a queixa-crime pode ser oferecida pelo próprio querelante, se ele for advogado. Ressalte-se ainda que eventuais defeitos da procuração serão supridos se o querelante assinar a petição inicial juntamente com o advogado.

Se não preenchidos os requisitos formais da denúncia ou queixa acima previstos (itens I a IV) e isso implicar em prejuízo à ampla defesa (*vício insanável*), deverá ocorrer a **rejeição** da inicial acusatória, conforme previsto no art. 395, inciso I, do CPP. Aliás, a denúncia ou queixa também será rejeitada se faltar alguma condição da ação ou pressuposto processual (art. 395, inciso II, do CPP) ou ainda se faltar justa causa à ação penal (art. 395, inciso III, do CPP).

Contra a decisão de rejeição da denúncia ou queixa, em regra, cabe **recurso em sentido estrito**, no prazo de 5 (cinco) dias, nos termos do art. 581, inciso I, do CPP. Há, contudo, **exceções**: *1. Art. 82 da Lei nº 9.099/95*: contra a rejeição da denúncia ou queixa no procedimento do Juizado Especial Criminal cabe o recurso de apelação, no prazo de 10 (dez) dias. *2. Lei nº 8.038/90*: Não cabe recurso ordinário contra a rejeição ou recebimento da denúncia ou queixa nos procedimentos de competência originária, apenas recurso extraordinário ou recurso especial, se presentes as hipóteses de cabimento exigidas pela Constituição Federal.

Contudo, assevere-se que, uma vez superado o erro que provocou a rejeição da inicial, será possível a sua **repropositura**, desde que não extinta a punibilidade do agente.

De outro lado, frise-se que eventuais deficiências na denúncia ou queixa que não prejudiquem o exercício da ampla defesa (*vício sanável*) podem ser supridas a todo tempo, antes da sentença de primeiro grau, por meio de aditamento, como estatui o art. 569 do CPP. No caso de ação penal privada, porém, esse suprimento somente pode ocorrer se dentro do prazo decadencial de 6 (seis) meses, contados desde o conhecimento da autoria, para o oferecimento da queixa-crime, consoante entendimento de Guilherme de Souza Nucci (NUCCI, 2008, p. 219).

> **Observação:**
>
> Por não existir previsão legal de recurso contra o recebimento da denúncia ou queixa, será possível atacar essa decisão judicial por meio do *habeas corpus*, com base no art. 648, inciso I, do CPP.

## 7.2. Prazo para oferecimento da denúncia (art. 46, *caput*, CPP)

O prazo para oferecimento de denúncia, em se tratando de **investigado preso**, é de **5 (cinco) dias**, contados da data em que o órgão do Ministério Público receber os autos do inquérito policial e, para o **investigado solto**, é de **15 (quinze) dias**, nos termos do art. 46, *caput*, do CPP.

Há, porém, **prazos especiais para o oferecimento da denúncia**:

I. **10 (dez) dias para crime eleitoral** (art. 357 do Código Eleitoral);

II. **10 (dez) dias para crimes previstos na Lei de Tóxicos** (art. 54, inciso III, da Lei nº 11.343/06);

III. **48 (quarenta e oito) horas para crime de abuso de autoridade** (art. 13 da Lei nº 4.898/65);

IV. **2 (dois) dias para crimes contra a economia popular** (art. 10, § 2º, da Lei nº 1.521/51);

V. **15 (quinze) dias para os crimes falimentares**, se o Ministério Público, quando o investigado estiver solto, resolver aguardar a apresentação de relatório a ser feito pelo administrador judicial (após a apresentação desse relatório) - art. 187, § 1º, da Lei nº 11.101/05; caso não espere, vale o prazo geral do art. 46 do CPP.

## 7.3. Prazo para oferecimento da queixa-crime (art. 38 CPP)

Nos termos do art. 38 do CPP, o prazo decadencial para oferecimento da queixa-crime é de **6 (seis) meses, contados a partir do conhecimento da autoria.** A contagem desse prazo é feita a partir da regra contida no art. 10 do CP (conta-se o dia de início e exclui-se o dia do vencimento), não se interrompendo, suspendo ou prorrogando.

Noutro giro, **a demora para a conclusão do inquérito policial não interrompe a decadência.** Nessa situação, é prudente que o querelante ofereça a ação penal e requeira ao magistrado, na inicial, o apensamento do inquérito concluído ao processo criminal.

Há, porém, **prazos decadenciais especiais** para o oferecimento da queixa-crime:

I. **6 (seis) meses, a partir do trânsito em julgado da sentença que, por motivo de erro ou impedimento, anule o casamento (art. 236, parágrafo único, CP);**

II. **30 (trinta) dias, a contar da homologação do laudo (art. 529 CPP)**, é o prazo para a queixa-crime no caso de crime contra a propriedade imaterial que deixar vestígios.

# 8. INTERVENÇÃO DO MINISTÉRIO PÚBLICO NA AÇÃO PENAL PRIVADA

A atuação do Ministério Público é também obrigatória na ação penal privada, devendo operar como fiscal da lei (*custos legis*), sob pena de nulidade do feito (art. 564, inciso III, "d", do CPP).

Nesta espécie de ação penal, o órgão ministerial possui o **poder de aditar a queixa, no prazo de 3 (três) dias** – se não se pronuncia nesse prazo, entende-se que não há o que aditar, devendo a ação prosseguir normalmente (art. 46, § 2º, CPP).

No exercício desta atividade, o *Parquet* poderá elaborar correções de ordem formal e incluir novos fatos delitivos. Todavia, **na ação penal exclusivamente privada, não pode o Ministério Público incluir agente que o ofendido não incluiu**, por faltar-lhe legitimidade *ad causam* ativa, sob pena de violação do princípio da oportunidade. Nessa hipótese, zelando pelo princípio da indivisibilidade, percebendo que o querelante não agiu de má-fé, deve o Ministério Público propor ao mesmo que adite a queixa para incluir autores que ficaram de fora, sob pena de implicar renúncia do direito de queixa contra um deles, extensível aos demais.

Se, no entanto, o querelante excluiu outros agentes dolosamente, deverá o órgão ministerial oferecer parecer pugnando pela extinção da punibilidade de todos os envolvidos, por força da renúncia. Na ação penal privada subsidiária da pública, porém, os poderes do *Parquet* são amplíssimos, o que inclui a possibilidade de incluir novos agentes delitivos.

Por fim, registre-se que o Ministério Público, na ação penal exclusivamente privada, **não pode oferecer recurso contra a absolvição do querelado se o querelante não recorreu**, sob pena de violação do princípio da disponibilidade. Como já afirmado anteriormente, na ação penal privada subsidiária da pública, porém, os poderes do *Parquet* são amplíssimos, o que inclui a possibilidade de recorrer nesta hipótese ora apontada.

# Ação civil *ex delicto*

## 1. CONCEITO

A ação civil *ex delicto* é a ação "ajuizada pelo ofendido, na esfera cível, para obter indenização pelo dano causado pelo crime, quando existente". (NUCCI, 2008, p. 233). Nesse contexto, esclareça-se que ela envolve tanto a **execução**, no juízo cível, da sentença penal condenatória (art. 63 do CPP), a qual, por tornar certa a obrigação de reparar o dano causado pelo crime (art. 91, inciso I, do Código Penal), servirá de título executivo judicial, com base no art. 475-N, inciso II, do CPC de 1973 e art. 515, inciso VI, do CPC de 2015, como também a **ação civil de conhecimento (ação para ressarcimento do dano)**, em que se pleiteia a reparação dos danos causados à vítima (art. 64 do CPP).

## 2. SENTENÇA PENAL CONDENATÓRIA COMO TÍTULO EXECUTIVO (ART. 63 CPP)

Como regra geral, a responsabilidade civil é independente da criminal (**separação ou independência da jurisdição**), não se podendo, porém, questionar mais sobre a existência do fato, ou sobre quem seja o seu autor, quando estas questões se acharem decididas no juízo criminal, consoante o art. 935 do Código Civil. A respeito destas hipóteses excepcionais, acrescente-se que o Código Penal, no seu art. 91, inciso I, determina como efeito da condenação a obrigação de reparar o dano.

Nesse trilhar é que o art. 63, *caput*, do CPP apregoa que transitada em julgado a sentença condenatória, poderão promover-lhe a execução, no juízo cível, para o efeito da reparação do dano, o ofendido, seu representante legal ou seus herdeiros. Nesse trilhar, quanto à indenização, tem-se que, no juízo cível, "não se discutirá se esta é devida (*an debeatur*), mas tão somente o quanto é devido pelo réu (*quantum debeatur*)" (NUCCI, 2008, p. 236).

Ainda sobre o teor do art. 63, *caput*, CPP, é imprescindível notar que a **legitimidade ativa** para a propositura da ação civil *ex delicto* é amplíssima, incluindo o ofendido, seu representante legal (se aquele for menor de 18 anos ou doente mental) e seus herdeiros (na hipótese de morte ou declaração judicial de ausência), sendo que tais herdeiros não são apenas o cônjuge, ascendentes, descendentes e irmãos, mas todos os potenciais herdeiros existentes.

De outro lado, o art. 63, parágrafo único, do CPP, com a redação dada pela Lei nº 11.719/08, estatui que transitada em julgado a sentença condenatória, a execução poderá ser efetuada pelo valor mínimo da reparação do dano fixado na sentença condenatória (art. 387, IV, CPP), sem prejuízo da liquidação para a apuração do dano efetivamente sofrido.

Quanto à **legitimidade para requerer a indenização**, devem ser consideradas as seguintes situações: *1. Se a ação penal for privada:* Terá legitimidade a *vítima do delito*, na condição de autor desta ação penal (*querelante*). *2. Se a ação penal for pública*: O Ministério Público não terá legitimidade, salvo se atuar em favor de vítima pobre em local em que a Defensoria Pública não se encontra estruturada, como permitido pelo art. 68 do CPP. Desse modo, como regra geral, a legitimidade é igualmente da *vítima do delito*, devendo, porém, habilitar-se nos autos como *assistente de acusação* para que possa formular requerimento desta natureza (TÁVORA; ALENCAR, 2009, p. 183).

Noutro giro, se o juiz, pelos elementos acostados nos autos, pôde fixar o valor exato da indenização, este poderá ser executado no juízo cível independente de prévia liquidação. Mas se isso não foi possível, fixando, pois, o magistrado apenas o valor mínimo da indenização, deverá a vítima, no juízo cível, realizar a prévia liquidação do título judicial (art. 63, parágrafo único, do CPP) para, em momento posterior, executá-lo.

## 3. AÇÃO PARA RESSARCIMENTO DO DANO (ART. 64 CPP)

Caso a parte prejudicada não queira aguardar o trânsito em julgado de uma sentença penal condenatória, poderá, desde já, oferecer a ação para ressarcimento do dano, no juízo cível, contra o autor do crime e, se for o caso, contra o responsável civil (art. 64, *caput*, do CPP), o que apenas reforça a regra geral de separação da jurisdição. Registre-se que os civilmente responsáveis pelo pagamento da indenização são aqueles indivíduos elencados no art. 932 do Código Civil.

De outro lado, dispõe o art. 64, parágrafo único, do CPP que, uma vez intentada a ação penal, para evitar decisões contraditórias, o juiz da ação civil *poderá* suspender o curso desta, até o julgamento definitivo daquela. Seguindo o teor da norma processual penal o CPC de 1973, em seu art. 110, *caput*, estipula que se o conhecimento da *lide* depender necessariamente da verificação da existência de fato delituoso, *pode* o juiz mandar *sobrestar* no andamento do processo até que se pronuncie a justiça criminal. Já o CPC de 2015, em seu art. 315, *caput*, com conteúdo semelhante ao diploma anterior, apenas com pequenas mudanças em relação ao emprego de alguns termos, assevera que se o conhecimento do *mérito* depender de verificação da existência de fato delituoso, o juiz *pode* determinar a *suspensão* do processo até que se pronuncie a justiça criminal.

Nesse sentido, embora seja sempre recomendável a suspensão da ação civil, prevalece na doutrina o entendimento de que essa **suspensão é meramente facultativa**. É a posição também do STJ.

Ressalte-se também que, ainda que a ação penal não tenha sido deflagrada, será possível a suspensão da ação civil. De acordo com o CPC de 1973 (art. 110, parágrafo único), se a ação penal não for exercida dentro de *30 (trinta)* dias, contados da *intimação do despacho de sobrestamento*, cessará o efeito deste, decidindo o juiz cível a questão prejudicial. O CPC de 2015 amplia este prazo, ao afirmar, no seu art. 315, §1º, que se a ação penal não for proposta no prazo de *3 (três) meses*, contado da *intimação do ato de suspensão*, cessará o efeito desse, incumbindo ao juiz cível examinar incidentemente a questão prévia.

Frise-se, por fim, que se as ações civil e penal tramitarem simultaneamente, a ação civil somente poderá ficar suspensa pelo prazo de até 1 (um) ano, em conformidade com o disposto no art. 265, § 5º, do Código de Processo Civil de 1973 e no art. 315, §2º, do CPC de 2015. Caso o juízo cível determine o prosseguimento da demanda civil e, no seu curso, sobrevenha sentença criminal, tal juízo poderá levá-la em consideração para julgamento da questão civil prejudicada, conforme permitido pelo art. 462 do CPC de 1973. O CPC de 2015 possui norma semelhante a esta, consagrada no art. 493, o qual ainda acrescenta que, surgindo fato novo (o advento da sentença penal), deverá ser respeitado o contraditório, impondo-se ao juízo cível a oitiva das partes sobre este fato antes de decidir.

## 4. EXCLUDENTES DE ILICITUDE (ART. 65 CPP)

O art. 65 do CPP prevê as situações em que a sentença penal fará coisa julgada no juízo cível. São os casos de reconhecimento das **excludentes de ilicitude** do *estado de necessidade, legítima defesa, estrito cumprimento do dever legal* e *exercício regular de direito*.

Pondere-se que o art. 65 do CPP deve ser interpretado em conjunto com o art. 188 do Código Civil, que merece ser lido na íntegra.

De outro lado, é de se registrar ainda que as excludentes de culpabilidade previstas no art. 22 do Código Penal (coação irresistível e obediência hierárquica) não afastam a possibilidade de oferecimento de ação civil indenizatória.

## 5. CAUSAS QUE POSSIBILITAM A AÇÃO CIVIL INDENIZATÓRIA (ARTS. 66 E 67 CPP)

O CPP prevê expressamente **causas que não impedem** o oferecimento da ação civil indenizatória. São elas: I – sentença penal absolutória que não reconhecer categoricamente a inexistência material do fato (art. 66 CPP); II - despacho de arquivamento do inquérito ou das peças de informação (art. 67, I, CPP); III - decisão que julgar extinta a punibilidade (art. 67, II, CPP); IV - sentença absolutória que decidir que o fato imputado não constitui crime (art. 67, III, CPP).

## 6. LEGITIMIDADE PARA OFERECIMENTO DA AÇÃO CIVIL *EX DELICTO* NO CASO DE INTERESSADO POBRE (ART. 68 CPP)

Segundo o art. 68 do CPP, quando o titular do direito à reparação do dano for pobre, a execução da sentença penal condenatória (art. 63 do CPP) ou a ação civil de conhecimento (art. 64 do CPP) será promovida, a seu requerimento, pelo Ministério Público, que age como verdadeiro substituto processual.

O STF entende, porém, que o art. 68 do CPP é eivado de **inconstitucionalidade progressiva**, no sentido de que o Ministério Público só tem legitimidade para o oferecimento da ação enquanto a Defensoria Pública não se estruturar adequadamente; caso isso ocorra, a legitimidade deixa de ser do Ministério Público, passando à Defensoria Pública, instituição constitucionalmente formatada para o exercício de funções desta natureza, nos termos do art. 134 da Carta Magna Federal.

De qualquer forma, é possível também que o magistrado nomeie defensor dativo em favor do interessado pobre para o oferecimento da ação.

CAPÍTULO IX

# Jurisdição e competência

## 1. JURISDIÇÃO

É o poder soberano do Estado de dizer o direito no caso concreto, resolvendo conflitos, em substituição à vontade das partes. A **substitutividade** é, pois, a característica mais marcante desse poder.

## 2. COMPETÊNCIA

É a medida da jurisdição, espaço dentro do qual o poder jurisdicional pode ser exercido. Jurisdição todo juiz possui, mas competência não. No processo penal, a competência poderá ser **absoluta** ou **relativa**. A **competência absoluta** é aquela que não permite prorrogação, por envolver interesse público, podendo ser arguida a qualquer tempo e em qualquer grau de jurisdição, inclusive de ofício, sob pena de nulidade absoluta de todos os atos praticados no feito (decisórios ou instrutórios). Há **três hipóteses de competência absoluta**:

I. **Competência em razão da matéria** (*ratione materiae*): é aquela que leva em conta a natureza da infração a ser julgada;

II. **Competência por prerrogativa de função** (*ratione personae*): é aquela que leva em conta a pessoa que cometeu a infração penal, o que implica em um foro por prerrogativa de função;

III. **Competência funcional**: é aquela que leva em conta a distribuição dos atos processuais praticados. Ela envolve três critérios:

1. **Fase do processo**: quando dois juízes atuam em fases distintas do feito, a exemplo do juiz que instrui e sentencia a causa criminal e daquele responsável pela fase de execução penal, consoante o art. 65 da Lei de Execução Penal;
2. **Objeto do juízo**: quando há distribuição de tarefas dentro de um mesmo processo, a exemplo do que ocorre no Tribunal do Júri, em

que o juiz-presidente é responsável pela resolução das questões de direito, pela prolação da sentença e pela dosimetria da pena, ao passo que compete aos jurados a votação dos quesitos;

3. **Grau de jurisdição**: também conhecido como competência funcional vertical, resulta no duplo grau de jurisdição, com o oferecimento de recursos, ou na competência originária dos Tribunais, em casos de foro por prerrogativa de função.

Já a **competência relativa** permite prorrogação, caso não seja arguida a tempo a incompetência do foro, afinal de contas ela interessa sobretudo às partes. O desrespeito às normas de competência relativa leva apenas à nulidade relativa dos atos decisórios (não são anulados os atos instrutórios, conforme melhor interpretação conferida ao art. 567 do CPP). No Processo Penal, é hipótese de competência relativa a **competência territorial (*ratione loci*)**. Ressalte-se, porém, que, **no Processo penal, a competência territorial pode ser reconhecida de ofício pelo juiz**, motivo pelo qual a Súmula nº 33 do STJ, que apregoa que "A incompetência relativa não pode ser declarada de ofício", **só tem aplicabilidade no processo civil**. Contudo, de acordo com entendimento majoritário da doutrina, o magistrado só poderá declarar-se de ofício incompetente até a absolvição sumária (art. 397, CPP), ao passo que a defesa deverá alegar a matéria até o prazo final de apresentação da resposta escrita à acusação, que é de dez dias (art. 396, CPP), sob pena de preclusão.

| COMPETÊNCIA ABSOLUTA | COMPETÊNCIA RELATIVA |
|---|---|
| Envolve interesse público. | Envolve sobretudo interesse das partes. |
| Não permite prorrogação, podendo ser arguida a qualquer tempo e em qualquer grau de jurisdição, inclusive de ofício pelo juiz. | Permite prorrogação, caso não seja oferecida a tempo a exceção de incompetência pela parte. Pode, porém, ser reconhecida de ofício pelo juiz, até a absolvição sumária. |
| O seu desrespeito implica em nulidade absoluta de todos os atos praticados no feito, decisórios ou instrutórios. | O seu desrespeito implica em nulidade relativa dos atos decisórios, não sendo anulados os atos instrutórios (art. 567 CPP). |
| Espécies:<br>I. Competência em razão da matéria (*ratione materiae*);<br>II. Competência por prerrogativa de função (*ratione personae*);<br>III. Competência funcional. | Espécie: Competência territorial (*ratione loci*) |

# 3. COMPETÊNCIA TERRITORIAL (*RATIONE LOCI*)

## 3.1. O lugar da infração penal como regra geral (art. 70 CPP)

Como regra geral para definição da competência territorial, adota-se o **local em que ocorreu a consumação do delito ou, no caso de tentativa, o local em que foi praticado o último ato de execução** (art. 70, *caput*, do CPP). Essa regra consagra, no âmbito do processo penal, a **teoria do resultado** (local do resultado).

Se, porém, for incerto o limite territorial entre duas ou mais jurisdições, ou quando incerta a jurisdição por ter sido a infração consumada ou tentada nas divisas de duas ou mais jurisdições, a competência firmar-se-á pela **prevenção**, consoante o art. 70, § 3º, do CPP, o que significa a adoção excepcional da **teoria da ubiquidade ou mista ou eclética** (local da ação ou omissão ou local do resultado).

A competência também será definida pela **prevenção** no caso de **infração continuada ou permanente, praticada em território de duas ou mais jurisdições**, nos termos do art. 71 do CPP, resultando também na aplicação excepcional da **teoria da ubiquidade**.

Na hipótese de **crime à distância** – que é aquele em que a ação ou omissão ocorre em um país e o resultado em outro –, há de se aplicar também, por exceção, a **teoria da ubiquidade**, que encontra guarida no ordenamento jurídico brasileiro no art. 6º do Código Penal, segundo o qual "Considera-se praticado o crime no lugar em que ocorreu a ação ou omissão, no todo ou em parte, bem como onde se produziu ou deveria produzir-se o resultado".

É o exemplo de um indivíduo que envia pelos correios do Brasil uma carta-bomba dirigida à residência da vítima na Argentina, provocando a sua morte. Nesse caso, para fins de definição do foro competente, aplica-se a regra prevista no art. 70, § 1º, CPP: se, iniciada a execução no território nacional, a infração se consumar fora dele, a competência será determinada pelo **lugar em que tiver sido praticado, no Brasil, o último ato de execução**. No exemplo fornecido, competente será o foro do local do Brasil em que o agente enviou a carta-bomba pelos correios.

Ainda com relação ao **crime à distância**, o art. 70, § 2º, CPP, determina que quando o último ato de execução for praticado fora do território nacional, será competente o juiz do lugar em que o crime, embora parcialmente, tenha produzido ou devia produzir seu resultado. Para ilustrar essa situação, basta inverter o exemplo acima fornecido.

- **Competência em hipóteses de crimes de estelionato**: No caso do crime de **estelionato praticado pela emissão de cheque sem fundo** (art. 171, § 2º, VI, CP), o juízo competente é o do **local onde houver a recusa do pagamento do cheque**, conforme a Súmula nº 521 STF e a Súmula nº 244 STJ. Entretanto, na hipótese de crime de **estelionato praticado mediante falsificação de cheque**, a regra é diversa, sendo **competente o local da obtenção da vantagem ilícita**, nos termos da Súmula nº 48 STJ.
- **Competência em crime de contrabando ou descaminho**: No caso do crime de **contrabando ou descaminho** (art. 334, CP), o juízo competente é definido pela **prevenção do Juízo Federal do lugar da apreensão dos bens**, nos termos da Súmula nº 151 do STJ.

▸ Atenção:

Nas **infrações de pequeno potencial ofensivo**, consoante o art. 63 da Lei nº 9.099/95, será competente para o seu julgamento o local onde foi **praticada** a infração, que, segundo entendimento majoritário, é o **local da ação ou omissão**, adotando-se, portanto, a **teoria da atividade** (local da ação ou omissão).

### 3.2. O domicílio ou residência do réu como foro supletivo (art. 72 CPP)

Quando não se tem conhecimento sobre o local da consumação do crime, vale a **regra supletiva do foro do domicílio ou residência do réu**. Se o réu tiver **mais de um domicílio ou residência**, a competência será firmada pela **prevenção** (art. 72, § 1º, do CPP). E se o réu não tiver residência certa ou for ignorado o seu paradeiro, será competente o **juiz que primeiro tomar conhecimento do fato** (art. 72, § 2º, do CPP).

### 3.3. Ação penal exclusivamente privada (art. 73 CPP)

No caso de **ação penal exclusivamente privada** (o que exclui, portanto, a hipótese de crime submetido a ação penal privada subsidiária da pública, mas inclui a ação penal privada personalíssima), **mesmo que conhecido o local da infração**, o querelante pode optar pelo foro do domicílio ou residência do réu.

## 4. COMPETÊNCIA EM RAZÃO DA MATÉRIA (*RATIONE MATERIAE*) OU PELA NATUREZA DA INFRAÇÃO (ART. 74 CPP)

### 4.1. Competência do Tribunal do Júri

A competência do Tribunal do Júri envolve o julgamento dos **crimes dolosos contra a vida e a eles conexos ou continentes**. Os crimes dolosos contra a vida são apenas aqueles previstos entre os **artigos 121 e 127 do Código Penal, consumados ou tentados** (art. 74, § 1º, do CPP). Assim, o Tribunal do Júri não julga outros crimes com resultado morte, como o latrocínio (Súmula 603 do STF), estupro seguido de morte, lesão corporal seguida de morte etc.

Trata-se de hipótese de **competência constitucional** (art. 5º, XXXVIII, "d", CF – é cláusula pétrea) e **mínima** (a lei ordinária pode ampliá-la, disciplinando que outros crimes ficarão sujeitos ao julgamento do Tribunal do Júri; não pode, porém, reduzi-la, disciplinando que algum crime doloso contra a vida deixará de ser julgado pelo Tribunal do Júri).

Sobre a competência para julgamento do crime doloso contra a vida, vale a pena destacar as hipóteses de **desclassificação** deste delito para outro que não seja doloso contra a vida, de competência do juiz singular, e o órgão jurisdicional que passará a ter a competência para o seu julgamento. As situações são as seguintes:

1. *Se a desclassificação do crime doloso contra a vida é feita pelo juiz no momento da análise da pronúncia do réu, os autos devem ser remetidos ao juízo competente (art. 74, § 3º, CPP);*

2. *Se a desclassificação do crime doloso contra a vida é feita pelo Conselho de Sentença em plenário, o juiz-presidente do Tribunal do Júri é quem vai julgar singularmente o feito, não o remetendo ao juízo competente, por economia processual (arts. 74, § 3º, e 492, § 1º, CPP)*: O mesmo raciocínio se aplica se há um crime doloso contra a vida e um crime conexo ou continente de outra natureza (não doloso contra a vida): feita a desclassificação do crime doloso contra a vida, o juiz-presidente do Tribunal do Júri julgará o crime conexo ou continente (art. 492, § 2º, do CPP). Em ambas as situações, se, por força da desclassificação, for possível a aplicação dos institutos previstos na Lei nº 9.099/95, o magistrado assim deverá proceder, conforme disposto no art. 492, § 1º, parte final, do CPP.

## 4.2. Competência da Justiça Eleitoral

A Justiça Eleitoral tem competência para o julgamento dos crimes eleitorais e aqueles que lhes são conexos, nos termos do art. 78, inciso IV, do CPP, do art. 35, inciso II, do Código Eleitoral e conforme entendimento atual do Plenário do STF (Inq. 4435).

## 4.3. Competência da Justiça Militar

A competência da Justiça Militar está prevista expressamente no art. 125, § 5º, da Constituição Federal, que apregoa: "Compete aos juízes de direito do juízo militar processar e julgar, singularmente, os crimes militares cometidos contra civis e as ações judiciais contra atos disciplinares militares, cabendo ao Conselho de Justiça, sob a presidência de juiz de direito, processar e julgar os demais crimes militares".

Certo é que a Justiça Militar julga crimes militares (além das ações judiciais contra atos disciplinares militares). O desafio que surge no estudo da competência desta Justiça é, portanto, apontar com precisão o que se entende por crime militar.

Pois bem, os crimes militares em tempo de paz estão previstos no art. 9º do Código Penal Militar (CPM), enquanto que os crimes militares em tempo de guerra estão capitulados no art. 10 do mesmo diploma legal.

Quanto aos crimes militares em tempo de paz (art. 9º do CPM), a matéria foi radicalmente alterada pela Lei nº 13.491/2017. A seguir, são sistematizadas as modificações mais relevantes promovidas por esta legislação:

1) Os crimes previstos no CPM e os **previstos na legislação penal**, quando praticados nas hipóteses do art. 9º, inciso II, alíneas "a" a "e", do CPM, são de competência da Justiça Militar.
2) Os crimes previstos no art. 9º do CPM, quando **dolosos contra a vida** e cometidos por **militares estaduais** contra **civil**, serão de competência do **Tribunal do Júri** (art. 9º, parágrafo 1º, do CPM);
3) Os crimes previstos no art. 9º do CPM, quando **dolosos contra a vida** e cometidos por **militares das Forças Armadas (Exército, Marinha e Aeronáutica)** contra **civil**, serão de competência da **Justiça Militar da União**, se praticados no contexto (art. 9º, parágrafo 2º, do CPM):

> I - do cumprimento de atribuições que lhes forem estabelecidas pelo Presidente da República ou pelo Ministro de Estado da Defesa;
>
> II - de ação que envolva a segurança de instituição militar ou de missão militar, mesmo que não beligerante; ou
>
> III - de atividade de natureza militar, de operação de paz, de garantia da lei e da ordem ou de atribuição subsidiária, realizadas em conformidade com o disposto no art. 142 da Constituição Federal e na forma dos seguintes diplomas legais:
>
> a) Lei nº 7.565, de 19 de dezembro de 1986 - Código Brasileiro de Aeronáutica;
>
> b) Lei Complementar no 97, de 9 de junho de 1999;
>
> c) Decreto-Lei nº 1.002, de 21 de outubro de 1969 - Código de Processo Penal Militar; e
>
> d) Lei nº 4.737, de 15 de julho de 1965 - Código Eleitoral.

No que tange à **competência territorial da Justiça Militar Estadual**, assevere-se que ela é estipulada pelo **local em que o policial estadual exerce as suas funções, pouco importando o Estado-membro onde houve a consumação do delito**. Nesse sentido, se um policial militar de Minas Gerais praticar algum crime militar na Bahia deverá ser julgado pela Justiça Militar Estadual mineira. É o que afirma a Súmula nº 78 do STJ: "Compete à Justiça Militar processar e julgar policial de corporação estadual, ainda que o delito tenha sido praticado em outra unidade federativa".

**▸ Conexão entre crime militar e crime comum (Súmula nº 90 do STJ)**

Havendo conexão entre crime militar e crime comum, haverá disjunção do feito, por força do art. 79, inciso I, do CPP e da Súmula nº 90 do STJ, que dispõe: "Compete à Justiça Estadual Militar processar e julgar o policial militar pela prática do crime militar, e à Comum pela prática do crime comum simultâneo àquele".

## 4.4. Competência da Justiça Federal

A competência da Justiça Federal é sempre **expressa e taxativa**, ao passo que a competência da Justiça Estadual é residual. Por conta disso, em havendo conexão ou continência entre crime de competência da Justiça Federal e crime de competência da Justiça Estadual, prevalece a competência da Justiça Federal, nos termos da Súmula nº 122 do STJ. Embora não haja hierarquia entre a Justiça Federal e a Justiça Estadual, já que ambas fazem parte da Justiça Comum, entende-se que a Justiça Federal é especial em relação à Justiça Estadual.

As hipóteses de competência da Justiça Federal de primeiro grau estão previstas nos incisos IV, V, V-A c/c § 5º, VI, VII, IX, X, XI e § 3º do art. 109 da Constituição Federal:

> *Art. 109 - Aos juízes federais compete processar e julgar:*
>
> *IV - os crimes políticos e as infrações penais praticadas em detrimento de bens, serviços ou interesse da União ou de suas entidades autárquicas ou empresas públicas, excluídas as contravenções e ressalvada a competência da Justiça Militar e da Justiça Eleitoral;*

É muito importante ter em mente as exceções previstas no dispositivo constitucional em comento. Assim, nos termos da Súmula nº 38 do STJ, "Compete à **Justiça Estadual Comum**, na vigência da Constituição de 1988, o processo por **contravenção penal**, ainda que praticada em detrimento de bens, serviços ou interesse da União ou de suas entidades" (destacamos).

Note-se ainda que se a infração penal for praticada em detrimento de bens, serviços ou interesse de **sociedade de economia mista**, a competência será da **Justiça Comum Estadual**, nos termos da Súmula nº 42 do STJ.

O STJ também entende que a competência para processo e julgamento do delito previsto no art. 304 do Código Penal (uso de documento falso) deve ser fixada com base na qualificação do órgão ou entidade à qual foi apresentado o documento falsificado, que efetivamente sofre prejuízo em seus bens ou serviços, pouco importando, em princípio, a natureza do órgão responsável pela expedição do documento. Assim, por exemplo, em se tratando de apresentação de Certificado de Registro e Licenciamento do Veículo (CRLV) falso à Polícia Rodoviária Federal, órgão da União, em detrimento do serviço de patrulhamento ostensivo das rodovias federais, previsto no art. 20, II, do Código de Trânsito Brasileiro, afigura-se inarredável a competência da Justiça Federal para o julgamento da causa, nos termos justamente do art. 109, IV, da Constituição Federal. (Informativo nº 511). É esse, inclusive, o teor da Súmula do STJ, de nº 546: *"A competência para processar e julgar o crime de uso de documento falso é firmada em razão da entidade ou órgão ao qual foi apresentado o documento público, não importando a qualificação do órgão expedidor."*.

> **Lembrete:**
>
> Os crimes políticos mencionados no dispositivo constitucional alhures transcrito são aqueles definidos nos **artigos 8º a 29 da Lei de Segurança Nacional (Lei nº 7.170/83)**. A esse respeito, registre-se que o art. 30 do referido diploma, que estatuía que os crimes contra a segurança nacional seriam julgados pela Justiça Militar, não foi recepcionado pela Constituição Federal de 1988. Ademais, contra a decisão proferida pelo juiz federal em processo envolvendo crime político caberá o **recurso ordinário constitucional**, que é dirigido diretamente ao **STF**, consoante o art. 102, inciso II, alínea *b*, da Constituição Federal.

> *V - os crimes previstos em tratado ou convenção internacional, quando, iniciada a execução no País, o resultado tenha ou devesse ter ocorrido no estrangeiro, ou reciprocamente;*

Este dispositivo constitucional está a se referir, na verdade, aos **crimes à distância**, já estudados neste capítulo. Exemplos desta espécie de crime são o tráfico internacional de drogas e o tráfico internacional de crianças. A respeito do **crime de tráfico internacional de drogas**, vale a pena registrar o teor da Súmula nº 522 STF, que assevera: "Salvo ocorrência de tráfico para o exterior, quando, então, a competência será da Justiça Federal, compete à Justiça dos Estados o processo e o julgamento dos crimes relativos a entorpecentes". Além disso, nos termos da Súmula nº 528 do STJ, *"Compete ao juiz federal do local da apreensão da droga remetida do exterior pela via postal processar e julgar o crime de tráfico internacional."*.

*V-A – as causas relativas a direitos humanos a que se refere o § 5º deste artigo;*

[...]

§ 5º Nas hipóteses de grave violação de direitos humanos, o Procurador-Geral da República, com a finalidade de assegurar o cumprimento de obrigações decorrentes de tratados internacionais de direitos humanos dos quais o Brasil seja parte, poderá suscitar, perante o Superior Tribunal de Justiça, em qualquer fase do inquérito ou processo, incidente de deslocamento de competência para a Justiça Federal.

Os dispositivos constitucionais acima transcritos, com a redação dada pela Emenda Constitucional nº 45/2004, dizem respeito ao chamado **incidente de deslocamento de competência**, ou, como ficou popularmente conhecido, federalização dos crimes envolvendo direitos humanos. Esse incidente tem como **objetivo precípuo assegurar e preservar a competência da Justiça Federal** (competência absoluta) para processar e julgar crimes que envolvam grave violação a direitos humanos previstos em tratados internacionais dos quais o Brasil seja signatário, caso os magistrados e delegados de polícia estaduais não declinem de ofício, respectivamente, de sua competência e atribuição ou não reconheçam (os juízes) a procedência da exceção de incompetência do juízo oferecida pela parte.

Não basta simples violação a direito humano para que ocorra este incidente (um crime de homicídio, por exemplo, por si só, constituiria uma violação a direito humano, o que banalizaria o instituto): é preciso que a **violação seja grave**, a exemplo de uma chacina, assim como que **tal direito humano seja objeto de tratado internacional do qual o Brasil seja parte**.

Ademais, quem pode suscitar esse incidente é apenas o **Procurador-Geral da República**, perante exclusivamente o **STJ**. O incidente pode ser suscitado em **qualquer fase do inquérito ou do processo**. Caso o STJ acate o pedido formulado no incidente, a causa tramitará perante a Justiça Federal.

*VI - os crimes contra a organização do trabalho e, nos casos determinados por lei, contra o sistema financeiro e a ordem econômico-financeira;*

Quanto aos **crimes contra a organização do trabalho**, que são aqueles previstos nos artigos 197 a 207 do Código Penal, o STJ e o STF entendem que só incide a competência da Justiça Federal no caso de **ofensa às instituições do trabalho ou aos direitos coletivos dos trabalhadores**. Desse modo, seriam de competência da Justiça Federal os crimes previstos nos artigos 201, 202, 204, 206 e 207 do Código Penal. De outro lado, seria de competência da Justiça Estadual o crime previsto no art. 205 do Código Penal. Ademais, podem ser de competência, conforme o caso, de uma ou outra Justiça os crimes definidos nos artigos 197, 198, 199, 200 e 203 do Código Penal.

Noutro giro, os **crimes contra o sistema financeiro nacional são aqueles previstos na Lei nº 7.492/86**. Nesse trilhar, o art. 26 do citado diploma legal assevera que nos crimes nela previstos a ação será promovida pelo Ministério Público Federal, perante a Justiça Federal. Os **crimes contra a ordem econômico-financeira**, por sua vez, são aqueles disciplinados pelas Leis de números 8.137/90 e 8.176/91. No entanto, estas duas últimas leis não trazem previsão expressa de competência da Justiça Federal para julgamento dos crimes contra a ordem econômico-financeira, motivo pelo qual se entende que, em regra, eles são de competência da Justiça Estadual, somente sendo julgados pela Justiça Federal se houver violação a bens, serviços ou interesses de ente federal (art. 109, inciso IV, da Constituição Federal). Nesse sentido é o posicionamento do STJ (STJ, CC 15206/RJ, Rel. Min. Fernando Gonçalves, DJ 23/6/1997, p. 29942).

> *VII - os habeas corpus, em matéria criminal de sua competência ou quando o constrangimento provier de autoridade cujos atos não estejam diretamente sujeitos a outra jurisdição;*

Haverá competência da Justiça Federal se a autoridade coatora do *habeas corpus* ou do mandado de segurança em matéria criminal estiver sujeita à jurisdição federal.

> *IX - os crimes cometidos a bordo de navios ou aeronaves, ressalvada a competência da Justiça Militar;*

Salvo as embarcações e aeronaves militares, os crimes cometidos a bordo de navios e aeronaves civis são de competência da Justiça Federal. Saliente-se que o conceito de **navio** vem previsto no art. 11 da Lei nº 2.180/54. A esse respeito, somente haverá competência da Justiça Federal **se o navio for de grande porte e tiver a capacidade de realizar viagens internacionais** (ou seja, se estiver em situação de deslocamento internacional ou de potencial deslocamento), conforme jurisprudência do STJ. Por conta disso, estão excluídos desse conceito botes, jangadas, canoas, lanchas etc. Se algum crime for cometido a bordo destas embarcações a competência será da Justiça Estadual.

Por sua vez, o conceito de **aeronave** vem previsto no art. 106 da Lei nº 7.565/86 (Código Brasileiro de Aeronáutica), que **não contém as mesmas exigências acima mencionadas**, quais sejam, o grande porte e a capacidade de realização de viagens internacionais: "Considera-se aeronave todo aparelho manobrável em voo, que possa sustentar-se e circular no espaço aéreo, mediante reações aerodinâmicas, apto a transportar pessoas ou coisas".

> *X - os crimes de ingresso ou permanência irregular de estrangeiro, a execução de carta rogatória, após o exequatur, e de sentença estrangeira, após a homologação, as causas referentes à nacionalidade, inclusive a respectiva opção, e à naturalização;*

Os **crimes de ingresso ou permanência irregular de estrangeiro** vêm previstos nos **artigos 232-A (acrescido pela Lei nº 13.445/2017 – Lei de Migração, que revogou, em seu art. 124, II, a Lei nº 6.815/80 – Estatuto do Estrangeiro, a qual contemplava a conduta em comento no art. 125, XI, XII e XIII) e 338 do Código Penal**. De outro lado, após a Emenda Constitucional nº 45/04, a competência para a homologação de sentenças estrangeiras e a concessão de *exequatur* às cartas rogatórias deixou de ser do STF e passou a ser do STJ, nos termos do art. 105, inciso I, alínea *i*, da Constituição Federal.

> *XI - a disputa sobre direitos indígenas.*

Deve-se esclarecer que a causa somente será de competência da Justiça Federal **se ela envolver o direito indígena propriamente dito**. Se o interesse em jogo é meramente individual do índio, o feito é julgado pela Justiça Comum Estadual, em consonância com a Súmula nº 140 do STJ.

> § 3º *Serão processadas e julgadas na justiça estadual, no foro do domicílio dos segurados ou beneficiários, as causas em que forem parte instituição de previdência social e segurado, sempre que a comarca não seja sede de vara do juízo federal, e, se verificada essa condição, a lei poderá permitir que outras causas sejam também processadas e julgadas pela justiça estadual.*

O dispositivo constitucional traz hipótese de **delegação de competência**: em sendo, em tese, caso de competência da Justiça Federal, mas não havendo, no local, vara federal, **desde que haja expressa previsão legal nesse sentido**, deve atuar no feito o juiz de direito estadual (e, por consequência, o Ministério Público do Estado) como se juiz federal fosse, tanto assim que eventual recurso deve ser oferecido ao Tribunal Regional Federal (e não ao Tribunal de Justiça). O crime de tráfico internacional de drogas era exemplo clássico de aplicação desta regra. Entretanto, o art. 70, parágrafo único, da Lei nº 11.343/06 passou a estatuir que se o crime for praticado em Município que não seja sede de Vara Federal, será processado e julgado **na vara federal da circunscrição respectiva.**

## 5. A DISTRIBUIÇÃO COMO ALTERNATIVA À COMPETÊNCIA CUMULATIVA SUPLETIVA (ART. 75 CPP)

A distribuição (sorteio) fixará a competência quando, em um mesmo juízo, existirem juízes igualmente competentes para o julgamento de determinada infração penal (art. 75, *caput*, do CPP).

Além disso, consoante o art. 75, parágrafo único, CPP, a distribuição realizada para o efeito da concessão da fiança ou da decretação da prisão preventiva ou de qualquer diligência anterior à denúncia ou queixa (exemplos: dilação do prazo de conclusão do inquérito policial; interceptação telefônica, comunicação de flagrante etc.) prevenirá da ação penal. Nesse caso, a ação penal já vai ser distribuída por meio da distribuição por dependência (é direta, sem sorteio).

## 6. A COMPETÊNCIA POR CONEXÃO E CONTINÊNCIA – ALTERAÇÃO DE COMPETÊNCIA (ARTS. 76 E 77 CPP)

Em virtude da conexão e da continência, há o deslocamento do feito de um juiz competente para outro que passa a ser o legitimamente competente. Porém, se houver violação dos critérios de conexão e continência, haverá nulidade meramente relativa do feito (dependente da demonstração de prejuízo).

A **conexão** é o vínculo, o liame entre duas ou mais infrações penais, que, em regra, enseja a união entre os feitos para facilitar a produção da prova e para evitar decisões contraditórias. Entretanto, ela não determina a reunião dos processos se um deles já foi julgado, como preceitua a Súmula nº 235 STJ.

As **espécies** de conexão vêm previstas no art. 76 do CPP, a saber:

I. **Conexão intersubjetiva (art. 76, I, CPP)**: É a espécie de conexão em que duas ou mais infrações, interligadas, são praticadas necessariamente por **duas ou mais pessoas** (daí porque intersubjetiva). Ela é dividida nas seguintes subespécies:

   A) **Conexão intersubjetiva por simultaneidade (art. 76, I, 1ª parte, CPP)**: se, ocorrendo duas ou mais infrações, houverem sido praticadas, ao mesmo tempo, por várias pessoas reunidas.

   B) **Conexão intersubjetiva por concurso (art. 76, I, 2ª parte, CPP)**: se, ocorrendo duas ou mais infrações, houverem sido praticadas por várias pessoas em concurso, embora diverso o tempo e o lugar.

   C) **Conexão intersubjetiva por reciprocidade (art. 76, I, 3ª parte, CPP)**: se, ocorrendo duas ou mais infrações, houverem sido praticadas por várias pessoas, umas contra as outras.

II. **Conexão objetiva ou material ou consequencial ou lógica ou teleológica ou finalista (art. 76, II, CPP)**: se, ocorrendo duas ou mais infrações, houverem sido umas praticadas para facilitar ou ocultar as outras, ou para conseguir impunidade ou vantagem em relação a qualquer delas.

III. **Conexão instrumental ou probatória ou processual ou ocasional (art. 76, III, CPP)**: quando a prova de uma infração ou de qualquer de suas circunstâncias elementares influir na prova de outra infração.

A **continência**, por sua vez, ocorre quando um fato criminoso engloba outro fato desta natureza. Ela está prevista no art. 77 do CPP, possuindo as seguintes **espécies**:

I. **Continência em razão do concurso de pessoas ou por cumulação subjetiva (art. 77, I, CPP)**: quando duas ou mais pessoas forem acusadas pela mesma infração.

II. **Continência em razão do concurso formal de crimes ou por cumulação objetiva (art. 77, II, CPP)**: quando a infração for cometida nas condições previstas nos artigos 70, 73, segunda parte, e 74, segunda parte, do Código Penal (*concurso formal de crimes*).

## 7. FORO PREVALENTE (ART. 78 CPP)

Havendo conexão ou continência, impõe-se a junção dos feitos (*simultaneus processus*) para facilitar a prova e evitar decisões contraditórias. Há aqui hipótese de prorrogação de competência. Mas é preciso saber qual o foro será o prevalente para o julgamento das infrações conexas ou continentes, o que é apontado pela redação do art. 78 do CPP, que apresenta as regras de fixação do foro prevalente:

I. **Competência prevalecente do Júri (art. 78, I, CPP)**: no concurso entre a competência do júri e a de outro órgão da jurisdição comum, prevalecerá a competência do júri.

II. **Jurisdição da mesma categoria (art. 78, II, CPP)**: Magistrados da mesma categoria são aqueles aptos a julgar o mesmo tipo de causa (exemplo: ambos os juízes são de primeiro grau). No concurso de jurisdições de mesma categoria, preponderará a do:

A) **Foro onde foi cometida a infração mais grave (art. 78, II, "a", CPP)**. Exemplo: roubo em Belo Horizonte/MG e receptação em Contagem/MG – ambos os crimes serão julgados em Belo Horizonte/MG.

B) **Foro onde foi cometido o maior número de infrações (art. 78, II, "b", CPP)**: Regra aplicada caso a gravidade das infrações seja a mesma. Exemplo: dois furtos simples em Salvador/BA e uma receptação simples em Feira de Santana/BA – ambos os crimes serão julgados em Salvador/BA.

C) **Foro residual estabelecido pela prevenção (art. 78, II, "c", CPP)**: Regra aplicada na hipótese de a gravidade e o número de infrações serem os mesmos.

III. **Jurisdição de categoria diversa (art. 78, III, CPP)**: Envolve a distinção entre jurisdição superior (tribunais que podem rever as decisões de outras cortes e também de juízes monocráticos) e jurisdição inferior (tribunais que não podem rever as decisões de outras cortes). Prevalece a jurisdição superior ou de maior graduação. Exemplo: crime praticado por quem tem prerrogativa de foro em concurso com quem não tem – o crime será julgado pelo foro por prerrogativa de função. A esse respeito, vale a pena a leitura da Súmula nº 704 do STF. No entanto, segundo entendimento da doutrina (TÁVORA; ALENCAR, 2009, p. 223), se os dois agentes possuírem foro por prerrogativa de função previsto na Constituição Federal, deveria ocorrer a disjunção do feito. Não é esse, porém, o posicionamento do STF (Informativo nº 529), que entende que, nesta hipótese, ambos os agentes devem ser julgados por um órgão da jurisdição superior. Assim, se um Governador (foro por prerrogativa de função no STJ) comete crime em concurso com um magistrado federal (foro por prerrogativa de função no TRF), ambos deverão ser julgados no STJ. E se um Governador (foro por prerrogativa de função no STJ) comete crime em concurso com um Senador (foro por prerrogativa de função no STF), ambos deverão ser julgados igualmente no STF. A posição do STF é a que merece prevalecer. Noutro giro, se um agente com prerrogativa de função prevista na Constituição Federal cometer crime de competência do Júri (competência constitucional – art. 5º, inciso XXXVIII, alínea "d", CF) em concurso com quem não possua prerrogativa, a hipótese será de **disjunção**, segundo posicionamento mais recente do STF (*JSTF* 175/346), embora este mesmo tribunal já tenha decidido anteriormente que seria caso de junção do feito no foro por prerrogativa de função (HC nº 83583/PE, Rel. Min. Ellen Gracie, 2004). Desse modo, por exemplo, se um Desembargador comete crime de homicídio em concurso com uma pessoa do povo sem prerrogativa de função, haverá a disjunção do feito, sendo o Desembargador julgado no STJ e o cidadão comum no Tribunal do Júri.

IV. **Jurisdição comum e especial (art. 78, IV, CPP)**: A jurisdição comum tem competência residual. A especial tem competência expressa. No caso de concurso entre a jurisdição comum e a especial, prevalece a especial. Esse dispositivo legal, no entanto, só tem aplicação para a Justiça Eleitoral, já que, para a Justiça Militar, vale o teor do art. 79, inciso I, do CPP, analisado no tópico seguinte.

## 8. SEPARAÇÃO OBRIGATÓRIA DE PROCESSOS (ART. 79 CPP)

O art. 79 do CPP apresenta situações nas quais a conexão e a continência não importarão unidade de processo e julgamento, excepcionando-se, assim, a regra prevista no art. 78 do CPP. As situações são as seguintes:

I. **Jurisdição comum e jurisdição militar (art. 79, I, CPP)**: Haverá a disjunção dos processos. A esse respeito, relembre-se o teor da Súmula nº 90 do STJ.

II. **Justiça comum e Justiça da Infância e Juventude (art. 79, II, CPP)**: Haverá igualmente disjunção do feito, pois o agente menor de 18 (dezoito) anos será julgado pelo Juizado da Infância e da Juventude, no qual haverá a aplicação de medida socioeducativa prevista no Estatuto da Criança e do Adolescente, enquanto que o agente maior de idade será julgado na Justiça Criminal, na qual receberá uma pena.

III. **Superveniência de doença mental (art. 79, § 1º, CPP)**: Essa situação ocorre quando, após a prática de um crime, um dos réus vem a sofrer de doença mental, exigindo-se que haja a suspensão do processo até que se recupere e possa acompanhar a instrução (art. 152 do CPP). Nesse caso, desaparece a conveniência de se manter os processos reunidos, daí porque haverá a disjunção, prosseguindo-se regularmente o feito com relação ao outro réu.

IV. **Fuga de um dos réus (art. 79, § 2º, CPP)**: Se um dos réus estiver foragido e não for possível seu julgamento à revelia, não haverá a junção dos feitos, ocorrendo, portanto, disjunção ou desmembramento dos processos. A situação em que o réu não pode ser julgado à revelia é conhecida como **crise de instância**. É a hipótese prevista, por exemplo, no art. 366 do CPP, segundo o qual o réu revel citado por edital que não comparecer aos autos nem constituir advogado não poderá ser julgado, devendo o processo ficar suspenso. Outro exemplo é a impossibilidade de julgamento no plenário do Tribunal do Júri de réu preso, salvo se ele e seu defensor pedirem a dispensa da presença daquele (art. 457, § 2º, do CPP).

## 9. SEPARAÇÃO FACULTATIVA DE PROCESSOS (ART. 80 CPP)

Diferente das hipóteses previstas no art. 79 do CPP, nas quais a separação dos feitos é obrigatória, o art. 80 do CPP traz situações em que a separação dos processos é meramente facultativa. Tais situações podem ser arguidas pelas partes ou reconhecidas de ofício pelo juiz:

I. **Separação facultativa em caso de tempo ou lugar diferenciado (art. 80, 1ª parte, CPP)**: quando as infrações tiverem sido praticadas em circunstâncias de tempo ou de lugar diferentes e o juiz reputar conveniente a separação.

II. **Separação facultativa em virtude do excessivo número de acusados (art. 80, 2ª parte, CPP)**: quando pelo excessivo número de acusados e para não lhes prolongar a prisão provisória, o juiz reputar conveniente a separação.

III. **Separação facultativa em face de motivo relevante (art. 80, 3ª parte, CPP)**: por outro motivo relevante, o juiz reputar conveniente a separação.

## 10. PERPETUAÇÃO DA JURISDIÇÃO – *PERPETUATIO JURISDICTIONIS* (ART. 81 CPP)

No caso de junção dos feitos, se constatada a incompetência do juízo que exerceu a força atrativa (por absolvição ou desclassificação), por questões de economia processual (pois a prova já foi produzida), o crime conexo ou continente será julgado também pelo juízo de atração, nos termos do art. 81, *caput*, do CPP, o que constitui a perpetuação da jurisdição (*perpetuatio jurisdictionis*).

As **exceções** a essa regra ocorrem no Tribunal do Júri. Nesse juízo, em primeiro lugar, se o juiz singular profere decisão de absolvição sumária, impronúncia ou desclassificação do crime doloso contra vida para crime que não é doloso contra a vida, não deve julgar tal crime e nem o crime conexo ou continente, devendo remeter os autos ao juízo competente para o seu julgamento (art. 81, parágrafo único, do CPP).

A segunda hipótese no Júri ocorre se a desclassificação do crime doloso contra a vida é feita pelo Conselho de Sentença. Nesse caso, igualmente o crime doloso contra a vida e o crime conexo ou continente deverão ser julgados pelo juiz-presidente (não pelo juiz competente ou pelos jurados), consoante o art. 492, § 2º, do CPP. No entanto, se o Conselho de Sentença julga pela **absolvição** do réu pelo crime doloso contra a vida, será o próprio Conselho de Sentença que continuará julgando o crime conexo ou continente.

## 11. AUTORIDADE DA JURISDIÇÃO PREVALENTE (ART. 82 CPP)

Consoante o art. 82 do CPP, se, não obstante a conexão ou continência, forem instaurados processos diferentes, o juízo prevalente pode **avocar** os processos instaurados em outros juízos, desde que não tenha havido **sentença definitiva**.

Caso não seja possível a reunião dos feitos por já ter sido prolatada sentença definitiva, a unidade dos processos ocorrerá **ulteriormente**, para o efeito de **soma ou unificação de penas na fase de execução penal, pelo próprio juiz da execução** (art. 66, inciso III, alínea *a*, da Lei nº 7.210/84 – Lei de Execução Penal).

## 12. A PREVENÇÃO COMO CRITÉRIO RESIDUAL DE FIXAÇÃO DA COMPETÊNCIA (ART. 83 CPP)

A prevenção é critério residual de fixação da competência aplicada quando dois ou mais juízes poderiam conhecer do caso. Por força dela, deve-se escolher o juiz que **primeiro tomar conhecimento do caso**, o que implica naquele que **primeiro tomou algum ato decisório**, ainda que essa decisão tenha sido proferida em sede de inquérito policial (art. 75, parágrafo único do CPP) – exemplo: decreto de prisão preventiva.

A prevenção é critério residual porque é aplicada quando todas as outras regras aqui estudadas são insuficientes para apontar o juízo competente. Ela incide nas hipóteses previstas nos artigos 70, § 3º, 71, 72, §§ 1º e 2º, e 78, II, alínea *c*, do CPP, já apreciados ao longo deste capítulo, mas que merecem ser relidos.

## 13. COMPETÊNCIA EM RAZÃO DA PRERROGATIVA DE FORO (*RATIONE PERSONAE*)

É competência que, ao menos em tese, visa privilegiar o cargo ocupado, nunca, pois, a pessoa propriamente dita que o exerce, o que levaria a uma injusta desigualdade entre os cidadãos. Por conta disso, essa competência só persiste enquanto o agente permanecer em tal cargo. Uma vez encerrado o citado cargo, os autos devem ser encaminhados ao juízo singular, sendo válidos todos os atos processuais praticados naquele juízo, inclusive o recebimento da denúncia, não sendo necessária a ratificação de tais atos no novo juízo criminal (STJ, Informativo nº 556).

O foro por prerrogativa de função implica em uma **competência originária**, no sentido de que as causas relacionadas aos agentes que possuem esta prerrogativa devem ser processadas originariamente nos tribunais.

Sobreleva destacar que sempre que a autoridade que possua foro por prerrogativa de função praticar infração penal, ainda que esteja fora da jurisdição territorial do respectivo tribunal, deverá ser julgada perante o **tribunal de origem** (TÁVORA; ALENCAR, 2009, p. 218). É o caso de um Juiz de Direito do Estado de Minas Gerais que pratica crime no Estado da Bahia – será julgado pelo Tribunal de Justiça do Estado de Minas Gerais.

Nesse contexto, convém destacar que a prerrogativa de função não existe em causas cíveis, apenas em feitos criminais.

Mais recentemente, o STF, por meio do seu Plenário, preocupou-se em limitar a existência do critério de prerrogativa de função. Na Ação Penal nº 937, em sessão realizada no dia 03 de maio de 2018, decidiu-se que: 1) após o final da instrução processual, com a publicação do despacho de intimação para apresentação de alegações finais, a competência para processar e julgar ações penais não será mais afetada em razão de o agente público vir a ocupar outro cargo ou deixar o cargo que ocupava, qualquer que seja o motivo (ou seja, não apenas com fundamento na renúncia) – cria-se, pois, hipótese de *perpetuatio jurisdictionis*; 2) o foro por prerrogativa de função de **Deputados Federais e Senadores** aplica-se **apenas aos crimes cometidos durante o exercício do cargo e relacionados às funções desempenhadas**.

O STJ, por sua vez, em 08/05/2018, por meio de decisão monocrática do seu Ministro Luis Felipe Salomão, no julgamento da Ação Penal 866, aplicou o princípio da simetria e estendeu o entendimento do STF firmado na Ação Penal 937 a Governador do Estado, determinando a remessa dos autos da ação penal que ali tramitava, tendo como réu o Governador da Paraíba, por supostos crimes anteriores ao cargo, à Justiça deste Estado.

Seguindo esta linha de raciocínio, a Corte Especial do STJ, na mesma Ação Penal 866 anteriormente mencionada, decidiu que Governadores e Conselheiros de Tribunais de Contas só têm direito ao foro por prerrogativa de função por fatos ocorridos durante o exercício do cargo e em razão deste (STJ, AgRg na Ação Penal 866).

Ainda com base no princípio da simetria, o Ministro do STF Celso de Mello, em 22/05/2018, também estendeu o precedente alhures aludido deste tribunal a Governador do Estado, remetendo com isso investigação que ali tramitava (em virtude do concurso de agentes com Deputado Federal e Senador, além de Prefeito) e envolvia o Governador de Pernambuco, por crime anterior ao mandato, ao STJ (STF, Inq. 4.292).

Já a 1ª Turma do STF ampliou a restrição do foro por prerrogativa de função (válido apenas se o crime ocorrer no cargo público e em virtude dele) para Ministro de Estado e Conselheiro do Tribunal de Contas do Estado (STF, 1ª Turma, Inq. 4703).

A respeito da competência por prerrogativa de função, merecem ser lidos os seguintes dispositivos da Constituição Federal: art. 102, I, alíneas "b" e "c", (competência do STF); art. 105, I, alínea "a" (competência do STJ); art. 108, I, alínea "a", (competência dos Tribunais Regionais Federais); arts. 96, III, e 125, § 1º (competência dos Tribunais de Justiça dos Estados e do Distrito Federal).

Com relação à **jurisdição política** (julgamento perante órgãos do Poder Legislativo), vale a pena conferir o teor do art. 52, I e II, da Constituição Federal (julgamento perante o Senado Federal); art. 78, § 3º, da Lei nº 1.079/50 (julgamento perante Tribunal Especial, constituído por 5 deputados estaduais, escolhidos pela Assembleia Legislativa, e 5 desembargadores, sorteados pelo presidente do Tribunal de Justiça, que também o presidirá, conforme art. 78, § 3º, da Lei nº 1.079/50); art. 4º do Decreto-Lei nº 201/67 (julgamento perante a Câmara Municipal).

Ademais, com fincas na Súmula Vinculante nº 46 do STF, "*A definição dos crimes de responsabilidade e o estabelecimento das respectivas normas de processo e julgamento são da competência legislativa privativa da União.*".

Algumas situações especiais também merecem ser aqui destacadas. Em primeiro lugar, insta salientar que os **prefeitos**, em regra, são julgados pelos Tribunais de Justiça (art. 29, X, CF), ainda que cometam crime doloso contra a vida. Porém, se cometem crime de competência da Justiça Federal, são julgados pelos Tribunais Regionais Federais. E se cometem crime de competência da Justiça Eleitoral, são julgados pelos Tribunais Regionais Eleitorais, tudo isso conforme a Súmula nº 702 do STF. Registre-se que, ainda de acordo com o STF, o mesmo regramento aplicável ao prefeito em matéria de foro de prerrogativa de função deve prevalecer para a figura do **deputado estadual**.

No caso de cometimento de crime por parte de **magistrados e membros do Ministério Público**, tais autoridades são sempre julgadas pelo Tribunal a que estão vinculados, ressalvada apenas a competência da Justiça Eleitoral (art. 96, III, CF), pouco importando a natureza do crime que cometem (exemplo: Juiz de Direito estadual que comete crime que seria de competência da Justiça Federal – será julgado pelo Tribunal de Justiça a que está vinculado) e o lugar da infração (exemplo: Juiz de Direito do Estado de Minas Gerais que pratica crime no Estado da Bahia – será julgado pelo Tribunal de Justiça do Estado de Minas Gerais).

De outro lado, no **concurso entre competência por prerrogativa de função e competência do Tribunal do Júri**, como ambas têm sede constitucional, mas aquela competência é especializada, deve prevalecer sobre esta. Assim, se, por exemplo, um Deputado Federal pratica crime de homicídio doloso, deve ser julgado pelo STF e não pelo Tribunal do Júri. Porém, se ele pratica crime doloso contra a vida em concurso com um particular que não possui prerrogativa de foro, deve ocorrer a *disjunção* (separação) dos feitos: o Deputado Federal será julgado pelo STF e o particular pelo Tribunal do Júri. É esse o posicionamento mais recente do STF (*JSTF* 175/346), embora este mesmo tribunal já tenha decidido anteriormente que seria caso de junção do feito no foro por prerrogativa de função (HC nº 83583/PE, Rel. Min. Ellen Gracie, 2004).

Por fim, ressalte-se que, historicamente, o STF sempre entendeu que se a **competência por prerrogativa de função fosse estabelecida exclusivamente pela Constituição estadual**, praticando o agente crime doloso contra a vida, deveria ser julgado perante o Tribunal do Júri, cuja competência é prevista na Constituição Federal. Era o que afirmava a Súmula nº 721 do STF e, posteriormente, a Súmula Vinculante nº 45 deste Tribunal (*"A competência constitucional do Tribunal do*

*Júri prevalece sobre o foro por prerrogativa de função estabelecido exclusivamente pela constituição estadual.*"). Assim, por exemplo, se um Secretário de Estado, Vice-governador ou Defensor Público cometesse crime de homicídio doloso, seria julgado pelo Tribunal do Júri. Todavia, mais recentemente, a Suprema Corte decidiu que não é possível a Constituição do Estado-membro assegurar prerrogativa de foro se ela não vem originariamente prevista na Constituição Federal. Isso porque a prerrogativa de foro é uma excepcionalidade, sendo que a Carta Magna Federal já excepcionou, também nos Estados, as autoridades dos três Poderes com direito a essa prerrogativa. Afastou-se, pois, a interpretação de que o artigo 125, parágrafo 1º, da Constituição Federal permitiria aos estados estabelecer, livremente ou por simetria com a União, prerrogativas de foro (STF, ADI, 2553).

## 13.1. Perpetuação da jurisdição em caso de foro privilegiado (art. 84, § 1º, CPP)

O art. 84, § 1º, do CPP asseverava que a competência especial por prerrogativa de função, relativa a atos administrativos do agente, prevalecia ainda que o inquérito ou a ação judicial fossem iniciados após a cessação do exercício da função pública. Entretanto, esse dispositivo foi declarado **inconstitucional** pelo STF no julgamento da ADIN de número 2.797-2-DF. Diante disso, persiste a regra de que o foro prerrogativa de função, em sendo uma proteção ao cargo e não à pessoa que o ocupa, só deve persistir enquanto perdurar o exercício das funções.

## 13.2. Extensão do foro privilegiado às ações de improbidade administrativa (art. 84, § 2º, CPP)

O art. 84, § 2º, do CPP também consagrava o foro por prerrogativa de função para a ação de improbidade administrativa, de natureza nitidamente civil. Entretanto, esse dispositivo também foi julgado **inconstitucional** pelo STF no julgamento da ADIN de número 2.797-2-DF. Diante disso, tem-se que o foro por prerrogativa de função só é aplicado a infrações penais. Mais recentemente, em 10/05/2018, o Plenário do STF reafirmou esse seu entendimento ao julgar a PET 3240. Diante disso, tem-se que o foro por prerrogativa de função só é aplicado a infrações penais.

## 13.3. Exceção da verdade nos crimes contra a honra (art. 85 CPP)

A exceção da verdade, que é cabível apenas no crime de calúnia (art. 138, § 3º, CP), segundo posição do STF, quando interposta contra agente com foro privilegiado, deverá ser processada em tal foro.

Se a exceção da verdade for julgada procedente, o querelado é absolvido e futuramente o querelante poderá até ser processado criminalmente por denunciação caluniosa (art. 339 do Código Penal). Se, porém, for julgada improcedente, a ação penal voltará a ter seu curso normal.

## 14. REGRAS DE APLICAÇÃO DA LEI PROCESSUAL PENAL NO ESPAÇO (ARTS. 88 A 91 CPP)

Nas hipóteses de **crimes praticados no exterior**, em sendo caso de aplicação da lei penal brasileira (extraterritorialidade prevista no art. 7º do Código Penal), será competente o juízo da Capital do Estado onde houver por último residido o acusado. Se este nunca tiver residido no Brasil, será competente o juízo da Capital da República (art. 88 do CPP).

Já nas hipóteses de **crimes praticados a bordo de navios ou aeronaves**, insta salientar inicialmente que eles são de competência da Justiça Federal, nos termos do art. 109, inciso IX, da Constituição Federal. Porém, para definição do local em que tais delitos serão processados, devem ser observadas as regras previstas nos artigos 89 a 91 do CPP, que merecem ser lidos na íntegra.

# Questões e processos incidentes

## 1. QUESTÕES PREJUDICIAIS (ARTS. 92 A 94 CPP)

Questão prejudicial é toda questão relacionada ao mérito da causa, que necessita ser julgada antes deste. A respeito do tema, o Brasil adota o **sistema eclético ou misto**, já que diferencia questões prejudiciais homogêneas ou não devolutivas ou impróprias ou imperfeitas e questões prejudiciais heterogêneas ou devolutivas ou próprias ou perfeitas.

As **questões prejudiciais homogêneas ou não devolutivas ou impróprias ou imperfeitas** são as que "pertencem e podem ser resolvidas na mesma jurisdição, ou no mesmo ramo do Direito" (TÁVORA; ALENCAR, 2009, p. 253), referindo-se à matéria da causa principal, que é de natureza penal, a exemplo da decisão sobre a exceção da verdade nos crimes de calúnia (art. 138, § 3º, CP). As **questões prejudiciais heterogêneas ou devolutivas ou próprias ou perfeitas**, por sua vez, referem-se a outras áreas do direito, devendo ser decididas por outro juízo que não o penal, a exemplo da "decisão sobre a posse, na esfera cível, antes de decidir a respeito do esbulho, previsto no art. 161, § 1º, II, CP" (NUCCI, 2008, p. 272).

| QUESTÃO PREJUDICIAL HOMOGÊNEA | QUESTÃO PREJUDICIAL HETEROGÊNEA |
|---|---|
| Refere-se à matéria da causa principal, que é de natureza penal, a exemplo da decisão sobre a exceção da verdade nos crimes de calúnia. | Refere-se a outras áreas do direito, devendo ser decidida por outro juízo que não o penal, a exemplo da decisão sobre a posse, na esfera cível, antes de decidir a respeito do esbulho, previsto no art. 161, § 1º, II, CP. |

O Código de Processo Penal trata expressamente da questão prejudicial obrigatória e da questão prejudicial facultativa. A **questão prejudicial**

**obrigatória é aquela que impõe a suspensão do processo penal até que haja decisão prolatada por juízo cível.** Ela vem prevista no art. 92 do CPP, que assevera: se a decisão sobre a existência da infração depender da solução de controvérsia, que o juiz repute séria e fundada, sobre o **estado civil das pessoas**, o curso da ação penal ficará suspenso até que no juízo cível seja a controvérsia dirimida por sentença passada em julgado, sem prejuízo, entretanto, da inquirição das testemunhas e de outras provas de natureza urgente. É exemplo de questão prejudicial obrigatória a discussão do casamento na esfera cível para definição do crime de bigamia.

O parágrafo único do art. 92 do CPP ainda traz a regra de que, se for o crime de ação pública, o Ministério Público, quando necessário, promoverá a ação civil ou prosseguirá na que tiver sido iniciada, com a citação dos interessados.

A **questão prejudicial facultativa** é aquela que permite ao juiz criminal, de acordo com seu critério, suspender o processo, aguardando solução de determinada questão em outra esfera. Está prevista no art. 93 do CPP, que dispõe: se o reconhecimento da existência da infração penal depender de decisão sobre **questão diversa da prevista no artigo anterior** (ou seja, questão que não diga respeito ao estado civil da pessoa, a exemplo de direitos reais, direitos obrigacionais, relações empregatícias etc), e se neste houver sido proposta ação para resolvê-la, o juiz criminal poderá, **desde que essa questão seja de difícil solução e não verse sobre direito cuja prova a lei civil limite**, suspender o curso do processo, após a inquirição das testemunhas e realização das outras provas de natureza urgente.

Ainda com relação à questão prejudicial facultativa, o juiz marcará o prazo da suspensão, que poderá ser razoavelmente prorrogado, se a demora não for imputável à parte. Expirado o prazo, sem que o juiz cível tenha proferido decisão, o juiz criminal fará prosseguir o processo, retomando sua competência para resolver, de fato e de direito, toda a matéria da acusação ou da defesa (art. 93, § 1º, CPP). Consoante o art. 93, § 2º, CPP, do despacho que denegar a suspensão não caberá recurso. O art. 93, § 3º, do CPP estipula que, suspenso o processo, e tratando-se de crime de ação pública, incumbirá ao Ministério Público intervir imediatamente na causa cível, para o fim de promover-lhe o rápido andamento.

Frise-se que tanto no caso da questão prejudicial obrigatória, como na questão prejudicial facultativa, a suspensão do curso da ação penal será decretada pelo juiz, de ofício (decorrência do princípio do impulso oficial) ou a requerimento das partes (art. 94 do CPP).

| QUESTÃO PREJUDICIAL OBRIGATÓRIA | QUESTÃO PREJUDICIAL FACULTATIVA |
|---|---|
| Prevista no art. 92 do CPP. | Prevista no art. 93 do CPP. |

## 2. EXCEÇÕES (ARTS. 95 A 111 CPP)

Exceção é a "defesa indireta apresentada por qualquer das partes, com o intuito de prolongar o trâmite processual, até que uma questão processual relevante seja resolvida, ou com a finalidade de estancar, definitivamente, o seu curso, porque processualmente incabível o prosseguimento da ação" (NUCCI, 2008, p. 277).

O Código de Processo Penal prevê, no seu art. 95, 5 (cinco) espécies de exceções: a de suspeição, a de incompetência de juízo, de litispendência, de ilegitimidade de parte (tanto a ilegitimidade *ad causam* como a ilegitimidade *ad processum*) e de coisa julgada. Essas exceções deverão ser processadas em autos apartados. Como regra geral, **não suspenderão o andamento da ação penal** (art. 111 do CPP).

As exceções podem ser **peremptórias** (proporcionam a extinção do processo sem julgamento do mérito, denominada *absolvição de instância*, o que ocorre com as exceções de litispendência e de coisa julgada) ou **dilatórias** (proporcionam o prosseguimento do feito, procrastinando-o, o que ocorre com as exceções de suspeição, incompetência do juízo e de ilegitimidade de parte).

### 2.1. Exceção de suspeição (arts. 96 a 107 CPP)

*Ab initio*, há de se mencionar que a arguição da exceção de suspeição precede qualquer outra, salvo quando fundada em motivo superveniente (art. 96 do CPP).

As hipóteses de suspeição do juiz estão previstas no art. 254 do CPP. Em havendo a atuação de juiz suspeito, o feito estará eivado de nulidade relativa. A suspeição do juiz pode ser arguida espontaneamente pelo próprio magistrado (**de ofício**) ou a **requerimento das partes**. No primeiro caso, deve o juiz afirmar a suspeição por escrito, declarando o motivo legal, remetendo imediatamente o processo ao seu substituto, intimadas as partes (art. 97 do CPP). No segundo caso, a parte que pretender recusar o juiz (denominada **excipiente**) deverá fazê-lo em petição assinada por ela própria ou por **procurador com poderes especiais** (**exceção de suspeição**), aduzindo as suas razões acompanhadas de prova documental ou de rol de testemunhas (art. 98 do CPP). Ainda nesse segundo caso, em sendo reconhecida a suspeição pelo magistrado, ele sustará a marcha do processo, mandando juntar aos autos a petição do recusante com os documentos que a instruam, e por despacho se declarará suspeito, ordenando a remessa dos autos ao substituto (art. 99 do CPP).

Entretanto, se não aceitar a suspeição, o juiz mandará autuar em apartado a petição, dará sua resposta dentro em 3 (três) dias, podendo instruí-la e oferecer testemunhas, e, em seguida, determinará sejam os autos da exceção remetidos, dentro em 24 (vinte e quatro) horas, ao juiz ou tribunal a quem competir o julgamento (art. 100, *caput*, do CPP). No tribunal, deve ser seguido o trâmite previsto no art. 100, §§ 1º e 2º, do CPP. Em seguida, em sendo julgada procedente a suspeição, ficarão nulos (nulidade relativa) os atos do processo principal, pagando o juiz as custas, no caso de erro inescusável (indesculpável); de outro lado, se a suspeição for rejeitada, evidenciando-se a malícia do excipiente, a este será imposta multa (art. 101 do CPP), que, contudo, por não estar atualizada, não é exequível.

É possível ainda que a parte contrária reconheça a procedência da arguição de suspeição, **hipótese em que se permite excepcionalmente seja sustado o processo principal**, a seu requerimento, até que se julgue o incidente de suspeição (art. 102 do CPP). Em ocorrendo a suspeição em tribunal ou perante o STF, deve ser seguido o procedimento previsto expressamente no art. 103 do CPP.

Frise-se que não há apenas a suspeição do juiz, outros sujeitos que participam do processo penal também podem ser **exceptos** (pessoas contra as quais é arguida uma exceção). Assim, é possível que as partes arguam a **suspeição do órgão do Ministério Público**. Nesse caso, a decisão competirá ao juiz, que, antes, deverá ouvi-lo e poderá admitir a produção de provas no prazo de 3 (três) dias. **Contra essa decisão não cabe recurso** (art. 104 do CPP).

É possível também que as partes arguam a **suspeição dos peritos, dos intérpretes e dos serventuários ou funcionários de justiça**. Nessa hipótese, porém, o juiz deve decidir de plano e sem recurso, à vista da matéria alegada e prova imediata (art. 105 do CPP).

Permite-se ainda a arguição de **suspeição dos jurados**, de forma oral, decidindo de plano o presidente do Tribunal do Júri, que a rejeitará se, negada pelo recusado, não for imediatamente comprovada, o que tudo constará da ata (art. 106 do CPP).

Ressalte-se que não é possível a arguição da suspeição às autoridades policiais nos autos do inquérito, mas elas deverão declarar-se suspeitas, quando ocorrer motivo legal (art. 107 do CPP).

## 2.2. Exceção de incompetência (arts. 108 e 109 CPP)

A exceção de incompetência (ou *declinatioria fori*) é a defesa indireta apresentada pela parte para que seja reconhecida a incompetência relativa (territorial) do foro perante o qual está tramitando o feito criminal.

Há de se registrar, no entanto, que **a competência penal é matéria de ordem pública**, motivo pelo qual **pode ser reconhecida de ofício pelo juiz**, não se aplicando para o processo penal, pois, o teor da Súmula nº 33 do STJ ("A incompetência relativa não pode ser declarada de ofício"), que incide apenas no processo civil. Contudo, de acordo com entendimento majoritário da doutrina, o magistrado só poderá declarar-se de ofício incompetente até o momento da absolvição sumária (art. 397, CPP).

No que tange à incompetência absoluta, insta salientar que o seu reconhecimento pode ocorrer em qualquer fase do processo, devendo o juiz declarar os motivos nos autos, haja ou não alegação da parte, prosseguindo-se na forma do procedimento indicado no art. 108 do CPP. É essa a correta interpretação que merece ser dada ao disposto no art. 109 do CPP.

Retomando o estudo da incompetência relativa (territorial), vale a regra de que, para a parte, ela somente pode ser arguida por meio da exceção ora debatida (exceção de incompetência), que deve ser oferecida no prazo da defesa preliminar (arts. 396 e 396-A do CPP), sob pena de **preclusão**.

A exceção de incompetência poderá ser oposta, **verbalmente ou por escrito**, no prazo de defesa, sob pena de preclusão, como já afirmado alhures (art. 108, *caput*, do CPP). Ela **não suspende o curso do processo principal**. Antes de o juiz decidir, o Ministério Público deverá ser ouvido.

Em sendo aceita a declinatória, o feito será remetido ao juízo competente, onde, ratificados os atos instrutórios anteriores (já que eles são válidos) e renovados os atos decisórios (já que estes são nulos), o processo seguirá (art. 108, § 1º, c/c art. 567, ambos do CPP). Noutro giro, recusada a incompetência, o juiz continuará no feito, fazendo tomar por termo a declinatória, se formulada verbalmente (art. 108, § 2º, do CPP).

## 2.3. Exceções de litispendência, ilegitimidade de parte e coisa julgada (art. 110 CPP)

Para essas exceções, deve ser observado, no que lhes for aplicável, o disposto sobre a exceção de incompetência do juízo nos artigos 108 e 109 CPP (art. 110, *caput*, do CPP). Se a parte houver de opor mais de uma dessas exceções, deverá fazê-lo numa só petição ou articulado (art. 110, § 1º, do CPP). Ademais, a exceção de coisa julgada (*exceptio rei judicatae*) somente poderá ser oposta em relação ao fato principal, que tiver sido objeto da sentença (art. 110, § 2º, do CPP).

Essas exceções, como todas as outras, serão processadas em autos apartados e **não suspenderão, em regra, o andamento da ação penal** (art. 111 do CPP).

Ademais, registre-se que a litispendência, a ilegitimidade de parte e a coisa julgada podem ser reconhecidas de ofício pelo juiz, por se tratarem de matérias de ordem pública.

## 3. INCOMPATIBILIDADES E IMPEDIMENTOS (ART. 112 CPP)

A respeito da incompatibilidade e do impedimento, o art. 112 do CPP assevera que o juiz, o órgão do Ministério Público, os serventuários ou funcionários de justiça e os peritos ou intérpretes têm o dever de declarar a sua incompatibilidade ou impedimento legal, abstendo-se de servir no processo. Porém, se não se der a abstenção por aqueles sujeitos, a incompatibilidade ou o impedimento poderá ser arguido pelas partes, seguindo-se o processo conforme o procedimento previsto para a exceção de suspeição.

## 4. CONFLITO DE JURISDIÇÃO (ARTS. 113 A 117 CPP)

Em verdade, quando o Código de Processo Penal se refere ao conflito de jurisdição está querendo fazer menção ao **conflito de competência**.

A respeito deste tema, o art. 113 do CPP afirma que as questões atinentes à competência resolver-se-ão não só pela exceção de incompetência, mas também pelo conflito de jurisdição (conflito de competência). Esse conflito pode ser tanto **positivo** (quando dois ou mais órgãos jurisdicionais afirmam a sua competência para julgar determinado caso) como **negativo** (quando dois ou mais órgãos jurisdicionais negam a sua competência para julgar determinado caso).

O art. 114 CPP deixa ainda mais claro quando haverá conflito de jurisdição: I – quando duas ou mais autoridades judiciárias se considerem competentes (conflito positivo) ou incompetentes (conflito negativo) para conhecer do mesmo fato criminoso; II – quando entre elas surgir controvérsia sobre unidade de juízo, junção ou separação de processos (em decorrência de conexão e continência).

Há **legitimidade** para suscitar o conflito da **parte interessada (o que deve incluir o assistente de acusação), dos órgãos do Ministério Público junto a qualquer dos juízos em dissídio e de qualquer dos juízes ou tribunais em causa** (art. 115 do CPP).

O conflito deve ser suscitado **perante o tribunal competente para julgá-lo**. A **forma de suscitar tal conflito é sempre escrita**, ganhando o nome de **representação se oferecida por juízes e tribunais** e de **requerimento se interposta pela parte interessada** (art. 116, *caput*, do CPP). Juntamente com a petição escrita, que deve expor de modo circunstanciado os fundamentos da causa, o interessado apresentará os documentos probatórios. No tribunal, deve ser seguido o procedimento previsto no art. 116 do CPP.

Ademais, frise-se que o STF tem o poder de avocar para si o julgamento de uma causa em relação a qual possui competência para julgar, quando ela for interposta indevidamente perante juízes ou tribunais inferiores (art. 117 do CPP).

## 5. RESTITUIÇÃO DAS COISAS APREENDIDAS (ARTS. 118 A 124 CPP)

Com relação às coisas apreendidas durante a fase investigatória ou até mesmo judicial para facilitar o esclarecimento do crime e de sua autoria, vale a regra geral de que, antes de transitar em julgado a sentença final, elas não poderão ser restituídas enquanto interessarem ao processo (art. 118 do CPP). Entretanto, os bens que serão perdidos em favor da União por efeito da condenação (art. 91, inciso II, do Código Penal) não poderão ser restituídos, mesmo depois de transitar em julgado a sentença final, salvo se pertencerem ao lesado ou a terceiro de boa-fé (art. 119 do CPP).

A restituição, quando cabível, poderá ser **determinada pela própria autoridade policial ou pelo juiz**, mediante termo nos autos. Nesse sentido, para que seja possível a restituição de coisas apreendidas, é necessário **não existir dúvida quanto ao direito do reclamante** (art. 120, *caput*, do CPP).

Se, porém, **esse direito for duvidoso**, deve ser autuado em apartado um pedido de restituição, conferindo-se ao requerente o prazo de 5 (cinco) dias para a prova. Nesse incidente, **apenas o juiz criminal poderá autorizar a restituição** (art. 120, § 1º, do CPP). O mesmo incidente ocorrerá – e também **apenas o juiz criminal decidirá – se as coisas forem apreendidas em poder de terceiro de boa-fé**, que será intimado para alegar e provar o seu direito, em prazo igual e sucessivo ao do reclamante, tendo um e outro 2 (dois) dias para arrazoar (art. 120, § 2º, do CPP). Acerca do pedido de restituição, em qualquer caso, é **obrigatória a oitiva do Ministério Público** (art. 120, § 3º, do CPP).

Em havendo dúvida sobre quem seja o verdadeiro dono, o juiz remeterá as partes para o juízo cível, ordenando o depósito das coisas em mãos de depositário ou do próprio terceiro que as detinha, se for pessoa idônea (art. 120, § 4º, do CPP). Conforme o art. 120, § 5º, do CPP, tratando-se de coisas facilmente deterioráveis, serão avaliadas e levadas a leilão público, depositando-se o dinheiro apurado, ou entregues ao terceiro que as detinha, se este for pessoa idônea e assinar termo de responsabilidade.

No que tange à coisa adquirida com os proventos da infração, ela será avaliada e vendida em leilão público, após o transito em julgado da sentença condenatória, recolhendo-se ao Tesouro Nacional o que não couber ao lesado ou a terceiro de boa-fé (arts. 121 e 133 do CPP). Exatamente o mesmo destino terá a coisa apreendida, lícita ou ilícita, se a parte interessada em sua devolução não requerer a sua restituição até o prazo de 90 (noventa) dias após transitar em julgado a sentença condenatória (art. 122 do CPP). Situação semelhante é também descrita no art. 123 do CPP, que merece ser lido.

Registre-se que os instrumentos do crime, cuja perda em favor da União foi decretada, e as coisas confiscadas, de acordo com o art. 91, inciso II, alíneas "a" e "b", do Código Penal, serão inutilizados ou recolhidos a museu criminal, se houver interesse na sua conservação (art. 124 do CPP).

## 6. MEDIDAS ASSECURATÓRIAS (ARTS. 125 A 144 CPP)

As medidas assecuratórias "são as providências tomadas, no processo criminal, para garantir futura indenização ou reparação à vítima da infração penal, pagamento das despesas processuais ou penas pecuniárias ao Estado ou mesmo evitar que o acusado obtenha lucro com a prática criminosa" (NUCCI, 2008, p. 314). Há 3 (três) espécies de medidas assecuratórias: o sequestro, a hipoteca legal e o arresto.

### 6.1. Sequestro (arts. 125 a 133 CPP)

O sequestro consiste em "reter os bens imóveis e móveis do indiciado ou acusado, ainda que em poder de terceiros, quando adquiridos com o proveito da infração penal, para que deles não se desfaça, durante o curso da ação penal, a fim de se viabilizar a indenização da vítima ou impossibilitar ao agente que tenha lucro com a atividade criminosa" (NUCCI, 2008, p. 314). Nesse sentido é o art. 125 do CPP, que estatui que caberá o **sequestro dos bens imóveis**, adquiridos pelo indiciado com proventos da infração, ainda que já tenham sido transferidos a terceiro.

Para a decretação do sequestro, bastará a existência de **indícios veementes da proveniência ilícita dos bens**, não se exigindo prova cabal e inequívoca a esse respeito (art. 126 do CPP).

O sequestro só pode ser determinado pelo **juiz**, seja de ofício, seja a requerimento do Ministério Público ou do ofendido, ou ainda mediante representação da autoridade policial. Ele pode ser decretado na fase do **inquérito policial ou ao longo da ação penal** (art. 127 do CPP).

Efetivada tal medida assecuratória, o juiz ordenará a sua inscrição no Registro de Imóveis (art. 128 do CPP). O sequestro deverá ser autuado em apartado e admite embargos de terceiro (art. 129 do CPP). Pode também ser embargado pelo acusado, sob o fundamento de não terem os bens sido adquiridos com os proventos da infração (art. 130, inciso I, do CPP), ou pelo terceiro, a quem houverem os bens sido transferidos a título oneroso, sob o fundamento de tê-los adquirido de boa-fé (art. 130, inciso II, do CPP). Nesses embargos, porém, não poderá ser pronunciada decisão antes de passar em julgado a sentença condenatória (art. 130, parágrafo único, do CPP).

O art. 131 do CPP apresenta as hipóteses em que o sequestro poderá ser levantado, merecendo ser, portanto, lido na íntegra.

Caberá o **sequestro de bens móveis** apenas se não couber a medida de busca e apreensão prevista no art. 240 do CPP (art. 132 do CPP), ou seja, quando tais bens não forem **produto direto do crime**, mas sim **proventos** do mesmo. Para o sequestro de bens móveis é aplicado, no que for compatível, o regramento do sequestro de bens imóveis.

O art. 133 do CPP determina que, transitada em julgado a sentença condenatória, o juiz, de ofício ou a requerimento do interessado, determinará a avaliação e a venda dos bens em leilão público, sendo que, do dinheiro apurado, será recolhido ao Tesouro Nacional o que não couber ao lesado ou a terceiro de boa-fé.

## 6.2. Hipoteca legal (arts. 134 e 135 CPP)

A hipoteca legal é a medida que visa "assegurar a indenização do ofendido pela prática do crime, bem como ao pagamento das custas e despesas processuais" (NUCCI, 2008, p. 319).

A especialização da hipoteca legal recai sobre **bens imóveis de origem lícita**. Nesse sentido, nos termos do art. 134 do CPP, a hipoteca legal sobre os imóveis do indiciado poderá ser requerida pelo **ofendido** em qualquer fase do processo, desde que haja **certeza da infração e indícios suficientes da autoria**. Embora a redação deste dispositivo legal seja confusa (ora fala em indiciado, ora em processo), entende-se que somente é possível essa medida assecuratória **na fase do processo**, não tendo cabimento, pois, na fase de inquérito policial.

Ademais, não obstante o art. 134 do CPP só mencionar o ofendido como legitimado a requerer a medida em comento, certo é que também poderá fazê-lo o seu representante legal ou seus herdeiros, ou ainda o Ministério Público, se houver interesse da Fazenda Pública (recebimento de multa ou custas) ou se o ofendido for pobre e o requerer (art. 142 do CPP). Quanto à legitimidade do Ministério Público, porém, é preciso ponderar que ela somente existe, em caso de ofendido pobre, se no local não houver Defensoria Pública devidamente estruturada (inconstitucionalidade progressiva do dispositivo legal). Além disso, o *Parquet* não poderá mais atuar em prol do interesse da Fazenda Pública, considerando que cada ente federativo possui o seu próprio órgão de advocacia pública, assim como a Constituição Federal, no seu art. 129, inciso IX, vedou que a instituição exercesse a representação judicial e a consultoria jurídica de entidades públicas.

O art. 135 do CPP, por sua vez, evidencia o procedimento que deve ser seguido para especialização da hipoteca, merecendo ser lido na íntegra. O processo de especialização da hipoteca correrá em auto apartado (art. 138 do CPP).

A especialização da hipoteca legal será cancelada se, por sentença irrecorrível, o réu for absolvido ou julgada extinta a punibilidade (art. 141 do CPP). Noutro giro, passando em julgado a sentença condenatória, serão os autos de hipoteca remetidos ao juiz cível (art. 143 do CPP).

## 6.3. Arresto (arts. 136 a 144 CPP)

Arresto é a medida que visa a tornar indisponível **bem de origem lícita** (no que difere do sequestro), para garantia de futura indenização ao ofendido ou ao Estado.

Aliás, tanto na especialização da hipoteca legal como no arresto, as garantias obtidas alcançarão também as despesas processuais e as penas pecuniárias, tendo preferência sobre estas a reparação do dano ao ofendido, como preceitua o art. 140 do CPP.

Consoante o art. 136 do CPP, o **arresto do imóvel** poderá ser decretado de início, revogando-se, porém, se no prazo de 15 (quinze) dias não for promovido o processo de inscrição da hipoteca legal. É possível também o **arresto de bens móveis penhoráveis**, nos termos em que é facultada a hipoteca legal dos imóveis, se o responsável não possuir bens imóveis ou os possuir de valor insuficiente (art. 137, *caput*, do CPP). Para bens móveis fungíveis, há de ser aplicado o disposto no § 1º do art. 137 do CPP, procedendo-se de acordo com o art. 120, § 5º, do CPP. Com relação às rendas dos bens móveis, poderão ser fornecidos recursos arbitrados pelo juiz, para a manutenção do indiciado e de sua família, com base no § 2º do art. 137 do CPP.

Tanto o processo de especialização da hipoteca como do arresto correrão em auto apartado (art. 138 do CPP). De outro lado, o arresto será levantado ou cancelada a hipoteca se, por sentença irrecorrível, o réu for absolvido ou julgada extinta a punibilidade (art. 141 do CPP). Passando em julgado a sentença condenatória, serão os autos de hipoteca ou arresto remetidos ao juiz do cível (art. 63), conforme o art. 143 do CPP.

O Ministério Público tem a legitimidade para promover a especialização da hipoteca legal sobre bens imóveis e o arresto sobre bens móveis, se houver interesse da Fazenda Pública ou se o ofendido for pobre e o requerer (art. 142 do CPP). Quanto a esta legitimidade do Ministério Público, porém, é preciso ponderar que ela somente existe, em caso de ofendido pobre, se no local não houver Defensoria Pública devidamente estruturada (inconstitucionalidade progressiva do dispositivo legal). Além disso, o *Parquet* não poderá mais atuar em prol do interesse da Fazenda Pública, considerando que cada ente federativo possui o seu próprio órgão de advocacia pública, assim como a Constituição Federal, no seu art. 129, inciso IX, vedou que a instituição exercesse a representação judicial e a consultoria jurídica de entidades públicas.

O art. 144 do CPP permite que os interessados ou, nos casos acima aludidos, o Ministério Público requeiram no juízo cível, contra o responsável civil (responsabilidade civil solidária), as medidas de especialização da hipoteca legal sobre bens imóveis e o arresto sobre bens móveis ou imóveis. O depósito e a administração dos bens arrestados ficarão sujeitos ao regime do processo civil (art. 139 do CPP).

Por fim, registre-se que o novel art. 144-A do CPP, *caput* e parágrafos 1º a 6º, com a redação dada pela Lei nº 12.694/12, passou a cuidar da possibilidade de o juiz determinar a alienação antecipada para preservação do valor dos bens que estiverem sujeitos a qualquer grau de deterioração ou depreciação, ou quando houver dificuldade para sua manutenção, merecendo ser lido na íntegra.

## 7. INCIDENTE DE FALSIDADE (ARTS. 145 A 148 CPP)

Trata-se de incidente "voltado à constatação da autenticidade de um documento, inclusive os produzidos eletronicamente (art. 11, *caput* e § 2º, Lei 11.419/2006), inseridos nos autos do processo criminal principal, sobre o qual há controvérsia" (NUCCI, 2008, p. 327).

A instauração desse incidente deve ser requerida **por escrito** (art. 145, *caput*, do CPP). Podem requerer a instauração do incidente todas as partes que atuam no feito, a saber, o Ministério Público, o querelante, o assistente de acusação ou o acusado. Esse requerimento pode ser feito por **procurador, desde que possua poderes especiais** (art. 146 do CPP). É possível ainda que o reconhecimento da falsidade se dê **de ofício pelo juiz** (art. 147 do CPP). Uma vez instaurado o incidente, o juiz deve observar o procedimento previsto no art. 145 do CPP, que merece ser lido na íntegra. Em sendo reconhecida a falsidade, o documento deve ser retirado do processo, determinando o juiz o envio dos autos do incidente ao Ministério Público para que possa adotar as providências cabíveis quanto a eventual conduta delitiva (arts. 40 e 145, inciso IV, do CPP). Qualquer que seja a decisão, **não fará coisa julgada em prejuízo de ulterior processo penal ou civil** (art. 148 do CPP).

## 8. INSANIDADE MENTAL DO ACUSADO (ARTS. 149 A 154 CPP)

Trata-se de procedimento "instaurado para apurar a inimputabilidade ou a semi-imputabilidade do acusado, levando-se em conta a sua capacidade de compreensão do ilícito ou de determinação de acordo com esse entendimento, à época da infração penal" (NUCCI, 2008, p. 330), ou seja, nos casos indicados no art. 26 do Código Penal.

Autoriza-se a instauração do procedimento **quando houver dúvida sobre a integridade mental do acusado** (art. 149, *caput*, do CPP). Essa instauração pode ser feita de ofício pelo juiz ou a requerimento do Ministério Público, do defensor, do curador, ascendente, descendente, irmão ou cônjuge do acusado (art. 149, *caput*, do CPP). É possível ainda a instauração **na fase do inquérito policial**, por meio de **representação da autoridade policial** ao juiz competente (art. 149, § 1º, do CPP).

O procedimento deve ser instaurado por meio de **portaria do juiz**. Uma vez instaurado tal procedimento, o juiz deverá nomear **curador** em favor do acusado. Além disso, determinará a **suspensão** do processo, se já iniciada a ação penal, salvo quanto às diligências que possam ser prejudicadas pelo adiamento (art. 149, § 2º, do CPP). Ressalte-se, porém, que **não haverá a suspensão ou interrupção do prazo prescricional**.

Na sequência, as partes vão ser intimadas para oferecer os **quesitos**. Logo após, o acusado será submetido a **exame médico-legal**. Ao final, o laudo pericial será juntado aos autos do incidente, que, por sua vez, serão apensados ao feito principal.

Para o efeito do exame, se o acusado estiver **preso**, será internado em **manicômio judiciário**, onde houver, ou, se estiver solto, e o requererem os peritos, em estabelecimento adequado que o juiz designar (art. 150, *caput*, do CPP).

O **prazo para realização do exame não pode superar 45 (quarenta e cinco) dias**, salvo se os peritos demonstrarem a necessidade de maior prazo (art. 150, § 1º, do CPP). Se não houver prejuízo para a marcha do processo, o juiz poderá autorizar sejam os autos entregues aos peritos, para facilitar o exame (art. 150, § 2º, do CPP).

Se os peritos concluírem que o acusado era, ao tempo da infração, irresponsável, nos termos do art. 26 do Código Penal, o processo prosseguirá, com a presença do curador (se concluem que era imputável, o processo prossegue sem o curador).

Se, porém, se verificar que a doença mental sobreveio à infração o processo continuará suspenso até que o acusado se restabeleça, nomeando-se curador, podendo haver a prática de diligências que possam ser prejudicadas pelo adiamento (art. 152, *caput*, do CPP). Nessa situação, é possível que o juiz ordene a internação do acusado em manicômio judiciário ou em outro estabelecimento adequado (art. 152, § 1º, do CPP). Há aqui **crise de instância**, pois o processo somente poderá retomar o seu curso se o acusado restabelecer a sua higidez mental, ficando-lhe, porém, assegurada a faculdade de reinquirir as testemunhas que houverem prestado depoimento sem a sua presença (art. 152, § 2º, do CPP).

O procedimento de insanidade mental processa-se sempre em auto apartado, que só depois da apresentação do laudo será apenso ao processo principal (art. 153 do CPP). Registre-se ainda que se a insanidade mental sobrevier no curso da execução da pena, observar-se-á o disposto ou no art. 41 do Código Penal (**doença transitória**: o condenado deve ser transferido para o hospital penitenciário, sem alteração da sua pena) ou no art. 183 da Lei de Execução Penal (**doença permanente**: há conversão da pena em medida de segurança), a depender do caso.

# Prova

## 1. SISTEMAS DE AVALIAÇÃO DA PROVA (ART. 155 CPP)

Embora as partes sejam destinatárias indiretas da prova, certo é que o **magistrado é o seu destinatário direto**, pois, como já afirmado alhures, o principal objetivo da atividade probatória é a formação do convencimento do juiz.

A esse respeito, são encontrados 3 (três) sistemas de avaliação da prova por parte do magistrado, são eles:

1. **Íntima convicção ou livre convicção ou certeza moral do juiz**: Neste sistema, "há valoração livre ou [...] íntima convicção do magistrado, significando não haver necessidade de motivação para suas decisões" (NUCCI, 2008, p. 394). No Brasil, esse sistema é aplicado apenas no **Tribunal do Júri**, no qual os jurados não motivam o seu voto, até porque ele é sigiloso.
2. **Prova legal ou regras legais ou sistema tarifário ou certeza moral do legislador**: Nesse sistema, há "valoração taxada ou tarifada da prova, significando o preestabelecimento de um determinado valor para cada prova produzida no processo, fazendo com que o juiz fique adstrito ao critério fixado pelo legislador, bem como restringido na sua atividade de julgar" (NUCCI, 2008, p. 394). Atualmente, no Brasil, há resquício desse sistema no teor do **art. 158, *caput*, do CPP**, que exige o exame de corpo de delito, direto ou indireto, para a formação da materialidade da infração penal que deixar vestígios, vedando a sua produção através da confissão (NUCCI, 2008, p. 394).
3. **Persuasão racional ou convencimento racional ou livre convencimento motivado ou apreciação fundamentada ou prova fundamentada**: É o sistema adotado no Brasil, por força do art. 93, inciso IX, da Constituição Federal, que exige a motivação de todas as decisões judiciais. Ele vem estampado expressamente no art. 155, *caput*, do CPP.

Por meio desse sistema, permite-se que o juiz decida a causa "de acordo com seu livre convencimento, devendo, no entanto, cuidar de fundamentá-lo, nos autos, buscando persuadir as partes e a comunidade em abstrato" (NUCCI, 2008, p. 395). Para formação do seu convencimento, em regra, o juiz só pode se utilizar de **prova produzida ao longo do processo penal**, eis que ela estará submetida ao contraditório e à ampla defesa.

Excepcionalmente, porém, é possível a utilização de provas produzidas no inquérito policial para a formação da convicção do magistrado, se tais provas forem **cautelares, não repetíveis e antecipadas** (art. 155, *caput*, do CPP).

Além disso, toda prova lícita pode ser utilizada no processo penal, havendo apenas limitação quanto ao **estado das pessoas**, hipótese em que serão seguidas as restrições estabelecidas na lei civil (art. 155, parágrafo único, do CPP). Assim, por exemplo, um casamento somente pode ser provado mediante certidão de casamento, um nascimento pela certidão de nascimento e um óbito pela certidão de óbito.

Noticie-se que o Código de Processo Civil de 2015 trouxe novidade a respeito do sistema de avaliação da prova adotado como regra geral no Brasil, suprimindo a expressão "livre" que acompanha o convencimento do juiz, nos termos do art. 371 ("O juiz apreciará a prova constante dos autos, independentemente do sujeito que a tiver promovido, e indicará na decisão as razões da formação de seu convencimento"). Essa novidade, por ser bem-vinda, deve repercutir na esfera processual penal, reforçando-se a ideia de que, embora o juiz tenha liberdade na apreciação da prova, ele encontra limites para fundamentar, não podendo a sua fundamentação estar alicerçada em argumentos que não encontram respaldo no ordenamento jurídico, daí porque, de fato, a sua liberdade é regrada.

## 2. ÔNUS DA PROVA E ATIVIDADE PROBATÓRIA DO JUIZ (ART. 156 CPP)

Quanto ao ônus da prova, há de se salientar que, em regra, a prova da alegação incumbirá a quem a fizer (art. 156, *caput*, do CPP). Nesse sentido, em regra, o ônus é da acusação. Excepcionalmente, é ônus da defesa a prova da existência de excludentes de ilicitude e de culpabilidade, embora seja possível absolvição do réu se simplesmente houver fundada dúvida acerca da existência de tais excludentes (art. 386, inciso VI, do CPP). Também é ônus da defesa a prova de causas de extinção da punibilidade (art. 107 do CP) e de circunstâncias que mitiguem a pena.

De outro lado, em proteção à busca da verdade real, a Lei nº 11.690/08, alterando a redação do art. 156 do CPP, permitiu que o juiz ordenasse, mesmo antes de iniciada a ação penal (ou seja, na fase de inquérito policial), a produção antecipada de provas consideradas urgentes e relevantes, observando a necessidade, adequação e proporcionalidade da medida (art. 156, inciso I, do CPP), bem como determinasse, no curso da instrução, ou antes de proferir sentença, a realização de diligências para dirimir dúvida sobre ponto relevante (art. 156, inciso II, do CPP).

## 3. MEIOS DE PROVA (ART. 157 CPP)

É possível a utilização, no processo penal, de **todos os meios de prova lícitos**. Noutro giro, nos termos do art. 5º, inciso LVI, da Constituição Federal, são **inadmissíveis, no processo, as provas obtidas por meios ilícitos**. O Código de Processo Penal, com o advento da Lei nº 11.690/08, passou a disciplinar com pormenores a matéria. Assim, inicialmente, repetiu o mandamento constitucional no art. 157, *caput*, estatuindo que são inadmissíveis, devendo ser desentranhadas do processo, as provas ilícitas.

Complementando esta ideia, o art. 157, § 3º, do CPP, determina que preclusa a decisão de desentranhamento da prova declarada inadmissível, esta será inutilizada por decisão judicial, facultado às partes acompanhar o incidente.

Em seguida, no mesmo dispositivo legal (art. 157, *caput*), o CPP define o que se entende por provas ilícitas: são aquelas que violam tanto **normas constitucionais** como **legais**.

Na sequência, o CPP, no art. 157, § 1º, consagrou **expressamente** também a impossibilidade de utilização das **provas ilícitas por derivação** (**teoria dos frutos da árvore envenenada ou do efeito à distância – *fruits of the poisonous tree***, construção da Suprema Corte americana e que já vinha sendo aceita, no Brasil, pelo STF), que são aquelas provas que decorrem de uma prova ilícita originária, sendo que tal ilicitude somente restará caracterizada se houver demonstração do **nexo causal** entre as provas ou quando as derivadas não puderem ser obtidas por uma **fonte independente** das primeiras.

Ressalte-se, por fim, que a jurisprudência brasileira começa a reconhecer a **teoria da proporcionalidade** (ou **teoria da razoabilidade** ou **teoria do interesse predominante**, de construção alemã - *Verhältnismäbigkeitsgrundsatz*) na apreciação da prova ilícita, permitindo a utilização desta prova em **benefício dos direitos do réu inocente que produziu tal prova para a sua absolvição** (***pro reo***).

## 4. FINALIDADE E OBJETO DA PROVA

A **finalidade** da prova é "convencer o juiz a respeito da verdade de um fato litigioso" (NUCCI, 2008, p. 392). No processo penal, essa verdade deve se aproximar o máximo possível da verdade real, da verdade do mundo real.

O **objeto** da prova, em regra, são "os **fatos** que as partes pretendem demonstrar" (NUCCI, 2008, p. 392) - destacamos. Ressalte-se que devem ser provados apenas os **fatos relevantes** (TÁVORA; ALENCAR, 2009, p. 309). Excepcionalmente, porém, é possível que se exija da parte a prova de **direitos**, quando eles versarem sobre **normas de caráter internacional, consuetudinário, estadual ou municipal**, sendo que, nas hipóteses de normas estadual e municipal, a prova das mesmas somente é exigida "caso se trate de unidade da Federação diversa daquela onde está o magistrado" (NUCCI, 2008, p. 392). A parte também poderá ter a incumbência de provar normas que digam respeito a **estatutos e regras internas de pessoas ou personalidades jurídicas**. Além disso, são provadas **regras de experiências**, "porque, na essência, são fatos reiterados" (NUCCI, 2008, p. 392).

Noutro giro, são **fatos que independem de prova**:

I. **Fatos notórios (ou verdade sabida)**: são os fatos "nacionalmente conhecidos, não se podendo considerar os relativos a uma comunidade específica, bem como os atuais, uma vez que o tempo faz com que a notoriedade se esmaeça, levando a parte à produção da prova" (NUCCI, 2008, p. 392). O art. 334, inciso I, do CPC de 1973, e o correlato art. 374, inciso I, do Código de Processo Civil de 2015, aplicados subsidiariamente à espécie, afirma expressamente a desnecessidade de prova dos fatos notórios. São fatos notórios, por exemplo, os feriados nacionais. Ademais, registre-se que, ao contrário do Processo Civil, os fatos incontroversos, que são aqueles alegados por uma parte e reconhecidos pela outra, carecem de demonstração probatória, nos termos do art. 334, inciso II, do CPC de 1973 e art. 374, inciso II, do CPC de 2015.

II. **Fatos que contêm uma presunção legal absoluta (*juris et de jure*)**: são fatos que "não comportam prova em sentido contrário" (NUCCI, 2008, p. 392), a exemplo da inimputabilidade do menor de 18 (dezoito) anos. Ressalte-se que as presunções relativas (*juris tantum*) provocam apenas a inversão do ônus da prova, necessitando, porém, serem demonstradas.

III. **Fatos impossíveis**: são fatos que "causam aversão ao espírito de uma pessoa informada" (NUCCI, 2008, p. 392), a exemplo da afirmação de que o réu estava na lua no momento do cometimento do crime.

IV. **Fatos axiomáticos ou intuitivos**: são fatos que "se auto demonstram, têm força probatória própria" (TÁVORA; ALENCAR, 2009, p. 309), a exemplo do art. 162, parágrafo único, do CPP, que "dispensa o exame interno cadavérico, quando as lesões externas permitirem precisar a causa da morte, como no caso da decapitação, ou de carbonização do cadáver. Esse fato seria evidente. A verdade salta aos olhos" (TÁVORA; ALENCAR, 2009, p. 309).

V. **Fatos irrelevantes ou impertinentes ou inúteis**: são fatos que "não dizem respeito à solução da causa" (NUCCI, 2008, p. 392), a exemplo da "verificação do passatempo preferido da vítima, se não guarda correspondência com o fato imputado ao réu" (NUCCI, 2008, p. 392).

## 5. CLASSIFICAÇÃO DA PROVA

Basicamente, há 4 (quatro) critérios utilizados para classificar a prova, são eles:

I. **Quanto ao objeto**: Esse critério aborda a "relação ou incidência que a prova tem com o fato a ser provado" (TÁVORA; ALENCAR, 2009, p. 310). Nesse sentido, a prova pode ser: ***a) Direta***: quando ela se refere "diretamente ao fato probando, por si o demonstrando" (TÁVORA; ALENCAR, 2009, p. 310), a exemplo da testemunha presencial; ***b) Indireta***: quando ela se refere a "um outro acontecimento que, por ilação, nos leva ao fato principal" (TÁVORA; ALENCAR, 2009, p. 310), a exemplo dos indícios (art. 239 do CPP).

II. **Quanto ao efeito ou valor**: Esse critério aborda o "grau de certeza gerado pela apreciação da prova" (TÁVORA; ALENCAR, 2009, p. 310). Nesse sentido, a prova pode ser: ***a) Plena***: é aquela prova "necessária para condenação, imprimindo no julgador um juízo de certeza quanto ao fato apreciado" (TÁVORA; ALENCAR, 2009, p. 310); ***b) Não plena ou indiciária***: é aquela prova "limitada quanto à profundidade, permitindo, por exemplo, a decretação de medidas cautelares" (TÁVORA; ALENCAR, 2009, p. 310).

III. **Quanto ao sujeito ou causa**: Esse critério avalia "em que consiste o material produzido" (TÁVORA; ALENCAR, 2009, p. 310). Nesse sentido, a prova pode ser: ***a) Real***: é aquela prova "emergente do fato" (TÁVORA; ALENCAR, 2009, p. 310), a exemplo de fotografias, pegadas etc.; ***b) Pessoal***: é aquela prova que "decorre do conhecimento de alguém em razão do *theme probandum*" (TÁVORA; ALENCAR, 2009, p. 310), a exemplo da confissão, da prova testemunhal, do depoimento do ofendido etc.

IV. **Quanto à forma ou aparência**: É critério que aborda "como a prova se revela no processo" (TÁVORA; ALENCAR, 2009, p. 311). Por força deste critério, a prova pode ser: ***a) Testemunhal***: é aquela prova "expressa pela afirmação de uma pessoa, independente se é tecnicamente testemunha ou não" (TÁVORA; ALENCAR, 2009, p. 311), a exemplo do interrogatório do réu; ***b) Documental***: é aquela que "irá condensar graficamente a manifestação de pensamento" (TÁVORA; ALENCAR, 2009, p. 311), a exemplo de um contrato; *c) **Material***: é aquela que "simboliza qualquer elemento que corporifica a demonstração do fato" (TÁVORA; ALENCAR, 2009, p. 311), a exemplo do exame de corpo de delito.

## 6. PROVAS EM ESPÉCIE

### 6.1. Prova pericial (arts. 158 a 184 CPP)

A prova pericial é uma prova técnica, na medida em que pretende evidenciar a existência de fatos cuja certeza, segundo a lei, somente seria possível a partir de conhecimentos científicos.

Nesse trilhar, se a infração deixar **vestígios**, necessariamente deverá ser feito o **exame de corpo de delito**, não podendo supri-lo nem mesmo a confissão do acusado (art. 158, *caput*, do CPP), sob pena de nulidade absoluta do feito (art. 564, inciso III, alínea "b", do CPP e Súmula nº 361 STF), o que constitui um resquício do sistema tarifário de provas.

A esse respeito, o art. 158, *caput*, do CPP menciona que o exame de corpo de delito pode ser feito de modo **direto** (quando os peritos têm contato pessoalmente, diretamente com o objeto a ser periciado - exemplo: no crime de lesões corporais, o perito tem contato imediato com o corpo da vítima) ou **indireto** (que será realizado quando inexistentes ou desaparecerem os vestígios, através de outros meios de prova em direito admitidos, a exemplo do exame de ficha clínica de hospital, fotografias, filmes, atestados de outros médicos e, principalmente, através da **prova testemunhal**, nos termos do art. 167 do CPP).

Fundamental registrar que, de acordo com o disposto nos incisos I e II do parágrafo único do art. 158 do CPP, com a redação dada pela Lei nº 13.721/18, será dada prioridade à realização do exame de corpo de delito quando se tratar de crime que envolva violência doméstica e familiar contra mulher (I) ou contra criança, adolescente, idoso ou pessoa com deficiência (II).

Em sendo a prova pericial uma prova essencialmente técnica, deverá ser produzida por pessoas devidamente habilitadas. Em regra, essas pessoas pertencem aos quadros do próprio Estado, são os chamados **peritos oficiais ou judiciais**, que são auxiliares da Justiça (art. 275 do CPP) investidos na função por força de lei (concursados) e não por nomeação do juiz, submetendo-se às mesmas causas de suspeição dos juízes (art. 280 do CPP).

Nos termos do art. 159 CPP, *caput*, com a redação dada pela Lei nº 11.690/08, a regra geral é a de que a perícia deve ser realizada **por apenas um (não mais dois) perito oficial**, portador de diploma de curso superior. Nesse sentido, impende registrar que a Súmula nº 361 do STF, quanto ao número de peritos oficiais, perdeu a sua razão de ser. Persiste apenas para a perícia feita por peritos não oficiais, hipótese em que envolverá a ocorrência de nulidade meramente relativa.

Sendo a **perícia complexa**, que abranja mais de uma área de conhecimento especializado, pode ser designado pelo juiz mais de um perito oficial e indicado pela parte mais de um assistente técnico, consoante previsão do art. 159, § 7º, do CPP.

Apenas **quando não houver peritos oficiais** é que deverá o juiz nomear **duas pessoas portadoras de diploma de curso superior preferencialmente na área específica**, dentre as que tiverem habilitação técnica relacionada com a natureza do exame (art. 159, § 1º, do CPP): são os **peritos não oficiais**. Estes peritos, para que possam exercer suas funções, deverão **prestar o compromisso** de bem desenvolver sua atividade (art. 159, § 2º, do CPP), o que não se exige para os peritos oficiais, para os quais este compromisso já decorre do cargo público que ocupam. Todavia, a ausência da colheita do compromisso é causa de **mera irregularidade**, não provocando a nulidade do laudo pericial.

O art. 159, § 3º, do CPP, com a redação dada pela Lei nº 11.690/08, passou a permitir que o Ministério Público, o assistente de acusação, o ofendido, o querelante e o acusado **formulem quesitos e indiquem assistentes técnicos**.

A respeito da **formulação de quesitos**, sobreleva destacar que as partes podem requerer a oitiva dos peritos em audiência de instrução e julgamento com a finalidade de que informem dados sobre a prova produzida e justamente respondam estes quesitos. Para tanto, os peritos devem ser intimados no prazo de 10 (dez) dias de antecedência, recebendo os quesitos ou questões previamente. Ademais, as respostas dos peritos podem ser fornecidas também por meio de laudo complementar (art. 159, § 5º, inciso I, do CPP).

No que tange à figura do **assistente técnico**, convém salientar que ele ingressa no feito a **partir da sua admissão pelo magistrado e após a conclusão dos exames e a elaboração do laudo pelo perito oficial**, sendo as partes intimadas dessa decisão (art. 159, § 4º, do CPP). Além disso, frise-se que o assistente técnico pode apresentar pareceres em prazo a ser fixado pelo juiz ou ser inquirido em audiência (art. 159, § 5º, inciso II, do CPP).

Nos termos do art. 159, § 6º, do CPP, havendo requerimento das partes, o material probatório que serviu de base à perícia será disponibilizado no ambiente do órgão oficial, que manterá sempre sua guarda, e na presença de perito oficial, para exame pelos assistentes, salvo se for impossível a sua conservação.

O resultado da prova pericial deve ser apresentado pelos peritos por meio de *laudo pericial*. Nesse laudo, os peritos devem descrever minuciosamente o que examinarem e responder aos quesitos formulados (art. 160, *caput*, do CPP). Eles têm o prazo de 10 (dez) dias para a elaboração do laudo pericial, sendo que tal prazo pode ser prorrogado, em casos excepcionais, a requerimento do perito (art. 160, parágrafo único, do CPP). Já a autoridade e as partes podem formular os seus respectivos quesitos até o ato da diligência (art. 176 do CPP).

Com fincas no art. 161 do CPP, o exame de corpo de delito pode ser feito em qualquer dia e horário – assim, por exemplo, permite-se que um cadáver seja liberado para o funeral, realizando-se o exame de necropsia em dia não útil.

Permite-se que o exame pericial seja feito por **carta precatória** (art. 177 do CPP), se o objeto ou material a ser analisado se encontrar em comarca diversa daquela onde se situa a autoridade policial ou o juiz. Como regra geral, é o juiz ou a autoridade policial do local da diligência (juízo deprecado) quem nomeia o perito, sem qualquer participação das partes. Excepcionalmente, porém, se a ação for penal privada, havendo acordo entre as partes, a nomeação pode ser feita pelo juízo deprecante (e não pelas partes, já que elas nunca interferem na nomeação dos peritos, que é ato privativo do juiz). Em qualquer caso, os quesitos formulados pelo juiz e pelas partes seguirão na carta precatória (art. 177, parágrafo único, do CPP).

O CPP, no seu art. 162, prevê a possibilidade de realização da prova pericial denominada **autópsia ou necropsia**. Conforme o art. 162, *caput*, do CPP, para a realização da autópsia, garante-se o tempo mínimo de segurança de 6 (seis) horas. Esse prazo, porém, é relativizado quando a morte é evidente, o que deve ser declarado no auto pelo perito.

Com base no art. 162, parágrafo único, do CPP, nos casos de **morte violenta (não natural)**, como um suicídio, bastará o simples exame externo do cadáver, quando não houver infração penal que apurar, ou quando as lesões externas permitirem precisar a causa da morte e não houver necessidade de exame interno para a verificação de alguma circunstância relevante, como nas hipóteses de decapitação ou carbonização da vítima.

Outra modalidade de prova pericial prevista no CPP (artigos 163 a 166) é a **exumação**. Esse procedimento necessita de autorização legal, não podendo ser feito, portanto, sem justificativa. A exumação pode ser feita para a realização da autópsia, se surgir dúvida sobre a causa da morte, sendo que essa dúvida, no momento do sepultamento, não existia. Pode ser feita também para o refazimento da perícia ou para a complementação dos dados já colhidos.

O art. 163, *caput*, do CPP determina que, em caso de exumação para exame cadavérico, a autoridade providenciará para que, em dia e hora previamente marcados, se realize a diligência, da qual se lavrará auto circunstanciado. Já o parágrafo único do art. 163 do CPP estipula que o administrador de cemitério público ou particular indicará o lugar da sepultura, sob pena de desobediência. No caso de recusa ou de falta de quem indique a sepultura, ou de encontrar-se o cadáver em lugar não destinado a inumações, a autoridade procederá às pesquisas necessárias, o que tudo constará do auto.

O art. 164 do CPP assevera que os cadáveres serão sempre fotografados na posição em que forem encontrados, bem como, na medida do possível, as eventuais lesões externas e os vestígios deixados no local do crime.

Conforme o art. 165 do CPP, para representar as lesões encontradas no cadáver, os peritos, quando possível, juntarão ao laudo do exame provas fotográficas, esquemas ou desenhos, devidamente rubricados.

Se houver dúvida sobre a identidade do cadáver, deve ser feito o seu reconhecimento, lavrando-se auto (*auto de reconhecimento e de identidade*), no qual ele será descrito com todos os seus sinais e indicações (art. 166 do CPP). Além disso, tudo o que for encontrado com o cadáver deverá ser recolhido e autenticado (art. 166, parágrafo único, do CPP).

No caso de crime **lesão corporal**, se houver um primeiro exame pericial incompleto, é possível a realização de um **exame complementar**, por determinação da autoridade policial ou judiciária, de ofício ou a requerimento do Ministério Público, do ofendido ou do acusado, ou de seu defensor, visando apurar a extensão da lesão corporal (art. 168, *caput*, do CPP). Nesse exame complementar, os peritos terão presente o auto de corpo de delito, a fim de suprir-lhe a deficiência ou ratificá-lo (art. 168, § 1º, do CPP).

É possível ainda a realização do **exame pericial complementar** para a constatação do **crime de lesão corporal grave que resulta na incapacidade da vítima para as ocupações habituais, por mais de 30 (trinta) dias** (art. 129, § 1º, inciso I, do Código Penal), se ainda presentes os vestígios, logo após o prazo de 30 (trinta) dias, contados da data do crime, para que se saiba justamente acerca do tempo de incapacidade provocada pelo delito (art. 168, § 2º, do CPP). Se, no entanto, desaparecerem os vestígios do crime, não será possível a realização do exame complementar, devendo ser suprido, porém, pela prova testemunhal, na linha do art. 168, § 3º, do CPP.

Outra prova pericial é o **exame do local em que foi praticada a infração**, previsto no art. 169 do CPP. Para fins de realização deste exame, a autoridade providenciará imediatamente para que não se altere o estado das coisas até a chegada dos peritos (art. 169, *caput*, do CPP c/c art. 6º, inciso I, do CPP). Estes, por sua vez, podem instruir seus laudos com fotografias, desenhos ou esquemas elucidativos (art. 169, *caput*, do CPP).

Se, porém, os peritos percebem a mudança do local do crime, deverá fazer constar no relatório essa circunstância, apresentando suas conclusões sobre a influência dessas alterações no resultado da perícia. Além disso, devem os peritos levantar hipóteses, evidenciando as diversas situações delas decorrentes (art. 169, parágrafo único, do CPP).

Mais uma espécie de prova pericial encontra-se prevista no art. 170 do CPP, é o **exame laboratorial**. Conforme o art. 170 do CPP, os peritos, ao final do exame, devem guardar material suficiente do produto analisado para a realização, se for o caso, de nova perícia ou contraprova. Ademais, sempre que conveniente, os laudos serão ilustrados com provas fotográficas, ou microfotográficas, desenhos ou esquemas (art. 170 do CPP).

O art. 171 do CPP estipula outra modalidade de prova pericial, qual seja, a **perícia em furto qualificado**, que visa demonstrar as qualificadoras de destruição ou rompimento de obstáculo e escalada do crime de furto (art. 155, § 4º, incisos I e II, do Código Penal). Neste exame, os peritos deverão descrever os vestígios, indicando os instrumentos utilizados, os meios e a época em que se presume ter sido o fato praticado (art. 171 do CPP).

Em crimes contra o patrimônio, quando necessário, deve ser confeccionado o **laudo de avaliação das coisas destruídas, deterioradas ou que constituam produto do crime** (art. 172, *caput*, do CPP). Essa avaliação pode ser **direta** ou **indireta** (se impossível aquela, devendo ser feita por meio dos elementos existentes nos autos e dos que resultarem de diligências), nos termos do art. 172, parágrafo único, do CPP.

Para verificação do crime previsto no art. 250 do Código Penal (incêndio), é possível a realização de **exame de local de incêndio**. Nos termos do art. 173 do CPP, os peritos devem verificar a causa e o lugar em que houver começado, o perigo que dele tiver resultado para a vida ou para o patrimônio alheio, a extensão do dano e o seu valor e as demais circunstâncias que interessarem à elucidação do fato.

Exame extremamente útil, em muitos casos, para a determinação da autoria de determinados crimes, principalmente de estelionato e de falsificação, é o **exame de reconhecimento de escritos ou grafotécnico ou caligráfico**. O procedimento para a realização deste exame vem previsto exaustivamente no art. 174 do CPP, que merece ser lido.

É possível ainda o **exame dos instrumentos do crime**. Nos termos do art. 175 do CPP, o exame verificará a natureza e a eficiência do instrumento.

Se a perícia for feita por 2 (dois) peritos não oficiais, havendo divergência entre eles, cada um dos peritos poderá apresentar, no mesmo laudo, as suas opiniões em seções diferenciadas e com respostas separadas aos quesitos ou, se preferirem, elabore cada qual o seu laudo. Ademais, em qualquer caso, o juiz poderá (faculdade) nomear um terceiro perito, chamado de *perito desempatador*. Persistindo, porém, a divergência, o juiz pode (faculdade) determinar a realização de outra perícia, repetindo a produção da prova, por outros peritos, tudo conforme o art. 180 do CPP.

**O juiz, no sistema do livre convencimento motivado, não está adstrito ao laudo apresentado**, podendo rejeitá-lo, no todo ou em parte (art. 182 do CPP), desde que sempre fundamente a sua decisão no conjunto probatório (é a ele que o juiz está vinculado e não ao exame pericial isoladamente).

No entanto, se o juiz recusa o teor do laudo pericial, tratando-se de infração que deixa vestígios e estando estes ainda presentes, poderá determinar que seja suprida a falha do laudo, complementado ou esclarecido, ou determinar a realização de novo laudo, até nomeando novos peritos para tanto, se julgar conveniente, se de prova exclusivamente técnica se cuidar (art. 181 do CPP).

## 6.2. Interrogatório (arts. 185 a 196 CPP)

Modernamente, sob uma visão garantista do processo penal, em que o acusado é sujeito de direitos, e no contexto do sistema acusatório, o interrogatório é, ao mesmo tempo, meio de prova (e assim está previsto no CPP nos artigos 185 a 196) e meio de defesa. Desse modo, o interrogatório pode ser definido como a oportunidade que o réu possui para apresentar, perante o juiz, a sua versão pessoal dos fatos delitivos narrados na peça acusatória, em um legítimo exercício da **autodefesa**.

Por ser um meio de exercício da autodefesa, que é sempre disponível, não obrigatória, o acusado pode se calar, sem que o seu **silêncio** seja interpretado em seu desfavor (art. 186, parágrafo único, do CPP), assim como poderá **mentir**, em decorrência do princípio constitucional do **direito ao silêncio** (art. 5º, inciso LXIII, da Constituição Federal).

Entretanto, ressalte-se que a disponibilidade da autodefesa **não autoriza que o réu minta ou se cale na primeira parte do interrogatório judicial** (art. 187, § 1º, do CPP), referente às perguntas sobre a sua qualificação pessoal, o que é apenas permitido na segunda parte deste ato processual (art. 187, § 2º, do CPP), no momento das perguntas sobre os fatos delitivos.

Em se recusando a fornecer sua qualificação, o agente poderá praticar a contravenção penal prevista no art. 68 da Lei de Contravenções Penais (recusa de dados sobre a própria identidade ou qualificação). De outro lado, se o réu atribui a si mesmo outra identidade, pode restar configurado o crime definido no art. 307 do Código Penal (falsa identidade). Aliás, este crime também estará caracterizado se a conduta de atribuir-se falsa identidade for praticada perante autoridade policial, de acordo com a Súmula nº 522 do STJ. Ademais, também não se permite que o réu, na segunda parte do interrogatório, formule **autoimputação falsa ou**

**mesmo imputação falsa a terceiros**, sob pena inclusive de cometimento do crime de denunciação caluniosa (art. 339 do Código Penal) ou até de autoacusação falsa (art. 341 do Código Penal).

O art. 260, *caput*, do CPP assevera que se o réu não atender à intimação para o interrogatório, reconhecimento ou qualquer outro ato que, sem ele, não possa ser realizado, a autoridade poderá mandar conduzi-lo à sua presença.

Contudo, boa parcela da doutrina já apontava para a inconstitucionalidade deste dispositivo legal por violação aos princípios do direito ao silêncio e da proibição de produção de provas contra si mesmo, a exemplo de Guilherme de Souza Nucci (NUCCI, 2008, p. 552) e de Eugênio Pacelli de Oliveira (OLIVEIRA, 2008, p. 326) – não obstante este último sustentar a inconstitucionalidade apenas para o ato do interrogatório, sendo, para ele, constitucional a previsão de condução coercitiva para o reconhecimento de pessoas ou qualquer outro ato que dependa da participação do réu. Era esse também o posicionamento do STJ (REsp nº 346677/RJ, 6ª Turma, Rel. Min. Fernando Gonçalves, j. 10/9/2002, DJ 30/9/2002, p. 297) e do STF (HC nº 89837/DF, 2ª Turma, Rel. Min. Celso de Mello, j. 20/10/2009, DJe 20/11/2009).

Ocorre que, mais recentemente, o Plenário do STF decidiu que a condução coercitiva para interrogatório do acusado prevista no art. 260, *caput*, do CPP não foi recepcionada pela Constituição Federal de 1988, por violação ao direito ao silêncio, liberdade de locomoção, não autoincriminação e presunção de inocência. Com efeito, pronunciou-se a não recepção pela Carta Magna do termo "para o interrogatório" constante no aludido dispositivo legal. Foram ainda definidas as responsabilidades disciplinar, civil e penal do agente ou da autoridade que promove a condução coercitiva nesta hipótese, a responsabilidade civil do Estado e a ilicitude das provas obtidas. Esta decisão não desconstitui conduções coercitivas realizadas para interrogatórios até a data deste julgamento (STF, ADPFs 399 e 444).

A todo tempo, o julgador poderá proceder a novo interrogatório de ofício ou a pedido fundamentado de qualquer das partes (art. 196 do CPP), inclusive na pendência de julgamento do recurso de apelação, hipótese em que o tribunal, câmara ou turma poderá procedê-lo (art. 616 do CPP).

Por envolver o exercício de defesa, o interrogatório necessariamente deve ser **acompanhado por defensor**, ainda que dativo, sob pena de nulidade absoluta. Este defensor poderá inclusive formular perguntas ao réu. Além disso, o réu tem direito a **entrevista prévia com o seu defensor** (art. 185, § 5º, do CPP), em qualquer modalidade de interrogatório, sob pena de nulidade absoluta, a permitir até o oferecimento de correição parcial.

O interrogatório inicia-se com uma **fase preliminar**, em que o juiz deve advertir o réu sobre o seu **direito ao silêncio**, sob pena de nulidade do feito (art. 186

do CPP). Em seguida, segue-se o **procedimento do interrogatório**, dividindo-se em duas partes, segundo dicção do art. 187 do CPP. A primeira diz respeito à sua **qualificação** (art. 187, § 1º, do CPP), oportunidade em que ele não pode se calar ou mentir. A segunda diz respeito aos **fatos** (art. 187, § 2º, do CPP), ou seja, o mérito da causa, oportunidade em que pode se calar ou mentir (não podendo, porém, fazer autoimputação falsa ou imputação falsa a terceiros).

Como o interrogatório passou a ser também um meio de defesa, ele deixou de ser um ato privativo do juiz, possibilitando-se a participação das partes neste ato processual mediante a formulação de perguntas dirigidas ao réu, nos termos do art. 188 do CPP. E se houver mais de um acusado, serão interrogados separadamente, com fincas no art. 191 do CPP.

Em resposta às perguntas formuladas quanto aos fatos delitivos, se o acusado negar a acusação, no todo ou em parte, poderá (faculdade) prestar esclarecimentos e indicar provas (art. 189 do CPP). Mas se confessar a autoria, será perguntado sobre os motivos e circunstâncias do fato e se outras pessoas concorreram para a infração, e quais sejam (art. 190 do CPP).

Quanto ao **interrogatório do réu preso**, como regra geral, ele deve ser feito no **estabelecimento prisional**, em sala própria, desde que estejam garantidas a segurança do juiz, do membro do Ministério Público e dos auxiliares bem como a presença do defensor e a publicidade do ato (art. 185, § 1º, do CPP).

Excepcionalmente, em não estando atendidos os requisitos acima referidos, o interrogatório do réu preso poderá ser feito **por videoconferência ou meio virtual ou *on-line* ou por meio eletrônico,** conforme previsão expressa no art. 185, § 2º, do CPP, com a redação dada pela Lei nº 11.900/09.

Assim, o interrogatório por videoconferência é decretado pelo juiz em despacho fundamentado, de ofício ou a requerimento das partes, sendo que a fundamentação deve se ater às finalidades indicadas pelo art. 185, § 2º, do CPP (rol taxativo), que merece ser lido na íntegra.

As partes são intimadas com 10 (dez) dias de antecedência da decisão que permitir essa modalidade de interrogatório (art. 185, § 3º, do CPP). O réu tem direito de assistir a todos os outros atos referentes à audiência (art. 185, § 4º, do CPP), bem como a se entrevistar com seu defensor e a ter contato com ele, a todo momento, por meio telefônico (art. 185, § 5º, do CPP). A sala da videoconferência será fiscalizada pelos corregedores, pelo juiz, Ministério Público e OAB (art. 185, § 6º, do CPP). A videoconferência pode ser realizada em qualquer ato que dependa da participação de pessoa presa, como acareação, reconhecimento de pessoas e coisas, inquirição de testemunhas ou tomada de declarações do ofendido (art. 185, § 8º, do CPP), atos estes que serão acompanhados pelo acusado e pelo defensor (art. 185, § 9º, do CPP).

Não havendo a possibilidade de realização do interrogatório do réu preso no estabelecimento prisional ou por videoconferência, deverá ser feito por meio de uma terceira modalidade, qual seja, por **requisição do réu preso em juízo** (art. 185, § 7º, do CPP), hipótese em que o Estado deverá providenciar o encaminhamento do acusado à sede do juízo (fórum) para que seja realizado tal ato processual.

Com fincas no art. 185, § 10, do CPP, com a redação dada pela Lei nº 13.257, de 8 de março de 2016, "Do interrogatório deverá constar a informação sobre a existência de filhos, respectivas idades e se possuem alguma deficiência e o nome e o contato de eventual responsável pelos cuidados dos filhos, indicado pela pessoa presa.".

Vale, como regra geral, a **oralidade** na realização do interrogatório. No que tange ao **interrogatório do surdo**, porém, deve ele ser feito por meio de perguntas por escrito, que serão respondidas oralmente (art. 192, inciso I, do CPP). Já o **interrogatório do mudo** é feito por meio de perguntas orais, com respostas escritas (art. 192, inciso II, do CPP). O **interrogatório do surdo-mudo**, por sua vez, é feito mediante perguntas e respostas escritas (art. 192, inciso III, do CPP). De qualquer forma, caso o interrogando não saiba ler ou escrever, intervirá no ato, como intérprete e sob compromisso, pessoa habilitada a entendê-lo (art. 192, parágrafo único, do CPP).

De outro lado, se o acusado **não falar a língua nacional**, mesmo que o juiz e os demais presentes na audiência falem o idioma estrangeiro, o interrogatório será feito por meio de intérprete (art. 193 do CPP).

Se o **interrogado não souber escrever, não puder ou não quiser assinar**, tal fato será consignado no termo (art. 195 do CPP), não sendo o caso, portanto, de colheita de suas impressões digitais.

## 6.3. Confissão (arts. 197 a 200 CPP)

A confissão é o reconhecimento por parte do réu dos fatos narrados na peça acusatória. Ela é **divisível** (o juiz pode considerar apenas parte dela, de acordo com o seu livre convencimento) e **retratável** (o réu pode voltar atrás, se em tempo), consoante o art. 200 do CPP.

Em verdade, a confissão pode até ser **extraprocessual**, não necessitando, portanto, ser feita necessariamente no interrogatório, mas será tomada por termo nos autos (art. 199 do CPP).

Embora a confissão seja uma prova extremamente relevante no processo penal, certo é que ela não pode ser mais encarada como a "rainha das provas" como outrora era feito, pois, no sistema do livre convencimento motivado, não há hierarquia entre as provas previstas no ordenamento jurídico brasileiro. Desse modo, **a simples confissão não permite que o juiz não determine a produção das demais provas do processo** (art. 197 do CPP), até porque sempre é possível a existência de uma autoimputação falsa.

Apesar de o art. 198 do CPP estatuir que "O silêncio do acusado não importará confissão, **mas poderá constituir elemento para a formação do convencimento do juiz**" (grifamos), certo é que, em proteção aos princípios da não autoincriminação e do direito ao silêncio, não se pode admitir que o silêncio do réu seja considerado como elemento para a formação do convencimento do juiz, daí porque o citado dispositivo legal, em sua parte final, não foi recepcionado pela ordem jurídica atual.

## 6.4. Perguntas ao ofendido (art. 201 CPP)

O ofendido, por ser a vítima da infração penal cometida pelo réu, não é considerado testemunha. Por isso, não tem o compromisso de dizer a verdade (art. 203 do CPP) e, por consequência, não pode cometer crime de falso testemunho (art. 342 do CP), mas pode ser autor do crime de denunciação caluniosa (art. 339 do CP).

Todavia, é possível a sua **condução coercitiva** se, intimado, não comparecer em juízo sem motivo justo, pois ele tem o dever de depor (art. 201, § 1º, do CPP). Ainda por conta da sua ausência injustificada, poderá também ser responsabilizado por crime de **desobediência**. Ademais, ele **não possui direito ao silêncio**, salvo se o seu depoimento puder incriminá-lo, como ocorre na hipótese de crime de lesões corporais recíprocas.

A Lei nº 11.690/08 procurou estar atenta à situação do ofendido no processo penal. Diante disso, alterando o art. 201 do CPP, passou a exigir que ele seja intimado sobre o ingresso e a saída do réu da prisão, a designação de data para audiência, a sentença e respectivos acórdãos que a mantenham ou modifiquem (art. 201, § 2º, do CPP). Essa intimação será feita no endereço por ele indicado ou até por meio eletrônico, se ele assim optar (art. 201, § 3º, do CPP). Além disso, garantiu-se ao ofendido, enquanto não presta depoimento, que ele possa aguardar a sua chamada em espaço reservado (art. 201, § 4º, do CPP).

Caso o juiz entenda necessário, poderá determinar o acompanhamento do ofendido por equipe multidisciplinar, especialmente nas áreas psicossocial, de assistência jurídica e de saúde, a expensas do ofensor ou do Estado (art. 201, § 5º, do CPP). Para que sejam preservadas a intimidade, a vida privada, a honra e a imagem do ofendido, poderá também o juiz determinar o segredo de justiça em relação aos dados, depoimentos e outras informações constantes dos autos a seu respeito para evitar sua exposição aos meios de comunicação (art. 201, § 6º, do CPP).

Por fim, noticie-se que se o juiz verificar que a presença do réu poderá causar humilhação, temor, ou sério constrangimento ao ofendido, de modo que prejudique a verdade do depoimento, fará a inquirição por videoconferência e, somente na impossibilidade dessa forma (por ausência de recursos tecnológicos, por exemplo), determinará a retirada do réu, prosseguindo na inquirição, com a presença do seu defensor, por força do art. 217, *caput*, do CPP. Igual prerrogativa será assegurada à testemunha, como será exposto a seguir.

## 6.5. Testemunhas (arts. 202 a 225 CPP)

Diferente do processo civil, no processo penal, toda e qualquer pessoa tem **capacidade para testemunhar** (art. 202 do CPP). Cabe, entretanto, ao juiz valorar o teor do depoimento de cada testemunha.

A testemunha, em regra, tem o **compromisso de dizer a verdade** (arts. 203 e 206 do CPP), independente de lembrança feita pelo juiz nesse sentido, daí porque o seu não atendimento ensejará a prática do crime de falso testemunho (art. 342 do CP). A esse respeito, frise-se que a testemunha **não tem direito ao silêncio** e, se assim proceder, igualmente responderá pelo crime de falso testemunho. O silêncio não poderá ser exercido nem mesmo no que tange aos seus dados de qualificação mencionados no art. 203 do CPP, pena de prática do crime de falso testemunho. Todavia, a testemunha poderá se calar apenas e tão somente em relação aos fatos que possam incriminá-la. É essa a posição do STF.

Em razão de tudo isso, o art. 211, *caput*, do CPP, assevera que se o magistrado, após a sentença final, reconhecer a prática do crime de falso testemunho deverá encaminhar cópia do depoimento à autoridade policial para a instauração de inquérito. Aliás, prevê também o CPP, no art. 211, parágrafo único, a possibilidade de prisão em flagrante da testemunha que prestou falso testemunho, caso a sentença seja proferida na própria audiência em que o depoimento falso foi prestado. Se isso ocorrer em plenário do Tribunal do Júri, deve ser realizado quesito específico sobre o falso testemunho e, uma vez reconhecido o crime pelos jurados, o magistrado poderá determinar a sua prisão em flagrante (não havendo o reconhecimento do crime pelos jurados, nada poderá ser feito).

Não obstante, em razão de laços de afinidade, o CPP **dispensa o dever de depor** para as pessoas referidas no art. 206, parte final (ascendente, descendente, afim em linha reta, cônjuge – o que deve incluir o companheiro –, ainda que separado, irmão, pai, mãe e filho adotivo do *réu*, não da vítima), **salvo quando não for possível, de outro modo, obter-se ou integrar-se a prova do fato e de suas circunstâncias**, hipótese em que não prestam o compromisso de dizer a verdade e, por consequência, não cometem crime de falso testemunho (art. 342 do CP).

De outro lado, o CPP **dispensa o dever de prestar compromisso** para as pessoas referidas no art. 208 do CPP (doentes, deficientes mentais, menores de 14 anos e as pessoas mencionadas no art. 206 do CPP). Embora o CPP não se utilize desta expressão, a doutrina vem chamando tais pessoas de **declarantes** ou **informantes**. Elas não integram o número legal de testemunhas.

Noutro giro, o art. 207 do CPP apresenta as pessoas que estão **proibidas de depor**. Isso ocorre nos casos em que certas pessoas, em razão de função, ministério, ofício ou profissão, devam guardar segredo, a exemplo de padres, pastores, médicos, psicólogos, psiquiatras etc. Contudo, se a parte interessada desobrigá-las, tais pessoas, caso queiram, podem prestar depoimento, sob o dever de dizer a verdade, pena de cometimento de crime de falso testemunho (art. 342 do CP).

As testemunhas, em regra, devem ser arroladas na peça inicial ou na resposta escrita do réu (defesa preliminar), sob pena de preclusão. São as chamadas **testemunhas numerárias**, testemunhas arroladas pelas partes, compromissadas e que integram o número legal. Há limitação do número dessas testemunhas, a depender do tipo de procedimento a ser adotado. No procedimento comum ordinário, por exemplo, são 8 (oito) testemunhas. Esse número diz respeito a **cada fato criminoso**, no caso de concurso de crimes, e é destinado para cada réu, no caso de concurso de agentes.

Além dessas testemunhas, o juiz poderá determinar, de ofício, a oitiva de outras, que são conhecidas como **testemunhas extranumerárias** (art. 209, *caput*, do CPP). Em regras, elas são compromissadas. Exemplo destas testemunhas são as **testemunhas referidas ou referenciais** (art. 209, § 1º, do CPP), que são aquelas pessoas referidas pelas testemunhas. Elas não integram o número máximo de testemunhas, ao lado das **testemunhas inócuas**, aquelas que **nada souberem sobre os fatos** (art. 209, § 2º, do CPP), e dos **laudadores** ou **"testemunhas de beatificação"** (testemunhas que vão a juízo apenas para falar bem do comportamento e da conduta social do réu).

A testemunha que reside fora do juízo será ouvida por **carta precatória** (art. 222 do CPP), que deve ser expedida com prazo razoável e que, em regra, **não suspenderá o curso do processo** (art. 222, § 1º, do CPP). No entanto, antes do término do prazo fixado para cumprimento da precatória, não será possível a realização do julgamento do feito. Findo este prazo, o julgamento poderá ser efetivado. A todo tempo, porém, a precatória, uma vez devolvida, será juntada aos autos (art. 222, § 2º, do CPP), mesmo após o julgamento.

As partes devem ser intimadas apenas e tão somente acerca da **expedição da carta precatória** (sob pena de nulidade relativa do feito, nos termos da Súmula nº 155 do STF), não sendo obrigatória a intimação pelo juízo deprecado da data da realização do ato, devendo o advogado acompanhar tal designação por meio da imprensa, consoante a Súmula nº 273 do STJ.

Com efeito, com o advento da Lei nº 11.900/08, que alterou a redação do art. 222, § 3º, do CPP, a expedição de carta precatória restou esvaziada no processo penal, pois é possível a oitiva da testemunha que reside fora do juízo por videoconferência (permitida a presença do defensor), o que pode ser feito inclusive ao longo da audiência de instrução e julgamento.

Se a testemunha, devidamente intimada, não comparece injustificadamente à audiência de instrução e julgamento, o juiz pode requisitar à autoridade policial a sua apresentação ou determinar seja conduzida por oficial de justiça (condução coercitiva), que poderá solicitar o auxílio da força pública (art. 218 do CPP). Além disso, a testemunha faltante estará sujeita à multa prevista no art. 458 c/c art. 436, § 2º, do CPP (1 a 10 salários mínimos), às custas da diligência e ao crime de desobediência (art. 219 do CPP). Qualquer testemunha deve comunicar ao juiz, no prazo de 1 (um) ano, a mudança de residência, sujeitando-se, pela simples omissão, a todas essas penas do não comparecimento. A testemunha não está obrigada, porém, a comparecer ao juízo situado em local em que não reside.

O art. 214 do CPP traz a possibilidade de a parte **contraditar testemunhas**, no caso de circunstâncias ou defeitos que tornem as testemunhas suspeitas de parcialidade ou indignas de fé, a exemplo daquelas que não podem depor (art. 207 do CPP) ou que estão dispensadas de prestar o compromisso de dizer a verdade (art. 208 do CPP). A prova desses requisitos deve ser feita imediatamente, logo após a qualificação da testemunha. Feita a contradita, o juiz deverá ouvir a parte contrária e a própria testemunha contraditada. Em seguida, profere julgamento, devendo decidir se excluirá a testemunha ou se irá ouvi-la sem o compromisso de dizer a verdade.

Se ocorrer dúvida sobre a identidade da testemunha, o juiz procederá à verificação pelos meios ao seu alcance, podendo, entretanto, tomar-lhe o depoimento desde logo (art. 205 do CPP).

O art. 221 do CPP evidencia que algumas autoridades públicas possuem certas prerrogativas quando prestam depoimento como testemunhas, inclusive podendo marcar dia e horário, bem como prestar depoimento por escrito.

Nos termos dos §§ 2º e 3º do art. 221 do CPP, o **militar**, quando servir como testemunha, deverá ser requisitado à autoridade superior, enquanto que o **funcionário público** deverá ser intimado por mandado, devendo ser também comunicado o chefe da repartição pública onde ele serve, para que não haja prejuízos ao andamento do serviço público.

As testemunhas devem ser ouvidas de *per si*, separadamente, para que umas não tomem conhecimento do teor do depoimento das outras, o que reduziria a credibilidade desse meio de prova (art. 210, *caput*, do CPP). Nessa esteira, o art. 210, parágrafo único, do CPP, com a redação dada pela Lei nº 11.690/08, determina que seja disponibilizado espaço reservado para a garantia da incomunicabilidade das testemunhas.

Já o art. 212, *caput*, do CPP, igualmente com a redação conferida pelo citado diploma legal, afirma que as **perguntas serão formuladas às testemunhas diretamente pelas partes**, com a fiscalização constante do juiz, que poderá indeferir aquelas que puderem induzir a resposta, não tiverem relação com a causa ou importarem na repetição de outra já respondida, o que constará no termo de audiência.

Primeiramente deve formular perguntas aquela parte que arrolou a testemunha que presta depoimento, o que vem a consagrar o sistema americano do *direct examination*. Em seguida, a parte contrária formulará as suas perguntas, o que estampa o sistema americano do *cross examination*. A adoção de ambos os sistemas decreta a extinção do sistema presidencialista, no qual as perguntas eram formuladas sempre por intermédio do juiz. No entanto, é preciso destacar que, **no Tribunal do Júri, os jurados não podem fazer perguntas diretamente ao ofendido e às testemunhas** (art. 473, § 2º, do CPP). Apenas após as perguntas diretas das partes é que o juiz poderá formular as suas perguntas complementares (art. 212, parágrafo único, do CPP).

O **depoimento da testemunha é sempre oral**, podendo, porém, **consultar brevemente apontamentos escritos** (art. 204 do CPP).

No depoimento prestado pela testemunha, o juiz não permitirá que ela apresente suas impressões pessoais, salvo quando inseparáveis da narrativa do fato (art. 213 do CPP). O juiz deve sempre se preocupar em transcrever, tanto quanto possível, as expressões utilizadas pelas testemunhas, reproduzindo fielmente as suas palavras (art. 215 do CPP). Desse modo, deverá incluir no termo de depoimento erros de português, expressões regionais etc., tudo entre aspas, o que dará maior credibilidade à prova, já que atenderá à verdade real.

O depoimento da testemunha será reduzido a termo, assinado por ela, pelo juiz e pelas partes, embora, sempre que possível, o registro deva ser feito pelos meios ou recursos de gravação magnética, estenotipia, digital ou técnica similar, inclusive audiovisual (art. 405, § 1º, do CPP). Mas se a testemunha não souber assinar, ou não puder fazê-lo, pedirá a alguém que o faça por ela, depois de lido na presença de ambos (art. 216 do CPP). Já se a testemunha não conhecer a língua nacional, será nomeado intérprete para traduzir as perguntas e respostas (art. 223, *caput*, do CPP). Tratando-se de mudo, surdo ou surdo-mudo, são seguidas as regras do interrogatório do réu previstas no art. 192 do CPP (art. 223, parágrafo único, do CPP).

Ademais, as pessoas impossibilitadas de comparecerem para depor, por velhice ou enfermidade, podem ser ouvidas no local em que se encontram (art. 220

do CPP). E se qualquer testemunha houver de ausentar-se, ou, por enfermidade ou por velhice, inspirar receio de que ao tempo da instrução criminal já não exista, o juiz poderá, de ofício ou a requerimento de qualquer das partes, tomar-lhe antecipadamente o depoimento (art. 225 do CPP).

O art. 217 do CPP, também com a redação dada pela Lei nº 11.690/08, estabelece a **inquirição de testemunha ou do ofendido por videoconferência**, caso o juiz perceba que a presença do réu possa causar humilhação, temor ou sério constrangimento àqueles, prejudicando a verdade do depoimento. Somente se não for possível a colheita do depoimento por videoconferência (por ausência de recursos tecnológicos, por exemplo) é que se deve determinar a retirada do réu da sala de audiência, embora o defensor continue acompanhando o ato.

O art. 222-A CPP, com a redação dada pela Lei nº 11.900/09, afirma que a carta rogatória somente será expedida se demonstrada previamente a sua imprescindibilidade, arcando a parte requerente com os custos do envio, já que é possível a colheita do depoimento da testemunha por meio virtual.

## 6.6. Do reconhecimento de pessoas e coisas (arts. 226 a 228 CPP)

Trata-se de procedimento para identificação de pessoas "de alguma maneira envolvidas no fato delituoso, e de coisas, cuja prova da existência e individualização seja relevante para a apuração das responsabilidades" (OLIVEIRA, 2008, p. 365).

Quanto ao reconhecimento de pessoas, insta salientar que não só o agente delitivo pode ser reconhecido: é possível também o reconhecimento de testemunhas e até mesmo do ofendido. A diligência pode ser feita tanto na fase policial (sob a presidência da autoridade policial) como na fase judicial (sob a presidência da autoridade judiciária). O procedimento para a realização deste meio de prova é estatuído no art. 226 do CPP, que merece ser lido.

Vale a pena ainda registrar que, em respeito ao contraditório, à ampla defesa e à publicidade, o disposto no art. 226, inciso III, do CPP (que possibilita que uma parte não veja a outra em caso daquela estar com receio da presença desta), não se aplica em juízo ou em plenário do júri, nos termos do art. 226, parágrafo único, do CPP.

Quanto ao reconhecimento de objetos, é aplicado, no que couber, o mesmo regramento anteriormente exposto (art. 227 do CPP).

## 6.7. Acareação (arts. 229 e 230 CPP)

A acareação é meio de prova admitido entre acusados, entre acusado e testemunha, entre testemunhas, entre acusado ou testemunha e a pessoa ofendida, e entre pessoas ofendidas, sempre que divergirem, em suas declarações, sobre fatos ou circunstâncias relevantes (art. 229, *caput*, do CPP).

Ela é realizada da seguinte forma: os acareados são **reperguntados** para que expliquem os pontos de divergência das declarações já anteriormente prestadas, reduzindo-se a termo o ato de acareação (art. 229, parágrafo único, do CPP). A acareação pode ser feita tanto na fase policial como em juízo, de ofício ou por provocação.

No caso de testemunha ausente, a acareação deve seguir o procedimento previsto no art. 230 do CPP, que merece ser lido.

## 6.8. Documentos (arts. 231 a 238 CPP)

A noção de documento, no processo penal, deve ser a mais flexível possível. Assim, para fins de caracterização deste meio de prova, o que importa apenas é a sua **originalidade**. Nesse sentido, o art. 232 do CPP define documento como qualquer escrito, instrumento ou papel, público ou particular. O parágrafo único deste dispositivo ainda ressalta que "À fotografia do documento, devidamente autenticada, se dará o mesmo valor do original".

Será sempre possível a **juntada de documentos no processo penal, em qualquer fase**, desde que submetidos ao contraditório, salvo exceções previstas em lei (art. 231 do CPP). A **exceção diz respeito ao procedimento do Tribunal do Júri**, no qual não é possível a utilização de documento em plenário, se não tiver sido **apresentado com a antecedência mínima de 3 (três) dias**, dando-se ciência à outra parte, consoante o art. 479, *caput*, do CPP.

Se o documento estiver em língua estrangeira, necessariamente deve ser traduzido por tradutor público, ou, na falta, por pessoa idônea nomeada pela autoridade, mesmo que o juiz conheça tal língua (art. 236 do CPP).

As **cartas particulares**, interceptadas ou obtidas por meios criminosos, não serão admitidas em juízo, conforme o art. 233, *caput*, do CPP, até porque são provas ilícitas. A exceção ficaria por conta apenas da utilização desta prova ilícita em favor do réu, por aplicação do princípio da proporcionalidade (*pro reo*). O parágrafo único desse dispositivo admite, porém, que as cartas particulares sejam exibidas em juízo pelo respectivo destinatário, **para a defesa de seu direito, ainda que não haja consentimento do signatário**.

Assevere-se que o art. 234 do CPP permite que o juiz, em busca da verdade real, requisite, de ofício, documento cuja existência tenha chegado ao seu conhecimento, quando necessário para resolver dúvida sobre ponto relevante do material probatório.

A letra e firma dos documentos particulares serão submetidas a exame pericial, quando contestada a sua autenticidade (art. 235 do CPP). Já as públicas-formas só terão valor quando conferidas com o original, em presença da autoridade (art. 237 do CPP).

Por fim, ressalte-se que o art. 238 do CPP dispõe que os documentos originais, juntos a processo findo, quando não exista motivo relevante que justifique a sua conservação nos autos, poderão, mediante requerimento, e ouvido o Ministério Público, ser entregues à parte que os produziu, ficando traslado nos autos.

## 6.9. Indícios (art. 239 CPP)

Nos termos do art. 239 do CPP, considera-se indício a circunstância conhecida e provada, que, tendo relação com o fato, autorize, por indução, concluir-se a existência de outra ou outras circunstâncias.

É o exemplo da prova do dolo de um crime qualquer, notadamente do crime de homicídio. No mundo dos fatos, é impossível fazer prova deste elemento subjetivo. Desse modo, para que se prove tal elemento, é possível, por exemplo, provar através de auto de corpo de delito o local em que a vítima sofreu os golpes por parte do réu. Feita esta prova, analisa-se se a região do corpo da vítima é ou não uma região vital. Em caso positivo, a princípio, por simples indução, chega-se à conclusão de que o acusado agiu com o dolo de matar (*animus necandi*). Como se vê, para a correta valoração dos indícios, exige-se que o magistrado se utilize das *regras de experiência*.

**Os indícios podem perfeitamente ser utilizados como prova para a condenação**, afinal de contas é um meio de prova lícito como outro qualquer.

## 6.10. Busca e apreensão (arts. 240 a 250 CPP e art. 5º, XI, CF)

A busca e apreensão é meio de prova **cautelar**, já que visa o "acautelamento do material probatório, de coisa, de animais e até de pessoas, que não estejam ao alcance, espontâneo, da Justiça" (OLIVEIRA, 2008, p. 369). Todo esse material ficará à disposição do juízo para posterior valoração. Por força desta natureza cautelar, entende-se que esse meio de prova é **excepcional**.

A busca e apreensão pode ser **domiciliar** ou **pessoal**. A **busca e apreensão domiciliar** ocorre na residência (para fins penais, o conceito de casa é aferido da análise do art. 150, §§ 4º e 5º, do Código Penal, que merece ser lido) de outrem ou na extensão da residência feita pelo art. 246 do CPP (compartimento habitado ou aposento ocupado de habitação coletiva ou em compartimento não aberto ao público, onde alguém exercer profissão ou atividade).

Para a efetivação desta medida, é preciso **ordem judicial fundamentada e escrita**, exceto se ela for realizada pela própria autoridade policial ou pela autoridade judiciária, nos termos do art. 241 do CPP. Contudo, registre-se que a doutrina vem entendendo que a autoridade policial deverá apresentar o mandado judicial para cumprimento da busca e apreensão domiciliar, **estando este dispositivo, nesta parte, não recepcionado pela Constituição Federal.**

A ordem judicial pode ser expedida de ofício ou a requerimento das partes (art. 242 do CPP). As hipóteses de cabimento da busca e apreensão domiciliar estão previstas no art. 240, § 1º, do CPP, em um rol não taxativo, que merece ser lido.

Ressalte-se que é preciso ter cautelas no cumprimento do mandado de busca e apreensão, conforme exposto no art. 243 do CPP, que também deve ser lido.

A busca domiciliar será **cumprida de dia, salvo se o morador consentir que seja realizada durante a noite** (art. 5º, XI, CF). Contudo, relembre-se que, em havendo cometimento de crime em flagrante delito no interior da residência, notadamente crimes permanentes, como posse ilegal de arma de fogo, tráfico ilícito de entorpecentes ou sequestro, será possível o ingresso em residência alheia a qualquer tempo (dia ou noite), mesmo sem mandado de busca e apreensão (art. 5º, XI, CF).

De qualquer sorte, o agente deverá ler o mandado ao morador ou a quem o represente, intimando-o em seguida a abrir a porta. Se houver desobediência, a porta será arrombada e forçada a entrada. É possível o uso de força também contra coisas existentes na casa, que prejudiquem o descobrimento do que se procura. Tanto o arrombamento como a destruição de objetos poderão ser feitos se não houver morador na residência no momento do cumprimento da diligência, devendo, porém, haver a intimação de qualquer vizinho para acompanhar o ato (art. 245 do CPP). No caso de residência habitada, a busca deve ser feita de forma que não moleste os moradores mais do que o necessário para o cumprimento da diligência (art. 248 do CPP).

Com base no art. 249 do CPP, a **busca em mulher será feita por outra mulher, se não importar retardamento ou prejuízo da diligência**. Ademais, destaca o art. 250 do CPP que a autoridade ou os seus agentes poderão penetrar no território de jurisdição alheia, ainda que de outro Estado, quando, para o fim da apreensão, forem no seguimento de pessoa ou coisa, devendo apresentar-se à competente autoridade local, antes da diligência ou após, conforme a urgência desta.

O art. 243, § 2º, do CPP dispõe que não é possível a apreensão de documento em poder do **defensor**, salvo quando constituir **elemento do corpo de delito**, como no caso de um dado documento falso em um crime de falsidade.

Em complemento a esta regra, vale a pena registrar que a Lei nº 11.767/08 alterou o art. 7º do Estatuto da OAB, disciplinando o seguinte: garante-se a inviolabilidade do escritório do advogado ou de seu local de trabalho, bem como de seus instrumentos de trabalho, de sua correspondência escrita, eletrônica, telefônica e telemática, **desde que relativas ao exercício da advocacia** (art. 7º, inciso II); Presentes indícios de autoria e materialidade da prática de crime **por parte de advogado**, a autoridade judiciária competente poderá decretar a quebra da inviolabilidade de que trata o inciso II do *caput* deste artigo, em decisão motivada, expedindo mandado de busca e apreensão, específico e pormenorizado, a ser cumprido na presença de representante da OAB, sendo, em qualquer hipótese, vedada a utilização dos documentos, das mídias e dos objetos pertencentes a clientes do advogado averiguado, bem como dos demais instrumentos de trabalho que contenham informações sobre clientes (art. 7º, § 6º); A ressalva constante do § 6ª deste artigo **não se estende a clientes do advogado averiguado** que estejam sendo formalmente investigados como seus partícipes ou coautores pela prática do mesmo crime que deu causa à quebra da inviolabilidade (art. 7º, § 7º).

Já a **busca e apreensão pessoal** não exige ordem judicial para sua efetivação, desde que presentes razões de natureza cautelar e, por isso, urgentes, nos termos dos artigos 240, § 2º e 244 do CPP.

<table>
<tr><td rowspan="2">BUSCA E APREENSÃO</td><td>Domiciliar<br>(art. 240, § 1º, CPP)</td></tr>
<tr><td>Pessoal<br>(arts. 240, § 2º, e 244 CPP)</td></tr>
</table>

# Sujeitos no Processo Penal

## 1. JUIZ

### 1.1. Breves noções

O juiz é o representante do Estado que possui o poder da **jurisdição** de aplicar o direito ao caso concreto. Na relação jurídica processual (angular), o juiz se encontra acima das partes, no sentido de que, por ser o responsável pelo julgamento das lides penais, deve atuar sempre com imparcialidade, não dando preferência, *a priori*, nem à acusação, nem à defesa (equidistância entre as partes).

### 1.2. Regularidade do processo e princípio do impulso oficial (art. 251 CPP)

Tem o juiz o dever de estabelecer a regularidade do processo. Para tanto, uma vez iniciada a ação penal, deve conduzir o desenvolvimento de atos processuais, até o final da instrução, quando será proferida sentença. Como atributo desta função, ele possui poder de polícia na condução do processo.

Outro dever do juiz é determinar o prosseguimento do feito, o que se relaciona com a regularidade do processo: é o impulso oficial. O juiz é inerte apenas quanto à postulação (daí porque não é parte), mas deve dar marcha ao processo para que, chegando à sua fase final, ele possa sentenciar.

### 1.3. Causas de impedimento da atuação do juiz (arts. 252 e 253 CPP)

Entende-se que o juiz exerce, na prática, a jurisdição, que é o poder soberano do Estado de dizer o Direito no caso concreto. Entretanto, há causas **taxativamente** previstas no art. 252 do CPP (posição do STF) em que o juiz está **impedido** de exercer a sua jurisdição, dispositivo legal que merece ser lido na íntegra.

Nas situações de impedimento trazidas pelo CPP, presume-se a parcialidade do juiz, daí porque não poderá atuar naquele determinado processo. Se atuar, o ato por ele praticado estará eivado de **nulidade absoluta**.

Complementando a regra estatuída pelo art. 252 do CPP, o art. 253 ainda assinala que "Nos juízos coletivos, não poderão servir no mesmo processo os juízes que forem entre si parentes, consanguíneos ou afins, em linha reta ou colateral até o terceiro grau, inclusive".

## 1.4. Causas de suspeição da atuação do juiz (art. 254 CPP)

Nas situações previstas no art. 254 do CPP, **em um rol não taxativo**, há um vício externo que igualmente veda a atuação do juiz naquele determinado processo. Nessas situações, deve o juiz declarar-se suspeito e, se não o fizer, as partes poderão recusá-lo, oferecendo a exceção de suspeição (arts. 95 e seguintes do CPP). Se o juiz acabar atuando nesse processo, o ato por ele praticado estará eivado de **nulidade relativa**, nos termos do artigo 564, inciso I, do CPP.

Em virtude da sua importância, o art. 254 do CPP é outro dispositivo legal que merece ser lido na íntegra.

| IMPEDIMENTO DO JUIZ | SUSPEIÇÃO DO JUIZ |
|---|---|
| As causas de impedimento da atuação do juiz no processo penal estão previstas taxativamente no art. 252 do CPP. | As causas de suspeição da atuação do juiz no processo penal estão previstas no rol não taxativo do art. 254 do CPP. |
| A atuação de juiz impedido provoca a nulidade absoluta do ato processual por ele praticado. | A atuação de juiz suspeito provoca a nulidade relativa do ato processual por ele praticado. |

## 1.5. Cessação e manutenção do impedimento ou suspeição (art. 255 CPP)

Nos termos do art. 255 do CPP, o impedimento ou suspeição decorrente de parentesco por afinidade cessará pela dissolução do casamento (o que envolve apenas o divórcio, a morte de um dos cônjuges e a anulação do casamento, não a separação judicial) que lhe tiver dado causa, salvo sobrevindo descendentes; mas, ainda que dissolvido o casamento sem descendentes, não funcionará como juiz o sogro, o padrasto, o cunhado, o genro ou enteado de quem for parte no processo.

## 1.6. Criação proposital de animosidade por má-fé (art. 256 CPP)

Segundo o art. 256 do CPP, a suspeição não poderá ser declarada nem reconhecida, quando a parte injuriar o juiz ou de propósito der motivo para criá-la.

Este dispositivo legal visa rechaçar a malícia e a má-fé da parte, afinal de contas ninguém pode se beneficiar da própria torpeza.

## 2. MINISTÉRIO PÚBLICO

### 2.1. O Ministério Público como parte imparcial ou formal na relação processual (art. 257 CPP)

Entende-se modernamente que o *Parquet* é **parte imparcial** ou **parte formal** no processo penal. Assim, ele é **parte**, no sentido que, conforme estampado no art. 129, inciso I, da Constituição Federal, é este órgão que deve iniciar a ação penal pública para fins de aplicação da sanção penal a agentes delitivos, concretizando, pois, a pretensão punitiva estatal. Ademais, por ser parte, o Ministério Público possui o ônus da acusação, devendo obter a responsabilidade do réu para que este seja condenado.

De outro lado, porém, como órgão que tem a atribuição constitucional de defender a ordem jurídica, o regime democrático e os interesses sociais e individuais indisponíveis (art. 127, § 1º), o Ministério Público deve sempre atuar de forma **imparcial**, atento ao cumprimento do direito em sentido amplo.

Evidencia esse caráter de imparcialidade na atuação do Ministério Público no processo penal a possibilidade de o órgão promover o arquivamento do inquérito policial, de pedir a absolvição do réu ou mesmo de recorrer em seu favor. Além disso, há de se relembrar que, na ação penal privada, o Ministério Público atua como *custos legis* (ou *custos iuris*, fiscal da ordem jurídica, termo que vem sendo mais utilizado hodiernamente, inclusive com fundamento na redação do art. 178 do CPC de 2015).

Ainda com relação à imparcialidade do *Parquet*, deve ser registrado que, nesse ponto, a sua atuação difere da atuação da defesa, que jamais poderá apresentar argumento contrário ao seu estado de liberdade.

O CPP, no art. 257, com a redação dada pela Lei nº 11.719/08, apresenta perfeita síntese do caráter híbrido da atuação do Ministério Público no processo penal, ao afirmar que cabe a ele "promover, privativamente, a ação penal pública, na forma estabelecida neste Código" (inciso I, consagrando que a instituição é parte), e, ao mesmo tempo, "fiscalizar a execução da lei" (inciso II, consagrando que a instituição é parte imparcial.

### 2.2. Impedimento do membro do Ministério Público (art. 258 CPP)

Nos termos do art. 258 do CPP, os membros do Ministério Público não funcionarão nos processos em que o juiz ou qualquer das partes for seu cônjuge, ou parente, consanguíneo ou afim, em linha reta ou colateral, até o terceiro grau, inclusive.

Este dispositivo legal ainda assevera que se estendem, no que lhes for aplicável, as prescrições relativas à suspeição e aos impedimentos dos juízes.

# 3. ACUSADO

## 3.1. O acusado como parte na relação processual (art. 259 CPP)

O acusado é o sujeito passivo da relação processual. Ele deve ser pessoa física maior de 18 (dezoito) anos de idade ou pessoa jurídica nas hipóteses do art. 3º da Lei nº 9.605/98 e artigos 173, § 5º, e 225, § 3º, da Constituição Federal. Além disso, a ação penal somente pode ser oferecida em face de pessoa individualizada e devidamente identificada (art. 41 do CPP). Isso não impede, porém, a denúncia ou queixa em face de pessoa que, por exemplo, não possui documentos, endereço ou outros dados de qualificação, mas pode ser facilmente identificada (por sinais físicos, tatuagens, apelidos etc), inclusive com exame datiloscópico.

Desse modo é que o art. 259 do CPP dispõe que a impossibilidade de identificação do acusado com o seu verdadeiro nome ou outros qualificativos não retardará a ação penal, quando certa a identidade física. A qualquer tempo, no curso do processo, do julgamento ou da execução da sentença, se for descoberta a sua qualificação, far-se-á a retificação, por termo, nos autos, sem prejuízo da validade dos atos precedentes.

## 3.2. Condução coercitiva do réu (art. 260 CPP)

O art. 260, *caput*, do CPP assevera que se o réu não atender à intimação para o interrogatório, reconhecimento ou qualquer outro ato que, sem ele, não possa ser realizado, a autoridade poderá mandar conduzi-lo à sua presença.

Contudo, boa parcela da doutrina já apontava para a inconstitucionalidade deste dispositivo legal por violação aos princípios do direito ao silêncio e da proibição de produção de provas contra si mesmo, a exemplo de Guilherme de Souza Nucci (NUCCI, 2008, p. 552) e de Eugênio Pacelli de Oliveira (OLIVEIRA, 2008, p. 326) – não obstante este último sustentar a inconstitucionalidade apenas para o ato do interrogatório, sendo, para ele, constitucional a previsão de condução coercitiva para o reconhecimento de pessoas ou qualquer outro ato que dependa da participação do réu. Era esse também o posicionamento do STJ (REsp nº 346677/RJ, 6ª Turma, Rel. Min. Fernando Gonçalves, j. 10/9/2002, DJ 30/9/2002, p. 297) e do STF (HC nº 89837/DF, 2ª Turma, Rel. Min. Celso de Mello, j. 20/10/2009, DJe 20/11/2009).

Ocorre que, mais recentemente, o Plenário do STF decidiu que a condução coercitiva para interrogatório do acusado prevista no art. 260, *caput*, do CPP não foi recepcionada pela Constituição Federal de 1988, por violação ao direito ao silêncio, liberdade de locomoção, não autoincriminação e presunção de inocência. Com efeito, pronunciou-se a não recepção pela Carta Magna do termo "para o interrogatório" constante no aludido dispositivo legal. Foram ainda definidas as responsabilidades disciplinar, civil e penal do agente ou da autoridade que promove a condução coercitiva nesta hipótese, a responsabilidade civil do Estado e a ilicitude das provas obtidas. Esta decisão não desconstitui conduções coercitivas realizadas para interrogatórios até a data deste julgamento (STF, ADPFs 399 e 444).

### 3.3. Indisponibilidade do direito de defesa (art. 261 CPP)

O art. 261, *caput*, do CPP consagra a indisponibilidade do direito de defesa ao afirmar que "Nenhum acusado, ainda que ausente ou foragido, será processado ou julgado sem defensor". Nesse contexto, relembre-se que a defesa técnica, como uma das facetas da ampla defesa (ao lado da autodefesa), é um direito indisponível do réu, daí porque ele necessariamente deve ser representado por defensor, sob pena de **nulidade absoluta** do feito, por força do art. 564, inciso III, alínea "c", do CPP.

Aliás, justamente para a efetivação da ampla defesa, este defensor deve sempre procurar uma melhoria na situação do réu, agindo de alguma forma em defesa do direito de liberdade do mesmo. Assim, mesmo que perceba que a prova dos autos indica a responsabilidade do acusado, deverá pleitear algum tipo de benefício em favor do réu, a exemplo da aplicação da pena no mínimo legal ou da fixação do regime de pena menos gravoso. Não se permite é que o defensor concorde com os exatos termos da denúncia, deixando de requerer benefícios da natureza daqueles anteriormente mencionados.

Nesse sentido, impende ao magistrado o dever de fiscalizar a atuação do defensor. Se o magistrado percebe que o acusado está indefeso, deverá nomear outro defensor para que exerça a ampla defesa com eficiência. Recomenda-se ao magistrado, porém, que primeiramente intime o acusado para que, no prazo por ele fixado, constitua novo defensor. Apenas se o réu quedar-se inerte nesse prazo é que o juiz deverá adotar a providência de nomear um defensor dativo.

Ademais, nos termos do art. 261, parágrafo único, CPP, a defesa técnica, quando realizada por defensor público ou dativo, será sempre exercida através de manifestação fundamentada. A mesma preocupação não existe no caso de defensor constituído, pois se presume a relação de confiança entre ele e o acusado.

Preocupado com a efetivação do direito de defesa, o STF editou a Súmula nº 523, que possui o seguinte verbete: "No processo penal, a falta de defesa constitui nulidade absoluta, mas a sua deficiência só o anulará se houver prova de prejuízo para o réu". Nessa linha de intelecção, estabeleceu ainda em sua Súmula 708: "É nulo o julgamento da apelação se, após a manifestação nos autos da renúncia do único defensor, o réu não foi previamente intimado para constituir outro".

## 4. CURADOR (ART. 262 CPP)

A figura do curador designado para o réu maior de 18 (dezoito) anos de idade e menor de 21 (vinte e um) anos tinha importância quando a maioridade civil era de 21 (vinte e um) anos, no Código Civil de 1916.

Entretanto, o Código Civil de 2002 reduziu a maioridade civil para 18 (dezoito) anos, perdendo sentido a nomeação de curador. Além disso, a Lei nº 10.792/03 revogou expressamente o art. 194 do CPP, que exigia a participação de curador para o réu menor de 21 (vinte e um) anos no seu interrogatório.

Por isso, não há mais razão de ser para a designação de curador para o réu maior de 18 (dezoito) e menor de 21 (vinte e um) anos, **estando o art. 262 do CPP, portanto, tacitamente revogado**.

## 5. DEFENSOR

### 5.1. A nomeação do defensor (arts. 263 e 264 CPP)

O advogado é essencial à administração da justiça, nos termos do art. 133 da Constituição Federal e do art. 1º, inciso I, da Lei nº 8.906/94 (Estatuto da Advocacia). Ele não é parte, sequer é litisconsorte necessário do acusado. Este sim é parte.

O Código de Processo Penal distingue as figuras do defensor e do procurador. Aquele é o causídico nomeado pelo juiz, consoante o art. 266 do CPP. Este é o advogado constituído pela própria parte, nos termos do art. 263 do CPP.

O defensor só pode ser advogado ou, no máximo, defensor público. No exercício de sua função, o defensor deve sempre buscar uma decisão favorável ao seu constituinte (art. 2º, § 2º, do Estatuto da OAB) – ele pode até pedir a condenação do réu, mas sempre buscando um benefício à situação deste (exemplo, pedindo o reconhecimento de uma circunstância atenuante, a aplicação do *sursis*, de pena alternativa etc.) – e é inviolável por seus atos e manifestações, nos limites da lei (art. 2º, § 3º, do Estatuto da OAB). Excepcionalmente, o réu atua sem advogado, como no caso de advocacia em causa própria (se ele próprio for advogado), na hipótese de interpor um recurso (art. 577, *caput*, do CPP) – não de oferecimento das razões recursais –, ou na impetração de *habeas corpus* (art. 654, *caput*, do CPP).

O defensor dativo é aquele nomeado pelo juiz, nos termos do art. 263, *caput*, CPP. A nomeação deverá ocorrer se o acusado não tiver procurador. Independente disso, o próprio art. 263, *caput*, do CPP, em respeito à ampla defesa, garante que o réu constitua advogado a qualquer tempo, ou mesmo se defenda sozinho, caso seja advogado.

Acrescenta o art. 263, parágrafo único, do CPP que o acusado que não for pobre será obrigado a pagar os honorários do defensor dativo arbitrados pelo juiz.

Por fim, saliente-se que, com fulcro no art. 264 do CPP, o advogado nomeado pelo juiz é obrigado a assumir o *munus* (art. 22, § 1º, do Estatuto da OAB), salvo motivo relevante, sob pena de multa.

## 5.2. Afastamento e ausência da causa (art. 265 CPP)

O art. 265, *caput*, do CPP, com a redação dada pela Lei nº 11.719/08, assevera que o defensor não poderá abandonar o processo senão por motivo imperioso, comunicado previamente o juiz, sob pena de multa de 10 (dez) a 100 (cem) salários mínimos, sem prejuízo das demais sanções cabíveis. A inovação legal importou em avanço para a categoria dos advogados, pois, no sistema anterior, o juiz é quem deveria analisar se o motivo alegado pelo advogado era realmente imperioso, o que significava, em outros termos, que este estava hierarquicamente submetido à vontade daquele. Com a redação atual do dispositivo legal, é suficiente que o advogado comunique ao juiz este motivo imperioso, sem que o juiz tenha mais o poder que possuía outrora.

Certo é que, em abandonando a causa, o advogado deverá ficar à disposição da parte durante o prazo de 10 (dez) dias, consoante dispõe o art. 5º, § 3º, do Estatuto da OAB.

Outra inovação interessante trazida pela Lei nº 11.719/08 está contida nos parágrafos 1º e 2º do art. 265 do CPP. É que, partir desta lei, a audiência poderá ser adiada se o defensor provar a existência de motivo justo que o impeça de comparecer ao ato, sendo que a prova desse motivo deve ser feita até a abertura da audiência. No sistema anterior, não se permitia o adiamento da audiência, cabendo ao juiz designar defensor *ad hoc* (para o ato) para defender o acusado naquela audiência.

No entanto, caso o advogado não faça a prova do motivo justo até o início da audiência, este ato será realizado, devendo o juiz nomear defensor dativo (*ad hoc*) para acompanhá-lo.

No Tribunal do Júri, a falta injustificada do advogado resulta em adiamento da sessão de julgamento, mas isso somente ocorrerá uma única vez. Se o réu não constituir outro advogado para a segunda oportunidade, o fato será comunicado ao presidente da seccional da OAB, para a adoção das providências cabíveis, indicando-se inclusive a data da nova sessão. Além disso, a Defensoria Pública também será intimada para o novo julgamento, que será designado para o primeiro dia útil desimpedido, respeitando-se o prazo mínimo de 10 (dez) dias, para que o novo profissional possa se preparar, tudo nos termos do art. 456, *caput* e §§ 1º e 2º, do CPP, com a redação dada pela Lei nº 11.689/08.

### 5.3. Constituição do defensor e impedimento (arts. 266 e 267 CPP)

Nos termos do art. 266 do CPP, o réu pode indicar defensor por procuração ou no ato do interrogatório. Nesta última hipótese, a nomeação é conhecida como *apud acta.*

De outro lado, com base no art. 267 do CPP e de acordo com o art. 252 do CPP, não funcionarão como defensores os parentes do juiz.

## 6. ASSISTENTE DE ACUSAÇÃO

O assistente de acusação é a "posição ocupada pelo ofendido, quando ingressa no feito, atuando, ao lado do Ministério Público, no pólo ativo" (NUCCI, 2008, p. 560).

A intervenção do assistente de acusação no processo penal não é obrigatória, mas quando ele intervém no feito atua exercendo pretensão contrária àquela do acusado. Somente é possível tal intervenção do assistente de acusação em processos envolvendo crimes de ação penal pública e desde que estes crimes tenham vítima.

Pela redação do art. 268 do CPP ("**Em todos os termos da ação pública**, poderá intervir, como assistente do Ministério Público, o ofendido ou seu representante legal, ou, na falta, qualquer das pessoas mencionadas no artigo 31" – destacamos), verifica-se que o assistente de acusação somente atuaria no processo de conhecimento, a partir do recebimento da denúncia, não tendo, pois, qualquer atuação no inquérito policial. É essa inclusive a posição da doutrina, a exemplo de Guilherme de Souza Nucci (NUCCI, 2008, p. 563), **embora em exame da ordem já tenha sido admitida a posição em sentido contrário**.

De qualquer forma, consoante o art. 269 do CPP, é certo que o assistente de acusação somente atua até o trânsito em julgado da sentença condenatória, não tendo, pois, qualquer atuação na fase de execução penal. Ademais, intervindo no feito, seja qual for a fase processual em que isso ocorre, ele recebe a causa no estado em que se achar, para que não haja qualquer tipo de tumulto processual (art. 269 CPP).

No caso de **morte do ofendido**, podem sucedê-lo como assistente de acusação o cônjuge, ascendente, descendente e irmão, nos termos do art. 268 CPP c/c art. 31 do CPP. E se o ofendido for **incapaz**, deverá intervir no feito o seu representante legal, consoante o art. 268 do CPP.

De outro lado, o art. 270 CPP **veda** a possibilidade de o **corréu servir como assistente de acusação**. Admitir o contrário seria algo ilógico, abusivo e serviria apenas para fomentar a vingança privada. Esta vedação é válida também para o caso de autor e vítima recíprocos (como na hipótese de lesões corporais recíprocas).

Conforme preceitua o art. 271 do CPP, o assistente de acusação pode propor meios de prova, requerer perguntas às testemunhas, aditar o libelo e os articulados, participar do debate oral e arrazoar os recursos interpostos pelo Ministério Público, ou por ele próprio, nos casos dos artigos 584, § 1º, e 598 do CPP.

Alerte-se que o Ministério Público deve ser ouvido quanto ao pedido formulado pelo assistente de acusação de produção de provas (art. 271, § 1º, do CPP), como forma de se evitar tumulto processual e provas indevidas ou prejudiciais à acusação.

Com relação ao direito ao oferecimento de recurso próprio, é preciso esclarecer que o art. 598, *caput*, do CPP afirma que, nos crimes de competência do Tribunal do Júri, ou do juiz singular, se da sentença não for interposta apelação pelo Ministério Público no prazo legal, o ofendido ou qualquer das pessoas enumeradas no art. 31, mesmo que não se tenha habilitado como assistente, poderá interpor apelação, que não terá, porém, efeito suspensivo. O fundamento deste recurso é semelhante àquele aplicado para a ação penal privada subsidiária da pública: fiscalizar a atuação do Ministério Público. Esse recurso é, pois, **supletivo**: o assistente de acusação só oferece se o *Parquet* não oferecê-lo. Pode, no entanto, o assistente de acusação recorrer da parte da decisão não recorrida pelo Ministério Público.

Ademais, com fincas no parágrafo único do art. 598 do CPP, o prazo para interposição desse recurso será de 15 (quinze) dias e correrá do dia em que terminar o do Ministério Público (ou seja, imediatamente após o transcurso do prazo do Ministério Público, conforme a Súmula nº 448 do STF). Advirta-se, porém, que, segundo entendimento recente do STF, **esse prazo de 15 (quinze) dias só é válido para o assistente não habilitado nos autos**: para aquele habilitado, o prazo continua a ser de 5 (cinco) dias, embora contados também após o fim do prazo do *Parquet*.

Não poderá o assistente de acusação, porém, recorrer, extraordinariamente, de decisão concessiva de *habeas corpus*, nos termos da Súmula nº 208 do STF.

Noutro giro, a Lei nº 11.689/08 veio a alterar a redação do art. 427 do CPP para permitir expressamente que o assistente de acusação requeira o desaforamento do julgamento do Tribunal do Júri.

Além disso, a Lei nº 11.690/08, alterando o art. 201, § 2º, do CPP, veio a impor a comunicação do assistente de acusação acerca dos atos processuais. Todavia, se o assistente de acusação não comparece a determinado ato processual sem qualquer justificativa plausível, embora devidamente intimado, o processo prosseguirá independente de nova intimação (art. 271, § 2º, do CPP).

De acordo com o art. 272 do CPP, o Ministério Público também deve ser ouvido acerca do ingresso do assistente de acusação no feito.

Segundo o art. 273 do CPP, **a decisão que admitir ou não o assistente de acusação é irrecorrível**. Porém, a jurisprudência preceitua que cabe **mandado de segurança em matéria criminal** contra essa decisão.

Por fim, impende registrar que, no âmbito da OAB, o art. 49 do Estatuto da OAB prevê a possibilidade de intervenção desta instituição em processos criminais, tanto no polo ativo (assistente de acusação) como no polo passivo (assistente de defesa), quando determinado advogado for réu ou ofendido e o processo interessar a toda a classe. Essa atuação se dará por meio dos Presidentes dos Conselhos e das Subseções da OAB.

CAPÍTULO XIII

# Prisão, medidas cautelares e liberdade provisória

## 1. NOÇÕES GERAIS SOBRE PRISÃO E MEDIDAS CAUTELARES

Prisão é a "privação da liberdade, tolhendo-se o direito de ir e vir, através do recolhimento da pessoa humana ao cárcere" (NUCCI, 2008, p. 573).

Basicamente, há duas espécies de prisões. A primeira delas é a prisão penal (**prisão pena**), que consiste em uma sanção penal, pena privativa de liberdade, aplicada apenas no caso de trânsito em julgado de sentença condenatória e regulada, pois, pelo Código Penal. A segunda é a **prisão provisória** ou **cautelar** ou **processual (prisão sem pena)**, que é decretada antes do trânsito em julgado da sentença condenatória, sendo regulada pelo Código de Processo Penal. Este capítulo tratará apenas desta última modalidade de prisão, já que a prisão penal é matéria atinente ao Direito Penal.

A partir do advento da Lei nº 12.403/11, lei esta que operou uma verdadeira reforma no CPP em 2011, mais especificamente no Título IX do Livro I (intitulado outrora de "Da Prisão e da Liberdade Provisória", atualmente de "Da Prisão, Das Medidas Cautelares e da Liberdade Provisória"), a prisão processual passou a ser apenas uma das espécies do gênero *medidas cautelares*, tidas como quaisquer medidas decretadas judicialmente de forma antecipada, com a finalidade de resguardar determinado resultado útil futuro, desde que presentes os requisitos do *fumus boni iuris* e do *periculum in mora*.

Nessa esteira, em primeiro lugar, convém asseverar que a novel legislação criou uma modalidade de cumprimento especial da prisão preventiva, a chamada *prisão domiciliar*, regulada pelos artigos 317 e 318 do CPP e que será detidamente analisada ainda neste capítulo. Além das prisões processuais, o CPP passou a disciplinar também *outras medidas cautelares*, as quais se encontram elencadas no art. 319 do CPP e regulamentadas pelos artigos 320 e seguintes, merecendo, cada uma delas, destaque especial em tópico próprio igualmente deste capítulo.

Neste espaço preliminar, imprescindível apontar que o CPP, no seu art. 282, prevê, em linhas gerais, os **requisitos** que devem ser observados para a **concessão de uma medida cautelar**. São eles: 1 – *necessidade* para aplicação da lei penal, para a investigação ou a instrução criminal e, nos casos expressamente previstos, para evitar a prática de infrações penais (art. 282, I, CPP); 2 – *adequação* da medida à gravidade do crime, circunstâncias do fato e condições pessoais do indiciado ou acusado (art. 282, II, CPP).

Ademais, tem-se que as medidas cautelares (gênero) poderão ser aplicadas isolada ou cumulativamente (art. 282, § 1º, CPP). Nesse trilhar, dentre todas as opções de medidas cautelares, sem dúvida alguma, sob a perspectiva do processo penal constitucional, a prisão é a medida mais extrema, daí porque só será decretada como *ultima* ou *extrema ratio.*

É nessa linha de raciocínio que o CPP apregoa, no art. 282, § 6º, que a "prisão preventiva será determinada quando não for cabível a sua substituição por outra medida cautelar (art. 319)". Também com esse fundamento é que o art. 282, § 4º, do CPP reza que "No caso de descumprimento de qualquer das obrigações impostas, o juiz, de ofício ou mediante requerimento do Ministério Público, de seu assistente ou do querelante, poderá substituir a medida, impor outra em cumulação, ou, em último caso, decretar a prisão preventiva (art. 312, parágrafo único)". Aliás, registre-se que a reforma de 2011 acabou criando uma nova hipótese de cabimento da prisão preventiva, ao afirmar, no art. 312, parágrafo único, do CPP que "A prisão preventiva também poderá ser decretada em caso de descumprimento de qualquer das obrigações impostas por força de outras medidas cautelares (art. 282, § 4º)".

Segundo o Código de Processo Penal (art. 282, § 2º), as medidas cautelares podem ser decretadas pelo juiz, **de ofício** ou a **requerimento das partes** ou, quando no curso da investigação criminal, por **representação da autoridade policial** ou mediante **requerimento do Ministério Público**. Quanto a esta regra, percebe-se, em primeiro lugar, que o juiz é a única autoridade com competência para decretar medidas desta natureza (**cláusula de reserva de jurisdição**). Essa ordem judicial pode ser emanada de ofício ou a requerimento das partes. O termo "partes" deve incluir, por óbvio, o Ministério Público e o querelante. Em uma interpretação sistemática, deve incluir também o assistente de acusação, pois o § 4º do art. 282 do CPP autoriza que este agente formule requerimento de substituição de medida cautelar, imposição de outra em cumulação ou, o que é mais grave, de decreto da prisão preventiva (logo, quem pode o mais pode o menos). Não se pode esquecer ainda que o indiciado ou réu da ação penal pode requerer o arbitramento da fiança, medida cautelar prevista no art. 319, VIII, CPP. Por fim, verifica-se que a autoridade policial somente possui legitimidade para representar pela aplicação de medida cautelar na fase de investigação criminal, não na fase da ação penal.

Antes de decidir acerca da fixação da medida cautelar, o CPP exige que o magistrado, em respeito ao contraditório e à ampla defesa, determine a intimação da parte contrária, acompanhada de cópia do requerimento e das peças necessárias, permanecendo os autos em juízo (art. 282, § 3º, CPP). Apenas excepcionalmente é que o juiz poderá proferir decisão sem intimar a parte contrária (*inaudita altera pars*), o que ocorre nos casos de urgência ou de perigo de ineficácia da medida (art. 282, § 3º, CPP).

Com redação semelhante ao disposto no seu art. 316, o CPP, no art. 282, § 6º, dispõe que "O juiz poderá revogar a medida cautelar ou substituí-la quando verificar a falta de motivo para que subsista, bem como voltar a decretá-la, se sobrevierem razões que a justifiquem". Em outros termos, caso as circunstâncias fáticas que ensejaram a decretação da medida cautelar sejam alteradas, evidenciando que ela não mais se torna necessária, o juiz poderá (deverá) revogá-la. De outro lado, se houver nova alteração das circunstâncias fáticas e a medida cautelar voltar a ser necessária, o juiz poderá novamente decretá-la. Percebe-se, assim, que as decisões de decreto e de revogação da medida cautelar são sempre provisórias, estando, pois, submetidas à cláusula *rebus sic stantibus*: a que decreta é válida enquanto há a necessidade desta medida; a que revoga persiste enquanto não houver mais essa necessidade.

Por fim, saliente-se que as medidas cautelares não se aplicam à infração a que não for isolada, cumulativa ou alternativamente cominada pena privativa de liberdade (art. 283, § 1º, CPP).

## 2. O JUDICIÁRIO COMO FISCAL DA LEGALIDADE DA PRISÃO (ART. 5º, LXV, CF E ART. 310, I A III, CPP)

Toda prisão processual deve ser fielmente fiscalizada pelo juiz quanto à sua legalidade. A esse respeito, insta salientar que o art. 5º, inciso LXV, da Constituição Federal preceitua que *"a prisão ilegal será imediatamente relaxada pela autoridade judiciária"*.

Por conta disso, exige-se que toda prisão seja devidamente comunicada ao magistrado, para que este possa analisar a legalidade da mesma. Em constatando que a prisão é legal, deverá o juiz homologá-la. De outro lado, se percebe que a prisão é ilegal, deverá o magistrado relaxá-la, sob pena de cometimento de **crime de abuso de autoridade** (art. 4º, alínea "d", da Lei nº 4.898/65).

Após a reforma de 2011 do CPP, entende-se que o magistrado necessariamente deve fundamentar a manutenção ou não da prisão em flagrante, considerando que o novel art. 310, incisos I a III, passou a dispor o seguinte: *"Ao receber o auto de prisão em flagrante, o juiz deverá fundamentadamente: I – relaxar a prisão ilegal; ou II – converter a prisão em flagrante em preventiva, quando presentes os requisitos constantes do art. 312 deste Código, e se revelarem inadequadas ou insuficientes as medidas cautelares diversas da prisão; ou III – conceder liberdade provisória, com ou sem fiança".*

A reforma de 2011 foi além e, criando um novel art. 289-A no CPP, disciplinou um verdadeiro **cadastro nacional de mandados de prisão**. Assim, em primeiro lugar, o *caput* desse dispositivo legal reza que o juiz competente providenciará o imediato registro do mandado de prisão em banco de dados mantido pelo Conselho Nacional de Justiça para essa finalidade. O § 6º do art. 289-A do CPP volta a reforçar a ideia de que cabe justamente ao Conselho Nacional de Justiça regulamentar o registro do mandado de prisão referido no *caput* deste artigo.

Visando desburocratizar o cumprimento dos mandados de prisão, o art. 289-A, § 1º, do CPP estatui que qualquer agente policial poderá efetuar a prisão determinada no mandado de prisão registrado no Conselho Nacional de Justiça, *ainda que fora da competência territorial do juiz que o expediu*. Em acréscimo, o § 2º do artigo em comento determina que qualquer agente policial poderá efetuar a prisão decretada, *ainda que sem registro no Conselho Nacional de Justiça*, adotando apenas as precauções necessárias para averiguar a autenticidade do mandado e comunicando ao juiz que a decretou, devendo este providenciar, em seguida, o registro do mandado na forma do *caput* deste artigo.

De outro lado, com fincas no § 3º do art. 289-A do CPP, a prisão será imediatamente comunicada ao juiz do local de cumprimento da medida, o qual providenciará a certidão extraída do registro do Conselho Nacional de Justiça e informará ao juízo que a decretou.

O preso, por sua vez, será informado de seus direitos, nos termos do inciso LXIII do art. 5º da Constituição Federal e, caso o autuado não informe o nome de seu advogado, será comunicado à Defensoria Pública (independente da condição econômica do agente delitivo), *ex vi* do § 4º do art. 289-A do CPP.

Se porventura houver dúvidas das autoridades locais sobre a legitimidade da pessoa do executor ou sobre a identidade do preso, aplica-se o disposto no § 2º do art. 290 do CPP, ou seja, tais autoridades poderão pôr em custodia o agente delitivo, até que fique esclarecida a dúvida (art. 289-A, § 5º, do CPP).

## 3. FORMALIDADES DA PRISÃO (ARTS. 283 A 300 CPP)

Há diversas formalidades previstas no CPP para a efetivação de uma prisão processual, consubstanciadas nos artigos 283 a 300, que merecem ser lidos. Neste breve espaço, vale a pena destacar algumas delas.

A primeira é a necessidade de ordem judicial escrita e fundamentada (art. 283, *caput*, do CPP, com a redação dada pela reforma de 2011), o que é excepcionado apenas na prisão em flagrante.

De outro lado, por força do art. 283, § 2º, do CPP, a prisão pode ser efetuada em qualquer dia e hora, respeitadas apenas as restrições relativas à inviolabilidade do domicílio. É a Constituição Federal, no art. 5º, XI, que apresenta tais restrições: a inviolabilidade do domicílio é a regra, não se permitindo a penetração sem o consentimento do morador, salvo em caso de flagrante delito ou desastre, para prestar socorro, ou durante o dia, por determinação judicial.

Assim, em regra, o mandado de prisão só pode ser cumprido durante o dia. Deve-se entender como dia "o período entre as seis e as dezoito horas, de acordo com a localidade onde a diligência será cumprida, e não pelo horário de Brasília" (TÁVORA; ALENCAR, 2009, p. 451). Ademais, sendo dia, se o morador, devidamente intimado acerca da ordem de prisão, se recusar a entregar réu que se oculta na sua residência, será levado à presença da autoridade, em virtude do cometimento do crime ou de desobediência (art. 330 CP) ou de favorecimento pessoal (art. 348 CP) – art. 293, parágrafo único, do CPP. Além disso, o executor do mandado convocará duas testemunhas e entrará à força, arrombando as portas, se preciso (art. 293, *caput*, do CPP).

Se for noite, a autoridade deve intimar o proprietário para cumprir o mandado. Se ele se nega a cumpri-lo, não cometerá qualquer crime, agindo em exercício regular de direito, motivo pelo qual a autoridade deve aguardar do lado de fora da casa, cercando todas as saídas, tornando a casa incomunicável, e, logo que amanhecer, proceder à efetivação da prisão (art. 293, *caput*, do CPP). Todo esse procedimento será aplicável, no que for cabível, à prisão em flagrante (art. 294 do CPP).

Frise-se ainda que, por força do art. 284 do CPP, o emprego da força no cumprimento da prisão é medida excepcional, utilizada apenas para conter eventual resistência ou tentativa de fuga. Em havendo emprego de força, deve ser lavrado um auto de resistência, com a assinatura de duas testemunhas (art. 292 do CPP).

É possível que o executor proceda à **prisão em perseguição** do réu nas hipóteses previstas no art. 290, § 1º, alíneas "a" e "b", do CPP, que merece ser lido na íntegra. Por cautela, quando as autoridades locais tiverem fundadas razões para duvidar da legitimidade da pessoa do executor ou da legalidade do mandado que apresentar, poderão pôr em custódia o réu, até que fique esclarecida a dúvida (art. 290, § 2º, do CPP).

Se o réu estiver em **território nacional**, fora da jurisdição do juiz processante, será deprecada a sua prisão, devendo constar da precatória o inteiro teor do mandado (art. 289, *caput*, do CPP, com a redação dada pela reforma de 2011). Havendo urgência, o juiz poderá requisitar a prisão não mais apenas por telegrama, como outrora estatuía o antigo art. 289, parágrafo único, do CPP, mas por **qualquer meio de comunicação**, do qual deverá constar o motivo da prisão, bem como o valor da fiança se arbitrada, conforme exposto no art. 289, § 1º, do CPP, com a redação dada pela reforma de 2011. A autoridade a quem se fizer a requisição tomará as precauções necessárias para averiguar a autenticidade da comunicação (art. 289, § 2º, do CPP). E o juiz processante deverá providenciar a remoção do preso no prazo máximo de 30 (trinta) dias, contados da efetivação da medida (art. 289, § 3º, do CPP).

Com base no art. 299 do CPP, com a redação dada pela reforma de 2011, a captura poderá ser requisitada, à vista de mandado judicial, não mais apenas por via telefônica, como outrora afirmava este dispositivo legal, mas por **qualquer meio de comunicação**, tomadas pela autoridade, a quem se fizer a requisição, as precauções necessárias para averiguar a autenticidade desta.

Noutro giro, os artigos 285 a 288, 291 e 297 do CPP apresentam os requisitos do mandado de prisão e as formalidades que devem ser respeitadas para o seu cumprimento, merecendo a leitura na íntegra. O descumprimento de qualquer das formalidades exigidas para a efetivação de uma prisão, seja ela qual for, implica em responsabilidade do executor pelo crime de abuso de autoridade, se agiu de forma dolosa.

Outra formalidade fundamental da prisão vem prevista na Constituição Federal, mais precisamente no art. 5º, inciso LXIV, segundo o qual "O preso tem direito à identificação dos responsáveis por sua prisão ou por seu interrogatório policial".

O art. 295 do CPP regula a **prisão especial**, destinada às pessoas mencionadas nos artigos 295 e 296 do CPP, a qual é aplicada apenas para as prisões processuais (até o trânsito em julgado da sentença condenatória), salvo algumas exceções, como no caso do preso que, à época do crime, era funcionário da **Administração da Justiça Criminal** (art. 84, § 2º, da Lei de Execução Penal), dos **magistrados** (art. 33, inciso III, da Lei Complementar nº 35/79 – Lei Orgânica da Magistratura Nacional) e dos **membros do Ministério Público** (art. 40, inciso V, da Lei nº 8.625/93 – Lei Orgânica do Ministério Público dos Estados – e art. 18, inciso II, alínea "e", da Lei Complementar nº 75/93 – Lei Orgânica do Ministério Público da União).

O **advogado** tem direito à prisão especial, mas ela somente é válida até o trânsito em julgado da sentença condenatória, consoante o art. 7º, inciso V, da Lei nº 8.906/94 - Estatuto da OAB. Essa prisão especial do advogado deve ser garantida em sala de Estado Maior, com instalações e comodidades condignas e, na sua falta, em prisão domiciliar. O dispositivo legal mencionava que a OAB é que deveria reconhecer se as instalações e comodidades eram condignas. Entretanto, o STF, no julgamento da ADIn nº 1.127-8, decidiu que essa expressão do dispositivo é inconstitucional.

O **jurado** do Tribunal do Júri possuía direito à prisão especial, em caso de crime comum, até o julgamento definitivo, de acordo com o antigo teor do art. 439 do CPP. Porém, a reforma de 2011 **revogou** expressamente deste dispositivo legal o direito então assegurado ao jurado à prisão especial, embora haja entendimento doutrinário de que tal direito continua existindo no ordenamento jurídico brasileiro, eis que não houve revogação expressa do art. 295, X, do CPP.

A prisão especial implica tão somente em dois efeitos. O primeiro deles é o recolhimento do preso especial em local distinto daquele destinado ao preso comum (art. 295, § 1º, do CPP). Não havendo estabelecimento específico para o preso especial, este será recolhido em cela distinta do mesmo estabelecimento (art. 295, § 2º, do CPP). Nos termos do art. 295, § 3º, do CPP, a cela especial poderá consistir em alojamento coletivo, atendidos os requisitos de salubridade do ambiente, pela concorrência dos fatores de aeração, insolação e condicionamento térmico adequados à existência humana.

O segundo efeito da prisão especial consiste no fato de que o preso especial não será transportado conjuntamente com o preso comum (art. 295, § 4º, do CPP). De resto, os demais direitos e deveres do preso especial serão os mesmos do preso comum (art. 295, § 5º, do CPP).

Registre-se que as pessoas **presas provisoriamente** ficarão separadas das que já tiverem sido definitivamente condenadas, nos termos da lei de execução penal (art. 300, *caput*, do CPP, com a redação dada pela reforma de 2011), principalmente em seu art. 84, parágrafos 1º, 3º e 4º, com a redação dada pela Lei nº 13.167/2015. Já o **militar preso em flagrante delito**, após a lavratura dos procedimentos legais, será recolhido a quartel da instituição a que pertencer, onde ficará preso à disposição das autoridades competentes (art. 300, parágrafo único, do CPP, com a redação dada pela reforma de 2011).

**▸ Uso de algemas (Súmula Vinculante nº 11 do STF):**

A respeito do uso de algemas nas prisões cautelares, há de ser observado o teor da Súmula Vinculante nº 11 do STF, que assevera: "Só é lícito o uso de algemas em casos de resistência e de fundado receio de fuga ou de perigo à integridade física própria ou alheia, por parte do preso ou de terceiros, justificada a excepcionalidade por escrito, sob pena de responsabilidade disciplinar, civil e penal do agente ou da autoridade e de nulidade da prisão ou do ato processual a que se refere, sem prejuízo da responsabilidade civil do Estado".

# 4. MODALIDADES DE PRISÃO

## 4.1. Prisão temporária (Lei nº 7.960/89)

A prisão temporária é aquela que visa "assegurar uma eficaz investigação policial, quando se tratar de apuração de infração penal de natureza grave" (NUCCI, 2008, p. 584). Ela somente pode ser decretada, portanto, na fase de **investigação criminal** (o que inclui o inquérito policial e as demais formas de investigação de um fato delitivo), diferente do que ocorre com a prisão preventiva.

Para decretação dessa prisão, é preciso **conjugar** as hipóteses **taxativas** (**princípio da taxatividade**) ou do inciso I ("Art. 1º. Caberá prisão temporária: I – quando imprescindível para as investigações do inquérito policial".) ou do inciso II ("Art. 1º. Caberá prisão temporária: II – quando o indiciado não tiver residência fixa ou não fornecer elementos necessários ao esclarecimento de sua identidade".) do art. 1º da Lei nº 7.960/89 com a hipótese do inciso III do mesmo dispositivo legal (que apresenta um rol de crimes graves, rol este ampliado pela Lei nº 13.260/16 – Lei de Terrorismo –, que acrescentou a alínea "p" a este inciso, a qual prevê esta prisão para os crimes previstos na citada Lei). O art. 2º, § 4º, da Lei nº 8.072/90, complementando o art. 1º, inciso III, da Lei nº 7.960/89 afirma que tal prisão cabe também nos casos de crimes hediondos ou equiparados.

Há **prazo fixado em lei para a duração desta prisão** (ao contrário da prisão preventiva): em regra, 5 (cinco) dias, podendo ser prorrogado por outros 5 (cinco) dias, em caso de *extrema e comprovada necessidade* (art. 2º, *caput*) – **princípio da inadmissibilidade de renovação automática**. Quando a prisão decorrer de crime hediondo ou equiparado, o prazo é de 30 (trinta) dias, prorrogáveis por mais 30 (trinta) dias, em caso de extrema e comprovada necessidade (art. 2º, § 4º, da Lei nº 8.072/90).

Diferente do que ocorre com a prisão preventiva, **não é possível a decretação dessa prisão de ofício pelo juiz**, devendo haver requerimento do Ministério Público ou representação da autoridade policial (art. 2º, *caput*). Em havendo representação da autoridade policial, o juiz, antes de decidir, ouvirá o Ministério Público (art. 2º, § 1º). Em ambos os casos, o juiz tem o prazo de 24 (vinte e quatro) horas para decidir fundamentadamente (art. 2º, § 2º).

Esgotado o prazo determinado pelo juiz para a duração da prisão temporária (com ou sem prorrogação), o investigado deve ser imediatamente liberado pela própria autoridade policial, independentemente de alvará de soltura, sob pena de cometimento de crime de abuso de autoridade (art. 4º, alínea "i", da Lei nº 4.898/65). Entretanto, é possível a manutenção da prisão se, e somente se, for decretada a prisão preventiva do investigado, que passa a viger após o término da prisão temporária (art. 2º, § 7º).

Por fim, registre-se que os presos temporários deverão permanecer, obrigatoriamente, separados dos demais detentos (art. 3º).

| PRISÃO TEMPORÁRIA | PRISÃO PREVENTIVA |
|---|---|
| Somente pode ser decretada na fase de investigação criminal. | Pode ser decretada na fase de investigação criminal ou da ação penal (art. 311 CPP). |
| Há prazo fixado em lei para a sua duração: em regra, 5 (cinco) dias, podendo ser prorrogado por outros 5 (cinco) dias, em caso de extrema e comprovada necessidade. Quando a prisão decorrer de crime hediondo ou equiparado, o prazo é de 30 (trinta) dias, prorrogáveis por mais 30 (trinta) dias, em caso de extrema e comprovada necessidade. | Em regra, não há prazo de duração previsto em lei, salvo no caso de crimes organizados, em que o prazo para encerramento da instrução criminal será de 120 (cento e vinte) dias, prorrogáveis em até igual período, quando o réu estiver preso (art. 22, parágrafo único, da Lei nº 12.850/13). |
| Não é possível a sua decretação de ofício pelo juiz, devendo haver requerimento do Ministério Público ou representação da autoridade policial. | É possível a sua decretação de ofício pelo juiz (art. 311 CPP). |

## 4.2. Prisão em flagrante (arts. 301 a 310 CPP)

### *4.2.1. Noções gerais*

Flagrante significa "tanto o que é manifesto ou evidente, quanto o ato que se pode observar no exato momento em que ocorre" (NUCCI, 2008, p. 587). Por isso, prisão em flagrante "é a modalidade de prisão cautelar, de natureza administrativa, realizada no instante em que se desenvolve ou termina de se concluir a infração penal" (NUCCI, 2008, p. 587).

Ela tem **caráter administrativo** justamente porque dispensa ordem judicial expressa e fundamentada para tanto, nos termos do art. 5º, inciso LXI, da Constituição Federal. Isso se deve ao fato de que a prisão em flagrante pode ser observada de maneira manifesta, evidente por qualquer pessoa do povo, dispensando-se, portanto, a análise por parte de um juiz de direito.

Entretanto, essa prisão deverá ser submetida à análise judicial da sua legalidade, nos termos do art. 5º, inciso LXV, da Constituição Federal, que poderá relaxá-la no caso de ilegalidade. Nesse contexto, se alguma ilegalidade da prisão em flagrante for detectada antes de o juiz se pronunciar a respeito da mesma, o *habeas corpus* eventualmente interposto para atacá-la deve ser interposto perante o juiz e tendo como autoridade coatora o delegado. No entanto, se o juiz homologa uma prisão ilegal, passa a ser ele a autoridade coatora, devendo o *habeas corpus* ser dirigido ao Tribunal a que ele pertence. De qualquer forma, a partir do momento em que o juiz se pronuncia a respeito da prisão em flagrante, ela deixa de ser administrativa para se tornar judicial.

> ▸ **Prisão em flagrante do advogado:**
>
> O advogado somente poderá ser preso em flagrante, *por motivo de exercício da profissão*, em caso de crime inafiançável (art. 7º, § 3º, da Lei nº 8.906/94 – Estatuto da OAB), hipótese em que terá direito à presença de representante da OAB para a lavratura do auto respectivo, sob pena de nulidade (art. 7º, inciso IV, do Estatuto da OAB); se o crime não decorrer do exercício da profissão, será possível a prisão em flagrante do advogado em qualquer caso, mas, ainda assim, ele terá direito de que a sua prisão seja comunicada expressamente à seccional da OAB (art. 7º, inciso IV, parte final, do Estatuto da OAB).

### 4.2.2. Flagrante facultativo e flagrante obrigatório (art. 301 CPP)

O flagrante **facultativo** é aquele realizado por qualquer pessoa do povo, que não está obrigada a realizá-lo. Trata-se aqui de hipótese de **exercício regular de um direito** (art. 23, inciso III, do Código Penal). Contudo, caso a prisão efetuada seja ilegal, a pessoa poderá responder por crime de constrangimento ilegal ou até de sequestro ou cárcere privado.

O flagrante **obrigatório** é aquele imposto às autoridades policiais e seus agentes, sob pena de responsabilização criminal e funcional pelo seu descaso, desde que obviamente seja possível a efetivação do flagrante. Trata-se aqui de hipótese de **estrito cumprimento de dever legal** (art. 23, inciso III, do Código Penal). Contudo, se a prisão em flagrante for efetuada ilegalmente, o agente poderá responder por crime de abuso de autoridade (art. 4º, alínea "a", da Lei nº 4.898/65).

### 4.2.3. Espécies de prisão em flagrante (art. 302 CPP)

#### 4.2.3.1. Flagrante próprio ou propriamente dito ou perfeito ou real ou verdadeiro (art. 302, I e II, CPP)

É quando verdadeiramente existe o flagrante. Ocorre quando o agente está cometendo o crime (art. 302, inciso I, do CPP) ou acaba de cometê-lo (art. 302, inciso II, do CPP).

#### *4.2.3.2. Flagrante impróprio ou imperfeito ou irreal ou quase flagrante (art. 302, III, CPP)*

Ocorre quando o agente é perseguido, logo após, pela autoridade, pelo ofendido ou por qualquer pessoa, em situação que faça presumir ser autor da infração.

#### *4.2.3.3. Flagrante presumido (art. 302, IV, CPP)*

Ocorre quando o agente, logo depois da prática do crime, embora não tenha sido perseguido, é encontrado portando instrumentos, armas, objetos ou papéis que façam presumir ser ele o autor da infração penal.

#### *4.2.3.4. Flagrante preparado ou provocado (Súmula 145 STF)*

O flagrante preparado ou provocado é um "arremedo de flagrante, ocorrendo quando um agente provocador induz ou instiga alguém a cometer uma infração penal, somente para assim poder prendê-lo" (NUCCI, 2008, p. 593).

Trata-se de **crime impossível** (art. 17 CP), pois inviável a sua consumação, nos termos da Súmula nº 145 STF ("Não há crime quando a preparação do flagrante pela polícia torna impossível a sua consumação"), a qual também se aplica para a hipótese de o flagrante ter sido preparado ou provocado por particular. Em sendo o crime impossível, em havendo situação de flagrante preparado ou provocado, o juiz deverá relaxar a prisão em flagrante ilegal.

Assim, "ao mesmo tempo em que o provocador leva o provocado ao cometimento do delito, age em sentido oposto para evitar o resultado. Estando totalmente na mão do provocador, não há viabilidade para a constituição do crime" (NUCCI, 2008, p. 593). Guilherme de Souza Nucci aponta o seguinte exemplo de flagrante preparado ou provocado: "policial disfarçado, com inúmeros outros igualmente camuflados, exibe relógio de alto valor na via pública, aguardando que alguém tente assaltá-lo. Apontada a arma para a pessoa que serve de isca, os demais policiais prendem o agente. Inexiste crime, pois impossível sua consumação" (NUCCI, 2008, p. 593). Nestor Távora e Rosmar Rodrigues Alencar apresentam outro exemplo interessante dessa modalidade de flagrante: "policial disfarçado encomenda a um falsário certidão de nascimento de pessoa fictícia e, no momento da celebração da avença, com a entrega do dinheiro e o recebimento do documento falsificado, realiza a prisão em flagrante" (TÁVORA; ALENCAR, 2009, p. 464).

Finalmente, merece destaque a redação da recente Súmula nº 567 do STJ, segundo a qual "Sistema de vigilância realizado por monitoramento eletrônico ou por existência de segurança no interior de estabelecimento comercial, por si só, não torna impossível a configuração do crime de furto.".

> ▸ **Observação:**
>
> É possível que a polícia se utilize de um agente provocador, "induzindo ou instigando o autor a praticar determinada ação, mas somente para descobrir a real autoria e materialidade de um crime" (NUCCI, 2008, p. 593). É o exemplo clássico do **crime de tráfico ilícito de entorpecentes** (art. 33 da Lei nº 11.343/06), que possui 18 (dezoito) formas alternativas de conduta (tipo penal múltiplo ou alternativo). Assim, caso um policial se passe por usuário e solicite a venda da droga a um traficante na residência deste último, não haverá propriamente flagrante preparado ou provocado, tendo em vista que, antes da conduta *vender* perpetrada pelo traficante em decorrência da atuação do agente provocador, o crime já havia se consumado na modalidade *trazer consigo* ou até *manter em depósito* (lembrando que o crime de tráfico de drogas é um crime permanente). Haverá aqui o chamado **flagrante comprovado**, que preexiste à ação do agente provocador. É espécie de flagrante legal e, portanto, absolutamente válido.

#### *4.2.3.5. Flagrante forjado*

O flagrante forjado é "um flagrante totalmente artificial, pois integralmente composto por terceiros" (NUCCI, 2008, p. 594). Embora exista a atuação de um agente (que poderia até ser chamado de provocador), não há qualquer tipo de comportamento do sujeito que vem a ser preso. É o exemplo de um agente policial "plantando" drogas no veículo de um determinado sujeito, que sequer toma conhecimento de tal atitude e, por isso, não a adere.

Trata-se de fato atípico, motivo pelo qual a prisão em flagrante se torna ilegal, devendo ser relaxada.

#### *4.2.3.6. Flagrante esperado*

O flagrante esperado, por não contar com a interferência de um agente provocador, é absolutamente válido. Por meio dele, leva-se ao conhecimento da polícia a notícia de que um crime será, em breve, cometido, o que provoca o deslocamento de agentes ao local dos fatos, aguardando-se a sua ocorrência.

#### *4.2.3.7. Flagrante diferido ou retardado ou prorrogado ou postergado ou ação controlada (art. 53, II, da Lei nº 11.343/06, art. 4º-B da Lei nº 9.613/98 e arts. 8º e 9º da Lei nº 12.850/13)*

Esta espécie de flagrante, também conhecida como ação controlada, é "a possibilidade que a polícia possui de retardar a realização da prisão em flagrante, para obter maiores dados e informações a respeito do funcionamento, dos componentes e da atuação de uma organização criminosa". Assim, de se imaginar a situação de um agente policial que se infiltra em uma organização criminosa. Em um primeiro momento, ele já percebe a ocorrência de um crime em flagrante por parte apenas de um dos membros desta organização. Ele poderia efetivar o flagrante deste agente, mas isso faria com que ele não descobrisse toda a estrutura de funcionamento da organização criminosa. Diante disso, a lei vai autorizar que o agente retarde o flagrante e aguarde o momento mais eficaz do ponto de vista da formação de provas e fornecimento de informações para a efetivação do flagrante.

Ele vem consagrado no art. 53, II, da Lei nº 11.343/06, com previsão semelhante no art. 4º-B da Lei nº 9.613/98, com redação dada pela Lei nº 12.683/12, e, mais recentemente, também nos arts. 8º e 9º da Lei nº 12.850/13.

#### *4.2.3.8. Flagrante nos crimes permanentes (art. 303 CPP)*

Em se tratando de crime permanente, que é aquele em a consumação se prolonga no tempo, a exemplo do crime de sequestro, caberá a prisão em flagrante a qualquer tempo, enquanto não cessar a permanência, consoante o art. 303 do CPP.

### *4.2.4. Formalidades para a lavratura do auto de prisão em flagrante delito (arts. 304 e 305 CPP)*

Como a prisão em flagrante foge à regra geral de que a prisão decorre de ordem judicial escrita, é preciso o estrito cumprimento das formalidades previstas nos artigos 304 e 305 do CPP, sob pena de se provocar o relaxamento dessa prisão. Por isso, os artigos 304 e 305 do CPP merecem ser lidos.

Neste breve espaço, vale a pena destacar algumas formalidades. Em primeiro lugar, a formalização da prisão em flagrante se dá com a lavratura do **Auto de Prisão em Flagrante Delito**. Nele, deve constar o depoimento do **condutor**, que é a pessoa que deu a voz de prisão em flagrante, podendo ser qualquer pessoa do povo (embora, na prática, frequentemente o condutor é um agente policial).

Deve haver também o depoimento de **duas testemunhas** do fato criminoso, mas, na falta delas, não se impede a lavratura do Auto de Prisão em Flagrante Delito, sendo possível a oitiva de **testemunhas da apresentação** do preso à autoridade (art. 304, § 2º, do CPP). É possível ainda que **nesse rol de duas testemunhas seja incluído o próprio condutor**. Por fim, há a oportunidade de que o preso preste o seu depoimento, que, no entanto, não é obrigatório, já que ele possui o direito ao silêncio.

Frise-se que, uma vez lavrado o Auto de Prisão em Flagrante Delito, a autoridade policial deverá comunicar ao juiz a prisão efetivada, no prazo de 24 (vinte e quatro) horas, sob pena de cometimento de crime de abuso de autoridade, nos termos do art. 4º, alínea "c", da Lei nº 4.898/65.

Finalmente, com fincas no art. 304, § 4º, do CPP, com a redação dada pela Lei nº 13.257, de 08 de março de 2016, "Da lavratura do auto de prisão em flagrante deverá constar a informação sobre a existência de filhos, respectivas idades e se possuem alguma deficiência e o nome e o contato de eventual responsável pelos cuidados dos filhos, indicado pela pessoa presa.".

### 4.2.5. Controle jurisdicional da prisão em flagrante (arts. 306 a 308 CPP)

Além das formalidades acima referidas, há necessidade de que a autoridade judicial, quando da análise da prisão em flagrante, verifique o cumprimento de algumas cautelas especiais, as quais estão previstas nos artigos 306 a 308, que merecem ser lidos.

A primeira delas diz respeito à obrigatoriedade de comunicação imediata desta prisão e do local onde o preso se encontra ao juiz competente, ao Ministério Público e à família do preso ou à pessoa por ele indicada (art. 306, *caput*, do CPP, com a redação dada pela reforma de 2011). Esse dispositivo legal, antes da reforma, não trazia a previsão de comunicação do flagrante ao Ministério Público, embora isso na prática ocorresse regularmente. Todavia, a Lei de Tóxicos (Lei nº 11.343/06) sempre exigiu que o magistrado desse vista do auto de flagrante ao *Parquet* em 24 (vinte e quatro) horas (art. 50). Com a novel legislação, a exigência de comunicação ao Ministério Público está expressa também no CPP.

Em até 24 (vinte e quatro) horas *após a realização da prisão*, será encaminhado ao juiz competente o auto de prisão em flagrante e, caso o autuado não informe o nome de seu advogado, cópia integral para a Defensoria Pública (independente da condição econômica do preso), consoante o disposto no art. 306, § 1º, do CPP, com a redação dada pela reforma de 2011.

Além disso, exige-se a entrega da **nota de culpa** ao preso, no mesmo prazo de 24 (vinte e quatro) horas, mediante recibo, assinada pela autoridade, com o motivo da prisão, o nome do condutor e os das testemunhas (306, § 2º, do CPP, com a redação dada pela reforma de 2011).

Se descumpridas todas essas cautelas, deverá ocorrer o relaxamento da prisão em flagrante.

## 4.3. Prisão preventiva

### *4.3.1. Noções gerais*

A prisão preventiva é uma "medida cautelar de constrição à liberdade do indiciado ou réu, por razões de **necessidade**, respeitados os requisitos estabelecidos por lei" (NUCCI, 2008, p. 602) - destacamos. Ela é, pois, uma prisão tipicamente cautelar. Aqui, portanto, é forte a necessidade de se demonstrar o porquê da mitigação do princípio do estado de inocência, não sendo admissível, em nenhuma hipótese, a sua decretação de modo automático.

### *4.3.2. Momento de decretação (art. 311 CPP)*

Quanto ao **momento**, a prisão preventiva pode ser decretada em qualquer fase da investigação criminal ou do processo penal (art. 311 do CPP), ao contrário da prisão temporária, que apenas pode ser decretada na fase da investigação criminal.

Também diferente da prisão temporária, a prisão preventiva pode ser decretada de ofício pelo juiz. Todavia, registre-se que, com a reforma de 2011, a atual redação do art. 311 do CPP somente permite o decreto da prisão preventiva **de ofício pelo juiz no curso da ação penal**, não sendo mais cabível, pois, na fase de investigação criminal.

Pode ainda ser decretada com base em requerimento do Ministério Público ou do querelante ou do **assistente** - este último passou a ter legitimidade para requerer a prisão preventiva com a reforma de 2011 - ou ainda mediante representação da autoridade policial.

### *4.3.3. Requisitos para a decretação da prisão preventiva (art. 312 CPP)*

São 3 (três) os requisitos exigidos pelo art. 312 do CPP para a decretação da prisão preventiva: I – **prova** (e não indícios suficientes) da existência do crime (materialidade); II – **indício suficiente** (e não prova) da autoria (autoria); III – um dos requisitos que evidenciem a necessidade da prisão preventiva indicados pelo próprio art. 312 do CPP, quais sejam, garantia da ordem pública, garantia da ordem econômica, conveniência da instrução criminal e garantia de aplicação da lei penal (*caput* do art. 312 do CPP), bem como em caso de descumprimento de qualquer das obrigações impostas por força de outras medidas cautelares (art. 282, § 4º), novidade acrescentada pela reforma de 2011 ao parágrafo único deste dispositivo legal.

A **garantia da ordem pública** diz respeito à "indispensabilidade de se manter a ordem na sociedade, que, como regra, é abalada pela prática de um delito"

(NUCCI, 2008, p. 605). São casos que normalmente violam a ordem pública: aqueles que afetam a credibilidade do Judiciário; os que contam com a divulgação pela mídia (não confundir com sensacionalismo, clamor público); os crimes cometidos com violência ou grave ameaça ou com outra forma de execução cruel; se o agente delitivo possui longa ficha de antecedentes etc.

A **garantia da ordem econômica** diz respeito à necessidade de evitar que "o agente, causador de seriíssimo abalo à situação econômico-financeira de uma instituição financeira ou mesmo de órgão do Estado, permaneça em liberdade, demonstrando à sociedade a impunidade reinante nessa área" (NUCCI, 2008, p. 607), como nos casos de crimes de colarinho branco, contra o sistema financeiro nacional, contra a ordem tributária etc. Nessas situações, o dano é dirigido não apenas a uma pessoa individualizada, mas à coletividade como um todo, o que indica a necessidade de decretação da prisão preventiva.

A **conveniência da instrução criminal** está relacionada à necessidade de que a instrução criminal se desenvolva de forma limpa, proba, sem abalos. Assim, se o réu ameaça testemunhas, vítima, magistrado ou membro do Ministério Público, ou ainda faz investidas contra provas buscando apagar evidências, deve ser preso preventivamente por esse motivo.

A **garantia de aplicação da lei penal** visa garantir "a finalidade útil do processo penal, que é proporcionar ao Estado o exercício do seu direito de punir, aplicando a sanção devida a quem é autor de infração penal" (NUCCI, 2008, p. 608). Incide, por exemplo, quando o agente delitivo pretende fugir deliberadamente da cidade ou do país, ou ainda quando ele foge do distrito da culpa.

Por fim, o **descumprimento de qualquer das obrigações impostas por força de outras medidas cautelares (art. 282, § 4º)**, novidade acrescentada ao parágrafo único do art. 312 do CPP pela reforma de 2001, apenas evidencia o caráter cautelar da prisão preventiva, bem como destaca que esta prisão é a *ultima* ou *extrema ratio* dentre todas as demais medidas cautelares.

### 4.3.4. Circunstâncias legitimadoras e circunstâncias impeditivas da prisão preventiva (arts. 313 e 314 CPP)

O art. 313 do CPP, com a redação dada pela reforma de 2011, trata das **circunstâncias legitimadoras** da prisão preventiva. Nesse sentido, apregoa que será possível a prisão preventiva: I – nos crimes *dolosos* punidos com pena privativa de liberdade máxima *superior a 4 (quarto) anos*; II – se tiver sido condenado por outro crime *doloso*, em sentença transitada em julgado, salvo se decorrido o prazo de depuração de 5 (cinco) anos da reincidência previsto no art. 64, inciso I, do Código Penal; III – se o crime envolver violência doméstica e familiar contra a *mulher, criança, adolescente, idoso, enfermo ou pessoa com deficiência*, para garantir a execução das medidas protetivas de urgência (a proteção não se restringe mais à vítima do sexo feminino, como outrora ocorria no antigo art. 313, IV, CPP, abarcando também criança, adolescente, idoso, enfermo ou pessoa com deficiência); IV – quando houver dúvida sobre a identidade civil da pessoa ou quando esta não fornecer elementos suficientes para esclarecê-la, devendo o preso ser colocado imediatamente em liberdade após a identificação, salvo se outra hipótese recomendar a manutenção da medida (parágrafo único do art. 313 do CPP, com a redação dada pela reforma de 2011).

Já o art. 314 do CPP trata da **circunstância impeditiva** da prisão preventiva: não será decretada a prisão preventiva se houver prova nos autos de que o agente praticou o fato sob o manto de uma **causa excludente de ilicitude**.

### 4.3.5. Fundamentação da prisão preventiva (art. 315 CPP)

Deve haver fundamentação da decisão que decretar, substituir ou denegar a prisão preventiva, nos termos do art. 315 do CPP, com a redação dada pela reforma de 2011, sempre com base nos motivos cautelares anteriormente analisados (**necessidade**).

### 4.3.6. Caráter provisório da decisão acerca da prisão preventiva (art. 316 CPP)

Caso as circunstâncias fáticas que ensejaram a decretação da prisão preventiva sejam alteradas, evidenciando que ela não mais se torna necessária, o juiz poderá (deverá) revogá-la. De outro lado, se houver nova alteração das circunstâncias fáticas e a prisão preventiva voltar a ser necessária, o juiz poderá novamente decretá-la. Percebe-se, assim, que as decisões de decreto e de revogação da prisão preventiva são sempre provisórias, estando, pois, submetidas à cláusula *rebus sic stantibus*: a que decreta é válida enquanto há a necessidade da custódia cautelar; a que revoga persiste enquanto não houver mais essa necessidade.

Alerte-se para o fato de que o remédio cabível contra uma **prisão preventiva** decretada é a sua **revogação**, ao passo que o remédio aplicado a uma **prisão em flagrante legal** é a **liberdade provisória**. E se a **prisão em flagrante for ilegal**, o remédio cabível para atacá-la é o **relaxamento dessa prisão** (embora também seja possível falar em relaxamento da prisão preventiva ilegal, que ocorre quando há excesso de prazo para a formação da culpa).

## 4.4. Prisão domiciliar (arts. 317 a 318-B, CPP)

A reforma de 2011 acrescentou ao CPP uma modalidade especial de cumprimento da prisão preventiva, a chamada prisão domiciliar. Nos termos do art. 317 do CPP, tal medida consiste no recolhimento do indiciado ou acusado em sua residência, só podendo dela ausentar-se com autorização judicial.

De outro lado, o art. 318 do CPP, com a redação dada pela Lei nº 13.257, de 08 de março de 2016, assevera que o juiz poderá substituir a prisão preventiva anteriormente decretada pela domiciliar quando o agente for: I – maior de 80 (oitenta) anos; II – extremamente debilitado por motivo de doença grave; III – imprescindível aos cuidados especiais de pessoa menor de 6 (seis) anos de idade ou com deficiência; IV – gestante ; V- mulher com filho de até 12 (doze) anos de idade incompletos; VI - homem, caso seja o único responsável pelos cuidados do filho de até 12 (doze) anos de idade incompletos.

Frise-se que, para a substituição, o juiz exigirá prova idônea dos requisitos estabelecidos neste artigo (art. 318, parágrafo único, CPP).

Mais recentemente, a Lei nº 13.769, de 19 de dezembro de 2018, criou o art. 318-A do CPP, que dispõe: "*A prisão preventiva imposta à mulher gestante ou que for mãe ou responsável por crianças ou pessoas com deficiência será substituída por prisão domiciliar, desde que: I – não tenha sido cometido crime com violência ou grave ameaça a pessoa; II – não tenha cometido o crime contra seu filho ou dependente.*".

A Lei nº 13.769/18 também inseriu no CPP o art. 318-B, o qual possui a seguinte redação: "*A substituição de que tratam os arts. 318 e 318-A poderá ser efetuada sem prejuízo da aplicação concomitante das medidas alternativas previstas no art. 319 deste Código.*". Assim, tem-se estabelecida em lei a possibilidade de cumulação de qualquer prisão domiciliar prevista no CPP com as medidas cautelares encontradas no art. 319 do Código.

## 4.5. Prisão decorrente de decisão de pronúncia (art. 413, § 3º, CPP)

É possível que o juiz, quando da pronúncia do réu, decrete a sua prisão, mas essa prisão não pode ser mais automática, como simples efeito da pronúncia do acusado, como outrora ocorrida, exigindo o art. 413, § 3º, CPP, com a redação dada pela Lei nº 11.689/08, que o decreto prisional seja sempre fundamentado em uma necessidade cautelar da medida.

Nesse sentido, o **STF entende que o art. 585 do CPP**, que assevera que "O réu não poderá recorrer da pronúncia senão depois de preso, salvo se prestar fiança, nos casos em que a lei admitir", **foi revogado tacitamente**.

### 4.6. Prisão decorrente de sentença condenatória recorrível (art. 387, parágrafo 1º, CPP)

Vale para a prisão decorrente de sentença condenatória recorrível exatamente o mesmo raciocínio feito para a prisão decorrente de pronúncia. Nesse sentido, o art. 387, § 1º, do CPP, com a redação dada pela Lei nº 12.736/12, aponta para a necessidade de fundamentação da prisão que decorre de sentença condenatória recorrível. É certo que, se o acusado esteve preso ao longo de toda a instrução processual, a necessidade de manutenção da sua prisão em virtude de sua condenação (e também da sua pronúncia) torna-se ainda mais evidente, mas, mesmo assim, exige-se do juiz a fundamentação a respeito desta manutenção.

Ademais, como afirma o dispositivo legal em comento, a prisão decorrente de sentença condenatória recorrível não interfere no conhecimento da apelação que vier a ser interposta. Justamente por conta disso é que o art. 594 do CPP, que dispunha em sentido contrário ao entendimento ora esposado, foi anteriormente revogado pela Lei nº 11.719/08.

O STF vinha decidindo reiteradamente que o art. 595 do CPP, que determinava a deserção do recurso de apelação caso o réu condenado fugisse, foi revogado tacitamente, até porque ele implicaria em violação aos princípios da ampla defesa, da presunção de inocência e do duplo grau de jurisdição (Informativo nº 546). Nessa linha de intelecção, a reforma de 2011 acabou revogando expressamente este dispositivo legal.

## 5. EXECUÇÃO PROVISÓRIA OU ANTECIPADA DA PENA PRIVATIVA DE LIBERDADE

Entende-se como execução provisória ou antecipada da pena privativa de liberdade a possibilidade de que o condenado a esta modalidade de pena, na pendência de recurso especial ou recurso extraordinário, ou seja, antes do trânsito em julgado da sentença condenatória, inicie o cumprimento dela. Essa possibilidade somente está presente quando a decisão condenatória, no que diz respeito à pena, transitou em julgado para o Ministério Público, "pois, dessa forma, há um teto máximo para a sanção penal" (NUCCI, 2008, p. 1035). É a partir deste momento que se admite a expedição da guia provisória de pena ou guia de recolhimento provisória.

Em 17 de fevereiro de 2016, o Plenário do STF, mudando a sua jurisprudência anterior, passou a admitir, em julgamento histórico proferido no HC nº 126.292/SP, por 7 (sete) votos a 4 (quatro), a constitucionalidade da execução provisória de pena privativa de liberdade a partir de decisão condenatória em segunda instância (TJ ou TRF).

Em seguida, no dia 05 de outubro de 2016, o Plenário do STF, por 6 (seis) votos a 5 (cinco), reiterou o entendimento acerca da constitucionalidade da execução provisória de pena, nesta oportunidade no julgamento liminar das Ações Declaratórias de Constitucionalidade (ADCs) 43 e 44. Neste novo julgado, entendeu-se que o art. 283, *caput*, do CPP ("Ninguém poderá ser preso senão em flagrante delito ou por ordem escrita e fundamentada da autoridade judiciária competente, em decorrência de sentença condenatória transitada em julgado ou, no curso da investigação ou do processo, em virtude de prisão temporária ou prisão preventiva.") não impede o início da execução da pena após condenação em segunda instância, motivo pelo qual foram indeferidas liminares pleiteadas nas referidas ações. Embora as Ações Declaratórias de Constitucionalidade envolvam o controle concentrado de constitucionalidade, esta decisão do STF não teve efeito *erga omnes*/vinculante, pois proferida em sede de indeferimento do requerimento liminar (este efeito só se opera quando do deferimento de pedido liminar e no julgamento final de mérito). Até o fechamento desta edição, ainda não tinha sido realizado o julgamento definitivo destas ADCs.

Acerca do controle concentrado de constitucionalidade em relação a esta matéria, em 2018, foi ajuizada no STF nova Ação Declaratória de Constitucionalidade, de número 54, em que consta pedido liminar para impedir a execução provisória de pena privativa de liberdade sem que haja decisão condenatória transitada em julgado. Existe também requerimento para que sejam tornadas sem efeito as decisões judiciais que tenham determinado a prisão após condenação em segunda instância e a suspensão de verbetes sumulares, como a Súmula 122 do Tribunal Regional Federal da 4ª Região (TRF-4), que determina a prisão de forma automática após a confirmação da sentença por um órgão colegiado. Até o fechamento desta edição, também não havia sido proferida qualquer decisão de mérito no âmbito desta ADC.

Em outra oportunidade, em 11 de novembro de 2016, o Plenário Virtual do STF reafirmou mais uma vez o entendimento ora exposto, no âmbito do ARE 964.246., com reconhecimento de repercussão geral.

Posteriormente, contrariando entendimento anterior do STJ (Informativo nº 609) e do próprio STF (HC nº 144.908/RS, j. 23/06/2017), o Ministro Luiz Edson Fachin, Relator do RE 1161548, em decisão monocrática, autorizou a execução provisória também de pena restritiva de direitos (STF, RE 1161548, Rel. Min. Luiz Edson Fachin).

## 6. OUTRAS MEDIDAS CAUTELARES (ARTS. 319 E 320 CPP)

Além das modalidades de prisão cautelar, o CPP, após a reforma de 2011, no art. 319, passou a elencar também outras medidas cautelares diversas da prisão, quais sejam: *I - comparecimento periódico em juízo, no prazo e nas condições fixadas pelo juiz, para informar e justificar atividades; II - proibição de acesso ou frequência a determinados lugares quando, por circunstâncias relacionadas ao fato, deva o indiciado ou acusado permanecer distante desses locais para evitar o risco de novas infrações; III - proibição de manter contato com pessoa determinada quando, por circunstâncias relacionadas ao fato, deva o indiciado ou acusado dela permanecer distante; IV - proibição de ausentar-se da Comarca quando a permanência seja conveniente ou necessária para a investigação ou instrução; V - recolhimento domiciliar no período noturno e nos dias de folga quando o investigado ou acusado tenha residência e trabalho fixos; VI - suspensão do exercício de função pública ou de atividade de natureza econômica ou financeira quando houver justo receio de sua utilização para a prática de infrações penais; VII - internação provisória do acusado nas hipóteses de crimes praticados com violência ou grave ameaça, quando os peritos concluírem ser inimputável ou semi-imputável (art. 26 do Código Penal) e houver risco de reiteração; VIII - fiança, nas infrações que a admitem, para assegurar o comparecimento a atos do processo, evitar a obstrução do seu andamento ou em caso de resistência injustificada à ordem judicial; IX – monitoração eletrônica.*

A **fiança**, medida cautelar indicada no art. 319, inciso VIII, do CPP, tem suas regras previstas no Capítulo VI do Título IX, conforme adiante será analisado, podendo ser **cumulada com outras medidas cautelares**, consoante o art. 319, § 4º, do CPP.

A **proibição de ausentar-se do País**, que se extrai do disposto no art. 319, inciso IV, do CPP, deverá ser comunicada pelo juiz às autoridades encarregadas de fiscalizar as saídas do território nacional, intimando-se o indiciado ou acusado para entregar o passaporte, no prazo de 24 (vinte e quatro) horas, de acordo com o art. 320 do CPP.

Por fim, saliente-se que o novel art. 321 do CPP assevera que "Ausentes os requisitos que autorizam a decretação da prisão preventiva, o juiz deverá conceder liberdade provisória, impondo, se for o caso, as medidas cautelares previstas no art. 319 deste Código e observados os critérios constantes do art. 282 deste Código". É hipótese de liberdade provisória sem fiança, à semelhança do que constava na antiga redação do art. 310, parágrafo único, do CPP. A novidade trazida pela reforma de 2011 diz respeito à possibilidade de cumular esta modalidade de liberdade provisória sem fiança com as medidas cautelares diversas da prisão elencadas pelo art. 319 do CPP.

## 7. LIBERDADE PROVISÓRIA

### 7.1. Noções gerais

Por força do art. 5º, inciso LXVI, da Constituição Federal, "Ninguém será levado à prisão ou nela mantido, quando a lei admitir a liberdade provisória, com ou sem fiança". Desse modo, a liberdade provisória deve ser entendida como a medida de **contracautela** pela qual determinado agente deverá ser colocado em liberdade, se a lei expressamente autorizar. Diante disso, percebe-se que a regra é que o indivíduo tem direito de responder ao processo em liberdade, a exceção é a prisão. Nesse sentido, vale a pena relembrar que a liberdade provisória é o remédio cabível para atacar uma prisão em flagrante legal (jamais combate prisão preventiva).

Os incisos XLII a XLIV do art. 5º da Constituição Federal estipulam situações em que não é possível a concessão de fiança. Nos termos destes dispositivos constitucionais, são **crimes inafiançáveis**: o **racismo** (inciso XLII); os **crimes hediondos e a eles equiparados - tortura, tráfico ilícito de entorpecentes e terrorismo** (inciso XLIII); a **ação de grupos armados, civis ou militares, contra a ordem constitucional e o Estado Democrático** (inciso XLIV). Em tese, porém, estes crimes podem admitir a liberdade provisória sem fiança (art. 321 do CPP, com a redação dada pela reforma de 2011).

Leis infraconstitucionais também trazem a previsão de crimes inafiançáveis. Assim, o art. 31 da Lei nº 7.492/86 (lei dos crimes contra o sistema financeiro nacional) veda a concessão da fiança para os crimes apenados com reclusão, se estiverem presentes os motivos da prisão preventiva. O art. 1º, § 6º, da Lei nº 9.455/97 (lei dos crimes de tortura) e o art. 2º, inciso II, da Lei nº 8.072/90 (lei dos crimes hediondos), alterado pela Lei nº 11.464/07, também vedam a liberdade provisória com fiança.

Até bem pouco tempo, existiam no ordenamento jurídico brasileiro três crimes que não permitiam a concessão da liberdade provisória, com ou sem fiança: I - crime de tráfico ilícito de entorpecentes (art. 44 da Lei nº 11.343/06); II - crime de lavagem de dinheiro (art. 3º da Lei nº 9.613/98); III - crime organizado, para os agentes com intensa e efetiva participação na organização criminosa (art. 7º da Lei nº 9.034/95).

Todavia, o Plenário do STF, no julgamento do HC nº 104339/SP, decidiu que a vedação em abstrato à liberdade provisória contida no art. 44 da Lei nº 11.343/06 seria inconstitucional, pois violaria os princípios da individualização da pena, proporcionalidade, devido processo legal, presunção de inocência, contraditório, ampla defesa, separação dos poderes e da dignidade da pessoa humana, daí porque somente o juiz do caso concreto é quem poderia deixar de conceder este benefício ao agente delitivo.

Posteriormente, a Lei nº 12.683/12 revogou expressamente o inteiro teor do art. 3º da Lei nº 9.613/98. Além disso, a Lei nº 12.850/13 não só revogou integralmente a Lei nº 9.034/95 como também não repetiu previsão semelhante até então contida nesta última lei quanto a vedação à liberdade provisória.

Ademais, o fato de se impedir a liberdade provisória não significa que se impede também o relaxamento da prisão em flagrante quando tal prisão for ilegal, nos termos da Súmula nº 697 STF.

## 7.2. Liberdade provisória com fiança

A fiança é uma "garantia real, consistente no pagamento em dinheiro ou na entrega de valores ao Estado, para assegurar o direito de permanecer em liberdade, no transcurso de um processo criminal" (NUCCI, 2008, p. 619). No processo penal, ela tem dupla finalidade: "assegurar a liberdade provisória do indiciado ou réu, enquanto decorre o inquérito policial ou o processo criminal, desde que preenchidas determinadas condições" (NUCCI, 2008, p. 619); possibilitar o pagamento das custas (quando houver), da indenização do dano causado pelo crime (se existente), da prestação pecuniária e da multa (se forem aplicadas), se o réu for condenado, o que passou a estar expresso no art. 336, *caput*, do CPP após a reforma de 2011.

Hodiernamente, a fiança é um instituto absolutamente desmoralizado e de pouca aplicação prática diante do teor do antigo art. 310, parágrafo único, do CPP, atual art. 321 do CPP, com a redação dada pela reforma de 2011, que autorizou a liberdade provisória sem fiança se ausentes os motivos da prisão preventiva, dispositivo este que pode ser aplicado mesmo aos crimes inafiançáveis.

Contudo, há de se ressaltar que persistem duas vantagens práticas da liberdade provisória com fiança para o autor do delito que não existem na liberdade provisória sem fiança: 1. A oitiva do Ministério Público, na liberdade provisória com fiança, é posterior ao decreto judicial que a concede (art. 333 do CPP), oportunidade em que poderá pugnar pelo reforço da fiança (art. 340 do CPP) ou recorrer contra tal decisão (art. 581, V, do CPP) – na liberdade provisória sem fiança, o *Parquet* é ouvido antes da decisão judicial; 2. É possível a concessão de fiança pelo delegado nos casos de **infração cuja pena privativa de liberdade máxima não seja superior a 4 (quatro) anos**, nos termos do art. 322, *caput*, do CPP, com a redação dada pela reforma de 2011 (o anterior art. 322, *caput*, do CPP asseverava que o delegado poderia conceder a fiança se o crime fosse punido com detenção ou prisão simples) – nos demais casos, a fiança será requerida ao juiz, que decidirá em 48 (quarenta e oito) horas.

Registre-se, porém, que, no âmbito de violência doméstica e familiar contra a vítima mulher, o crime de Descumprimento de Medidas Protetivas de Urgência tipificado no art. 24-A da Lei Maria da Penha (Lei nº 11.340/06), muito embora possua pena máxima abstratamente cominada inferior a 4 (quatro) anos de pena privativa de liberdade, o que, em tese, permitiria a concessão de fiança pela autoridade policial (conforme art. 322, *caput*, do CPP), só autoriza o arbitramento da fiança por parte do Juiz, com fincas no art. 24-A, parágrafo 2º, desta Lei, com a redação dada pela Lei nº 13.641/18, que afirma: *"Na hipótese de prisão em flagrante, apenas a autoridade judicial poderá conceder fiança."*.

### 7.2.1. Hipóteses que vedam a fiança (arts. 323 e 324 CPP)

São inafiançáveis os crimes previstos nos artigos 323 e 324 do CPP. Estes dispositivos legais acabam evidenciando uma séria contradição do sistema processual penal brasileiro, afinal de contas os crimes inafiançáveis, em regra, admitem liberdade provisória sem fiança, por força do disposto no art. 321 do CPP.

Analisando o disposto no art. 323 do CPP, com a redação dada pela reforma de 2011, verifica-se que ele estatui não ser possível a concessão de fiança: I – nos crimes de racismo; II – nos crimes de tortura, tráfico ilícito de entorpecentes e drogas afins, terrorismo e nos definidos como crimes hediondos; III – nos crimes cometidos por grupos armados, civis ou militares, contra a ordem constitucional e o Estado Democrático. Percebe-se que este dispositivo legal apenas repete o disposto, respectivamente, nos incisos XLII, XLIII e XLIV do art. 5º da Constituição Federal, encerrando as hipóteses casuísticas e muitas vezes desproporcionais previstas na anterior redação do art. 323 do CPP, notadamente nos casos de mendicância e vadiagem.

O art. 324 do CPP, por sua vez, também com a redação dada pela reforma de 2011, afirma não ser igualmente concedida fiança: I – aos que, *no mesmo processo*, tiverem quebrado fiança anteriormente concedida ou infringido, sem motivo justo, qualquer das obrigações a que se referem os arts. 327 e 328 do Código (não mais o art. 350 do CPP, como rezava esse dispositivo legal antes da reforma); II – em caso de prisão civil ou militar (o dispositivo não mais se refere aos termos "prisão disciplinar" e "prisão administrativa", como outrora fazia); III – quando presentes os motivos que autorizam a decretação da prisão preventiva (art. 312) – esta hipótese está atualmente prevista no inciso IV do art. 324 do CPP (não mais no inciso III, como outrora ocorria).

Em complemento a essas regras, registre-se que o art. 59 do Decreto-Lei nº 6.259/44 também impede a fiança nas contravenções penais previstas nos seus artigos 45 a 49 e 58 (incluindo a contravenção do "jogo do bicho"). É igualmente inafiançável a contravenção penal de aposta de corrida de cavalo fora do hipódromo, por força do art. 9º, § 2º, da Lei nº 7.291/84.

De outro lado, o art. 301 da Lei nº 9.503/97 assevera que "Ao condutor do veículo, nos casos de acidente de trânsito de que resulte vítima, não se imporá a prisão em flagrante, nem se exigirá fiança, se prestar pronto e integral socorro àquela".

### 7.2.2. Valor da fiança (arts. 325 e 326 CPP)

O art. 325, incisos I e II do CPP, com a redação dada pela reforma de 2011, estabelece os seguintes parâmetros mínimos e máximos do valor da fiança a serem observados pela autoridade que a conceder: I – de 1 (um) a 100 (cem) salários mínimos, quando se tratar de infração cuja pena privativa de liberdade, no grau máximo, não for superior a 4 (quatro) anos; II – de 10 (dez) a 200 (duzentos) salários mínimos, quando o máximo da pena privativa de liberdade cominada for superior a 4 (quatro) anos.

De acordo com o art. 325, § 1º, do CPP, também com a redação dada pela reforma de 2011, se assim recomendar a **situação econômica do preso**, a fiança poderá ser: I – *dispensada*, na forma do art. 350 do Código; II – *reduzida* até o máximo de 2/3 (dois terços); III – *aumentada* em até 1.000 (mil) vezes.

Já o art. 326 do CPP estabelece os critérios para fixação desse valor: natureza da infração, condições pessoais de fortuna e vida pregressa do acusado, circunstâncias indicativas de sua periculosidade, bem como a importância provável das custas do processo, até final julgamento.

A respeito do valor da fiança, insta salientar que **a redução da fiança** pode ser realizada **pelo juiz ou pela autoridade policial**. Entretanto, **a não aplicação da fiança para o agente pobre (art. 350 do CPP) e o aumento da fiança para o agente rico somente podem ser feitos pelo juiz**.

Ademais, a autoridade policial somente pode arbitrar fiança nos casos de infração cuja pena privativa de liberdade máxima não seja superior a 4 (quatro) anos (art. 322, *caput*, do CPP).

Registre-, por fim, que o teor do art. 325, § 2º, do CPP, que vedava, nos crimes contra a economia popular e de sonegação fiscal, a concessão de liberdade provisória sem fiança, já que não admitia a aplicação do disposto no antigo art. 310, *caput* e parágrafo único, do CPP, foi expressamente revogado pela reforma de 2011.

### 7.2.3. Condições da fiança (arts. 327, 328 e 341 CPP)

Em caso de concessão da liberdade provisória com fiança, o beneficiado ficará submetido a algumas condições, quais sejam, a de comparecer perante a autoridade, todas as vezes que for intimado para atos do inquérito e da instrução criminal e para o julgamento, salvo motivo justo, provado incontinenti (art. 327 c/c art. 341, 1ª parte, do CPP); a de não mudar de residência, sem prévia permissão da autoridade processante, ou ausentar-se por mais de 8 (oito) dias de sua residência, sem comunicar àquela autoridade o lugar onde será encontrado (art. 328 do CPP); a de não praticar outra infração penal (art. 341, 2ª parte, do CPP).

Em caso de descumprimento de quaisquer dessas condições, a fiança será tida como **quebrada**.

### *7.2.4. Fiança definitiva (art. 330 CPP)*

A fiança hoje é sempre definitiva, no sentido de que não se exige mais verificação posterior do seu valor. Isso não impede o reforço da fiança, nas hipóteses previstas no art. 340 do CPP. Acrescente-se ainda que os valores dados como fiança servirão ao pagamento das custas, da indenização do dano, da prestação pecuniária e da multa, em caso de condenação, consoante o art. 336, *caput*, do CPP, com a redação dada pela reforma de 2011. Este último dispositivo legal terá aplicação ainda no caso da prescrição depois da sentença condenatória (art. 110 do Código Penal), com fincas no parágrafo único do art. 336 do CPP, igualmente com o seu texto conferido pela reforma de 2011.

Ademais, nos termos do art. 330 do CPP, a fiança pode ser fornecida em depósito de dinheiro, pedras, objetos ou metais preciosos, títulos da dívida pública, federal, estadual ou municipal, ou em hipoteca inscrita em primeiro lugar.

A fiança poderá ser concedida a qualquer tempo, desde a prisão em flagrante até o trânsito em julgado da decisão condenatória (art. 334 do CPP, com a redação dada pela reforma de 2011).

Nos casos em que a autoridade policial pode fixar a fiança, se houver recusa ou demora na sua fixação, o preso, ou alguém por ele, ao invés de oferecer *habeas corpus*, deverá provocar o juiz, por simples petição, para que o faça, no prazo de 48 (quarenta e oito) horas, dispensando-se a prévia oitiva daquela autoridade, como outrora ocorria, conforme estatui o art. 335 do CPP, com a redação dada pela reforma de 2011. Todavia, se houver demora ou recusa também por parte da autoridade judiciária, será possível o oferecimento de *habeas corpus* junto ao respectivo tribunal.

### *7.2.5. Consequências possíveis da fiança*

São estas as consequências possíveis da fiança:

I. **Fiança sem efeito**: É o "resultado da negativa ou omissão do indiciado ou réu em complementar o valor da fiança, reforçando-a, quando necessário" (NUCCI, 2008, p. 632). Nesta hipótese, a concessão da fiança fica sem efeito e a pessoa volta ao cárcere, mas o valor, devidamente atualizado, lhe é integralmente restituído (art. 337 do CPP, com a redação dada pela reforma de 2011). A restituição também ocorre se o agente for absolvido ou for extinta a punibilidade. Quanto à extinção da punibilidade, se ela envolver apenas a pretensão executória, as custas e a indenização podem ser retidas (art. 336, parágrafo único, do CPP).

II. **Fiança inidônea**: É a fiança "que não poderia ter sido concedida, seja porque a lei proíbe, seja porque os requisitos legais não foram corretamente preenchidos (art. 338, CPP)" (NUCCI, 2008, p. 632).

III. **Cassação da fiança**: Ocorre na hipótese de fiança inidônea (art. 338 do CPP) e também no caso de inovação na classificação do delito (art. 339 do CPP) – em ambos os casos o valor é restituído para quem recolheu.

IV. **Reforço da fiança**: O reforço da fiança ocorre quando o valor recolhido foi insuficiente, o que se opera nas hipóteses do art. 340 do CPP, que merece ser lido.

V. **Quebra da fiança**: Ocorre "quando o beneficiário não cumpre as condições que lhe foram impostas para gozar da liberdade provisória" (NUCCI, 2008, p. 633), condições estas previstas nos artigos 327, 328 e 341 do CPP. As hipóteses de quebra da fiança foram ampliadas com a reforma de 2011, que deu nova redação ao art. 341 do CPP. Assim, segundo este dispositivo legal, julgar-se-á quebrada a fiança quando o acusado: I – regularmente intimado para ato do processo, deixar de comparecer, sem justo motivo; II – deliberadamente praticar ato de obstrução ao andamento do processo; III – descumprir medida cautelar imposta cumulativamente com a fiança; IV – praticar nova infração penal dolosa. Ela somente pode ser decretada por juiz, de ofício ou por provocação, nunca pela autoridade policial. O quebramento injustificado da fiança importará na perda de metade do seu valor, cabendo ao juiz decidir sobre a imposição de outras medidas cautelares ou, *se for o caso*, a decretação da prisão preventiva (ou seja, se houver necessidade para tanto), de acordo com o art. 343 do CPP, com a redação dada pela reforma de 2011 (não é caso mais, portanto, de imediato recolhimento do agente à prisão, como outrora era previsto pelo dispositivo legal em comento, devendo o magistrado avaliar a necessidade da prisão preventiva). Feitas as deduções mencionadas no art. 345 do CPP, o valor restante da fiança será recolhido ao fundo penitenciário nacional, *ex vi* do art. 346 do CPP, com o texto conferido pela reforma de 2011. Noutro giro, a reforma revogou do art. 343 do CPP o efeito de prosseguimento do processo à revelia do réu, enquanto não fosse preso, como inclusive já reclamava a doutrina (NUCCI, 2008, p. 634). Contra a decisão de quebra da fiança cabe recurso em sentido estrito (art. 581, inciso VII, do CPP), que terá efeito suspensivo apenas quanto ao perdimento da metade do valor prestado em fiança (art. 584, § 3º, do CPP), sendo imediato o recolhimento ao cárcere. Esse recurso pode ser oferecido até pelo terceiro que prestou a fiança em favor de outrem. Se tal recurso for julgado procedente, a fiança volta a valer, colocando-se o agente imediatamente em liberdade, nas mesmas condições anteriores (art. 342 do CPP).

VI. **Restauração da fiança**: Se a fiança for cassada, é possível o manejo do recurso em sentido estrito contra esta decisão judicial, consoante o art. 581, inciso V, do CPP. Caso o tribunal dê provimento a este recurso, a fiança será restaurada.

VII. **Perda da fiança**: Opera-se a perda total da fiança se, condenado, o acusado não se apresentar para o início do cumprimento da pena definitivamente imposta (art. 344 do CPP, com a redação dada pela reforma de 2011). Esta hipótese serve como uma verdadeira sanção. Do valor da fiança, devem ser descontados o valor das custas (se houver), a indenização do dano (se existente), a prestação pecuniária e a multa (se foram fixadas). O valor restante vai ser destinado ao fundo penitenciário nacional (art. 345 do CPP, com a redação dada pela reforma de 2011). A decisão de perda da fiança, privativa do juiz, permite o manejo do recurso em sentido estrito (art. 581, inciso VII, do CPP), com efeito suspensivo apenas quanto à destinação do valor remanescente (art. 584, *caput*, do CPP).

VIII. **Restituição da fiança**: Ocorre "quando o réu não infringir as condições - inexistindo quebra da fiança -, caso seja condenado e apresente-se para cumprimento da pena, podendo levantar o valor recolhido, com a única ressalva de serem pagas as custas, a indenização à vítima e multa" (NUCCI, 2008, P. 634), como previsto no art. 347 do CPP.

## 7.3. Liberdade provisória sem fiança

A liberdade provisória sem o pagamento de fiança ocorrerá nas seguintes situações

I. *Quando o réu se livrar solto (artigo 309 CPP)*: A expressão "se livrar solto" é utilizada pelo CPP (art. 309) para indicar "a modalidade de prisão que não tem força para segurar o indiciado no cárcere, em caso de prisão em flagrante, já que teria havido infração penal de pouca importância" (NUCCI, 2008, p. 634). Nesse trilhar, a autoridade policial deverá **findar a lavratura do auto de prisão em flagrante delito e determinar a soltura do indiciado, sem necessidade de se recorrer ao juiz**. Antes da reforma de 2011, as hipóteses desta espécie de liberdade provisória estavam indicadas no antigo teor do art. 321, incisos I e II, do CPP: I – no caso de infração, a que não fosse, isolada, cumulativa ou alternativamente, cominada pena privativa de liberdade (nos termos do art. 1º da Lei de Introdução ao Código de Processo Penal, a contravenção penal é justamente a infração a que não é, isolada, cumulativa ou alternativamente, cominada pena privativa de liberdade); II – se o máximo da pena privativa de liberdade, isolada, cumulativa ou alternativamente cominada, não excedesse a 3 (três) meses. Estas hipóteses constituiriam caso de **liberdade provisória obrigatória e sem vinculação**. Obrigatória porque, uma vez presentes os requisitos legais, ela necessariamente deveria ser concedida. E sem vinculação considerando que a o agente beneficiado não se submeteria a condições legais. Contudo, registre-se que a reforma de 2011 revogou expressamente os incisos I e II do art. 321 do CPP. Por esse motivo, não há dúvidas de que resta prejudicada esta espécie de liberdade provisória sem fiança.

**II.** *Quando o fato for praticado sob o manto de uma causa excludente de ilicitude (art. 310, parágrafo único, do CPP, com a redação dada pela reforma de 2011)*: É caso de **liberdade provisória com vinculação**, já que o beneficiado fica submetido às condições legais previstas nos artigos 327, 328 e 341 do CPP. A matéria vem prevista, após a reforma de 2011, no art. 310, parágrafo único, do CPP, que possui redação semelhante ao antigo art. 310, *caput*, do CPP. Somente poderá ser concedida pelo juiz, de ofício ou por provocação, exigindo-se oitiva prévia do Ministério Público. Não se exige certeza acerca da existência da excludente, bastando a presença de indícios suficientes a esse respeito. Parcela considerável da doutrina, realizando interpretação extensiva do art. 310, parágrafo único, do CPP, permite a liberdade provisória sem fiança também se configuradas causas excludentes de culpabilidade e extintivas da punibilidade (TÁVORA; ALENCAR, 2009, p. 527). Registre-se por fim, que a antiga redação do art. 325, § 2º, do CPP, vedava a aplicação do disposto no antigo art. 310, *caput* e parágrafo único, do CPP nos casos de prisão em flagrante pela prática de crime contra a economia popular ou de crime de sonegação fiscal. No entanto, este dispositivo legal foi expressamente revogado pela reforma de 2011, não incidindo mais, portanto, a vedação em referência.

**III.** *Quando ausentes os requisitos que autorizam a decretação da prisão preventiva (art. 321 CPP, com a redação dada pela reforma de 2011)*: Não existindo o *periculum in mora* nesta situação, permite-se a liberdade provisória, inclusive sem fiança. Somente poderá ser concedida pelo juiz (art. 310, III, CPP), de ofício ou por provocação, exigindo-se oitiva prévia do Ministério Público. O art. 321 do CPP, que, após a reforma de 2011, passou a disciplinar a matéria, tem redação semelhante ao antigo teor do art. 310, parágrafo único, do CPP. A novidade diz respeito à possibilidade de o juiz cumular com esta modalidade de liberdade provisória sem fiança outras medidas cautelares diversas da prisão elencadas no art. 319 do CPP, observados os critérios constantes do art. 282 do Código. Ademais, constata-se que o antigo art. 310, parágrafo único, do CPP e o novel art. 321 do CPP acabaram esvaziando o instituto da fiança no Brasil. Há aqui caso de **liberdade provisória com vinculação**, já que o beneficiado fica submetido às condições legais previstas nos artigos 327, 328 e 341 do CPP. Registre-se por fim, que a antiga redação do art. 325, § 2º, do CPP, vedava a aplicação do disposto no antigo art. 310, *caput* e parágrafo único, do CPP nos casos de prisão em flagrante pela prática de crime contra a economia popular ou de crime de sonegação fiscal. No entanto, este dispositivo legal foi expressamente revogado pela reforma de 2011, não incidindo mais, portanto, a vedação em referência.

IV. *Quando o réu for pobre e não puder arcar com o valor da fiança (art. 350 CPP, com a redação dada pela reforma de 2011)*: Segundo o art. 350, *caput*, do CPP, com a redação dada pela reforma de 2011, nos casos em que couber fiança, o juiz, verificando a situação econômica do preso, poderá conceder-lhe liberdade provisória, sujeitando-o às obrigações constantes dos arts. 327 e 328 do Código e a outras medidas cautelares, se for o caso. A hipótese existe para que não se alegue que somente os ricos têm direito à liberdade provisória. Há aqui caso de **liberdade provisória com vinculação**, já que o beneficiado fica submetido às condições legais previstas nos artigos 327 e 328 do CPP. Nesse sentido, o parágrafo único do art. 350 do CPP, também com a redação dada pela reforma de 2011, afirma que se o beneficiado descumprir, sem motivo justo, qualquer das obrigações ou medidas impostas, aplicar-se-á o disposto no § 4º do art. 282 do Código (ou seja, o juiz, de ofício ou a requerimento do Ministério Público, de seu assistente ou do querelante, poderá substituir a medida, impor outra em cumulação, ou, em último caso, decretar a prisão preventiva, o que não vai ocorrer de forma automática, só se esta prisão for necessária). A liberdade provisória sem fiança do art. 350 do CPP somente será concedida se o réu pobre não tiver condições de arcar com o valor da fiança. Se, entretanto, a pobreza do réu apenas dificultar (e não impeça) o pagamento da fiança, o juiz ou o delegado poderá/deverá (é direito público subjetivo do agente delitivo e não discricionariedade da autoridade competente) reduzir o valor da mesma em até 2/3 (dois terços), consoante o art. 325, § 1º, inciso II, do CPP, com a redação dada pela reforma de 2011.

V. *Quando a infração for de pequeno potencial ofensivo e o agente comparecer imediatamente ao Juizado Especial Criminal ou se comprometer a ele comparecer (art. 69, parágrafo único, da Lei nº 9.099/95)*: A hipótese é de **liberdade provisória com vinculação**, pois o agente deverá comparecer ao Juizado Especial Criminal. Se, porém, não comparecer, poderá prestar fiança, nas hipóteses que a comportem (poderia também se livrar solto, antes da reforma de 2011, quando ainda estavam em vigor as hipóteses indicadas nos incisos I e II do art. 321 do CPP). Não obstante, relembre-se que, nos crimes praticados mediante violência doméstica ou familiar contra a mulher, não se aplica o disposto na Lei nº 9.099/95, consoante o art. 41 da Lei nº 11.340/06 (Lei Maria da Penha), daí porque, para tais crimes, não haverá a lavratura de termo circunstanciado e sim de auto de prisão em flagrante delito, recolhendo-se o agente delitivo ao cárcere.

VI. *Art. 301 da Lei nº 9.503/97 (Código de Trânsito Brasileiro)*: Nos termos do art. 301 da Lei nº 9.503/97 (Código de Trânsito Brasileiro), "Ao condutor do veículo, nos casos de acidente de trânsito de que resulte vítima, não se imporá a prisão em flagrante, nem se exigirá fiança, se prestar pronto e integral socorro àquela". É mais uma hipótese de **liberdade provisória obrigatória e sem vinculação**.

VII. *Infração penal de uso de entorpecentes (art. 48, §§ 2º e 3º, da Lei nº 11.343/06)*: O usuário de entorpecentes não pode ser preso em qualquer hipótese (art. 48, § 3º, da Lei nº 11.343/06), mesmo que não cumpra o compromisso de comparecer ao Juizado Especial Criminal (art. 48, § 2º, da Lei nº 11.343/06). É mais um caso de **liberdade provisória obrigatória e sem vinculação**.

**▸ Matéria recursal:**

Contra a decisão que concede a liberdade provisória sem fiança caberá o recurso em sentido estrito (art. 581, inciso V, do CPP). Já a decisão que indefere este benefício é irrecorrível, admitindo, porém, o manejo de *habeas corpus*.

CAPÍTULO XIV

# Citações e intimações

## 1. CONCEITO DE CITAÇÃO

A citação é "o chamamento do réu a juízo, dando-lhe ciência do ajuizamento da ação, imputando-lhe a prática de um crime, bem como lhe oferecendo a oportunidade de se defender pessoalmente e através de defesa técnica" (NUCCI, 2008, p. 641).

Com a citação, **angulariza-se** a relação jurídica processual, como preceitua o art. 363, *caput*, do CPP, com a redação dada pela Lei nº 11.719/08: "O processo terá completada a sua formação quando realizada a citação do acusado". Todavia, no Processo Penal, é o **recebimento da denúncia ou queixa** que promove a **interrupção da prescrição** (art. 117, inciso I, do Código Penal). É regra distinta daquela válida no âmbito do Processo Civil, no qual, na vigência do Código de Processo Civil de 1973, a prescrição era interrompida pela citação válida (art. 219, *caput*), ao passo que, no texto do CPC de 2015, a prescrição é interrompida pelo despacho que ordena a citação, retroagindo à data de propositura da ação (art. 240, §1º). Nesse sentido, registre-se que **o recebimento da denúncia ou queixa implica no ajuizamento da ação penal.**

## 2. ESPÉCIES DE CITAÇÃO

### 2.1. Citação por mandado ou pessoal (arts. 351 a 357 CPP)

É a **regra geral** da citação no Processo Penal. É modalidade de **citação pessoal**, daí porque ela não pode ser feita na pessoa do procurador. Se entretanto, o réu for inimputável e essa circunstância já for conhecida, é possível a citação por meio da pessoa do curador, em analogia ao que dispõe o art. 218, § 3º, do Código de Processo Civil de 1973 e o art. 245, § 5º, do Código de Processo Civil de 2015.

Essa espécie de citação é efetivada quando o oficial de justiça dá ciência pessoalmente ao acusado do conteúdo da acusação, colhendo o seu ciente (art. 351 do CPP).

Para cumprimento do mandado de citação, é preciso que ele preencha os **requisitos intrínsecos previstos no art. 352 do CPP** e os **requisitos extrínsecos indicados no art. 357 do CPP**, os quais merecem ser lidos.

Estando o réu fora do território da jurisdição, deve haver a citação por carta precatória (art. 353 CPP), ou, se estiver no exterior (em lugar sabido) ou em sede de embaixada ou consulado, por carta rogatória (arts. 368 e 369 CPP).

No caso da **carta precatória**, ela deve ser expedida atendendo-se aos requisitos previstos no art. 354 do CPP e cumprida da forma exposta pelo art. 355, *caput*, do CPP, os quais merecem ser lidos.

Existe, no Processo Penal, o instituto da **carta precatória itinerante**. Segundo o art. 355, § 1º, CPP, ela se opera quando o juízo deprecado constata que o réu está em território sujeito à jurisdição de outro juiz. Nesse caso, o próprio juízo deprecado encaminhará a precatória ao local onde o réu se encontra, sem necessidade de retorno ao juízo deprecante, o que vai ao encontro do princípio da economia processual. De outra banda, certificado pelo oficial de justiça que o réu se oculta para não ser citado, a precatória será imediatamente devolvida, para o fim previsto no art. 362 do CPP - citação por hora certa (art. 355, § 2º, CPP).

O art. 356 CPP permite que, em havendo **urgência**, a carta precatória seja expedida por **via telegráfica**, contendo um resumo dos requisitos exigidos pelo art. 354 do CPP, desde que reconhecida a firma do juiz, o que a estação expedidora mencionará.

Quanto à citação por meio de **carta rogatória**, ela deve se efetivar nas hipóteses dos artigos 368 e 369 do CPP, que merecem ser lidos. A respeito desta modalidade de citação, considerando que a Lei nº 11.900/09 permitiu o interrogatório do réu por meio virtual (art. 185, parágrafos 2º a 9º, do CPP), tem-se que a sua expedição é medida excepcional, somente possível quando a parte interessada demonstrar a necessidade da diligência. Nesse sentido é o artigo 222-A do CPP, com a redação dada pelo referido diploma legal, que estatui: "As cartas rogatórias só serão expedidas se demonstrada previamente a sua imprescindibilidade, arcando a parte requerente com os custos do envio".

> **Observação:**
>
> No processo penal, a falta ou a nulidade da citação, da intimação ou notificação estará sanada, desde que o interessado compareça, antes de o ato consumar-se, embora declare que o faz para o único fim de argui-la (art. 570 CPP).

## 2.2. Citação do militar (art. 358 CPP)

A citação do militar é feita **por intermédio do chefe do respectivo serviço**, nos termos do art. 358 do CPP. Nesse sentido, o juiz deve encaminhar requisição, por ofício, ao superior hierárquico, o qual a encaminhará ao acusado no momento correto. Em seguida, o superior hierárquico deve oficiar em resposta ao juiz, comunicando-lhe que o réu tomou conhecimento da citação.

## 2.3. Citação do funcionário público (art. 359 CPP)

Antes do advento da Lei nº 11.719/08, a citação do funcionário público ocorria por meio da notificação do réu e de ofício requisitório ao seu superior hierárquico, comunicando (e não solicitando, como ocorre na citação do militar) o dia e hora do ato de interrogatório. Contudo, referido diploma legal determinou que, no procedimento comum ordinário, a citação fosse realizada para oportunizar ao réu o oferecimento da resposta escrita à acusação, não mais para comparecimento à audiência de interrogatório. Por conta disso, pelo menos para a citação, não é mais necessário o ofício requisitório.

Desse modo, o ofício requisitório se torna obrigatório apenas para a intimação do réu para comparecimento ao interrogatório. Nesta hipótese, se faltar um dos dois atos (notificação do réu e ofício requisitório), não está o funcionário obrigado a comparecer ao ato, nem pode padecer das consequências de sua ausência.

## 2.4. Citação do réu preso (art. 360 CPP)

O art. 360 CPP exige que a citação do réu preso seja sempre **pessoal** (por mandado). Desse modo, a requisição do réu preso não vale mais como citação, como outrora ocorria. Aliás, esta requisição sequer é necessária, já que a finalidade da citação é permitir que o réu apresente a sua defesa preliminar, nos termos do art. 396 CPP, com a redação dada pela Lei nº 11.719/08.

## 2.5. Citação por edital (arts. 361 a 366 CPP)

A citação por edital ocorre **quando o acusado não for encontrado** (artigos 361 e 363, § 1º, CPP). Para que possa ser utilizada no Processo Penal, exige-se que o réu seja procurado por todos os meios possíveis e ainda assim não seja encontrado. É modalidade de **citação ficta**, pois não realizada pessoalmente, presumindo-se que o réu dela tomou conhecimento.

Ela é feita publicando-se em jornal de grande circulação, na imprensa oficial ou afixando-se o edital no átrio do fórum (art. 365, parágrafo único, CPP).

O prazo de publicação do edital é de 15 (quinze) dias (art. 361 CPP). Ademais, comparecendo o acusado citado por edital, em qualquer tempo, deve-se seguir os termos do procedimento comum ordinário previstos nos artigos 394 e seguintes do CPP, com base no art. 363, § 4º, do CPP.

O STF, porém, entende que é suficiente a afixação do edital no átrio do fórum, publicando-se pela imprensa oficial (diário oficial), onde houver. Não é necessário, portanto, a publicação em imprensa comum.

Os requisitos do edital de citação estão previstos nos incisos I a V do art. 365 CPP.

Impende destacar que, no edital, é suficiente que conste a menção ao dispositivo da lei penal em que se encontra incurso o réu, não se exigindo a transcrição da denúncia ou queixa ou o resumo dos fatos em que se baseia, nos termos da Súmula nº 366 STF.

De outro lado, entende-se como nula a citação por edital de réu preso na mesma Unidade da Federação em que o juiz exerce a sua jurisdição, conforme apregoa a Súmula nº 351 STF.

Relembre-se ainda que **não cabe a citação por edital no procedimento do Juizado Especial Criminal**, consoante o art. 66, parágrafo único, da Lei nº 9.099/95.

## 2.6. Citação por hora certa (art. 362 CPP)

A citação por hora certa passou a ser **expressamente permitida** no Processo Penal brasileiro com o advento da Lei nº 11.719/08, que deu nova redação ao art. 362 do CPP.

Segundo esse dispositivo legal, ela será cabível **se o réu se oculta para não ser citado**. É diferente da hipótese de citação por edital, na qual se exige que o réu não tenha sido encontrado, embora ambas sejam hipóteses de **citação ficta**.

| CITAÇÃO POR EDITAL | CITAÇÃO POR HORA CERTA |
|---|---|
| Opera-se quando o réu não foi encontrado para ser citado. | Opera-se quando o réu se oculta para não ser citado. |

Ela deverá ser feita de acordo com o procedimento previsto no Processo Civil, ou seja, nos artigos 227 a 229 do Código de Processo Civil de 1973 e, atualmente, nos artigos 252 a 254 do Código de Processo Civil de 2015, os quais merecem ser lidos na íntegra.

De acordo com o art. 362, parágrafo único, CPP, se efetivada a citação por hora certa e ainda assim não comparecer o réu, o juiz deverá nomear defensor dativo para representá-lo, em respeito ao princípio da ampla defesa. Desse modo, o feito deverá prosseguir regularmente com a presença deste defensor, não sendo hipótese de suspensão, como ocorre com a citação por edital (art. 366 do CPP).

## 3. SUSPENSÃO DO PROCESSO (ART. 366 CPP)

O art. 366, *caput*, do CPP estatui que se o réu, citado por edital, não comparecer nem constituir advogado, não poderá ser julgado, ficando suspensos o processo e o curso do prazo prescricional. Haverá aqui **crise de instância**.

Segundo posição do STJ recentemente consolidada na sua Súmula nº 415, "O período de suspensão do prazo prescricional é regulado pelo máximo da pena cominada".

Além disso, o art. 366, *caput*, do CPP permite que o juiz determine a produção antecipada de provas e a prisão preventiva do réu, desde que tais medidas sejam necessárias e, quanto à prisão preventiva, seja possível o seu decreto, de acordo com os artigos 313 e 314 do CPP. Nesse contexto, no que tange à produção antecipada de provas, vale a pena registrar o teor da recente Súmula nº 455 do STJ: "A decisão que determina a produção antecipada de provas com base no artigo 366 do CPP deve ser concretamente fundamentada, não a justificando unicamente o mero decurso do tempo".

Por fim, relembre-se que o disposto no art. 366, *caput*, CPP não se aplica aos casos disciplinados pela **Lei nº 9.613/98** (lei de lavagem de dinheiro), devendo o feito prosseguir até o julgamento para o réu citado por edital que não comparecer aos autos nem constituir advogado, desde que haja a nomeação de defensor dativo, por força do disposto no seu art. 2º, § 2º, com a redação dada pela Lei nº 12.683/12.

## 4. A REVELIA NO PROCESSO PENAL (ART. 367 CPP)

Afirma o art. 367 CPP que "O processo seguirá sem a presença do acusado que, citado ou intimado pessoalmente para qualquer ato, deixar de comparecer sem motivo justificado, ou, no caso de mudança de residência, não comunicar o novo endereço ao juízo".

Todavia, no processo penal, **a revelia não produz o efeito da presunção da veracidade dos fatos**, como ocorre no Processo Civil, tendo o único efeito de promover o andamento regular do processo sem que o acusado tenha direito de ser intimado dos atos posteriores.

Ademais, em proteção à ampla defesa e nos termos do art. 261 CPP, o réu, mesmo revel, será representado por um **defensor dativo** nomeado pelo juiz.

## 5. CONCEITO DE INTIMAÇÃO

É a comunicação a respeito de um ato processual já praticado ou ainda a ser praticado.

## 6. PROCEDIMENTO PARA AS INTIMAÇÕES (ARTS. 370 A 372 CPP)

Conforme o teor do art. 370, *caput*, CPP, será observado, no que for cabível, o regramento previsto para a citação. A esse respeito, não se permite, por exemplo, intimação por edital de testemunha.

O **defensor constituído**, o **advogado do querelante** e o **assistente de acusação** serão **intimados pelo órgão oficial**, desde que conste na publicação o nome do acusado, sob pena de nulidade, como determina o art. 370, § 1º, CPP.

Caso não haja órgão oficial na comarca, o escrivão deverá intimar o defensor pelos meios tradicionais, ou seja, através de mandado ou intimação pessoal no balcão do ofício judicial, quando o advogado lá comparece. Admite-se também a intimação por via postal, com Aviso de Recebimento (AR) ou por qualquer outro meio idôneo, incluindo aí telefone e *e-mail* (art. 370, § 2º, CPP).

Ademais, a intimação pessoal do advogado feita pelo escrivão dispensa a intimação em órgão oficial (art. 370, § 3º, CPP).

A intimação do **Ministério Público**, do **defensor dativo** e do **defensor público** deve ser sempre **pessoal** (art. 370, § 4º, CPP).

É possível a intimação do membro do Ministério Público ou do defensor diretamente na petição por eles protocoladas, se, ao despachar com o juiz, é obtida desde logo a decisão, sendo desnecessária a intimação pessoal (art. 371 CPP).

Em audiência, caso ela venha a ser adiada, é possível a intimação de todos os presentes no próprio termo de audiência (art. 372 CPP).

**▸ Atenção:**

Nos termos da Súmula nº 710 do STF, no processo penal, considera-se efetivada a intimação com o mero cumprimento do mandado de intimação e não com a sua juntada nos autos (ao contrário do que ocorre com o processo civil).

# Sentença

## 1. NOÇÕES GERAIS

A rigor, sentença é a "decisão terminativa do processo e definitiva quanto ao mérito, abordando a questão relativa à pretensão punitiva do Estado, para julgar procedente ou improcedente a imputação" (NUCCI, 2008, p. 656). Essa é, pois, a verdadeira sentença, como consta no art. 381 do CPP.

Ela pode ser **condenatória** ou **absolutória**. A primeira se configura quando o juiz conclui pela procedência da acusação, impondo ao agente delitivo determinada sanção penal. A segunda se opera quando se julga improcedente a acusação.

Dentre as sentenças absolutórias, há as **sentenças absolutórias próprias**, que implicam em simples absolvição do réu, sem qualquer outra consequência relevante no processo penal, e as **sentenças absolutórias impróprias**, que, "apesar de não considerarem o réu um criminoso, porque inimputável, impõem a ele medida de segurança, uma sanção penal constritiva à liberdade, mas no interesse da sua recuperação e cura" (NUCCI, 2008, p. 656).

## 2. CONTEÚDO DA SENTENÇA (ART. 381 CPP)

O art. 381 do CPP apresenta os **requisitos intrínsecos da sentença**, elementos que devem necessariamente constar neste ato judicial, sob pena de **nulidade**, por força do artigo 564, inciso IV, CPP (nulidade por falta de formalidade que constitua elemento essencial do ato). Os requisitos são os seguintes: I – os nomes das partes ou, quando não possível, as indicações necessárias para identificá-las; II – a exposição sucinta da acusação e da defesa; III – a indicação dos motivos de fato e de direito em que se fundar a decisão; IV – a indicação dos artigos de lei aplicados; V – o dispositivo; VI – a data e a assinatura do juiz.

Os requisitos da sentença acima expostos, em verdade, constituem 3 (três) partes destacadas da sentença, quais sejam, o **relatório**, a **fundamentação** e o **dispositivo**.

O **relatório** é dispensado no procedimento sumaríssimo do Juizado Especial Criminal, nos termos do art. 81, § 3º, da Lei nº 9.099/95. Nos outros procedimentos, porém, o relatório é obrigatório, sob pena de **nulidade absoluta**.

A **fundamentação** da sentença decorre da exigência constitucional prevista no art. 93, inciso IX, de que todas as decisões judiciais sejam motivadas. Desse modo, a ausência de fundamentação leva à **nulidade absoluta** do feito.

O **dispositivo**, parte da sentença em que o juiz decide pela condenação (e aplica a pena) ou absolvição do réu, é também elemento obrigatório deste provimento jurisdicional, daí porque a sua ausência é igualmente causa de **nulidade absoluta** do feito.

## 3. *EMENDATIO LIBELLI* OU MODIFICAÇÃO DA DEFINIÇÃO JURÍDICA DO FATO (ART. 383 CPP)

O instituto da *emendatio libelli* (modificação da definição jurídica do fato) pode ser definido como a mera adequação feita de ofício pelo juiz dos fatos narrados na peça acusatória à correta tipificação legal, caso o autor da ação penal tenha se equivocado nesta atividade de tipificação.

Assim, ao verificar que o autor da ação penal cometeu erro na definição jurídica dos fatos narrados na peça acusatória, pode o juiz, **de ofício, sem necessidade de aditamento da inicial e de oitiva da defesa**, consertar tal definição. É o exemplo de o Ministério Público ter narrado na denúncia um crime de roubo (art. 157 do Código Penal) e tipificado a conduta como crime de furto (art. 155 do Código Penal), o que permite que o magistrado tome a tipificação como se roubo fosse, ainda que isso implique em aumento de pena.

Nessa situação, não há que se falar em cerceamento de defesa, afinal de contas o réu se defende dos fatos narrados na peça acusatória e não da tipificação legal. Além disso, presume-se que o juiz conhece o direito (*jura novit curia* - o juiz conhece o direito), daí porque se exige que se leve ao conhecimento dele apenas os fatos, sendo que o direito será ele quem fornecerá (*narra mihi factum dabo tibi jus* - narra-me os fatos e te darei o direito).

É possível que, em virtude da *emendatio libelli*, surja a possibilidade de **proposta de suspensão condicional do processo**. Nesta hipótese, seguindo o espírito da Súmula nº 337 do STJ, a Lei nº 11.719/08 determinou no art. 383, § 1º, do CPP, que o juiz procederá de acordo com o disposto na lei, ou seja, deverá abrir vista dos autos ao Ministério Público para que, se presentes os requisitos previstos no art. 89, *caput*, da Lei nº 9.099/95, ofereça ao denunciado a proposta anteriormente mencionada.

Nesta mesma linha, se a *emendatio libelli* promove a **desclassificação do crime** para crime que é de competência de outro juízo, a este serão remetidos os autos, por força do art. 383, § 2º, do CPP, com a redação dada pela Lei nº 11.719/08.

Por fim, registre-se que, ao contrário do que ocorre com a *mutatio libelli* (Súmula nº 453 do STF), a *emendatio libelli* é cabível na fase recursal.

## 4. *MUTATIO LIBELLI* (ART. 384 CPP)

Para que o instituto da *mutatio libelli* seja melhor compreendido, é preciso rememorar o teor do **princípio da correlação (ou congruência) entre acusação e sentença.**

Tal princípio, como decorrência do princípio da ação ou da demanda, implica na exigência de que o fato imputado ao réu, na peça inicial acusatória, guarde "perfeita correspondência com o fato reconhecido pelo juiz, na sentença, sob pena de grave violação aos princípios do contraditório e da ampla defesa, consequentemente, ao devido processo legal" (NUCCI, 2008, p. 661).

Em outros termos, o magistrado está adstrito aos exatos termos do que fora narrado na peça inicial da ação penal, não podendo decidir fora, além ou aquém dos seus limites, sob pena de decisões, respectivamente, *extra*, *ultra* ou *infra petita* (*Ne eat judex ultra petita partium*), as quais provocam a nulidade absoluta do feito.

Por força deste princípio, não é possível, por exemplo, o juiz entender que um fato foi praticado de forma dolosa e não culposa, como narrado na inicial, sem a observância do regramento previsto no art. 384, *caput*, do CPP.

Em sendo assim, havendo necessidade de ampliação da tese acusatória, faz-se imprescindível o aditamento à denúncia, conferindo-se também à defesa a oportunidade para que se manifeste a respeito do teor desse aditamento. Quando isso ocorre, há hipótese justamente de *mutatio libelli.*

A *mutatio libelli* vem prevista no art. 384 do CPP e permite a alteração da definição jurídica do fato se, **encerrada a instrução probatória**, **surgir nos autos prova a respeito de elemento** (elementar do crime) **ou circunstância da infração penal** (qualificadoras) **não contida na peça acusatória**. Para que isso ocorra, é imprescindível que o Ministério Público formule **aditamento à denúncia ou queixa**, no prazo de 5 (cinco) dias, sob pena de violação do princípio da correlação entre acusação e sentença.

É o exemplo de o Ministério Público narrar e tipificar corretamente na denúncia um crime de furto (art. 155 do Código Penal), porque, àquela oportunidade, o inquérito policial somente permitia concluir que a subtração da coisa alheia móvel ocorreu sem violência ou grave ameaça à pessoa, mas, após a realização da audiência de instrução e julgamento, quando a vítima ou alguma testemunha informou que a subtração se deu mediante violência ou grave ameaça contra a pessoa, o fato passe a ser caracterizado como crime de roubo (art. 157 do Código Penal), exigindo, pois, aditamento da peça acusatória por parte do órgão ministerial.

É de se notar que esse aditamento à denúncia ou queixa é de responsabilidade do Ministério Público, o que ficou ainda mais claro com o advento da Lei nº 11.719/08, que alterou substancialmente a redação do art. 384 do CPP, o que se coaduna com o princípio da obrigatoriedade da ação penal pública.

No caso de inércia do Ministério Público, o juiz, no exercício de uma função anômala de fiscal deste princípio, deverá seguir o procedimento previsto no art. 28 do CPP (remessa dos autos ao Procurador-Geral de Justiça, para que decida em definitivo a questão), em consonância com o art. 384, § 1º, do CPP.

O aditamento à denúncia ou queixa costumeiramente é feito de modo escrito, mas nada impede que ele seja realizado oralmente, devendo ser, porém, reduzido a termo (art. 384, *caput*, parte final). A partir do advento da Lei nº 11.719/08, ele se tornou **obrigatório em qualquer situação, independente se o novo crime tenha pena inferior, igual ou superior ao crime anterior**. E o **prazo do aditamento**, em quaisquer dessas situações, será sempre de **5 (cinco) dias**. Ademais, com o aditamento, o Ministério Público poderá arrolar até 3 (três) testemunhas (art. 384, § 4º, do CPP).

Uma vez apresentado o aditamento, a defesa terá o mesmo prazo de 5 (cinco) dias para se manifestar a respeito do mesmo (art. 384, § 2º, do CPP), podendo igualmente arrolar até 3 (três) testemunhas (art. 384, § 4º, do CPP). Em seguida, caso o aditamento seja aceito, o juiz, a requerimento das partes, designará dia e hora para continuação da audiência, com inquirição de testemunhas, novo interrogatório do acusado, realização de debates e julgamento (art. 384, § 2º, do CPP). De outro lado, não recebido o aditamento, o processo deverá prosseguir (art. 384, § 5º, do CPP).

Em sendo aceito, o aditamento à denúncia ou queixa faz com que o juiz, na sentença, fique a ele adstrito (art. 384, § 4º, do CPP), em mais uma autêntica aplicação do princípio da correlação entre acusação e sentença.

Por seu turno, assim como ocorre na *emendatio libelli*, se for cabível a suspensão condicional do processo em virtude da *mutatio libelli*, deverá ser aberta vista dos autos ao Ministério Público para que ofereça proposta da mesma ao denunciado (art. 384, § 3º, c/c art. 383, § 1º, do CPP). Se também em razão da *mutatio libelli* houver desclassificação do crime para crime de competência de outro juízo, a este devem ser remetidos os autos (art. 384, § 3º, c/c art. 383, § 2º, do CPP).

## 5. INDEPENDÊNCIA DO JUIZ NA SENTENÇA (ART. 385 CPP)

Nos termos do art. 385 do CPP, nos crimes de ação penal pública o juiz, ao sentenciar, tem ampla liberdade e independência, no sentido de que poderá condenar o réu mesmo que o Ministério Público tenha pedido a sua absolvição. Trata-se de mera consequência do princípio da obrigatoriedade da ação penal pública.

O art. 385 do CPP também permite que o juiz reconheça circunstâncias agravantes, mesmo que nenhuma tenha sido alegada, afinal de contas aquelas dizem respeito à aplicação da pena, matéria privativa do julgador.

## 6. SENTENÇA ABSOLUTÓRIA (ART. 386 CPP)

Os casos de absolvição do réu no processo penal são apenas e tão somente aqueles previstos nos incisos I a VII do art. 386 CPP:

I. **Estar provada a inexistência do fato**. Nesta situação, a sentença absolutória exclui a responsabilidade civil.

II. **Não haver prova da existência do fato**. É hipótese consagradora do princípio do *in dubio pro reo*, que, no entanto, não afasta a responsabilidade civil.

III. **Não constituir o fato infração penal**. Como, nesta hipótese, ainda poderá ser provado que o ilícito civil subsiste, permite-se a responsabilidade civil.

IV. **Estar provado que o réu não concorreu para a infração penal**. É hipótese que afasta a responsabilidade civil.

V. **Não existir prova de ter o réu concorrido para a infração penal**. Segundo Guilherme de Souza Nucci, é possível ainda a responsabilidade civil, se provado que o réu participou do ilícito civil (NUCCI, 2008, p. 669).

VI. **Existirem circunstâncias que excluam o crime ou isentem o réu de pena, ou mesmo se houver fundada dúvida sobre sua existência**. É certo que a prova das excludentes de ilicitude e de culpabilidade é ônus da defesa. Porém, após o advento da Lei nº 11.690/08, este dispositivo legal passou a permitir a absolvição do réu se houver apenas **fundada dúvida** a respeito da existência destas excludentes, em obediência ao princípio do *in dubio pro reo*. Ademais, relembre-se que o art. 65 do CPP afirma que "Faz coisa julgada no cível a sentença penal que reconhecer ter sido o ato praticado em estado de necessidade, em legítima defesa, em estrito cumprimento de dever legal ou no exercício regular de direito".

VII. **Não existir prova suficiente para condenação.** Este dispositivo legal, com redação dada pela Lei nº 11.690/08, consagra novamente o princípio do *in dubio pro reo*, permitindo, no entanto, a responsabilidade civil.

Com a sentença absolutória, em face do princípio da presunção da inocência e do desaparecimento dos motivos para a manutenção da custódia cautelar, o juiz deve colocar o réu imediatamente em liberdade (art. 386, parágrafo único, inciso I, do CPP), bem como ordenar a cessação das medidas cautelares e provisoriamente aplicadas (art. 386, parágrafo único, inciso II, do CPP, com redação dada pela Lei nº 11.690/08).

Além disso, o juiz também poderá, se for o caso, aplicar a medida de segurança, nos termos do art. 386, parágrafo único, inciso III, do CPP. Em assim procedendo, estará lavrando a chamada **sentença absolutória imprópria**. Em arremate, com fincas na Súmula nº 527 do STJ, registre-se que "O tempo de duração da medida de segurança não deve ultrapassar o limite máximo da pena abstratamente cominada ao delito praticado.".

## 7. SENTENÇA CONDENATÓRIA (ART. 387 CPP)

A sentença condenatória, além de ter que conter o relatório, a fundamentação e o dispositivo, deverá necessariamente incluir os elementos previstos nos incisos I a VI do art. 387 do CPP, que merecem ser lidos.

Dentre estes elementos, merece destaque a previsão contida no art. 387, inciso IV, do CPP, com a redação dada pela Lei nº 11.719/08, segundo o qual a sentença condenatória fixará valor mínimo para reparação dos danos causados pela infração, considerando os prejuízos sofridos pelo ofendido.

Nesse contexto, é extremamente relevante esclarecer que o magistrado só poderá fixar o valor mínimo da reparação do dano se houver **pedido expresso** nesse sentido do ofendido formulado na inicial acusatória, não podendo, portanto, arbitrá-lo de ofício, sob pena de julgamento *extra petita*. O STJ acata integralmente este posicionamento. Assim, por exemplo, no julgamento dos Embargos de Declaração em Recurso Especial nº 1286810/RS, chegou-se a asseverar categoricamente que "Para que seja fixado na sentença o valor mínimo para reparação dos danos causados à vítima, com base no art. 387, inciso IV, do Código Penal, deve haver pedido formal nesse sentido pelo ofendido, além de ser oportunizada a defesa pelo réu, sob pena de violação aos princípios da ampla defesa e do contraditório".

Noutro giro, o art. 387, § 1º, do CPP, com a redação dada pela Lei nº 12.736/12, aponta para a necessidade de fundamentação da prisão que decorre de sentença condenatória recorrível. Isso significa que a chamada **prisão decorrente de sentença condenatória recorrível** (assim como qualquer outra medida cautelar) não é mais automática, ou seja, o réu não será necessária e automaticamente preso preventivamente se for condenado. Isso somente ocorrerá se houver necessidade da prisão preventiva, a ser devidamente fundamentada pelo juiz, como acontece em qualquer hipótese de prisão cautelar. É certo que, se o acusado esteve preso ao longo de toda a instrução processual, a necessidade de manutenção da sua prisão em virtude de sua condenação torna-se ainda mais evidente, mas, mesmo assim, exige-se do juiz a fundamentação a respeito desta manutenção.

Ademais, como afirma o dispositivo legal em comento, a prisão decorrente de sentença condenatória recorrível não interfere no conhecimento da apelação que vier a ser interposta. Justamente por conta disso é que o art. 594 do CPP, que dispunha em sentido contrário ao entendimento ora esposado, foi anteriormente revogado pela Lei nº 11.719/08.

Por fim, merece registro o fato de a Lei nº 12.736/12 ter criado o § 2º ao art. 387 do CPP, segundo o qual "O tempo de prisão provisória, de prisão administrativa ou de internação no Brasil ou no estrangeiro, será computado para fins de determinação do regime inicial de pena privativa de liberdade".

▸ **Revogação do art. 393 do CPP:**

O art. 393 do CPP estipulava que eram efeitos da sentença condenatória recorrível: I – ser o réu preso ou conservado na prisão, assim nas infrações inafiançáveis, como nas afiançáveis enquanto não prestar fiança; II – ser o nome do réu lançado no rol dos culpados. Contudo, este dispositivo legal era alvo de severas críticas por parte da doutrina. Quanto ao primeiro efeito, por exemplo, sustentava-se que a prisão não poderia ser efeito obrigatório, automático da condenação, somente podendo ser decretada se existisse necessidade para tanto. Ademais, seria possível ainda a colocação em liberdade do agente delitivo sem que prestasse fiança se não restassem demonstrados os requisitos da prisão preventiva, nos termos do antigo art. 310, parágrafo único, do CPP. Com relação ao segundo efeito, alertava-se para o fato de que, em virtude do princípio constitucional da presunção da inocência, ele somente incidiria com o trânsito em julgado da sentença condenatória. Acolhendo todas essas críticas é que o legislador da reforma de 2011 entendeu por bem revogar expressamente o art. 393 do CPP.

## 8. FORMA DA SENTENÇA (ART. 388 CPP)

O art. 388 do CPP afirma que a sentença poderá ser datilografada e, neste caso, o juiz a rubricará em todas as folhas. Por interpretação progressiva deste dispositivo, entende-se que o mesmo deve ser feito se a sentença for digitada e impressa, hipótese, aliás, bem mais frequente na atualidade.

## 9. PUBLICAÇÃO E INTIMAÇÃO DA SENTENÇA (ARTS. 389 A 392 CPP)

Nos termos do art. 389 do CPP, a publicação da sentença ocorre não com a sua comunicação na imprensa oficial, mas sim com a sua entrega em mãos do escrivão. É esse ato que transforma a sentença de ato individual para ato público, ato processual. Entregue a sentença em mãos do escrivão, este lavrará nos autos o respectivo termo, registrando-a em livro próprio.

Entretanto, se a sentença for prolatada de forma oral em audiência ou lida no júri, dispensa-se a certidão nos autos, pois a ata da audiência ou o termo de julgamento do júri a substitui, continuando, porém, obrigatória a juntada de cópia da decisão no livro respectivo.

Uma vez publicada, a sentença só pode ser alterada de duas formas, inclusive de ofício: 1 – por meio de embargos de declaração, se acolhidos (Art. 382 do CPP); 2 – para correção de erros materiais, sem qualquer alteração de mérito (exemplo: juiz errou nome do réu ou artigo em que está incurso).

Consoante o art. 390 do CPP, o escrivão, após a publicação, tem o prazo de 3 (três) dias para comunicar a sentença ao Ministério Público, sob pena de suspensão de 5 (cinco) dias. Relembre-se que a intimação do Ministério Público deve ocorrer de forma pessoal.

O querelante ou o assistente de acusação será intimado da sentença pessoalmente ou na pessoa de seu advogado. Se, porém, nenhum deles for encontrado no lugar da sede do juízo, a intimação será feita mediante edital com o prazo de 10 (dez) dias, afixado no lugar de costume (art. 391 do CPP).

Finalmente, a intimação da sentença a ser feita ao réu deve seguir as regras previstas no art. 392 do CPP, que merece ser lido. Em qualquer hipótese, o ideal é que haja sempre a intimação do réu e do advogado, em respeito à ampla defesa. Entretanto, se o réu está foragido e há contra ele mandado de prisão, permite-se a intimação apenas do seu defensor, desde que este seja constituído. Nesse caso, a intimação será por imprensa oficial. Já se o defensor for dativo, a intimação é por edital (inciso VI).

CAPÍTULO XVI

# Procedimentos

## 1. PROCEDIMENTO COMUM E PROCEDIMENTO ESPECIAL (ART. 394, *CAPUT*, E §§ 1º E 2º, CPP)

O procedimento comum é dividido em **ordinário** (aplicado para crimes com sanção máxima igual ou superior a 4 (quatro) anos de pena privativa de liberdade), **sumário** (aplicado para crimes com sanção máxima inferior a 4 (quatro) anos e superior a 2 (dois) anos de pena privativa de liberdade) e **sumaríssimo** (aplicado para infrações penais de menor potencial ofensivo, ou seja, contravenção penal ou crime com sanção máxima igual ou inferior a 2 (dois) anos de pena privativa de liberdade, mesmo que possua procedimento especial) – art. 394, § 1º, do CPP.

Já o procedimento especial, em verdade, engloba diversos procedimentos, existindo tanto no CPP como em leis esparsas. A esse respeito, registre-se que o procedimento comum é a regra geral, somente sendo possível a aplicação de procedimento especial se houver menção expressa da lei nesse sentido (art. 394, § 2º, do CPP).

São exemplos de procedimentos especiais previstos no CPP: procedimento do Tribunal do Júri (art. 394, § 3º, c/c arts. 406 a 497 do CPP); procedimento dos crimes de responsabilidade dos funcionários públicos (arts. 513 a 518 do CPP); procedimento dos crimes contra a honra (arts. 519 a 523 do CPP); procedimento dos crimes contra a propriedade imaterial (arts. 524 a 530-I do CPP); procedimento de restauração de autos extraviados ou destruídos (arts. 541 a 548 do CPP).

De outro lado, são exemplos de procedimentos especiais previstos em leis especiais: procedimentos dos crimes de abuso de autoridade (Lei nº 4.898/65); procedimento dos crimes de competência originária (Lei nº 8.038/90); procedimento dos crimes falimentares (Lei nº 11.101/05 – Lei de Falências); procedimento dos crimes praticados mediante violência doméstica e familiar contra a mulher (Lei nº 11.340/06 - Lei Maria da Penha); procedimento de crimes de tóxicos (Lei nº 11.343/06 – Lei de Tóxicos).

A respeito dos procedimentos especiais, registre-se que, como o STF, na ADPF nº 130/DF, julgou que a Lei de Imprensa (Lei nº 5.250/67) é integralmente inconstitucional, para os crimes praticados por meio da imprensa deverá ser aplicado o procedimento comum previsto no CPP, ordinário, sumário ou sumaríssimo, a depender da sanção máxima cominada à infração penal.

De se registrar ainda que o procedimento comum ordinário, por ser mais completo, é o procedimento padrão, daí porque ele tem **aplicação subsidiária aos procedimentos especial, sumário e sumaríssimo** (art. 394, § 5º, do CPP).

Impende destacar que o art. 394, § 4º, do CPP determina que "As disposições dos arts. 395 a 398 deste Código aplicam-se a todos os procedimentos penais de primeiro grau, ainda que não regulados neste Código", o que, no entanto, não significa a revogação dos procedimentos especiais.

Por fim, frise-se que, com fincas no art. 394-A do CPP, com a redação dada pela Lei nº 13.285/16, os processos que apurem a prática de crime hediondo terão prioridade de tramitação em todas as instâncias.

## 2. PROCEDIMENTO COMUM ORDINÁRIO (ARTS. 395 A 405 CPP)

O procedimento comum ordinário, sensivelmente alterado pela Lei nº 11.719/08, possui a sequência de atos processuais abaixo indicada:

1. **Rejeição (art. 395 do CPP) ou recebimento (art. 396 do CPP) da denúncia ou queixa**: Antes do recebimento da denúncia e da citação do réu para apresentar resposta escrita, o juiz deve analisar se não é caso de **rejeição da denúncia ou queixa**, cujas hipóteses vêm previstas no art. 395 do CPP, todas de caráter **processual**: I – se a denúncia ou queixa for inepta; II – se faltar pressuposto processual ou condição da ação; III – se faltar justa causa. Considerando a natureza processual da decisão de rejeição da denúncia ou queixa, entende-se que é possível a **repropositura da ação penal**, caso seja superada a causa de rejeição. A decisão de rejeição da peça inicial permite o oferecimento de recurso em sentido estrito (art. 581, inciso I, do CPP). No Juizado Especial Criminal, porém, esta decisão deve ser combatida por meio do recurso de apelação, no prazo de 10 (dez) dias, dirigido à Turma Recursal (art. 82 da Lei nº 9.099/95). Ausentes as causas de rejeição da denúncia ou queixa, deverá o juiz proceder ao seu **recebimento**. Aliás, ressalte-se que é esse o momento em que verdadeiramente ocorre o recebimento da denúncia ou queixa (art. 396 do CPP), não obstante o teor do art. 399 do CPP, conforme entendimento do STJ. Ademais, é o recebimento da inicial no processo penal que determina a **interrupção da prescrição** (art. 117, inciso I, do Código

Penal). A decisão de recebimento da peça acusatória é irrecorrível, mas pode ser combatida por meio de *habeas corpus*.

2. **Citação do acusado (art. 396 do CPP)**: Não sendo caso de rejeição da denúncia ou queixa, deverá o juiz recebê-la e determinar a **citação do acusado**, a qual visa permitir a apresentação por parte deste de resposta escrita (não mais para comparecimento a interrogatório), cujo prazo é de 10 (dez) dias (art. 396, *caput*, do CPP). Na hipótese de citação por edital, esse prazo de 10 (dez) dias começa a correr do comparecimento pessoal do réu ou do seu advogado constituído, conforme art. 396, parágrafo único, do CPP.

3. **Resposta escrita do réu (art. 396-A do CPP)**: Na **resposta escrita do réu**, a ser oferecida no prazo de 10 (dez) dias (não mais 3 (três) dias, como outrora ocorria), vale o princípio da **concentração da matéria de defesa**, pois devem ser arguidas todas as matérias processuais e de mérito, bem como juntados documentos, requeridas diligências e arroladas testemunhas (o direito de arrolar testemunhas preclui se não exercido neste momento), consoante o art. 396-A, *caput*, do CPP. É nesse prazo também que o réu deve oferecer as exceções, como a exceção de incompetência do juízo, embora em instrumento apartado (art. 396-A, § 1º, do CPP). A resposta escrita do réu tornou-se **peça obrigatória no processo penal**: se não apresentada ou se o acusado citado não constituir defensor para tanto, o juiz deve nomear defensor com essa finalidade, concedendo-lhe vista dos autos por 10 (dez) dias (art. 396-A, § 2º, do CPP). A falta de apresentação da resposta escrita do acusado é causa de nulidade absoluta do feito.

4. **Absolvição sumária (art. 397 do CPP)**: Depois de apresentada a resposta escrita do acusado e antes da audiência de instrução e julgamento, o juiz poderá **absolver sumariamente o réu**, cujas hipóteses vêm previstas no art. 397 do CPP, todas envolvendo o **mérito da causa** e reconhecidas se houver um **juízo de certeza**: I – existência manifesta de causa excludente de ilicitude; II – existência manifesta de causa excludente de culpabilidade, exceto a inimputabilidade prevista no art. 26, *caput*, do Código Penal – hipótese em que o processo seguirá para que haja a aplicação da medida de segurança; III – o fato narrado evidentemente não constitui crime; IV – estiver extinta a punibilidade do agente. Em todas essas situações, há um verdadeiro julgamento antecipado da lide. Contra a decisão de absolvição sumária cabe o recurso de **apelação**.

5. **Audiência de instrução e julgamento (arts. 399 a 401 do CPP)**: Não sendo caso de absolvição sumária, o juiz designará a **audiência de instrução e julgamento**, determinando a intimação do acusado, de seu

defensor, do Ministério Público e, se for o caso, do querelante e do assistente para esse fim (art. 399, *caput*, do CPP). Nesse sentido, frise-se que o acusado preso será requisitado para interrogatório, devendo o poder público providenciar sua apresentação (art. 399, § 1º, do CPP). Além disso, fixa-se a regra de que o juiz que presidiu a audiência de instrução e julgamento será aquele que julgará a causa – princípio da identidade física do juiz (art. 399, § 2º, do CPP), que, no entanto, admite as exceções previstas no art. 132 do Código de Processo Civil de 1973 (se o juiz, titular ou substituto, for convocado, licenciado, afastado por qualquer motivo, promovido ou aposentado, poderá passar os autos ao seu sucessor), que continuam sendo aplicadas, por analogia, ao Processo Penal (casos em que o juiz passará os autos ao seu sucessor), analogia esta permitida de acordo com o art. 3º do CPP, ainda que aquele dispositivo não encontre correspondência no CPC de 2015. Essa audiência deve ser realizada no **prazo máximo de 60 (sessenta) dias** (art. 400, *caput*, CPP). Rege a audiência de instrução e julgamento o **princípio da concentração dos atos processuais em uma só audiência** (art. 400, § 1º, do CPP): todas as provas serão produzidas nessa mesma audiência. A esse respeito, vale a pena registrar que, com o advento da Lei nº 11.719/08, houve a **inversão da ordem da oitiva de pessoas na audiência**: primeiro colhe-se o depoimento da vítima, depois das testemunhas de acusação e de defesa (nesta ordem, sob pena de nulidade relativa do feito), em seguida os esclarecimentos dos peritos, as acareações, o reconhecimento de pessoas e coisas e só ao final o interrogatório do réu. É de se destacar ainda que a ordem de perguntas formuladas na audiência deve seguir a sistemática do art. 212 do CPP: primeiro as partes perguntam, depois o juiz formula as suas perguntas complementares. Nesse sentido, o juiz pode indeferir as provas consideradas irrelevantes, impertinentes ou protelatórias (art. 400, § 1º, do CPP). Já os esclarecimentos dos peritos dependerão de prévio requerimento das partes (art. 400, § 2º, do CPP). Quanto às testemunhas, podem ser ouvidas na audiência 8 (oito) testemunhas arroladas pela acusação e 8 (oito) testemunhas arroladas pela defesa – 8 (oito) testemunhas por fato delitivo (art. 401, *caput*, do CPP) –, não se computando nesse número as que não prestem compromisso e as referidas (art. 401, § 1º, do CPP).

6. **Fase de diligências (art. 402 do CPP)**: Nos termos do art. 402 do CPP, produzidas as provas, ao final da audiência, o Ministério Público, o querelante e o assistente e, a seguir, o acusado poderão requerer **diligências** cuja necessidade se origine de circunstâncias ou fatos apurados na instrução.

7. **Alegações finais (arts. 403 e 404 do CPP)**: Não havendo requerimento de diligências, ou sendo indeferido, serão oferecidas **alegações finais**

**orais** por 20 (vinte) minutos, respectivamente, pela acusação e pela defesa, prorrogáveis por mais 10 (dez) (art. 403, *caput*, do CPP). Havendo mais de um acusado, o tempo previsto para a defesa de cada um será individual (art. 403, § 1º, do CPP). Ao assistente do Ministério Público, após a manifestação deste, serão concedidos 10 (dez) minutos, prorrogando-se por igual período o tempo de manifestação da defesa (art. 403, § 2º, do CPP). Entretanto, se a causa for complexa ou houver excessivo número de acusados, ou ainda se forem deferidas as diligências requeridas pelas partes, as **alegações finais serão escritas** (memoriais), no prazo de 5 (cinco) dias (não mais 3 (três) dias), consoante previsão dos arts. 403, § 3º, e 404 do CPP.

8. **Sentença (arts. 403, *caput* e § 3º, e 404 do CPP)**: Após a apresentação das alegações finais orais pelas partes, o juiz deverá proferir **sentença oral** na própria audiência (art. 403, *caput*, do CPP). No entanto, se as alegações finais forem escritas, a **sentença poderá ser também escrita, no prazo de 10 (dez) dias** (arts. 403, § 3º, e 404 do CPP).

9. **Registro da audiência (art. 405 do CPP)**: Do ocorrido em audiência será lavrado termo em livro próprio, assinado pelo juiz e pelas partes, contendo breve resumo dos fatos relevantes nela ocorridos (art. 405, *caput*, do CPP). No entanto, sempre que possível, o registro dos depoimentos do investigado, indiciado, ofendido e testemunhas será feito pelos meios ou recursos de gravação magnética, estenotipia, digital ou técnica similar, inclusive audiovisual, destinada a obter maior fidelidade das informações (art. 405, § 1º, do CPP). No caso de registro por meio audiovisual, será encaminhado às partes cópia do registro original, sem necessidade de transcrição (art. 405, § 2º, do CPP).

| SEQUÊNCIA DE ATOS DO PROCEDIMENTO COMUM ORDINÁRIO |
| --- |
| 1. Rejeição (art. 395 do CPP) ou recebimento (art. 396 do CPP) da denúncia ou queixa; |
| 2. Citação do acusado (art. 396 do CPP); |
| 3. Resposta escrita do réu (art. 396-A do CPP); |
| 4. Absolvição sumária (art. 397 do CPP); |
| 5. Audiência de instrução e julgamento (arts. 399 a 401 do CPP); |
| 6. Fase de diligências (art. 402 do CPP); |
| 7. Alegações finais (arts. 403 e 404 do CPP); |
| 8. Sentença (arts. 403, *caput* e § 3º, e 404 do CPP); |
| 9. Registro da audiência (art. 405 do CPP). |

## 3. PROCEDIMENTO COMUM SUMÁRIO (ARTS. 531 A 538 CPP)

O procedimento comum sumário é um procedimento mais simplificado, objetivo, célere do que o procedimento comum ordinário. Diante disso, aquele possui as mesmas fases deste, com apenas algumas fases sendo suprimidas reduzidas.

Assim, podem ser apontadas 5 (cinco) diferenças entre o procedimento sumário e o procedimento ordinário. São elas:

1. **Prazo para a realização da audiência de instrução e julgamento (art. 531 do CPP)**: A audiência de instrução e julgamento deve ser realizada no prazo máximo de 30 (trinta) dias (art. 531 do CPP) – no procedimento ordinário, esse prazo é de 60 (sessenta) dias.
2. **Número de testemunhas (art. 532 do CPP)**: No procedimento sumário, serão inquiridas na audiência de instrução e julgamento 5 (cinco) testemunhas arroladas por cada parte, as quais se referem a um fato delitivo (art. 532 do CPP), enquanto que, no procedimento ordinário, o número de testemunhas é de 8 (oito).
3. **Inexistência da fase de diligências**: No procedimento sumário, não há a fase de diligências prevista no procedimento ordinário no art. 402 do CPP. Sendo assim, após a conclusão da audiência de instrução e julgamento, as partes devem necessariamente oferecer as suas alegações finais. No entanto, registre-se que o art. 535 do CPP assevera que nenhum ato será adiado, salvo quando imprescindível a prova faltante, determinando o juiz a condução coercitiva de quem deva comparecer. A esse respeito, o art. 536 do CPP dispõe que a testemunha que comparecer será inquirida, independentemente da suspensão da audiência, observada em qualquer caso a ordem de oitiva de pessoas prevista no art. 531 do CPP.
4. **Alegações finais orais**: No procedimento sumário, as alegações finais serão necessariamente orais.
5. **Sentença oral**: Do mesmo modo, a sentença será necessariamente oral.

Por fim, registre-se que, nas infrações de menor potencial ofensivo, quando o juizado especial criminal encaminhar ao juízo comum as peças existentes para a adoção de outro procedimento, necessariamente será aplicado o procedimento sumário, independente da pena máxima prevista para tais infrações (art. 538 do CPP). Isso ocorre em duas situações: I. Se o réu não for encontrado para ser citado: como não cabe a citação por edital no Juizado Especial Criminal, deverá o magistrado remeter os autos ao juízo comum, em que será aplicado o procedimento sumário, com a possibilidade de realização da citação por edital (art. 66, parágrafo único, da Lei nº 9.099/95); II. Se a causa for complexa: se a complexidade ou circunstâncias do caso não permitirem a formulação de denúncia, o Ministério

Público poderá requerer ao Juiz o encaminhamento das peças existentes, hipótese em que igualmente será seguido o procedimento sumário (art. 77, § 2º, da Lei nº 9.099/95). O mesmo se aplica no caso de ação penal privada (art. 77, § 3º, da Lei nº 9.099/95).

| DIFERENÇAS ENTRE O PROCEDIMENTO ORDINÁRIO E O PROCEDIMENTO SUMÁRIO |
|---|
| 1. Prazo para a realização da audiência de instrução e julgamento (art. 531 do CPP) – 60 dias para o ordinário, 30 dias para o sumário; |
| 2. Número de testemunhas (art. 532 do CPP): 8 testemunhas para o ordinário e 5 testemunhas para o sumário; |
| 3. Inexistência da fase de diligências no procedimento sumário; |
| 4. Alegações finais sempre orais no procedimento sumário; |
| 5. Sentença sempre oral no procedimento sumário. |

## 4. PROCEDIMENTO COMUM SUMARÍSSIMO (LEI Nº 9.099/95)

O procedimento comum sumaríssimo é aplicado nos feitos que tramitam perante o Juizado Especial Criminal. O seu regramento vem previsto na Lei nº 9.099/95. Antes, porém, de adentrar no estudo do procedimento, vale a pena registrar algumas características marcantes do Juizado Especial Criminal:

1. **Competência em razão da matéria (arts. 60 e 61 da Lei nº 9.099/95)**: Com relação à competência em razão da matéria (arts. 60 e 61 da Lei nº 9.099/95), o Juizado Especial Criminal tem competência para a conciliação, o julgamento e a execução das **infrações penais de menor potencial ofensivo** (art. 60, *caput*, da Lei nº 9.099/95), as quais são consideradas as contravenções penais e os crimes a que a lei comine pena máxima não superior a 2 (dois) anos, cumulada ou não com multa (art. 61 da Lei nº 9.099/95). Nessa esteira, mesmo que uma infração de menor potencial ofensivo tenha procedimento especial previsto em lei, o seu julgamento deverá ser feito pelo Juizado Especial Criminal, por força da alteração do art. 61 da Lei nº 9.099/95 operada pela Lei nº 11.313/06. As exceções ficam por conta de restrições previstas em lei, a exemplo do que ocorre com os crimes praticados mediante violência doméstica (consoante o art. 41 da Lei nº 11.340/06 – Lei Maria da Penha, não se aplica para estes crimes o procedimento previsto na Lei nº 9.099/95).
2. **Competência territorial (art. 63 da Lei nº 9.099/95)**: Com relação à **competência territorial (art. 63 da Lei nº 9.099/95)**, é competente o juízo em que for **praticada** a infração penal. Nesse sentido, vem prevalecendo na doutrina o entendimento de que rege a competência territorial

do Juizado Especial Criminal a **teoria da atividade**: o juízo competente é o do local da **ação ou omissão**, diferente do que ocorre no CPP, que, em regra, consagra a teoria do resultado (art. 70, *caput*, do CPP).

3. **Princípios norteadores e objetivos** (art. 62 da Lei nº 9.099/95): São **princípios norteadores** do Juizado Especial Criminal: **I. Oralidade; II. Simplicidade (acrescido pela Lei nº 13.603/2018); III. Informalidade; IV. Economia processual; V. Celeridade**. Ademais, são **objetivos** do Juizado, sempre que possível, a **reparação dos danos sofridos pela vítima** (o que ocorre por meio da composição civil dos danos) e a **aplicação de pena não privativa de liberdade** (o que ocorre por meio da transação penal).

4. **Conexão e continência (art. 60, parágrafo único, da Lei nº 9.099/95)**: Se a infração penal de menor potencial ofensivo for praticada em conexão ou continência com crime de competência do juízo comum ou do tribunal do júri, será este último o órgão competente para o julgamento de ambas as infrações. No entanto, mesmo neste segundo juízo, será possível a aplicação da composição civil dos danos e da transação penal para a infração de menor potencial ofensivo (art. 60, parágrafo único, da Lei nº 9.099/95). Em não sendo possível, porém, o oferecimento destes institutos, deverá ser iniciada a ação penal para ambas as infrações penais, seguindo-se o procedimento previsto para o crime que atraiu a competência para o segundo juízo. É o que ocorre, por exemplo, com a **infração penal de uso de entorpecentes**, que, em regra, é julgada pelo Juizado Especial Criminal, mas, se cometida em conexão ou continência com os crimes previstos nos artigos 33 a 37 da Lei nº 11.343/06 (Lei de Tóxicos), embora permita o oferecimento da transação penal, será julgada pela Vara Especializada de Tóxicos (ou Vara Criminal Comum, se a comarca não possuir Vara Especializada), com o procedimento previsto no referido diploma legal, se a ação penal for iniciada (art. 48, § 1º, da Lei nº 11.343).

5. **Termo circunstanciado de ocorrência - TCO (art. 69, *caput*, da Lei nº 9.099/95)**: Em havendo prática de infração penal de pequeno potencial ofensivo, a autoridade policial deverá proceder ao **termo circunstanciado de ocorrência (TCO)** e não ao inquérito policial, embora, caso instaure este último, não haverá qualquer futuro vício à ação penal. O termo circunstanciado de ocorrência é uma "investigação simplificada, com o resumo das declarações das pessoas envolvidas e das testemunhas, e eventualmente com a juntada de exame de corpo de delito para os crimes que deixam vestígios. Objetiva-se, como se infere, coligir elementos que atestem autoria e materialidade delitiva, ainda que de forma sintetizada" (TÁVORA; ALENCAR, 2009, p. 644).

6. **Prisão em flagrante e fiança (art. 69, parágrafo único, da Lei nº 9.099/95)**: Se o autor do fato for imediatamente encaminhado ao juizado ou assumir o compromisso de a ele comparecer, não se imporá prisão em flagrante, nem se exigirá fiança. Previsão semelhante existe para a infração penal de uso de entorpecentes, consoante o art. 48, §2º, da Lei nº 11.343/06. No entanto, em caso de violência doméstica, o juiz poderá determinar, como medida de cautela, seu afastamento do lar, domicílio ou local de convivência com a vítima (art. 69, parágrafo único, da Lei nº 9.099/95). Aliás, nesse contexto da Lei Maria da Penha, conforme o seu art. 12-C, com a redação dada pela Lei nº 13.827/2019, verificada a existência de risco atual ou iminente à vida ou à integridade física da mulher em situação de violência doméstica e familiar, ou de seus dependentes, o agressor será imediatamente afastado do lar, domicílio ou local de convivência com a ofendida: I - pela autoridade judicial; II - pelo delegado de polícia, quando o Município não for sede de comarca; ou III - pelo policial, quando o Município não for sede de comarca e não houver delegado disponível no momento da denúncia. Nos dois últimos casos, o juiz será comunicado no prazo máximo de 24 (vinte e quatro) horas e decidirá, em igual prazo, sobre a manutenção ou a revogação da medida aplicada, devendo dar ciência ao Ministério Público concomitantemente (art. 12-C, § 1º). Nos casos de risco à integridade física da ofendida ou à efetividade da medida protetiva de urgência, não será concedida liberdade provisória ao preso (art. 12-C, § 2º).

O procedimento sumaríssimo do Juizado Especial Criminal possui duas fases distintas, quais sejam, a **fase preliminar**, que é pré-processual e se desenvolve na **audiência preliminar**, e a **fase processual propriamente dita**, que se desenvolve ao longo da **audiência de instrução e julgamento**, conforme passa a ser adiante abordado.

## 4.1. Fase preliminar – audiência preliminar (arts. 72 a 76 da Lei nº 9.099/95)

Na audiência preliminar, será possível a aplicação de 3 (três) institutos distintos, são eles:

1. **Composição civil dos danos (art. 74 da Lei nº 9.099/95)**: A composição civil dos danos é um ajuste firmado entre o autor da infração penal e o ofendido para que haja a reparação dos danos sofridos por este último em decorrência da prática da mesma. Para que esse acordo opere efeitos, no entanto, faz-se obrigatória a homologação judicial. Caso o juiz homologue tal acordo, proferirá uma **sentença irrecorrível**. Essa sentença

constituirá um título executivo judicial, que poderá ser executado no juízo cível, já que o acordo tem nítida natureza cível. Ademais, em se tratando de crimes de ação penal privada e de ação penal pública condicionada à representação do ofendido, o acordo implica em renúncia ao direito de queixa ou de representação.

2. **Direito de representação verbal (art. 75 da Lei nº 9.099/95)**: Não obtida a composição civil dos danos, é dada palavra à vítima, que poderá exercer seu direito de representação verbalmente, mas, se não exercido, não haverá decadência desse direito, podendo ser exercido dentro do prazo legal.

3. **Transação penal (art. 76 da Lei nº 9.099/95)**: A transação penal **é a** proposta de aplicação imediata de pena restritiva de direitos ou multa (não privativa de liberdade ou alternativa), a ser feita pelo Ministério Público e a ser aceita pelo autor do delito. Ademais, para o oferecimento da proposta, o agente do delito deve preencher os requisitos exigidos pelo art. 76, § 2º, da Lei nº 9.099/95, quais sejam: I – não ter sido condenado com sentença definitiva a pena privativa de liberdade; II – não ter sido beneficiado nos últimos 5 (cinco) anos pela transação penal; III - indicarem os antecedentes, a conduta social, a personalidade do agente, os motivos e as circunstâncias, ser necessária e suficiente a adoção da medida. O agente do delito, porém, não está obrigado a aceitar a transação penal, podendo recusá-la ou até oferecer contraproposta. Caso aceite, ela não funciona como confissão de culpa, daí porque não valerá como maus antecedentes ou para fins de reincidência, sendo registrada apenas para fins de se evitar novo oferecimento do benefício no prazo de 5 (cinco) anos, não constando também em certidões criminais. A transação penal, porém, somente opera efeitos com a homologação judicial. Em sendo a pena oferecida a de multa, o juiz poderá reduzi-la até a metade. Em havendo a homologação judicial, caberá contra esta decisão o recurso de apelação. Em sendo cumprida a transação penal, opera-se a extinção da punibilidade do agente. A homologação judicial da transação penal fará apenas **coisa julgada formal**, daí porque fato superveniente poderá desconstituí-la. Destarte, se ocorrer o descumprimento injustificado do acordo, ainda que após o prazo do recurso que poderia ser interposto contra a decisão homologatória (apelação), será possível revogar a transação penal e consequentemente admite-se o oferecimento de denúncia pelo Ministério Público ou até de requisição deste órgão para a instauração de inquérito policial, nos termos da novel **Súmula Vinculante nº 35 do STF**, a qual possui a seguinte redação: *"A homologação da transação penal prevista no artigo 76 da Lei 9.099/1995 não faz coisa julgada material e, descumpridas suas cláusulas, retoma-se a situação anterior,*

*possibilitando-se ao Ministério Público a continuidade da persecução penal mediante oferecimento de denúncia ou requisição de inquérito policial.*". Consequência diversa ocorre se a proposta consistiu na aplicação da pena de multa, pois o seu descumprimento enseja a execução fiscal dela, em regra, pelo próprio Ministério Público, excepcionalmente, se houver inércia do órgão ao não executar o valor devido em até 90 (noventa) dias após ser intimado para tanto, pela Fazenda Pública, de acordo com entendimento mais recente do STF (AP 470 e ADI 3150).

## 4.2. Procedimento sumaríssimo propriamente dito – audiência de instrução e julgamento (arts. 77 a 83 da Lei nº 9.099/95)

A fase processual deste procedimento envolve as etapas abaixo elencadas:

1. **Denúncia ou queixa oral (art. 77 da Lei nº 9.099/95)**: Na própria audiência preliminar, se não houver necessidade de diligências imprescindíveis, deve ser apresentada a denúncia ou queixa-crime oral. A inicial não precisa estar acompanhada de exame de corpo de delito, se a infração deixar vestígios, podendo ser baseada por boletim médico ou prova equivalente (art. 77, § 1º, da Lei nº 9.099/95). Oferecida a denúncia ou queixa, será ela reduzida a termo, entregando-se cópia ao acusado (art. 78, *caput*, da Lei nº 9.099/95).
2. **Citação, notificação e intimações (art. 78 da Lei nº 9.099/95)**: Com a cópia da denúncia ou queixa, o réu é imediatamente citado na própria audiência preliminar e cientificado (notificado) para comparecimento à audiência de instrução e julgamento (as demais partes são intimadas dessa audiência também), consoante art. 78, *caput*, da Lei nº 9.099/95. Se o acusado não estiver presente, deve ser regularmente citado e notificado, na forma dos artigos 66 a 68 da Lei nº 9.099/95, devendo a ela trazer suas testemunhas ou apresentar requerimento para intimação, no mínimo 5 (cinco) dias antes de sua realização (art. 78, § 1º, da Lei nº 9.099/95). Se não estiverem presentes o ofendido e o responsável civil, serão intimados nos termos do art. 67 (art. 78, § 2º, da Lei nº 9.099/95). E as testemunhas serão arroladas na forma do art. 67 (art. 78, § 3º, da Lei nº 9.099/95).
3. **Audiência de instrução e julgamento (arts. 79 a 81 da Lei nº 9.099/95)**: A audiência de instrução e julgamento é iniciada com a tentativa de composição civil dos danos e de transação penal, se não foi possível ocorrer na fase preliminar. Na sequência, o defensor do réu deverá apresentar sua resposta oral à acusação, vindo o juiz, logo em seguida, a decidir pelo recebimento ou não da denúncia ou queixa. Caso haja o recebimento da inicial acusatória, considerando que rege a audiência de instrução e

julgamento o princípio da concentração da matéria probatória (art. 81, § 1º, da Lei nº 9.099/95), passa-se à oitiva, nessa ordem, da vítima, das testemunhas de acusação e de defesa – embora não haja previsão legal expressa a respeito do número legal de testemunhas, a doutrina majoritária vem sustentando que o número seria de 5 (cinco) testemunhas para cada parte e por fato delitivo, em analogia ao previsto no procedimento sumário -, e do réu. Prossegue-se a audiência com debates orais, com prazo a ser definido pelo juiz, embora seja possível a utilização, por analogia, do prazo do procedimento sumário: 20 (vinte) minutos, prorrogáveis por mais 10 (dez) minutos. Ao final, deve ser prolatada a sentença oral, que dispensa o relatório (art. 81, § 3º, da Lei nº 9.099/95).

4. **Recursos (arts. 82 e 83 da Lei nº 9.099/95)**: Contra a sentença homologatória da transação penal (art. 76, § 5º, da Lei nº 9.099/95), a decisão de rejeição da inicial acusatória e a sentença final do procedimento sumaríssimo (art. 82 da Lei nº 9.099/95) caberá recurso de apelação, dirigido à Turma Recursal, composta por 3 (três) juízes de 1º grau, e a ser oferecido (já com as razões recursais) no prazo de 10 (dez) dias. As razões recursais devem conter o pedido expresso de modificação do julgado, sob pena de não conhecimento. O prazo para as contrarrazões recursais pelo recorrido é também de 10 (dez) dias, tudo isso em conformidade com o art. 82 da Lei nº 9.099/95. De outro lado, é possível o oferecimento do recurso de embargos de declaração, no prazo de 5 (cinco) dias (fugindo da regra geral do CPP, que estipula nos arts. 382 e 619 o prazo de 2 (dois) dias), por escrito ou oralmente, contra sentença ou acórdão que contenha obscuridade, contradição ou omissão. Os embargos interrompem o prazo para o recurso próprio. Ressalte-se, porém, que os erros materiais podem ser corrigidos de ofício pelo juiz, tudo isso em conformidade com o art. 83 da Lei nº 9.099/95, com a redação dada pelo CPC de 2015.

| SEQUÊNCIA DE ATOS DO PROCEDIMENTO SUMARÍSSIMO PROPRIAMENTE DITO |
|---|
| 1. Denúncia ou queixa oral na audiência preliminar; |
| 2. Realização da citação, notificação e intimações; |
| 3. Audiência de instrução e julgamento, iniciada com a tentativa de composição civil dos danos e transação penal, se não foi possível ocorrer na fase preliminar, seguindo-se com a defesa oral do réu, o recebimento ou não da denúncia ou queixa, a oitiva da vítima, testemunhas de acusação e defesa e do réu, alegações finais orais e sentença oral. |

## 4.3. Suspensão condicional do processo (art. 89 da Lei nº 9.099/95)

Nos termos do art. 89, *caput*, da Lei nº 9.099/95, quando o Ministério Público oferecer a denúncia, poderá também apresentar a proposta de suspensão condicional do processo, desde que a pena mínima cominada for igual ou inferior a 1 (um) ano, que o acusado não esteja sendo processo ou não tenha sido condenado por outro crime, presentes os demais requisitos exigidos para a suspensão condicional da pena (art. 77 do Código Penal).

O feito ficará suspenso pelo prazo de 2 (dois) a 4 (quatro) anos, período no qual o réu fica submetido a determinadas condições legais (art. 89, § 1º, da Lei nº 9.099/95). Todavia, o magistrado poderá fixar outras condições, desde que adequadas ao fato e à situação pessoal do acusado (art. 89, § 2º, da Lei nº 9.099/95).

Durante o período de suspensão do processo, fica suspenso também o curso do prazo prescricional (art. 89, § 6º, da Lei nº 9.099/95). Findo o prazo com o cumprimento das condições estabelecidas, haverá a extinção da punibilidade do agente (art. 89, § 5º, da Lei nº 9.099/95).

A suspensão será revogada (revogação obrigatória) se, no curso do prazo, o beneficiário vier a ser processado por outro crime ou não efetuar, sem motivo justificado, a reparação do dano (art. 89, § 3º, da Lei nº 9.099/95). A suspensão poderá ser revogada (revogação facultativa) se o acusado vier a ser processado, no curso do prazo, por contravenção, ou descumprir qualquer outra condição imposta (art. 89, § 4º, da Lei nº 9.099/95).

Com efeito, se for oferecida a proposta de suspensão condicional do processo, o acusado não está obrigado a aceitá-la. Em recusando tal proposta, o processo prosseguirá em seus ulteriores termos (art. 89, § 7º, do CPP).

Impende destacar que a suspensão condicional do processo **não se aplica na Justiça Militar**, assim como toda a Lei nº 9.099/95, por vedação expressa contida no art. 90-A do referido diploma legal.

Além disso, de acordo com a Súmula nº 536 do STJ, "*A suspensão condicional do processo e a transação penal não se aplicam na hipótese de delitos sujeitos ao rito da Lei Maria da Penha*", o que se justifica pelo teor do art. 41 da própria Lei Maria da Penha, já julgado como constitucional pelo STF em sede de controle concentrado de constitucionalidade – portanto, com efeitos vinculantes (ADI nº 4424 e ADC nº 19).

## 5. PROCEDIMENTO ESPECIAL DO TRIBUNAL DO JÚRI (ARTS. 406 A 497 CPP)

O procedimento especial do tribunal do júri foi profundamente alterado pela Lei nº 11.689/08. Os principais temas relacionados a este procedimento são analisados a seguir.

## 5.1. Competência

A competência do tribunal do júri é para o julgamento dos crimes dolosos contra a vida. Essa competência é **constitucional** (eis que prevista no art. 5º, inciso XXXVIII, alínea "d", da Constituição Federal) e **mínima** (pode ser ampliada pela legislação infraconstitucional, não podendo ser, porém reduzida). Os crimes dolosos contra a vida são apenas aqueles previstos nos artigos 121 a 127 do Código Penal, daí porque não são de competência do tribunal do júri os crimes de latrocínio (Súmula nº 603 do STF), lesão corporal seguida de morte, estupro seguido de morte etc.

Relembre-se que, além dos crimes dolosos contra a vida previstos na Constituição Federal, o tribunal do júri também tem competência para o julgamento dos crimes que lhe são conexos ou continentes (art. 78, inciso I, do CPP).

## 5.2. Composição

O tribunal do júri é órgão de composição mista, já que conta com a participação de um juiz de direito togado, que é o seu presidente, cujas atribuições vêm previstas no art. 497 do CPP, e com **25 (vinte e cinco) jurados** (não mais 21 (vinte e um) jurados), consoante previsão do art. 447 do CPP.

Dentre os 25 (vinte e cinco) jurados serão sorteados **7 (sete), que irão compor o chamado Conselho de Sentença**. Estes jurados que compõem o Conselho de Sentença são os juízes leigos, juízes de fato que vão decidir se o réu deve ser condenado ou absolvido por meio de votação de quesitos.

Por fim, registre-se que, para fins de **instalação dos trabalhos no tribunal do júri**, é exigida a presença de **15 (quinze) jurados** na sessão de julgamento, como estatui o art. 463, *caput*, do CPP.

## 5.3. Princípios constitucionais (art. 5º, XXXVIII, CF)

São princípios do Tribunal do Júri previstos na Constituição Federal como cláusulas pétreas (art. 5º, incisos XXXVIII): **1. Plenitude de defesa; 2. Sigilo das votações; 3. Soberania dos veredictos; 4. Competência para julgamento dos crimes dolosos contra vida.**

De se registrar que, por força do sigilo das votações, os jurados devem se manter incomunicáveis ao longo do julgamento, incomunicabilidade esta que se restringe ao objeto discutido na causa e não a assuntos outros, como política, religião, economia, esportes etc.

## 5.4. Procedimento bifásico

No procedimento do tribunal do júri, há, em verdade, dois procedimentos distintos. Ele é, portanto, **bifásico.** A **primeira fase** é conhecida como **fase da formação da culpa ou sumário da culpa ou instrução preliminar ou juízo de admissibilidade ou juízo de acusação** (*judicium accusationis*). É aquela que tramita exclusivamente perante o juiz-presidente do tribunal do júri. Já a segunda fase é conhecida como **fase do julgamento propriamente dito ou da acusação em plenário ou juízo de mérito ou juízo da causa** (*judicium causae*). Esta fase se desenvolve no plenário do tribunal do júri, perante os jurados. O marco divisório entre essas duas fases é a **decisão de pronúncia.**

A **primeira fase do procedimento**, que tem como finalidade a definição da competência do tribunal do júri, sendo suficiente, portanto, um mero juízo de probabilidade ou de admissibilidade da causa, é praticamente idêntica ao procedimento comum ordinário, com as seguintes diferenças:

1. **Manifestação do autor da ação penal após a resposta escrita do réu (art. 409 do CPP)**: Após a apresentação da resposta escrita do réu, o juiz ouvirá o Ministério Público ou o querelante sobre preliminares e documentos, em 5 (cinco) dias, como assevera o art. 409 do CPP.
2. **Prazo máximo para realização da audiência de instrução e julgamento (art. 410 do CPP)**: O art. 410 do CPP prevê que o juiz determine a inquirição das testemunhas e a realização das diligências requeridas pelas partes no prazo máximo de 10 (dez) dias.
3. **Inexistência de fase de diligências do art. 402 do CPP**: Ao final da audiência de instrução e julgamento, não há a fase de diligências prevista no art. 402 do CPP.
4. **Alegações finais orais (art. 411, § 4º, do CPP)**: As alegações finais serão necessariamente orais, apresentadas na audiência de instrução e julgamento, não havendo, pois, possibilidade de alegações finais escritas.
5. **Prazo para conclusão da primeira fase (art. 412 do CPP)**: A primeira fase do procedimento deverá ser concluída no prazo de 90 (noventa) dias, nos termos do art. 412 do CPP.

| **Diferença entre a 1ª fase do tribunal do júri e o procedimento ordinário apontada pela jurisprudência (STJ):** |
|---|
| De acordo com a jurisprudência, pode ser apontada mais uma diferença entre a 1ª fase do tribunal do júri e o procedimento ordinário. Segundo o STJ, a etapa do art. 397 do CPP (absolvição sumária), prevista para este último, não se aplica no âmbito do tribunal do júri, em virtude do princípio da especialidade (RHC nº 52.086/MG). |

Ao final da primeira fase do procedimento, surgem para o juiz sumariante 4 (quatro) decisões possíveis: pronúncia, impronúncia, absolvição sumária e desclassificação.

| DIFERENÇAS ENTRE O PROCEDIMENTO ORDINÁRIO E 1ª FASE DO TRIBUNAL DO JÚRI |
|---|
| 1. Manifestação do autor da ação penal após a resposta escrita do réu, no prazo de 5 (cinco) dias (art. 409 do CPP); |
| 2. Prazo máximo para realização da audiência de instrução e julgamento é de 10 (dez) dias (art. 410 do CPP); |
| 3. Inexistência de fase de diligências do art. 402 do CPP; |
| 4. Alegações finais sempre orais (art. 411, § 4º, do CPP); |
| 5. Prazo para conclusão da primeira fase é de 90 (noventa) dias (art. 412 do CPP). |

## 5.5. Pronúncia (art. 413 CPP)

Quando houver indícios suficientes de autoria e prova da materialidade delitiva, a decisão será de pronúncia, a qual submeterá o réu a julgamento em plenário (art. 413, *caput*, do CPP). A pronúncia tem natureza jurídica de decisão interlocutória mista não terminativa (e não de sentença).

Aliás, nos termos do art. 413, § 1º, do CPP, na decisão de pronúncia somente podem ser incluídos os indícios suficientes de autoria e a prova da materialidade delitiva, as qualificadoras e causas especiais de aumento de pena, não podendo haver a inclusão, portanto, das causas especiais de diminuição de pena (como o homicídio privilegiado previsto no art. 121, § 1º, do Código Penal) e as circunstâncias agravantes e atenuantes (que sequer serão quesitadas).

Essa decisão deve se pautar apenas em um juízo de probabilidade, não de certeza, por isso, quando da pronúncia, o juiz não deve demonstrar claramente seu convencimento cabal acerca do cometimento ou não do crime. Não obstante, contrariando entendimento dominante da doutrina e da própria jurisprudência, o STF decidiu que não se aplica à pronúncia no Júri o princípio do *in dubio pro societate* e sim o *in dubio pro reo, em respeito ao princípio da presunção de inocência (STF, Segunda Turma, ARE 1067392).*

Nesse momento, assim como ocorre na impronúncia, se o juiz percebe que há indícios de autoria ou participação de outras pessoas não incluídas na acusação, deve abrir vista dos autos ao Ministério Público, para fins de aditamento, no prazo de 15 (quinze) dias (art. 417 do CPP).

Ademais, se, após a pronúncia, houver circunstância superveniente que altere a classificação do delito (exemplo: morte da vítima quando o crime até então era de homicídio tentado), o juiz também abre vista dos autos ao Ministério Público para aditamento, decidindo logo em seguida (art. 421, §§ 1º e 2º, do CPP).

De outro lado, não há dúvidas de que, neste momento, é possível a aplicação do instituto da *emendatio libelli* (art. 383 do CPP), como inclusive deixa claro o teor do art. 418 do CPP.

A decisão de pronúncia está sujeita ao **recurso em sentido estrito** (art. 581, inciso IV, do CPP).

No momento da pronúncia, o juiz deverá decidir acerca da prisão do réu (**prisão decorrente da decisão de pronúncia**). Essa prisão somente poderá ser decretada por motivos de necessidade, não sendo mais, portanto, automática, como simples efeito da pronúncia, nos termos do art. 413, § 3º, do CPP, com a redação dada pela Lei nº 11.689/08. De qualquer forma, se o crime for afiançável, o juiz arbitrará o valor da fiança para a concessão ou manutenção da liberdade provisória (art. 413, § 2º, do CPP).

Nos termos do art. 420 do CPP, a **intimação da decisão de pronúncia** deverá ser pessoal ao acusado, ao defensor nomeado (o que inclui a Defensoria Pública) e ao Ministério Público (inciso I), ao passo que ela se dará por meio da imprensa para o defensor constituído, querelante e o assistente de acusação (inciso II).

Quanto à intimação do réu da decisão de pronúncia, o parágrafo único do art. 420 do CPP, com a redação dada pela Lei nº 11.689/08, possibilitou que ela seja feita por meio de **edital** se ele estiver solto e não for encontrado. Não há mais, portanto, hipótese de suspensão do feito (crise de instância) pela falta de intimação pessoal do acusado em caso de crime inafiançável como ocorria outrora.

## 5.6. Impronúncia (art. 414 CPP)

Se não houver indícios suficientes de autoria ou prova da materialidade delitiva, a decisão será de impronúncia (art. 414, *caput*, do CPP). Essa decisão tem caráter nitidamente processual, daí porque será possível o oferecimento de nova denúncia ou queixa baseada em **nova prova**, desde que não extinta a punibilidade do réu (art. 414, parágrafo único, do CPP).

Após o advento da Lei nº 11.689/08, a impronúncia passou a ser combatida por meio do recurso de **apelação** (não mais pelo recurso em sentido estrito), consoante previsão do art. 416 do CPP.

## 5.7. Absolvição sumária (art. 415 CPP)

Antes do advento da Lei nº 11.689/08, a absolvição sumária somente poderia ser decretada se houvesse prova de que o agente cometeu o crime mediante excludente de ilicitude ou de culpabilidade. Com o surgimento do citado diploma legal, as hipóteses de absolvição sumária foram ampliadas. Assim, nos termos do art. 415 do CPP, o juiz deverá decretar a absolvição sumária do acusado nos seguintes casos: I – provada a inexistência do fato; II – provado não ser ele autor ou partícipe do fato; III – o fato não constituir infração penal; IV – demonstrada causa de isenção de pena ou de exclusão do crime.

Na hipótese de absolvição sumária por reconhecimento de excludente de culpabilidade (inciso IV), esta decisão não poderá ser proferida se a excludente de culpabilidade for a inimputabilidade prevista no *caput* do art. 26 do Código Penal (pois o processo deverá prosseguir, para que seja aplicada ao acusado a medida de segurança), salvo se ela for a única tese defensiva (art. 415, parágrafo único, do CPP).

Em qualquer situação de absolvição sumária, exige-se sempre um **juízo de certeza** para que essa decisão possa ser proferida.

Contra essa decisão também passou a ser cabível o **recurso de apelação**, não mais recurso em sentido estrito (art. 416 do CPP). Ela continua, porém, submetida ao recurso de ofício (art. 574, inciso II, do CPP).

## 5.8. Desclassificação (art. 419 CPP)

Quando o juiz se convencer, em discordância com a acusação, da existência de crime que não seja doloso contra a vida e não for competente para o seu julgamento, fará a desclassificação do crime, remetendo os autos ao juízo competente (art. 419, *caput*, do CPP). Remetidos os autos do processo a outro juiz, à disposição deste ficará o acusado preso (art. 419, parágrafo único, do CPP).

No entanto, há outras hipóteses de desclassificação, com consequências inclusive distintas. Assim, por exemplo, se a desclassificação for feita na segunda fase do procedimento pelos jurados: o crime desclassificado e também o eventual crime conexo deverão ser julgados pelo juiz-presidente do tribunal do júri, por economia processual (art. 492, §§ 1º e 2º, do CPP). Já se houver absolvição pelos jurados do crime doloso contra a vida, eventual crime conexo será julgado pelos próprios jurados.

Contra a decisão de desclassificação cabe o **recurso em sentido estrito**, com base no art. 581, inciso II, do CPP.

## 5.9. Fase do julgamento

A segunda fase do procedimento do tribunal do júri não é mais iniciada com a apresentação do libelo crime acusatório e, em seguida, da contrariedade ao libelo, pois tais peças foram revogadas do ordenamento jurídico brasileiro com o advento da Lei nº 11.689/08.

Desse modo, o início da segunda fase se dá com a abertura de vista dos autos às partes para que, no prazo de 5 (cinco) dias, arrolem as testemunhas que pretendem ouvir em plenário, até o máximo de 5 (cinco) – e não mais 8 (oito), como na primeira fase –, juntem documentos e requeiram diligências (art. 422 do CPP).

Em seguida, nos termos do art. 423 do CPP, o juiz ordena as diligências necessárias para sanar qualquer nulidade ou esclarecer fato que interesse ao julgamento da causa, assim como fará relatório sucinto do processo, determinando sua inclusão em pauta da reunião do tribunal do júri.

## 5.10. Desaforamento (arts. 427 e 428 CPP)

O desaforamento é instituto que implica apenas e tão somente no **deslocamento do julgamento da causa** para comarca distinta daquela perante a qual tramitou a primeira fase do procedimento, de preferência comarca mais próxima, onde não subsistam mais os motivos determinantes.

Além disso, ressalte-se que tem competência para determinar o desaforamento o tribunal de segunda instância e não o juiz-presidente do tribunal do júri. São duas as hipóteses de desaforamento no processo penal.

A primeira hipótese vem prevista no art. 427, *caput*, do CPP e ocorre **se o interesse da ordem pública o reclamar ou se houver dúvida sobre a imparcialidade do júri ou sobre a segurança pessoal do réu**. Podem requerer o desaforamento com base nesse dispositivo legal o Ministério Público, o assistente de acusação (o que é novidade trazida pela Lei nº 11.689/08), o querelante ou o acusado. Além disso, o juiz-presidente do tribunal do júri poderá representar pelo desaforamento. No tribunal, o pedido de desaforamento será distribuído imediatamente e terá preferência de julgamento na Câmara ou Turma competente (art. 427, § 1º, do CPP). Sendo relevantes os motivos alegados, o relator poderá determinar, fundamentadamente, a suspensão do julgamento do júri (art. 427, § 2º, do CPP). O juiz-presidente do tribunal do júri será ouvido apenas quando a medida não tiver sido por ele solicitada (art. 427, § 3º, do CPP). Sobreleva destacar que, na pendência de recurso contra a decisão de pronúncia ou quando efetivado o julgamento, não se admitirá o pedido de desaforamento, salvo, nesta última hipótese, quanto a fato ocorrido durante ou após a realização do julgamento anulado (art. 427, § 4º, do CPP).

A segunda hipótese de desaforamento vem prevista no art. 428, *caput*, do CPP e ocorre se o julgamento não puder ser realizado no prazo de **6 (seis) meses**, contado do trânsito em julgado da decisão de pronúncia, em virtude de **excesso de serviço**. **O juiz não poderá representar pelo desaforamento neste caso**, embora ele deva ser necessariamente ouvido pelo tribunal. Ademais, esclareça-se que, para a contagem do prazo de 6 (seis) meses, **não é computado o tempo de adiamentos, diligências ou incidentes de interesse da defesa** (art. 428, § 1º, do CPP).

De outro lado, não havendo excesso de serviço ou existência de processos aguardando julgamento em quantidade que ultrapasse a possibilidade de apreciação pelo tribunal do júri, nas reuniões periódicas previstas para o exercício, o acusado poderá requerer ao tribunal de segunda instância que **determine a imediata realização do julgamento**.

## 5.11. Jurados

Os jurados exercem função obrigatória (art. 436, *caput*, do CPP), daí porque a recusa injustificada ao serviço do júri acarretará multa no valor de 1 (um) a 10 (dez) salários mínimos, a critério do juiz, de acordo com a condição econômica do jurado (art. 436, § 2º, do CPP). No entanto, os jurados podem recusar-se a exercer esse *munus* público com base em convicção religiosa, filosófica ou política, mas deverão prestar um serviço alternativo, sob pena de suspensão dos direitos políticos enquanto não houver a prestação do serviço imposto (art. 438, *caput*, do CPP). Na fixação do serviço alternativo, o juiz levará em consideração os princípios da proporcionalidade e da razoabilidade (art. 438, § 2º, do CPP).

De outro lado, o exercício da função de jurado constitui serviço público relevante, estabelecendo presunção de idoneidade moral, preferência em licitações, concursos públicos, promoções e remoções (art. 440 do CPP).

Quanto ao direito à prisão especial, embora ele tenha sido expressamente revogado da redação do art. 439 do CPP pela reforma de 2011, há entendimento doutrinário sustentando a manutenção desta garantia, eis que o art. 295, X, do CPP, que consagra o direito em comento, não foi expressamente revogado.

Os jurados, por serem julgadores da causa, também devem ter o dever da imparcialidade. Por isso, para eles são aplicadas as regras de impedimento e suspeição previstas para o magistrado, respectivamente, nos artigos 252 e 254 do CPP.

Há ainda a possibilidade de recusa **imotivada ou peremptória**: cada uma das partes pode dispensar até 3 (três) jurados sem qualquer tipo de justificativa (art. 468, *caput*, do CPP). A esse respeito, vale a pena frisar que, quando um jurado é sorteado, primeiro o juiz ouve a defesa e depois o Ministério Público sobre a possibilidade de recusa. Além disso, se forem 2 (dois) ou mais os acusados, as recusas poderão ser feitas por um só defensor (art. 469, *caput*, do CPP).

Relembre-se que, nos termos do art. 447, com a redação dada pela Lei nº 11.689/08, o tribunal do júri agora é formado por 25 (vinte e cinco) jurados (não mais por 21 (vinte e um) jurados), embora continue a exigência de 15 (quinze) jurados para a instalação da sessão (art. 463, caput, do CPP). O Conselho de

Sentença, por sua vez, é formado tão somente por 7 (sete) jurados (art. 447 do CPP). Este Conselho poderá conhecer de mais de um processo, no mesmo dia, se as partes o aceitarem, hipótese em que seus integrantes deverão prestar novo compromisso (art. 452 do CPP).

Por fim, registre-se que podem ser jurados os maiores de 18 (dezoito) anos de idade (art. 436, *caput*, do CPP).

## 5.12. O julgamento

Com o advento da Lei nº 11.689/08, é possível a realização do julgamento independente da presença do réu (art. 457, *caput*, do CPP), seja o crime afiançável ou inafiançável, **só sendo obrigatória a sua presença se ele estiver preso**, mas, ainda assim, **pode ser dispensada a sua presença pelo juiz, mediante requerimento subscrito por ele e por seu advogado** (art. 457, § 2º, do CPP).

Conforme o art. 456, *caput*, CPP, **se a falta, sem escusa legítima, for do advogado do acusado**, e se outro não for por este constituído, o fato será imediatamente comunicado ao presidente da seccional da Ordem dos Advogados do Brasil, com a data designada para a nova sessão. O § 1º do referido dispositivo afirma que, não havendo escusa legítima, o julgamento será adiado somente uma vez, devendo o acusado ser julgado quando chamado novamente. Já o § 2º afirma que, na hipótese do § 1º deste artigo, o juiz intimará a Defensoria Pública para o novo julgamento, que será adiado para o primeiro dia desimpedido, observado o prazo mínimo de 10 (dez) dias.

O julgamento só será adiado pela ausência de testemunha se a parte a arrolou com a **cláusula de imprescindibilidade** (art. 461 CPP).

A sessão é declarada aberta com a presença de pelo menos 15 (quinze) jurados (art. 463, *caput*, do CPP). Aberta a sessão, as partes devem alegar as nulidades relativas ocorridas após a decisão de pronúncia imediatamente, sob pena de preclusão (art. 571, inciso V, c/c art. 572, inciso I, do CPP). Contra as nulidades ocorridas após a pronúncia caberá o recurso de apelação (art. 593, inciso III, alínea "a", do CPP).

Em seguida, são sorteados os jurados, oportunidade em que as partes (primeiro a defesa, depois o Ministério Público) podem realizar a recusa imotivada ou peremptória (art. 468, *caput*, do CPP). Formado o Conselho de Sentença, os 7 (sete) jurados prestarão o compromisso a que alude o art. 472, *caput*, do CPP. Logo após, cada jurado receberá cópias da pronúncia ou, se for o caso, das decisões posteriores que julgaram admissível a acusação e do relatório do processo (art. 472, parágrafo único, do CPP).

Na sequência, inicia-se a **instrução em plenário**, havendo, nessa ordem, a oitiva da vítima, testemunhas de acusação e defesa (para estas últimas, o defensor pergunta primeiro) e do réu (arts. 473, *caput* e § 1º, e 474, *caput* e § 1º, do CPP). **As perguntas podem ser feitas diretamente pelas partes, exceto pelos jurados, que precisam passar pelo juiz-presidente** (arts. 473, § 2º, e 474, § 2º, do CPP). Além disso, as partes e os jurados poderão requerer acareações, reconhecimento de pessoas e coisas e esclarecimento dos peritos, bem como a leitura de peças que se refiram, exclusivamente, às provas colhidas por carta precatória e às provas cautelares, antecipadas ou não repetíveis – e não mais qualquer peça do processo, o que causava a exaustão dos jurados (art. 473, § 3º, do CPP).

Veda-se o **uso de algema em plenário** (art. 474, § 3º, do CPP), só sendo possível a sua utilização se absolutamente necessário à ordem dos trabalhos, à segurança das testemunhas ou à garantia da integridade física dos presentes, o que está de acordo com a Súmula Vinculante nº 11 do STF.

## 5.13. Debates orais

Após a instrução, passa-se à fase de debates orais, iniciando-se com o Ministério Público, depois com o assistente de acusação e encerrando com a defesa (art. 476, *caput*, §§ 1º e 3º, do CPP). Se a ação for penal privada, primeiro fala o querelante, depois o Ministério Público, salvo se este houver retomado a titularidade da ação penal privada subsidiária da pública (art. 476, § 2º, do CPP).

Em seguida, a acusação poderá ir à réplica e a defesa, por sua vez, à tréplica, sendo admitida a reinquirição de testemunha já ouvida em plenário (art. 476, § 4º, do CPP).

O tempo dos debates orais é o de uma hora e meia para cada parte, uma hora para réplica e uma hora para tréplica (art. 477, *caput*, do CPP). Havendo mais de um acusador ou mais de um defensor, o tempo será dividido entre eles e, se não houver divisão, ela será feita pelo juiz (art. 477, § 1º, do CPP). Já se houver mais de um réu, o tempo dos debates orais é acrescido de uma hora, dobrando-se o tempo da réplica e da tréplica (art. 477, § 2º, do CPP).

É possível ainda existirem **apartes**, intervenções de uma das partes na fala do orador, desde que haja autorização expressa do juiz. Cada aparte dura até 3 (três) minutos, tempo este que será acrescido ao tempo do orador, tudo nos termos do art. 497, inciso XII, do CPP.

Nos debates, as partes não poderão, sob pena de nulidade, fazer referências: I – à decisão de pronúncia, às decisões posteriores que julgaram admissível a acusação ou à determinação do uso de algemas como argumento de autoridade que beneficiem ou prejudiquem o acusado; II – ao silêncio do acusado ou à ausência de interrogatório por falta de requerimento, em seu prejuízo (art. 478 do CPP).

Nos termos do art. 479, *caput*, do CPP, há impossibilidade de produção de prova em plenário se não houve comunicação à parte contrária no prazo de 3 (três) dias úteis antes da sessão. Compreende-se nessa proibição a leitura de jornais ou qualquer outro escrito, bem com a exibição de vídeos, gravações, fotografias, laudos, quadros, croqui ou qualquer outro meio assemelhado, cujo conteúdo versar sobre a matéria de fato submetida à apreciação e julgamento dos jurados (art. 479, parágrafo único, do CPP).

As partes e também os jurados podem pedir, a qualquer tempo, e por intermédio do juiz, que o orador indique onde se encontra nos autos determinada alegação ou que esclareça o fato por ele alegado (art., 480, *caput*, do CPP).

## 5.14. Quesitos

Ao final dos debates, o juiz deve perguntas aos jurados se eles estão aptos a votar. Em caso negativo, deverá o juiz prestar os esclarecimentos necessários (art. 480, § 2º, do CPP). Neste momento, os jurados terão acesso aos autos e aos instrumentos do crime se solicitarem ao juiz-presidente (art. 480, § 3º, do CPP). Em caso positivo, o juiz deverá ler os quesitos, fazendo os esclarecimentos aos jurados (art. 484, parágrafo único, do CPP).

Esses quesitos devem ser redigidos em proposições afirmativas, simples e distintas, de modo que cada um deles possa ser respondido com suficiente clareza e necessária precisão. Na sua elaboração, o juiz-presidente levará em conta os termos da pronúncia ou das decisões posteriores que julgaram admissível a acusação, do interrogatório e das alegações das partes (art. 482, parágrafo único, do CPP).

Após a Lei nº 11.689/08, a quesitação restou profundamente simplificada, seguindo a ordem prevista no art. 483 CPP: I – quesito da materialidade delitiva; II – quesito da autoria ou participação; III – se o acusado deve ser absolvido; IV – se há causa de diminuição de pena alegada pela defesa; V – se há qualificadoras ou causas de aumento de pena reconhecidas na pronúncia ou em decisões posteriores que julgaram admissível a acusação. Havendo mais de um réu ou mais de um crime, os quesitos são feitos em **série distintas** (art. 483, § 6º, do CPP).

Se for sustentada a **desclassificação** da infração para outra de competência do juiz singular, também será formulado quesito a respeito, para ser respondido após o 2º (segundo) ou 3º (terceiro) quesito, conforme o caso (art. 483, § 4º, do CPP). De outro lado, se for sustentada a tese de **ocorrência do crime na sua forma tentada ou havendo divergência sobre a tipificação do delito, sendo este da competência do tribunal do júri**, o juiz-presidente também formulará quesito acerca destas questões, para ser respondido após o segundo quesito (art. 483, § 5º, do CPP).

A votação é secreta, devendo ser realizada em sala própria, com a presença apenas do juiz-presidente, do Ministério Público, do assistente de acusação, do querelante, do defensor do acusado, do escrivão e do oficial de justiça – réu não - ou, na inexistência da sala secreta, no próprio plenário, com aquelas pessoas e sem o réu e a plateia (arts. 484, *caput*, e 485, § 1º, do CPP).

A votação é feita por cédulas de SIM e de NÃO, devendo-se colocar em um recipiente a resposta válida e em outro a inválida. Se os jurados respondem NÃO a um dos quesitos de números I e II (materialidade ou autoria), estão os outros prejudicados (art. 483, § 1º, do CPP).

O juiz contará a votação de cada quesito por maioria simples (art. 489 do CPP, com redação dada pela Lei nº 11.689/08). Nesse sentido, frise-se que o magistrado deverá encerrar a votação do quesito se forem obtidos 4 (quatro) votos pelo SIM ou pelo NÃO, motivo pelo qual não é mais possível descobrir o placar desta votação como outrora ocorria, o que violava o sigilo dos veredictos, principalmente se houvesse votação unânime.

Se a resposta a qualquer dos quesitos estiver em contradição com outra ou outras já dadas, o presidente, explicando aos jurados em que consiste a contradição, submeterá novamente à votação dos quesitos a que se referirem tais propostas (art. 490, *caput*, do CPP). É o exemplo de os jurados responderem positivamente ao quesito da autoria e positivamente ao quesito "se o acusado deve ser absolvido", sendo a negativa de autoria a única tese de defesa.

E se, pela resposta dada a um dos quesitos, o presidente verificar que ficam prejudicados os seguintes, assim o declarar, dando por finda a votação.

Encerrada a votação, deverá o juiz-presidente proferir sentença, na forma exposta no art. 492, incisos I e II, do CPP, a qual será lida em plenário (art. 493 do CPP).

## 6. PROCEDIMENTO DOS CRIMES FALIMENTARES (LEI Nº 11.101/05)

O procedimento especial dos crimes falimentares vem previsto não mais nos artigos 503 a 512 do CPP e sim na Lei nº 11.101/05 (Lei de Falências), que revogou aqueles dispositivos legais. Apesar desta revogação, os artigos 503 a 512 do CPP ainda são aplicados para os crimes praticados na égide da antiga Lei de Falências (Decreto-Lei nº 7.661/45), por força de disposição expressa no art. 192 da nova Lei de Falências. Assim, a nova Lei de Falências só se aplica para os crimes cometidos na sua vigência.

A Lei nº 11.101/05 estipula o procedimento especial nos artigos 183 a 188 para os crimes nela definidos nos artigos 168 a 178. As normas do CPP são aplicadas subsidiariamente, consoante dispõe o art. 188 da lei.

Quanto à **competência**, o art. 183 da lei assevera que é competente para o julgamento dos crimes falimentares o juiz criminal da jurisdição onde tenha sido decretada a falência, concedida a recuperação judicial ou homologado o plano de recuperação extrajudicial.

O art. 184, *caput*, afirma que **todos os crimes falimentares são de ação penal pública incondicionada**. No entanto, permite-se a **ação penal privada subsidiária da pública**, no prazo decadencial de 6 (seis) meses, a contar da inércia do Ministério Público, a ser oferecida por qualquer credor habilitado ou pelo administrador judicial (rol taxativo de legitimados), nos termos do art. 184, parágrafo único.

O art. 187, *caput*, consagra o **princípio da obrigatoriedade da ação penal pública**, ao estatuir que "Intimado da sentença que decreta a falência ou concede a recuperação judicial, o Ministério Público, verificando a ocorrência de qualquer crime previsto nesta Lei, **promoverá** imediatamente a competente ação penal ou, se entender necessário, requisitará a abertura de inquérito policial" (grifo nosso).

Pela redação deste dispositivo legal também se percebe que os crimes falimentares são investigados por meio de **inquérito policial**, motivo pelo qual se conclui que houve a **revogação do chamado inquérito judicial**, que era a investigação criminal presidida pelo juiz de direito que visava apurar crimes desta natureza e que era disciplinado pela antiga Lei de Falências (Decreto-Lei nº 7.661/65).

O prazo para oferecimento da denúncia é o mesmo prazo previsto no art. 46 do CPP (art. 187, § 1º, da lei): 5 (cinco) dias se o investigado estiver preso e 15 (quinze) dias se estiver solto. Nesta última hipótese, o Ministério Público poderá aguardar a apresentação do relatório circunstanciado pelo administrador judicial mencionado no art. 186 da lei para melhor embasar o oferecimento da denúncia, situação em que terá 15 (quinze) dias para apresentar a peça acusatória, devendo ser intimado desta apresentação.

Em verdade, esse procedimento é especial até o momento do recebimento da denúncia ou queixa, pois, **a partir deste ato processual, será seguido o procedimento sumário** (art. 185 da lei), independentemente da pena máxima abstratamente cominada para o crime.

Por fim, registre-se que, nos termos do art. 187, § 2º, da lei, "Em qualquer fase processual, surgindo indícios da prática dos crimes previstos nesta Lei, o juiz da falência ou da recuperação judicial ou da recuperação extrajudicial cientificará o Ministério Público".

## 7. PROCEDIMENTO DOS CRIMES DE RESPONSABILIDADE DOS FUNCIONÁRIOS PÚBLICOS (ARTS. 513 A 518 CPP)

Quando o CPP se refere a crimes de responsabilidade dos funcionários públicos, em verdade, quer se referir aos crimes praticados por funcionários públicos no exercício de suas funções, crimes funcionais, que são aqueles previstos nos artigos 312 a 326 do Código Penal (crimes praticados por funcionário público contra a Administração em geral).

Esse procedimento especial somente se aplica para os **crimes funcionais afiançáveis**, nos termos do art. 514 do CPP. Para os crimes funcionais inafiançáveis, deveria ser aplicado o procedimento comum ordinário. Ocorre que, com o advento da Lei nº 12.403/11, que alterou o CPP em matéria de prisões cautelares e liberdade provisória, todos os crimes funcionais atualmente são afiançáveis, daí porque o presente procedimento é aplicável, de fato, a todos os crimes funcionais.

Consoante o art. 513 do CPP, a denúncia ou queixa pode ser oferecida sem o inquérito policial, desde que sustentada em documentos ou justificação que façam presumir a existência do delito ou com declaração fundamentada da impossibilidade de apresentação de qualquer dessas provas. No entanto, se a peça acusatória for apresentada com base no inquérito policial, será dispensada a defesa preliminar referida no art. 514 do CPP, conforme o teor da Súmula nº 330 do STJ.

Caso a denúncia ou queixa não seja instruída com o inquérito policial e se o crime funcional for afiançável, o juiz deverá determinar a **notificação** (e não citação) do acusado para, no **prazo de 15 (quinze) dias**, apresentar a **defesa preliminar**.

Essa defesa preliminar é apresentada **antes do recebimento da denúncia ou queixa** e tem com objetivo justamente evitar esse recebimento. Trata-se de um direito privativo do funcionário público que está no exercício das suas funções, daí porque se um particular comete um crime funcional em concurso com um funcionário público, aquele não terá essa prerrogativa, apenas este. Além disso, o funcionário público exonerado, demitido ou aposentado não fará *jus* à defesa preliminar. Acrescente-se ainda que, se o funcionário público praticar crimes funcional e não funcional, em concurso, não terá direito de apresentar defesa preliminar em ambos os crimes, conforme posição do STF e do STJ.

De acordo com o art. 514, parágrafo único, do CPP, se a residência do acusado não for conhecida, ou este se achar fora da jurisdição do juiz, ser-lhe-á nomeado defensor, a quem caberá apresentar a resposta preliminar.

Durante o prazo concedido para a resposta, os autos permanecerão em cartório, onde poderão ser examinados pelo acusado ou por seu defensor (art. 515, *caput*, do CPP). A defesa preliminar poderá ser instruída com documentos e justificações (art. 515, parágrafo único, do CPP).

O art. 516 do CPP exige que a rejeição da denúncia ou queixa seja sempre **fundamentada**, fundamentação esta, porém, que pode ser objetiva, concisa, sucinta. Segundo este dispositivo legal, os motivos que podem levar à rejeição da peça acusatória são a inexistência do crime ou a improcedência da ação.

A peculiaridade do procedimento especial reside justamente na possibilidade de oferecimento da defesa preliminar por parte do funcionário público. Isso porque os artigos 517 e 518 do CPP afirmam que, uma vez recebida a denúncia ou queixa, passa a ser adotado o **procedimento comum ordinário**, independente da pena máxima cominada para o crime.

## 8. PROCEDIMENTO DOS CRIMES CONTRA A HONRA (ARTS. 519 A 523 CPP)

Trata-se de procedimento especial aplicado aos crimes de calúnia, injúria e também difamação, embora este último não seja mencionado pelo CPP.

Certo é que praticamente todos os crimes contra a honra passaram a ser julgados pelo Juizado Especial Criminal (federal ou estadual). Apenas em hipóteses restritas eles não serão julgados pelo referido juízo, como ocorre, por exemplo, quando a pena máxima do crime supera o patamar de 2 (dois) anos de pena privativa de liberdade, o que se opera principalmente se houver as causas especiais de aumento de pena previstas no art. 141 do Código Penal.

A nota marcante desse procedimento diz respeito à **fase preliminar (antes do recebimento da queixa) de tentativa de conciliação** (art. 520 do CPP). Nessa oportunidade, o juiz deverá ouvir as partes separadamente, sem a presença do advogado, para verificar se é possível a conciliação.

Caso seja possível a conciliação, o juiz a promoverá (art. 521 do CPP), na presença de ambas as partes e dos respectivos advogados. Com a conciliação, depois de assinada pelo querelante o termo de desistência, **a queixa será arquivada** (art. 522 do CPP).

Não sendo possível a conciliação, o juiz deverá receber a queixa, adotando-se, a partir desse momento, o **procedimento sumário.**

Ao longo da ação penal, será possível a **exceção da verdade ou da notoriedade** do fato imputado (art. 523 do CPP), no prazo da resposta escrita do réu (10 dias, consoante o art. 396 do CPP). A respeito desta exceção, o querelante terá o prazo de 2 (dois) dias para contestar, podendo ser inquiridas as testemunhas arroladas na queixa ou na exceção ou na própria contestação, em substituição àquelas indicadas na queixa. Se o querelante tiver foro por prerrogativa de função, a exceção será julgada em tal foro. Como a exceção é uma **questão prejudicial obrigatória homogênea**, entende-se que, caso ela seja julgada procedente, haverá a atipicidade da conduta, devendo o demandado ser absolvido.

## 9. PROCEDIMENTO DOS CRIMES CONTRA A PROPRIEDADE IMATERIAL (ARTS. 524 A 530-I CPP)

É procedimento especial que se aplica tanto à ação penal pública como à ação penal privada (art. 530-A do CPP). O procedimento também permite que as associações de titulares de direitos de autor e os que lhes são conexos, em seu próprio nome, funcionem como assistente de acusação nos crimes previstos no art. 184 do Código Penal (violação de direito autoral), quando praticado em detrimento de qualquer de seus associados, com base no art. 530-H do CPP.

**Nota marcante** desse procedimento é o **prazo decadencial especial para o oferecimento da queixa-crime** por crimes contra a propriedade imaterial que deixar vestígios: consoante o art. 529, *caput*, do CPP, não será admissível queixa-crime, com fundamento em apreensão e em perícia, depois de transcorridos 30 (trinta) dias da homologação do laudo.

Com efeito, se porventura o ofendido toma a iniciativa para a efetivação da busca e apreensão, mas é constatado que o crime é de ação penal pública, será dada vista dos autos de busca e apreensão ao Ministério Público para a adoção das providências cabíveis (art. 529, parágrafo único, do CPP).

Ainda com relação ao crime contra a propriedade imaterial que deixar vestígios, o art. 525 do CPP determina que a denúncia ou queixa não será recebida se não for instruída com o **exame pericial dos objetos que constituam o corpo de delito**. Há aqui verdadeira **condição de procedibilidade**.

Quanto ao laudo pericial acima aludido, o art. 527, parágrafo único, do CPP estatui que ele será elaborado por 2 (dois) peritos. Destarte, a doutrina aponta para a necessidade da presença de apenas 1 (um) perito, diante da mudança do art. 159 do CPP operada pela Lei nº 11.690/08. De outro lado, com fincas na Súmula nº 574 do STJ, *"Para a configuração do delito de violação de direito autoral e a comprovação de sua materialidade, é suficiente a perícia realizada por amostragem do produto apreendido, nos aspectos externos do material, e é desnecessária a identificação dos titulares dos direitos autorais violados ou daqueles que os representem."*.

No mais, para este procedimento, são aplicados os termos do **procedimento comum ordinário** previstos nos artigos 394 a 405 do CPP, conforme previsão expressa do art. 524 do CPP.

## 10. PROCEDIMENTO DOS CRIMES DE TÓXICOS (LEI Nº 11.343/06 – LEI DE TÓXICOS)

Com relação ao procedimento dos crimes de tóxicos, saliente-se, em primeiro lugar, para o fato de que, para os fins de oferecimento da denúncia, é suficiente a confecção do **laudo de constatação de substância entorpecente**, que é condição de procedibilidade para o exercício da ação penal. Esse laudo de constatação pode ser feito por um perito oficial ou por um perito não oficial, nos termos do art. 50, § 1º, da Lei de Tóxicos (exceção ao disposto no art. 159, § 1º, do CPP).

O **prazo para oferecimento da denúncia** é também diferenciado: 10 (dez) dias, esteja o investigado preso ou solto (art. 54, *caput* e inciso III). Nesta peça, o Ministério Público poderá arrolar até 5 (cinco) testemunhas (art. 54, inciso III), sendo conferido igual direito ao réu (art. 55, § 1º).

Antes de receber a denúncia, o juiz deverá determinar a **notificação** do acusado para apresentar a **defesa preliminar**, no prazo de 10 (dez) dias (art. 55, *caput*). Esta peça é obrigatória, tanto assim que, caso não oferecida, deverá o juiz nomear defensor para oferecê-la em 10 (dez) dias, concedendo-lhe vista dos autos no ato de nomeação (art. 55, § 3º). Em tal peça, o acusado deverá arguir preliminares e invocar todas as razões de defesa, oferecer documentos e justificações, especificar as provas que pretende produzir e arrolar até 5 (cinco) testemunhas (art. 55, § 1º). Nesse mesmo prazo, o acusado deverá oferecer as exceções, embora em peça apartada (art. 55, § 2º).

Em seguida, se entender imprescindível, o juiz, no prazo máximo de 10 (dez) dias, determinará a apresentação do preso, realização de diligências, exames e perícias (art. 55, § 5º). Na sequência, deverá decidir acerca do recebimento ou não da denúncia em 5 (cinco) dias (art. 55, § 4º).

Não sendo caso de absolvição sumária, o juiz designará a **audiência de instrução e julgamento**, que deve ser realizada no prazo de 30 (trinta) dias desde o recebimento da denúncia, salvo se houver hipótese de dúvida quanto à dependência de drogas do acusado, quando será ordenada a realização de avaliação e a audiência será realizada no prazo de 90 (noventa) dias desde o recebimento da denúncia (art. 56, *caput* e § 2º).

Nesta audiência, regida pelo princípio da concentração da prova, primeiro é ouvido o réu e depois as testemunhas de acusação e de defesa, por força do disposto no art. 57, *caput*.

Não obstante, a doutrina vinha sustentando que seria sempre recomendável que o magistrado seguisse a ordem prevista no art. 400 do CPP, ouvindo-se primeiro as testemunhas de acusação e de defesa e, ao final, o réu, já que essa ordem efetivaria os princípios constitucionais do contraditório e da ampla defesa, possibilitando que o acusado pudesse se manifestar sobre toda a prova produzida no processo (TÁVORA; ALENCAR, 2009, p. 663).

O STF, invocando o princípio da especialidade, vinha entendendo que a citada sistemática não se aplicaria ao procedimento especial da Lei de Tóxicos, devendo ser observada, nesta hipótese, a previsão contida no artigo 57 desta legislação, impondo-se o interrogatório do réu como primeiro ato da instrução criminal (Informativo nº 750). O STJ, por meio da sua 6ª Turma, também acatava o mesmo posicionamento do STF quanto a não aplicação da sistemática do art. 400 do CPP ao procedimento especial da Lei de Tóxicos (Informativo nº 535). É bem verdade que, em julgado posterior, a 5ª Turma do STJ decidiu pela prevalência da sistemática do art. 57 da Lei nº 11.343/06, mas concluiu que não haveria nulidade se a oitiva do réu ocorresse após a inquirição das testemunhas (Informativo nº 536).

Ocorre que, no julgamento do HC nº 127.900/AM, Rel. Min. Dias Toffoli, DJe 3/8/2016, o STF, por seu Plenário, realizou uma releitura do artigo 400 do CPP, à luz do sistema constitucional acusatório e dos princípios do contraditório e da ampla defesa. Naquela assentada, reconheceu-se, em razão de mostrar-se mais compatível com os postulados que informam o estatuto constitucional do direito de defesa, uma evolução normativa sobre a matéria, de forma que, por ser mais favorável ao réu e por se revelar mais consentânea com as novas exigências do processo penal democrático, a norma contida no art. 400 do CPP, na redação dada pela Lei nº 11.719/08, deveria irradiar efeitos sobre todo o sistema processual penal, ramificando-se e afastando disposições em sentido contrário, mesmo em procedimentos regidos por leis especiais. Arredou-se o consagrado critério de resolução de antinomias – princípio da especialidade –, em favor de uma interpretação teleológica em sintonia com o sistema acusatório constitucional, sem que tenha havido, no entanto, declaração de inconstitucionalidade das regras em sentido contrário predispostas em leis especiais ou mesmo da redação originária do art. 400 do CPP.

Em conclusão: o interrogatório passa a ser o último ato da instrução, sendo que a Lei nº 11.719/2008, geral e posterior, prepondera sobre as disposições em contrário presentes em leis especiais. Importante ressaltar que, em atenção ao princípio da segurança jurídica, foi realizada a modulação dos efeitos da decisão da Corte Suprema, pelo que a nova interpretação dada somente teria aplicabilidade a partir da publicação da ata daquele julgamento, ocorrida em 11.03.2016 (DJe nº 46, divulgado em 10/3/2016). A partir desse marco, portanto, incorreriam em nulidade os processos em que o interrogatório fosse o primeiro ato da instrução.

Diante disso, o STJ decidiu categoricamente que o art. 400 CPP é aplicável ao procedimento da Lei de Tóxicos, no qual, pois, o interrogatório do réu, a partir de 11.03.2016, passa a ser o último ato da instrução criminal (STJ, 6ª Turma, Informativo nº 609).

Ao final da audiência de instrução e julgamento, são oferecidas as **alegações finais orais**, com 20 (vinte) minutos para cada parte, prorrogáveis por mais 10 (dez) minutos, mediante decisão fundamentada do juiz (art. 57, *caput*). Porém, não haverá a nulidade do feito se o juiz permitir a apresentação de alegações finais escritas, até com base no que dispõe o art. 57, parágrafo único, da Lei nº 11.343/06.

Encerrados os debates, deverá o juiz proferir a **sentença**, que, em regra, também é oral, mas, não sendo possível, permite-se que ela seja oferecida de modo escrito em 10 (dez) dias (art. 58, *caput*).

CAPÍTULO XVII

# Nulidades

## 1. NOÇÕES GERAIS

Nulidades "são os vícios que contaminam determinados atos processuais, praticados sem observância da forma prevista em lei, podendo levar à sua inutilidade e consequente renovação" (NUCCI, 2008, p. 824).

## 2. ESPÉCIES DE NULIDADES

Há duas espécies de nulidades: as **absolutas** e as **relativas**.

As **nulidades absolutas** contêm vício mais grave, pois **violam normas constitucionais**. Por conta desta gravidade do vício ocasionado pelas nulidades absolutas, estas **podem ser decretadas de ofício pelo juiz** ou a requerimento das partes, **a qualquer tempo, não precluem nem convalidam e independem da prova do prejuízo**, afinal de contas há presunção absoluta de prejuízo com a violação de norma constitucional.

Já as **nulidades relativas** contêm vício menos grave, pois **violam regras meramente processuais**, daí porque **devem ser arguidas pelas partes no momento oportuno, não podem ser reconhecidas de ofício pelo juiz, precluem, convalidam e dependem da demonstração do prejuízo.**

| NULIDADES ABSOLUTAS | NULIDADES RELATIVAS |
|---|---|
| Contêm vício mais grave, pois violam normas constitucionais. | Contêm vício menos grave, pois violam regras meramente processuais. |
| Podem ser decretadas de ofício pelo juiz ou a requerimento das partes, a qualquer tempo. | Devem ser arguidas pelas partes no momento oportuno, não podendo ocorrer o reconhecimento de ofício pelo juiz. |
| Não precluem nem convalidam. | Precluem e convalidam. |
| Independem da prova do prejuízo, afinal de contas há presunção absoluta de prejuízo com a violação de norma constitucional. | Dependem da demonstração do prejuízo. |

O art. 564 do CPP é o dispositivo que prevê as hipóteses de nulidades processuais, em um rol não taxativo. Combinando este dispositivo com o art. 572 do CPP, chega-se à conclusão de que são hipóteses de **nulidades absolutas**: art. 564, incisos I, II, III, alíneas "a", "b", "c", "e", "f", "i", "j", "k", "l", "m", "n", "o", "p", e parágrafo único. Por sua vez, são hipóteses de **nulidades relativas**: art. 564, incisos III, alíneas "d", "e", 2ª parte, "g", "h", e IV.

## 3. PRINCÍPIOS REGENTES DAS NULIDADES

### 3.1. Não há nulidades sem prejuízo (art. 563 CPP)

É princípio que se encontra previsto expressamente no art. 563 do CPP, segundo o qual nenhum ato será declarado nulo, se da nulidade não resultar **prejuízo** para a acusação ou para a defesa. Em verdade, trata-se de aplicação do **princípio da instrumentalidade das formas** (***pas de nullité sans grief***): a forma prevista em lei de um ato processual "não é um fim em si mesmo, motivo pelo qual se a finalidade para a qual se pratica o ato foi atingida, inexiste razão para anular o que foi produzido" em desatenção à norma jurídica (NUCCI, 2008, p. 826).

Segundo posicionamento do STF, esse princípio se aplica tanto para as nulidades relativas como para as nulidades absolutas.

### 3.2. Não há nulidade provocada pela parte (art. 565 CPP)

É princípio que se encontra insculpido no art. 565, 1ª parte, do CPP, segundo o qual nenhuma das partes poderá arguir nulidade a que haja dado causa, ou para que tenha concorrido. Exige-se, portanto, que a parte que alega a nulidade tenha **interesse** para tanto (**princípio do interesse**).

### 3.3. Não há nulidade por omissão de formalidade que só interesse à parte contrária (art. 565 CPP)

É princípio que vem previsto no art. 565, 2ª parte, do CPP, segundo o qual nenhuma das partes poderá arguir nulidade referente a formalidade cuja observância só à parte contrária interesse.

Esse princípio é mais uma constatação da exigência de prova do **interesse** na alegação da nulidade (**princípio do interesse**).

### 3.4. Não há nulidade de ato irrelevante para o deslinde da causa (art. 566 CPP)

É princípio que vem previsto no art. 566 do CPP, segundo o qual não será declarada a nulidade de ato processual que não houver influído na apuração da verdade substancial ou na decisão da causa.

### 3.5. Princípio da causalidade (art. 573, § 1º, CPP)

É princípio que encontra guarida no art. 573, § 1º, do CPP, segundo o qual a nulidade de um ato, uma vez declarada, causará a dos atos que dele diretamente dependam ou sejam consequência.

Como mencionado pelo dispositivo legal acima referido, para que haja a nulidade, exige-se a demonstração do **nexo causal** entre os atos processuais. Por força deste princípio é que o juiz deverá sempre declarar os atos a que se estende a nulidade (art. 573, § 2º, do CPP).

## 4. ESPÉCIES DE NULIDADE ABSOLUTA

As hipóteses de nulidade absoluta estão abaixo elencadas.

### 4.1. Incompetência

A nulidade é absoluta apenas se houver violação de norma relacionada à competência absoluta. Caso haja violação de norma pertinente à competência relativa, a nulidade será relativa.

A esse respeito, frise-se que o art. 567 CPP assevera que a incompetência do juízo anula somente os atos decisórios, sendo mantidos os atos instrutórios, devendo o processo, quando for declarada a nulidade, ser remetido ao juiz competente.

### 4.2. Impedimento e suspeição

Conforme entendimento doutrinário prevalecente, o **impedimento do juiz é causa de nulidade absoluta** do ato processual. Já a **suspeição é causa de nulidade relativa** (NUCCI, 2008, p. 833-834).

### 4.3. Suborno do juiz

O suborno do juiz é "um motivo especial de suspeição" (NUCCI, 2008, p. 834), já que envolve corrupção. É causa de nulidade absoluta do feito.

## 4.4. Ilegitimidade de parte

A ilegitimidade da parte, tanto a *ad causam* quanto a *ad processum*, gera a nulidade absoluta do feito. Entretanto, a **ilegitimidade do representante da parte é causa de nulidade relativa**, conforme o art. 568 do CPP, que possibilita a ratificação dos atos processuais. É o exemplo de uma procuração outorgada a advogado com defeitos ou falhas – pode haver a sua regularização e o ato será devidamente ratificado.

## 4.5. Ausência de denúncia ou queixa e representação

Se descumpridos os requisitos do art. 41 CPP para o oferecimento da denúncia ou queixa, em se **impedindo** o exercício da defesa do réu, haverá **nulidade absoluta**. Se esse descumprimento **dificulta** a defesa do réu, haverá **nulidade relativa**.

Na hipótese de nulidade relativa, todos os vícios existentes na denúncia ou queixa podem ser sanados até a sentença, por meio de aditamento, nos termos do art. 569 do CPP.

Além disso, se faltar a **representação do ofendido**, condição de procedibilidade para a ação penal pública condicionada, haverá a **nulidade absoluta** do feito.

## 4.6. Ausência do exame de corpo de delito

Quando o crime deixar vestígios, é obrigatória a realização do exame de corpo de delito, consoante previsão do art. 158, *caput*, do CPP, sob pena de nulidade absoluta do feito. É possível, porém, a realização do exame de forma indireta, por meio de testemunhas, caso desapareçam os vestígios do crime, nos termos do art. 167 do CPP.

Haverá nulidade de caráter relativo, porém, se o exame for feito por número insuficiente de peritos, como, por exemplo, por um perito não oficial.

## 4.7. Ausência de defesa ao réu e de nomeação de curador

A falta de defesa é diferente da fragilidade da defesa. A falta de defesa promove a nulidade absoluta do feito, enquanto que a fragilidade da defesa gera a nulidade relativa, de acordo com a Súmula nº 523 STF.

Quanto ao curador do réu menor de 21 (vinte e um) anos de idade, como não há mais sentido para essa nomeação após o advento do Código Civil de 2002, que reduziu a maioridade civil para 18 (dezoito) anos de idade, não há que se falar mais em causa de nulidade em caso de falta de nomeação do mesmo.

## 4.8. Falta de citação, ampla defesa e contraditório

Haverá nulidade absoluta do feito se faltar a citação, a ampla defesa e o contraditório. Entretanto, conforme o art. 570 do CPP, a falta ou a nulidade da citação, da intimação ou notificação estará sanada, desde que o interessado compareça, antes de o ato consumar-se, embora declare que o faz para o único fim de argui-la. O juiz ordenará, todavia, a suspensão ou o adiamento do ato, quando reconhecer que a irregularidade poderá prejudicar direito da parte.

## 4.9. Falta da sentença de pronúncia, do libelo e da entrega da sua cópia

É nulidade absoluta o ato de encaminhar o réu a plenário do Tribunal do Júri sem decisão de pronúncia ou se ela estiver incompleta.

Não há mais o libelo no procedimento do Tribunal do Júri. Ele foi eliminado do ordenamento jurídico brasileiro por força da Lei nº 11.689/08. Diante disso, não há mais causa de nulidade do feito a falta de libelo e de entrega da sua cópia ao réu.

## 4.10. Ausência do réu e realização da sessão

Após o advento da Lei nº 11.689/08, a presença do réu solto em plenário no Tribunal do Júri não é mais um dever e sim um direito para ele, daí porque não se fala mais em nulidade nesta hipótese. Como adverte Guilherme de Souza Nucci, "nulidade absoluta haveria se a sessão transcorresse, sem que tivesse havido a intimação do réu, comunicando-o da data e hora do julgamento. Ainda assim, não tendo havido intimação, porém, se ele comparecer, sana-se a falha" (NUCCI, 2008, p. 844).

O acusado somente deve estar presente na sessão de julgamento se estiver preso e, mesmo assim, é possível que ele e seu procurador requeiram a dispensa de comparecimento, nos termos do art. 457, §2º, do CPP.

Caso não haja o requerimento de dispensa e estando o réu preso, a sua ausência em plenário provoca apenas o adiamento do julgamento para o primeiro dia desimpedido da mesma reunião (art. 457, § 2º, do CPP). No entanto, se o julgamento for realizado, haverá a nulidade absoluta.

## 4.11. *Quorum* para a instalação da sessão do Júri

Há nulidade absoluta se a sessão de julgamento do Tribunal do Júri é instalada com menos de 15 (quinze) jurados, conforme exigido pelo art. 463, *caput*, do CPP.

## 4.12. Sorteio do conselho de sentença em número legal e incomunicabilidade dos jurados

Exige-se que o Conselho de Sentença tenha 7 (sete) jurados (art. 447 do CPP), sob pena de nulidade absoluta do feito. Igualmente haverá nulidade absoluta se ocorrer violação à comunicabilidade entre jurados. No entanto, nesta última hipótese, veda-se apenas a comunicação a respeito do tema debatido em plenário. A discussão envolvendo outros assuntos não relacionados à causa não gera a nulidade do feito.

## 4.13. Inexistência dos quesitos e suas respostas

Faltando quesito obrigatório na votação perante o Tribunal do Júri, há nulidade absoluta do feito. Nesse sentido é o teor da Súmula nº 156 do STF. As regras para os quesitos estão disciplinadas pelos artigos 482 e 483 do CPP.

## 4.14. Ausência de acusação e defesa no julgamento do Tribunal do Júri

Ambas as partes devem estar presentes e atuar efetivamente, ou, do contrário, o juiz deverá dissolver o Conselho de Sentença, sob pena de nulidade do feito.

Nesse sentido, a falta de apresentação de tese (por qualquer das partes) gera nulidade absoluta e a deficiência de tal tese (por qualquer das partes) é causa de nulidade relativa.

## 4.15. Ausência da sentença

Se não há sentença ou falta alguma das suas partes (relatório, fundamentação e dispositivo), há nulidade absoluta. Há também nulidade absoluta se a fundamentação é frágil ou também é frágil a individualização da pena ou ainda se ela não se utiliza do sistema trifásico. A não apreciação das teses das partes também gera nulidade absoluta.

## 4.16. Ausência de processamento ao recurso de ofício

As hipóteses de recurso de ofício devem ser devidamente observadas pelo magistrado, sob pena de nulidade absoluta do feito.

## 4.17. Ausência de intimação para recurso

A parte deve ser intimada das sentenças e despachos de que caiba recurso, sob pena de nulidade absoluta do feito.

### 4.18. Falta do *quorum* legal para a decisão

O *quorum* legal é o número mínimo de Ministros, Desembargadores, Juízes que participarão dos julgamentos em Tribunais. Em não sendo alcançado esse número mínimo, haverá nulidade absoluta do feito. O *quorum* legal é definido pelo regimento interno dos tribunais.

### 4.19. Quesitos ou respostas deficientes e contradição entre elas

Respostas contraditórias advindas de quesitos mal elaborados (de difícil compreensão ou que não reflitam exatamente a tese apresentada pela parte) geram nulidade absoluta do feito.

## 5. ESPÉCIES DE NULIDADE RELATIVA

As hipóteses de nulidade relativas estão abaixo elencadas.

### 5.1. Infringência à regra de prevenção

A prevenção é instituto ligado à competência territorial, daí porque se as regras a ela relacionadas forem violadas haverá nulidade relativa, conforme o teor da Súmula nº 706 STF.

### 5.2. Falta de intervenção do Ministério Público

Segundo entendimento doutrinário prevalecente, a falta de intervenção do Ministério Público na **ação penal pública** é causa de **nulidade absoluta do feito** (NUCCI, 2008, p. 843), ao passo que a falta de intervenção do *Parquet* como fiscal da lei na **ação penal privada**, inclusive na ação penal privada subsidiária da pública (TÁVORA; ALENCAR, 2009, p. 864), é causa de **nulidade relativa** (NUCCI, 2008, p. 843).

### 5.3. Falta de concessão de prazos à acusação e à defesa

A falta de concessão de prazos à acusação e à defesa é causa de nulidade relativa do feito, a depender da demonstração de prejuízo para cada uma das partes (condenação ou absolvição do réu).

## 5.4. Falta de intimação do réu para a sessão de julgamento pelo Tribunal do Júri, quando a lei não permitir o julgamento à revelia

Após o advento da Lei nº 11.689/08, a presença do réu solto em plenário no Tribunal do Júri não é mais um dever e sim um direito para ele, daí porque não se fala mais em nulidade nesta hipótese. Como adverte Guilherme de Souza Nucci, "nulidade absoluta haveria se a sessão transcorresse, sem que tivesse havido a intimação do réu, comunicando-o da data e hora do julgamento. Ainda assim, não tendo havido intimação, porém, se ele comparecer, sana-se a falha" (NUCCI, 2008, p. 844).

O acusado somente deve estar presente na sessão de julgamento se estiver preso e, mesmo assim, é possível que ele e seu procurador requeiram a dispensa de comparecimento, nos termos do art. 457, §2º, do CPP.

Caso não haja o requerimento de dispensa e estando o réu preso, a sua ausência em plenário provoca apenas o adiamento do julgamento para o primeiro dia desimpedido da mesma reunião (art. 457, § 2º, do CPP). No entanto, se o julgamento for realizado, haverá a nulidade absoluta.

## 5.5. Falta de intimação das testemunhas arroladas no libelo e na contrariedade

O libelo e a contrariedade ao libelo foram peças processuais suprimidas do CPP pela Lei nº 11.689/08. No entanto, as partes ainda podem arrolar testemunhas a serem ouvidas em plenário no Tribunal do Júri, só que o rol deve ser oferecido na fase do art. 422 do CPP, no prazo de 5 (cinco) dias.

Quanto a estas testemunhas arroladas pelas partes, se elas não forem devidamente intimadas, o julgamento resta prejudicado, devendo ser designada nova sessão. Contudo, se as testemunhas comparecerem, ainda que não intimadas, o julgamento poderá ser feito. Mas se elas não forem intimadas e não comparecerem ao julgamento, haverá nulidade relativa do feito.

De outro lado, se a testemunha for arrolada com a **cláusula de imprescindibilidade** e, devidamente intimada, não comparecer ao julgamento, este não poderá ser realizado, sob pena de nulidade absoluta do feito.

## 5.6. Ausência da forma legal dos atos processuais

Se a forma prevista para determinado ato processual for desrespeitada e a prática do ato não atender ao seu fim, haverá nulidade relativa do feito. É o exemplo do mandado de citação que é expedido sem constar o prazo de 10 (dez) dias para o réu apresentar a defesa preliminar, em desacordo com o art. 352 do CPP: se o acusado não apresentar esta defesa, haverá a nulidade do feito; se, porém, oferecê-la, não haverá a nulidade.

## 6. MOMENTO PARA A ARGUIÇÃO DAS NULIDADES RELATIVAS (ART. 571 CPP)

Como é cediço, as **nulidades absolutas** podem ser arguidas a qualquer tempo e em qualquer instância, inclusive após o trânsito em julgado da decisão.

Já as **nulidades relativas** devem ser arguidas nos respectivos prazos fixados em lei, sob pena de **preclusão.**

A esse respeito, os prazos estão fixados no art. 571 do CPP, que merece ser lido na íntegra.

## 7. CONVALIDAÇÃO DAS NULIDADES RELATIVAS

Convalidar é "restabelecer a validade" (NUCCI, 2008, p. 846). É possível que a convalidação ocorra apenas em se tratando de **nulidade relativa**.

Ela se dá em 3 (três) hipóteses, consoante previsão do art. 572 do CPP: I - se ultrapassados os prazos do art. 571 CPP (haverá aqui o instituto da **preclusão**); II - se o ato processual for praticado de outra forma e atingir o seu fim – é consagração expressa do **princípio da instrumentalidade das formas** (como na situação prevista no art. 570 do CPP); III - se a parte, ainda que tacitamente, aceitar os seus efeitos.

Nos termos do art. 573 CPP, caso não seja possível corrigir ou superar o vício, a consequência natural da decretação da nulidade é a **renovação** (pratica-se novamente o ato) ou a **retificação** (conserta-se o que estava errado) do ato anulado.

CAPÍTULO XVIII

# Recursos

## 1. TEORIA GERAL DOS RECURSOS

### 1.1. Noções gerais

Em linhas gerais, o recurso pode ser entendido como o direito que a parte possui de, na mesma relação jurídica processual, atacar decisão judicial que lhe contrarie, pleiteando sua revisão, total ou parcial (NUCCI, 2008, p. 851).

Tem, pois, natureza jurídica de mero **desdobramento do direito de ação**, pois a matéria continua a ser discutida na mesma relação jurídica processual. Nesse ponto, o recurso difere das ações autônomas de impugnação, já que estas inauguram uma nova relação jurídica processual.

### 1.2. Características

Como manifestação do inconformismo da parte, o recurso possui as seguintes características:

- **Voluntários (art. 574 CPP)**: Sua interposição depende exclusivamente do desejo da parte de contrariar a decisão proferida (art. 574, primeira parte, do CPP). Há, porém, exceções. A primeira delas diz respeito aos chamados **recursos de ofício ou duplo grau de jurisdição obrigatório** (art. 574, incisos I e II, do CPP). A segunda envolve a **extensão subjetiva do efeito devolutivo do recurso ou efeito extensivo dos recursos** (art. 580 do CPP).
- **Tempestivos**: A tempestividade também constitui um pressuposto de admissibilidade do recurso. Entende-se que não se deve permitir que a parte possa exercer seu inconformismo por período indeterminado. Essa é uma das maiores diferenças entre os recursos e as ações autônomas de impugnação, como o *habeas corpus* e a revisão criminal, ações estas que não estão sujeitas a prazos exíguos.

- **Taxativos**: O recurso deve estar previsto em lei de forma prévia e expressa, como forma de se promover a segurança jurídica e evitar atitudes protelatórias.
- **Unirrecorribilidade**: Para cada tipo de decisão judicial cabe um único e específico recurso, competindo à parte a escolha do recurso adequado.
- **Vedação da *reformatio in pejus* ou *ne reformatio in pejus*** (art. 617 CPP): **É a "proibição de que a parte que recorreu tenha contra si prolatada uma nova decisão, em virtude da reforma do julgado recorrido, que venha a piorar sua situação" (TÁVORA; ALENCAR, 2009, p. 751). É a chamada *ne reformatio in pejus* direta,** por meio da qual se entende que se "só a defesa recorre, tendo a acusação se conformado com o provimento jurisdicional, a situação do réu não poderá ser piorada" (TÁVORA; ALENCAR, 2009, p. 751). Nesse sentido, é de se registrar o teor da Súmula nº 160 do STF, segundo a qual se a acusação recorreu, não poderá o tribunal reconhecer nulidade contra o réu que não tiver sido suscitada, salvo nas hipóteses em que haja recurso de ofício. De outro lado, frise-se que também é vedada a chamada ***reformatio in pejus* indireta**, que ocorre quando o tribunal *ad quem*, em sede de recurso promovido exclusivamente pela defesa, anula a decisão anterior, remetendo os autos ao órgão *a quo* para proferir novo julgado, que não pode piorar a situação do acusado, "pois se pudesse fazê-lo, indiretamente estaria exasperando a situação do réu, quando só a defesa tenha recorrido" (TÁVORA; ALENCAR, 2009, p. 752). É essa a posição do STF. Além disso, esse princípio **não é aplicado para os jurados no Tribunal do Júri**. Desse modo, se o primeiro julgamento foi anulado em sede de apelação interposta exclusivamente pela defesa por ser a decisão manifestamente contrária à prova dos autos, em um segundo julgamento, os jurados têm soberania para decidir como quiserem (soberania dos veredictos), podendo inclusive agravar a situação do réu. É o caso de uma primeira condenação em homicídio com apenas uma qualificadora e, no segundo julgamento, os jurados condenarem o réu por homicídio com duas qualificadoras. Esse princípio, porém, **é aplicado ao juiz-presidente do Tribunal do Júri**. Assim, ainda que no novo julgamento os jurados reconheçam qualificadoras ou causas de aumento de pena antes não reconhecidas (o que é possível), o juiz-presidente deverá se ater ao máximo da pena imposta anteriormente (não pode agravar a situação do réu). Se ao juiz fosse permitido agravar a situação do réu, teria este último prejuízo em razão do seu próprio recurso, servindo como desestímulo ao oferecimento deste mesmo recurso, violando-se, pois, o princípio constitucional da ampla defesa. É esse o posicionamento mais recente do STF e do STJ.

## 1.3. Efeitos

Há 4 (quatro) efeitos aplicados aos recursos. São eles:

- **Devolutivo**: É a regra geral, permitindo que o Tribunal reveja integralmente a matéria controversa sobre a qual houve o inconformismo. Cabe também ao Tribunal a análise de matérias que podem ser arguidas de ofício e a qualquer tempo, como as nulidades absolutas.
- **Suspensivo**: É excepcional, impedindo que a decisão produza efeitos desde logo.
- **Regressivo ou iterativo ou reiterativo ou diferido**: É a devolução do feito ao mesmo órgão prolator da decisão impugnada, com a possibilidade de seu reexame, o que ocorre nos Embargos de Declaração, no Recurso em Sentido Estrito e no Agravo em Execução. Com esse efeito, permite-se o **juízo de confirmação ou retratação.**
- **Extensivo (extensão subjetiva do efeito devolutivo do recurso)**: É a possibilidade de extensão dos efeitos do recurso de um recorrente ao correú, em hipótese de concurso de agentes, desde que tais efeitos o beneficiem, extensão que não se aplica apenas em relação aos benefícios de caráter exclusivamente pessoal (art. 580 do CPP), "como, por exemplo, se um dos co-autores é menor de 21 anos, a prescrição lhe será computada pela metade. Pode ocorrer, portanto, que sua punibilidade seja julgada extinta, enquanto a dos demais co-autores permaneça íntegra" (NUCCI, 2008, p. 853).

## 1.4. Recurso de ofício (art. 574 CPP)

A decisão que está sujeita ao recurso de ofício não transita em julgado enquanto não submetida ao duplo grau obrigatório, nos termos da Súmula nº 423 do STF.

São casos de recurso de ofício: I – quando houver absolvição de acusados em processo por crime contra a economia popular ou contra a saúde pública, assim como se houver arquivamento dos autos do respectivo inquérito policial – art. 7º da Lei nº 1.521/51; II – art. 574 do CPP: decisão concessiva de *habeas corpus* e de absolvição sumária (apenas a absolvição sumária do procedimento do Tribunal do Júri, regulada no art. 415 CPP); III – quando o relator indefere liminarmente a revisão criminal, por não estar o pedido suficientemente instruído (art. 625, § 3º, CPP); IV – quando o presidente do Tribunal indefere liminarmente *habeas corpus* (art. 663 CPP); V – quando houver decisão concessiva da reabilitação criminal (art. 746 CPP).

## 1.5. Desvio da administração pública no processamento do recurso (art. 575 CPP)

Não serão prejudicados os recursos que, por erro, falta ou omissão dos funcionários, não tiverem seguimento ou não forem apresentados dentro do prazo.

## 1.6. Vedação de desistência do recurso pelo Ministério Público (art. 576 CPP)

Nos termos do art. 576 do CPP, o Ministério Público não poderá desistir de recurso que haja interposto. Esclareça-se que o Ministério Público não está obrigado a interpor o recurso, mas, havendo a interposição, não se pode dele desistir.

## 1.7. Múltipla legitimidade recursal (art. 577 CPP)

O recurso pode ser interposto pelo Ministério Público, pelo querelante, pelo réu pessoalmente, por seu procurador ou por seu defensor. Pode também ser interposto pelo assistente de acusação (artigos 584, § 1º, e 598 do CPP).

> **Observação:**
>
> No caso de divergência entre a vontade do réu e a vontade do defensor em recorrer, deve prevalecer aquela de quem pretende recorrer, em proteção à ampla defesa. Nesse sentido é que a Súmula nº 705 do STF apregoa: "A renúncia do réu ao direito de apelação, manifestada sem a assistência do defensor, não impede o conhecimento da apelação por este interposta".

## 1.8. Pressupostos de admissibilidade dos recursos

Em regra, os pressupostos de admissibilidade dos recursos são analisados pelo próprio órgão prolator da decisão contra a qual se recorreu; excepcionalmente são analisados pelo órgão superior – isso ocorre em duas hipóteses: I – quando o órgão *a quo* deixa de dar indevidamente seguimento ao recurso e a parte reclama, pelos instrumentos próprios (também recursos), diretamente ao Tribunal superior; II – por ocasião do julgamento do mérito do recurso. De qualquer forma, o juízo de admissibilidade feito pelo órgão jurisdicional *a quo* é sempre precário, não vinculando o segundo juízo de admissibilidade a ser feito pelo órgão *ad quem* (tribunal), que, por isso mesmo, é definitivo.

Os pressupostos de admissibilidade são divididos em **objetivos** e **subjetivos**. Os **objetivos** são:

- **Cabimento**: É previsão legal para a interposição do recurso.
- **Adequação**: A parte necessita respeitar o recurso exato indicado na lei para cada tipo de decisão impugnada.
- **Tempestividade**: É o respeito ao prazo estabelecido em lei para a interposição do recurso.
- **Inexistência de fatos impeditivos ou extintivos**: São **fatos impeditivos** do julgamento dos recursos a **preclusão** e a **renúncia**. De outro lado, são **fatos extintivos** dos recursos a **desistência** e a **deserção**. Esclareça-se que a renúncia é operada antes da interposição do recurso, enquanto que a desistência ocorre quando ele já foi interposto. Já a **deserção** ocorre quando o recorrente deixa de pagar as custas devidas (art. 806, § 2º, parte final, do CPP) ou o traslado de peças dos autos (art. 601, § 1º, do CPP). Não se fala mais em deserção com a fuga do réu da prisão, pois o art. 595 do CPP, que consagrava essa ideia, foi expressamente revogado pela reforma de 2011.

Já os pressupostos **subjetivos** são:

- **Interesse da parte (art. 577, parágrafo único, CPP)**: Somente é possível recorrer se a decisão trouxer benefício à parte. É a chamada **sucumbência**. O Ministério Público tem interesse para recorrer tanto como autor como *custos legis* (*custos iuris*), seja diante de condenação ou absolvição. Entretanto, na ação penal exclusivamente privada, se há absolvição do querelado e o querelante não recorre, não pode o Ministério Público recorrer, sob pena de violação do princípio da disponibilidade;
- **Legitimidade**: O recurso deve ser oferecido por quem é parte na relação processual ou, se terceiro, se a lei expressamente autorizar.

## 1.9. Princípio da fungibilidade dos recursos (art. 579 CPP)

O princípio da fungibilidade dos recursos significa que a interposição de um recurso por outro, **inexistindo má-fé**, não impedirá que seja ele processado e conhecido como se fosse o recurso cabível (art. 579, *caput* e parágrafo único, do CPP). A inexistência da má-fé é evidenciada se o recurso for interposto dentro do prazo limite do recurso que seria cabível, conforme posição do STF embora doutrina minoritária entenda que a boa-fé existiria se o recorrente não cometesse erro grosseiro no oferecimento do recurso, ou seja, se houvesse dúvida objetiva (dúvida séria e fundada encontrada na doutrina e na jurisprudência) quanto à escolha do recurso correto (adequação).

## 2. APELAÇÃO

### 2.1. Noções gerais

Apelação é o recurso cabível em face de decisão ou sentença contra a qual não caiba recurso em sentido estrito. Esse conceito decorre do fato de que as hipóteses de cabimento do recurso em sentido estrito vêm previstas em um rol taxativo, indicado pelo art. 581 do CPP. Assim, não se encaixando a decisão nestas hipóteses, o recurso a ser oferecido é o de apelação, que vem previsto no art. 593 do CPP.

A apelação é o recurso clássico, recurso por excelência, aquele que guarda as regras padrões dos recursos. Nos termos do art. 599 do CPP, é cabível tanto a **apelação plena** (contra todo o julgado) como a **apelação limitada** (contra parte do julgado). Essa delimitação é feita pela parte na petição de interposição (não podendo ser contrariada nas razões de recurso); se, porém, a parte não fez essa delimitação, entende-se que a apelação é plena, valendo um amplo efeito devolutivo (*tantum devolutum quantum apellatum*). No entanto, nas apelações oferecidas no procedimento do Tribunal do Júri, o recurso se restringe ao que consta na petição de interposição, por força da Súmula nº 713 do STF. Ademais, em qualquer espécie de procedimento, as nulidades absolutas podem ser conhecidas mesmo que não arguidas pelas partes.

### 2.2. Interposição

O recurso de apelação pode ser interposto por petição ou por termo nos autos (art. 578, *caput*, do CPP), no prazo de 5 (cinco) dias, prazo este aferido a partir da interposição do recurso, nos termos do art. 593 do CPP.

O réu pessoalmente pode interpor o recurso, mas não pode oferecer as suas razões. É possível a entrega das razões do recurso em separado, no prazo de 8 (oito) dias ou 3 (três) dias, nesta última hipótese se o processo for de contravenção penal (art. 600, *caput*, CPP) ou o recorrente for o assistente de acusação ou ainda se este último não for recorrente, mas arrazoar após o Ministério Público (art. 600, § 1º, CPP). Em caso de ação penal privada, o Ministério Público deverá se manifestar também em 3 (três) dias (art. 600, § 2º, do CPP). Se forem dois ou mais os apelantes ou apelados, os prazos serão comuns (art. 600, § 3º, do CPP). É possível ainda o oferecimento das razões recursais diretamente no órgão *ad quem*, nos prazos anteriormente mencionados, conforme previsto no art. 600, § 4º, do CPP.

Na hipótese prevista no art. 598, *caput*, CPP, em que o assistente de acusação, mesmo que não habilitado nos autos, oferece o recurso se o Ministério Público não o oferecer no prazo legal, o prazo de interposição destinado àquele é de 15 (quinze) dias, contados a partir do fim do prazo do Ministério Público, nos termos do art. 598, parágrafo único, do CPP e da Súmula nº 448 STF, não possuindo tal recurso efeito suspensivo.

Registre-se, por fim, que a apelação, no procedimento sumaríssimo do Juizado Especial Criminal, deve ser oferecida no prazo de 10 (dez) dias, devendo ocorrer, neste prazo, a interposição do recurso e a apresentação das razões recursais.

## 2.3. Cabimento

Quanto ao cabimento do recurso de apelação, não se verifica a mesma lógica existente no processo civil, pois nem sempre contra sentença cabe apelação. Antes de tudo, é preciso analisar se cabe recurso em sentido estrito (art. 581 do CPP) para só depois analisar as hipóteses do art. 593, *caput*, incisos I a III, do CPP. Em virtude de sua importância, este último dispositivo legal merece ser lido na íntegra.

A Lei nº 11.689/08 trouxe mais duas hipóteses de cabimento da apelação, ao prever no art. 416 do CPP que caberá tal recurso contra as decisões de **impronúncia e de absolvição sumária**.

Nas hipóteses de apelação no procedimento do Tribunal do Júri (art. 593, inciso III, do CPP), o Tribunal somente pode adentrar no mérito da causa na decisão do juiz-presidente, não sendo possível atacar a decisão dos jurados, que é soberana. Em respeito a esta soberania dos veredictos (art. 5º, inciso XXXVIII, alínea "c", da Constituição Federal) é que, no caso de decisão manifestamente contrária à prova dos autos, o Tribunal anula o julgamento e manda o réu a novo julgamento. Isso somente é possível uma única vez (art. 593, § 3º, CPP).

Há ainda de se mencionar o **princípio da unirrecorribilidade das decisões**: quando cabível a apelação, não poderá ser usado o recurso em sentido estrito, ainda que somente de parte da decisão se recorra (art. 593, § 4º, do CPP).

## 2.4. Processamento

O art. 594 do CPP, que previa a chamada prisão para apelar (o réu não poderia apelar sem recolher-se à prisão, ou prestar fiança, salvo se primário e de bons antecedentes, assim reconhecido na sentença condenatória, ou condenado por crime de que se livre solto), foi expressamente revogado pela Lei nº 11.719/08. Por conta disso, a reforma de 2011 acabou revogando também o disposto no até então inconstitucional art. 595 do CPP, o qual afirmava que haveria a deserção da apelação se o condenado fugisse depois de ter recorrido.

Nos termos do art. 596, *caput*, do CPP, na hipótese de sentença absolutória, o réu deverá será colocado imediatamente em liberdade. Consoante o parágrafo único do art. 596 do CPP, a apelação não suspenderá a execução da medida de segurança aplicada provisoriamente.

Segundo o art. 597 do CPP, a apelação possui efeitos devolutivo e suspensivo, salvo fundamentação na sentença em sentido contrário. Não terá, porém, efeito suspensivo na hipótese de o recurso ser oferecido pelo assistente de acusação se o Ministério Público não o ofereceu no prazo que possuía para tanto (art. 598, parágrafo único, do CPP).

O recurso de apelação é interposto em primeiro grau e, em regra, as razões recursais também, mas estas podem ser oferecidas em segundo grau, por força do art. 600, § 4º, do CPP.

O prazo para o oferecimento das contrarrazões é o mesmo daquele destinado ao oferecimento das razões recursais, assim também se o Ministério Público for fiscal da lei. Se houver mais de um apelante ou apelado, o prazo é comum, salvo para o Ministério Público (art. 600, § 3º, CPP).

### 2.5. Julgamento

A apelação é julgada pelo Tribunal a que pertença o órgão que prolatou a decisão recorrida. Em segundo grau, o Ministério Público deve oferecer seu parecer, como fiscal da lei, em regra, em 5 (cinco) dias, salvo se a apelação for interposta das sentenças em processo de contravenção ou de crime a que a lei comine pena de detenção (art. 610, *caput*, do CPP). Nesse parecer, o órgão do Ministério Público oficiante no segundo grau não se vincula à manifestação do órgão ministerial de primeiro grau.

Deve haver ainda a intimação das partes sobre a pauta do julgamento, sob pena de nulidade do feito (Súmula nº 431 do STF). As partes têm o prazo de 10 minutos para sustentação oral, nos termos do art. 610, parágrafo único, do CPP. O julgamento envolve o conhecimento ou não do recurso e, em seguida, o provimento ou não do mesmo.

## 3. RECURSO EM SENTIDO ESTRITO

### 3.1. Noções gerais

Em regra, o recurso em sentido estrito é semelhante ao recurso de agravo no processo civil, cabível contra decisão interlocutória. Entretanto, há casos em que ele é cabível contra sentença. Por isso, o cabimento deste recurso deve ser definido a partir das hipóteses taxativas de cabimento previstas no art. 581 do CPP. Ademais, é nota marcante deste recurso a possibilidade de juízo de retratação (efeito regressivo).

## 3.2. Interposição

Nos termos do art. 586 do CPP, o prazo de interposição do recurso em sentido estrito é de 5 (cinco) dias. Ele pode ser interposto por petição ou termo nos autos (art. 578, *caput*, do CPP). O recorrente pode primeiro interpor o recurso e depois apresentar as razões recursais, no prazo de 2 (dois) dias, consoante estabelecido pelo art. 588, parágrafo único, do CPP.

## 3.3. Hipóteses de cabimento (art. 581 CPP)

As hipóteses de cabimento do recurso em sentido estrito vêm previstas **taxativamente** no art. 581 do CPP, que merece ser detidamente lido.

A respeito deste dispositivo legal, vale destacar que os seus incisos XI, XII, XVII, XIX, XX, XXI, XXII, XXIII e XXIV foram revogados pelo art. 197 da Lei de Execução Penal, sendo cabível, nestas hipóteses, o recurso de **agravo em execução**. Apenas com relação à hipótese prevista no inciso XI é que ainda será possível, em tese, o oferecimento do recurso em sentido estrito, se a decisão ali mencionada for proferida antes do início da execução penal. No entanto, frise-se que se essa mesma decisão for prolatada na sentença condenatória, caberá o recurso de apelação (art. 593, § 4º, do CPP).

▸ **Atenção:**

Não é mais cabível recurso em sentido estrito contra decisão que incluir jurado na lista geral ou dela excluir, como era permitido pelo art. 581, inciso XIV, do CPP, por força da reforma operada pela Lei nº 11.689/08. O prazo de interposição do recurso nesta hipótese era de 20 (vinte) dias (art. 586, parágrafo único, do CPP). Tal recurso não tinha efeito suspensivo e era dirigido ao Presidente do Tribunal de Justiça (art. 582, parágrafo único, do CPP). Agora, contra a lista geral publicada inicialmente em 10 de outubro de cada ano, cabe **reclamação interposta por qualquer do povo** e dirigida ao juiz-presidente do Tribunal do Júri (art. 426, *caput*, do CPP).

## 3.4. Processamento

A regra geral de processamento do recurso em sentido estrito é a de que ele deve ser interposto em primeiro grau e as razões recursais e contrarrazões no Tribunal, salvo, quanto às razões e contrarrazões, nas hipóteses dos incisos V e X do art. 581 do CPP, nas quais tais peças serão oferecidas no juízo de primeiro grau.

Além disso, em regra, o recurso subirá com os autos originais nas hipóteses insculpidas no art. 583, incisos I a III, do CPP. Nas demais hipóteses que não estão ali previstas, ele sobe por instrumento, nos termos do art. 587 do CPP. A esse respeito, o art. 583, parágrafo único, do CPP esclarece que o recurso da pronúncia subirá em traslado, quando, havendo dois ou mais réus, qualquer deles se conformar com a decisão ou todos não tiverem sido ainda intimados da pronúncia.

Também como regra geral, o recurso não tem efeito suspensivo, tendo apenas os efeitos devolutivo e regressivo (juízo de retratação). Terá efeito suspensivo apenas nos casos do art. 584, *caput* e § 3º, do CPP.

O juízo de retratação vem estampado no art. 589, *caput*, do CPP: após as contrarrazões do recorrido (estas e as razões não são obrigatórias para que o recurso suba), o juiz tem o prazo de 2 (dois) dias para se retratar. Nos termos do parágrafo único do art. 589 do CPP, a retratação é cabível apenas uma vez. Em sendo exercido o juízo de retratação, contra ele cabe o recurso previsto em lei (se houver previsão), não cabendo, porém, novo juízo de retratação neste recurso. Tal recurso inclusive subirá independentemente de novos arrazoados.

Por fim, sobreleva destacar que o STF entende que o art. 585 do CPP, que assevera que "O réu não poderá recorrer da pronúncia senão depois de preso, salvo se prestar fiança, nos casos em que a lei admitir", foi revogado tacitamente com o advento da Lei nº 11.689, que alterou a redação do art. 413, § 3º, do CPP.

**▸ Aplicação no STF:**

Consoante entendimento pacificado na Súmula nº 707 do STF, "Constitui nulidade a falta de intimação do denunciado para oferecer contrarrazões ao recurso interposto da rejeição da denúncia, não a suprindo a nomeação de defensor dativo".

### 3.5. Julgamento

Para o julgamento do recurso em sentido estrito, não se aplica o teor do art. 613, inciso I, do CPP, não havendo, pois, a figura do revisor, ao contrário do que ocorre no julgamento da apelação nos casos de crimes punidos com reclusão.

O julgamento cabe ao Tribunal a que está vinculado o juiz monocrático. No Tribunal, deve haver também o parecer do Ministério Público, no prazo de 5 (cinco) dias. O prazo de sustentação oral é de 10 (dez) minutos.

## 4. EMBARGOS DE DECLARAÇÃO

### 4.1. Noções gerais

É o recurso que visa integrar a decisão, a sentença ou o acórdão obscuro, ambíguo, contraditório ou omisso. Ele vem previsto nos artigos 382 e 619 do CPP. É cabível no prazo de 2 (dois) dias e é apresentado perante o mesmo órgão prolator da decisão impugnada.

### 4.2. Interposição

O recurso é interposto por meio de petição dirigida ao mesmo órgão prolator da decisão impugnada. É preciso que o recorrente apresente simultaneamente o recurso e as razões recursais no prazo de 2 (dois) dias.

No entanto, no Juizado Especial Criminal, o prazo para oferecimento deste recurso é de 5 (cinco) dias, sendo que ele pode ser interposto por escrito ou oralmente (art. 83, § 1º, da Lei nº 9.099/95). Aliás, este recurso pode ser oferecido contra sentença ou acórdão que contenha obscuridade, contradição ou omissão, consoante o art. 83, *caput*, da Lei nº 9.099/95, com a redação dada pelo CPC de 2015. Ademais, os embargos interrompem o prazo para o recurso próprio (art. 83, § 2º, da Lei nº 9.099/95, com a redação dada pelo CPC de 2015).

### 4.3. Hipóteses de cabimento

O recurso é cabível contra todo ato judicial com conteúdo decisório eivado de obscuridade, ambiguidade, contradição ou omissão. Por isso, embora os artigos 382 e 620 do CPP apenas falem em sentença ou acórdão, é cabível o recurso também contra decisão interlocutória.

Como já afirmado no item anterior, os embargos de declaração, no Juizado Especial Criminal, podem ser oferecidos contra sentença ou acórdão que contenha obscuridade, contradição ou omissão, consoante o art. 83, *caput*, da Lei nº 9.099/95, com a redação dada pelo CPC de 2015.

Na hipótese de omissão, entende-se que os embargos de declaração podem ser utilizados para fins de prequestionamento da matéria, visando futura interposição de recurso especial ou recurso extraordinário. A esse respeito, vale a pena registrar o teor da Súmula nº 356 do STF: "O ponto omisso da decisão, sobre o qual não foram opostos embargos de declaração, não pode ser objeto de recurso extraordinário, por faltar o requisito do prequestionamento".

Ademais, não é necessária a interposição de embargos de declaração para retificação de mero erro material – essa retificação pode ser feita por simples petição ou mesmo de ofício pelo juiz, a qualquer tempo.

### 4.4. Processamento

O recurso deve ser julgado pelo próprio órgão prolator da decisão recorrida (efeito regressivo). Ele não possui efeito suspensivo. Nesse sentido inclusive é o teor do art. 1.026, *caput*, do Código de Processo Civil de 2015. No entanto, interrompe o prazo para apresentação dos recursos que visem a anulação e/ou a reforma do julgado, por aplicação analógica do art. 538 do Código de Processo Civil de 1973 e do art. 1.026, *caput*, do CPC de 2015.

De outro lado, os embargos declaratórios, no procedimento sumaríssimo do Juizado Especial Criminal, devem ser interpostos no prazo de 5 (cinco) dias, interrompendo o prazo para o oferecimento do recurso próprio.

Esse recurso é tido como via inadequada para a reforma ou reexame do mérito da causa, mas, excepcionalmente, ele possui o **efeito modificativo ou infringente**, que ocorre quando a decisão importar em modificação do julgado por via indireta, como no caso de sentença com fundamentação tendente à absolvição e dispositivo condenatório (contradição) – o saneamento da contradição pode implicar em um dispositivo absolutório.

Em primeiro grau, o recurso é interposto perante o juiz, não havendo abertura de vista para a parte contrária se manifestar, devendo o magistrado de pronto decidir, salvo se houver a possibilidade de incidência do efeito modificativo ou infringente, quando então a parte contrária tem o direito de se manifestar no prazo de 2 (dois) dias, sob pena de violação do contraditório, conforme posição do STF. Em segundo grau, o processamento é semelhante, estando previsto basicamente no art. 620 do CPP.

### 4.5. Julgamento

Caso o órgão prolator da decisão impugnada acolha os embargos de declaração, deverá integrar tal decisão, retificando o vício que a maculava (obscuridade, ambiguidade, contradição ou omissão). A partir da ciência do julgamento dos embargos de declaração é que se passa a contar o prazo para os demais recursos. Entretanto, sendo os embargos evidentemente protelatórios e declarados como tal, o prazo para interposição de outro recurso não se interrompe ou se suspende. Nesse passo, sintomático é o teor do art. 1.026, parágrafo 4º, do CPC de 2015, aplicável por analogia à espécie, segundo o qual "Não serão admitidos novos embargos de declaração se os 2 (dois) anteriores houverem sido considerados protelatórios.". Para que isso ocorra, o juiz deve reconhecer em cada decisão o caráter protelatório dos embargos, sendo que os embargos de declaração opostos em terceiro lugar não terão o poder de evitar o trânsito em julgado da decisão penal.

## 5. EMBARGOS INFRINGENTES E DE NULIDADE

### 5.1. Noções gerais

É recurso que visa atacar decisões proferidas por Tribunais de forma não unânime e que sejam desfavoráveis ao réu. Ele será apreciado pelo mesmo Tribunal prolator da decisão recorrida.

Os embargos podem ser infringentes e/ou de nulidade. Serão apenas infringentes quando a decisão não unânime disser respeito ao mérito da apelação ou do recurso em sentido estrito. Nesse caso, o recurso visa reformar a decisão guerreada. Serão apenas de nulidade quando a matéria impugnada disser respeito à admissibilidade recursal. Nessa hipótese, como a matéria impugnada é tipicamente processual, o objetivo do recurso é promover a sua anulação. As duas situações ora expostas podem ocorrer simultaneamente, quando os embargos serão infringentes e de nulidade.

## 5.2. Interposição (art. 609, parágrafo único, CPP)

São interpostos por petição, que deve estar acompanhada de razões, no prazo de 10 (dez) dias (prazo para interposição e oferecimento das razões recursais, o que deve ser feito simultaneamente), contados a partir da publicação do acórdão – art. 609, parágrafo único, do CPP. Embora não haja previsão legal de oitiva do recorrido, entende-se que deve ser aberta vista à parte contrária para manifestação, no prazo também de 10 (dez) dias.

Ademais, nos termos do art. 609, parágrafo único, parte final, do CPP, se o desacordo for parcial, os embargos serão restritos à matéria objeto de divergência.

## 5.3. Hipóteses de cabimento

Para o cabimento dos embargos infringentes e de nulidade, exige-se que a decisão impugnada não tenha sido unânime, que o voto divergente seja favorável ao réu, que o recurso se atenha à divergência apresentada por este voto, que a decisão tenha sido proferida em sede de apelação ou de recurso em sentido estrito e que ela emane de Tribunal (o que não inclui Turma Recursal de Juizado Especial Criminal).

Registre-se que o CPC de 2015 não prevê mais o cabimento deste mesmo recurso na esfera processual civil. Contudo, tal extinção do recurso não causa qualquer impacto na esfera processual penal, considerando a previsão expressa contida no CPP (art. 609, parágrafo único), a ser mantida em virtude do princípio da especialidade.

Embora os embargos infringentes e de nulidade constituam recurso privativo da defesa, entende-se que o Ministério Público poderá oferecê-los, desde que o faça em favor do réu.

## 5.4. Processamento

Após o oferecimento dos embargos, o recorrido será intimado para, no prazo de 10 (dez) dias, oferecer suas contrarrazões recursais. Após a instrução do recurso, segue-se o rito dos recursos de apelação e em sentido estrito, conforme o caso. Na hipótese de crime punido com reclusão, deve ser seguido o disposto no art. 613 do CPP. Esse recurso não tem efeito suspensivo.

### 5.5. Julgamento

No julgamento dos embargos, é possível que seja seguido o teor do voto vencido ou mantido o teor dos votos vencedores ou ainda que seja acolhida uma terceira alternativa, solução intermediária entre ambos, que constitui o chamado **voto médio** – exemplo: entre o provimento integral e o desprovimento integral do recurso, opta-se por seu provimento parcial. Se, porém, houver empate na votação, deve-se adotar a solução mais favorável ao réu.

## 6. CARTA TESTEMUNHÁVEL

### 6.1. Noções gerais

É o recurso cabível contra "decisão denegatória de recurso ou contra a que impedir o processamento do recurso que, embora admitido, não tenha sido remetido ao tribunal" (TÁVORA; ALENCAR, 2009, p. 776).

Exemplo clássico da segunda hipótese de cabimento acima referida ocorre na seguinte situação: contra o não recebimento da apelação cabe recurso em sentido estrito (art. 581, inciso XV, do CPP) – e contra o não recebimento desse recurso em sentido estrito caberá carta testemunhável. Neste exemplo, inclusive, o recurso poderá permitir que o tribunal julgue o mérito do recurso anterior, caso ele seja devidamente instruído com os documentos imprescindíveis para este desiderato. No entanto, se o recurso não estiver instruído como tais documentos, ele não deixará de ser conhecido – nesse caso, o tribunal dará apenas o efeito de destrancar o recurso anterior, mandando processá-lo (art. 644 do CPP).

### 6.2. Interposição (art. 640 CPP)

Nos termos do art. 640 do CPP, a interposição do recurso é feita por meio de petição, no prazo de 48 (quarenta e oito) horas, contadas da intimação do despacho denegatório do recurso ou da ciência do seu não processamento regular. Juntamente com a petição, o recorrente (chamado de testemunhante) deverá indicar as peças do processo que deverão ser trasladadas.

Esta petição deve ser dirigida ao **escrivão** (se o recurso for interposto em primeiro grau) ou ao **secretário do tribunal** (se interposto em segundo grau).

Consoante o art. 641 do CPP, o escrivão, ou o secretário do tribunal, dará recibo da petição à parte e, no prazo máximo de cinco dias, no caso de recurso no sentido estrito, ou de sessenta dias, no caso de recurso extraordinário, fará entrega da carta, devidamente conferida e concertada.

É de se asseverar ainda que, mesmo intempestiva, a carta testemunhável deverá seguir para o tribunal, pois não compete ao juízo *a quo* o exame da sua admissibilidade, nos termos do art. 642 do CPP.

## 6.3. Hipóteses de cabimento (art. 639 CPP)

A carta testemunhável é um recurso **subsidiário** – o seu cabimento depende da inexistência de outro recurso previsto em lei. Nesse sentido, o art. 639 CPP informa que caberá esse recurso: I – da decisão que denegar recurso; II – da que, admitindo embora o recurso, obstar à sua expedição e seguimento para o juízo *ad quem*.

A hipótese de admissibilidade por excelência da carta testemunhável é o não recebimento do recurso em sentido estrito. Contudo, contra o não recebimento da apelação cabe recurso em sentido estrito, já que há previsão legal expressa para tanto – art. 581, inciso XV, do CPP.

A carta testemunhável pode também ser oferecida contra a denegação do agravo em execução.

## 6.4. Processamento (art. 643 CPP)

O processamento da carta testemunhável vem previsto no art. 643 do CPP: se ela for interposta contra decisão de juiz de primeiro grau, seu processamento será o do recurso em sentido estrito (arts. 588 a 592 CPP). De outro lado, se o recurso for oferecido contra decisão proferida em instância superior, terá o mesmo processamento do recurso denegado, consoante o art. 645 do CPP.

Ademais, a carta testemunhável **possui efeitos devolutivo e regressivo – não tem efeito suspensivo**, consoante o art. 646 do CPP. O efeito regressivo ocorrerá na hipótese de ele ser processado como se recurso em sentido estrito fosse (quando é interposto contra decisão de primeiro grau).

## 6.5. Julgamento

Se a carta testemunhável for processada como recurso em sentido estrito, são aplicáveis os artigos 609 a 618 do CPP (em primeiro grau). No segundo grau, se o recurso estiver corretamente instruído, será possível inclusive o julgamento do mérito do outro recurso (art. 644 do CPP).

## 7. RECURSO ORDINÁRIO CONSTITUCIONAL

O recurso ordinário constitucional (ROC) é o recurso com hipóteses de cabimento expressamente previstas na Constituição Federal, que guarda simetria com a apelação, mas que será julgado pelo STF ou STJ, a depender do caso (AVENA, 2009, p. 1122).

Nesse sentido, tem-se que o que há de mais relevante a respeito deste recurso são justamente as suas hipóteses de cabimento, previstas nos artigos 102, inciso II, alíneas "a" e "b" (quando dirigidos ao STF), e 105, inciso II, alíneas "a" e "b" (quando dirigidos ao STJ), da Constituição Federal.

Assim, é possível o **oferecimento deste recurso no STF** nas seguintes situações:

A) *Contra as decisões proferidas em habeas corpus e mandado de segurança, em única instância por Tribunais Superiores, se denegatórias (art. 102, inciso II, alínea "a", CF)*: As decisões concessivas proferidas nestes processos não permitem o manejo deste recurso. Além disso, as decisões denegatórias devem ser proferidas por Tribunais Superiores (em única instância). O prazo para oferecimento deste recurso perante o STF, em qualquer situação, é sempre de **5 (cinco) dias**, nos termos da Súmula nº 319 do STF.

B) *Contra a sentença do juiz federal de primeiro grau que julgar o crime político (art. 102, inciso II, alínea "b", CF)*: Nesta hipótese, contra tal sentença não caberá o recurso de apelação e sim o recurso ordinário constitucional, que é dirigido diretamente ao STF. O prazo de interposição deste recurso é de **5 (cinco) dias**. O rito a ser seguido é o da apelação do Código de Processo Penal (artigos 593 e seguintes).

De outro lado, o recurso em comento será **dirigido ao STJ** nestas hipóteses:

A) *Contra as decisões proferidas em habeas corpus decididos em única ou última instância pelos Tribunais Regionais Federais ou pelos tribunais dos Estados, do Distrito Federal e Territórios, quando a decisão for denegatória (art. 105, inciso II, alínea "a", CF)*: A decisão aqui deve ter sido proferida por Tribunais Regionais Federais ou tribunais dos Estados, do Distrito Federal e Territórios (em única ou última instância), ao contrário da hipótese de cabimento deste recurso para o STF, em que a decisão deve ter sido proferida por Tribunal Superior (em única instância). Todavia, igualmente se exige que a decisão seja denegatória. O prazo de oferecimento do recurso é de **5 (cinco) dias**, prazo dentro do qual, além da interposição do mesmo, devem ser apresentadas as razões recursais. O rito a ser aplicado é o previsto nos arts. 30 a 32 da Lei nº 8.038/90.

B) *Contra as decisões proferidas em mandados de segurança decididos em única instância pelos Tribunais Regionais Federais ou pelos tribunais dos*

*Estados, do Distrito Federal e Territórios, quando denegatória a decisão (art. 105, inciso II, alínea "b", CF)*: A hipótese é semelhante àquela acima indicada, com a única diferença de que a decisão é proferida em mandado de segurança. Aliás, essa diferença faz com que o recurso, nesta hipótese, deva ser interposto no prazo de **15 (quinze) dias**, prazo dentro do qual também devem ser oferecidas as razões recursais (art. 33 da Lei nº 8.038/90, art. 508 do CPC de 1973 e art. 1.003, parágrafo 5º, do CPC de 2015). Além disso, o rito a ser seguido é o da apelação do Código de Processo Civil (artigos 513 e seguintes do CPC de 1973 e artigos 1.009 e seguintes do CPC de 2015), nos termos do art. 34 da Lei nº 8.038/90.

## 8. RECURSO ESPECIAL E RECURSO EXTRAORDINÁRIO

Ambos os recursos têm fundamentação vinculada, já que as suas hipóteses de cabimento estão previstas na Constituição Federal. Em apertada síntese, pode-se afirmar que estes recursos guardam diferenças apenas quanto à espécie de norma violada pela decisão impugnada (o recurso especial envolve violação a direito infraconstitucional, enquanto que o recurso extraordinário diz respeito a violação à Constituição Federal) e quanto órgão competente para julgá-los (o recurso especial é julgado pelo STJ e o recurso extraordinário pelo STF).

Nesse sentido, as **hipóteses de cabimento do recurso extraordinário** estão previstas no art. 102, inciso III, alíneas "a", "b", "c" e "d", da Constituição Federal. Caberá, pois, este recurso contra a decisão proferida em única ou última instância que: 1) contrariar dispositivo da Constituição Federal; 2) declarar a inconstitucionalidade de tratado ou de lei federal; 3) julgar válida lei ou ato de governo local contestado em face da Constituição Federal; 4) julgar válida lei local contestada em face de lei federal.

Além disso, para o cabimento do recurso extraordinário, exige-se que o recorrente demonstre a **repercussão geral** das questões constitucionais discutidas no caso, nos termos da lei, a fim de que o Tribunal examine a admissão do recurso, somente podendo recusá-lo pela manifestação de dois terços de seus membros (art. 102, § 3º, da Constituição Federal). Cuida ainda da repercussão geral o art. 1.035 do CPC de 2015, destacando-se a previsão de que o STF, em decisão irrecorrível, não conhecerá do recurso extraordinário quando a questão constitucional nele versada não tiver esta repercussão (*caput*), para a qual será considerada a existência ou não de questões relevantes do ponto de vista econômico, político, social ou jurídico que ultrapassem os interesses subjetivos do processo (§ 1º) – interesse *ultra partes* ou *erga omnes* –, havendo repercussão geral sempre que o recurso impugnar acórdão que (§ 3º) contrarie súmula ou jurisprudência dominante do STF (I); tenha reconhecido a inconstitucionalidade de tratado ou de lei federal, nos termos do art. 97 da Constituição Federal (III).

Já as **hipóteses de cabimento do recurso especial** estão indicadas no art. 105, inciso III, alíneas "a", "b" e "c", da Constituição Federal. Caberá, pois, este recurso, contra a decisão proferida em única ou última instância pelos Tribunais Regionais Federais ou Tribunais dos Estados, do Distrito Federal e Territórios que: 1) contrariar tratado ou lei federal, ou negar-lhes vigência; 2) julgar válido ato de governo local contestado em face de lei federal; 3) der a lei federal interpretação divergente da que lhe haja atribuído outro tribunal.

Quanto à hipótese de cabimento do recurso especial estampada no art. 105, inciso III, alínea "a", é digna de registro a Súmula nº 518 do STJ, segundo a qual *"Para fins do art. 105, III, a, da Constituição Federal, não é cabível recurso especial fundado em alegada violação de enunciado de súmula."*.

O processamento dos dois recursos vinha previsto nos arts. 26 a 29 da Lei nº 8.038/90, os quais, no entanto, foram expressamente revogados pelo art. 1.072, inciso IV, do Código de Processo Civil de 2015, estando atualmente a matéria disciplinada nos artigos 1.029 e seguintes da novel legislação processual civil.

Desse modo, de acordo com o regramento do CPC de 2015, ambos os recursos são interpostos da mesma forma: por petição, acompanhada das razões recursais, no prazo de 15 (quinze) dias (art. 1.003, parágrafo 5º, CPC/2015), dirigida ao presidente ou o vice-presidente do tribunal *a quo* - art. 1.029, *caput*, CPC/2015 –, que irá proferir o primeiro juízo de admissibilidade recursal (art. 1.030, inciso V, do CPC/2015, já com a redação dada pela Lei nº 13.256/2016), após a oitiva do recorrido no prazo de 15 dias - art. 1.030, *caput*, do CPC/2015), embora as razões recursais devam ser endereçadas ao STF (recurso extraordinário) ou STJ (recurso especial). Admitido o recurso extraordinário ou o recurso especial, o STF ou o STJ julgará o processo, aplicando o direito (art. 1.034, *caput*, CPC/2015).

Os dois recursos devem ser recebidos apenas no efeito devolutivo, **não possuindo efeito suspensivo** (art. 637 do CPP). Contudo, noticie-se que o CPC de 2015, em seu art. 1.029, parágrafo 5º, já com a redação dada pela Lei nº 13.256/2016, assevera que o pedido de concessão de efeito suspensivo a recurso extraordinário ou a recurso especial poderá ser formulado por requerimento dirigido ao tribunal superior respectivo, no período compreendido entre a publicação da decisão de admissão do recurso e sua distribuição, ficando o relator designado para seu exame prevento para julgá-lo (I); ao relator, se já distribuído o recurso (II); ao presidente ou ao vice-presidente do tribunal recorrido, no período compreendido entre a interposição do recurso e a publicação da decisão de admissão do recurso, assim como no caso de o recurso ter sido sobrestado, nos termos do art. 1.037 (III).

Frise-se ainda que é **requisito de admissibilidade** dos dois recursos a realização do **prequestionamento** da matéria a ser objeto de debate dos mesmos. É também **requisito de admissibilidade** o **esgotamento das vias recursais**.

Acrescente-se também que os dois recursos não podem se prestar para o reexame da matéria fática, nem mesmo de nova apreciação do conteúdo probatório, afinal de contas eles não são um segundo recurso de apelação. A sua finalidade, portanto, é tão somente tutelar o direito federal (recurso especial – vide Súmula nº 07 do STJ) ou o direito constitucional (recurso extraordinário – vide Súmula nº 279 do STF).

▸ **Atenção:**

Na vigência do Código de Processo Civil de 1973, não admitido o recurso extraordinário ou o recurso especial, cabia agravo nos próprios autos, no prazo de 5 (cinco) dias, conforme previsão do art. 544, *caput*, deste Código, com a redação dada pela Lei nº 12.322/10, c/c art. 28 da Lei nº 8.038/90 e Súmula nº 699 do STF. Com o Código de Processo Civil de 2015, contra a decisão de inadmissibilidade proferida com fundamento no inciso V do art. 1.030 caberá agravo em recurso especial e em recurso extraordinário, no prazo de 15 (quinze) dias (art. 1.003, § 5º), com fundamento em seu art. 1.042 (art. 1.030, § 1º, com a redação dada pela Lei nº 13.256/2016). Desse modo, resta superada parcialmente a Súmula nº 699 do STF. Ademais, asseverava o art. 545 do CPC de 1973, também com a redação dada pela Lei nº 12.322/10, que da decisão do relator que não conhecesse do agravo, negasse-lhe provimento ou decidisse, desde logo, o recurso não admitido na origem, caberia agravo, no prazo de 5 (cinco) dias, ao órgão competente, observado o disposto nos §§ 1º e 2º do art. 557 do Código. A partir do CPC de 2015, contra a decisão proferida pelo relator de denegação do agravo caberá agravo interno (inominado ou regimental) para o respectivo órgão colegiado, observadas, quanto ao processamento, as regras do regimento interno do tribunal (art. 1.021, *caput*), no prazo de 15 (quinze) dias (art. 1.003, § 5º). Além disso, contra as decisões do presidente ou vice-presidente do tribunal recorrido previstas no art. 1.030, incisos I e III, caberá também agravo interno, nos termos do art. 1.021 (art. 1.030, § 2º, com a redação dada pela Lei nº 13.256/2016). Contudo, noticie-se que o STF e o STJ entendem que o agravo interposto contra decisão monocrática do Ministro Relator de um desses tribunais em recursos ou ações originárias que versem sobre matéria penal ou processual penal não obedece as regras do CPC/2015, daí porque não se aplica o prazo de interposição de 15 (quinze) dias previsto no art. 1.070 deste Código, incidindo o prazo de 5 (cinco) dias estabelecido no art. 39 da Lei nº 8.038/90, bem como o prazo (de 5 dias) é contado em dias corridos, consoante prevê o art. 798 do CPP, não se aplicando a regra de contagem em dias úteis do art. 219 do CPC/2015 (STF, HC nº 134554, Rel. Min. Celso de Mello, julgado em 10/06/2016, Informativo 830; STJ, Terceira Seção, AgRg na Rcl 30.714/PB, Rel. Min. Reynaldo Soares da Fonseca, julgado em 27/04/2016).

## 9. AGRAVO EM EXECUÇÃO

O agravo em execução é o recurso cabível para atacar decisões proferidas na **execução penal**, tais como aquelas relacionadas à progressão do regime de cumprimento de pena, livramento condicional, saída temporária etc.

Esse recurso encontra previsão legal no art. 197 da Lei de Execução Penal (Lei nº 7.210/84). Tal dispositivo legal foi o responsável pela revogação dos incisos

XI, XII, XVII, XIX, XX, XXI, XXII, XXIII e XXIV do art. 581 do CPP, para os quais passa a ser cabível o agravo em execução em lugar do recurso em sentido estrito. Apenas com relação à hipótese prevista no inciso XI é que ainda será possível, em tese, o oferecimento do recurso em sentido estrito, se a decisão ali mencionada for proferida antes do início da execução penal. No entanto, frise-se que se essa mesma decisão for prolatada na sentença condenatória, caberá o recurso de apelação (art. 593, § 4º, do CPP).

Ele deve ser interposto por petição ou termo nos autos, no prazo de 5 (cinco) dias, consoante determina a Súmula nº 700 do STF. O agravo em execução **possui o efeito regressivo (juízo de retratação)**, mas **não possui efeito suspensivo**. Quanto ao processamento e ao julgamento, são aplicadas as mesmas regras do rito do recurso em sentido estrito, conforme posição do STF.

# CAPÍTULO XIX

# Ações autônomas de impugnação

## 1. NOÇÕES GERAIS

As ações autônomas de impugnação são ações cabíveis contra decisões criminais condenatórias já com trânsito em julgado (diferente dos recursos, que só podem ser interpostos se a decisão ainda não transitou em julgado) ou contra as quais não haja previsão de recurso (sucedâneas de recursos).

São três as espécies de ações autônomas de impugnação: revisão criminal, *habeas corpus* e mandado de segurança em matéria criminal.

## 2. REVISÃO CRIMINAL

### 2.1. Noções gerais

A revisão criminal é a ação autônoma de impugnação que visa reexaminar sentença condenatória ou decisão condenatória proferida por tribunal já transitada em julgado.

Funciona a revisão criminal no processo penal à semelhança do que ocorre no processo civil com a ação rescisória, pois é seu objetivo precípuo a desconstituição da coisa julgada material. Todavia, no processo penal, a revisão criminal somente pode ser oferecida **em favor do réu**, em proteção ao seu estado de liberdade, atendendo ao *favor rei* e à verdade real, não sendo possível, portanto, o manejo desta ação *pro societate*.

Como já afirmado alhures, o objetivo desta ação é atacar sentença ou decisão de tribunal que contém vício de procedimento ou de julgamento. Por conta disso, ela envolve tanto o *judicium rescindens* como o *judicium rescisorium*, implicando sempre em uma decisão constitutiva negativa, caso seja julgada procedente.

Nesse sentido, esclarece-se que o *judicium rescindens* ocorre por conta de um *error in procedendo* (erro de procedimento), o que anulará a decisão impugnada e submeterá o acusado a novo julgamento, não podendo este último, porém, ser mais gravoso do que o primeiro julgamento, em uma espécie de aplicação do princípio da *Ne Reformatio in Pejus*). O *judicium rescindens* pode ocorrer isolada ou cumulativamente com o *judicium rescisorium*, o qual se opera quando há um *error in judicando* (erro no julgamento), possibilitando que o tribunal, de plano, exare "a decisão absolutória ou condenatória mais benéfica ao acusado, em substituição da rescindida" (TÁVORA; ALENCAR, 2009, p. 920). O *judicium rescisorium* somente poderá ser proferido se houver pedido expresso da parte autora nesse sentido. Em sendo ele reconhecido, também a decisão a ser proferida necessariamente será mais benéfica ao acusado.

O art. 626, *caput*, do CPP apresenta com maiores detalhes e de forma mais concreta as consequências possíveis do julgamento procedente da revisão criminal: 1) alteração da classificação da infração; 2) absolvição do réu; 3) modificação da pena; 4) anulação do processo. Ademais, de qualquer maneira, não poderá ser agravada a pena imposta pela decisão revista (art. 626, parágrafo único, do CPP).

## 2.2. Hipóteses de cabimento (arts. 621 e 622 CPP)

As hipóteses de cabimento da revisão criminal vêm previstas no art. 621 do CPP, que merece ser lido na íntegra. O rol estampado nesse dispositivo legal é **taxativo**, motivo pelo qual é não é possível o oferecimento de revisão criminal contra sentença absolutória ou que reconheça a prescrição.

De outro lado, há de se ressaltar que esta ação de impugnação pode ser oferecida contra qualquer espécie de decisão condenatória, inclusive aquela proferida no Tribunal do Júri, sem que isso implique em violação do princípio constitucional da soberania dos veredictos.

Ademais, não há qualquer prazo previsto em lei para o oferecimento da revisão criminal, nos termos do art. 622, *caput*, do CPP. Para seu cabimento, como pressuposto lógico, exige-se apenas o trânsito em julgado da decisão penal condenatória.

De qualquer forma, com base no art. 622, parágrafo único, do CPP, "Não será admissível a reiteração do pedido, salvo se fundado em novas provas".

## 2.3. Legitimidade *ad causam* (art. 623 CPP)

A legitimidade ***ad causam*** ativa para o oferecimento da revisão criminal vem prevista no art. 623 do CPP, segundo o qual "A revisão poderá ser pedida pelo próprio réu ou por procurador legalmente habilitado ou, no caso de morte do réu, pelo cônjuge, ascendente, descendente ou irmão". Com relação a esta última hipótese (morte do réu), deve-se incluir também o companheiro, em interpretação progressiva do dispositivo legal.

Noutro giro, embora não haja previsão legal nesse sentido, entende-se que a legitimidade ***ad causam*** passiva é do Estado ou da União, a depender do órgão jurisdicional que prolatou a decisão impugnada.

## 2.4. Competência

A competência para o julgamento da revisão criminal é sempre de tribunal. Ela vem prevista expressamente na Constituição Federal: artigo 102, I, "j" (STF tem competência para processar e julgar originariamente as revisões criminais contra os seus julgados); artigo 105, I, "e" (STJ tem competência para processar e julgar originariamente as revisões criminais contra os seus julgados); artigo 108, I, "b" (Tribunais Regionais Federais têm competência para processar e julgar revisões criminais contra os seus julgados e as sentenças condenatórias transitadas em julgados dos juízes federais a eles vinculados).

Com relação ao último caso acima indicado (competência dos Tribunais Regionais Federais), com fincas no princípio da simetria e de acordo com as constituições estaduais e as leis de organização judiciária (art. 125, § 1º, da Constituição Federal), compete aos Tribunais de Justiça processar e julgar originariamente revisões criminais contra os seus julgados e dos seus juízes de direito a eles vinculados.

## 2.5. Forma de propositura e rito (arts. 625 e 628 CPP)

A revisão criminal deve ser proposta mediante petição, encaminhada ao tribunal competente, contendo requerimento "instruído com a certidão de haver passado em julgado a sentença condenatória e com as peças necessárias à comprovação dos fatos arguidos" (art. 625, § 1º, do CPP). Ressalte-se que esta ação tem **fundamentação vinculada**, motivo pelo qual a petição inicial deve se referir necessariamente a uma das hipóteses de cabimento previstas no art. 621 do CPP.

O rito de tramitação da revisão criminal é o rito especial previsto no art. 625, *caput* e parágrafos 2º a 5º, do CPP, que merece ser lido na íntegra. Registre-se ainda que normas complementares para o processo e julgamento das revisões criminais são estipuladas nos regimentos internos e leis de organização judiciária, consoante o art. 628 do CPP.

## 2.6. Sucessores (art. 631 CPP)

Se o acusado falecer no curso da ação, esta não é suspensa para habilitação dos sucessores, devendo o presidente do tribunal nomear curador para a defesa, nos termos do art. 631 CPP, sendo possível, entretanto, que os sucessores ingressem na ação a qualquer tempo.

## 2.7. Julgamento e indenização (arts. 626, 627, 629 e 630 CPP)

Consoante o art. 626, *caput*, do CPP, julgando procedente a revisão, o tribunal poderá alterar a classificação da infração, absolver o réu, modificar a pena ou anular o processo. De qualquer maneira, não poderá ser agravada a pena imposta pela decisão revista (art. 626, parágrafo único, do CPP), o que constitui hipótese de aplicação do princípio da proibição da *reformatio in pejus* indireta.

Se o julgamento da revisão criminal implicar em absolvição do réu, todos os direitos por ele perdidos serão restaurados, devendo o tribunal, se for o caso, impor a medida de segurança cabível (art. 627 do CPP). Ainda nesta hipótese, "À vista da certidão do acórdão que cassar a sentença condenatória, o juiz mandará juntá-la imediatamente aos autos, para inteiro cumprimento da decisão" (art. 629 do CPP).

Ademais, é possível cumular o pedido de **indenização por erro judiciário**, a ser reconhecido pelo tribunal, nos termos do art. 630, *caput*, do CPP. Exige-se pedido expresso da parte para que o tribunal possa reconhecer esse direito à indenização. Essa indenização deverá ser liquidada no juízo cível (art. 630, § 1º, do CPP). A indenização é de responsabilidade da União, caso o órgão prolator da decisão pertença à justiça federal ou à justiça do Distrito Federal, ou do Estado, se o órgão prolator da decisão pertence à justiça estadual (art. 630, § 1º, do CPP).

A indenização, porém, não será devida nas hipóteses do § 2º do art. 630 CPP: a) se o erro ou a injustiça da condenação proceder de ato ou falta imputável ao próprio impetrante, como a confissão ou a ocultação de prova em seu poder; b) se a acusação houver sido meramente privada.

# 3. *HABEAS CORPUS*

## 3.1. Noções gerais

O *habeas corpus* é uma ação autônoma de impugnação, de caráter penal, que visa proteger a liberdade de locomoção quando ameaçada ou violada por ilegalidade ou abuso de poder.

Ele é previsto como garantia fundamental no art. 5º, inciso LXVIII, da Constituição Federal, que se liga a outra garantia, a liberdade de locomoção (art. 5º, inciso XV, da Constituição Federal). Nesse sentido também é o art. 647 do CPP.

O *habeas corpus* pode ser **preventivo** (quando a privação da liberdade estiver prestes a se concretizar) ou **repressivo** (quando a privação da liberdade de locomoção já tiver ocorrido - é o *habeas corpus* liberatório).

Diante da essência do instituto, são aplicados os princípios da **celeridade** (qualquer do povo pode impetrar, mesmo sem advogado), **gratuidade** (o impetrante não necessita recolher custas processuais) e **informalidade** (não há forma previamente definida).

A jurisprudência tem indicado a possibilidade de utilização deste instituto como **sucedâneo recursal** (nesse caso, terá caráter nitidamente constitutivo), em situações em que não há a previsão legal de oferecimento de recurso, a exemplo do que ocorre na decisão de recebimento da denúncia ou queixa no procedimento comum. Isso somente será possível **se a pena a ser aplicada for privativa de liberdade** - se a decisão condenatória aplica pena de multa ou se a infração penal prevê como única pena a pena pecuniária, não caberá o *habeas corpus*, em conformidade com a **Súmula nº 693 do STF**, cabendo mandando de segurança em matéria criminal.

É possível também a utilização do *habeas corpus* **após o trânsito em julgado de sentença condenatória**, desde que a condenação seja equivocada e haja prova pré-constituída disso, lembrando que o rito será mais célere do que o rito da revisão criminal.

No entanto, esclareça-se que o STF, no julgamento paradigmático proferido nos autos do HC nº 109.956/PR, decidiu que o *habeas corpus* não poderia ser utilizado como substitutivo do recurso ordinário constitucional para atacar decisões proferidas em *habeas corpus*, em única instância por Tribunais Superiores, se denegatórias (art. 102, II, "a", CF). Essa postura assumida pelo Pretório Excelso visa essencialmente dar efetividade às normas previstas no art. 102, II, "a", da Constituição Federal e aos artigos 30 a 32 da Lei nº 8.038/90. O STJ, seguindo essa orientação do STF, também entende que o *habeas corpus* não pode ser utilizado como substitutivo do recurso ordinário constitucional para atacar as decisões mencionadas no art. 105, inciso II, alínea "a", da Constituição Federal. Ambos os tribunais ainda entendem que o *habeas corpus* não pode ser utilizado como sucedâneo da apelação, do agravo em execução, do recurso especial e da revisão criminal.

Nada impede, entretanto, que o STF e o STJ, quando do manejo inadequado do *habeas corpus* como substitutivo, analisem a questão de ofício em casos de flagrante ilegalidade, abuso de poder ou teratologia.

Registre-se também que o *habeas corpus* pode ser usado para **trancar inquérito policial ou ação penal**, se houver ameaça ou violação à liberdade do agente (desde que não haja previsão de recurso contra a decisão que ameaça ou viola o direito de liberdade), como no caso de faltar **justa causa**, a exemplo de um fato ser manifestamente atípico.

Por fim, frise-se que a jurisprudência admite a formulação de **pedido liminar** desse *writ*, embora não haja previsão legal expressa a esse respeito. O resultado do *habeas corpus* implica em uma ordem judicial, seja de alvará de soltura (se repressivo), seja salvo conduto (se preventivo).

## 3.2. Hipóteses de cabimento (arts. 647 e 648 CPP)

A **causa de pedir** da ação de *habeas corpus* é a **violação ou ameaça de violação à liberdade de ir e vir do indivíduo**, nos termos do art. 5º, inciso LXVIII, da Constituição Federal e do art. 647 do CPP.

Nesses termos, ele pode ser **preventivo** (se há ameaça à liberdade) ou **repressivo ou liberatório** (se há violação à liberdade). Há também o *habeas corpus* **suspensivo**, que é aquele a ser impetrado quando já existe constrangimento ilegal, mas o sujeito ainda não foi preso. Nesse caso, haverá um contramandado da prisão.

Ademais, o art. 648 do CPP evidencia as hipóteses nas quais é considerada ilegal, merecendo ser lido na íntegra.

Por fim, indique-se a necessidade de prova **pré-constituída** para a impetração do *habeas corpus*, a qual é ônus do impetrante, em consonância com a Súmula nº 692 do STF, não se admitindo, pois, dilação probatória nesta espécie de ação.

## 3.3. Transgressão disciplinar (art. 647 CPP)

As transgressões disciplinares são as infrações administrativas previstas nos regulamentos disciplinares militares. Implicam em penas de advertência, detenção ou prisão, nestes dois últimos casos havendo interferência no direito de liberdade, o que permitiria o manejo do *habeas corpus*.

Não obstante, o CPP, no seu art. 647, veda a interposição do remédio constitucional nos casos de punição disciplinar (caberia mandado de segurança em matéria criminal). Contudo, a Constituição Federal não faz essa restrição no art. 5º, inciso LXVIII (apenas no seu art. 142, § 2º). Em razão disso, a doutrina sustenta a possibilidade de utilização do *habeas corpus* em caso de transgressão disciplinar desde que ela implique em restrição à liberdade, ou seja, desde que as punições aplicadas sejam de detenção ou prisão (não de advertência).

Além disso, de acordo com a jurisprudência do STJ, o *habeas corpus*, na hipótese em testilha, não pode adentrar na análise do mérito da sanção aplicada, apenas na regularidade formal do ato (HC 80852/RS).

## 3.4. Competência (art. 650 CPP)

Se o *habeas corpus* é interposto contra ato de delegado de polícia, é o juiz de 1º grau a autoridade competente para processá-lo e julgá-lo. Se, no entanto, é oferecido contra ato de juiz, é o Tribunal a que ele se vincula o órgão competente.

Há ainda normas específicas de competência previstas na Constituição Federal: art. 102, inciso II, alíneas "a" e "d" (competência do STF); art. 105, incisos I, alínea "c", e II, alínea "a" (competência do STJ); art. 108, inciso I, alíneas "d", e II (competência do TRF); art. 109, inciso VII (competência do juiz federal) – todas essas competências são taxativas.

O CPP também regula a matéria no seu art. 650, que merece ser lido.

## 3.5. Legitimidades ativa e passiva

Há 3 (três) sujeitos processuais envolvidos:

- **Impetrante**: É quem intenta a ação penal. Pode ser qualquer do povo, pessoa física ou jurídica, inclusive o Ministério Público, não se exigindo a atuação de advogado – art. 654, *caput*, do CPP. O *habeas corpus* pode ser concedido também de ofício pelo juiz ou tribunal, o que implica em relaxamento da prisão, sendo exceção ao princípio da inércia – art. 654, § 2º, do CPP. Registre-se que a sentença concessiva de *habeas corpus* está submetida ao recurso de ofício – art. 574, inciso I, do CPP.
- **Paciente**: É o beneficiado pelo *habeas corpus*. Pode coincidir com o impetrante. Não pode, porém, ser pessoa jurídica, pois ela não está sujeita à pena privativa de liberdade. Nesse caso, caberá mandado de segurança em matéria criminal.
- **Impetrado**: É a parte passiva da ação, responsável pelo ato ilegal. Não precisa ser necessariamente autoridade, exigência privativa do mandado de segurança. Assim, o impetrado pode ser, por exemplo, um particular. O *habeas corpus* pode ser interposto ainda contra ato de Juízo cível, nas prisões cíveis do devedor de pensão alimentícia, apesar de ser cabível o recurso de agravo.

### 3.6. Forma de propositura (art. 654, § 1º, CPP)

Pela natureza do instituto, o *habeas corpus* tem forma livre de propositura, podendo ser por escrito (digitado, datilografado ou mesmo escrito de próprio punho em qualquer espécie de papel) ou até oral. Ademais, pode ser interposto também por telegrama, radiograma, telex, telefone e *e-mail*.

Em sendo escrito, a petição inicial deverá cumprir os requisitos previstos no art. 654, § 1º, do CPP, que merece ser lido na íntegra.

### 3.7. Rito processual (arts. 655 a 664 CPP)

O rito do *habeas corpus* é aquele previsto no Código de Processo Penal, artigos 655 a 664, que merecem ser lidos. Por conta disso, se ele for interposto nos Tribunais, não se aplica o disposto na Lei nº 8.038/90.

O rito deve ser sumário. Vale ressaltar que é possível a concessão de medida liminar, com ou sem a oitiva prévia do coator, mesmo sem previsão legal expressa nesse sentido.

Em seguida, a autoridade julgadora poderá requisitar as informações do coator por escrito (art. 662 do CPP). Por fim, frise-se que o julgamento do *habeas corpus* tem prioridade em relação a todos os outros – art. 664 do CPP.

### 3.8. Julgamento

Vem previsto basicamente no art. 660 do CPP, que merece ser lido.

## 4. MANDADO DE SEGURANÇA EM MATÉRIA CRIMINAL

### 4.1. Noções gerais

Nos termos do art. 5º, inciso LXIX, da Constituição Federal, o mandado de segurança é a ação autônoma de impugnação cabível para proteger direito líquido e certo, não amparado por *habeas corpus* ou *habeas data*, quando o responsável pela ilegalidade ou abuso de poder for autoridade pública ou agente de pessoa jurídica no exercício de atribuições do Poder Público. Verifica-se, desde logo, que, ao contrário do que ocorre com o *habeas corpus*, o mandado de segurança exige a prática de ato de autoridade pública ou de agente de pessoa jurídica no exercício de função pública. Ademais, constata-se que o *mandamus* tem **caráter subsidiário**, ou seja, é cabível sempre que não couber *habeas corpus* (principalmente se o crime não trouxer previsão de pena privativa de liberdade) ou *habeas data*.

O mandado de segurança terá ainda cabimento sempre que não for admitido recurso – **sucedâneo recursal**. A esse respeito, deve-se registrar que a Súmula nº 267 do STF assevera que não cabe mandado de segurança contra ato judicial passível de recurso ou correição; já o art. 5º, inciso II, da Lei nº 12.016/09 dispõe que não cabe mandado de segurança quando se tratar de decisão judicial da qual caiba recurso com efeito suspensivo.

Ele pode ser impetrado de forma **preventiva** (quando há ameaça a direito líquido e certo) ou **repressiva** (quando há violação a direito líquido e certo).

O regramento do mandado de segurança atualmente está previsto na Lei nº 12.016/09, que revogou a Lei nº 1.533/51. O citado diploma legal traz um procedimento de tramitação simplificado. Possui **cognição sumária**, no sentido de que, no seu curso, é apurada apenas a violação ou ameaça a violação de direito líquido e certo por ato ilegal ou arbitrário de autoridade ou de pessoa no exercício de função pública, verificável tão somente com base em provas documentais (**pré-constituídas**). Admite-se a formulação de **pedido liminar** desse *writ*.

## 4.2. Hipóteses de cabimento

Em linhas gerais, verifica-se que, para o cabimento do mandado de segurança, deve haver ameaça ou violação a direito líquido e certo, não amparado por *habeas corpus* ou por *habeas data*, por ato (comissivo ou omissivo) ilegal ou arbitrário de autoridade ou de pessoa no exercício de função pública.

Além disso, a ameaça ou a violação a direito líquido e certo deve encontrar respaldo em prova pré-constituída (prova documental), sob pena de denegação da segurança, o que, todavia, não impede o oferecimento de novo mandado de segurança (art. 6º, § 6º, da Lei nº 12.016/09) ou a utilização das vias ordinárias (art. 19 da Lei nº 12.016/09), desde que, em ambos os casos, não tenha ocorrido o julgamento do mérito da causa.

Ademais, não cabe o *mandamus* contra lei em tese (Súmula nº 266 do STF), contra ato judicial passível de recurso ou de correição (Súmula nº 267 do STF) nem contra decisão com trânsito em julgado (Súmula nº 268 do STF e art. 5º, inciso III, da Lei nº 12.016/09). O art. 5º da Lei nº 12.016/09 também evidencia as hipóteses nas quais não é cabível o mandado de segurança: I – ato do qual caiba recurso administrativo com efeito suspensivo, independentemente de caução; II – decisão judicial da qual caiba recurso com efeito suspensivo; III – decisão judicial transitada em julgado. Contudo, ele pode ser utilizado como sucedâneo recursal (se não houver previsão de recurso contra determinada decisão).

Certo é que, com supedâneo na Súmula nº 604 do STJ, *"O mandado de segurança não se presta para atribuir efeito suspensivo a recurso criminal interposto pelo Ministério Público.*". Para alcançar esta finalidade, o *Parquet* poderá se valer de uma medida cautelar (inominada), algo costumeiro, na prática, em sede de recurso especial e de recurso extraordinário.

É possível ainda o manejo da ação para o **trancamento de inquérito policial ou ação penal,** se o crime não for punido com pena privativa de liberdade, bem como se envolver pessoa jurídica (pois ela não está sujeita à pena privativa de liberdade).

Para a interposição do mandado de segurança, deve ser respeitado o prazo decadencial de 120 (cento e vinte) dias.

## 4.3. Competência

Se o ato impugnado for praticado por delegado de polícia, é competente para julgamento do mandado de segurança o magistrado singular. Entretanto, se o ato foi praticado pelo próprio juiz, a competência é do Tribunal a que ele está vinculado.

Ademais, outras hipóteses relacionadas à competência para julgamento do mandado de segurança estão previstas na Constituição Federal, artigos 102, inciso I, alínea "d" (competência do STF), 105, inciso I, alínea "b" (competência do STJ), 108, inciso I, alínea "c" (competência do TRF). Pelo princípio da simetria, as mesmas regras disciplinadas nos dispositivos constitucionais acima referidos devem ser aplicadas nas Justiças Eleitoral, Militar e dos Estados, sendo que, para esta última, a competência é residual.

## 4.4. Legitimidades ativa e passiva

No polo ativo, figura o **impetrante**, que é aquele quem sofre a violação ou ameaça de violação de direito líquido e certo, podendo ser pessoa física ou jurídica. Pode ser o acusado, querelante, defensor, ofendido (assistente de acusação) e o Ministério Público (que tem legitimidade para oferecer o *mandamus* tanto para garantir a aplicação da lei processual penal, mesmo que não beneficie o réu, como para tutelar interesse deste último). Ao contrário do que ocorre com o *habeas corpus*, o mandado de segurança exige a representação por meio de advogado.

Ainda quanto ao polo ativo, há de se registrar que, nos termos do art. 1º, § 3º, da Lei nº 12.016/09, se o processo criminal envolver vários acusados com procuradores diversos e advir decisão que prejudique todos e que contra ela não caiba recurso específico, não há impedimento para que só um dos réus ofereça o mandado de segurança individual.

Já o sujeito passivo é a **autoridade coatora**, embora, na atual sistemática da Lei nº 12.016/09, a **pessoa jurídica interessada** também deva ser comunicada acerca do oferecimento da ação para que, caso queira, intervenha no feito (art. 7º, inciso II, da referida lei).

> **Aplicação no STF (Súmula nº 701):**
>
> Nos termos da Súmula nº 701 do STF, no mandado de segurança impetrado pelo Ministério Público contra decisão proferida em processo penal, é obrigatória a citação do réu como litisconsorte passivo (ao lado da autoridade coatora e da pessoa jurídica interessada), mesmo que ele seja revel no processo principal.

## 4.5. Procedimento

A petição inicial da ação de mandado de segurança, além de seguir as exigências contidas nos artigos 282 e 283 do CPC de 1973 e nos artigos 319 e 320 do Código de Processo Civil de 2015, deve necessariamente vir acompanhada dos documentos indispensáveis à comprovação do direito líquido e certo, pois não será admitida dilação probatória (art. 6º, *caput*, da Lei nº 12.016/09). Excepcionalmente, é admissível que a parte requeira ao juiz ou tribunal que determine a apresentação de documento necessário à prova do alegado que se encontre em poder do impetrado ou de órgão que recuse o seu fornecimento, no prazo de 10 (dez) dias (art. 6º, § 1º, da Lei nº 12.016/09). Ademais, a petição deve ser apresentada em duas vias e indicar a autoridade coatora e a pessoa jurídica que esta integra, à qual se acha vinculada ou da qual exerce atribuições (art. 6º, *caput*, da Lei nº 12.016/09).

Após a apresentação da inicial, o órgão jurisdicional competente deverá determinar a notificação da autoridade coatora para, no prazo de 10 (dez) dias, apresentar as suas informações (art. 7º, inciso I, da Lei nº 12.016/09). Deverá também dar ciência do feito ao órgão de representação judicial da pessoa jurídica interessada, enviando-lhe cópia da inicial sem documentos, para que, querendo, ingresse no feito (art. 7º, inciso II, da lei). Poderá também conceder medida liminar suspendendo o ato que deu motivo ao pedido (art. 7º, inciso III, da lei), com ou sem oitiva prévia da autoridade impetrada. Contra a decisão que concede ou denega a liminar, cabe o recurso de agravo de instrumento previsto no CPC (art. 7º, § 1º, da lei). Caso o *mandamus* tenha sido interposto pelo Ministério Público, deverá também determinar a citação do acusado.

Em seguida, deverá abrir vista dos autos ao Ministério Público para que participe do feito como *custos legis* (ou *custos iuris*), manifestando-se no prazo de 10 (dez) dias (não mais 5 dias). Por fim, há o julgamento do mandado de segurança, obrigatoriamente no prazo de 30 (trinta) dias, não mais em 5 (cinco) dias (art. 12 da Lei nº 12.016/09), que pode confirmar ou não a medida liminar – a esse respeito, vale a pena conferir o teor da Súmula nº 405 do STF.

Contra a decisão final do mandado de segurança, se proferida em primeiro grau, caberá recurso de apelação cível, mesmo envolvendo matéria criminal (art. 14, *caput*, da Lei nº 12.016/09). Além disso, se essa sentença for concessiva da segurança, está sujeita ao duplo grau de jurisdição obrigatório (art. 14, § 1º, da lei).

Registre-se que, nos casos de competência originária dos tribunais, caberá ao relator a instrução do processo, sendo assegurada a defesa oral na sessão do julgamento do mérito ou até do pedido liminar (art. 16, *caput*, da Lei nº 12.016/09, com a redação dada pela Lei nº 13.676/18). Da decisão do relator que conceder ou denegar a medida liminar caberá agravo ao órgão competente do tribunal que integre (art. 16, parágrafo único, da Lei nº 12.016/09).

## 4.6. Julgamento

Em primeiro grau, o julgamento do mandado de segurança é feito por meio de sentença. Em segundo grau, devem ser observadas as regras previstas no respectivo Regimento Interno do Tribunal. Do julgamento em segundo grau não são admissíveis Embargos Infringentes, conforme a Súmula nº 169 do STJ.

Certo é que não há condenação em honorários advocatícios, nos termos da Súmula nº 105 do STJ. Excetuando-se o caso de *habeas corpus*, o julgamento do mandado de segurança tem prioridade sobre todos os outros.

# Referências bibliográficas


ALVES, Leonardo Barreto Moreira. **Sinopse para Concursos**: Processo Penal – Parte Geral. 9. ed. rev., atual. e ampl. Salvador: Juspodivm, 2019, v. 7.

ALVES, Leonardo Barreto Moreira. **Sinopse para Concursos**: Processo Penal – Parte Especial. 9. ed. rev., atual. e ampl. Salvador: Juspodivm, 2019, v. 8.

AVENA, Norberto. **Processo Penal Esquematizado**. São Paulo: Método, 2009.

BONFIM, Edilson Mougenot. **Curso de Processo Penal**. 5. ed. São Paulo: Saraiva, 2010.

CAPEZ, Fernando. **Curso de Processo Penal.** 14. ed. São Paulo: Saraiva, 2007.

GRINOVER, Ada Pellegrini Grinover; GOMES FILHO, Antonio Magalhães; FERNANDES, Antonio Scarance. **Nulidades no processo penal**. 11. ed. rev., atual. e ampl. São Paulo: RT, 2009.

GRINOVER, Ada Pellegrini; GOMES FILHO, Antonio Magalhães; FERNANDES, Antonio Scarance. **Recursos no Processo Penal**. 6. ed. rev., atual. e ampl. São Paulo: RT, 2009.

MIRABETE, Júlio Fabbrini. **Processo Penal**. 16. ed. rev. e atual. por Renato N. Fabbrini. São Paulo: Atlas, 2004.

MOREIRA, Rômulo de Andrade. **O fim do protesto por novo júri e a questão do direito intertemporal**. *JusNavigandi*, Teresina, ano 12, n. 1808, 13 jun. 2008. Disponível em: <http://jus2.uol.com.br/doutrina/texto.asp?id=11385>. Acesso em: 07 abr. 2010.

NUCCI, Guilherme de Souza. **Código de Processo Penal Comentado.** 3. ed. São Paulo: RT, 2004.

NUCCI, Guilherme de Souza. **Manual de Processo Penal e Execução Penal**. 5. ed. São Paulo: RT, 2008.

NUCCI, Guilherme de Souza. **Crimes contra a dignidade sexual**: comentários à lei 12.015, de 7 de agosto de 2009. São Paulo: RT, 2009.

OLIVEIRA, Eugênio Pacelli de. **Curso de Processo Penal**. 10. ed. Rio de Janeiro: Lumen Juris, 2008.

RANGEL, Paulo. **Direito Processual Penal**. 17. ed. Rio de Janeiro: Lumen Juris, 2009.

TÁVORA, Nestor; ALENCAR, Rosmar Rodrigues. **Curso de Direito Processual Penal**. 3. ed. rev., ampl. e atual. Salvador: Juspodivm, 2009.

TÁVORA, Nestor; ARAÚJO, Fábio Roque. **Código de Processo Penal para Concursos**. Salvador: Juspodivm, 2010.

Parte 3

# Ética e Estatuto da OAB

*Rafael Novais*

# Introdução

O estudo da disciplina de ***Ética e Estatuto da OAB*** é considerado por muitos como o de maior importância na primeira fase do Exame de Ordem. Tamanha importância pode ser extraída por uma série de fatores aqui elencados, sem prejuízo de outros.

De início, a quantidade de questões aplicadas, no atual modelo do exame, pela banca *Fundação Getúlio Vargas (FGV)*. No total de 80 (oitenta) questões objetivas e de múltipla escolha, 8 (oito) são reservadas ao estudo da ***Ética***, aqui compreendida como expressão sinônima de ***Deontologia Jurídica ou Estatuto da OAB***.

Considerando que para a aprovação na 1ª etapa do exame faz-se necessário a obtenção dos 40 pontos, a disciplina de ***Ética*** chega com 20% (vinte por cento) deste mínimo necessário, ou seja, 1/5 poderá ser atingido somente com seu estudo.

Aliado a esse fator, outros poderiam aqui também aguçar sua importância:

i. **Lógica da aplicação:** Durante o estudo desta matéria, os candidatos observarão que os preceitos legais tendem, na grande maioria dos casos, relacionar uma série de direitos aos advogados, consagrando a importância deles no exercício da atividade jurídica no Brasil. Diante exatamente desse viés protetivo, costumo afirmar que os diplomas normativos são feitos por ***advogados*** para consagrar a categoria dos próprios ***advogados***.

ii. **Material de estudo:** Sem prejuízo da análise de específicos provimentos, o estudo da disciplina de ética resume-se ao ***Estatuto da Advocacia - EAOAB*** (Lei nº 8.906/94), ao ***Novo Código de Ética e Disciplina da OAB - NCED*** (Resolução nº 02/2015) e ao ***Regulamento Geral do Estatuto da Advocacia e da OAB - RG.*** Compreender tais normatizações facilitará consideravelmente a resolução dos enunciados exigidos em prova.

iii. **Objetividade da matéria:** Em diversos momentos, observaremos que as questões exigidas no exame de 1ª fase da OAB prezarão pela mera literalidade dos diplomas legais mencionados. Não raro, relatam histórias fictas para que o examinando apenas identifique a aplicação das respectivas normatizações.

Diante do cenário apresentado, nosso estudo prezará pela analise pontual das principais normatizações, realizando a correta interpretação doutrinária, jurisprudencial e, em especial, a forma de exigência no exame de ordem.

Para tanto, aqui vale um ***alerta***: este estudo ***não*** exclui a leitura direta da lei, mas sim complementá-la. Conforme outrora mencionado, uma série de questões serão apresentadas simplesmente copiando a literal redação do texto legal e, portanto, aconselhamos que todo nosso estudo esteja acompanhado da leitura do ***EAOAB, NCED e RG.***

Ressaltemos que a desejada ***Ética*** não se vincula apenas ao exercício da advocacia, mas sim de toda sociedade que se diz ***justa***.

Em conceito teórico, a palavra ***Ética*** tem origem na Grécia antiga (derivada do termo ***ethos***) correspondendo ao conjunto de noções e princípios norteadores da moral e que deve ser aplicado na vida social e individual do ser humano. Com elevando cunho subjetivo, a compreensão da ***Ética*** dependerá a análise dos elementos de justiça integrantes de uma mesma sociedade, dependendo, dentre outros, de sua construção política, ideológica, social, moral.

Tratando-se da aplicação prática para o exame de ordem, o examinando deve ficar atento. Nem sempre aquilo que ocorre na prática forense encontra-se correto à luz das normatizações aqui estudadas. É preciso separar os elementos práticos dos teóricos, aplicando estes últimos na prova. ***A prática da advocacia é bem diferente, mas na prova utilize a teoria.***

Apenas a título de exemplo, o artigo 6º do EAOAB determina que *não há hierarquia nem subordinação entre advogados, magistrados e membros do Ministério Público, devendo todos tratar-se com consideração e respeito recíprocos.*

Contrariando a disposição legal, na prática encontramos muitos profissionais da advocacia encontrando verdadeiras barreiras no contato com as autoridades públicas, dificultando o exercício correto de suas atividades. Ainda que o estatuto consagre *teoricamente* este direito, a *prática* forense é bem diferente.

Outro tema que distingue bastante a teoria com a praxe corresponde a publicidade profissional. Mesmo existindo vedação ética na mercantilização da profissão, advogados costumam apresentar propagandas fora dos parâmetros de descrição e sobriedade (art. 39, NCED). Muros, placas, outdoors, rádio, são alguns dos exemplos de publicidades vedadas que, na prática, são realizadas cotidianamente em nossa sociedade.

Ao candidato cabe distinguir, neste estudo, aquilo que a prática estabelece para que, no momento da prova, não caia nas armadilhas e pegadinhas dos avaliadores.

Objetivando exatamente ressaltar e combater as verdadeiras pegadinhas do exame, esse livro foi estruturado no modelo de teoria, dicas e questões, otimizando sua aprovação na disciplina.

Abraços,

***Rafael Novais***

# Da advocacia

## 2.1. DA ATIVIDADE DE ADVOCACIA

Inaugurando o estudo sobre a ética, o estatuto se preocupa em definir os atos privativos da advocacia, obstando que esta atividade jurídica fosse exercida por qualquer pessoa, sem as qualificantes legais.

A preocupação com tal limitação tem razão de existir. Apenas aqueles que passaram pelos longos anos da faculdade de direito (algumas delas com mais de cinco anos de duração) dedicando-se ao árduo estudo, obtendo a aprovação no exame de ordem e realizando sua inscrição nos quadros da OAB podem exercer as atividades inerentes ao ramo da advocacia.

Em outros termos, já no início do estatuto fica bem registrado aqueles atos que apenas podem ser praticados ***privativamente*** por bacharéis em direito regularmente ***inscritos*** nos quadros da OAB, respeitando os requisitos a serem estudados no mesmo diploma (art. 8º, EAOAB). Aliás, estudaremos que a prática desses atos por não inscritos na OAB constitui exercício ilegal da profissão punível nas esferas administrativas, cíveis e criminais (art. 4º, RG).

No artigo 1º do estatuto, encontraremos os **atos privativos da advocacia**, dividindo-os em:

I. ***Judiciais:*** Postulação a órgão do Poder Judiciário e aos Juizados Especiais; e

II. ***Extrajudiciais:*** Consultoria, Assessoria e Direção Jurídicas.

Em que pese a previsão legal estampar tais condições, algumas ressalvas merecem atenção, em especial quando se tratar das questões de 1ª fase do Exame de Ordem. Passemos neste momento a facilitá-las.

Na original redação estampada pelo artigo 1º, inciso I, da lei nº 8.906/94 (EAOAB) encontrávamos a utilização da expressão ***"qualquer"*** para determinar que apenas advogados poderiam postular perante os órgãos judiciais.

Entretanto, com a proposição da *Ação Direta de Inconstitucionalidade (ADIN) nº 1.127-8* houve a declaração de inconstitucionalidade desta expressão ~~*"qualquer"*~~.

O motivo dessa supressão foi bem simples: a existência de verdadeiras ***exceções ao ius postulandi*** (capacidade postulatória) do advogado, previstas em lei. Dito de forma diferente, em situações pontuais qualquer pessoa poderia postular junto ao Poder Judiciário sem a obrigatoriedade da representação por advogado.

Esclarecendo o tema, encontramos como verdadeiras exceções:

a) **Impetração de *Habeas Corpus*** (art. 1º, §1º, EAOAB): A impetração do remédio constitucional do *habeas corpus* não dependerá da utilização de serviços advocatícios. Tratando-se da proteção à liberdade de locomoção (preventiva ou repressiva), qualquer pessoa poderia se valer deste instrumento como forma de garantia do direito fundamental de liberdade (art. 5º, LV, CF/88). Porém, sendo necessária a apresentação de recurso contra decisões tomadas nestes autos, será necessária e obrigatória a interposição por meio de advogado;

b) **Juizados Especiais** (art. 9º, lei nº 9.099/95): Em juizados especiais, desenvolvidos para descentralizar e otimizar a solução de demandas judiciais, a postulação por meio de advogado será dispensada se o valor da causa não exceder 20 (vinte) salários mínimos. Trata-se de informalidade que objetiva ampliar o acesso das partes à solução de contendas com baixo valor econômico e de simples complexidade, desburocratizando o sistema. Contratar advogado, nesses casos, poderia inviabilizar a propositura da demanda, já que os valores em discussão poderiam ser inferiores aos honorários contratuais. Por outro lado, para apresentação de recurso ao próprio juizado e em demandas que ultrapassem o valor de 20 (vinte) salários mínimos far-se-á obrigatória a participação do advogado;

c) **Juizados Cíveis e Criminais no âmbito da Justiça Federal** (art. 10, lei nº 10.259/01): De forma semelhante à anterior, em juizados no âmbito federal em que o valor da causa não supere 60 (sessenta) salários mínimos, as partes poderão designar seus representantes, que pode ou não ser advogado. De forma análoga, também seria dispensada a participação do advogado em juizados especiais da Fazenda Pública. Contudo, importante ressaltar que será necessária participação do advogado quando os valores superarem o teto designado, bem como quando se tratar de defesa criminal e que o acusado não reúna condições de realizar sua própria defesa (ADI 3168/DF).

d) **Justiça do Trabalho** (art. 791 da CLT e Súmula 425 do TST): A litigância na Justiça do trabalho entre empregados e empregadores pode ser feita diretamente entre as partes, limitadas às Varas do Trabalho e aos Tribunais Regionais do Trabalho. Tratando-se de ação rescisória, ação cautelar, mandado de segurança e os recursos de competência do Tribunal Superior do Trabalho deverá nomear advogado para suas proposições;

e) **Juiz de Paz** (art. 98, II, CF): Por não integrar o corpo do Poder Judiciário, e diante da natureza de suas atividades (celebrar casamentos, conciliação, recepcionar impugnações e habilitações) não será necessário a contratação de advogado;

f) **Ação de alimentos** (art. 2º, da lei nº 5.478/68): O credor dos alimentos poderá, de forma pessoal ou através de advogado, dirigir-se ao juiz competente, requerendo a prestação alimentar, expondo o parentesco e a respectiva obrigação do devedor. Considerando a urgência da natureza desta prestação, a lei determina mera faculdade na representação por advogado, podendo a própria parte interessada procurar socorro ao poder judiciário;

Assim, externamos ao candidato atenção redobrada com tais situações, evitando cair em eventuais armadilhas da prova. O examinador poderá apresentar questão com alternativas que demonstrem atividades não privativas da advocacia para que você assinale apenas aquela em que será necessária a participação do advogado.

Retomando aos termos iniciais do *EAOAB,* e trabalhando as *atividades extrajudiciais da advocacia*, falamos sobre a ***consultoria, assessoria e direção jurídicas***.

Tratando-se de atos que também só podem ser praticados por advogados regularmente inscritos na OAB, sequer poderá o bacharel em direito desenvolvê-las, sob pena de incidir no aludido exercício ilegal de profissão.

Objetivando diferenciá-las, vejamos:

I. ***Consultoria jurídica***: Utilizadas quando envolver dúvidas sobre determinados assuntos jurídicos ou mesmo avaliação processual, indicando alternativas e opções recursais em processos judiciais. Esses questionamentos poderão ser respondidos ao cliente na forma escrita ou mesmo verbal, sempre ostentando a condição de advogado;

II. ***Assessoria jurídica***: Desenvolvidos por especialistas em assuntos específicos, prestando orientação e prevenção na tomada de decisões. Seu papel será meramente consultivo, esclarecendo previamente o melhor caminho a ser realizado nos negócios da empresa ou da pessoa física.

Ainda que ocorram todos os esclarecimentos, quem tomará a decisão/ posição não será o advogado, mas sim o contratante.

III. ***Direção jurídica***: Aplicável nas empresas que possuem departamento próprio para tratar de questões jurídicas. O diretor deste departamento será, obrigatoriamente, advogado regularmente inscrito nos quadros da OAB.

Atente-se ao fato de que, mesmo não tendo sido mencionado no estatuto (art. 1º, II, EAOAB), a figura do ***Gerente Jurídico*** tem previsão expressa no artigo 7º do Regulamento Geral (RG), enquadrando-o como atividade privativa do bacharel em direito devidamente inscrito nos quadros da OAB. Seu papel se desenvolve nas funções de planejamento, controle e direção de atividades sobre assuntos jurídicos diversos, conforme determinações da alta administração, além de elaborar e acompanhar as ações judiciais de interesse da empresa que represente em face de terceiros.

Superada a diferenciação entre atividades judiciais e extrajudiciais da advocacia, o §2º do mesmo art. 1º do EAOAB apresenta complementação ao campo de aplicação do exercício da advocacia. Com efeito, o dispositivo determina que ***os atos e contratos constitutivos de pessoas jurídicas só poderão ser admitidos a registro em órgãos competentes quando visados por advogados, sob pena de nulidade.***

A lei civilista determina que para uma empresa adquirir personalidade jurídica será necessário registrar seus atos constitutivos no órgão qualificado, notadamente nos *cartórios de registros de pessoas jurídicas e/ou nas juntas comerciais do Estado.*

Pois bem. Considerando que no momento de registro dessas empresas poderiam ocorrer verdadeiras ilegalidades, o estatuto determina regra que estabelece como imprescindível o visto dos seus atos constitutivos por meio de advogado.

O objetivo, portanto, seria a análise prévia da legalidade na constituição de empresas, tendo o profissional da advocacia o papel fundamental de analisar os respectivos contratos, mitigando futuros conflitos (art. 2º, RG).

Vale salientar, que o parágrafo único do referido artigo traz a previsão de que estão impedidos de exercer o ato de advocacia referido neste artigo os advogados que prestem serviços a órgãos ou entidades da Administração Pública direta ou indireta, da unidade federativa a que se vincule a Junta Comercial, ou a quaisquer repartições administrativas competentes para o mencionado registro.

Por outro lado, essa mesma regra comportará pontual exceção que merece atenção especial.

Trata-se da previsão contida no art. 9º, §2º da Lei complementar 123/06 (*lei do supersimples*), afastando a necessidade deste visto para as ***microempresas e às empresas de pequeno porte.***

A intenção, desse modo, foi estimular a constituição destas formas societárias.

Em exames passados, a FGV já abordou tal previsão, ressaltando a necessidade de participação do advogado para visar atos constitutivos de pessoas jurídicas, ***em não se tratando de empresa de pequeno porte e de microempresas*** (XVII Exame OAB).

Enaltecendo o papel do profissional, o estatuto avança determinando que o advogado é indispensável à administração da justiça (art. 2º, EAOAB), prestando ***serviço público*** e exercendo ***função social,*** constituindo-se seus atos em ***múnus público.***

Nos termos do art. 3º do EAOAB, o exercício da advocacia em todo território nacional e a designação "advogado" será ***privativo de inscritos na OAB***, assim também considerados os seguintes integrantes da atividade pública:

- Advocacia-Geral da União (AGU),
- Procuradoria da Fazenda Nacional (PFN),
- Defensoria Pública,
- Procuradorias e Consultorias Jurídicas dos Estados, do Distrito Federal, dos Municípios e das respectivas entidades de administração indireta e fundacional.

Assim, além da sujeição aos respectivos regimes próprios, também se submetem a disciplina estatutária da advocacia.

Aliás, o Novo Código de Ética prevê diretrizes para o exercício da advocacia pública, bem como aqueles que ocupem posição de chefia e direção jurídica (art. 8º, NCED) e o Regulamento Geral estabelece a obrigação de inscrição e a possibilidade de elegibilidade para cargos na entidade (art. 9º, RG).

Importante registrar que a jurisprudência dos tribunais superiores acaba por dispensar a necessidade de inscrição de alguns desses integrantes da advocacia pública, como nos casos da Defensoria Pública (REsp 1.710.155/CE).

Contudo, em se tratando de 1ª fase do exame da OAB, a tendência será pela aplicação literal do dispositivo estatutário, submetendo-se os defensores públicos a necessidade de inscrição.

Ocorrendo a prestação de atividades privativas da advocacia por ***não inscritos***, o estatuto determina a ***nulidade em cunho absoluto***, sequer sendo permitida a revalidação por profissional devidamente inscrito. Esta nulidade também alcança o advogado impedido (nos limites do impedimento), suspenso ou licenciado ou que passar a exercer atividade incompatível (art. 4º, EAOAB).

Pensar de modo diverso, permitindo que tais atos pudessem, posteriormente, sofrer convalidação, como ocorre nos atos apenas anuláveis, seria um estímulo ao exercício irregular. O raciocínio é bem simples: pessoas não inscritas exerceriam a advocacia e, se fossem descobertas, seus atos seriam simplesmente ratificados por algum advogado. **Isso não é permitido!**

Portanto, para o exercício das atividades até aqui estudadas (atos judiciais e extrajudiciais), em regra, faz-se necessário a participação de advogado.

A participação do profissional ao postular, judicial ou extrajudicialmente, em favor de seu cliente deve ser feita mediante a comprovação do mandato outorgado (art. 5º, EAOAB). Ressalte-se que o estudo deste tema não pode passar despercebido pelos dispositivos do atual código de processo civil (CPC/2015).

No diploma processual, a procuração habilitará o advogado para o foro em geral, sendo necessária a designação de poderes especiais para receber citação, confessar, reconhecer a procedência do pedido, transigir, desistir, renunciar ao direito sobre o qual se funda a ação, receber, dar quitação, firmar compromisso e assinar declaração de hipossuficiência econômica (art. 5º, §2º, EAOAB + art. 105, CPC).

Ainda que persista a máxima da comprovação do mandato, afirmando urgência, o advogado poderá atuar brevemente sem procuração, comprometendo-se a apresentá-la no prazo prorrogável de 15 (quinze) dias (art. 5º, §1º, EAOAB). Atente-se que o estatuto não condiciona a prorrogação de prazo ao deferimento do juiz, como se apresenta no processo civil (art. 104, §1º, CPC).

Assim como recebe mandato, o advogado poderá a ele renunciar. Para tanto, será necessário seguir algumas determinações elencadas no CPC, Estatuto, Regulamento e Código de Ética:

1) **Motivos da renúncia (art. 16, NCED):** Considerando que na maioria dos casos a renúncia acontece por questões problemáticas, o Código de Ética determina que o profissional ***não deve expor*** quais os motivos determinantes para sua decisão. Ainda que nada de anormal tenha acontecido, a comunicação da renúncia deve ser feita sem menção do motivo que a determinou;

2) **Notificação ao cliente (art. 6º, RG + art. 112, CPC):** Ao decidir renunciar, o advogado deve notificar seu cliente para dar-lhe ciência do ocorrido para que possa constituir sucessor. Preferencialmente, tal comunicação deve ser feita mediante carta com aviso de recebimento (AR);

3) **Comunicação ao juízo (art. 6º, RG):** Logo após, o profissional deve comunicar ao juízo sua decisão, demonstrando ter notificado o cliente;
4) **Permanência legal (art. 5º, §3º, EAOAB + art. 112, §1º, CPC):** Diante da necessidade de tempo para que a parte procure outro patrono, o renunciante permanecerá atuando na causa nos 10 (dez) dias seguintes a **notificação feita ao cliente** (e não ao juízo). Contudo, se antes de transcorrido este prazo houver apresentação de nova procuração para outro advogado, cessa ao anterior profissional essa permanecia legal.
5) **Responsabilização (art. 16, §2º, NCED):** A renúncia ao mandado não exclui a responsabilidade do advogado pelos danos eventualmente causados ao cliente ou terceiros durante o período em que atuou, salvo se comprovar que estes ocorreram por culpa deles.

O advogado que não cumprir tais requisitos continuará respondendo pela demanda, não podendo deixá-la ao abandono, sob pela de arcar com perdas e danos ao cliente e responder disciplinarmente (art. 15, NCED + art. 34, XI, EAOAB).

Por fim e não menos importante, em determinadas situações o profissional da advocacia ver-se compelido a se afastar, total ou parcialmente, da causa sem a verdadeira intenção de renunciar ao mandato. Para tais situações, o instrumento adequado denomina-se de ***substabelecimento.***

Nesses casos, a procuração será repassada para outro profissional da advocacia, sem que tenha ocorrido a ruptura do vínculo inicial, mas sim sua adequação para a nova realidade encontrada.

Com disciplinamento no Código de Ética, podemos compreender duas diferentes modalidades de substabelecimento, com e sem reserva de poderes, cada uma com seus diferenciais. Objetivando facilitar seu estudo, atente-se (art. 26, NCED):

a) Substabelecimento **COM** reserva de poderes: Aplica-se quando o advogado percebe a necessidade de ver com ele atuando outro profissional, ou seja, não deixará a causa, mas sim passará a atuar em conjunto com novo advogado. Exatamente pelo fato de manter a relação originalmente pactuada, ***não necessita da anuência do cliente***, tratando-se de ato pessoal do advogado da causa;
b) Substabelecimento **SEM** reserva de poderes: Utilizado quando o advogado pretende deixar a demanda sem renunciá-la, indicando profissional que passará a atuar em seu lugar. Considerando que o profissional deixará a demanda, será necessário o prévio e inequívoco conhecimento do cliente que, objetivando lhe esclarecer.

Em quaisquer dos casos, todos os advogados que atuarem no feito terão direito aos honorários advocatícios, proporcionais aos serviços prestados, bem como respondem pelos danos ocasionados aos clientes. Merecem destaque as regras que imponham o ajuste antecipado de honorários e a proibição de execução direta desses valores pelo substabelecido (art. 26, §2º, NCED + art. 26, EAOAB).

▸ **Vejamos como esse tema já foi abordado no Exame de Ordem:**

**(FGV - 2018 - OAB - Exame de Ordem Unificado - XXVII)** Guilherme é bacharel em Direito, não inscrito na OAB como advogado. Ao se deparar com situações de ilegalidade que ameaçam a liberdade de locomoção de seus amigos César e João, e com situação de abuso de poder que ameaça direito líquido e certo de seu amigo Antônio, Guilherme, valendo-se de seus conhecimentos jurídicos, impetra habeas corpus em favor de César na Justiça Comum Estadual, em 1ª instância; habeas corpus em favor de Antônio, perante o Tribunal de Justiça, em 2ª instância; e mandado de segurança em favor de João, na Justiça Federal, em 1ª instância.

Considerando o que dispõe o Estatuto da OAB acerca da atividade da advocacia, assinale a afirmativa correta.

a) Guilherme pode impetrar habeas corpus em favor de César, mas não pode impetrar habeas corpus em favor de Antônio, nem mandado de segurança em favor de João.
b) Guilherme pode impetrar habeas corpus em favor de César e Antônio, mas não pode impetrar mandado de segurança em favor de João.
c) Guilherme pode impetrar habeas corpus em favor de César e Antônio, e também pode impetrar mandado de segurança em favor de João.
d) Guilherme pode impetrar mandado de segurança em favor de João, mas não pode impetrar habeas corpus em favor de César e Antônio.

**Resposta: Letra B**

**Qualquer pessoa poderá impetrar *habeas corpus* em qualquer instância ou tribunal, pois não se inclui na atividade privativa. Contudo a postulação de Mandado de Segurança dependerá de advogado regulamente inscrito conforme o artigo 1, §1 do Estatuto da Advocacia da OAB.**

**(FGV - 2018 - OAB - Exame de Ordem Unificado - XXV)** O advogado Ícaro dos Santos, regularmente constituído para a defesa judicial de certo cliente, necessitou, para o correto exercício do mandato, que o cliente lhe apresentasse alguns documentos. Após Ícaro solicitar-lhe os documentos diversas vezes, realizando inúmeras tentativas de contato, o cliente manteve-se inerte por prazo superior a três meses.

Considerando o caso narrado, assinale a afirmativa correta.

a) Diante da inércia do cliente, o Código de Ética e Disciplina da OAB dispõe que se presume extinto automaticamente o mandato.
b) Diante da inércia do cliente, o Código de Ética e Disciplina da OAB dispõe que é recomendada a renúncia ao mandato. Ainda de acordo com o diploma, a renúncia ao patrocínio deve ser feita com menção do motivo que a determinou.
c) Diante da inércia do cliente, o Código de Ética e Disciplina da OAB dispõe que é recomendado ao advogado peticionar nos autos, solicitando a intimação pessoal do cliente para apresentação dos documentos. Apenas após o ato, se mantida a inércia, presume-se extinto o mandato.

d) Diante da inércia do cliente, o Código de Ética e Disciplina da OAB dispõe que é recomendada a renúncia ao mandato. Ainda de acordo com o diploma, a renúncia ao patrocínio deve ser feita sem menção do motivo que a determinou.

**Resposta: Letra D**

**Conforme preceitua os artigos 15 e 16 do novo Código de Ética e Disciplina da OAB, em face de dificuldades insuperáveis ou inércia do cliente quanto a providências que lhe tenham sido solicitadas, deve o advogado renunciar ao mandato, sem menção do motivo que a determinou, fazendo cessar a responsabilidade profissional pelo acompanhamento da causa, uma vez decorrido o prazo previsto em lei.**

**(FGV - 2017 - OAB - Exame de Ordem Unificado - XXIII)** Juliana é integrante da equipe de recursos humanos de certa sociedade anônima, de grande porte, cujo objeto social é o comércio de produtos eletrônicos. Encontrando-se vago um cargo de gerência jurídica, Juliana organizou processo seletivo, tendo recebido os currículos de três candidatas.

A primeira delas, Mariana, é advogada regularmente inscrita na OAB, tendo se especializado em Direito Penal. A segunda, Patrícia, não é graduada em Direito, porém é economista e concluiu o doutorado em direito societário e mercado de capitais. A terceira, Luana, graduada em Direito, foi aprovada no exame da OAB e concluiu mestrado e doutorado. É conselheira de certo tribunal de contas estadual, mas encontra-se afastada, a pedido, sem vencimentos.

Considerando a situação narrada, assinale a afirmativa correta.

a) Qualquer das candidatas poderá exercer a função de gerência jurídica, mas apenas Mariana poderá subscrever os atos privativos da advocacia.

b) Qualquer das candidatas poderá exercer a função de gerência jurídica, mas apenas Mariana e Luana poderão subscrever os atos privativos da advocacia.

c) Apenas Mariana poderá exercer a função de gerência jurídica.

d) Apenas Mariana e Luana poderão exercer a função de gerência jurídica.

**Resposta: Letra C**

**A função de diretoria e gerência jurídicas em qualquer empresa pública, privada ou paraestatal, inclusive em instituições financeiras, é privativa de advogado, não podendo ser exercida por quem não se encontre inscrito regularmente na OAB, haja vista o disposto no artigo 7 do Regulamento Geral da OAB, bem como o artigo 28, inciso II do EAOAB.**

## 2.2. DOS DIREITOS DOS ADVOGADOS

Reiterando as linhas iniciais dessa obra, mencionei que a importância da disciplina de ética para o exame de ordem também leva em consideração a consagração de uma série de ***direitos aos advogados***. Por este motivo, informei se tratar de uma lei feita por advogados para advogados.

Parcela desses direitos surgem exatamente pelas dificuldades e problematizações que os advogados acabam sofrendo para o exercício da profissão, em especial perante outros operadores do ramo jurídico.

Considerando-os como rol meramente exemplificativo, tendo em vista a possibilidade de extensão por meio de outras leis, o estatuto tratou de forma não exaustiva os direitos e/ou prerrogativas dos advogados em capítulo próprio (arts. 6º ao 7º-A, EAOAB).

De início, a advocacia não alcançaria os fins pretendidos se, para tanto, fosse necessário submeter-se a qualquer imposição praticada pelos agentes públicos ou políticos. Para tanto, o estatuto consagra a ausência de hierarquia ou subordinação entre advogados, magistrados e promotores de justiça, além do tratamento compatível ao exercício da advocacia por servidores e serventuários de justiça, aplicando tratamento respeitoso de forma recíproca (art. 6º, EAOAB).

Ainda que na prática tal direito acabe não sendo vislumbrado, para que o exame de ordem internalize a ideia de que não existe hierarquia entre tais entes. A Constituição Federal de 1988, inclusive, consagra essa máxima ao determinar que não apenas magistrados, promotores, serventuários são essenciais à administração da justiça, mas também os advogados (art. 133, CF).

Ultrapassada a primeira garantia, o estatuto apresenta rol de direitos (art. 7º, EAOAB) que, diante da constante exigência no exame de ordem, passaremos a analisa-los separadamente.

> ***Art. 7º São direitos do advogado:***
>
> ***I - exercer, com liberdade, a profissão em todo o território nacional;***

Ainda que se vincule a determinada seccional por meio de sua inscrição principal, o profissional poderá exercer a advocacia em todo o território nacional.

Estudaremos em tópico específico as modalidades de inscrições estabelecidas no Estatuto, ressaltando que no local da inscrição *principal* a advocacia será ilimitada ao passo em que o exercício com habitualidade em outra seccional demandará a realização de inscrição *suplementar*.

> ***II – a inviolabilidade de seu escritório ou local de trabalho, bem como de seus instrumentos de trabalho, de sua correspondência escrita, eletrônica, telefônica e telemática, desde que relativas ao exercício da advocacia;***

Diante da relação de confiança estabelecida entre advogado e seu cliente, o estatuto consagra importante regra quanto à inviolabilidade do seu local de trabalho, instrumentos e formas de comunicação. Este direito também acaba por estimular o cliente a retratar ao profissional a verdade dos fatos, importante para realização da defesa de seus direitos.

Contudo, a inviolabilidade mencionada neste dispositivo é ***relativa.***

Restando indícios de autoria e materialidade da prática de crime por parte de advogado, a autoridade judiciária competente poderá decretar, em decisão motivada, a quebra da inviolabilidade.

Em outros termos, se identificado que o profissional da advocacia se encontra envolvido com a prática de atividades criminosas, o Magistrado poderá relativizar o direito de inviolabilidade, podendo, inclusive, determinar a expedição de mandado de busca e apreensão, específico e pormenorizado, a ser cumprido no escritório profissional com a presença de representante da OAB.

Atente-se que não será permitida a utilização e divulgação de informações, documentos, mídias e objetos pertencentes a clientes do advogado averiguado, salvo se este também estiver sendo formalmente investigado pela prática do mesmo crime que deu causa à quebra da inviolabilidade (art. 7º, §§ 6º e 7º, EAOAB).

> ***III - comunicar-se com seus clientes, pessoal e reservadamente, mesmo sem procuração, quando estes se acharem presos, detidos ou recolhidos em estabelecimentos civis ou militares, ainda que considerados incomunicáveis;***

Um dos pilares do Estado Democrático de Direito corresponde à garantia da liberdade, que somente pode ser retirada nos casos estabelecidos em lei e afetas às questões de segurança.

Portanto, independente do motivo que ensejou a prisão ou recolhimento, todos terão direito a comunicação com seu defensor para explicar os fatos e verificar se, efetivamente, houve legalidade no ato.

Aliás, o texto constitucional veda expressamente a incomunicabilidade do preso ainda que em estado de defesa (art. 136, §3º, IV, CF).

> ***IV - ter a presença de representante da OAB, quando preso em flagrante, por motivo ligado ao exercício da advocacia, para lavratura do auto respectivo, sob pena de nulidade e, nos demais casos, a comunicação expressa à seccional da OAB;***

Considerando o grande número de questões sobre o tema e a existência de verdadeiras confusões, vamos analisar este inciso com bastante atenção.

Estamos diante de duas situações:

a) Advogado preso em flagrante por ***motivo ligado a profissão***: Nessa primeira situação é importante destacar que a prisão foi realizada no exercício da profissão e por questões inerentes a ela. A proteção concedida pelo Estatuto estabelece como ***indispensável a presença de representante da OAB*** para a lavratura do auto de prisão, bem como designa que só será preso em caso de crime inafiançável (art. 7º, §3º, EAOAB);

b) Advogado preso em flagrante por ***motivo diverso da profissão:*** por não se relacionar à prisão pelo exercício da advocacia, seria ***dispensável*** a presença de representante da OAB para lavratura do respectivo procedimento. Entretanto, faz-se necessário a ***comunicação para a respectiva***

***seccional*** para tomar ciência do ocorrido e decidir quanto a proteção de direitos e/ou punição disciplinar, se for o caso.

Realizada essas diferenças, note a seguinte dica: ***a OAB sempre participa!***

A diferença estaria apenas no tamanho de sua participação. Se relacionada ao exercício da profissão, sua participação será maior, estando presente no ato. Se por motivo diverso, sua participação será menor, apenas sendo comunicada do fato.

> ***V - não ser recolhido preso, antes de sentença transitada em julgado, senão em sala de Estado Maior, com instalações e comodidades condignas, e, na sua falta, em prisão domiciliar;***

Dando prosseguimento ao aspecto prisional do advogado, esse direito concedido deve ser entendido por parcelas.

A primeira estaria na afirmação de que o advogado não pode ser preso antes de sentença transitada em julgado. Nitidamente a intenção pretendida pelo legislador se atrela a segurança do profissional que, se preso em cela comum, teria sua vida em risco.

Em um segundo momento, o Estatuto autoriza como medida excepcional a prisão cautelar (antes de sentença transitada) se realizada em ***sala de Estado Maior*** ou ***prisão domiciliar***, exatamente prestigiando o viés de proteção de sua vida.

A observação final deste dispositivo aponta para a definição daquilo que seria ***sala de Estado Maior,*** pois segundo a redação original da lei nº 8.906/94, quem definiria as *instalações e comodidades condignas* seria a própria OAB.

Contudo, a ADin nº 1.127-8 declarou inconstitucional da expressão *"assim reconhecidas pela OAB"*, determinando que, atualmente, a sala de Estado Maior será definida pela administração pública (federal, estadual, municipal), e não mais pela OAB.

> ***VI - ingressar livremente:***
>
> ***a) nas salas de sessões dos tribunais, mesmo além dos cancelos que separam a parte reservada aos magistrados;***
>
> ***b) nas salas e dependências de audiências, secretarias, cartórios, ofícios de justiça, serviços notariais e de registro, e, no caso de delegacias e prisões, mesmo fora da hora de expediente e independentemente da presença de seus titulares;***
>
> ***c) em qualquer edifício ou recinto em que funcione repartição judicial ou outro serviço público onde o advogado deva praticar ato ou colher prova ou informação útil ao exercício da atividade profissional, dentro do expediente ou fora dele, e ser atendido, desde que se ache presente qualquer servidor ou empregado;***

> ***d) em qualquer assembleia ou reunião de que participe ou possa participar o seu cliente, ou perante a qual este deva comparecer, desde que munido de poderes especiais;***

Neste inciso, o Estatuto contempla diferentes direitos aos advogados para o ingresso livre em recintos, repartições públicas, assembleias ou reuniões.

O amplo acesso às informações para correto exercício de sua atividade é a garantia que pretendeu o legislador ao permitir que o profissional ingresse em tais locais, mesmo na ausência de seus titulares (Juiz, Delegado, Promotor, etc.), bastando que se encontre presente qualquer servidor capaz de lhe atender, mesmo fora do expediente. A violação destes dispositivos poderá caracterizar crime de abuso de autoridade (art. 3º, alínea j, da lei nº 4.898/65).

> ***VII - permanecer sentado ou em pé e retirar-se de quaisquer locais indicados no inciso anterior, independentemente de licença;***

Rememorando a inexistência de vínculo hierárquico entre os agentes públicos e advogados (art. 6º, EAOAB), não será necessário autorização para permanência ou saída.

> ***VIII - dirigir-se diretamente aos magistrados nas salas e gabinetes de trabalho, independentemente de horário previamente marcado ou outra condição, observando-se a ordem de chegada;***

Ainda que na prática seja diferente, trata-se de direito conferido ao advogado de ser ouvido pelas autoridades julgadoras. Ressalte-se que esta garantia apenas foi conferida ao advogado e não ao estagiário, inexistindo a ele o direito de despachar com o magistrado.

> ~~IX - sustentar oralmente as razões de qualquer recurso ou processo, nas sessões de julgamento, após o voto do relator, em instância judicial ou administrativa, pelo prazo de quinze minutos, salvo se prazo maior for concedido;~~

Dispositivo inteiramente declarado inconstitucional por força da ADIn 1.127-8, pois o Supremo Tribunal Federal entendeu que a sustentação oral deve ser feita antes do voto do relator.

> ***X - usar da palavra, pela ordem, em qualquer juízo ou tribunal, mediante intervenção sumária, para esclarecer equívoco ou dúvida surgida em relação a fatos, documentos ou afirmações que influam no julgamento, bem como para replicar acusação ou censura que lhe forem feitas;***

O uso da palavra "pela ordem" será concedido ao advogado sempre que for necessário afastar ofensa ou corrigir erro material que influa no julgamento. Inexiste limite para sua utilização, podendo valer-se dela sempre que precisar. A ofensa poderá ser contra o advogado ou seu cliente, cabendo ao magistrado deferi-la para utilização breve.

> ***XI - reclamar, verbalmente ou por escrito, perante qualquer juízo, tribunal ou autoridade, contra a inobservância de preceito de lei, regulamento ou regimento;***

Diferentemente, da hipótese anterior, neste caso a reclamação poderá esperar o instante mais propício para interferir.

> ***XII - falar, sentado ou em pé, em juízo, tribunal ou órgão de deliberação coletiva da Administração Pública ou do Poder Legislativo;***

Mais uma vez decorrente da ausência de hierarquia entre os agentes, podendo utilizar-se da forma mais cômoda ao seu mister.

> ***XIII - examinar, em qualquer órgão dos Poderes Judiciário e Legislativo, ou da Administração Pública em geral, autos de processos findos ou em andamento, mesmo sem procuração, quando não estiverem sujeitos a sigilo ou segredo de justiça, assegurada a obtenção de cópias, com possibilidade de tomar apontamentos;***

Trata-se do direito à obtenção de copias, anotações e fotografia de processos, mesmo sem procuração. Quando sujeitos ao sigilo (segredo de justiça), só poderá fazer mediante a apresentação da específica procuração. A Lei nº 13.793/19 trouxe consigo a mais nova mudança no Estatuto.

> ***XIV - examinar, em qualquer instituição responsável por conduzir investigação, mesmo sem procuração, autos de flagrante e de investigações de qualquer natureza, findos ou em andamento, ainda que conclusos à autoridade, podendo copiar peças e tomar apontamentos, em meio físico ou digital;***

Com redação dada pela lei nº 13.245/16, essa grande inovação garante ao advogado o direito de examinar e acompanhar qualquer tipo de investigação (tributária, penal, cível, administrativa, entre outras) como forma de melhor assistir seu cliente e independentemente se a demanda se encontre no judiciário.

Por outro lado, esse direito recebe duas importantes limitações também estampadas no texto legal:

1. Autos sujeitos a sigilo: Tratando-se de investigação submetida a sigilo/segredo de justiça, este direito de acesso pelo advogado somente poderá ser exercido se apresentar procuração do interessado. Por questão de segurança, não será concedida vistas daquelas informações a qualquer profissional, mas apenas aqueles que comprovem atuar em favor de uma das partes envolvidas na investigação (art. 7º, §10, EAOAB). É de suma importância também ressaltar que o §13 do presente artigo,

   A Fundação Getúlio Vargas costuma explorar esta limitação com a pegadinha de que apenas o Magistrado poderia conceder acesso da investigação após a apresentação da específica procuração. Em verdade, uma vez apresentando o documento, a autoridade competente deverá imediatamente conceder o acesso aos elementos de investigação;

2. Comprometimento da investigação: Existindo risco de comprometimento da eficiência, eficácia ou finalidade das diligências, a autoridade competente poderá delimitar o acesso da investigação, apenas apresentando ao advogado aquilo já finalizado (art. 7º, §11, EAOAB).

   Estamos diante de situações em que o acesso a essas informações pelo advogado poderá frustrar o objetivo maior da investigação. Imaginemos a informação em inquérito policial apontando data próxima para diligência em ponto de tráfico de drogas, em que o acesso a essa informação poderia comprometer a investigação.

É importante que se diga: esses casos de limitações correspondem a exceções.

A regra é clara quanto ao amplo acesso dessas informações pelo advogado e seu fornecimento incompleto implicará responsabilização criminal e funcional por abuso de autoridade do responsável que impedir (art. 7º, §12º, EAOAB).

Sobre o tema, inclusive, o Supremo Tribunal Federal pacificou controvérsia ao editar súmula de efeito vinculante.

> ***Súmula Vinculante nº 14*** *é direito do defensor, no interesse do representado, ter acesso amplo aos elementos de prova que já documentados em procedimento investigatório realizado por órgão com competência de polícia judiciária, digam respeito ao exercício do direito de defesa.*

Ressalte-se que a Lei nº 13.793/19 consagrou que esse mesmo direito de acesso deve ser concedido aos Advogados em autos de processos ou investigações realizadas por meio eletrônico, prestigiando a evolução tecnológica (art. 7º, §13, EAOAB).

> ***XV - ter vista dos processos judiciais ou administrativos de qualquer natureza, em cartório ou na repartição competente, ou retirá-los pelos prazos legais;***
>
> ***XVI - retirar autos de processos findos, mesmo sem procuração, pelo prazo de dez dias;***

Os incisos XV e XVI contemplam os direitos de vista e retirada de processos judiciais ou administrativos, ainda que encerrados. Para processos em tramite, serão respeitados os prazos legais, ao passo em que nos processos findos este será de 10 (dez) dias.

De forma semelhante às investigações, aqui também existem limites que impedem a imediata vista e retirada (art. 7º, §1º, EAOAB):

1) aos processos sob regime de segredo de justiça;

2) quando existirem nos autos documentos originais de difícil restauração ou ocorrer circunstância relevante que justifique a permanência dos autos no cartório, secretaria ou repartição, reconhecida pela autoridade em despacho motivado, proferido de ofício, mediante representação ou a requerimento da parte interessada;

3) até o encerramento do processo, ao advogado que houver deixado de devolver os respectivos autos no prazo legal, e só o fizer depois de intimado.

Para o segredo de justiça será, novamente, exigida procuração do interessado, pois as informações ali contidas não serão automaticamente apresentadas para qualquer advogado por questões de segurança.

Já na segunda situação, a importância dos documentos ou circunstancia relevante impõem a manutenção do processo no cartório. Como exemplo, imaginemos originais de obra de arte com valores milionários, sua saída do fórum poderá corresponder a perigo de perecimento.

Por fim, o estatuto retira este direito do profissional que não atue de forma diligente, ao perder período anterior para devolução de processos. Atente-se que o exame de ordem já abordou tal tema por meio de pegadinha.

Na questão existia alegação de que determinada advogada teria devolvido o processo após transcurso de seu prazo. Contudo, ela o fez de forma voluntária, ou seja, não houve intimação da unidade responsável. Portanto, ela permaneceria com seu direito de vistas e retirada processual.

***XVII - ser publicamente desagravado, quando ofendido no exercício da profissão ou em razão dela;***

O ***desagravo*** constitui-se em medida administrativa tomada pela OAB para demonstrar seu apoio aos advogados quando estes forem, comprovadamente, ofendidos em razão do exercício profissional ou de cargo ou função da ordem.

Diante de sua importância, estudaremos seu disciplinamento em capítulo próprio, externando os dispositivos do Regulamento Geral sobre o tema, demonstrando que o conselho competente poderá promovê-lo, de ofício, a pedido do ofendido ou de qualquer pessoa, sem prejuízo da responsabilidade criminal do infrator (art.7º, § 5º, EAOAB).

Considerando-o ofensa a toda classe de advogados, não dependerá da concordância do advogado ofendido, que não pode dispensá-lo, sendo promovido a critério do Conselho. Via de regra, acontece no Conselho Seccional do lugar que ocorreu a ofensa, podendo ocorrer no Conselho Federal em três hipóteses: quando a ofensa ocorrer contra Conselheiro Federal, Presidente de Conselho Seccional e advogado, quando se revestir de relevância e grave violação às prerrogativas profissionais, com repercussão nacional (arts. 18 e 19, RG).

***XVIII - usar os símbolos privativos da profissão de advogado;***

Assim compreendidos como o anel, broches, adornos e demais elementos caracterizadores da profissão.

***XIX - recusar-se a depor como testemunha em processo no qual funcionou ou deva funcionar, ou sobre fato relacionado com pessoa de quem seja ou foi advogado, mesmo quando autorizado ou solicitado pelo constituinte, bem como sobre fato que constitua sigilo profissional;***

Considerando a relevância da função pública e social exercida pelos advogados, em regra o profissional não deve expor os fatos e motivos que obteve conhecimento por meio de sua atividade. Tratando-se também de questão ética, encontraremos no Novo Código de Ética e Disciplina detalhamento sobre o tema (arts. 35 ao 38, NCED).

O advogado tem o dever de guardar sigilo sobre os fatos que soube no exercício da profissão, mesmo que o cliente expressamente lhe autorize.

Porém, esse sigilo pode ser quebrado em razão de circunstâncias excepcionais que configurem justa causa, como nos casos de ***grave ameaça ao direito à vida e à honra ou que envolvam defesa própria.***

***XX - retirar-se do recinto onde se encontre aguardando pregão para ato judicial, após trinta minutos do horário designado e ao qual ainda não tenha comparecido a autoridade que deva presidir a ele, mediante comunicação protocolizada em juízo;***

Por se tratar também de questão respeitosa, o advogado não deve ficar a mercê de sua própria sorte quando se apresenta de forma pontual à diligência, mas a autoridade responsável deixa de comparecer por período superior a 30 (trinta) minutos. Promovendo a comunicação escrita e protocolizando, para assegurar os seus direitos e dos seus clientes, o advogado poderá se retirar.

Atente-se que tal direito somente pode ser exercido pelo advogado se o magistrado não se encontrar no respectivo juízo, não se configurando quando ele esteja presente e simplesmente ocorrer atraso nas audiências ou outras diligências.

***XXI - assistir a seus clientes investigados durante a apuração de infrações, sob pena de nulidade absoluta do respectivo interrogatório ou depoimento e, subsequentemente, de todos os elementos investigatórios e probatórios dele decorrentes ou derivados, direta ou indiretamente, podendo, inclusive, no curso da respectiva apuração: apresentar razões e quesitos;***

Incluído pela lei nº 13.245/16, acrescentando o direito ao advogado acompanhar investigações, apresentando razões e quesitos, ainda que não seja obrigatória sua presença.

Ainda no contexto dos direitos assegurados, no exercício de sua atividade o advogado terá específica imunidade profissional**, não constituindo injúria e difamação puníveis** qualquer manifestação de sua parte, em juízo ou fora dele, sem prejuízo das sanções disciplinares perante a OAB, pelos excessos que cometer (art. 7º, §2º, EAOAB).

Reservando a punição pelos excessos cometidos, a efetiva liberdade profissional somente poderia ser alcançada se o advogado puder atuar com destemor, sem amarras ou submissões. O mister da advocacia, muitas vezes, exige postura firme para assegurar os direitos do cliente e externar a verdadeira justiça.

Ressalte-se que a ADI 1.127-8 declarou a inconstitucionalidade da expressão "desacato", retirando-a do texto original. Assim, o advogado apenas terá imunidade profissional quanto a injuria e difamação, no exercício profissional, não alcançando desacato (crime realizado contra funcionários públicos).

O Poder Judiciário e o Poder Executivo devem instalar, em todos os juizados, fóruns, tribunais, delegacias de polícia e presídios, salas especiais permanentes para os advogados, com uso assegurados à OAB (art. 7º, §2º, EAOAB).

Mais uma vez, a ADI 1.127-8 declarou inconstitucional à expressão "controle", retirando-o da OAB. Em outros termos, a OAB deterá apenas o direito de uso e não de controle.

Enaltecendo a importância do direito social da maternidade (art. 6º, CF), a recente Lei nº 13.363/16 acrescentou o art. 7º-A no EAOAB, concedendo uma série de direitos à ***advogada gestante, que deu a luz, lactante e adotante***.

Esses direitos perpassam entre a reserva de vagas de estacionamento e local adequado para atendimento das necessidades do bebê, até prioridade de sustentação oral e suspensão de prazos processuais.

Objetivando facilitar nosso estudo, atente-se ao quadro abaixo:

| Advogada | Não submissão aos Detectores de Metais e Raios X | Reserva de Garagens nos fóruns | Creche ou local adequado ao bebê | Preferência nas sustentações orais e audiências | Suspensão de prazos quando for a única patrona |
|---|---|---|---|---|---|
| **Gestante** | Tem Direito | Tem Direito | X | Tem Direito | X |
| **Lactante** | X | X | Tem Direito | Tem Direito | X |
| **Deu a Luz** | X | X | Tem Direito | Tem Direito | Tem Direito |
| **Adotante** | X | X | Tem Direito | Tem Direito | Tem Direito |

**Vejamos como esse tema já foi abordado no Exame de Ordem:**

**(FGV - 2018 - OAB - Exame de Ordem Unificado - XXVII**

A advogada Mariana, gestante, ao ingressar em certo Tribunal de Justiça, foi solicitada a passar por aparelho de raios X e por detector de metais.

Considerando o caso narrado, de acordo com o Estatuto da Advocacia e da OAB, assinale a afirmativa correta.

a) Mariana tem o direito de não ser submetida a aparelho de raios X, embora deva passar pelo detector de metais, independentemente de motivação.

b) Mariana tem o direito de não ser submetida a aparelho de raios X. Quanto ao detector de metais, deverá passar pelo aparelho apenas se evidenciada situação especial de segurança, em ato motivado.

c) Mariana deverá, por medida de segurança, passar pelo aparelho de raios X e pelo detector de metais, a menos que haja contraindicação médica expressa.

d) Mariana tem o direito, independentemente do teor da alegação sobre segurança, de não ser submetida ao detector de metais, nem ao aparelho de raios X.

**Resposta: Letra D**

**A advogada gestante tem direito a ingressar nos tribunais sem submissão aos detectores de metais ou aparelhos de raio X, conforme artigo 7-A, inciso I do Estatuto da Advocacia da OAB.**

**(FGV - 2018 - OAB - Exame de Ordem Unificado - XXVI)** O advogado Fred dirigiu-se, em certa ocasião, a uma delegacia de polícia e a um presídio, a fim de entrevistar clientes seus que se encontravam, respectivamente, prestando depoimento e preso. Na mesma data, o advogado Jorge realizou audiências na sede de um juizado especial cível e no interior de certo fórum regional da comarca.

Considerando o disposto no Estatuto da Advocacia e da OAB, assinale a afirmativa correta.

a) É direito de Fred e Jorge a instalação de salas especiais permanentes para os advogados nos seguintes locais visitados: sede do juizado especial cível e fórum regional da comarca. Quanto aos demais, embora seja recomendável a existência de salas especiais, não há dever legal de instalação.

b) É direito de Fred e Jorge a instalação de salas especiais permanentes para os advogados em todos os locais visitados. Quanto aos quatro locais, há dever legal de instalação das salas.

c) É direito de Fred e Jorge a instalação de salas especiais permanentes para os advogados nos seguintes locais visitados: sede do juizado especial cível, fórum regional da comarca e presídio. Quanto à delegacia de polícia, embora seja recomendável a existência de salas especiais, não há dever legal de instalação.

d) É direito de Fred e Jorge a instalação de salas especiais permanentes para os advogados nos seguintes locais visitados: fórum regional da comarca e presídio. Quanto aos demais, embora seja recomendável a existência de salas especiais, não há dever legal de instalação.

**Resposta: Letra B**

**É direito dos advogados a instalação de salas especiais permanentes para os advogados em todos os locais visitados, incluindo os quatro locais em que deverão, por lei, instalarem tais salas, o fundamento legal está elencado no artigo 7, §4 do Estatuto da Advocacia da OAB.**

**(FGV - 2018 - OAB - Exame de Ordem Unificado - XXVI)** José Carlos Santos, advogado, dirigiu-se ao Ministério Público a fim de tomar apontamentos sobre investigação criminal em andamento, conduzida pelo Parquet, em face de seu cliente, em que foi decretado sigilo. Dias depois, José Carlos foi à delegacia de polícia no intuito de examinar e retirar cópias de autos de certo inquérito policial, em curso, no qual também foi decretado sigilo, instaurado contra outro cliente seu.

Consoante o disposto no Estatuto da Advocacia e da OAB, assinale a afirmativa correta.

a) Em ambos os casos, José Carlos deverá apresentar procuração tanto para tomar apontamentos sobre a investigação em trâmite perante o Ministério Público quanto para examinar e retirar cópias do inquérito policial.

b) Apenas é necessário que José Carlos apresente procuração para tomar apontamentos sobre a investigação em trâmite perante o Ministério Público, não sendo exigível a apresentação de procuração para examinar e retirar cópias do inquérito policial.

c) Apenas é necessário que José Carlos apresente procuração para examinar e retirar cópias do inquérito policial, não sendo exigível a apresentação de procuração para tomar apontamentos sobre a investigação em trâmite perante o Ministério Público.

d) Não é exigível a apresentação de procuração para examinar e retirar cópias do inquérito policial, nem para tomar apontamentos sobre a investigação em trâmite perante o Ministério Público.

**Resposta: Letra A**

**É direito do advogado, examinar, em qualquer instituição responsável por conduzir investigação os autos de flagrante e de investigações de qualquer natureza, findos ou em andamento, porém o § 10 do artigo 7 do Estatuto da Advocacia da OAB traz a precisão que nos autos sujeitos a sigilo, deve o advogado apresentar procuração.**

## 2.3. DA INSCRIÇÃO

Neste momento, trabalharemos o tema correspondente à inscrição dos profissionais da advocacia nos quadros da OAB, compreendendo suas principais características no Estatuto e na normatização correlata.

Abordaremos os requisitos e tipos de inscrições existentes, além de analisar as hipóteses de cancelamento e licença dos quadros da Ordem dos Advogados do Brasil.

A importância desse tema ganha destaque em 1ª fase do exame na medida em que a banca FGV costuma modificar ou omitir algumas previsões para confundir o candidato. Também é comum querer induzir a existência de inscrição pelo simples fato de ter sido aprovado no exame de ordem.

Com efeito, a mera aprovação no exame de ordem não torna o candidato automaticamente advogado, sendo-lhe ainda exigido o preenchimento dos demais requisitos.

Sem mais delongas, passemos ao estudo objetivo e direto dos ***requisitos*** para inscrição, subdividindo-o entre ***Advogados e Estagiários.***

## Advogados (art. 8º EAOAB):

I. **Capacidade Civil**

Em regra, a capacidade civil plena será adquirida quando a pessoa natural atingir a maioridade aos 18 anos completos (art. 5º, Código Civil).

Entretanto, não podemos esquecer dos casos de emancipação (*judicial, legal ou voluntária*) em que a maioridade será atingida antes desta idade (art. 5º, § único, CC). A título exemplificativo, podemos mencionar a *colação de grau em curso de ensino superior* quando o indivíduo se torna bacharel em direito antes dos 18 anos.

II. **Diploma ou certidão de graduação em direito, obtido em instituição de ensino oficialmente autorizada e credenciada**

A comprovação de graduação em direito será determinada, pela via ordinária, através do *diploma* exarado pela instituição credenciada junto ao Ministério da Educação (MEC).

Contudo, considerando trâmites burocráticos que afetam a celeridade na expedição deste documento, o Estatuto aceita a utilização da ***certidão de graduação em direito***.

Ressalte-se que a previsão estampada neste inciso deve ser complementada pela normatização do art. 23 do Regulamento Geral, ao estabelecer que a apresentação desta *certidão de graduação em direito* deve ser acompanhada de ***cópia autenticada do respectivo histórico escolar.***

Quanto aos estrangeiros e brasileiros graduados fora do Brasil, o Estatuto determina a necessidade de comprovação do título de graduação em instituição estrangeira revalidado, além de atender aos demais requisitos (art. 8º, §2º, EAOAB).

III. **Título de eleitor e quitação do serviço militar, se brasileiro**

Considerando que no Brasil o alistamento militar é obrigatório para os homens, os bacharéis do sexo masculino precisarão apresentar o título de eleitor e a quitação do serviço militar. Para o sexo feminino, bastará a apresentação do título de eleitor.

IV. **Aprovação em Exame de Ordem**

Referendado pelo provimento nº 144/11 do Conselho Federal da OAB, o bacharel apenas tornar-se-á advogado se comprovar habilitação em prova nacionalmente unificada (art. 8º, §1º, EAOAB).

V. **Não exercer atividade incompatível com a advocacia**

Em momento oportuno, estudaremos a diferenciação sobre os conceitos de ***incompatibilidades e impedimentos*** (art. 27 e seguintes do EAOAB).

Por hora, apenas entendam que ***incompatibilidade*** se caracteriza pela proibição total ao exercício da advocacia. Ainda que aprovado no exame de ordem, não poderá inscrever-se enquanto estiver incompatível.

VI. **Idoneidade moral**

Doutrinariamente conceitua-se ***idoneidade moral*** como o conjunto de qualidades que recomendam o indivíduo à consideração pública, com atributos como honra, respeitabilidade, seriedade, dignidade e bons costumes.

Comete infração disciplinar o advogado que se tornar inidôneo (art. 34, XXVII, EAOAB), sofrendo penalidade de exclusão (art. 38, II, EAOAB).

Os parágrafos 3º e 4º deste mesmo artigo 8º do estatuto complementam o estudo sobre a idoneidade moral, determinando que:

a) Qualquer pessoa poderá suscitar a inidoneidade que será declarada apenas se obter 2/3 dos votos de todos os membros do conselho competente;

b) Aquele que cometer crime infamante, assim compreendido como de elevada reprovabilidade social (praticados com desonra, rebaixes, etc.), não será considerado idôneo, salvo reabilitação judicial.

VII. **Prestar compromisso perante o conselho**

Tratando-se de ato personalíssimo, prestar compromisso ao conselho é solenidade especial e de papel indelegável, não podendo ser exercida mediante procuração (art. 20, §1º, RG).

## Estagiários (art. 9º, EAOAB):

I. **Cumprimento parcial dos requisitos para advogados**

Com efeito, para tornar-se estagiário inscrito nos quadros da OAB, o candidato deve cumprir todos os requisitos exigidos para o advogado, **à exceção do *diploma ou certidão de graduação,* bem como a *aprovação no exame de ordem.***

O disciplinamento do estágio será encontrado entre os artigos 27 ao 31 do Regulamento Geral, ressaltando sua duração de 2 anos (últimos anos do curso de direito) e inscrição realizada na seccional onde se localize o seu curso jurídico.

II. **Admissão em estágio profissional de advocacia**

Relaciona-se a utilidade da sua inscrição, pois se não estiver frequentando estágio regular disponibilizado pelas instituições autorizadas (faculdade, OAB, escritórios, órgãos jurídicos, etc.) não caberá solicitação.

Ainda sobre o estagiário, duas observações merecem destaque:

a) Aluno com atividade incompatível: poderá frequentar o estágio ofertado pela instituição de ensino superior para fins de aprendizagem, proibida sua inscrição como estagiário (art. 9º, §3º, EAOAB), pois sequer poderá se tornar advogado enquanto estiver incompatível;

b) Estágio para o Bacharel: Encerando mito que alguns operadores acreditavam, o Estatuto determina que o estágio pode ser cumprido por quem já é bacharel em direito, desde que no limite máximo de duração (art. 9º, §4º, EAOAB).

Superado os requisitos para tornar-se advogado, agora resta-nos a compreensão quanto aos ***tipos de inscrições*** existentes à luz do Estatuto.

Para os Advogados, 3 (três) diferentes modalidades serão encontradas: ***Principal*** (art. 10, EAOAB), ***Suplementar*** (art. 10, § 2º, EAOAB) e ***Por Transferência*** (art. 10, § 3º, EAOAB), ao passo em que para o estagiário não existe tal subdivisão, apontando apenas para a existência do genérico tipo "inscrição do estagiário", que é feita no território em que se localize seu curso jurídico (art. 9º, § 2º, EAOAB).

Objetivando esclarecer as diferenças entre as modalidades de inscrições, vejamo-las:

**a) Principal:** Caracteriza-se, como o próprio nome diz, por ser a principal inscrição do advogado. Em regra, deve ser feita no Conselho Seccional onde pretende estabelecer seu domicílio profissional ou, existindo dúvida, no domicílio civil do advogado (da pessoa física).

**b) Suplementar:** Utilizada quando o advogado exceder mais de 5 (cinco) intervenções judiciais por ano em cada seccional diversa da que tem inscrição principal. Exercendo com habitualidade a advocacia em outros estados, poderá ter inscrições suplementares em todos eles. Se não exceder esse número por ano, poderá advogar em outros estados apenas com sua inscrição principal, sendo desnecessária a suplementar. Ressalte-se que não serão contabilizadas as intervenções extrajudiciais (consultorias, assessorias, pareceres, dentre outros).

**c) Por transferência:** Realizada em casos de mudança do domicílio profissional, quando o advogado requerer junto ao Conselho Seccional onde se encontra inscrito. Pugna pela mera transferência de seu registro principal para a nova Seção que pretende atuar.

Atente-se para o poder que detém o Conselho Seccional em *suspender* o pedido de transferência ou suplementar quando verificar a existência de vício ou ilegalidade na inscrição principal, representando ao Conselho Federal (art. 10, §4º, EAOAB).

Ao lado dos requisitos e tipos de inscrições, o Estatuto também se preocupou em disciplinar as hipóteses de ***cancelamento da inscrição*** e ***licença do profissional***.

Diante das reiteradas confusões entre ambos os institutos e objetivando facilitar seu aprendizado, note o seguinte esquema:

| **Cancelamento**<br>(Art. 11, EAOAB) | **Licença**<br>(Art. 12, EAOAB) |
|---|---|
| Assim o requerer,<br>**independente do motivo** | Assim o requerer, **por motivo justificado** |
| Passar a exercer atividade incompatível em **caráter definitivo.** | Passar a exercer atividade incompatível em **caráter temporário.** |
| Falecer | Sofrer doença mental considerada curável |
| Sofrer penalidade de exclusão | |
| Perder qualquer um dos requisitos necessários para inscrição | |

No estudo sobre cancelamento e licença, alguns questionamentos sempre se fazem presentes:

- **Número de inscrição:** ocorrendo cancelamento, nova inscrição não vai restaurar o número inicial, mas sim gerar nova numeração (art. 11, §2º, EAOAB). A anterior ficará apenas para dados históricos da instituição. Por outro lado, na licença o número de inscrição permanecerá o mesmo;
- **Pagamento de anuidades:** em ambas as situações, não haverá pagamento de anuidades;
- **Realização de novo exame de ordem:** pretendendo retomar o exercício da advocacia, a doutrina majoritária entende que não será necessária a realização de novo exame de ordem, salvo se comprovada fraude em sua aprovação.

Finalizando o capítulo, o Estatuto trabalha a ideia de identidade profissional ao determinar que o advogado, no exercício de sua atividade, deverá indicar seu nome e respectivo número de inscrição em todos os documentos que assinar (art. 14, EAOAB). A vedação estaria na divulgação da atividade sem indicação do nome e número de registro do profissional, bem como o registro de eventual sociedade de advogados.

▸ **Vejamos como esse tema já foi abordado no Exame de Ordem:**

**(FGV - 2018 - OAB - Exame de Ordem Unificado - XXVII)** Lúcio pretende se inscrever como advogado junto à OAB. Contudo, ocorre que ele passou por determinada situação conflituosa que foi intensamente divulgada na mídia, tendo sido publicado, em certos jornais, que Lúcio não teria idoneidade moral para o exercício das atividades de advogado.

Considerando que Lúcio preenche, indubitavelmente, os demais requisitos para a inscrição, de acordo com o Estatuto da Advocacia e da OAB, assinale a afirmativa correta.

a) A inidoneidade moral apenas poderá ser suscitada junto à OAB por advogado inscrito e deve ser declarada por meio de decisão da diretoria do conselho competente, por maioria absoluta, em procedimento que observe os termos do processo disciplinar.

b) A inidoneidade moral poderá ser suscitada junto à OAB por qualquer pessoa e deve ser declarada por meio de decisão de, no mínimo, dois terços dos votos de todos os membros do conselho competente, em procedimento que observe os termos do processo disciplinar.

c) A inidoneidade moral apenas poderá ser suscitada junto à OAB por advogado inscrito e deve ser declarada por meio de decisão, por maioria absoluta, de todos os membros do conselho competente, em procedimento que observe os termos do processo disciplinar.

d) A inidoneidade moral poderá ser suscitada junto à OAB por qualquer pessoa e deve ser declarada por meio de decisão, por maioria simples, do Tribunal de Ética e Disciplina do conselho competente, em procedimento que observe os termos do processo disciplinar.

**Resposta: Letra B**

**A inidoneidade moral pode ser declarada por qualquer pessoa (advogado ou não) e deve ser declarada por, no mínimo, 2/3 dos votos de todos os membros do conselho competente, segundo o disposto do artigo 8, §3º do Estatuto da Advocacia da OAB.**

**(FGV - 2017 - OAB - Exame de Ordem Unificado - XXIV)** O advogado Gennaro exerce suas atividades em sociedade de prestação de serviços de advocacia, sediada na capital paulista. Todas as demandas patrocinadas por Gennaro tramitam perante juízos com competência em São Paulo. Todavia, recentemente, a esposa de Gennaro obteve trabalho no Rio de Janeiro.

Após buscarem a melhor solução, o casal resolveu que fixaria sua residência, com ânimo definitivo, na capital fluminense, cabendo a Gennaro continuar exercendo as mesmas funções no escritório de São Paulo. Nos dias em que não tem atividades profissionais, o advogado, valendo-se da ponte área, retorna ao domicílio do casal no Rio de Janeiro.

Considerando o caso narrado, assinale a afirmativa correta.

a) O Estatuto da Advocacia e da OAB impõe que Gennaro requeira a transferência de sua inscrição principal como advogado para o Conselho Seccional do Rio de Janeiro.

b) O Estatuto da Advocacia e da OAB impõe que Gennaro requeira a inscrição suplementar como advogado junto ao Conselho Seccional do Rio de Janeiro.

c) O Estatuto da Advocacia e da OAB impõe que Gennaro requeira a inscrição suplementar como advogado junto ao Conselho Federal da OAB.

d) O Estatuto da Advocacia e da OAB não impõe que Gennaro requeira a transferência de sua inscrição principal ou requeira inscrição suplementar.

**Resposta: Letra D**

**A inscrição principal do advogado deve ser feita no Conselho Seccional em cujo território pretende estabelecer o seu domicílio profissional, na forma do regulamento geral, considerando o domicílio profissional a sede principal da atividade de advocacia, dispositivo elencado no artigo 10 do Estatuto da Advocacia da OAB.**

**(FGV - 2016 - OAB - Exame de Ordem Unificado - XIX)** Victor nasceu no Estado do Rio de Janeiro e formou-se em Direito no Estado de São Paulo. Posteriormente, passou a residir, e pretende atuar profissionalmente como advogado, em Fortaleza, Ceará. Porém, em razão de seus contatos no Rio de Janeiro, foi convidado a intervir também em feitos judiciais em favor de clientes nesse Estado, cabendo-lhe patrocinar seis causas no ano de 2015.

Diante do exposto, assinale a opção correta.

a) A inscrição principal de Victor deve ser realizada no Conselho Seccional de São Paulo, já que a inscrição principal do advogado é feita no Conselho Seccional em cujo território se localize seu curso jurídico. Além da principal, Victor terá a faculdade de promover sua inscrição suplementar nos Conselhos Seccionais do Ceará e do Rio de Janeiro, onde pretende exercer a profissão.

b) A inscrição principal de Victor deve ser realizada no Conselho Seccional do Rio de Janeiro, pois o Estatuto da OAB determina que esta seja promovida no Conselho Seccional em cujo território o advogado exercer intervenção judicial que exceda três causas por ano. Além da principal, Victor poderá promover sua inscrição suplementar nos Conselhos Seccionais do Ceará e de São Paulo.

c) A inscrição principal de Victor deve ser realizada no Conselho Seccional do Ceará. Isso porque a inscrição principal do advogado deve ser feita no Conselho Seccional em cujo território pretende estabelecer o seu domicílio profissional. A promoção de inscrição suplementar no Conselho Seccional do Rio de Janeiro será facultativa, pois as intervenções judiciais pontuais, como as causas em que Victor atuará, não configuram habitualidade no exercício da profissão.

d) A inscrição principal de Victor deve ser realizada no Conselho Seccional do Ceará. Afinal, a inscrição principal do advogado deve ser feita no Conselho Seccional em cujo território ele pretende estabelecer o seu domicílio profissional. Além da principal, Victor deverá promover a inscrição suplementar no Conselho Seccional do Rio de Janeiro, já que esta é exigida diante de intervenção judicial que exceda cinco causas por ano.

**Resposta: Letra D**

**A inscrição principal do advogado deve ser realizada no Conselho Seccional em cujo território pretende estabelecer o seu domicílio profissional, na forma do Regulamento Geral da OAB, consoante artigo 10 do Estatuto da Advocacia e da OAB. O § 2°, do referido artigo, admite a promoção da inscrição suplementar, além da principal, nos Conselhos Seccionais dos locais em que o advogado passar a exercer habitualmente a profissão, considerando-se habitualidade a intervenção judicial que exceder de cinco causas por ano.**

## 2.4. DA SOCIEDADE DE ADVOGADOS

Em face do dinamismo que as relações profissionais podem gerar, não raro encontrarmos a necessidade de constituição de parcerias nas atividades de prestação de serviços. Com a advocacia, não será diferente.

Imaginemos que, ao exercer a atividade advocatícia, ocorra a necessidade de representar diferentes clientes em diligências que ocorram no mesmo dia e horário, mas em locais completamente diferentes. Como estar presente, ao mesmo tempo, em ambos os locais?

A situação pode ser resolvida exatamente por meio da constituição de uma pessoa jurídica: a sociedade de advogados.

Por meio dela, vários advogados podem integrar a estrutura da pessoa jurídica e atuar em favor dos interesses de diversos clientes contratantes de sua banca de advocacia. Mas os benefícios não param por aí.

Também podemos elencar como motivadores, dentre outros: o critério organizacional (a estrutura como pessoa jurídica permite maior formalidade na contratação), pluralidade de especializações (em uma mesma banca de advocacia torna-se mais fácil encontrarmos especialistas em diversas áreas – família, previdenciário, criminal, etc.), regime tributário (possibilidade de tributação diferenciada da pessoa jurídica em relação aos tributos suportados pela pessoa física).

Exatamente por conta destes motivos, o Estatuto passou a disciplinar importantes aspectos sobre a sociedade de advogados, autorizando sua criação, estabelecendo as modalidades e descrevendo uma série de normatizações (arts. 15 ao 17, EAOAB).

Tradicionalmente, as constituições das bancas advocatícias adotarão a modalidade empresarial de ***Sociedade Simples***, quando duas ou mais pessoas reúnem-se para prestação de seus serviços.

Por outro lado, atendendo aos anseios de parcela da advocacia brasileira, a lei nº 13.247/16 apresentou significativa modificação no estatuto ao acrescentar a modalidade à ***Sociedade Unipessoal de Advocacia.***

Carinhosamente chamada de ***SUA***, a Sociedade Unipessoal de Advocacia, como o próprio nome externa, permite que o profissional da advocacia exerça sua atividade de forma individual, mas detenha tratamento de pessoa jurídica como se empresa fosse.

Em outros termos, o advogado não precisará juntar-se com outros profissionais para criação de uma sociedade, podendo, em verdade, ser "sócio dele mesmo".

Ora, mas se a advocacia já pode ser exercida individualmente, por qual motivo criar uma pessoa jurídica se permanecerá atuando sozinho?

A resposta é simples: o tratamento empresarial da pessoa jurídica.

Conforme explanado no início deste tópico, existem vantagens próprias que apenas a pessoa jurídica detém, destacando, dentre elas, o tratamento tributário. Inegavelmente que será mais vantajoso pagar tributos sobre a renda e serviços prestados como pessoa jurídica (valendo-se de seu CNPJ) do que como pessoa física (por meio de seu CPF).

Deste modo, as modalidades de sociedades advocatícias, conforme o Estatuto, dividem-se em ***Sociedade Simples*** e a ***Sociedade Unipessoal de Advocacia (SUA).***

A criação de pessoas jurídicas, à luz da legislação civilista, será realizada nas *Juntas Comerciais* ou mesmo nos *Cartórios de Registro Civil de Pessoas Jurídicas.*

Por outro lado, tratando-se da constituição de sociedades de advocacia será necessário o ***registro aprovado de seus atos constitutivos no Conselho Seccional da OAB em cuja base territorial tiver sede*** (art. 15, §1º, EAOAB).

Em outros termos, para aquisição de personalidade jurídica a sociedade "*pluri ou uni*" pessoal de advocacia terá que registrar seus atos no próprio conselho secciona seccional e que pretenda atuar, diversamente das demais empresas que costumam registrar em juntas comerciais e afins.

Aliás, esse mesmo Estatuto expressamente proíbe o registro em outros órgãos que não a OAB, além de não permitir fins empresariais, atividades ou pessoas estranhas à advocacia, nome fantasia, dentre outros (art. 16, EAOAB).

Realizada a criação da sociedade, em determinadas situações os advogados sócios percebem a expansão de suas atividades para além do território do Conselho Seccional em que tenha sede, ensejando a necessidade de constituição de filiais.

Existindo interesse na constituição de filiais do escritório, seu ato constitutivo deve ser ***averbado*** no registro da sociedade e ***arquivado*** no Conselho Seccional onde se instalar, ficando os sócios, inclusive o titular da sociedade unipessoal de advocacia, obrigados à inscrição suplementar (art. 15, § 5º, EAOAB).

Observe que, mesmo sem existir a aludida habitualidade da advocacia em outro Conselho Seccional (art. 10, §2º, EAOAB), será obrigatório ao sócio manter inscrição suplementar, pois passará a ser titular de sociedade neste novo local.

Objetivando evitar discussões sobre a lisura em pleitos jurídicos, os advogados sócios de uma mesma sociedade não poderão representar clientes de interesses opostos (art. 15, § 6º, EAOAB). Seria temerosa a ideia de advogados poderem controlar o teor de suas defesas, condicionando o julgamento das demandas ao arrepio da justiça.

Seguindo este mesmo raciocínio, nenhum advogado pode integrar mais de uma sociedade de advogados, constituir mais de uma sociedade unipessoal de advocacia, ou integrar, simultaneamente, uma sociedade de advogados e uma sociedade unipessoal de advocacia, com sede ou filial na mesma área territorial do respectivo Conselho Seccional (art. 15, § 4º, EAOAB).

Exemplificando: imaginemos que Otto Portela e Bruno Miranda mantenham sociedade de advocacia em Brasília. Nada impediria que Otto Portela mantivesse com o João Paulo Torres outra sociedade em Pernambuco.

Por outro lado, Otto Portela não poderia criar filial de sua sociedade com Bruno Miranda no Conselho de Pernambuco, ao mesmo passo em que Otto Portela não poderia criar filiar de sua sociedade com João Paulo Torres em Brasília.

***Em cada Conselho Seccional apenas caberá uma sociedade (simples ou sua) ou uma filial com mesmo sócio.***

Ocorrendo danos causados por ação ou omissão no exercício da advocacia, a sociedade, o sócio e o titular da *SUA* respondem subsidiária e ilimitadamente (art. 17, EAOAB), em típico caso de responsabilidade subjetiva da culpa em sentido amplo (art. 32, EAOAB).

Ademais, constitui infração disciplinar punível com censura manter sociedade profissional fora das normas e preceitos estabelecidos nesta lei (art. 34, II, e 36, I, do EAOAB).

Por fim e não menos importante, vale a informação quanto a composição do nome da sociedade. Na razão social é obrigatório o nome de pelo menos um advogado responsável pela sociedade, podendo permanecer do sócio falecido se previsto no ato constitutivo (art. 16, § 1º, EAOAB e art. 38, RG). Já na denominação da sociedade unipessoal de advocacia deverá ser formada obrigatoriamente pelo nome do advogado, completo ou parcial, acompanhado posteriormente da expressão ***"Sociedade Individual de Advocacia"*** (art. 16, § 4º, EAOAB).

**Sociedade Simples** → Obrigatório o nome de pelo menos um advogado responsável pela sociedade, podendo permanecer do sócio falecido se previsto no ato constitutivo.

*Exemplo:*
*"Novais & Costa Sociedade de Advogados"*

**Sociedade Unipessoal de Advocacia** → Deverá ser formada obrigatoriamente pelo nome do advogado, completo ou parcial, acompanhado posteriormente da expressão *"Sociedade Individual de Advocacia"*.

*Exemplo:*
*"Rafael Novais Sociedade Individual de Advocacia".*

▸ **Vejamos como esse tema já foi abordado no Exame de Ordem:**

**(FGV - 2018 - OAB - Exame de Ordem Unificado - XXVII)** Ricardo Silva, Carlos Santos e Raul Azevedo são advogados e constituem a sociedade Silva, Santos e Azevedo Sociedade de Advogados, para exercício conjunto da profissão. A sociedade consolida-se como referência de atuação em determinado ramo do Direito. Anos depois, Carlos Santos falece e seus ex-sócios pretendem manter seu sobrenome na sociedade. Sobre a manutenção do sobrenome de Carlos Santos na sociedade, de acordo com o Estatuto e com o Regulamento Geral da OAB, assinale a afirmativa correta.

a) É permitida, desde que expressamente autorizada por seus herdeiros.

b) É vedada, pois da razão social não pode constar o nome de advogado falecido.

c) É permitida, desde que prevista tal possibilidade no ato constitutivo da sociedade ou na alteração contratual em vigor.

d) É permitida, independentemente da previsão no ato constitutivo ou na alteração contratual em vigor, ou de autorização dos herdeiros, desde que autorizada pelo Conselho da respectiva Seccional.

**Resposta: Letra C**

**É permitida a manutenção do nome do sócio falecido na razão social da sociedade, desde que prevista tal possibilidade no ato constitutivo, previsão estampada no artigo 16, §1 do Estatuto da Advocacia da OAB.**

**(FGV - 2018 - OAB - Exame de Ordem Unificado - XXVI)** O advogado Pasquale integra a sociedade de advogados X, juntamente com três sócios. Todavia, as suas funções na aludida sociedade apenas ocupam parte de sua carga horária semanal disponível. Por isso, a fim de ocupar o tempo livre, o advogado estuda duas propostas: de um lado, pensa em criar, paralelamente, uma sociedade unipessoal de advocacia; de outro, estuda aceitar a oferta, proposta pela sociedade de advogados Y, de integrar seus quadros.

Considerando que todas as pessoas jurídicas mencionadas teriam sede na mesma área territorial de um Conselho Seccional da OAB, assinale a afirmativa correta.

a) É permitido que Pasquale integre simultaneamente a sociedade de advogados X e a sociedade de advogados Y. Todavia, não é autorizado que integre simultaneamente a sociedade de advogados X e a sociedade unipessoal de advocacia.

b) É permitido que Pasquale integre simultaneamente a sociedade de advogados X e a sociedade unipessoal de advocacia. Todavia, não é autorizado que integre simultaneamente a sociedade de advogados X e a sociedade de advogados Y.

c) Não é permitido que Pasquale integre simultaneamente a sociedade de advogados X e a sociedade de advogados Y. Tampouco é autorizado que integre simultaneamente a sociedade de advogados X e a sociedade unipessoal de advocacia.

d) É permitido que Pasquale integre simultaneamente a sociedade de advogados X e a sociedade de advogados Y. Também é autorizado que integre simultaneamente a sociedade de advogados X e a sociedade

**Resposta: Letra C**

**Não é permitido que o advogado integre simultaneamente a sociedade de advogados, inclusive pelo fato das sociedades terem sede na mesma área territorial do Conselho Seccional da OAB. Além disso, não poderá o advogado integrar, ao mesmo tempo, uma sociedade de advogados e uma sociedade unipessoal, conforme o artigo 15, §4° do Estatuto da Advocacia da OAB.**

**(FGV - 2017 - OAB - Exame de Ordem Unificado - XXIII)** Miguel, advogado, sempre exerceu a atividade sozinho. Não obstante, passou a pesquisar sobre a possibilidade de constituir, individualmente, pessoa jurídica para a prestação de seus serviços de advocacia.

Sobre o tema, assinale a afirmativa correta.

a) Miguel poderá constituir a pessoa jurídica pretendida, mediante registro dos seus atos constitutivos no Conselho Seccional da OAB em cuja base territorial tiver sede, com denominação formada pelo nome do titular, seguida da expressão 'Sociedade Individual de Advocacia'.

b) Miguel não poderá constituir a pessoa jurídica pretendida, uma vez que o ordenamento jurídico brasileiro não admite a figura da sociedade unipessoal, ressalvados apenas os casos de unipessoalidade temporária e da chamada subsidiária integral.

c) Miguel poderá constituir a pessoa jurídica pretendida mediante registro dos seus atos constitutivos no Conselho Seccional da OAB, com denominação formada pelo nome do titular, seguida da expressão 'EIRELI'.

d) Miguel poderá constituir a pessoa jurídica pretendida mediante registro dos seus atos constitutivos no Registro Civil de Pessoas Jurídicas, com denominação formada pelo nome do titular, seguida da expressão 'EIRELI'.

**Resposta: Letra A**

**A sociedade de advogados e a sociedade unipessoal de advocacia adquirem personalidade jurídica com o registro aprovado dos seus atos constitutivos no Conselho Seccional da OAB em cuja base territorial tiver sede, e a denominação da sociedade unipessoal de advocacia deve ser obrigatoriamente formada pelo nome do seu titular, completo ou parcial, com a expressão 'Sociedade Individual de Advocacia'. Previsão legal contida nos artigos 15, §1º e 16, §4º do Estatuto da Advocacia da OAB.**

## 2.5. DO ADVOGADO EMPREGADO

Com previsão no Estatuto (arts. 18 ao 21, EAOAB) e complementado no Regulamento Geral (arts. 11 ao 14, RG), o advogado empregado conceitua-se como aquele que mantém vínculo empregatício, prestando seus serviços de advogado a uma sociedade ou empresa.

Mesmo com este vínculo, o profissional advogado não perde sua isenção técnica, não permitindo a redução de sua independência profissional e não estando obrigado à prestação de serviços profissionais de interesse pessoal dos empregadores, fora da relação de emprego (art. 18, EAOAB; art. 4º, NCED).

Sua jornada de trabalho será de 4 (quatro) horas continuas diárias, não excedendo a de 20 (vinte) horas semanais, salvo se estipulado em acordo ou convenção coletiva de trabalho ou em regime de dedicação exclusiva, contabilizando o período em que estiver à disposição do empregador (art. 20, EAOAB).

Neste momento, surgem duas corriqueiras observações para prova:

1. **Disponibilidade:** Não apenas será considerado o período em que estiver executando ordens, mas também quando estiver simplesmente aguardando sua execução (esperando o início de audiência, por exemplo);
2. **Local:** Não será considerado apenas dentro de escritório ou local assemelhado, mas sim qualquer atividade interna ou externa, sendo reembolsado pelas despesas de alimentação, transporte e hospedagem;
3. **Dedicação exclusiva:** De forma diferente do que determina o Estatuto, tratando-se de contratação de advogado empregado com regime de dedicação exclusiva, sua jornada de trabalho não poderá exceder 8 (oito) horas diárias (art. 12, RG).

As ***horas excedentes*** à jornada de trabalho (horas extras) serão remuneradas por um adicional não inferior a 100% (cem por cento) sobre o valor da hora normal e o ***horário noturno*** compreende o período entre às 20 (vinte) horas de um dia até as 5 (cinco) horas do dia seguinte, sendo remuneradas com acréscimo do adicional de 25% (art. 20, §§ 2º e 3º, EAOAB).

Sem prejuízo do *salário* recebido como advogado empregado, o profissional ainda terá participação nos honorários sucumbenciais, assim entendido como aqueles que são pagos pela parte adversa perdedora da ação.

Aliás, o Regulamento Geral deixa clara a diferença dessas verbas, ao designar que *por decorrerem precipuamente do exercício da advocacia e só acidentalmente da relação de emprego, não integram o salário ou a remuneração* (art. 14, RG).

O Estatuto, por sua vez, realiza diferenciação na obtenção desses honorários sucumbenciais a depender de quem venha a ser o empregador do advogado, se empresa ou se sociedade de advocacia (art. 21, EAOAB).

Tratando-se de empresa, além do salário recebido, os honorários sucumbenciais pertencerão ao advogado empregado; ao passo em que, tratando-se de sociedade de advogados, o advogado empregado terá de dividir com a fonte pagadora seus honorários sucumbenciais. Corroborando com o exposto, o parágrafo único do artigo supracitado, os honorários de sucumbência, percebidos por advogado empregado de sociedade de advogados são partilhados entre ele e a empregadora, na forma estabelecida em acordo.

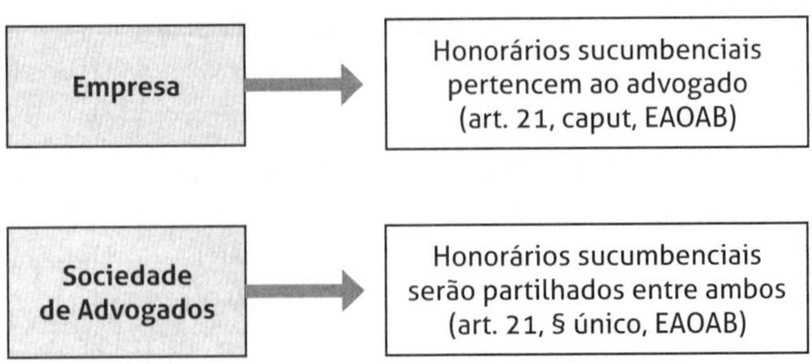

A título exemplificativo, tratando-se de advogado empregado de empresa de telecomunicações, ao vencer a demanda contra certo usuário, o profissional terá direito à integralidade dos honorários sucumbenciais, sem prejuízo de seu salário. Por outro lado, se o advogado é empregado da Novais & Costa Sociedade de Advogados, os honorários advocatícios serão repartidos entre o escritório e o profissional.

**Vejamos como esse tema já foi abordado no Exame de Ordem:**

**(FGV - 2018 - OAB - Exame de Ordem Unificado - XXVII)** O advogado Sebastião é empregado de certa sociedade limitada, competindo-lhe, entre outras atividades da advocacia, atuar nos processos judiciais em que a pessoa jurídica é parte. Em certa demanda, na qual foram julgados procedentes os pedidos formulados pela sociedade, foram fixados honorários de sucumbência em seu favor.

Considerando o caso narrado e o disposto no Regulamento Geral do Estatuto da Advocacia e da OAB, assinale a afirmativa correta.

a) Os referidos honorários integram a remuneração de Sebastião e serão considerados para efeitos trabalhistas, embora não sejam considerados para efeitos previdenciários.
b) Os referidos honorários integram a remuneração de Sebastião e serão considerados para efeitos trabalhistas e para efeitos previdenciários.
c) Os referidos honorários não integram a remuneração de Sebastião e não serão considerados para efeitos trabalhistas, embora sejam considerados para efeitos previdenciários.
d) Os referidos honorários não integram a remuneração de Sebastião e não serão considerados para efeitos trabalhistas, nem para efeitos previdenciários.

**Resposta: Letra D**

**Os honorários de sucumbência não integram o salário ou remuneração e não serão considerados para efeitos trabalhistas ou previdenciários. Previsão estampada no artigo 14 do Regulamento Geral**

**(FGV - 2012 - OAB - Exame de Ordem Unificado - VI)** Mévio é advogado empregado de empresa de grande porte atuando como diretor jurídico e tendo vários colegas vinculados à sua direção. Instado por um dos diretores, escala um dos seus advogados para atuar em processo judicial litigioso, no interesse de uma das filhas do referido diretor. À luz das normas estatutárias, é correto afirmar que

a) a defesa dos interesses dos familiares dos dirigentes da empresa está ínsita na atuação profissional do advogado empregado.
b) a atuação do advogado empregado nesses casos pode ocorrer voluntariamente, sem relação com o seu emprego.
c) a relação de emprego retira do advogado sua independência profissional, pois deve defender os interesses do patrão.
d) em casos de dedicação exclusiva, a jornada de trabalho máxima do advogado será de quatro horas diárias e de vinte horas semanais.

**Resposta: Letra B**

**O Estatuto da Advocacia e da OAB, em seu artigo 18, § único prevê que o advogado empregado não está obrigado à prestação de serviços profissionais de cunho pessoal dos empregadores, fora da relação de emprego, ficando à escolha do advogado.**

**(FGV - 2018 - OAB - Exame de Ordem Unificado - XXV)** Enzo, regularmente inscrito junto à OAB, foi contratado como empregado de determinada sociedade limitada, a fim de exercer atividades privativas de advogado. Foi celebrado, por escrito, contrato individual de trabalho, o qual estabelece que Enzo se sujeitará a regime de dedicação exclusiva. A jornada de trabalho acordada de Enzo é de oito horas diárias. Frequentemente, porém, é combinado que Enzo não compareça à sede da empresa pela manhã, durante a qual deve ficar, por três horas, "de plantão", ou seja, à disposição do empregador, aguardando ordens. Nesses dias, posteriormente, no período da tarde, dirige-se à sede, a fim de exercer atividades no local, pelo período contínuo de seis horas.

Considerando o caso narrado e a disciplina do Estatuto da Advocacia e da OAB, bem como do seu Regulamento Geral, assinale a afirmativa correta.

a) É vedada a pactuação de dedicação exclusiva. Deverão ser remuneradas como extraordinárias as horas diárias excedentes a quatro horas contínuas, incluindo-se as horas cumpridas por Enzo na sede da empresa, bem como as horas que ele permanece em sede externa, executando tarefas ou meramente aguardando ordens do empregador.

b) É autorizada a pactuação do regime de dedicação exclusiva. Deverão ser remuneradas como extraordinárias as horas que excederem a jornada de oito horas diárias, o que inclui as horas cumpridas por Enzo na sede da empresa ou efetivamente executando atividades externas ordenadas pelo empregador. As horas em que Enzo apenas aguarda as ordens fora da sede são consideradas somente para efeito de compensação de horas.

c) É autorizada a pactuação do regime de dedicação exclusiva. Deverão ser remuneradas como extraordinárias as horas que excederem a jornada de oito horas diárias, o que inclui tanto as horas cumpridas por Enzo na sede da empresa como as horas em que ele permanece em sede externa, executando tarefas ou meramente aguardando ordens do empregador.

d) É autorizada a pactuação do regime de dedicação exclusiva. Deverão ser remuneradas como extraordinárias as horas que excederem a jornada de nove horas diárias, o que inclui as horas cumpridas por Enzo na sede da empresa ou efetivamente executando atividades externas ordenadas pelo empregador. As horas em que Enzo apenas aguarda as ordens fora da sede são consideradas somente para efeito de compensação de horas.

**Resposta: Letra C**

**As horas trabalhadas que excederem a jornada normal são remuneradas por um adicional não inferior a cem por cento sobre o valor da hora normal, mesmo havendo contrato escrito, previsão normativa do artigo 20, 1º do Estatuto da Advocacia da OAB e artigo 12, parágrafo único do Regulamento Geral.**

## 2.6. DOS HONORÁRIOS ADVOCATÍCIOS

Considerado um dos temas mais relevantes para a 1ª fase do Exame de Ordem, além da importância para a saúde financeira dos profissionais, o tema inerente ao estudo dos honorários advocatícios ganhou contornos próprios no Estatuto (arts. 22 ao 26, EAOAB) e também no *Novo Código de Ética e Disciplina da OAB* (arts. 48 ao 54, NCED).

Iniciando seu estudo, o Estatuto explana a existência de três tipos de honorários: ***convencionados, por arbitramento judicial e os de sucumbência*** (art. 22, EAOAB).

a) **Convencionados**: Aqueles livremente contratados entre o advogado e o seu cliente;

b) **Por arbitramento**: Configuram-se diante da falta de estipulação ou de acordo entre as partes, sendo juridicamente arbitrados, em remuneração compatível com o trabalho e o valor econômico da questão. Contudo, não poderão ser inferiores àqueles estabelecidos na tabela organizada pelo respectivo Conselho Seccional da OAB;

c) **De sucumbência**: Oriundos da parte vencida em demandas judiciais, pagos ao advogado da parte vencedora.

Tratando-se de honorários convencionados, vale ressaltar que o contrato de prestação de serviços não exige forma especial, mas deve estabelecer com clareza e precisão, seu objetivo, honorários ajustados, forma de pagamentos, entre outras matérias a ele referentes. Essa prestação poderá ser contratada, verbalmente ou por escrito, ainda que o Novo Código de Ética preveja preferência pela forma escrita (art. 48, NCED).

Nesses contratos, o advogado e seu cliente estão livres para estipularem a forma de pagamento pela prestação desses serviços, levando em consideração as especificidades de cada cliente e sua disponibilidade financeira. Entretanto, ocorrendo omissão quanto ao momento deste pagamento, o Estatuto adota regra que determina (art. 22, §3º, EAOAB):

- 1/3: No início do serviço;
- 1/3: Até decisão de 1ª instância;
- *Restante*: ao final.

Atente-se que o Estatuto não determinou 1/3 ao final e sim a expressão "restante", pois ao final os valores podem divergir dessa divisão inicial (maior ou menor). Para o Exame de Ordem fique atento, pois a FGV já assinalou como verdadeira a assertiva que apontava 1/3 ao final, contrariando o texto legal.

No momento da contratação, o advogado não pode usurpar o poder de negociação e realizar exigências desproporcionais à atividade jurídica prestada. Em termos éticos, deverá estabelecer honorários com ***moderação*** seguindo elementos relacionados ao seu labor (art. 49, NCED).

Entretanto, essa ***moderação*** suscitada não significa contratação em valores ínfimos, tendo em vista a abstenção de contratação com valores *aviltantes* (art. 2º,

VIII, f, e 48, §6º, do NCED). A advocacia não pode ser sucateada com o barateamento e, consequente, desvalorização profissional.

Os honorários advocatícios gozam de status de natureza alimentar, integrando o patrimônio civil da pessoa do advogado. Assim, na hipótese de falecimento ou incapacidade civil do profissional, os honorários de sucumbência, proporcionais ao trabalho realizado, serão recebidos por seus sucessores ou representantes legais (art. 24, §2º, EAOAB).

O Estatuto estabelece que os honorários por arbitramento ou sucumbência, pertencem ao advogado. Sua execução, inclusive, poderá acontecer nos próprios autos da ação originária ou mesmo em ação autônoma, resguardando o a classificação como crédito privilegiado na falência, concordata, concurso de credores, insolvência civil e liquidação extrajudicial (arts. 23 e 24 do EAOAB e art. 85 do CPC).

Juntando o contrato de honorários antes da expedição do mandado de levantamento ou precatório, o advogado poderá requerer que o Magistrado determine a separação do montante pertencente ao cliente, sendo pago diretamente ao profissional a respectiva quantia (art. 22, §4º, EAOAB).

Tratando-se de direito do advogado, é ***nula*** qualquer disposição, cláusula, regulamento ou convenção individual ou coletiva que ***retire*** do advogado o direito ao recebimento dos honorários de sucumbência (art. 24, §3º, EAOAB).

Por outro lado, considerando dinheiro como direito disponível, o Supremo Tribunal Federal declarou a inconstitucionalidade deste dispositivo na ADI nº 1.194-4, autorizando a disposição destes honorários.

Atente-se que a especifica previsão estampada no *Novo Código de Ética e Disciplina da OAB* afeta a utilização da cláusula ***quota litis*** nos honorários pactuados. Em termos mais simples, traduz-se pela divisão realizada, entre cliente e advogado, nos ganhos possivelmente oriundos da causa. ***Cliente e advogado acordam dividir os ganhos.***

A soma dos ganhos obtidos pelo advogado (incluindo-se eventual honorário sucumbencial) não poderá ultrapassar aquilo a ser recebido pelo seu cliente, devendo ter previsão em pecúnia e apenas excepcionalmente a participação em bens particulares da parte (art. 50, NCED).

Por fim e não menos importante, o Estatuto trabalha a ideia afeta à *prescrição de cobrança dos honorários e prestação de contas.*

Entendida como forma de extinção da pretensão de propositura da ação, o prazo para exigência estampado no Estatuto será de 5 (cinco) anos, contados do encerramento da relação jurídica contratual, da ultimação do serviço extrajudicial, da desistência ou transação, da renúncia ou revogação do mandato (art. 25, EAOAB).

Ocorrendo substabelecimento com reserva de poderes, será necessário a participação daquele que conferiu poderes (art. 26, EAOAB). Se, ao final da demanda, o novo advogado pretender realizar a cobrança dos honorários, o patrono que lhe substabeleceu com reserva de poderes, por continuar na ação, precisa autorizar o início dessa cobrança. Do contrário, não haverá cobrança desses valores.

O mesmo prazo de 5 (cinco) anos será aplicado para prestação de contas do advogado ao seu cliente (art. 25-A, EAOAB). Alerto que a prestação de contas se traduz em tema de relevante importância na atividade profissional como forma de garantir a confiança das partes envolvidas e manter a integridade da profissão da advocacia. O descumprimento, inclusive, ensejará na prática de infração disciplinar (art. 34, XXI, EAOAB), sujeita a penalidade de suspensão (art. 37, I, EAOAB).

**Vejamos como esse tema já foi abordado no Exame de Ordem:**

**(FGV - 2018 - OAB - Exame de Ordem Unificado - XXVII)** O advogado Nelson celebrou, com determinado cliente, contrato de prestação de serviços profissionais de advocacia. No contrato, Nelson inseriu cláusula que dispunha sobre a forma de contratação de profissionais para serviços auxiliares relacionados a transporte e a cópias de processos. Todavia, o pacto não tratava expressamente sobre o pagamento de custas e emolumentos.

Considerando o caso narrado, assinale a afirmativa correta.

a) O contrato celebrado viola o disposto no Código de Ética e Disciplina da OAB, pois é vedada a referência a outras atividades diversas da atuação do advogado, como os serviços auxiliares mencionados. Por sua vez, quanto às custas e aos emolumentos, na ausência de disposição em contrário, presume-se que sejam atendidos pelo cliente.

b) O contrato celebrado viola o disposto no Código de Ética e Disciplina da OAB, pois é vedada a referência a outras atividades diversas da atuação do advogado, como os serviços auxiliares mencionados. Por sua vez, quanto às custas e aos emolumentos, na ausência de disposição em contrário, presume-se que sejam antecipados pelo advogado.

c) O Código de Ética e Disciplina da OAB autoriza que o contrato de prestação de serviços de advocacia disponha sobre a forma de contratação de profissionais para serviços auxiliares. Por sua vez, quanto às custas e aos emolumentos, na ausência de disposição em contrário, presume-se que sejam atendidos pelo cliente.

d) O Código de Ética e Disciplina da OAB autoriza que o contrato de prestação de serviços de advocacia disponha sobre a forma de contratação de profissionais para serviços auxiliares. Por sua vez, quanto às custas e aos emolumentos, na ausência de disposição em contrário, presume-se que sejam antecipados pelo advogado.

**Resposta: Letra C**

**O novo Código de Ética e Disciplina dispõe sobre a possibilidade de contratação de profissionais para serviços auxiliares. Ocorrendo omissão, presumem-se que as custas serão devidas pelo cliente, artigo 48, §3, NCED.**

**(FGV - 2018 - OAB - Exame de Ordem Unificado - XXVII)** Gilda, empregada terceirizada contratada pela sociedade empresária XX Ltda. para prestar serviços ao Município ABCD, procura o auxílio de Judite, advogada, para o ajuizamento de reclamação trabalhista em face do empregador e do tomador de serviços.

Considerando a existência de decisão transitada em julgado que condenou os réus, solidariamente, ao pagamento de verbas de natureza trabalhista, assinale a afirmativa correta.

a) Em execução contra o Município ABCD, Judite terá direito autônomo a executar a sentença quanto aos honorários incluídos na condenação por arbitramento ou por sucumbência, podendo requerer que o precatório seja expedido em seu favor.

b) Em caso de falência da sociedade empresária XX Ltda., os honorários arbitrados em favor de Judite serão considerados crédito privilegiado, sendo obrigatória sua habilitação perante o juízo falimentar.

c) Em execução contra o Município ABCD, o juiz deve determinar que os honorários contratuais sejam pagos diretamente a Judite, desde que o contrato de honorários seja anexado aos autos após a expedição do precatório, exceto se Gilda provar que já os pagou.

d) Judite poderá cobrar judicialmente os honorários contratuais devidos por Gilda, devendo renunciar ao mandato se, em sede de sentença, a demanda for julgada procedente.

**Resposta: Letra A**

**A advogada poderá executar os horários de forma autônoma ou executar a sentença em seu favor, podendo requerer a expedição de precatório em seu favor, em concordância com o artigo 23 do Estatuto da Advocacia da OAB.**

**(FGV - 2018 - OAB - Exame de Ordem Unificado - XXVI)** O advogado Fabrício foi contratado por José para seu patrocínio em processo judicial, por meio de instrumento firmado no dia 14/11/2012. No exercício do mandato, Fabrício distribuiu, em 23/11/2012, petição inicial em que José figurava como autor.

No dia 06/11/2013, nos autos do processo, Fabrício foi intimado de sentença, a qual fixou honorários advocatícios sucumbenciais, no valor de dez mil reais, em seu favor. A referida sentença transitou em julgado em 21/11/2013.

Considerando que não houve causa de suspensão ou interrupção do prazo prescricional, de acordo com a disciplina do Estatuto da Advocacia e da OAB, assinale a afirmativa correta.

a) A pretensão de cobrança dos honorários sucumbenciais, fixados em favor de Fabrício, prescreve no prazo de cinco anos, a contar de 14/11/2012.

b) A pretensão de cobrança dos honorários sucumbenciais, fixados em favor de Fabrício, prescreve no prazo de cinco anos, a contar de 06/11/2013.

c) A pretensão de cobrança dos honorários sucumbenciais, fixados em favor de Fabrício, prescreve no prazo de cinco anos, a contar de 21/11/2013.

d) A pretensão de cobrança dos honorários sucumbenciais, fixados em favor de Fabrício, é imprescritível, tendo em vista seu caráter alimentar.

**Resposta: Letra C**

**A pretensão de cobrança dos honorários sucumbenciais prescreve no prazo de cinco anos, previsão estampada no artigo 25, inciso II do Estatuto da Advocacia da OAB.**

## 2.7. DAS INCOMPATIBILIDADES E IMPEDIMENTOS

O tema relacionado às incompatibilidades e impedimentos se caracteriza como verdadeiras ***limitações*** ao pleno exercício da atividade advocatícia por parte de pessoas determinadas (arts. 27 ao 30, EAOAB).

Elementos pessoais destes sujeitos possuem verdadeiro poder de influência capaz de intervir em causas processuais em desrespeito aos ditames da moral, ética e justiça. Encontraremos, ainda, pessoas que detenham certo nível de responsabilidade financeira e estrutural da administração pública ou economia brasileira.

Ainda que existam ferrenhas críticas por parte de certas categorias, o cenário apresentado condiz para acertada decisão legal em afastar, total ou parcialmente, os sujeitos elencados ao exercício da advocacia.

### ▸ Incompatibilidade

A incompatibilidade caracteriza-se pela ***proibição total*** ao exercício da advocacia. Consideradas situações mais gravosas em que o Estatuto vetou, em caráter absoluto, a advocacia ***mesmo em causa própria.***

Logo, necessitando dos serviços desta natureza, os agentes elencados como incompatíveis no Estatuto deverão contratar profissional habilitado para sua representação.

Representando o rol destes agentes, aduz o artigo 28 do EAOAB:

> ***Art. 28. A advocacia é incompatível, mesmo em causa própria, com as seguintes atividades:***
>
> ***I - chefe do Poder Executivo e membros da Mesa do Poder Legislativo e seus substitutos legais;***

Diante do elevado poder político concedidos para estes agentes, sua atuação poderia vincular-se às influencias dos cargos exercidos. Dividindo-os em dois pontos, encontraremos:

a) **Chefe do Poder Executivo e seus substitutos legais:** Presidente da República e seu Vice; Governadores de Estados, Distrito Federal e seus vices; Prefeitos de Municípios e seus vices;

b) **Mesa do Poder Legislativo:** Aqui a incompatibilidade apenas se aplica se o membro do poder legislativo for integrante da mesa. Tratando-se meramente do cargo eleitoral, sem indicação como integrante da mesa, o caso não será de incompatibilidade e sim de apenas impedimento (art. 30, II, EAOAB).

> ***II - membros de órgãos do Poder Judiciário, do Ministério Público, dos tribunais e conselhos de contas, dos juizados especiais, da justiça de paz, juízes classistas, bem como de todos os que exerçam função de julgamento em órgãos de deliberação coletiva da administração pública direta e indireta;***

O exercício da função judicante (julgador) ocasionará a incompatibilidade ao exercício da advocacia exatamente pela natureza de suas atividades. Imaginemos um Juiz de Direito exercendo pela manhã a função de advogado e, logo mais pela tarde, julgando suas próprias causas ou de seus amigos. De igual sorte, a influência dos membros do Ministério Público e Conselhos de Contas sobre estes agentes julgadores.

Sobre o inciso apresentado, duas pertinentes observações merecem destaque:

a) **A extinção da figura do juiz classista após EC nº 24/99:** Anteriormente à referida Emenda Constitucional existia a figura deste julgador leigo, escolhido pelos empregados e empregadores para solucionar contendas da justiça laboral;

b) **Permissão aos juízes eleitorais advogados:** No julgamento da ADIN nº 1.127-8 o STF autorizou advogados que exercem o mandado temporário de juiz eleitoral continuem exercendo a advocacia. Evidentemente que essa autorização dar-se para atividades diferentes daquela de sua função de julgador;

> ***III - ocupantes de cargos ou funções de direção em Órgãos da Administração Pública direta ou indireta, em suas fundações e em suas empresas controladas ou concessionárias de serviço público;***

A atuação em nível de direção na administração pública também ressalta a incompatibilidade pelo poder de gestão exercido. Não se trata de todos os cargos ou funções, mas apenas aqueles com poder de direção.

Entretanto, aqui podemos destacar duas ***exceções*** (art. 28, §2º, EAOAB):

a) Ocupantes de cargos ou funções de direção ***sem poder de decisão*** relevante sobre interesses de terceiros, a juízo do conselho competente da OAB;

b) Administração acadêmica diretamente relacionada ao ***magistério jurídico.***

> ***IV - ocupantes de cargos ou funções vinculados direta ou indiretamente a qualquer órgão do Poder Judiciário e os que exercem serviços notariais e de registro;***

Estamos diante dos casos de servidores e serventuários do judiciário nacional que, por motivos óbvios, detém enorme conhecimento sobre a estrutura julgadora. Não seria ética a utilização de seu cargo para obter favorecimentos.

Técnicos, Analistas, Assessores, Oficiais de Justiça, além dos servidores notariais e de registro não poderão advogar, nem em causa própria.

> ***V - ocupantes de cargos ou funções vinculados direta ou indiretamente a atividade policial de qualquer natureza;***

A atividade policial também guarda relação com o exercício da advocacia, em especial na esfera criminal. Assim, evitando alguma irregularidade no exercício policial, estarão incompatíveis para advocacia.

> ***VI - militares de qualquer natureza, na ativa;***

Pelos mesmos motivos alinhados no inciso anterior, militares ativos também poderiam valer-se de seus cargos para obterem indevidos benefícios na atividade advocatícia.

Ressalte-se que o dispositivo apenas proíbe o militar na ativa. Tratando-se de militar reservista, não existe incompatibilidade ao exercício da advocacia.

> ***VII - ocupantes de cargos ou funções que tenham competência de lançamento, arrecadação ou fiscalização de tributos e contribuições parafiscais;***

Considerando-os como os agentes responsáveis por abastecer os cofres públicos com receitas, também existirá incompatibilidade. Inegável que tais agentes poderiam valer-se do elevado poder fiscal e atuar indevidamente na advocacia, em especial tributária.

> **VIII - ocupantes de funções de direção e gerência em instituições financeiras, inclusive privadas.**

A incompatibilidade decorre do elevado conhecimento financeiro que tais agentes detêm, podendo influenciar em demandas desta natureza.

São instituições financeiras, por exemplo, os bancos, as administradoras de cartões de crédito, as bolsas de valores, as sociedades de crédito, financiamento e Investimentos, as cooperativas de crédito, entre outras, sejam públicas ou privadas.

Observem que em todos os casos mencionados, o nível de influência de tais agentes se mostra elevado.

Portanto, ainda que o ocupante do cargo ou função deixe de exercê-lo temporariamente (exemplo, férias), permanecerá incompatível com o exercício da advocacia.

Sendo incompatibilidade temporária (exemplo, mandado de prefeito) ocorrerá mera licença do advogado (art. 12, III, EAOAB), ao passo em que o caráter definitivo (exemplo, juiz de direito) ocasionará o cancelamento da inscrição na OAB (art. 11, IV, EAOAB).

## Impedimento

O impedimento caracteriza-se pela apenas ***proibição parcial*** ao exercício da advocacia. Em outros termos, o profissional não estará absolutamente impossibilitado em sua atuação, podendo exercer a advocacia em alguns casos determinados no Estatuto.

Poderá advogar, mas com específicas limitações, elencadas no artigo 30 do EAOAB:

> ***Art. 30. São impedidos de exercer a advocacia:***
>
> ***I - os servidores da administração direta, indireta e fundacional, contra a Fazenda Pública que os remunere ou à qual seja vinculada a entidade empregadora;***

Em complemento ao estudado no inciso III do art. 28 do Estatuto, os servidores não ocupantes de cargos ou funções com poder de direção poderão advogar, desde que não seja contra a fazenda que lhes remunera.

Assim, o agente de almoxarifado de determinado órgão público estadual poderá advogar, desde que não seja contra a fazenda pública que lhe remunera (o Estado que se vincula).

Entretanto, docentes de cursos jurídicos (professores jurídicos de faculdades públicas) não estarão impedidos ao exercício de sua advocacia, inclusive contra a própria fazenda pública que lhes remunera (art. 30, § único, EAOAB).

> ***II - os membros do Poder Legislativo, em seus diferentes níveis, contra ou a favor das pessoas jurídicas de direito público, empresas públicas, sociedades de economia mista, fundações públicas, entidades paraestatais ou empresas concessionárias ou permissionárias de serviço público.***

Também em complemento ao artigo 28 do Estatuto, agora no inciso I, os membros do Poder Legislativo poderão advogar, desde que não integrantes da respectiva mesa. Atente-se que a advocacia aqui exercida terá impedimentos perante aquelas que desenvolvem a advocacia púbica.

Em outros termos, os membros do poder legislativo que não integrantes da mesa poderão advogar livremente em ações que não correspondam aos impedimentos acima mencionados, como no caso de ações que envolvam o direito de família ou criminal.

Fugindo da dicotomia incompatibilidade e impedimento, o Estatuto ainda designa a possibilidade do ***exercício limitado da advocacia*** (art. 29, EAOAB) e que, no estudo para o exame de ordem, constantemente é desprezado pelos candidatos.

Tecnicamente, não se trata de incompatibilidade ou impedimento, mas sim de atividade limitada ou exclusiva para os Procuradores ***Gerais***, Advogados ***Gerais***, Defensores ***Gerais*** e ***dirigentes*** de órgãos jurídicos da Administração Pública direta, indireta e fundacional, ***que apenas podem exercer a advocacia para o órgão que os chefia.***

Atente-se que a limitação deste exercício seria apenas para aqueles que atuam com a qualificante "geral" ou de "dirigentes".

Assim, sendo o agente Procurador de determinado estado, ele apenas terá o impedimento ao passo em que, tornando-se procurador geral, sua advocacia será exclusiva para aquele órgão.

▸ **Vejamos como esse tema já foi abordado no Exame de Ordem:**

**(FGV - 2017 - OAB - Exame de Ordem Unificado - XXII)** Carolina, Júlia, Bianca e Maria são advogadas. Carolina é servidora estadual não enquadrada em hipótese de incompatibilidade; Júlia está cumprindo suspensão por infração disciplinar; Bianca está licenciada por requerimento próprio justificado; e Maria é servidora federal não enquadrada em hipótese de incompatibilidade. As quatro peticionam, como advogadas, isoladamente e em atos distintos, em ação judicial proposta em face da União.

Diante da situação narrada, de acordo com o Estatuto da OAB, são válidos os atos praticados

a) por Carolina, apenas.
b) por Carolina e Bianca, apenas.
c) por Carolina, Bianca e Maria, apenas.
d) por Carolina, Julia, Bianca e Maria.

**Resposta: Letra A**

**Segundo o artigo 30, inciso I do Estatuto da Advocacia e da OAB; os servidores da administração direta, indireta e fundacional são impedidos de exercer a advocacia contra a Fazenda Pública que os remunere ou a qual seja vinculada a empresa empregadora. Também serão nulos, os atos praticados por advogado suspenso ou licenciado; previsão, esta, do artigo 4° do EAOAB.**

**(FGV - 2016 - OAB - Exame de Ordem Unificado - XIX)** Formaram-se em uma Faculdade de Direito, na mesma turma, Luana, Leonardo e Bruno. Luana, 35 anos, já exercia função de gerência em um banco quando se graduou. Leonardo, 30 anos, é prefeito do município de Pontal. Bruno, 28 anos, é policial militar no mesmo município. Os três pretendem praticar atividades privativas de advocacia.

Considerando as incompatibilidades e impedimentos ao exercício da advocacia, assinale a opção correta.

a) Luana não está proibida de exercer a advocacia, pois é empregada de instituição privada, inexistindo impedimentos ou incompatibilidades.
b) Bruno, como os servidores públicos, apenas é impedido de exercer a advocacia contra a Fazenda Pública que o remunera.

c) Os três graduados, Luana, Leonardo e Bruno, exercem funções incompatíveis com a advocacia, sendo determinada a proibição total de exercício das atividades privativas de advogado.

d) Leonardo é impedido de exercer a advocacia apenas contra ou em favor de pessoas jurídicas de direito público, empresas públicas, sociedades de economia mista, fundações públicas, entidades paraestatais ou empresas concessionárias ou permissionárias de serviço

**Resposta: Letra C**

**A advocacia é incompatível, sendo impedido seu exercício totalmente, até mesmo em causa própria, nas seguintes atividades: O chefe do Poder Executivo e membros da Mesa do Poder Legislativo e seus substitutos legais; ocupantes de cargos ou funções vinculados direta ou indiretamente a atividade policial de qualquer natureza; ocupantes de função de direção e gerência em instituições financeiras, inclusive as privadas. Esta previsão está elencada no artigo 28, respectivamente nos incisos I, V e VIII do Estatuto da Advocacia e da OAB.**

**(FGV - 2016 - OAB - Exame de Ordem Unificado - XIX)** Carlos integrou a chapa de candidatos ao Conselho Seccional que obteve a maioria dos votos válidos e tomou posse em 1º de janeiro do ano seguinte ao de sua eleição. Um ano após o início do mandato, Carlos passou a ocupar um cargo de direção no Conselho de Administração de uma empresa, controlada pela Administração Pública, sediada em outro estado da Federação.

Nesse caso, de acordo com o Estatuto da OAB, assinale a afirmativa correta.

a) Não se extingue o mandato de Carlos, pois a ocupação de cargo de direção em empresa controlada pela Administração Pública, em estado da Federação distinto do abrangido pelo Conselho Seccional, não configura incompatibilidade a ensejar o cancelamento de sua inscrição.

b) Extingue-se automaticamente o mandato de Carlos, pois a ocupação de cargo de direção em empresa controlada pela Administração Pública, em qualquer circunstância, configura incompatibilidade a ensejar o cancelamento de sua inscrição.

c) Extingue-se o mandato de Carlos mediante deliberação de dois terços dos membros do Conselho Seccional, pois a ocupação de cargo de direção em empresa controlada pela Administração Pública pode configurar incompatibilidade a ensejar o cancelamento de sua inscrição.

d) Não se extingue o mandato de Carlos, pois a ocupação de cargo de direção em empresa controlada pela Administração Pública, em qualquer circunstância, não configura incompatibilidade a ensejar o cancelamento de sua inscrição.

**Resposta: Letra B**

**O mandato será extinto, automaticamente, antes de seu término, quando ocorrer qualquer hipótese de cancelamento de inscrição ou licenciamento do profissional, conforme artigo 66 do Estatuto da Advocacia e da OAB. A inscrição do advogado será cancelada quando o mesmo passar a exercer, em caráter definitivo, atividade incompatível com o exercício da advocacia (vide artigo 11 do EAOAB). Os ocupantes de cargos ou funções de direção em órgãos da Administração Pública direta ou indireta, em suas fundações e em suas empresas controladas ou concessionárias de serviço público são incompatíveis com o exercício da advocacia, não podendo atuar mesmo em causa própria, segundo o artigo 28, inciso III do EAOAB.**

## 2.8. DA ÉTICA DO ADVOGADO

Os artigos 31 ao 33 do Estatuto estampam capítulo especifico para tratar sobre a ética do advogado. Do mesmo modo, o Novo Código de Ética vislumbra-o em título específico em diversos artigos na parte introdutória do diploma.

Na introdução deste material já alertávamos para importância social da atuação com ética social, em especial no exercício da importante atividade de advocacia.

O advogado deve agir com ética, tratando todos com respeito e contribuindo com o prestígio de toda a classe, mantendo sua independência técnica e profissional, tendo liberdade para agir de acordo com suas convicções pessoais.

Aliás, o advogado não deve temer nenhum receio de desagradar a magistrado ou a qualquer autoridade, nem de incorrer em impopularidade no exercício da profissão.

Esses elementos éticos demonstram que o advogado será responsável pelos atos que, no exercício profissional, praticar com dolo ou culpa, sem prejuízo de apreciação e punição na esfera administrativa. Inclusive, também haverá responsabilização profissional em lides temerárias que atuar o advogado em conluio com o cliente para lesar terceiros (art. 32, EAOAB).

Ressalte-se que tais previsões éticas do estatuto são complementadas pela Resolução nº 02/2015 do Conselho Federal da OAB ao aprovar diversas normatizações no ***Novo Código de Ética e Disciplina da OAB.***

**▸ Vejamos como esse tema já foi abordado no Exame de Ordem:**

**(FGV - 2017 - OAB - Exame de Ordem Unificado - XXIII)** O Dr. Silvestre, advogado, é procurado por um cliente para patrociná-lo em duas demandas em curso, nas quais o aludido cliente figura como autor. Ao verificar o andamento processual dos feitos, Silvestre observa que o primeiro processo tramita perante a juíza Dra. Isabel, sua tia. Já o segundo processo tramita perante o juiz Dr. Zacarias, que, coincidentemente, é o locador do imóvel onde o Dr. Silvestre reside.

Considerando o disposto no Código de Ética e Disciplina da OAB, assinale a afirmativa correta.

a) O Dr. Silvestre cometerá infração ética se atuar em qualquer dos processos, tendo em vista o grau de parentesco com a primeira magistrada e a existência de relação negocial com o segundo juiz.

b) O Dr. Silvestre cometerá infração ética apenas se atuar no processo que tramita perante a juíza Dra. Isabel, tendo em vista o grau de parentesco com a magistrada. Quanto ao segundo processo, não há vedação ética ao patrocínio na demanda.

c) O Dr. Silvestre cometerá infração ética apenas se atuar no processo que tramita perante o juiz Dr. Zacarias, tendo em vista a existência de relação negocial com o magistrado. Quanto ao primeiro processo, não há vedação ética ao patrocínio na demanda.

d) O Dr. Zacarias não cometerá infração ética se atuar em ambos os feitos, pois as hipóteses de suspeição e impedimento dos juízes versam sobre seu relacionamento com as partes, e não com os advogados.

**Resposta: Letra A**

**É vedado ao advogado ingressar ou atuar em pleitos administrativos ou judiciais perante autoridades com as quais tenha vínculos negociais ou familiares, segundo o disposto no artigo 2, inciso VIII, alínea "e" do novo Código de Ética da OAB.**

**(FGV - 2016 - OAB - Exame de Ordem Unificado - XIX)** Alexandre, advogado que exerce a profissão há muitos anos, é conhecido por suas atitudes corajosas, sendo respeitado pelos seus clientes e pelas autoridades com quem se relaciona por questões profissionais. Comentando sua atuação profissional, ele foi inquirido, por um dos seus filhos, se não deveria recusar a defesa de um indivíduo considerado impopular, bem como se não deveria ser mais obediente às autoridades, diante da possibilidade de retaliação. Sobre o caso apresentado, observadas as regras do Estatuto da OAB, assinale a opção correta indicada ao filho do advogado citado.

a) O advogado Alexandre deve recusar a defesa de cliente cuja atividade seja impopular.
b) O temor à autoridade pode levar à negativa de prestação do serviço advocatício por Alexandre.
c) As causas impopulares aceitas por Alexandre devem vir sempre acompanhadas de apoio da Seccional da OAB.
d) Nenhum receio de desagradar uma autoridade deterá o advogado Alexandre.

**Resposta: Letra D**

**Com fundamento no artigo 31, § 2° do Estatuto da Advocacia e da OAB, o advogado, no exercício de sua profissão, não deve ter nenhum receio de desagradar ao magistrado ou a qualquer autoridade, nem de incorrer em impopularidade.**

**(FGV - 2016 - OAB - Exame de Ordem Unificado - XIX)** Os advogados Ivan e Dimitri foram nomeados, por determinado magistrado, para prestarem assistência jurídica a certo jurisdicionado, em razão da impossibilidade da Defensoria Pública. As questões jurídicas debatidas no processo relacionavam-se à interpretação dada a um dispositivo legal. Ivan recusou-se ao patrocínio da causa, alegando que a norma discutida também lhe é aplicável, não sendo, por isso, possível que ele sustente em juízo a interpretação legal benéfica à parte assistida e prejudicial aos seus próprios interesses. Dimitri também se recusou ao patrocínio, pois já defendeu interpretação diversa da mesma norma em outro processo.

Sobre a hipótese apresentada, é correto afirmar que

a) Ivan e Dimitri cometeram infração disciplinar, pois é vedado ao advogado recusar-se a prestar assistência jurídica, sem justo motivo, quando nomeado em virtude de impossibilidade da Defensoria Pública.
b) apenas Dimitri cometeu infração disciplinar, pois não se configura legítima a recusa por ele apresentada ao patrocínio da causa, sendo vedado ao advogado, sem justo motivo, recusar-se a prestar assistência jurídica, quando nomeado em virtude de impossibilidade da Defensoria Pública.
c) apenas Ivan cometeu infração disciplinar, pois não se configura legítima a recusa por ele apresentada ao patrocínio da causa, sendo vedado ao advogado, sem justo motivo, recusar-se a prestar assistência jurídica, quando nomeado.

d) nenhum dos advogados cometeu infração disciplinar, pois se afiguram legítimas as recusas apresentadas ao patrocínio

**Resposta: Letra D**

**A recusa, pelo advogado, do patrocínio de pretensão concernente a lei ou direito que também lhe seja aplicável, ou contrarie expressa orientação sua, manifestada anteriormente, é totalmente legítima, nos termos do artigo 4°, § único do Novo Código de Ética e Disciplina da OAB.**

## 2.9. DAS INFRAÇÕES E SANÇÕES DISCIPLINARES

De suma importância para o exame de 1ª fase da OAB, as infrações disciplinares e respectivas sanções estão elencadas entre os artigos 34 ao 43 do Estatuto.

De forma ainda mais específica, algumas características iniciais merecem destaque:

1. **Rol Taxativo:** De forma semelhante à disciplina do direito penal, as infrações disciplinares consistem em rol taxativo no Estatuto, não admitindo interpretação extensiva ou análoga. Não se permite a criação de verdadeiros tribunais de exceção para criação de punições específicas para advogados, pois todas já se encontram previamente estabelecidas;
2. **Aplicação aos inscritos:** A submissão às infrações e sanções elencadas alcançará aqueles inscritos nos quadros da OAB, notadamente os *Advogados e Estagiários;*
3. **Natureza administrativa:** As infrações disciplinares aplicam-se na seara administrativa da OAB, punindo o profissional com as sanções de multa, censura, suspensão e até exclusão dos quadros da ordem. Sua aplicação, inclusive, não exclui a possibilidade de o agente responder também no campo cível ou criminal pela atividade que realizou.

Por questões didáticas, aconselhamos o estudo deste tópico acompanhado das premissas do EAOAB, com a leitura dos respectivos incisos do art. 34 do EAOAB.

Quando às ***sanções disciplinares*** aplicáveis para as respectivas infrações, o Estatuto estabelece como modalidades (art. 35, EAOAB): ***censura, suspensão e exclusão***, além da aplicação da <u>multa</u> em determinadas situações.

A <u>censura</u> caracteriza-se como punição para infrações de cunho mais leve, sendo aplicáveis (art. 36, EAOAB):

a) **Nas infrações elencadas entre os incisos I ao XVI e XXIX do art. 34 do Estatuto:** utilizando-se da lógica menos prejudicial, os advogados apenas receberão punição de censura pela infração de menor potencial lesivo. Situações como a violação de sigilo profissional, prejudicar com culpa grave o cliente, abandonar a causa, dentre outros. Ao estagiário, caberá a sanção de advertência quando exceder atos de sua habilitação.

b) **Em violações ao Código de Ética e Disciplina:** Casos de desrespeito à Resolução nº 02/2015 que criou o ***NCED.***

c) **Violações ao Estatuto em caráter subsidiário:** Situações em que não existam infração de cunho mais grave para a violação cometida (suspensão ou exclusão), aplicando-se de forma subsidiária apenas a censura.

Por ser considerada de menor potencial ofensivo, a censura pode ser convertida em ***advertência (art.36, EAOAB)***, assim compreendida como ofício reservado, sem registro nos assentamentos do inscrito, constando apenas no cadastro interno para fins de antecedentes. Esta conversão seria aplicável se presente circunstancias atenuantes (art. 40, EAOAB).

A *suspensão* conceitua-se como a proibição temporária ao exercício da advocacia em todo o território nacional, mesmo em causa própria, sob pena de nulidade. Será aplicável nos seguintes casos (art. 37, EAOAB):

a) **Nas infrações elencadas entre os incisos XVII ao XXV do art. 34 do Estatuto:** Situação de razoáveis infrações praticadas pelo advogado, nem tão graves e nem tão leves. Receber valores da parte contrária sem consentimento do cliente, reter abusivamente os autos, prestar concurso atuando contra a lei ou destinado a fraudá-la, seriam algumas de suas situações.

b) **Reincidência em infração disciplinar:** situações em que o advogado não é mais primário, já tendo reincidência em infração anterior, notadamente censura.

Nos moldes do Estatuto, o período de suspensão compreenderá o prazo ***entre 30 (trinta) dias a 12 (doze) meses.***

Entretanto, o mesmo Estatuto excepciona situações em que o prazo de suspensão poderá se estender por período superior aos 12 (doze) meses, nas hipóteses de:

I. Recusar-se, injustificadamente, a prestar contas ao cliente de quantias recebidas dele ou de terceiros por conta dele (art. 34, XXI, EAOAB): Suspensão até efetiva prestação de contas.

II. Deixar de pagar as contribuições, multas e preços de serviços devidos à OAB, depois de regularmente notificado a fazê-lo (art. 34, XXIII,

EAOAB): Suspensão perdurará até efetivo pagamento, inclusive com correção monetária;

III. Erros reiterados que evidenciem inépcia profissional (art. 34, XXIV, EAOAB): Suspensão perdura até que preste novas provas de habilitação.

Atente-se ao fato do Estatuto ainda prevê *suspensão preventiva* ao advogado, pelo Tribunal de Ética e Disciplina do Conselho onde o acusado tenha inscrição principal, em casos de infração com repercussão prejudicial à dignidade da advocacia, depois de ouvi-lo em sessão especial designada (art. 70, §3º, EAOAB).

A penalidade de *exclusão* será aplicada aos casos de infrações mais graves cometidas pelo advogado, tendo sua inscrição cancelada e consequente perda do respectivo número.

Contudo, considerando a natureza mais gravosa desta sanção, o Estatuto exige a manifestação favorável de 2/3 (dois terços) dos membros do Conselho Seccional competente.

Os casos em que poderá ser aplicada serão (art. 38, EAOAB):

a) **Nas infrações elencadas entre os incisos XXVI ao XXVIII do art. 34 do Estatuto:** situações mais gravosas praticadas pelo advogado. Faltar requisitos para inscrição da OAB, tornar-se inidôneo e praticar crime infamante seriam as situações listadas no Estatuto.

b) **Aplicação de suspensão por 3 (três) vezes:** Caracteriza-se pela reincidência na infração de cunho razoável, a suspensão, merecendo o agravamento com a exclusão.

A *multa* enquadra-se como penalidade acessória que poderá ser aplicada cumulativamente com as sanções de ***censura e suspensão***, sempre que presentes situações agravantes. Atente-se para o fato da multa não ser aplicada de forma isolada, mas sim sempre cumulada.

Outro aspecto que merece destaque consiste na ausência de cumulação com a gravosa situação de exclusão. A lógica é bem simples: se o sujeito já fora excluído dos quadros da OAB, certamente não se preocuparia em realizar o pagamento de eventual multa contra ele aplicada. Por outro lado, subsiste interesse no pagamento daqueles que apenas sofrerão as punições de censura e suspensão, pois continuam vinculados aos quadros da ordem.

Nos termos do Estatuto, o valor da multa pode variar entre o montante correspondente à uma anuidade (mínimo) até seu décuplo (máximo), a depender da agravante identificada (art. 39, EAOAB).

Para memorização adote:

**Hipóteses de EXCLUSÃO**

| | |
|---|---|
| F | Falsa prova; |
| I | Inidoneidade moral; |
| C | Crime infamante; |
| S | 3 suspensões. |

**Hipóteses de SUSPENSÃO**

| | |
|---|---|
| $ | Envolva valores; |
| F | Fraude; |
| R | Retenção de autos; |
| I | Inépcia profissional; |
| C | Conduta incompatível. |
| R | Reincidência |

**Hipóteses de CENSURA**

Todas as demais situações

Adotando regra básica do ordenamento nacional, o poder punitivo ao advogado não será eterno. O Estatuto elenca ***prazo prescricional de 5 (cinco) anos*** para pretensão punitiva ao profissional que praticar qualquer das infrações mencionadas neste tópico, contada da ***constatação oficial do fato*** (art. 43, EAOAB).

Atente-se que a ***constatação oficial*** seria aquela feita aos responsáveis pela aplicação das sanções disciplinares, ou seja, o respectivo conselho seccional. Assim, mesmo que ocorrendo infração em período superior, o prazo de 5 (cinco) anos será iniciado da constatação oficial e não de qualquer conhecimento por terceiros.

O Estatuto determina, ainda, a denominada ***prescrição intercorrente*** em prazo de 3 (três) anos, quando constatada paralisação. Trata-se de decurso de prazo durante o trâmite processual, que poder ser reiniciada se causa interruptiva ocorrer (art. 43, §§ 1º e 2º, EAOAB).

Por fim, resta-nos as seguintes indagações: uma vez punido, o advogado nunca mais terá sua ficha limpa? Não poderá ser candidato a cargos na OAB? Se excluído, não poderá voltar a advogado?

Para todas essas perguntas, uma única resposta: depende de sua ***reabilitação***.

A *reabilitação* qualifica-se pelo requerimento realizado pelo advogado que tenha cometido qualquer sanção disciplinar, um ano após seu cumprimento, em face de provas efetivas de bom comportamento. Porém, se resultar da prática de crime, o pedido de reabilitação depende também da correspondente reabilitação criminal (art. 41, EAOAB e art. 69, NCED).

A competência para processar e julgar o pedido de reabilitação é do Conselho Seccional em que tenha sido aplicada a sanção disciplinar. Nos casos de competência originária do Conselho Federal, perante este tramitará o pedido de reabilitação, conforme previsão do § 1º do artigo 69, NCED.

Chegamos ao final deste capítulo que foi inteiramente dedicado ao primeiro título do Estatuto, relacionado à advocacia. No próximo, iniciaremos o estudo da estrutura correspondente a *Ordem dos Advogados do Brasil.*

**▸ Vejamos como esse tema já foi abordado no Exame de Ordem:**

**(FGV - 2018 - OAB - Exame de Ordem Unificado - XXVI)** Júlio Silva sofreu sanção de censura por infração disciplinar não resultante da prática de crime; Tatiana sofreu sanção de suspensão por infração disciplinar não resultante da prática de crime; e Rodrigo sofreu sanção de suspensão por infração disciplinar resultante da prática de crime ao qual foi condenado. Transcorrido um ano após a aplicação e o cumprimento das sanções, os três pretendem obter a reabilitação, mediante provas efetivas de seu bom comportamento.

De acordo com o EOAB, assinale a afirmativa correta.

a) Júlio e Tatiana fazem jus à reabilitação, que pode ser concedida após um ano mediante provas efetivas de bom comportamento, nos casos de qualquer sanção disciplinar. O pedido de Rodrigo, porém, depende também da reabilitação criminal.

b) Apenas Júlio faz jus à reabilitação, que pode ser concedida após um ano mediante provas efetivas de bom comportamento, somente nos casos de sanção disciplinar de censura.

c) Todos fazem jus à reabilitação, que pode ser concedida após um ano mediante provas efetivas de bom comportamento, nos casos de qualquer sanção disciplinar, independentemente se resultantes da prática de crime, tendo em vista que são esferas distintas de responsabilidade.

d) Ninguém faz jus à reabilitação, que só pode ser concedida após dois anos mediante provas efetivas de bom comportamento, nos casos de sanção disciplinar de censura, e após três anos nos casos de sanção.

**Resposta: Letra A**

**É permitido ao que tenha sofrido qualquer sanção disciplinar requerer, um ano após seu cumprimento, a reabilitação, em face de provas efetivas de bom comportamento, bem como quando a sanção disciplinar resultar da prática de crime, o pedido de reabilitação depende também da correspondente reabilitação criminal, previsão contida no artigo 41 do Estatuto da Advocacia da OAB, bem como seu parágrafo único.**

**(FGV - 2018 - OAB - Exame de Ordem Unificado – XXV)** Carlos praticou infração disciplinar, oficialmente constatada em 09 de fevereiro de 2010. Em 11 de abril de 2013, foi instaurado processo disciplinar para apuração da infração, e Carlos foi notificado em 15 de novembro do mesmo ano. Em 20 de fevereiro de 2015, o processo ficou pendente de julgamento, que só veio a ocorrer em 1º de março de 2018.

De acordo com o Estatuto da OAB, a pretensão à punibilidade da infração disciplinar praticada por Carlos

a) está prescrita, tendo em vista o decurso de mais de três anos entre a constatação oficial da falta e a instauração do processo disciplinar.

b) está prescrita, tendo em vista o decurso de mais de seis meses entre a instauração do processo disciplinar e a notificação de Carlos.

c) está prescrita, tendo em vista o decurso de mais de três anos de paralisação para aguardar julgamento.

d) não está prescrita, tendo em vista que não decorreram cinco anos entre cada uma das etapas de constatação, instauração, notificação e julgamento.

**Resposta: Letra C**

**O Estatuto da Advocacia da OAB é categórico em seu artigo 43, § 1º ao afirmar que se aplica a prescrição a todo processo disciplinar paralisado por mais de três anos, pendente de despacho ou julgamento, devendo ser arquivado de ofício, ou a requerimento da parte interessada, sem prejuízo de serem apuradas as responsabilidades pela paralisação.**

**(FGV - 2015 - OAB - Exame de Ordem Unificado – XVI)** Ao final de audiência de instrução e julgamento realizada em determinada vara criminal, o juiz solicita que o advogado não deixe o recinto, bem como que ele atue em outras duas audiências que ali seriam realizadas em seguida. O advogado recusa-se a participar das outras duas audiências mencionadas, até mesmo por haver Defensor Público disponível.

Com base no caso exposto, assinale a afirmativa correta.

a) O advogado não cometeu infração ética, porque apenas resta configurada infração disciplinar na recusa do advogado a prestar assistência jurídica quando há impossibilidade da Defensoria Pública.

b) O advogado cometeu infração ética, porque ele já estava na sala de audiências.

c) O advogado não cometeu infração ética, porque é vedado ao advogado participar de duas audiências sucessivas.

d) O advogado cometeu infração ética, porque ele tem o dever de contribuir para a boa administração da justiça.

**Resposta: Letra A**

**O advogado apenas será indicado quando diante da impossibilidade de atuação da Defensoria Pública, artigo 22, §1° Estatuto da Advocacia da OAB.**

CAPÍTULO III

# Da Ordem dos Advogados do Brasil

## 3.1. DOS FINS E DA ORGANIZAÇÃO

Criada pelo Decreto nº 19.408/30, a Ordem dos Advogado do Brasil (OAB) caracteriza-se como ***serviço público*** dotado de personalidade jurídica e forma federativa, independente de órgãos da administração pública e sem vínculo ou submissão hierárquica. Entre suas finalidades, encontraremos (art. 44, EAOAB):

a) **Institucional:** Defender a Constituição, ordem jurídica do Estado democrático, direitos humanos, justiça social, boa aplicação das leis, rápida administração da justiça e aperfeiçoamento da cultura e instituições jurídicas;

b) **Corporativa:** Promover, com exclusividade, a representação, defesa, seleção e disciplina dos advogados em toda República Federativa do Brasil.

O Estatuto divide os órgãos da OAB em: ***Conselho Federal, Conselho Seccional, Subseção e a Caixa de Assistência aos Advogados.***

Conforme será demonstrado posteriormente, a ***subseção*** será o único dos órgãos da OAB que ***não deterá de personalidade jurídica própria***, configurando-se apenas como entidade autônoma do respectivo Conselho Seccional (art. 45, §§ 1º, 2º, 3º e 4º, EAOAB).

Diante da atribuição de prestadora de serviço público, o Estatuto prevê que a OAB gozará de imunidade tributária total em relação a seus bens, rendas e serviços, além de exigir publicidade de seus atos externos (art. 45, §§ 5º e 6º, EAOAB).

Por outro lado, sua independência dos demais órgãos da administração pública ensejará também a ausência de repasses do poder público. Assim, a manutenção da instituição dependerá da colaboração dos próprios inscritos (advogados e estagiários).

Assim, as anuidades da OAB não serão definidas em leis por parte do poder público, afastando a natureza de tributos, e sim pelo próprio Conselho Seccional respectivo (art. 46, EAOAB e art. 55, §1º, RG). Seu inadimplemento não ensejará execução fiscal, mas mera execução cível por se tratar de título executivo extrajudicial (art. 46, § único, EAOAB e art. 784, XII, CPC).

Ressalte-se que o pagamento das anuidades para OAB isentará o profissional do pagamento obrigatório da respectiva contribuição sindical (art. 47, EAOAB).

Ainda neste momento introdutório, o Estatuto ressalta que o cargo de conselheiro ou membro da diretoria de órgão na instituição será de exercício *gratuito e obrigatório*, conceituando-se como serviço público relevante até para fins de disponibilidade e aposentadoria, além de fator atenuante quanto a eventual infração cometida (arts. 40, III e 48, EAOAB).

Nos termos do Estatuto, os presidentes dos Conselhos e Subsecções terão legitimidade para atuar, judicial ou extrajudicialmente, contra qualquer pessoa que infringir suas disposições. Poderá ainda requisitar cópias de peças de autos e documentos em qualquer tribunal ou órgão da administração pública (arts. 49 e 50, EAOAB). Sobre a requisição de cópias, a ADI nº 1.127-8 designou que os presidentes deverão motivar o pedido, desde que seja compatível com as finalidades da lei, além de se responsabilizar pelos custos da requisição, ressalvados os documentos cobertos por sigilo.

Superada a análise inicial deste capítulo, passemos ao estudo específico de todos estes órgãos.

**▸ Vejamos como esse tema já foi abordado no Exame de Ordem:**

**(FGV - 2017 - OAB - Exame de Ordem Unificado - XXII)** O Conselho Seccional X da OAB criou dez subseções e uma Caixa de Assistência dos Advogados. Dentre as subseções, inclui-se a Subseção Y, cuja área territorial abrange um município.

Considerando a hipótese narrada, analise as afirmativas a seguir e assinale a única correta.

a) O Conselho Seccional X é dotado de personalidade jurídica própria; já a Caixa de Assistência dos Advogados e a Subseção Y não possuem personalidade jurídica própria, caracterizando-se como partes autônomas do Conselho Seccional X.
b) O Conselho Seccional X e a Caixa de Assistência dos Advogados são dotados de personalidade jurídica própria; já a Subseção Y não possui personalidade jurídica própria, caracterizando-se como parte autônoma do Conselho Seccional X.
c) O Conselho Seccional X, a Caixa de Assistência dos Advogados e a Subseção Y não possuem personalidade jurídica própria. Trata-se de órgãos da Ordem dos Advogados do Brasil (OAB), a qual é dotada de personalidade jurídica.
d) O Conselho Seccional X, a Caixa de Assistência dos Advogados e a Subseção Y possuem, cada qual, personalidade jurídica própria.

**Resposta: Letra B**

**Os Conselhos Seccionais e as Caixas de Assistência dos Advogados, são dotados de personalidade jurídica própria, consoante o artigo 45, §2° e §4° do Estatuto da Advocacia e da OAB. As Subseções, entretanto, não possuem personalidade jurídica própria, configurando partes autônomas do Conselho Seccional, na forma de seu ato constitutivo e do EAOAB, segundo artigo 45, §3° da Lei 8.906/94.**

**(FGV - 2017 - OAB - Exame de Ordem Unificado - XXII)** No ano de 2017, deverá se realizar a Conferência Nacional da Advocacia Brasileira, órgão consultivo máximo do Conselho Federal, que se reúne trienalmente.

Cientes do evento, Raul, Francisco e Caetano decidem participar como membros efetivos da Conferência. Raul, advogado, é conselheiro de certo Conselho Seccional da OAB. Francisco é advogado, regularmente inscrito na OAB, e não exerce previamente função junto a qualquer órgão da instituição. Caetano é estagiário, regularmente inscrito como tal junto à OAB, e também não exerce previamente função em nenhum de seus órgãos.

Considerando o disposto no Regulamento Geral do Estatuto da Advocacia e da OAB, assinale a afirmativa correta.

a) Raul participará como membro efetivo da Conferência Nacional da Advocacia Brasileira, caso em que terá direito a voto. Os demais, mesmo inscritos na Conferência, poderão participar apenas como convidados ou ouvintes, sem direito a voto.

b) Francisco, se inscrito, e Raul participarão como membros efetivos da Conferência Nacional da Advocacia Brasileira. Porém, o direito a voto é conferido apenas a Raul. Caetano, ainda que inscrito na conferência, somente poderá participar como ouvinte.

c) Francisco e Caetano, se inscritos na Conferência Nacional da Advocacia Brasileira, dela participarão como membros efetivos, mas o direito a voto é conferido apenas a Francisco. Raul fica impedido de participar como membro efetivo da conferência, tendo em vista que já exerce função em órgão da OAB.

d) Raul participará como membro efetivo da Conferência Nacional da Advocacia Brasileira. Do mesmo modo, Francisco e Caetano, se inscritos na conferência, poderão participar como membros efetivos, permitindo-se, aos três, o direito a voto.

**Resposta: Letra D**

**São membros efetivos das Conferências; os Conselheiros e Presidentes dos órgãos da OAB presentes, os advogados e os estagiários inscritos na Conferência, tendo todos direito a voto, conforme o artigo 146, inciso I do Regulamento Geral da OAB.**

**(FGV - 2016 - OAB - Exame de Ordem Unificado - XXI)** Luciana e Antônio são advogados que, embora não tenham constituído sociedade, atuam em conjunto em algumas causas, por meio de substabelecimentos conferidos reciprocamente. Em regra, acordam informalmente a divisão do trabalho e dos honorários.

Todavia, após obterem sucesso em caso de valor vultoso, não chegaram a um consenso acerca da partilha dos honorários, pois cada um entendeu que sua participação foi preponderante. Assim, decidiram submeter a questão à Ordem dos Advogados.

Nesse caso,

a) havendo divergência, a partilha dos honorários entre Luciana e Antônio deve ser feita atribuindo-se metade a cada um, pois quando não há prévio acordo é irrelevante a participação de cada um no processo.

b) compete ao Tribunal de Ética e Disciplina atuar como mediador na partilha de honorários, podendo indicar mediador que contribua no sentido de que a distribuição se faça proporcionalmente à atuação de cada um no processo.

c) compete ao juiz da causa em que houve a condenação em honorários especificar o percentual ou o quanto é devido a cada um dos patronos, de modo que a distribuição se faça proporcionalmente à atuação de cada um no processo.

d) compete à Caixa de Assistência aos Advogados atuar como mediadora na partilha de honorários, podendo indicar mediador que contribua no sentido de que a distribuição se faça proporcionalmente à atuação de cada um no processo.

**Resposta: Letra B**

**Segundo o Código de Ética e Disciplina da OAB; previsão do artigo 71, inciso VI, alínea b', é competência dos Tribunais de Ética e Disciplina atuar como órgão mediador ou conciliador nas questões que envolvam partilha de honorários contratados em conjunto ou decorrentes de substabelecimento, bem como os que resultem de sucumbência, nas mesmas hipóteses.**

## 3.2. DO CONSELHO FEDERAL

Elencado como órgão máximo da OAB, dotado de personalidade jurídica própria, tem sua sede na Capital da República, compondo-se de ***Conselheiros Federais*** integrantes das delegações de cada unidade federativa (paridade na representação dos Estados).

Além desses representantes, os seus ex-presidentes também comporão o órgão na qualidade de membros honorários vitalícios, com direito, em regra, apenas a ***voz*** nas sessões.

Atente-se que os ex-presidentes que exerceram mandatos antes da publicação do Estatuto (lei nº 8.906 de 04 de julho de 1994) terão direito de ***voz*** e também de ***voto*** nas seções do Conselho Federal (art. 81, EAOAB).

Cada delegação será composta por ***3 (três) Conselheiros Federais***, ou seja, um total de 81 Conselheiros Federais distribuídos pelas 27 delegações (26 Estados e o Distrito Federal).

Entretanto, não confundam: cada delegação terá direito apenas à **1 (um) voto**, de modo que a maioria entre os 3 (três) conselheiros irá definir a posição daquele estado.

Considerando que, em pontuais situações podem estar presentes apenas 2 (dois) membros, ocorrendo divergência na votação com empate, o voto da delegação será invalidado (art. 77, RG). Neste sentido, O Presidente não integra a delegação de sua unidade federativa de origem e não vota, salvo em caso de empate.

Ressalte-se que, por motivos óbvios, quando se tratar de votação de matérias que unidade federada detenha interesse, o direito a voto não será concedido aos respectivos conselheiros (art. 51, §2º, EAOAB).

Imaginemos que o Conselho Federal pretenda discutir a intervenção do Conselho Seccional do Ceará, diante da constatação de grave violação do Estatuto ou Regulamento (art. 54, VII, EAOAB). Nesta hipótese, não serão coletados os votos da delegação cearense.

Quanto ao Presidente, nas deliberações do Conselho, terá apenas direito ao voto de qualidade, ou seja, o voto de desempate.

O rol de competências do Conselho Federal encontra-se estampado no artigo 54 do EAOAB de forma meramente *exemplificativa*, vez que o próprio Estatuto e Regulamento Geral também elencam outras competências do Conselho Federal. Ademais, algumas destas competências também poderão ser delegadas ao Conselho Seccional e até a Subseção.

Para sua preparação, aconselhamento a leitura do mencionado dispositivo do Estatuto.

A **diretoria do Conselho Federal** será eleita nos termos procedimentais do Estatuto (arts. 55 e 67, EAOAB), tendo a seguinte composição:

- Presidente,
- Vice-Presidente,
- Secretário-Geral,
- Secretário-Geral Adjunto, e
- Tesoureiro.

O Presidente exerce a representação nacional e internacional da OAB, competindo-lhe convocar o Conselho Federal, presidi-lo, representá-lo ativa e passivamente, em juízo ou fora dele, promover-lhe a administração patrimonial e dar execução às suas decisões.

Sua substituição (faltas, licenças e impedimentos), nos moldes do Regulamento Geral, seguirá a seguinte ordem: Vice-Presidente, Secretário-Geral, Secretário-Geral Adjunto e pelo Tesoureiro (art. 98, RG).

**▸ Vejamos como esse tema já foi abordado no Exame de Ordem:**

**(FGV - 2016 - OAB - Exame de Ordem Unificado - XXI)** O advogado Roni foi presidente do Conselho Federal da OAB em mandato exercido por certo triênio, na década entre 2000 e 2010. Sobre a participação de Roni, na condição de ex-presidente do Conselho Federal, nas sessões do referido Conselho, assinale a afirmativa correta.

a) Não integra a atual composição do Conselho Federal da OAB. Logo, apenas pode participar das sessões na condição de ouvinte, não lhe sendo facultado direito a voto ou direito a voz.

b) Integra a atual composição do Conselho Federal da OAB, na qualidade de membro honorário vitalício, sendo-lhe conferido direito a voto e direito a voz nas sessões.

c) Não integra a atual composição do Conselho Federal da OAB. Logo, apenas pode participar das sessões na condição de convidado honorário, não lhe sendo facultado direito a voto, mas, sim, direito a voz.

d) Integra a atual composição do Conselho Federal da OAB, na qualidade de membro honorário vitalício, sendo-lhe conferido apenas direito a voz nas sessões e não direito a voto.

**Resposta: Letra D**

**Nos moldes do artigo 51, inciso II e § 2º do Estatuto da Advocacia e da OAB, o Conselho Federal é composto pelos conselheiros federais, integrantes das delegações de cada unidade federativa e dos seus ex-presidentes, na qualidade de membros honorários vitalícios. Conforme o § 2° do mesmo artigo, os ex-presidentes têm direito apenas a voz nas sessões.**

**(FGV - 2015 - OAB - Exame de Ordem Unificado- XVI)** Compete ao Conselho Federal ajuizar, após deliberação:

a) ação direta de inconstitucionalidade em face de leis ou atos normativos federais.

b) queixa-crime contra quem tenha ofendido os advogados inscritos na respectiva Seccional.

c) mandado de segurança individual em favor dos advogados inscritos na respectiva Seccional, independentemente de vinculação com o exercício da profissão.

d) mandado de segurança coletivo, em defesa de seus inscritos, independentemente de autorização pessoal dos interessados.

**Resposta: Letra D**

**O artigo 54 do Estatuto da Advocacia da OAB traz as competências do Conselho Federal, entre elas: ajuizar ação direta de inconstitucionalidade de normas legais e atos normativos, ação civil pública, mandado de segurança coletivo, mandado de injunção e demais ações cuja legitimação lhe seja outorgada por lei (inciso XIV)**

**(FGV - 2014 - OAB - Exame de Ordem Unificado - XIII)** A respeito da competência do Conselho Federal da OAB, assinale a opção incorreta.

a) Compete ao Conselho Federal da OAB representar, em juízo ou fora dele, os interesses coletivos ou individuais dos advogados.

b) Compete ao Conselho Federal da OAB editar seu regimento interno e o regimento interno das Seccionais da OAB.

c) Compete ao Conselho Federal da OAB julgar, em grau de recurso, as questões decididas pelos Conselhos Seccionais, nos casos previstos no EAOAB e no regulamento geral.

d) Compete ao Conselho Federal da OAB velar pela dignidade, independência, prerrogativas e valorização da advocacia.

**Resposta: Letra B**

**Entre as competências do Conselho Federal, encontra-se a de representar, com exclusividade, os advogados brasileiros nos órgãos e eventos internacionais da advocacia, haja vista previsão legal do artigo 54, inciso IV do Estatuto da Advocacia da OAB.**

## 3.3. DO CONSELHO SECCIONAL

Composto por ***conselheiros eleitos*** conjuntamente com membros da Diretoria, corresponde ao órgão estadual de representação da classe, dotado de personalidade jurídica, e com jurisdição sobre os respectivos territórios dos Estados-membros, do Distrito Federal e dos Territórios (art. 45, §2º, EAOAB).

O número de conselheiros será definido em número proporcional ao quantitativo de advogados inscritos naquele Conselho Seccional, observados os seguintes critérios (art. 106, RG):

a) **Abaixo de 3.000 (três mil) inscritos:** Eleição de até 30 (trinta) membros;

b) **Acima de 3.000 (três mil) inscritos:** mais 1 (um) membro será acrescido por grupo completo de 3.000 (três mil) inscritos, limitando-se ao total de 80 (oitenta) membros, no máximo.

Seguindo a mesma linha já estabelecida no estudo do Conselho Federal, também serão membros do Conselho Seccional honorários vitalícios, seus ex-presidentes com direito apenas a voz (art. 56, §1º, EAOAB).

Novamente merece atenção para o período em que o ex-presidente exerceu tal cargo. Se antes da criação do atual Estatuto terá direito de **voz e voto** (art. 81, EAOAB).

Além deles, também detém condição de membro honorário o **presidente do Instituto dos Advogados do Brasil – IAB**, somente com direito a voz nas seções.

Para compreensão das ***competências do Conselho Seccional***, faz-se necessário a leitura atenta aos artigos 57 e 58 do EAOAB.

A diretoria do Conselho Seccional tem composição idêntica e atribuições equivalentes às do Conselho Federal (art. 59, EAOAB), dividindo-se em:

- Presidente,
- Vice-Presidente,
- Secretário-Geral,
- Secretário-Geral Adjunto, e
- Tesoureiro.

▸ **Vejamos como esse tema já foi abordado no Exame de Ordem:**

**(FGV - 2018 - OAB - Exame de Ordem Unificado - XXV)** Em determinada sessão do Conselho Seccional da OAB do Estado da Bahia, compareceram Arthur, Presidente do Conselho Federal da OAB; Daniel, Conselheiro Federal da OAB, integrante da delegação da Bahia, e Carlos, ex-Presidente do Conselho Seccional da OAB do Estado da Bahia. De acordo com o Estatuto da OAB, para as deliberações nessa sessão,

a) Arthur tem direito a voz e voto. Daniel e Carlos têm direito somente a voz.

b) Daniel tem direito a voz e voto. Arthur e Carlos têm direito somente a voz.
c) Daniel e Carlos têm direito a voz e voto. Arthur tem direito somente a voz.
d) Arthur, Daniel e Carlos têm direito somente a voz.

**Resposta: Letra D**

**Quando presentes às sessões do Conselho Seccional, o Presidente do Conselho Federal, os Conselheiros Federais integrantes da respectiva delegação, o Presidente da Caixa de Assistência dos Advogados e os Presidentes das Subseções, têm direito a voz, ser reduzida a termo, conforme os artigos 53 § 1º e 56, §§ 1º e 3º do novo Estatuto da Advocacia da OAB**

**(FGV - 2017 - OAB - Exame de Ordem Unificado - XXIV)** Severino, advogado, é notório conhecedor das normas procedimentais e disciplinares do Estatuto da Advocacia e da OAB, bem como de seu regulamento, atuando na defesa de colegas advogados em processos disciplinares. Recentemente, Severino foi eleito conselheiro, passando a exercer essa função em certo Conselho Seccional da OAB.

Considerando o caso descrito, assinale a afirmativa correta.

a) Severino não poderá, enquanto exercer a função de conselheiro, atuar em processos disciplinares que tramitem perante qualquer órgão da OAB, sequer em causa própria.
b) Severino não poderá, enquanto for conselheiro, atuar em processos disciplinares que tramitem perante o Conselho Seccional onde exerce sua função. Porém, perante os demais conselhos, não há vedação à sua atuação, em causa própria ou alheia.
c) Severino não poderá, enquanto for conselheiro, atuar em processos disciplinares que tramitem perante o Conselho Seccional onde exerce sua função e o Conselho Federal da OAB. Porém, perante os demais conselhos, não há vedação à sua atuação, em causa própria ou alheia.
d) Severino não poderá, enquanto exercer a função, atuar em processos disciplinares que tramitem perante qualquer órgão da OAB, salvo em causa própria.

**Resposta: Letra D**

**Segundo o artigo 33 do novo Código de Ética e Disciplina da OAB, salvo em causa própria, não poderá o advogado, enquanto exercer cargos ou funções em órgãos da OAB ou tiver assento, em qualquer condição, nos seus Conselhos, atuar em processos que tramitem perante a entidade nem oferecer pareceres destinados a instruí-los.**

**(FGV - 2017 - OAB - Exame de Ordem Unificado - XXIV)** O Conselho Seccional Y da OAB, entendendo pela inconstitucionalidade de certa norma em face da Constituição da República, subscreve indicação de ajuizamento de ação direta de inconstitucionalidade, endereçando-a ao Conselho Federal da OAB.

Considerando o caso apresentado, de acordo com o Regulamento Geral do Estatuto da Advocacia e da OAB, assinale a afirmativa correta.

a) A mencionada indicação de ajuizamento de ação direta de inconstitucionalidade submete-se a obrigatório juízo prévio de admissibilidade realizado pela Diretoria do Conselho Federal para aferição da relevância da defesa dos princípios e das normas constitucionais. Caso seja admitida, o relator, designado pelo Presidente, independentemente da decisão da Diretoria, pode levantar preliminar de inadmissibilidade perante o Conselho Pleno, quando não encontrar norma ou princípio constitucionais violados pelo ato normativo. Após, se aprovado o ajuizamento da ação, esta será proposta pelo Presidente do Conselho Federal.

b) A mencionada indicação de ajuizamento de ação direta de inconstitucionalidade submete-se a obrigatório juízo prévio de admissibilidade realizado pela Segunda Câmara do Conselho Federal para aferição da relevância da defesa dos princípios e das normas constitucionais. Caso seja admitida, o relator designado pelo Presidente, independentemente da decisão da Segunda Câmara, pode levantar preliminar de inadmissibilidade perante o Conselho Pleno, quando não encontrar norma ou princípio constitucionais violados pelo ato normativo. Após, se aprovado o ajuizamento da ação, esta será proposta pelo Presidente do Conselho Federal.

c) A mencionada indicação de ajuizamento de ação direta de inconstitucionalidade não se sujeita a juízo prévio obrigatório de admissibilidade, seja pela Diretoria ou qualquer Câmara do Conselho Federal. Porém, o relator, designado pelo Presidente, pode levantar preliminar de inadmissibilidade perante o Conselho Pleno, quando não encontrar norma ou princípio constitucionais violados pelo ato normativo. Após, se aprovado o ajuizamento da ação, esta será proposta pelo Presidente do Conselho Federal.

d) A mencionada indicação de ajuizamento de ação direta de inconstitucionalidade não se sujeita a juízo prévio obrigatório de admissibilidade seja pela Diretoria ou qualquer Câmara do Conselho Federal. Porém, o relator designado pelo Presidente, pode levantar preliminar de inadmissibilidade perante o Conselho Pleno, quando não encontrar norma ou princípio constitucionais violados pelo ato normativo. Após, se aprovado o ajuizamento da ação, esta será proposta pelo relator designado.

**Resposta: Letra C**

**É categórico o dispositivo contido no artigo 82 do Regulamento Geral da OAB, quando afirma que o ajuizamento da ADI não depende do juízo de admissibilidade do Conselho Federal e, se aprovado a ADI, a proposta será feita pelo Presidente e não pelo Relator.**

## 3.4. DA SUBSEÇÃO

Diversamente dos demais órgãos, a ***Subseção*** não possui personalidade jurídica própria, sendo parte considerada autônoma e extensão do respectivo Conselho Seccional, que deterá competência para autorizar ou lhe extinguir (art. 58, II, EAOAB).

A área territorial da Subseção pode abranger um ou mais municípios, ou parte de município, inclusive da capital do Estado, contando com um mínimo de quinze advogados nela profissionalmente domiciliados (art. 60, §1º, EAOAB). Ressalte-se que o Regimento Interno do respectivo Conselho Seccional poderá ampliar o número de advogados necessários para criação da Subseção ou para criação de Conselho de Subseção (art. 60, §4º, EAOAB).

Sua criação dependerá, além da observância dos requisitos estabelecidos no Regimento Interno do Conselho Seccional, de estudo preliminar de viabilidade realizado por comissão especial designada pelo Presidente do Conselho Seccional, incluindo o número de advogados efetivamente residentes na base territorial, a existência de comarca judiciária, o levantamento e a perspectiva do mercado de trabalho, o custo de instalação e de manutenção (art. 117, RG).

A ***diretoria da Subseção*** tem a mesma composição e atribuições da Diretoria do Conselho Seccional, apenas com a retirada da denominação geral (art. 49, RG):

- Presidente,
- Vice-Presidente,
- Secretário,
- Secretário Adjunto, e
- Tesoureiro.

Existindo naquela Subseção mais de 100 (cem) advogados inscritos, poderá ser formado o ***Conselho de Subseção***, tendo o número de membros definidos pela Seccional.

As atribuições de eventual ***Conselho de Subseção*** dividem-se em (art. 61, § único, EAOAB):

a) editar seu regimento interno, a ser referendado pelo Conselho Seccional;

b) editar resoluções, no âmbito de sua competência;

c) instaurar e instruir processos disciplinares, para julgamento pelo Tribunal de Ética e Disciplina;

d) receber pedido de inscrição nos quadros de advogado e estagiário, instruindo e emitindo parecer prévio, para decisão do Conselho Seccional.

Exercendo o papel de mãe criadora, o *Conselho Seccional* fixará as dotações orçamentárias específicas, dentro do seu orçamento, para manutenção das *subseções,* além de nelas intervir quando constatada grave violação ao estatuto ou regimento interno (art. 60, §§ 5º e 6º, EAOAB).

São competências da Subseção (art. 61, EAOAB): dar cumprimento efetivo às finalidades da OAB; velar pela dignidade, independência e valorização da advocacia, e fazer valer as prerrogativas do advogado; representar a OAB perante os poderes constituídos; desempenhar as atribuições previstas no regulamento geral ou por delegação de competência do Conselho Seccional.

Ademais, existindo conflitos de competência entre Subseções e entre estas e o Conselho Seccional são por este decididos, com recurso voluntário ao Conselho Federal (art. 119, RG).

**Vejamos como esse tema já foi abordado no Exame de Ordem:**

**(FGV - 2018 - OAB - Exame de Ordem Unificado - XXVI)** O Conselho Seccional X pretende criar a subseção Z, que abrange três municípios. Estima-se que, na área territorial pretendida para a subseção Z, haveria cerca de cinquenta advogados profissionalmente domiciliados. O mesmo Conselho Seccional também pretende criar as subseções W e Y, de modo que W abrangeria a região norte e Y abrangeria a região sul de um mesmo município.

Considerando o caso narrado, de acordo com o Estatuto da Advocacia e da OAB, assinale a afirmativa correta.

a) Não é autorizada, pelo Estatuto da Advocacia e da OAB, a criação da subseção Z com a área territorial pretendida. Quanto às subseções W e Y, poderão ser criadas se contarem, cada qual, com um número mínimo de cem advogados nela profissionalmente domiciliados.

b) Não é autorizada, pelo Estatuto da Advocacia e da OAB, a criação da subseção Z, em razão da área territorial pretendida. Quanto às subseções W e Y, poderão ser criadas se contarem, cada qual, com um número mínimo de quinze advogados nela profissionalmente domiciliados.

c) A criação da subseção Z, com a área territorial pretendida, é autorizada pelo Estatuto da Advocacia e da OAB. Da mesma forma, as subseções W e Y poderão ser criadas se contarem, cada qual, com um número mínimo de quinze advogados nelas profissionalmente domiciliados.

d) A criação da subseção Z, com a área territorial pretendida, é autorizada pelo Estatuto da Advocacia e da OAB. Já a criação das subseções W e Y, em razão da área territorial pretendida, não é autorizada pelo Estatuto da Advocacia e da OAB, independentemente do número de advogados nela profissionalmente domiciliados.

**Resposta: Letra C**

**A criação da subseção Z, com a área territorial pretendida, é sim permitida pelo Estatuto da OAB. Da mesma forma, as outras subseções (W e Y) poderão ser criadas se contarem, cada qual, com o número mínimo de quinze advogados profissionalmente domiciliados nelas, previsão contida no artigo 60, §1º do Estatuto da Advocacia da OAB.**

**(FGV - 2017 - OAB - Exame de Ordem Unificado – XXII)** Em determinada subseção da OAB, constatou-se grave violação à disciplina prevista na Lei nº 8.906/94, no que diz respeito ao exercício de suas atribuições de representar a OAB perante os poderes constituídos e de fazer valer as prerrogativas do advogado.

Considerando a situação hipotética narrada, assinale a afirmativa correta.

a) Compete ao Conselho Federal da OAB intervir na aludida subseção mediante voto de dois terços de seus membros.

b) Compete ao Conselho Federal da OAB intervir na aludida subseção mediante decisão por maioria do Órgão Especial do Conselho Pleno.

c) Compete ao Conselho Seccional respectivo da OAB intervir na aludida subseção mediante decisão unânime de sua diretoria.

d) Compete ao Conselho Seccional respectivo da OAB intervir na aludida subseção mediante voto de dois terços de seus membros

**Resposta: Letra D**

**O Conselho Seccional, poderá intervir nas Subseções, mediante voto de dois terços de seus membros, desde que constatada grave violação ao Estatuto da Advocacia e da OAB ou do regimento interno do respectivo Conselho, segundo o artigo 60, §6 º da Lei 8.906/94.**

**(FGV - 2016 - OAB - Exame de Ordem Unificado – XIX)** As Subseções X e Y da OAB, ambas criadas pelo Conselho Seccional Z, reivindicam a competência para desempenhar certa atribuição. Não obstante, o Conselho Seccional Z defende que tal atribuição é de sua competência.

Caso instaurado um conflito de competência envolvendo as Subseções X e Y e outro envolvendo a Subseção X e o Conselho Seccional Z, assinale a opção que relaciona, respectivamente, os órgãos competentes para decidir os conflitos.

a) O conflito de competência entre as subseções deve ser decidido pelo Conselho Seccional Z, cabendo recurso ao Conselho Federal da OAB. Do mesmo modo, o conflito entre a Subseção X e o Conselho Seccional Z será decidido pelo Conselho Seccional Z, cabendo recurso ao Conselho Federal da OAB.

b) O conflito de competência entre as subseções deve ser decidido pelo Conselho Seccional Z, cabendo recurso ao Conselho Federal da OAB. Já o conflito entre a Subseção X e o Conselho Seccional Z será decidido, em única instância, pelo Conselho Federal da OAB.

c) Ambos os conflitos de competência serão decididos, em única instância, pelo Conselho Federal da OAB.

d) O conflito de competência entre as subseções deve ser decidido, em única instância, pelo Conselho Seccional Z. O conflito entre a Subseção X e o Conselho Seccional Z será decidido, em única instância, pelo Conselho Federal da OAB.

**Resposta: Letra A**

**Com fulcro no artigo 119 do Regulamente Geral da OAB, os conflitos de competência entre as subseções e entre estas e o Conselho Seccional, são por este decididos, cabendo recurso voluntário ao Conselho Federal.**

## 3.5. DA CAIXA DE ASSISTÊNCIA DOS ADVOGADOS

Destina a prestação de assistência aos profissionais da advocacia, a ***CAA – Caixa de Assistência dos Advogados*** é dotada de personalidade jurídica própria, e serão criadas pelos Conselhos Seccionais quando contarem com mais de 1.500 (mil e quinhentos) inscritos (art. 62, EAOAB).

A mencionada assistência dependerá do preenchimento de específicas condições, dispostas no artigo 123 do Regulamento Geral, a saber:

a) Regularidade do pagamento, pelo inscrito, da anuidade à OAB;

b) Carência de um ano, após o deferimento da inscrição; e

c) Disponibilidade de recursos da Caixa.

Entretanto, em casos especiais poderá ocorrer a dispensa do prazo de carência e regularidade de pagamentos.

Além das atribuições assistenciais, a *CAA* também poderá instituir regime previdenciário de seguridade complementar e contribuições obrigatórias de seus inscritos em favor deles (art. 62, §§ 2º e 3º, EAOAB).

A composição do órgão será tomada pelos seguintes cargos de diretoria, novamente sem o termo *geral* (art. 62, §4º, EAOAB e art. 49, parágrafo único do RG):

- *Presidente,*
- *Vice-Presidente,*
- *Secretário,*
- *Secretário Adjunto, e*
- *Tesoureiro.*

De forma semelhante às Subseções, mediante voto de dois terços de seus membros, o Conselho Seccional poderá intervir na *CAA*, no caso de descumprimento de suas finalidades, designando diretoria provisória, enquanto durar a intervenção (art. 62, §7º, EAOAB).

## 3.6. DAS ELEIÇÕES E DOS MANDATOS

A eleição dos membros de todos os órgãos da OAB deverá ocorrer, obrigatoriamente, na segunda quinzena do mês de novembro, ou seja, entre 16 e 30 de novembro, do último ano do mandato, mediante cédula única e votação direta dos advogados regularmente inscritos (art. 63, EAOAB). Essa eleição ocorre trienalmente (art. 65, EAOAB).

Para esta eleição será necessário que o Conselho Seccional em até 45 (quarenta e cinco) dias antes da votação, no último ano do mandato, convoque os advogados inscritos para a votação obrigatória, mediante edital resumido, publicado na imprensa oficial (art. 128, RG).

O comparecimento será obrigatório para todos os advogados inscritos na OAB, sob pena de multa equivalente a 20% (vinte por cento) do valor da anuidade. A ressalva existe na ausência justificada por escrito, a ser apreciada pela Diretoria do Conselho Seccional (art. 63, §1º, EAOAB + art. 134, RG).

Para candidatar-se será necessário que o advogado preencha os seguintes requisitos (art. 63, § 2º, EAOAB e art. 131, § 5º, RG):

- Situação regular junto à OAB;
- Exerça efetivamente a profissão há mais de 5 (cinco) anos;
- Esteja em dia com as anuidades;
- Não ocupe cargo exonerável ad nutum;
- Não tenha sido condenado em definitivo por infração disciplinar, salvo reabilitação;
- Não ocupe cargos ou funções incompatíveis com a advocacia (art. 28 do EAOAB), em caráter permanente ou temporário;

- Não integre listas, com processo em tramitação, para provimento de cargos nos tribunais judiciais ou administrativos;
- Não esteja em débito com a prestação de contas ao Conselho Federal, na condição de dirigente do Conselho Seccional ou da Caixa de Assistência dos Advogados, responsável pelas referidas contas, ou não tenha tido prestação de contas rejeitada, após apreciação do Conselho Federal, com trânsito em julgado, nos 08 (oito) anos seguintes;
- Com contas rejeitadas, ressarcir o dano apurado pelo Conselho Federal, sem prejuízo do cumprimento do prazo de 08 (oito) anos.

A chapa para o Conselho Seccional deve ser composta dos ***candidatos ao conselho*** (conselheiros seccionais) e a sua ***diretoria*** (Presidente, Vice-Presidente, Secretário, Secretário Geral, Secretário Geral Adjunto e Tesoureiro) e, ainda, a ***delegação ao Conselho Federal*** e a ***Diretoria da Caixa de Assistência dos Advogados*** para eleição conjunta. A delegação junto ao Conselho Feral indicará os três titulares e os suplentes.

Já a chapa para a Subseção deve ser composta com os candidatos à diretoria, e de seu conselho quando houver.

## Formação da Chapa (art. 64, EAOAB):

**Diretoria do Conselho Seccional** →
- Presidente
- Vice-Presidente
- Secretário Geral
- Secretário Geral Adjunto
- Tesoureiro

**Candidatos a Conselheiros Seccionais**

**Candidatos a Conselheiros Federais** → 3 membros

**Diretoria da Caixa de Assistência dos Advogados** → 5 membros

Consideram-se eleitos os candidatos integrantes da chapa que obtiver a maioria dos votos válidos, ou seja, a maioria simples (50% + 1 dos votos válidos).

O mandato tem duração de 3 (três) anos em qualquer órgão da OAB, iniciando-se em 01 de janeiro do ano posterior à eleição, à exceção do Conselho Federal, que inicia seu mandato em 01 de fevereiro do ano posterior à eleição (art. 65, EAOAB).

A eleição da Diretoria do Conselho Federal obedecerá às regras específicas estampadas no artigo 67 do EAOAB.

Em situações pontuais poderá ocorrer a extinção do mandato, de forma automática e antes do seu término, quando: ocorrer qualquer hipótese de cancelamento de inscrição ou de licenciamento do profissional (arts. 11 e 12, EAOAB); o titular sofrer condenação disciplinar, titular faltar três reuniões ordinárias (sem motivo justificado) consecutivas de cada órgão deliberativo do conselho ou da diretoria da Subseção ou da Caixa de Assistência dos Advogados, não podendo ser reconduzido no mesmo período de mandato.

**Vejamos como esse tema já foi abordado no Exame de Ordem:**

**(FGV - 2016 - OAB - Exame de Ordem Unificado - XX)** Fabiano é conselheiro eleito de certo Conselho Seccional da OAB. No curso do mandato, Fabiano pratica infração disciplinar e sofre condenação, em definitivo, à pena de censura.

Considerando a situação descrita e o disposto no Estatuto da OAB, o mandato de Fabiano no Conselho Seccional

a) será extinto, apenas se a sanção disciplinar aplicada for de exclusão.
b) será extinto, apenas se a sanção por infração disciplinar aplicada for de exclusão ou de suspensão.
c) será extinto, independentemente da natureza da sanção disciplinar aplicada.
d) será extinto, apenas se a sanção aplicada for de suspensão ou se for reincidente em infração disciplinar.

**Resposta: Letra C**

**O artigo 66, inciso II do Estatuto da Advocacia da OAB, traz a previsão de que extingue-se o mandato automaticamente, antes do seu término, quando o titular sofrer condenação disciplinar independe da natureza da infração.**

**(FGV - 2016 - OAB - Exame de Ordem Unificado - XIX)** Os jovens Rodrigo, 30 anos, e Bibiana, 35 anos, devidamente inscritos em certa seccional da OAB, desejam candidatar-se, pela primeira vez, a cargos de diretoria do Conselho Seccional respectivo. Rodrigo está regularmente inscrito na referida seccional da OAB há seis anos, sendo dois anos como estagiário. Bibiana, por sua vez, exerceu regularmente a profissão por três anos, após a conclusão do curso de Direito. Contudo, afastou-se por dois anos e retornou à advocacia há um ano. Ambos não exercem funções incompatíveis com a advocacia, ou cargos exoneráveis ad nutum. Tampouco integram listas para provimento de cargos em tribunais ou ostentam condenação por infração disciplinar. Bibiana e Rodrigo estão em dia com suas anuidades. Considerando a situação narrada, assinale a afirmativa correta.

a) Apenas Bibiana preenche as condições de elegibilidade para os cargos.
b) Apenas Rodrigo preenche as condições de elegibilidade para os cargos.
c) Bibiana e Rodrigo preenchem as condições de elegibilidade para os cargos.
d) Nenhum dos dois advogados preenche as condições de elegibilidade para os cargos.

**Resposta: Letra D**

**São condições de elegibilidade: ser o candidato advogado inscrito na Seccional, com inscrição principal ou suplementar, em efetivo exercício há mais de 05 (cinco) anos, e estar em dia com as anuidades na data de protocolo do pedido do registro de candidatura, segundo o artigo 131 - A do Regulamento Geral da OAB. Todavia, o § 3° do mesmo artigo, afirma que o período de 05 (cinco) anos determinado no caput do artigo citado, é o que antecede imediatamente a data da posse, computado CONTINUAMENTE.**

**(FGV - 2014 - OAB - Exame de Ordem Unificado - XV)** Messias é advogado com mais de trinta anos de atuação profissional e deseja colaborar para o aperfeiçoamento da advocacia. O Presidente da Seccional onde possui inscrição principal sugere que ele participe da política associativa e lance sua candidatura a Conselheiro Federal.

Observadas as regras do Estatuto da OAB, assinale a afirmativa correta.

a) A eleição de Conselheiro Federal da OAB é indireta e secreta.
b) O Conselheiro Federal da OAB integra uma das chapas concorrentes para as eleições seccionais.
c) A indicação para o Conselho Federal é realizada pelo Colégio de Presidentes da OAB.
d) O Conselheiro Federal é indicado livremente pelas Seccionais da OAB.

**Resposta: Letra B**

**O Estatuto da Advocacia e da OAB, em seu artigo 64, § 1° define que a chapa para o Conselho Seccional deve ser composta dos candidatos ao conselho e à sua diretoria e, ainda, à delegação ao Conselho Federal e à Diretoria da Caixa de Assistência dos Advogados para eleição conjunta.**

CAPÍTULO IV

# Do processo na OAB

Em respeito aos ditames constitucionais do *contraditório e da ampla defesa* como direitos e garantias fundamentais do cidadão nacional, o Estatuto também elencou pontuais dispositivos prevendo o funcionamento dos processos na OAB.

De início, o diploma prevê a aplicação de suas normas sem prejuízo da utilização *subsidiária* da ***legislação penal*** aos ***processos disciplinares***, bem como o uso das regras do *procedimento administrativo comum* e da *legislação processual civil* aos *demais processos* (art. 68, EAOAB).

Trata-se de questão lógica, pois em processos disciplinares investiga-se o cometimento de infrações por parte do advogado, de forma semelhante ao tramite do processual penal, externando conjunto maior de garantias para o investigado/indiciado.

Contrariando a diversidade de prazos processuais e objetivando a simplicidade, o Estatuto padronizou em 15 (quinze) dias ***todos os prazos*** necessários para manifestação de advogados, estagiários e terceiros, nos processos em geral da OAB, incluindo-se a interposição de recursos (art. 69, EAOAB).

Importante registar quando se iniciará tal prazo, dividindo-se da seguinte forma (art. 69, §§ 1º e 2º, EAOAB):

a) **Comunicação por ofício ou notificação pessoal:** o prazo será contado a partir do dia útil imediato ao da notificação do recebimento. Em outros termos, o computo do prazo se dará já daquele momento em que houve o conhecimento pelo profissional;

b) **Comunicação mediante publicação na imprensa oficial do ato ou da decisão:** o prazo inicia-se no *primeiro dia útil seguinte*, conservando a ideia de que será preciso conceder o dia da publicação para conhecimento. Deste modo, somente se iniciará no dia posterior (se for dia útil).

## 4.1. DO PROCESSO DISCIPLINAR

O processo disciplinar, conforme já fora explanado, objetiva apurar as infrações e irregularidades eventualmente praticadas pelos profissionais da advocacia, aplicando-lhes as respectivas penas.

Em regra, a competência para o processamento e julgamento caberá ao Conselho Seccional em cuja base territorial tenha ***ocorrido a infração***, que pode ou não ser aquela em que o advogado tenha sua inscrição principal (art. 70, EAOAB).

A título exemplificativo, imaginemos que o Advogado Caio tenha inscrição principal no Estado de São Paulo. Caso pratique infração profissional durante atuação no Estado de Alagoas, este último deterá competência para processamento e julgamento da infração.

Entretanto, essa regra comporta duas exceções;

1. Se a infração for cometida perante o ***Conselho Federal,*** caberá a ele o poder de punir;
2. Em se tratando de suspensão preventiva, caberá ao Tribunal de Ética do conselho em que detenha ***inscrição principal***. Trata-se de suspensão aplicável quando o caso tomar repercussão prejudicial à dignidade da advocacia, depois de ouvi-lo em sessão especial e neste caso, o processo disciplinar deve ser concluído no prazo máximo de noventa dias (art. 70, §3º, EAOAB + art. 63, NCED).

Ocorrendo decisão condenatória irrecorrível, o Conselho Seccional processante comunicará o respectivo Conselho Seccional em que o advogado tenha inscrição principal, para registro em seus assentamentos (art. 70, §2º, EAOAB).

O início do processo se dará no que didaticamente denomino de ***pré-processo***, instaurando-se (art. 72, EAOAB):

a) ***De ofício***: Quando o conselho obter informações sobre o fato através de fonte idônea ou em virtude de comunicação da autoridade competente (art. 55, NCED);

b) ***Por Representação***: Qualquer interessado poderá formular representação perante o Presidente do Conselho Seccional ou Subseção, por escrito ou verbal, identificando-se e narrando os acontecimentos que ensejariam a infração disciplinar em conjunto com provas existentes (arts. 56 e 57, NCED).

Em ambos os casos será vedado o anonimato, afastando a possibilidade de usurpação do instituto para meros interesses pessoais de desafetos (art. 55, §2º, NCED).

Caberá ao ***Tribunal de Ética e Disciplina – TED*** da respectiva seccional julgar os processos disciplinares instituídos pelas Subseções ou por relatores do próprio conselho (art. 70, §1º, EAOAB), com suas competências definidas no Código de Ética e Disciplina da OAB (art. 71, NCED).

Instaurado o processo, seu tramite ocorrerá ***em sigilo*** até seu término, apenas tendo acesso às suas informações as partes, seus defensores e a autoridade judiciária competente (art. 72, §2º, EAOAB).

Notadamente que o sigilo aqui aplicado pretende preservar a figura do profissional. A simples informação de que um advogado responde a processo disciplinar poderá ensejar seu julgamento social, prejudicando sua imagem perante seus clientes e afastando a possibilidade de novos. Uma vez divulgada tais informações, o profissional terá severos prejuízos, mesmo que ao final tenha sido absolvido.

Recebida a representação, o Presidente deve designar relator, a quem compete a instrução do processo e o oferecimento de parecer preliminar a ser submetido ao Tribunal de Ética e Disciplina. Ao representado, será assegurado amplo direito de defesa, podendo acompanhar o processo em todos os termos, pessoalmente ou por intermédio de procurador, oferecendo defesa prévia após ser notificado.

Ofertando defesa prévia, o relator poderá se manifestar pelo indeferimento liminar da representação, decidindo o Presidente do Conselho Seccional quanto arquivamento ou não (art. 73, EAOAB).

Objetivando facilitar seu estudo, observe o tramite inicial do processo disciplinar:

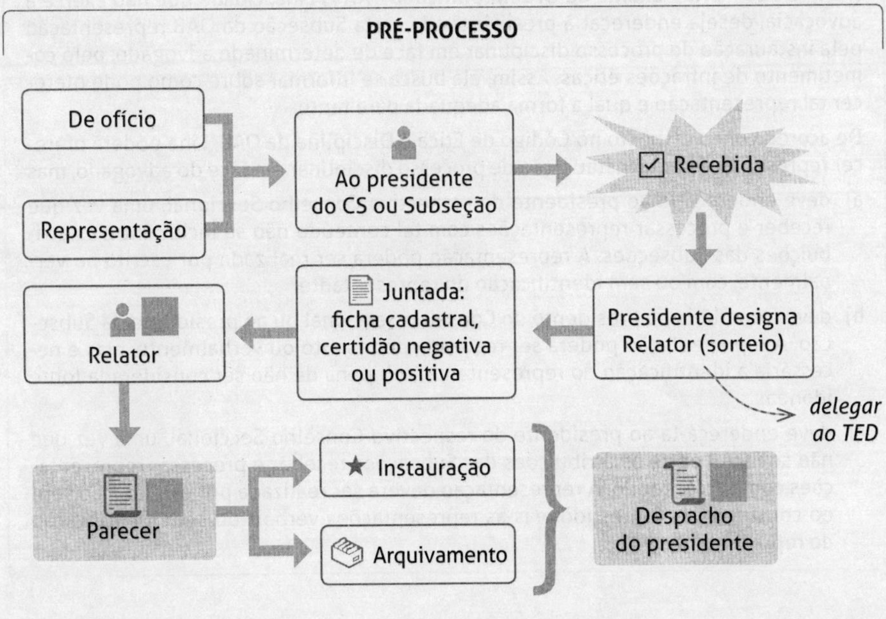

Admitida a representação, o Presidente do Tribunal de Ética e Disciplina, após o recebimento do processo, devidamente instruído, designa, por sorteio, *novo* relator para proferir voto (art. 60, NCED).

Garantindo-se, novamente, o direito de contraditório e ampla defesa, o advogado indiciado poderá reunir todos os elementos úteis para demonstrar sua inocência.

Do julgamento do processo disciplinar lavrar-se-á acórdão, do qual constarão, quando procedente a representação, o enquadramento legal da infração, a sanção aplicada, o quórum de instalação e o de deliberação, a indicação de haver sido esta adotada com base no voto do relator ou em voto divergente, bem como as circunstâncias agravantes ou atenuantes consideradas e as razões determinantes de eventual conversão da censura aplicada em advertência sem registro nos assentamentos do inscrito (art. 61, NCED).

Será permitida a ***revisão do processo disciplinar***, por erro de julgamento ou por condenação baseada em falsa prova. Tem legitimidade para requerer a revisão o advogado punido com a sanção disciplinar e a competência para julgamento será do mesmo órgão que emanou a decisão final (art. 68, NCED).

Ressalte-se que, a jurisdição administrativa disciplinar da OAB não exclui a comum, quando os fatos constituírem crime ou contravenção, comunicando-se às autoridades competentes (art. 71, EAOAB).

**▸ Vejamos como esse tema já foi abordado no Exame de Ordem:**

**(FGV - 2018 - OAB - Exame de Ordem Unificado - XXV)** Lina, cidadã que não exerce a advocacia, deseja endereçar à presidência de certa Subseção da OAB representação pela instauração de processo disciplinar em face de determinado advogado, pelo cometimento de infrações éticas. Assim, ela busca se informar sobre como pode oferecer tal representação e qual a forma adequada para tanto.

De acordo com o disposto no Código de Ética e Disciplina da OAB, Lina poderá oferecer representação pela instauração de processo disciplinar em face do advogado, mas

a) deve endereçá-la ao presidente do respectivo Conselho Seccional, uma vez que receber e processar representações com tal conteúdo não se inclui entre as atribuições das Subseções. A representação poderá ser realizada por escrito ou verbalmente, com ou sem identificação do representante.

b) deve formulá-la ao presidente do Conselho Seccional ou ao presidente da Subseção. A representação poderá ser realizada por escrito ou verbalmente, mas é necessária a identificação do representante, sob pena de não ser considerada fonte idônea.

c) deve endereçá-la ao presidente do respectivo Conselho Seccional, uma vez que não se inclui entre as atribuições das Subseções receber e processar representações com tal conteúdo. A representação deverá ser realizada por escrito, não sendo consideradas fontes idôneas as representações verbais ou sem identificação do representante.

d) deve formulá-la ao presidente do Conselho Seccional ou ao presidente da Subseção. A representação poderá ser realizada por escrito ou verbalmente, com ou sem identificação do representante. Será considerada fonte idônea ainda que oferecida sem a identificação do representante.

**Resposta: Letra B**

**A representação será formulada ao Presidente do Conselho Seccional ou ao Presidente da Subseção, por escrito ou verbalmente, devendo, neste último caso, ser reduzida a termo, conforme o artigo 56 do novo Código de Ética e Disciplina da OAB.**

**(FGV - 2017 - OAB - Exame de Ordem Unificado – XXIII)** Nilza, advogada, responde a processo disciplinar perante certo Conselho Seccional da OAB, em razão da suposta prática de infração disciplinar que, se comprovada, poderá sujeitá-la à sanção de exclusão.

Sobre o tema, assinale a afirmativa correta.

a) O processo disciplinar instaurado em face de Nilza tramita em sigilo, até o seu término, só tendo acesso às suas informações as partes, seus defensores e a autoridade competente.

b) O processo disciplinar instaurado em face de Nilza é público, sendo facultado o acesso aos autos a qualquer advogado regularmente inscrito, para exercício do controle externo.

c) O processo disciplinar instaurado em face de Nilza é, em regra, público, sendo facultado o acesso aos autos a qualquer cidadão. Porém, excepcionalmente, pode ser decretado o sigilo, a critério da autoridade processante, quando justificada a necessidade de preservação do direito à intimidade.

d) O processo disciplinar instaurado em face de Nilza tramita, em regra, em sigilo, só tendo acesso às suas informações as partes, seus defensores e a autoridade competente. Torna-se, porém, público se o Tribunal de Ética e Disciplina do Conselho decidir suspender Nilza preventivamente.

**Resposta: Letra A**

**O Estatuto da Advocacia da OAB em seu artigo 72, § 2º traz a previsão de que o processo disciplinar tramita em sigilo, até o seu término, só tendo acesso às suas informações as partes, seus defensores e a autoridade judiciária competente.**

**(FGV - 2017 - OAB - Exame de Ordem Unificado – XXII)** Cláudio, advogado inscrito na Seccional da OAB do Estado do Rio de Janeiro, praticou infração disciplinar em território abrangido pela Seccional da OAB do Estado de São Paulo. Após representação do interessado, o Conselho de Ética e Disciplina da Seccional da OAB do Estado do Rio de Janeiro instaurou processo disciplinar para apuração da infração.

Sobre o caso, de acordo com o Estatuto da OAB, o Conselho de Ética e Disciplina da Seccional da OAB do Estado do Rio de Janeiro

a) não tem competência para punir disciplinarmente Cláudio, pois a competência é exclusivamente do Conselho Seccional em cuja base territorial tenha ocorrido a infração, salvo se a falta for cometida perante o Conselho Federal.

b) tem competência para punir disciplinarmente Cláudio, pois a competência é exclusivamente do Conselho Seccional em que o advogado se encontra inscrito, salvo se a falta for cometida perante o Conselho Federal.

c) tem competência para punir disciplinarmente Cláudio, pois a competência é concorrente entre o Conselho Seccional em que o advogado se encontra inscrito e o Conselho Seccional em cuja base territorial tenha ocorrido a infração, salvo se a falta for cometida perante o Conselho Federal.

d) não tem competência para punir disciplinarmente Cláudio, pois a competência é exclusivamente do Conselho Federal, ainda que a falta não tenha sido cometida perante este, quando o advogado for inscrito em uma Seccional e a infração tiver ocorrido na base territorial de outra.

**Resposta: Letra A**

**Conforme previsão expressa no artigo 70 do Estatuto da Advocacia e da OAB, o poder de punir disciplinarmente os inscritos na OAB é de competência exclusiva do Conselho Seccional do território em que tenha ocorrido a infração, com exceção de faltas cometidas perante o Conselho Federal, o qual terá a referida competência.**

## 4.2. DOS RECURSOS

Aplicando o princípio do duplo grau de jurisdição também na seara administrativa, o Estatuto prevê a interposição de recursos em casos específicos.

Deste modo, caberá recurso ao (arts. 75 e 76, EAOAB):

a) ***Conselho Seccional***: de todas as decisões proferidas por seu Presidente, pelo Tribunal de Ética e Disciplina, ou pela diretoria da Subseção ou da Caixa de Assistência dos Advogados.

b) ***Conselho Federal:***

   b.1) **não tenham sido unânimes**: todas as decisões definitivas proferidas pelo Conselho Seccional;

   b.2) **sendo unânimes**: contrarie o EAOAB, RG, NCED, Provimentos, decisão do Conselho Federal ou de outro Conselho Seccional.

O Estatuto determina a atribuição de ***efeito suspensivo*** para todos os recursos, exceto quando (art. 77, EAOAB):

- Tratarem de eleições,
- Suspensão preventiva decidida pelo Tribunal de Ética e Disciplina,
- Cancelamento da inscrição obtida com falsa prova.

Finalizando o estudo sobre o ***Processo na OAB,*** reforçamos a necessidade do examinando acompanhar todos os dispositivos referentes ao tema no Estatuto e no novo Código de Ética e Disciplina da OAB.

Os demais capítulos desta obra abordarão temas específicos que costumam cair no exame de ordem com maior força, diante da grande quantidade de especificidades.

**Vejamos como esse tema já foi abordado no Exame de Ordem:**

**(FGV - 2018 - OAB - Exame de Ordem Unificado - XXV)** O Tribunal de Ética e Disciplina de certo Conselho Seccional da OAB decidiu pela suspensão preventiva do advogado Hélio, acusado em processo disciplinar. Hélio, todavia, interpôs o recurso cabível contra tal decisão.

Considerando as regras sobre os recursos em processos que tramitam perante a OAB, bem como a situação descrita, assinale a afirmativa correta.

a) Em regra, os recursos em processos que tramitam perante a OAB têm efeito suspensivo. Assim, no caso narrado, o recurso interposto por Hélio será dotado do aludido efeito.

b) Em regra, os recursos em processos que tramitam perante a OAB não têm efeito suspensivo. Todavia, nesse caso, excepcionalmente, pode ser atribuído o efeito, se demonstrada a probabilidade de provimento ou se, sendo relevante a fundamentação, o recorrente indicar risco de dano grave ou de difícil reparação.

c) Em regra, os recursos em processos que tramitam perante a OAB têm efeito suspensivo. Todavia, o recurso manejado por Hélio se inclui em hipótese excepcional, na qual é vedado o efeito suspensivo.

d) Em regra, os recursos em processos que tramitam perante a OAB não têm efeito suspensivo, não sendo permitida a concessão de tal efeito por decisão da autoridade julgadora. Assim, no caso narrado, o recurso interposto por Hélio não será dotado de efeito suspensivo.

**Resposta: Letra C**

**Segundo o artigo 77 do Estatuto da Advocacia da OAB, todos os recursos têm efeito suspensivo, exceto quando tratarem de eleições, de suspensão preventiva decidida pelo Tribunal de Ética e Disciplina, e de cancelamento da inscrição obtida com falsa prova.**

**(FGV - 2016 - OAB - Exame de Ordem Unificado – XXI)** Lúcia, advogada, foi processada disciplinarmente e, após a interposição de recurso, o Conselho Seccional do Estado de Pernambuco confirmou, por unanimidade, a sanção de suspensão pelo prazo de trinta dias, nos termos do Art. 37, § 1º, do Estatuto da OAB. Lúcia verificou, contudo, existir decisão em sentido contrário, em caso idêntico ao seu, no Conselho Seccional do Estado de Minas Gerais.

De acordo com o Estatuto da OAB, contra a decisão definitiva unânime proferida pelo Conselho Seccional do Estado de Pernambuco,

a) não cabe recurso ao Conselho Federal, em qualquer hipótese.

b) cabe recurso ao Conselho Federal, por contrariar decisão do Conselho Seccional de Minas Gerais.

c) cabe recurso ao Conselho Federal, se a decisão contrariar também decisão do Conselho Federal, e não apenas decisão do Conselho Seccional de Minas Gerais.

d) cabe recurso ao Conselho Federal, em qualquer hipótese, ainda que não existisse decisão em sentido contrário do Conselho Seccional de Minas Gerais.

**Resposta: Letra B**

**O Estatuto da Advocacia e da OAB, em seu artigo 75, admite o cabimento de recurso ao Conselho Federal de todas as decisões definitivas proferidas pelo Conselho Seccional, quando não tenham sido unânimes ou, sendo unânimes, contrariem o EAOAB, decisão do Conselho Federal ou de outro Conselho Seccional e, ainda, o Regulamento Geral da OAB, o Código de Ética e Disciplina da OAB e além dos Provimentos.**

**(FGV - 2014 - OAB - Exame de Ordem Unificado – XIII)** Maria da Silva, advogada, apresenta requerimento ao Presidente da Seccional da OAB tendo o seu pleito sido indeferido.

Nos termos do Estatuto da Advocacia, cabe recurso ao

a) Conselho Seccional da OAB.

b) Conselho Federal da OAB.

c) Presidente do Conselho Federal da OAB.

d) Presidente do Tribunal de Ética da OAB.

**Resposta: Letra A**

**Cabe recurso ao Conselho Seccional de todas as decisões proferidas por seu Presidente, pelo Tribunal de Ética e Disciplina, ou pela diretoria da Subseção ou da Caixa de Assistência dos Advogados, consoante com o artigo 76 do Estatuto da Advocacia da OAB.**

# Do desagravo público

O desagravo público conceitua-se como a ***reparação moral*** promovida pela OAB e dirigida a sociedade, em favor do advogado e de toda categoria quando ocorrer ofensa ao exercício da profissão ou de cargo ou função de órgão na instituição.

Todas as vezes que determinado advogado sofrer quaisquer constrangimentos em desrespeito à classe ou à sua atividade profissional, em especial quando praticado por autoridade pública, a ordem poderá promover a solenidade do desagravo.

Por ofensas, podemos exemplificar o advogado criminalista que não recebe tratamento condizente em estabelecimento policial ou prisional, sendo ofendido por palavras ou agressões físicas perpetradas pela autoridade pública ou servidores.

Considerando-a como ofensa à toda categoria, ***o desagravo não dependerá da aceitação ou concordância do ofendido*** e poderá ser requerida não apenas por ele, mas por qualquer pessoa ou mesmo de ofício pelo Conselho competente (art. 18, RG).

Ressalte-se que, o desagravo apenas caberá quando ocorrerem ofensas ao ***advogado no exercício da profissão***, não cabendo em situações pessoais ocorridas fora de sua atividade ou mesmo por críticas de cunho doutrinário, político ou religioso, cabendo ao relator propor o *arquivamento* do expediente (art. 18, §2º, RG).

Por outro lado, se o relator estiver convencido da existência de prova ou indício de ofensa relacionada ao exercício da profissão ou de cargo da OAB, irá propor ao Presidente do Conselho que solicite informações da pessoa ou autoridade ofensora, no prazo de 15 (quinze) dias, salvo em caso de urgência e notoriedade do fato, que poderá ser concedido o desagravo sem os esclarecimentos pelo ofensor (art. 18, §1º, RG).

Quando o relator receber as informações e convencer-se das ofensas, emitirá parecer que será submetido ao Conselho. Acolhido esse parecer, será designada a sessão de desagravo, que deverá ser amplamente divulgada.

Na sessão de desagravo, o Presidente lerá nota a ser publicada na imprensa, encaminhando ao ofensor, autoridades competentes e registrando nos assentamentos do advogado (art. 18, §§ 4º e 5º, RG).

Em regra, o desagravo ocorrerá no ***Conselho Seccional*** em que ocorreu a ofensa, geralmente na frente de repartições públicas (fóruns, delegacias, prisões, repartições como um todo) ou locais públicos (ruas, praças, sede da OAB, faculdades, fachadas históricas, etc.), podendo ser efetuado em diretoria ou conselho de subseção, se houver, em que se vincule o inscrito (art. 18, §6º, RG).

Entretanto, este desagravo também poderá ocorrer no ***Conselho Federal*** quando tratar-se de ***Conselheiro Federal ou de Presidente de Conselho Seccional*** (ambos no exercício de suas funções), bem como quando a ofensa a advogado se revestir de ***relevância e grave violação às prerrogativas profissionais, com repercussão nacional.*** O desagravo ocorrerá no respectivo Conselho Seccional, salvo se a ofensa for contra conselheiro federal quando ocorrerá perante este (art. 19, RG).

**▸ Vejamos como esse tema já foi abordado no Exame de Ordem:**

**(FGV - 2018 - OAB - Exame de Ordem Unificado - XXVII)** O advogado Mário dos Santos, presidente do Conselho Seccional Y da OAB, foi gravemente ofendido em razão do seu cargo, gerando violação a prerrogativas profissionais. O fato obteve grande repercussão no país.

Considerando o caso narrado, de acordo com o Regulamento Geral do Estatuto da Advocacia e da OAB, assinale a afirmativa correta.

a) Compete ao Conselho Seccional Y da OAB promover o desagravo público, ocorrendo a sessão na sede do Conselho Seccional Y.

b) Compete ao Conselho Federal da OAB promover o desagravo público, ocorrendo a sessão na sede do Conselho Federal.

c) Compete ao Conselho Seccional Y da OAB promover o desagravo público, ocorrendo a sessão na sede da subseção do território em que ocorreu a violação a prerrogativas profissionais.

d) Compete ao Conselho Federal da OAB promover o desagravo público, ocorrendo a sessão na sede do Conselho Seccional Y.

**Resposta: Letra D**

**Considerando que a ofensa ocorreu perante presidente do Conselho Seccional, o desagravo será realizado pelo conselho federal na sede da seccional, elencado no artigo 19 do Regulamento Geral da OAB.**

**(FGV - 2016 - OAB - Exame de Ordem Unificado - XX )** Júlia é advogada de Fernando, réu em processo criminal de grande repercussão social. Em um programa vespertino da rádio local, o apresentador, ao comentar o caso, afirmou que Júlia era "advogada de porta de cadeia" e "ajudante de bandido". Ouvinte do programa, Rafaela procurou o Conselho Seccional da OAB e pediu que fosse promovido o desagravo público. Júlia, ao tomar conhecimento do pedido de Rafaela, informou ao Conselho Seccional da OAB que o desagravo não era necessário, pois já ajuizara ação para apurar a responsabilidade civil do apresentador.

No caso narrado,

a) o pedido de desagravo público só pode ser formulado por Júlia, que é a pessoa ofendida em razão do exercício profissional.

b) o pedido de desagravo pode ser formulado por Rafaela, mas depende da concordância de Júlia, que é a pessoa ofendida em razão do exercício profissional.

c) o pedido de desagravo pode ser formulado por Rafaela, e não depende da concordância de Júlia, apesar de esta ser a pessoa ofendida em razão do exercício profissional.

d) o pedido de desagravo público só pode ser formulado por Júlia, que é a pessoa ofendida em razão do exercício profissional, mas o ajuizamento de ação para apurar a responsabilidade civil implica a perda de objeto do desagravo.

**Resposta: Letra C**

**O artigo 18 *caput* e § 7 do Regulamento Geral da OAB, traz a previsão do desagravo público, como instrumento de defesa dos direitos e prerrogativas da advocacia, não depende de concordância do ofendido, que não pode dispensá-lo, devendo ser promovido a critério do conselho.**

**(FGV - 2016 - OAB - Exame de Ordem Unificado - XII)** Sobre o desagravo público, assinale a afirmativa correta.

a) O advogado poderá ser desagravado quando ofendido no exercício da profissão ou em razão dela, desde que faça o requerimento em petição dirigida ao Presidente do Conselho Seccional no prazo de seis meses, contados a partir da data da realização da ofensa.

b) O desagravo público depende de concordância do advogado ofendido.

c) O advogado não pode dispensar o desagravo público quando o Conselho Seccional decidir promovê-lo.

d) O advogado tem direito a ser desagravado, mesmo que a ofensa por ele sofrida não guarde relação com o exercício da profissão ou de cargo ou função na OAB.

**Resposta: Letra C**

**O desagravo público, como instrumento de defesa dos direitos e prerrogativas da advocacia, não depende de concordância do ofendido, que não pode dispensá-lo, devendo ser promovido a critério do Conselho, segundo o artigo 18, § 7 do Regulamento Geral da OAB.**

# Da advocacia *pro bono*

Relevante inovação trazida com o ***Novo Código de Ética e Disciplina da OAB – NCED*** denominada de ***"Advocacia pro Bono"***, conceituando-se como aquela prestada de forma gratuita, eventual e voluntária em favor de instituições sociais sem fins econômicos e aos seus assistidos, sempre que os beneficiários não dispuserem de recursos para a contratação de profissional (art. 30, §1º, NCED).

A questão ética reside exatamente na forma de prestação deste serviço jurídico, pois o código determina a excepcionalidade de ser:

1. **Gratuita:** Não poderá exigir contraprestação, financeira ou não, dos serviços prestados. Caráter de filantropia. O elemento gratuidade não se resumiria apenas ao pagamento em dinheiro, pois também será vedado o recebimento de outros bens por meio dessa atividade;
2. **Eventual:** O exercício desta advocacia não poderá ser constante, mostrando-se como medida excepcional aos necessitados. O profissional não poderá utilizar-se da atividade diariamente como forma de captação de clientela. Lembre-se: a OAB exerce trabalho árduo no combate à mercantilização da profissão e aviltamento de honorários;
3. **Voluntária:** A vontade de prestá-la deve partir do próprio profissional e não de pressões externas ou coercitivas. Efetivamente tem que ser voluntária e não por obrigação.

Seguindo essa mesma linha, o código veda expressamente a utilização desta advocacia para fins político-partidários, eleitorais ou afins, bem como utilizada para instrumento de publicidade para captação de clientela (art. 30, §3º, NCED). Deve ser gratuita de verdade.

Considerando a essência filantrópica, também poderá ser exercida em favor de pessoas naturais que não dispuserem de recursos para, sem prejuízo do próprio sustento, contratar advogado (art. 30, §2º, NCED).

Relevante discussão vincula-se ao cabimento ou não de honorários advocatícios de sucumbência em favor dos advogados que exerçam esta advocacia.

A gratuidade requerida pelo dispositivo atrela-se à ausência de cobrança de honorários contratuais, aqueles pagos pelo próprio cliente.

Já os honorários sucumbenciais se conceituam como aqueles devidos pela parte adversa que perder a ação.

Tratando-se de naturezas diversas, não existe óbice ao recebimento, pelo advogado, dos honorários sucumbenciais. A proibição, portanto, limita-se aos honorários contratuais.

**▸ Vejamos como esse tema já foi abordado no Exame de Ordem:**

**(FGV - 2016 - OAB - Exame de Ordem Unificado - XXI )** A advogada Kátia exerce, de forma eventual e voluntária, a advocacia pro bono em favor de certa instituição social, a qual possui personalidade jurídica como associação, bem como de pessoas físicas economicamente hipossuficientes.

Em razão dessa prática, sempre que pode, Kátia faz menção pública à sua atuação pro bono, por entender que isto revela correição de caráter e gera boa publicidade de seus serviços como advogada, para obtenção de clientes em sua atuação remunerada.

Considerando as informações acima, assinale a afirmativa correta.

a) Kátia comete infração ética porque a advocacia pro bono não pode ser destinada a pessoas jurídicas, sob pena de caracterização de aviltamento de honorários. Kátia também comete infração ética ao divulgar sua atuação pro bono como instrumento de publicidade para obtenção de clientela.

b) Kátia comete infração ética, ao divulgar sua atuação pro bono como instrumento de publicidade para obtenção de clientela. Quanto à atuação pro bono em favor de pessoas jurídicas, inexiste vedação.

c) Kátia comete infração ética porque a advocacia pro bono não pode ser destinada a pessoas jurídicas, sob pena de caracterização de aviltamento de honorários. Quanto à divulgação de seus serviços pro bono para obtenção de clientela, inexiste vedação.

d) A situação narrada não revela infração ética. Inexistem óbices à divulgação por Kátia de seus serviços pro bono para obtenção de clientela, bem como à atuação pro bono em favor de pessoas jurídicas.

**Resposta: Letra B**

**Considera-se advocacia pro bono a prestação gratuita, eventual e voluntária de serviços jurídicos em favor de instituições sociais sem fins econômicos e aos seus assistidos, sempre que os beneficiários não dispuserem de recursos para a contratação de profissional. A advocacia pro bono pode ser exercida, também, em favor de pessoas naturais que não dispuserem de recursos para contratar advogado, sem prejuízo do próprio sustento. Todavia, não pode ser realizada como instrumento de publicidade para a captação de clientela. Esta previsão está fundamentada no artigo 30; § 1°, § 2° e § 3° do Novo Código de Ética e Disciplina da OAB.**

# Sigilo do advogado

Quando estudamos o importantíssimo tópico sobre os direitos dos advogados vimos que o profissional detém direito a recusar-se a depor como testemunha em processos no qual funcionou ou deva funcionar, em situações relacionadas às informações obtidas em razão do exercício da profissão, mesmo que autorizado ou solicitado pelo constituinte (art. 7, XIX, EAOAB e art. 38, NCED).

Trata-se do ***sigilo profissional*** exercido pelo advogado, não podendo revelar fatos que tome conhecimento em sua atividade, inclusive aqueles afetos aos cargos da OAB (art. 35, NCED).

De forma semelhante com outras áreas do direito, no exercício dessa atividade os profissionais da advocacia acabam tomando conhecimento de diversas informações apresentadas em autos processuais ou investigativos.

Muitas dessas informações são passadas pelos próprios clientes como forma de melhor estabelecer a estratégia processual de defesa a ser apresentada, baseando-se na máxima da confiança. Tal tema costuma ganhar maior relevância em específicas áreas do direito, como na atuação em matérias penais ou na seara do ramo de família.

Aliás, o Código de Ética ressalta a importância da confiança recíproca nas relações entre advogado e cliente. Percebendo que essa confiança lhe falta, é recomendável que tente retomá-la externando ao cliente e, se não for possível, deve promover o substabelecimento ou renunciar (art. 10, NCED).

Retomando o tema do sigilo, o NCED classifica-o como matéria de ***ordem pública***, não dependendo de solicitação de reserva. Em outros termos, o advogado deve manter o sigilo, mesmo inexistindo requerimento da parte (art. 36, NCED).

Ainda que subsista toda a preocupação com a manutenção do sigilo, em pontuais situações ela poderá ser relativizada.

Tratam-se de ***situações excepcionais,*** tais como aquelas que envolvam grave ameaça ao direito ***à vida e à honra,*** sua ou de terceiros, ou que envolvam ***defesa própria*** (art. 37, NCED).

Ressalte-se que essas especificações *(vida, honra, defesa própria)* são elencadas apenas como exemplificativas, sem prejuízo de outras serem reveladas e consideradas excepcionais.

CAPÍTULO VIII

# Da publicidade profissional

A abordagem desse tema na 1ª fase do exame de ordem passou a ganhar destaque especial, concentrando maior número de questões e requerendo atenção especial dos candidatos em relação a dois aspectos: a inovação normativa e sua aplicação prática.

Com efeito, o Novo Código de Ética e Disciplina (Resolução nº 02/2015) passou a disciplinar em capítulo próprio o tema da publicidade (arts. 39 ao 47, NCED), estabelecendo suas diretrizes, autorizações e vedações.

Esta inovação normativa nasceu da necessidade de disciplinar a forma de publicidade profissional, em especial com a evolução dos meios de comunicação social (internet, por exemplo) e o grande quantitativo de advogados no território nacional.

Se outrora a população sentia dificuldades em ter acesso aos profissionais da advocacia, notadamente pela escassez de profissionais e pela limitação financeira, atualmente a realidade é completamente diferente.

Quanto a aplicação prática, é preciso tomarmos tomar muito cuidado.

Nas linhas iniciais desta obra já havia lhes alertado de que muitos dispositivos da disciplina de ética não são respeitados pela prática profissional. Esse aspecto será evidenciado na questão da publicidade.

Até de forma comum, constatamos profissionais que realizam propaganda indevida de suas atividades, condicionando-a a contratação de outros serviços, ofertando gratuidade e até mesmo apelando para o uso de outdoors.

Iniciando este tema, o Código de Ética determina que a publicidade profissional tem caráter meramente informativo, prezando pela discrição e sobriedade, não podendo configurar captação de clientela ou mercantilização da profissão (art. 39, NCED).

Nessa leitura já nos surgem uma significativa incongruência: se não é permitido realizar a captação de clientela, por qual motivo o advogado se preocuparia em realizar a publicidade profissional?

Em verdade, a Ordem dos Advogados do Brasil sabe que a publicidade é feita para captação de clientela, mas apenas pretende refrear publicidades exageradas que pudessem tornar a profissão desleal ou aviltante. Para sua prova, lembre: ***a publicidade não objetiva captação de clientela ou mercantilização da profissão.***

Também merece destaque, nessas linhas iniciais, às duas importantes diretrizes da publicidade: ***discrição e sobriedade,*** não podendo a propaganda ser realizada de forma acintosa ou apelativa.

Dentre as diversas possibilidades, o Código resolveu de forma expressa proibir a publicidade em algumas situações (art. 40, NCED) que merecem o destaque necessário:

> ***Art. 40. Os meios utilizados para a publicidade profissional hão de ser compatíveis com a diretriz estabelecida no artigo anterior, sendo vedados:***
>
> ***I - a veiculação da publicidade por meio de rádio, cinema e televisão;***

Não será permitida a propaganda em televisão (aberta ou fechada), cinema ou rádio. Atente-se que, na prática, mesmo sem ser permitido, costumamos encontrar este tipo de publicidade, em especial por meio de rádio.

Ademais, não existe vedação à realização de propaganda por meio de jornal escrito, desde que com discrição e sobriedade.

> ***II - o uso de outdoors, painéis luminosos ou formas assemelhadas de publicidade;***

Outro meio de propaganda proibido e que, na prática, continua sendo realizada.

A observação aqui fica por conta da possibilidade, com discrição e sobriedade, de se utilizar placas, painéis luminosos e inscrições em suas fachadas, exclusivamente para identificação dos escritórios de advocacia (art. 40, § único, EAOAB).

> ***III - as inscrições em muros, paredes, veículos, elevadores ou em qualquer espaço público;***

Os espaços públicos não podem ser utilizados como forma de propagação de propaganda, muito menos em veículos, ainda que do próprio advogado.

> ***IV - a divulgação de serviços de advocacia juntamente com a de outras atividades ou a indicação de vínculos entre uns e outras;***

O profissional de advocacia não condiciona a prestação de seus serviços com a contratação de outras atividades. Assemelha-se ao que o direito do consumidor denomina de compra casada.

Imaginemos que o advogado também tem formação em contabilidade. A publicidade de ambas as atividades de forma conjunta será vedada, podendo o profissional realizá-las de forma separada.

> ***V - o fornecimento de dados de contato, como endereço e telefone, em colunas ou artigos literários, culturais, acadêmicos ou jurídicos, publicados na imprensa, bem assim quando de eventual participação em programas de rádio ou televisão, ou em veiculação de matérias pela internet, sendo permitida a referência a e-mail;***

O objetivo dessas publicações não deve ser a captação de clientela, mas sim propagar a educação jurídica. Portanto, o Código apenas autoriza a referência a e-mail, notadamente como forma de manter um mínimo contato de apresentação.

> ***VI - a utilização de mala direta, a distribuição de panfletos ou formas assemelhadas de publicidade, com o intuito de captação de clientela.***

Exatamente pela concepção de que a publicidade não pode transformar a atividade de advocacia em mercantil.

Ressalte-se que, participação em programa de televisão ou de rádio deve ser feita de forma eventual e não deve objetivar a promoção pessoal ou profissional, bem como sobre métodos de trabalho utilizados por outros colegas de profissão (art. 43, NCED).

Quanto às colunas ou artigos literários, não poderá ocorrer divulgação de dados ou contatos, bem como induzir o leitor a litigar para promover a captação de clientela (art. 41, NCED).

Entre as inovações trazidas no *NCED* encontramos a admissibilidade de patrocínio por meio de eventos ou publicações de caráter científico ou cultural, divulgação de boletins em meio físico ou eletrônico, sobre matéria cultural de interesse dos advogados, desde que sua circulação fique adstrita a clientes e a interessados do meio jurídico (art. 45, NCED).

Por fim e não menos importante, recente inovação relacionada à utilização de cartões por parte do advogado.

Esta publicidade deve ser acompanhada do nome do advogado ou da sociedade de advogados, o número ou os números de inscrição na OAB, podendo referir-se apenas aos títulos acadêmicos do advogado e as distinções honoríficas relacionadas à vida profissional, bem como as instituições jurídicas de que faça parte, além das especialidades a que se dedicar, endereço, e-mail, site, página eletrônica, QR code, logotipo e a fotografia do escritório, o horário de atendimento e os idiomas em que o cliente poderá ser atendido (art. 44, NCED).

Objetivando desvincular a atividade profissional da imagem do profissional, prezando pela identidade técnica de defesa e não de aparências, o Código de Ética proibiu a utilização de fotos pessoais ou de terceiros em cartões. Apenas seria permitida a foto do respectivo escritório que faça parte o profissional (art. 44, §2º, NCED).

**▸ Vejamos como esse tema já foi abordado no Exame de Ordem:**

**(FGV - 2018 - OAB - Exame de Ordem Unificado - XXV)** O advogado Valter instalou, na fachada do seu escritório, um discreto painel luminoso com os dizeres "Advocacia Trabalhista". A sociedade de advogados X contratou a instalação de um sóbrio painel luminoso em um dos pontos de ônibus da cidade, onde constava apenas o nome da sociedade, dos advogados associados e o endereço da sua sede. Já a advogada Helena fixou, em todos os elevadores do prédio comercial onde se situa seu escritório, cartazes pequenos contendo inscrições sobre seu nome, o ramo do Direito em que atua e o andar no qual funciona o escritório.

Considerando as situações descritas e o disposto no Código de Ética e Disciplina da OAB, assinale a afirmativa correta.

a) Apenas Valter e a sociedade de advogados X violaram a disciplina quanto à ética na publicidade profissional.
b) Apenas Helena violou a disciplina quanto à ética na publicidade profissional.
c) Valter, Helena e a sociedade de advogados X violaram a disciplina quanto à ética na publicidade profissional.
d) Apenas a sociedade de advogados X e Helena violaram a disciplina quanto à ética na publicidade profissional.

**Resposta: Letra D**

**Ao longo do artigo 40, nos incisos II e III do novo Código de Ética e Disciplina da OAB, são elencadas várias vedações a publicidade com intuito de capitação de clientes, entre elas: o uso de outdoors e painéis luminosos (inciso II) e inscrições em muros, paredes, veículos e elevadores ou em qualquer espaço público.**

**(FGV - 2017 - OAB - Exame de Ordem Unificado - XXII)** Marcelo, renomado advogado, foi convidado para participar de matéria veiculada pela Internet, por meio de portal de notícias, com a finalidade de informar os leitores sobre direitos do consumidor. Ao final da matéria, mediante sua autorização, foi divulgado o e-mail de Marcelo, bem como o número de telefone do seu escritório.

Sobre essa situação, de acordo com o Código de Ética e Disciplina da OAB, assinale a afirmativa correta.

a) Marcelo não pode participar de matéria veiculada pela Internet, pois esse fato, por si só, configura captação de clientela.
b) Marcelo pode participar de matéria veiculada pela Internet, mas são vedadas a referência ao e-mail e ao número de telefone do seu escritório ao final da matéria.
c) Marcelo pode participar de matéria veiculada pela Internet e são permitidas a referência ao e-mail e ao número de telefone do seu escritório ao final da matéria.
d) Marcelo pode participar de matéria veiculada pela Internet, mas é vedada a referência ao número de telefone do seu escritório ao final da matéria, sendo permitida a referência ao seu e-mail.

**Resposta: Letra D**

**O Novo Código de Ética e Disciplina da OAB, em seu artigo 40, inciso V, veda o fornecimento de dados, como endereço e telefone; tanto em publicações na imprensa, quanto em participações de programas de rádio e televisão ou em veiculação de matérias pela internet, sendo permitida, somente, a referência a e-mail.**

**(FGV - 2016 - OAB - Exame de Ordem Unificado – XXI)** Janaína é procuradora do município de Oceanópolis e atua, fora da carga horária demandada pela função, como advogada na sociedade de advogados Alfa, especializada em Direito Tributário. A profissional já foi professora na universidade estadual Beta, situada na localidade, tendo deixado o magistério há um ano, quando tomou posse como procuradora municipal.

Atualmente, Janaína deseja imprimir cartões de visitas para divulgação profissional de seu endereço e telefones. Assim, dirigiu-se a uma gráfica e elaborou o seguinte modelo: no centro do cartão, consta o nome e o número de inscrição de Janaína na OAB. Logo abaixo, o endereço e os telefones do escritório. No canto superior direito, há uma pequena fotografia da advogada, com vestimenta adequada. Na parte inferior do cartão, estão as seguintes inscrições "procuradora do município de Oceanópolis", "advogada – Sociedade de Advogados Alfa" e "ex-professora da Universidade Beta". A impressão será feita em papel branco com proporções usuais e grafia discreta na cor preta.

Considerando a situação descrita, assinale a afirmativa correta.

a) Os cartões de visitas pretendidos por Janaína não são adequados às regras referentes à publicidade profissional. São vedados: o emprego de fotografia pessoal e a referência ao cargo de procurador municipal. Os demais elementos poderão ser mantidos.

b) Os cartões de visitas pretendidos por Janaína, pautados pela discrição e sobriedade, são adequados às regras referentes à publicidade profissional.

c) Os cartões de visitas pretendidos por Janaína não são adequados às regras referentes à publicidade profissional. São vedados: o emprego de fotografia e a referência ao cargo de magistério que Janaína não mais exerce. Os demais elementos poderão ser mantidos.

d) Os cartões de visitas pretendidos por Janaína não são adequados às regras referentes à publicidade profissional. São vedados: a referência ao cargo de magistério que Janaína não mais exerce e a referência ao cargo de procurador municipal. Os demais elementos poderão ser mantidos.

**Resposta: Letra A**

**Em conformidade com o artigo 44, § 2º do Novo Código de Ética e Disciplina da OAB, é vedada a inclusão de fotografias pessoais ou de terceiros nos cartões de visitas do advogado, assim como referência a qualquer cargo, emprego ou função ocupado, atual ou pretérito, em qualquer instituição ou órgão, salvo o de professor universitário.**

# Das relações com o cliente

Como último tema desta obra, trabalharemos o importante aspecto *das relações do advogado com o cliente.*

O novo Código de Ética e Disciplina (Resolução 02/2015) trouxe um novo capítulo que abrange como deve ser a relação do advogado ao longo do seu contato com o cliente. É algo de suma importância para advocacia, haja vista que tenta padronizar um meio ético de como deve ser seguida essa relação.

O advogado deve sempre informar o cliente, de modo claro e inequívoco, quanto a eventuais riscos da sua pretensão, e das consequências que poderão advir da demanda. Bem como, igualmente, denunciar, desde logo, a quem lhe solicite parecer ou patrocínio, qualquer circunstância que possa influir na resolução de submeter-lhe a consulta ou confiar-lhe a causa, conforme previsão expressa no artigo 9° do Código de Ética e Disciplina.

A nova redação dada por a Resolução 02/2015 do Novo Código de Ética e Disciplina da OAB dispõe, nos artigos 10 e 11, sobre a confiança que deve existir na relação entre advogado e cliente e transparência nas orientações e estratégias que serão traçadas. As relações entre advogado e cliente baseiam-se na confiança recíproca.

Quando faltar esta confiança o advogado deve externar ao cliente, e, ainda perdurante a situação, o profissional deve promover o substabelecimento do mandato ou a ele renuncie. O advogado, como patrono constituído, deve imprimir à causa orientação que lhe pareça mais adequada, não se subordinando a intenções contrárias do constituinte, todavia, procurando esclarecê-lo quando à estratégia traçada.

O advogado não deve aceitar procuração de quem já tenha patrono constituído, salvo com o conhecimento do mesmo ou por motivo justificável ou adoção de medidas judiciais urgentes e inadiáveis (art. 14, NCED).

Acerca da desistência da causa, o advogado é obrigado a devolver ao cliente bens, valores e documentos que lhe hajam sido confiados, bem como prestar-lhe contas, detalhadamente, sem prejuízo de esclarecimentos complementares que se mostrem pertinentes e necessários (art. 12, NCED). Por outro lado, os honorários pagos pelos serviços prestados até o momento da desistência não estão inclusos nos valores a serem devolvidos aos clientes.

Dispondo sobre a renúncia, o Novo Código de Ética prevê que a mesma não excluirá a responsabilidade por danos eventualmente causados aos clientes, contudo, esclarece que o advogado não será responsabilizado por omissão do cliente quanto a documento ou informação que lhe devesse fornecer para a prática oportuna de ato processual do seu interesse; nos termos do artigo 16, parágrafos 1 e 2 do NCED.

Quanto à sociedade de advogados, os advogados integrantes da mesma sociedade profissional, ou reunidos em caráter permanente para cooperação, não podem representar, em juízo ou fora dele, clientes com interesses opostos. (art. 19, NCED). Trata-se de medida que objetiva evitar futuras nulidades, caso o advogado acabe por beneficiar um dos constituintes em detrimento de outros.

O sigilo profissional encontra-se respaldado nos artigos 20 e 21 do Novo Código de Ética. Havendo conflitos de interesses entre advogados e constituintes e não conseguindo harmonizá-los, o advogado deve optar por um dos mandatos, usando de prudência e discrição, renunciando os demais e resguardando o sigilo profissional. Na postulação em nome de terceiros, contra ex-clientes ou ex-empregador, judicial ou extrajudicialmente, o profissional deve manter o sigilo.

Sobre a esfera penal, é determinado que não há causa criminal indigna de defesa, cumprindo ao advogado agir, como defensor, no sentido de que a todos seja concedido tratamento condizente com a dignidade da pessoa humana, sob a égide das garantias constitucionais (art. 23, NCED).

O substabelecimento do mandato, com reserva de poderes, é ato pessoal do advogado da causa (art. 26, *caput*, NCED), não se sujeitando o advogado à imposição do cliente que pretenda ver com ele atuando outros advogados, nem fica na contingência de aceitar a indicação de outro profissional para com ele trabalhar no processo (art. 24, NCED). Contudo, o substabelecimento do mandato, sem reserva de poderes, exige o prévio e inequívoco conhecimento do cliente (art. 26, parágrafo 1 do NCED).

Para finalizar o tema *das relações com o cliente,* é importante destacar que ao advogado, é vedado funcionar no mesmo processo, de forma simultânea, como patrono e preposto do empregador ou cliente. (art. 25, NCED).

▸ **Vejamos como esse tema já foi abordado no Exame de Ordem:**

**(FGV - 2017 - OAB - Exame de Ordem Unificado – XXIII )** O advogado Diogo foi procurado, em seu escritório profissional, por Paulo, que desejava contratá-lo para atuar nos autos de processo judicial já em trâmite, patrocinado pelo advogado Jorge, mediante procuração, em face de um plano de saúde, pelo seguinte motivo: subitamente, Paulo descobriu que precisa realizar uma cirurgia imediatamente, sob risco de morte. Como não estava satisfeito com a atuação do advogado Jorge, decide, diante da necessidade de realizar a cirurgia, procurar Diogo, para requerer a tutela de urgência nos referidos autos, em plantão judicial.

Considerando a situação narrada e o disposto no Código de Ética e Disciplina da OAB, assinale a afirmativa correta.

a) Diogo apenas deverá atuar na causa, aceitando procuração, se houver concordância do advogado Jorge, uma vez que, de acordo com o Código de Ética e Disciplina da OAB, o advogado não deve aceitar procuração de quem já tenha patrono constituído, salvo com a concordância deste.

b) Diogo apenas deverá atuar na causa, aceitando procuração, após ser dado prévio conhecimento ao advogado Jorge, uma vez que, de acordo com o Código de Ética e Disciplina da OAB, o advogado não deve aceitar procuração de quem já tenha patrono constituído anteriormente à comunicação a este.

c) Diogo poderá aceitar procuração e requerer nos autos judiciais, em favor de Paulo, a tutela de urgência necessária apenas se apresentar nos autos justificativa idônea a cessar a responsabilidade profissional de Jorge pelo acompanhamento da causa.

d) Diogo poderá aceitar procuração e requerer nos autos judiciais, em favor de Paulo, a tutela de urgência necessária, independentemente de prévia comunicação a Jorge ou de apresentação ao juízo de justificativa idônea para a cessação da responsabilidade profissional de Jorge.

**Resposta: Letra D**

**Em regra, o advogado não deve aceitar procuração de quem já tenha patrono constituído, sem prévio conhecimento deste, salvo por motivo plenamente justificável ou para adoção de medidas judiciais urgentes e inadiáveis, conforme previsão do artigo 14 do novo Código de Ética da OAB.**

**(FGV - 2017 - OAB - Exame de Ordem Unificado – XXIII )** O advogado Ramiro foi procurado por Hugo, inventariante, para atuar no processo de inventário do genitor deste. Em momento posterior, os irmãos de Hugo, José e Luiz, outros herdeiros do de cujus, conferiram procuração a Ramiro, a fim de ele também representá-los na demanda. Todavia, no curso do feito, os irmãos, até então concordantes, passam a divergir sobre os termos da partilha. Ramiro, então, marca reuniões, em busca de harmonização dos interesses dos três, porém não obtém sucesso.

Diante do caso narrado, por determinação do Código de Ética e Disciplina da OAB, Ramiro deverá

a) renunciar aos três mandatos, afastando-se do feito.

b) manter-se no patrocínio dos três irmãos, desde que informe o conflito nos autos e atue de forma imparcial, observando-se a disciplina legal.

c) escolher, de acordo com seus critérios de prudência, apenas um dos mandatos, renunciando aos demais.

d) manter-se no patrocínio daquele que primeiro lhe conferiu o mandato, isto é, o inventariante, renunciando aos demais.

**Resposta: Letra C**

**Conforme preceitua o artigo 20 do Código de Ética da OAB, sobrevindo conflitos de interesse entre seus constituintes e não conseguindo o advogado harmonizá-los, caber-lhe-á optar, com prudência e discrição, por um dos mandatos, renunciando aos demais, resguardado sempre o sigilo profissional.**